RAFAEL BORRÀS BETRIU

EL REY PERJURO

DON ALFONSO XIII
Y LA CAIDA DE LA MONARQUIA

LOS LIBROS DE ABRIL / 2

LOS LIBROS DE ABRIL
pretenden restituir a los españoles
el conocimiento de su Historia
sin tergiversaciones interesadas

Portada: Judit Commelerán.
Ilustraciones interiores: Archivo revista *ateneu,* archivo Ediciones Rondas, archivo Antonio Padilla, BB Agència Editorial, y archivo del autor.
Ilustración de la solapa: Abilio Lope 95.

Primera edición: marzo de 1997
Segunda edición: abril de 1997
Distribución: Plaza & Janés Editores, S.A. Barcelona

Imprime: Gráficas Fomento, S.A.
San Gabriel, 70-76. 08950 Esplugues de Ll. (Barcelona)
Printed in Spain - Impreso en España
Depósito Legal: B-5.168-97
ISBN: 84-85.247-06-X

Para Vicenç Capdevila Cardona,
padre de la patria,
cuya amistad de casi medio siglo
nos ha permitido compartir,
fraternalmente,
penas y alegrías personales
y la esperanza, no perdida del todo,
de un país plausible.

Para Carlos Rojas Vila,
que en más de cuarenta años,
desde su lúcido pesimismo,
tantas cosas me ha enseñado,
mediante sus libros
y un diálogo jamás interrumpido,
sobre la historia de este país.

Para Antonio Muñoz Molina,
académico, amigo y republicano,
nacido en 1956,
cuando la revista *La Jirafa*
iniciaba su andadura,
que ha recogido la antorcha
–santa continuidad–
de la gran ocasión histórica encarnada
en *la alegría del catorce de abril* de 1931.

INDICE

AGRADECIMIENTOS

Para reconstruir la historia que aquí se narra me he basado, sobre todo, en el testimonio de quienes en su momento la protagonizaron o fueron testigos de ella, y en el juicio contrastado de diversos historiadores que con mayor autoridad que la que yo pueda tener la han estudiado después. El lector hallará en la correspondiente *Bibliografía* la relación exacta de mi deuda con ellos.

A partir de 1962 traté asiduamente a Miguel Maura Gamazo, primer ministro de la Gobernación del Gobierno Provisional de la Segunda República. Como director literario de *Ariel* tuve alguna pequeña intervención frente a la censura de la época, que dependía de Gabriel Arias Salgado, en el forcejeo, fracasado, para que su obra *Así cayó Alfonso XIII* fuese autorizada. Prohibida su publicación, se editó clandestinamente en Barcelona, aunque con pie de imprenta de México, y se distribuyó de tapadillo, gracias al sereno arrojo de Alexandre Argullós y Pep Calsamiglia. Es una historia que espero contar algún día con detalle, porque al margen de planteamientos partidistas Argullós y Calsamiglia, represaliados desde el momento en que las avanzadillas de la Legión entraron en Barcelona, realizaron una tarea muy meritoria para salvar determinados testimonios históricos; creo que el recuerdo de su esfuerzo, como el de otros editores ejemplares, merece que no sea devorado por la desmemoria o la tergiversación de lo que ha sido el mundo editorial de nuestro país desde 1939 hasta hoy.

Miguel Maura, que en compañía de su nieto Joaquín Romero Maura honró mi casa con su presencia, tuvo la gentileza de acogerme en la suya, en Barcelona y en Tona, donde pasó algún verano, y fue para mí y para muchos de quienes compartimos aquellas tertulias -Isabel Blancafort París, Vicenç Capdevila Cardona, Luis del Castillo Aragón, Bosco Martí, John Richardson, Carlos Rojas Vila, Joaquín Sieso Chaguaceda...- una fuente valiosísima de información sobre algunos de los hechos aquí narrados. A lo largo de los años he tenido ocasión de hablar también de las jornadas de abril objeto de este libro, a veces *in extenso*, a veces muy circunstancialmente, con algunos pocos protagonistas de las mismas, y, sobre todo, con diversas personas que entonces no tenían aún la significación que el paso de los años les ha conferido, pero cuyo testimonio, por haber vivido aquellos días en pleno uso de razón, ha sido para mí muy importante: Diego Abad de Santillán, Ignacio Agustí, Víctor Alba, Rafael Alberti, José María Alfaro, Mariano Ansó, José María de Areilza, Andreu Avel.lí Artís, Manuel Aznar Zubigaray, Heribert Barrera, Xavier Benguerel, José Bergamín, Aurora Bertrana, don Juan de Borbón, Camilo José Cela, Guillermo Cabanellas, Santiago Carrillo, José Cruset, Guillermo Díaz-Plaja, Manuel Díez-Alegría, J.V. Foix, Agustín de Foxá, Pilar Franco Bahamonde, Alfonso García Valdecasas, Ramón Garriga Alemany, Antonio Garrigues y Díaz-Cañabate, José María Gil-Robles, Ernesto Giménez Caballero, Vicente Giner, César González-Ruano, Vicente Guarner, Eduardo de Guzmán, Josep Janés i Olivé, Pedro Laín Entralgo, María Teresa León, Enrique Líster, Salvador de Madariaga, Marià Manent, Jordi Maragall Noble, Gregorio Marañón y Posadillo, Eugenio Montes, Federica Montseny, José María Pemán, Ramón Pérez de Ayala, Josep Pla, Pilar Primo de Rivera, Pere Pruna, Antonio Puigvert, Fredéric Rahola, Dionisio Ridruejo, Pedro Sainz Rodríguez, Rafael Sánchez Mazas, Luys Santa Marina, Jorge Semprún Maura, Ramón Serrano Suñer, Arturo Soria, Antonio Tovar, Eugenio Vegas Latapie, Angel Zúñiga... A todos ellos, vivos y muertos, este libro les debe no sólo datos concretos sino la imagen viva, directa, de algunos de los acontecimientos que aquí se narran.

Víctor Alba, Juan Balansó, Heribert Barrera, Maria Borràs Blancafort, Tom Burns Marañón, Vicenç Capdevila Cardona, Eduardo Chamorro, Antonio Padilla Bolívar, Charles T. Powell, Carlos Rojas, Mercedes Salisachs y José Luis Vila-San-Juan han tenido la gentileza de leer el original antes de su publicación, lo que les agradezco más de lo que sea capaz de expresarles, y aunque sus puntos de vista, coincidentes o discrepantes, han enriquecido siempre de manera notable mi trabajo, las posibles faltas del mismo son, como es lógico, de mi exclusiva responsabilidad. Juan Balansó y Antonio Padilla me han facilitado además, igual que Víctor Alba, Vicente Giner y Elena Salvador, algunas obras de difícil acceso, y Maria Borràs me ha prestado su inapreciable ayuda en la edición del libro, al que la sabia mano de Judit Commelerán ha dotado de su mejor envoltura.

Esta relación de agradecimientos pecaría de injusta si olvidara a cuantos me animaron a seguir escribiendo a raíz de la publicación, hace ahora un año, de *El Rey de los rojos. Don Juan de Borbón, una figura tergiversada*; confío que tras las lectura de esta obra no tengan que arrepentirse de haberlo hecho tan generosamente, en especial el *maestro impresor* Manuel Baratech y Juan Pascual, que corren con el riesgo de editarla y el mérito de difundirla.

Quiero agradecer a mis hijos la comprensión y solidaridad demostradas a lo largo de unos meses en los que a veces el trabajo me ha aislado en exceso, y en los que el *claro y callado* estímulo de mi mujer, Isabel Blancafort París, ha sido, como siempre, desde que tengo la fortuna de compartir mi vida con la suya, un don inmerecido.

RBB
Barcelona, 15 de febrero de 1997

PALABRAS PREVIAS

Hace poco más de sesenta y cinco años, el 14 de abril de 1931, unas simples elecciones municipales, celebradas la antevíspera, adquieren de repente en toda España el carácter de plebiscito clamoroso contra Don Alfonso XIII y la Monarquía de Septiembre, es decir, la Monarquía que en 1923, al aceptar el golpe de Estado del capitán general de Cataluña Miguel Primo de Rivera y Orbaneja, y el establecimiento de la Dictadura, rompe con la *Constitución pactada* de 1876, según la cual son soberanos conjuntamente el monarca, que lo es por derecho de sangre, y las Cortes, encarnación de la voluntad popular (1).

Como consecuencia de esta interpretación del resultado de los comicios, en cuarenta y ocho horas mal contadas Don Alfonso XIII se ve obligado a emprender la huída camino del exilio por la *Puerta Incógnita* que en Palacio da al Campo del Moro, en tanto en el ministerio de la Gobernación, en la Puerta del Sol, un llamado Comité Revolucionario presidido por un exministro de la Corona -y algunos de cuyos miembros se hallan en el exilio en París, y otros, hasta ese mismo día, escondidos en Madrid huídos de la justicia- proclama oficialmente la República y se constituye en Gobierno Provisional de la misma.

La Monarquía española, encarnada en el caso de Don Alfonso XIII en quien es Rey desde el momento de su nacimiento, y en cuya augusta persona se mezclan las sangres centenarias de los Borbón y de los Austria, se desploma así, pacíficamente, y en apariencia de un día para otro, sin que en su defensa, como certifica más tarde un miembro de la Grandeza, entre en lucha *ni siquiera un piquete de alabarderos* (2).

Ha transcurrido mucho más de medio siglo desde la caída tan espectacular como sorprendente de una Institución que se presenta siempre como consubstancial con España, y es muy posible que para la mayoría de los españoles el hecho continúe envuelto en las brumas del desconocimiento, cuando no de las versiones interesadamente sesgadas. Nuestra historia más reciente, la de este siglo XX a cuyos amenes asistimos, sigue siendo para muchos la gran asignatura pendiente.

Un acontecimiento histórico de tal naturaleza, la caída de la Monarquía borbónica que desde 1700 señorea el país con sobresaltados intervalos -reinado de José I Bonaparte, reinado de Amadeo de Saboya, Primera República...- no parece que tenga una explicación fácil. ¿Qué ha ocurrido en España para que la mayoría de los españoles decida una vez más expulsar a la Dinastía, como lo hiciera sesenta y tres años antes en la persona de Doña Isabel II, e intente organizar su convivencia pacífica bajo la República, que, al decir de Antonio Muñoz Molina, *significa la culminación de un profundo movimiento de renovación de la vida española, de la tradición progresista de las Cortes de Cádiz y del krausismo, y una nueva lectura de la historia de España en clave no patriotera, sino nacional, esto es, popular*? (3). Responder a esta pregunta, *por qué* cae la Monarquía, es el primero de los dos objetivos principales de este libro.

El segundo lo constituye explicar *cómo* se consigue proclamar la República, ya que tal propósito, por mucho que lo avale el clamor de la ciudadanía, no sería factible llevarlo a la práctica, en esas jornadas del mes de abril de 1931, si el *sistema establecido*, para utilizar la expresión que en los años sesenta populariza en España Hugh Thomas, se hubiera opuesto a ello respaldando al Rey, por mucho que un grupo de personalidades -el Comité Revolucionario-, galvanizado por el voluntarismo de Miguel Maura, esté dispuesto a dar cumplimiento a la interpretación plebiscitaria que monárquicos y republicanos, con la excepción de Juan de la Cierva y de Manuel Azaña en los respectivos campos, hacen mayoritariamente del resultado electoral de la jornada del domingo día 12.

La caída de la Monarquía y la proclamación de la República -el *por qué* y el *cómo* respectivos de ambos hechos- forman, pues, el tema central de esta obra. Tema no baladí, de cuyo correcta interpretación tal vez puedan extraerse un mejor entendimiento de los acontecimientos históricos que han condicionado nuestro presente y algunas enseñanzas no despreciables de cara al futuro.

En 1902, poco antes de ser proclamado mayor de edad y prestar juramento como Rey, Don Alfonso XIII, movida la pluma no se sabe bien si por la lucidez o por el egocentrismo, escribe en su *Diario íntimo*: *De mí depende si ha de quedar en España la Monarquía Borbónica o la República* (4). No dependió sólo de él, claro está, que *la Monarquía Borbónica*, como la llama, se eclipsara largamente en España, pero aun cuando Don Alfonso XIII no sea la pieza exclusiva de la dramática partida que se juega durante su reinado, es sin duda, para bien y para mal, la pieza principal. Y sin un entendimiento correcto de su figura humana y de su actuación política, al margen de su papel institucional, no resulta posible explicarnos *por qué cayó la Monarquía* y *cómo se proclamó la República*. Por ello he trazado en la primera parte de este libro una silueta del Rey y de sus alrededores que creo imprescindible para comprender lo que sucedió, por qué sucedió y cómo sucedió.

Si la pretensión no pecara de excesiva quisiera que estas páginas contribuyeran, también, a restituir la verdad histórica de algunos hechos que, a mi entender, han sido falseados desde siempre de una manera sistemática. Por ejemplo, las verdaderas razones por las que Don Alfonso XIII abandona España el 14 de abril de 1931 y emprende sin más, con su mujer e hijos todavía en Palacio hasta el día siguiente, el camino del exilio. Durante años se ha mantenido la falacia de que el Rey lo hace, tal como afirma en su *Manifiesto* de despedida, para evitar *lanzar a un compatriota contra otro, en fratricida guerra civil* (5). Mal casa declaración en apariencia tan patriótica con la confesión que a la vuelta de dos años hace a su confidente Julián Cortés-Cavanillas: *No valía la pena producir una convulsión sangrienta para mantenerse en precario hasta unas elecciones generales que hubieran depuesto, con escarnio, el símbolo de la monarquía* (6).

El patriotismo *-el último refugio de un canalla*, según Samuel Johnson- cede aquí el paso al simple cálculo. El 14 de abril de 1931 Don Alfonso XIII prefiere que su huída precipitada *-antes de la puesta del sol*, según el mandato imperativo del Comité Revolucionario- quede ante la Historia como un *beau geste* a sufrir la humillación pública de que, en el plazo de unas semanas, unas Cortes Constituyentes le depongan con toda solemnidad y con toda solemnidad también proclamen la República. En definitiva, según el testimonio de Juan de la Cierva -el único ministro del último gobierno de Don Alfonso XIII que en aquellas circunstancias postula el poder para defender la continuidad de la Corona-, lo que Don Alfonso XIII pacta el 14 de abril de 1931 es *la entrega "de la Monarquía" a cambio de un seguro para el Rey* (7). El lector que siga estas páginas hasta el final podrá comprobar que no siempre algunas cosas, como la que aquí queda apuntada, son como se ha querido que hubiesen sido. En este aspecto hago mías sin reparos las palabras de Luis María Anson sobre Don Alfonso XIII: *He querido juzgar al Rey caído sin velar su reinado entre las piadosas telarañas del olvido* (8).

En fin. Mucha sangre ha pasado bajo los puentes desde que en abril de 1931 los españoles se creen dueños de sus destinos. La Segunda República que acaba con la Monarquía de Septiembre de Don Alfonso XIII es derrocada, a su vez, como consecuencia de un golpe de Estado fracasado que por la impericia de sus organizadores, la división del Ejército y la resistencia armada popular desemboca en la guerra de los horrores de 1936-1939. Sucede a ésta sin solución de continuidad el régimen del general Franco, y a la muerte del general la proclamación como Rey de España del nieto de Don Alfonso XIII -no de su hijo y heredero Don Juan-, designado por Franco como su sucesor en la Monarquía instaurada, que, se advierta o no, es la consecuencia última -y la superación- de la contienda civil. Durante el reinado de Don Juan Carlos I, y transmutada la Monarquía del 18 de julio en una Monarquía parlamentaria con el reconocimiento pleno de todas las libertades democráticas formales, los restos de Don Alfonso XIII, fallecido en el exilio, vuelven a su patria con todos los honores para reposar en el monasterio de El Escorial.

Vivos o muertos, los Borbones regresan siempre a España. Diríase que el destino del país es vivir lo ya vivido. Sólo el verso de Antonio Machado en *El dios ibero* mantiene una duda razonable:

Ni está el mañana -ni el ayer- escrito (9).

RBB
Sitges-Barcelona-Sitges
Febrero-Diciembre de 1996

QUINCE CITAS

1. Los Borbones, como se sabe, son una familia francesa. Los propios franceses, después de larga experiencia a su costa, han definido esta familia diciendo que los Borbones nunca aprenden ni nunca olvidan. Llevan una fatalidad en la sangre. Parafraseando la definición francesa, pudiéramos decir que los Borbones son incorregibles (improgresivos) y resentidos (vengativos). Puestas en juego estas cualidades dentro del curso histórico, resultará que una monarquía borbónica será siempre incompatible y se opondrá por todos los medios a cualquier movimiento de progreso político y a la evolución liberal de los tiempos.

Ramón Pérez de Ayala, *Escritos políticos.*

2. Con su renuncia, no haría la dinastía sino pagar una pequeña parte de la deuda que tiene contraída con la nación. España le ha sido fiel hasta la muerte. No hay estadístico que pudiera encerrar en guarismos los daños que ha recibido, los sacrificios que ha hecho en holocausto al nieto de Luis XIV y de sus sucesores. España podría marchar a la cabeza de las naciones más adelantadas, más ricas y más fuertes de Europa si hubiese dedicado a cultivar el cerebro nacional y a mejorar la geografía de la Península, el oro y las vidas que ha sacrificado a la dinastía desde la guerra civil y extranjera de 1702-1711 hasta la guerra civil y extranjera de 1895-1898: guerra de sucesión y Tratado de Utrech, con pérdida de Orán y de Gibraltar; guerras con Inglaterra por causa del pacto de familia; guerra por la abdicación de Bayona y a favor de la independencia; espantosas guerras civiles, siempre renacientes, por rivalidad entre las dos "legitimidades"; guerras coloniales, con pérdida de la América meridional y Méjico en 1810-1826, y de las Antillas y Filipinas en 1898; la inquisición política de Fernando VII; los fusilamientos de doña Isabel... España ha sacrificado la vida entera a la dinastía: ¡que la dinastía corresponda, por fin, dejando de ser estorbo a su resurrección!

Joaquín Costa, *España y la dinastía.*

3. Pese a su arrogante comportamiento y a su urbanidad superficial, Alfonso era un niño en el fondo de su corazón, y a veces un niño muy asustado.

Gerard Noel, *Victoria Eugenia Reina de España.*

4. La adulación y el consentimiento anegaron las buenas, pero insuficientes, orientaciones que su madre y sus maestros trataron de darle durante su educación y fomentaron desmesuradamente su egoísmo y su sentido de superioridad que parece además congénito

en la casa y familia de Borbón; donde late, por debajo de la llaneza y simpatía de muchos de sus miembros un sentimiento de que todo se les debe y nada merece su gratitud. Sin que nunca, hasta hoy, hayan faltado cortesanos e idólatras que se hayan encargado de fomentar tan grave y pertinaz vicio de la familia.

Ricardo de la Cierva, *Victoria Eugenia. El veneno en la sangre.*

5. O el Rey será demócrata, en cuyo caso juntará a su lado todos los elementos progresivos del país, o no lo será, y entonces será justa y fatalmente necesario el fracaso de la Monarquía.

José Canalejas (Citado en Antonio Goicoechea, *Alfonso XIII).*

6. El rey era el primero de los políticos,* primus inter pares, *uno de ellos. Esta fue su desgracia. No se dio cuenta de que el* poker *del poder, juego favorito de casi todos ellos, le estaba vedado al rey no sólo por la Constitución sino por la vera esencia de la función real.

Salvador de Madariaga, *Españoles de mi tiempo.*

7. Desenlace funesto se debe pronosticar si el Rey tomase sobre sí las funciones del gobierno para asumirlas directamente, asumiendo día por día las responsabilidades personales. Ni la generosidad del móvil, ni los aciertos más constantes, evitarían la consumación del suicidio. Así se ha de llamar la conversión en dictadura, de suyo transitoria, del Instituto en que se encarna y vive la unidad perenne de la nación.

Antonio Maura (Citado en Angel Ossorio, *Mis memorias).*

8. Cuando un rey falta a su juramento, no tiene perdón.

Angel Ossorio, *Mis memorias.*

9. El pueblo, convirtiendo las elecciones municipales en plebiscito, había derribado el régimen monárquico, como castigo a la violación constitucional y al perjurio que significó la dictadura del general Primo de Rivera consentida por el rey.

Indalecio Prieto, *Convulsiones de España.*

10. El desgaste de la guerra de Africa y la inestabilidad política, con las continuas crisis de Gobierno, condujeron a Alfonso XIII al error definitivo que le costaría la Corona: legalizar el golpe de Estado del general Primo de Rivera, el 13 de septiembre de 1923, respaldar la dictadura y ofender a la Constitución que había jurado.

Luis María Anson, *Don Juan.*

11. Tampoco tiene disculpa seguir propalando, de mala fe, que Alfonso XIII abandonó a su pueblo, cuando fue la casi totalidad de ese pueblo español quien le repudió a él.

Duque de Maura y Melchor Fernández Almagro, *Por que cayó Alfonso XIII.*

12. Se ha pactado la entrega "de la Monarquía" a cambio de un seguro de vida para el Rey.

Juan de la Cierva, *Notas de una vida.*

13. En 1931, agotadas las ya menguadas reservas de legitimidad que pudieran quedarle a la Monarquía, la proclamación de la República no dejó al rey Alfonso la ocasión de mostrar esa generosidad y amor a la patria que habitualmente se le supone; el del exilio era el único camino que le quedaba abierto, como lo había sido sesenta años antes para su augusta abuela.

Santos Juliá, *Fabular el pasado.*

14. El espíritu noble y el fondo hidalgo del alma española se pusieron de manifiesto una vez más en la revolución que trajo la Segunda República. Al contrario de lo que ha ocurrido en otros países en circunstancias análogas, ni un disparo se escuchó, ni un noble fue agredido, ni una injuria o un grito soez escuchó la familia real, que cruzó toda la Península para ganar la frontera francesa. Lo sucedido del 13 al 15 de abril de 1931, si como princesa lastima profundamente mis convicciones, como española me enorgullece por la civilidad de que se hizo alarde.

Eulalia de Borbón, Infanta de España, *Memorias.*

15. La Monarquía española cumplió su ciclo, se quedó sin sustancia y se desprendió, como cáscara muerta, el 14 de abril de 1931. Nosotros hacemos constar su caída con toda la emoción que merece y tenemos sumo respeto para los partidos monárquicos que, creyéndola aún con capacidad de futuro, lanzan a las gentes a su reconquista; pero nosotros, aunque nos pese, aunque se alcen dentro de algunos reservas sentimentales o nostalgias respetables, no podemos lanzar el ímpetu fresco de la juventud que nos sigue para el recobro de una institución que reputamos gloriosamente fenecida.

José Antonio Primo de Rivera, *Discurso sobre la revolución española,* 19 de mayo de 1935.

PALABRA DE REY

Juro por Dios, sobre los Santos Evangelios,
guardar la Constitución y las leyes.
Si así lo hiciere, Dios me lo premie,
y si no, me lo demande.

Don Alfonso XIII, Madrid, 17 de mayo de 1902.

Acaso de lo único que tengo que arrepentirme
es de haber observado escrupulosamente
los artículos de la Constitución en aquellos años.

Don Alfonso XIII a Julián Cortes-Cavanillas,
Fontainebleau, 23 de julio de 1933.

Opté por Primo de Rivera, al que telegrafié
ordenándole que se trasladara a Madrid.
Los ministros me dijeron solemnemente
que yo violaba mi juramento a la Constitución.
Me había decidido en un momento tan crítico
a servir a mi patria, precindiendo por necesidad patriótica,
de las trabas que me imponía la ley orgánica del Estado.

Don Alfonso XIII a Julián Cortés-Cavanillas,
Fontainebleau, 23 de julio de 1933.

Mientras yo viva, la Monarquía
no corre ningún peligro. "Après moi le deluge".

Don Alfonso XIII a Miguel y Honorio Maura,
Palacio de Oriente, febrero de 1930.

No hay condena más terrible para un rey
que perder el amor de su pueblo.
Difícilmente lo podría comprender quien no lo padece.

Don Alfonso XIII a Julián Cortés-Cavanillas,
Fontainebleau, 23 de julio de 1933.

La Monarquía acabó en España por el sufragio,
y si alguna vez vuelve ha de ser asimismo
por la voluntad de los ciudadanos.

Don Alfonso XIII a Juan Ignacio Luca de Tena,
Londres, 5 de mayo de 1931.

... en estos momentos de júbilo
en que celebramos la victoria final de nuestras gloriosas tropas
bajo el mando del invicto Generalísimo Franco.

Don Alfonso XIII a Julián Cortés Cavanillas,
Roma, 16 de mayo de 1939.

¡Estoy hecho polvo!

Don Alfonso XIII poco antes de expirar
Roma, 28 de febrero de 1941.

PRIMERA PARTE / FORJA, TRIUNFO Y OCASO DE UN PERJURO

De la Monarquía de Sagunto a la Monarquía de Septiembre (25 de noviembre de 1885 / 12 de abril de 1931).

Es posible que si no fuera rey
sería un español apasionadísimo en política.

Don Alfonso XIII

CAPÍTULO PRIMERO

LA MALA CRIANZA

Yo puedo ser un rey que se llene de gloria
regenerando a la Patria, cuyo nombre pase a la Historia
como recuerdo imperecedero de su reinado,
pero también puedo ser un rey que no gobierna,
que sea gobernado por sus ministros
y por fin puesto en la frontera.

Don Alfonso XIII, *Diario íntimo,* 1902.

1.1. EL PRIMER FRACASO DE LA RESTAURACIÓN (Muerte de Don Alfonso XII, 25 de noviembre de 1885).

El 25 de noviembre de 1885 se extingue en el palacio de El Pardo, víctima oficialmente de la tisis, Don Alfonso XII (10), primer Borbón de la Monarquía restaurada mediante el golpe de Estado del general Arsenio Martínez Campos.

Once años antes -1874-, en Sagunto, por tercera vez la dinastía francesa descendiente directa del *Rey Sol* conquista o recupera el trono de San Fernando mediante la fuerza.

De 1700 a 1714 es necesaria una cruenta guerra civil e internacional -que a España le cuesta, entre otros gajes, la pérdida de Menorca, Orán y Gibraltar-, para que Felipe V se proclame rey, lo que, a la vuelta de los años -1724- no le impide abdicar en su hijo primogénito pensando que son fundadas sus esperanzas de hacerse con la corona francesa -a cuyos posibles derechos ha renunciado en 1712-, sin que le importe un ardite ni el país ni aquellos de sus súbditos que, por él, han arriesgado vidas y haciendas. Pero a la muerte de Luis I, que sólo reina de enero a agosto de ese año, y en vista de que las cosas se le tuercen en su Francia natal, Felipe V no tiene empacho en reasumir la primera magistratura; su segundo hijo, Fernando VI, tiene que esperar a la muerte de su padre -1746- para sentarse en el trono. Muerto también sin descendencia, le hereda el rey de Nápoles, su hermanastro Carlos III.

De 1808 a 1813 se precisa otra contienda mucho más feroz, la *Guerra de la Independencia*, para que Fernando VII recupere la corona. En 1808, tras el motín de Aranjuez, ha forzado a su padre Carlos IV -hijo de Carlos III- a abdicar en favor suyo, pero en Bayona es obligado por Napoleón a devolverle sus derechos; Carlos IV, en una escena indecorosa, se los cede a su vez al emperador de los franceses, quien se apresura a traspasárselos a su hermano, José I Bonaparte. La lucha de muchos españoles -afrancesados al margen- no sólo por sacudirse el yugo francés sino para obtener -1813- la vuelta de Fernando VII, a quien llaman *El Deseado*, se ve recompensada con las mil perrerías con que el rey felón -*Marchemos todos francamente, y yo el primero, por la senda constitucional*- obsequia a sus súbditos, legándoles como herencia las cruentas guerras carlistas al morir en 1833 sin sucesión masculina.

En 1874, en fin, hay que echar mano del pronunciamiento de un espadón para que los Borbones, mediante el derrocamiento del Poder Ejecutivo de la República (personificado en el general Serrano) vuelvan ya donde solían en la persona de Don Alfonso XII, nieto de Fernando VII e hijo de Isabel II, destronada en 1868 tras una sucesión de escándalos de la pobre ninfómana unida a la fuerza en matrimonio con su primo hermano Francisco de Asís de Borbón, *exquisito homosexual con algunos escapes bisexuales*, al decir de Ricardo de la Cierva (11).

La muerte de Don Alfonso XII, próximo a cumplir los veintiocho años y cuando lleva poco más de dos lustros en el ejercicio de su magistratura, constituye para Carlos Rojas *el primer fracaso de la Restauración* (12). Todas las esperanzas depositadas en el monarca, que ha asumido con muchas limitaciones el espíritu liberal de su tiempo y bajo cuyo reinado se logra una relativa pacificación de los espíritus, se truncan ahora, en efecto, cuando la Corona no tiene todavía un arraigo consistente en la vida del país y la sucesión recae, institucionalmente, en la Princesa de Asturias, Doña María de las Mercedes, que en esas fechas cuenta sólo cinco años de edad. La Dinastía puede verse amenazada, a su derecha, por una nueva insurrección carlista, y a su izquierda por una nueva intentona republicana, pero España pierde al frente de la primera magistratura del Estado una figura que, por lo plausible, en nada recuerda los esperpentos de los tres últimos reinados.

1.2. EL *PACTO DE EL PARDO*.

Dos días antes de la muerte del Rey, la tarde del 23, tiene lugar en el palacete de La Moncloa el que se conoce como *Pacto de El Pardo*. Antonio Cánovas del Castillo y Práxedes Mateo Sagasta, jefes, respectivamente, del partido Conservador y del partido Liberal, el uno en el gobierno, el otro en la oposición, reafirman de manera explícita turnarse pacíficamente en el uso y disfrute del poder. Es decir, terminan de amañar más que satisfechos el denominado *turno de los partidos o turno pacífico*.

Ambos políticos, casi tan resabiados como los mismos Borbones, si ello es posible, están de vuelta de todo. Cuando en 1876 se lee en el Congreso el artículo del texto constitucional que se está elaborando a propósito de quiénes son españoles, Cánovas, *factotum* de la Monarquía restaurada, *gran empresario de la fantasmagoría*, al decir de José Ortega y Gasset (13), apostilla a su ministro de Estado, sentado junto a él en el banco azul: *Los que no pueden ser otra cosa* (14); hay en sus palabras, seguramente, más escepticismo que enojo. *Cánovas no creía en el pueblo español* -escribe Ramón Pérez de Ayala-; *lo reputaba incapaz e indigno. Con la psicología conservadora y plebeya va siempre aparejado el menosprecio de la natura-*

leza humana; desde luego, del material humano más próximo y manejable. Pero cuando no se cree en el pueblo a que uno pertenece, es inmoral, nocivo y estúpido dedicarse a gobernante (15). Sagasta, en 1868, participa en la revolución -*la Gloriosa*- que expulsa del trono y del país a Isabel II, madre del monarca agonizante, pero ahora don Práxedes se ha integrado ya, de hoz y coz, en el *sistema establecido* de la Monarquía de Sagunto. *Durante los primeros tiempos de la Restauración* -comenta Eduardo de Guzmán- *no tienen derecho a la vida más que los partidos llamados "legales", entre los que lógicamente no aparece ninguno que pueda combatir, directa o indirectamente, al poder constituído. En definitiva, explicará Cánovas en charla amistosa con Castelar, el juramento de fidelidad sólo se pide a los legisladores, y a nadie se le exige que sea diputado contra su voluntad. Por otro lado, interpretando a su manera unos artículos del Código Penal, considera figura de delito toda propaganda republicana* (16).

Doña María Cristina de Habsburgo-Lorena, *la austríaca*, como despectivamente se la conoce, segunda esposa de Don Alfonso XII -viudo en primeras nupcias de su prima hermana Doña María de las Mercedes de Borbón y Orleáns, de la que no tiene descendencia-, es obligada por el gobierno que preside Cánovas, la noche anterior al fallecimiento del Rey, a asistir a una función en el teatro Real, de Madrid, a fin de celar, dentro de lo posible, no ya la gravedad del paciente, sino la inminencia del desenlace. Cuando la reina se presenta en El Pardo, su esposo ha pasado a mejor vida, según la acreditada expresión. Cuenta Claudio Sánchez Albornoz que Don Alfonso XII le recomienda a su mujer en una de las últimas visitas que le autorizan:

-Cristinita, no llores, todo puede arreglarse en bien de nuestros hijos y de España. Guarda el coño, y de Cánovas a Sagasta y de Sagasta a Cánovas (17).

Con el desparpajo borbónico y la lucidez que el largo exilio y diez años de reinado le han proporcionado, Don Alfonso XII resume a su augusta esposa, en una frase, toda una actitud como mujer ante su inminente viudedad -*Guarda el coño*-, y todo un programa como jefe del Estado ante la regencia que le espera -*De Cánovas a Sagasta y de Sagasta a Cánovas*-.

El rey, a las puertas de la muerte, debe tener muy presente que la desenfrenada vida amorosa de su madre Doña Isabel II ha sido una de las causas de la pérdida del trono en 1868. Ninguno de sus hijos, al menos ninguno de los cinco que han sobrevivido a los once que, en expresión de Ricardo de la Cierva, *parió o malparió* (18), es hijo, según este autor, de su marido el rey-consorte, su primo hermano por partida doble Don Francisco de Asís de Borbón y Borbón, conocido como *Doña Paquita* y *Paco Natillas* (19): la hija mayor, la Infanta Doña Isabel, princesa de Asturias hasta el nacimiento de su hermano Don Alfonso -y de nuevo heredera de la Corona cuando éste es proclamado rey y en tanto no tiene descendencia-, es hija del militar Ruiz de Arana; por eso, según Ricardo de la Cierva, es conocida en su momento como *la Araneja*; Don Alfonso XII es hijo del capitán, después general, Enrique Puigmoltó -*Todo lo que tienes de Borbón lo tienes por mí*, le amonesta en cierta ocasión Doña Isabel II a su hijo (20)-

y las Infantas doña Pilar, Doña Paz y Doña Eulalia son hijas del secretario de la Reina Miguel Tenorio de Castilla, aunque la Infanta Doña Eulalia, en la intimidad, comente a veces que es hija de *un apuesto capitán de la guardia* (21).

Don Alfonso XII, con un pie ya en la tumba, sabe también que pese a sus pujos, moderados, de modernidad constitucionalista y parlamentaria la Restauración no puede sobrevivir al margen del *turnismo* impuesto por Cánovas a fin de cerrar el paso, por la derecha y por la izquierda, a los partidarios del pretendiente carlista y a los republicanos.

Como apunta Gerard Noel, la España de la Restauración, en definitiva, es una España en la que *la oligarquía podía seguir teniendo un ascendiente perpetuo detrás del biombo de un gobierno "parlamentario"* (22). A todos los efectos conviene mantener *el biombo* a fin de guardar las apariencias que la democracia formal demanda. *Para invalidar los derechos ciudadanos proclamados en la Constitución* -escribe Guzmán- *basta con la llamada Ley de Garantías; la libertad de imprenta desaparece con la aprobación de una disposición que debe regularla; el sufragio público, limitado o general, deja de ser peligroso gracias al "pucherazo" y a las medidas que se toman desde el Ministerio de Gobernación; los antiguos alcaldes, representantes auténticos de los Municipios, dejan paso franco a los caciques, nuevos señores feudales sin nobleza ni responsabilidad, pero eficaces. Tan duros y tiránicos con los de abajo como adulones y serviles con los de arriba* (23). Para Paul Preston, *hasta 1923, aunque con crecientes dificultades, el sistema de monarquía parlamentaria estaba tan manipulado por la falsificación electoral que el sufragio universal no amenazó nunca seriamente el monopolio de poder de los grandes partidos oligárquicos, el liberal y el conservador* (24).

Alejandro Lerroux, quien a partir de primeros de siglo liderará el partido Republicano Radical, a extramuros del *turnismo*, testifica que *la formación de los partidos políticos, el convenio pactado entre ellos para gobernar pacíficamente por turno y la ausencia de un verdadero estado de opinión en que apoyar el régimen que pretendía ser democrático y liberal, dieron lugar al nacimiento espontáneo de esa organización bastarda y prolífica que el instinto certero y buen humor del pueblo español bautizaron con el nombre de "caciquismo"* (25). El caciquismo y los caciques son, a la postre, el sustento y la substancia del sistema político de la Restauración.

Para Raymond Carr el caciquismo transforma *lo que legal y formalmente era una monarquía democrática en una oligarquía*. Nace así *un nuevo feudalismo, basado en lo que los políticos ingleses del siglo XVIII llamaban amigos complacientes, que se escalonaban jerárquicamente desde la gran oligarquía de Madrid a los pequeños tiranos de los municipios* (26).

No dormía aún en el panteón de El Escorial Alfonso XII -explica una de sus hermanas, la Infanta Doña Eulalia-, *cuando se reunió el Consejo de Ministros para tratar de la sucesión, y María Cristina hizo saber que se encontraba en estado de tres meses. Una gran incógnita se abría frente a*

España y se suspendió por eso la proclamación de la Princesa de Asturias, María de las Mercedes, decidiéndose aguardar seis meses. Si nacía un varón, se le proclamaría inmediatamente con el nombre de Alfonso XIII. A los tres días de muerto el Rey se reunieron las Cortes para conocer y aprobar ese acuerdo del Consejo (27).

A la espera, pues, de que el nuevo titular de la Corona sea la Princesa de Asturias, Doña María de las Mercedes, o el varón que tal vez alumbre la Reina, ésta asume la Regencia. La primera magistratura del país recae así en manos de una extranjera que poco o nada sabe de su patria de adopción, y cuyos únicos méritos para el desempeño de empresa de tal magnitud es haberse casado con Don Alfonso XII, a fin de dotarle del mayor número posible de herederos.

1.3. COMIENZA LA REGENCIA. NACE UN REY (Madrid, 17 de mayo de 1886).

El día 30 de noviembre de 1885 Doña María Cristina jura en las Cortes la Constitución de 1876, que sabrá respetar escrupulosamente. Lo hace ante el marqués de la Vega de Armijo, presidente del Congreso, por ser de más edad que el del Senado, Eugenio Montero Ríos. Su figura enlutada resulta patética al lado de sus dos hijas, la Princesa de Asturias, Doña María de las Mercedes, y la Infanta Doña María Teresa. Reputada como persona seria y, con el tiempo, considerada como una buena *profesional* en el desempeño del cargo, comete como tal, al inicio de su matrimonio, concertado por razones de Estado, una pifia considerable: enamorarse de su marido, cuyas infidelidades constantes la sumen en una depresión profunda. Ni siquiera muerto Don Alfonso XII puede Doña María Cristina idealizar, autoengañándose, el amor que el Rey jamás le profesa; los hijos habidos por éste fuera del matrimonio son siempre un recordatorio lacerante de que su corazón no le ha pertenecido jamás.

Al decir de Ricardo de la Cierva, Doña María Cristina *no llenó en el corazón de Alfonso XII el hueco de la llorada Mercedes; pero tampoco lo había llenado Mercedes, que compartió el amor del rey, tuberculoso y quizá por ello sexualmente desbocado, con una querida fija, la actriz Elena Sanz (vigente antes y después de la muerte de Mercedes), que le dio al menos dos hijos; y con un sinnúmero de aventuras galantes por muchos rincones de Madrid* (28).

De haber vivido Don Alfonso XII los mismos años que su augusta madre, 74, su reinado se hubiera prolongado previsiblemente hasta 1931; de haber vivido diez años más que Doña Isabel II -lo que incluso para la época no resulta insólito-, la fecha se alargaría a 1941, y la historia de España es posible que se hubiese escrito con otros renglones, tal vez igualmente torcidos pero en cualquier caso distintos.

Se inicia ahora la regencia, que de alguna forma borra a lo largo de sus diecisiete años, de 1885 a 1902, el pecado original de la Restauración, es decir, el restablecimiento de los Borbones en España mediante un golpe de fuerza y sin que los españoles -el *pueblo soberano*, para decirlo en la terminología al uso en esos años- haya sido consultado para nada sobre el particular. En este aspecto, es mucho lo que la Dinastía debe a Doña María Cristina de Habsburgo-Lorena -casi tanto como a la pérdida sistemática de memoria histórica de los españoles-, aunque el hijo que ahora aguarda, de cuyo sexo depende que sea Rey o una simple Infanta segundona, con el tiempo borra de un plumazo no sólo esta misma Constitución sino la continuidad de su estirpe en el trono de España durante muchas décadas.

Cánovas del Castillo, en un gesto que le acredita como un zorro, entrega el poder a Sagasta. Los liberales -la izquierda convencional del *sistema establecido* de la Restauración- asumen así las responsabilidades de gobierno y la defensa sin reservas de las instituciones, en tanto el partido Conservador -la derecha-, el más fiel perro guardián de la Corona y de los intereses creados en que se sustenta, se constituye en la oposición de Su Majestad. *No pocos antiguos carlistas, católicos ultramontanos y defensores del absolutismo en todas sus formas* -escribe Guzmán-, *ingresan, con armas y bagajes, en las huestes de Cánovas. Progresistas, demócratas y republicanos lo hacen en las de Sagasta. Se ensancha considerablemente la base que sirve de sostén a la Monarquía constitucional. Pero son escasos, en realidad, los neófitos que aportan otra cosa que sus ambiciones personales y las de grupos más o menos reducidos de amigos incondicionales* (29).

El 17 de mayo de 1886, en el palacio de Oriente, de Madrid, se anuncia el nacimiento de Don Alfonso XIII, hijo póstumo de Don Alfonso XII y de doña María Cristina. España tiene de nuevo un rey, el noveno de los Borbones que ocupan el trono. Su tía paterna, la Infanta Doña Eulalia, evoca así el acontecimiento en sus *Memorias*:

Tal como esperábamos, las horas que precedieron al alumbramiento de María Cristina fueron de una extraordinaria tensión nerviosa para los cortesanos y el pueblo madrileño, que llenaba de bullicio la plaza de Oriente. Las horas de aquel día histórico pasaban con lentitud, y cada minuto transcurrido se alargaba en nuestra ansiedad. En la capilla ardían centenares de cirios, y numerosas damas de la Corte se reunieron a orar mientras la familia real y los altos dignatarios y miembros del Gobierno aguardábamos en un salón contiguo a la regia cámara. Durante horas reinó un silencio nervioso, quebrado por el temblor de los rosarios y los suspiros de angustia. Fuera de palacio no era menor la inquietud; centenares de mujeres del pueblo acudían a las iglesias a rogar, mientras los hombres en los cafés y en las calles estaban atentos a todos los rumores.

De pronto, la puerta oro y blanco de la habitación de mi cuñada se abrió y, entre los cortinajes de damasco oscuro, apareció el ministro de Estado.

-¡Ha nacido el rey Alfonso XIII! -anunció con voz temblorosa y cargada de emoción.

Suspiros de alivio, contenidos gritos de alegría, lágrimas demostradoras de una emoción intensa, acogieron en la vasta sala la noticia, mientras en el parque el cañón iniciaba las salvas. El pueblo mantuvo un silencio expectante y tembloroso mientras contaba los cañonazos, y, cuando sonó el decimosexto, un clamor enorme se elevó hasta el cielo azul y penetró en los salones, extendiéndose por todo Madrid.

-¡Viva el Rey! ¡Viva Alfonso XIII! -clamaba en su honda alegría el pueblo madrileño.

Salieron los médicos de la habitación de mi cuñada y, tras ellos, el ministro de Estado -casaca rameada, gran banda, espadín y guantes blancos-, que se vio acosado por la ansiedad de los cortesanos, envuelto en cien preguntas simultáneas que iban de él a los médicos. El salón resultaba pequeño para contener el gentío. Los grandes de España, los embajadores, senadores, altos jefes militares, se mezclaban en un claro tintinear de cruces, de espadines, de sables y de esmaltadas medallas. En las calles, músicas, coplas, alegría desbordante, tumulto de multitud en fiesta. Por vez primera en la Historia, había nacido un rey.

Poco después, según la tradición, sobre bandeja de plata, escoltado, cruzando entre un silencio reverente, entró el rey Alfonso XIII al salón para recibir el homenaje de la grandeza y del Cuerpo Diplomático. Tenía la nariz borbónica y la barba prognática de los Habsburgo, ya al nacer, y, sin ser desarrollado, mostraba muy buena salud, la misma que tuvo siempre a pesar de los rumores en contrario.

Se reunieron las Cortes y, el mismo día de su nacimiento, Alfonso XIII fue proclamado rey constitucional, y su hermana mayor, princesa de Asturias. Ardió toda España en fiesta, en luces de bengala, en campanas echadas al vuelo. Se indultaron presos y se conmutaron todas las penas de muerte que cursaban los Tribunales. Todos experimentamos la grata sensación de que España volvía a encontrarse a sí misma y de que frente a ella se extendían despejados los caminos de la Historia (30).

Al día siguiente del alumbramiento regio Doña Eulalia escribe a su madre Doña Isabel II y a su hermana la Infanta Doña Paz, residentes en el palacio Castilla, en su semi-exilio de París: *Madrid entero está entusiasmado. Quieren que el niño se llame Alfonso, en vez de Fernando. Todo el mundo viene pidiéndolo a palacio. Dicen que "XIII" no tiene nada que ver, que el Papa tiene también ese número y no le ha traído desgracia* (31). El papa al que alude la Infanta es León XIII, que en 1891 hará pública la encíclica *Rerum Novarum*, en respuesta, tardía, al *Manifiesto comunista* de Carlos Marx y Federico Engels, fechado en 1848. Y Fernando, en efecto, era el nombre que quería Don Alfonso XII que se impusiese al hijo que se aguardaba, caso de ser varón, pero el recuerdo del *Pacificador*, como era conocido el difunto, se impone a su deseo por encima del rechazo a la posible *iettatura* del numeral. El día 22 es bautizado y recibe los nombres de Alfonso, León, Fernando, María, Santiago, Isidro, Pascual y Antón. Su madre, en la intimidad, le llama *Bubi*. El cardenal Rampolla, nuncio de Su Santidad en España, representa en el acto al Papa, que se ha dignado apadrinar al neófito; es su madrina la Infanta Doña Isabel, tía paterna del rey-niño, conocida popularmente como *la Chata*, que ejerce una influencia decisivamente malsana en la formación del carácter del monarca.

Aunque la Infanta Doña Eulalia afirma que, *ya al nacer, y sin ser desarrollado, mostraba muy buena salud*, cronistas contemporáneos de Don Alfonso XIII e historiadores posteriores no comparten este criterio. Así, su biógrafo José María Carretero, que firma con el pseudónimo *El Caballero Audaz*, cree que el recién nacido es *un niño debilísimo, condenado a muerte próxima, según el sentir de los médicos palatinos. Inspira tan pocas esperanzas la vitalidad del recién nacido* -escribe- *que el propio Sagasta, Presidente del Consejo de Ministros, le dice con triste ironía a Cánovas, mostrándole el heredero del trono*:

-Ya tenemos la menor cantidad posible de Rey (32).

Años después, Víctor Alba comenta: *Sagasta erró. España tuvo, a partir de 1902, la mayor cantidad posible de rey que un país del siglo XX pueda tener* (33).

Hijo póstumo de un tuberculoso -comenta Juan Balansó-, *Alfonsito nació enfermo. Durante toda su vida arrastró una rinitis tuberculosa que, según era notorio, hacía desagradable su aliento a quienes se le aproximaban. A los cuatro años, corrió serio peligro de muerte: la amenaza de una meningitis se cernió sobre palacio. Su convalecencia fue saludada con verdadero entusiasmo por la gente, harta de conflictos dinásticos* (34).

Pero los conflictos dinásticos, a cuatro pasos del siglo XX, perviven en España. Tres días después del regio alumbramiento el *rey* carlista Don Carlos VII, desde su exilio, lanza un *Manifiesto*: *Españoles: la usurpación cometida a la muerte del Rey D. Fernando VII va a ser confirmada una vez más con la proclamación como Rey de España del hijo de mi primo Alfonso.*

Contra aquella primitiva violación del derecho, y contra todas sus manifestaciones sucesivas, protestaron mis antepasados, como yo protesté igualmente contra el acto pretoriano de Sagunto, secundándome en mi protesta vuestros brazos varoniles y vuestros esforzados corazones.

Perfectamente convencido de que no hay estabilidad en las leyes, ni seguridad en las instituciones más que a la sombra de la "monarquía legítima", luché por mis derechos, que eran la salvaguarda de vuestra prosperidad, hasta que hube agotado todos los recursos materiales (...).

A las conmovedoras manifestaciones de fidelidad que hacéis llegar hasta mí, no puedo responder mejor que sellando con esta protesta los vínculos indestructibles que nos unen, y dándonos la seguridad de que hasta el último aliento estará consagrada a vosotros la vida de vuestro legítimo Rey.-CARLOS. Lucerna, 20 de mayo de 1886 (35).

Desde el momento mismo de su proclamación, recién nacido, Don Alfonso XIII ve cuestionada así su legitimidad como soberano por un sector de su familia paterna. Difícilmente podrá ser rey de todos los españoles quien no es siquiera aceptado como rey por todos los monárquicos.

Al margen de los conflictos dinásticos los problemas de España agrávanse de día en día. *Los políticos de la Regencia* -anota Guzmán- *no parecen darse cuenta exacta de las dimensiones y trascendencia que encierran tanto las protestas obreras como las manifestaciones autonomistas de las regiones más ricas e industrializadas del país. Para acabar con las primeras estiman suficiente el empleo de la fuerza pública ; presentar en la prensa como aprovechados explotadores de la ingenuidad popular o bandoleros merecedores de la horca a todos los dirigentes proletarios y aprobar una llamada ley de terrorismo que eleve al máximo las penas que legalmente pueden imponerse a los presuntos culpables. El arreglo de los conflictos regionales consiste en acceder a las demandas de la burguesía catalana o vizcaína -que explotan en beneficio propio los sentimientos populares de sus respectivas regiones-, otorgándoles protecciones arancelarias o excepciones fiscales tan pronto como amenazan recurrir a medidas extremas* (36).

Tampoco en Palacio parece que sus regios moradores sean conscientes de la vida *real* que discurre más allá de sus muros. *En la Corte española de la Regencia* -escribe la Infanta Doña Eulalia- *todo terminaba y empezaba con rezos y, fuera de orar, nada se hacía. Además de las numerosas fiestas del calendario católico -únicas fiestas que había entonces-, teníamos no menos de siete días al año de los conceptuados como de gala, revista militar, besamanos y cuanto constituía tradición o costumbre. Teníamos otros tantos días de media gala, que, a medida que transcurrió el tiempo y se fue aumentando la familia, se repitieron hasta la exageración* (37).

Este ambiente opresivo se extiende a todos los órdenes de la vida cotidiana: *Se ignoraba en la Corte la comida familiar, la hora acaso más grata del día. En el comedor, a las siete y media, durante toda la regencia de mi cuñada, se sentaban con nosotras un gentilhombre, el jefe de alabarderos, el de la guardia, una dama de honor, el jefe de la escolta real y algunos otros dignatarios. Nunca éramos menos de veinte personas, pero siempre las mismas, sin una sola cara nueva y teniendo que sopesar cada frase y medir antes cada palabra, pues ni una opinión ni un comentario podían expresarse allí sin que al día siguiente los conociera toda la ciudad. El Rey no se sentó a la mesa hasta que cumplió la mayoría de edad, y sólo después de su matrimonio, por iniciativa de Victoria Eugenia, tuvimos una comida íntima, exclusivamente familiar, los domingos* (38).

El riguroso luto que la Reina había impuesto en la Corte, afectaba hasta a los muebles de Palacio -escribe Eusebio Ferrer-, *donde muchas de las ampulosas consolas y sillerías habían sido pintadas de negro.* (39).

Sobrina del emperador Francisco José, la madre del rey Alfonso llevó a España las rígidas ideas educativas de su Austria natal. Crió a un Borbón como a un Habsburgo, comenta en el otoño de 1931 el gran duque Alejandro de Rusia (40). A propósito de Borbones y de Habsburgos, Pérez de Ayala apostilla: *Así como los mejores caballos proceden de Arabia, los mejores carneros de España y los mejores perros de Inglaterra, parece que ha habido terrenos a propósito para producir los reyes más reyes, o, lo que es lo mismo, los peores; y estas tierras han sido Francia y Austria. La casa de Borbón, francesa, y la casa de Habsburgo, austríaca, han proveído con ejemplares de fundación o de cruza a casi todas las dinastías europeas* (41). Sobre la influencia austríaca que en la Corte de Madrid proyecta Doña María Cristina, la Infanta Doña Eulalia anota: *Ninguna Corte era más hermética que la española, si se exceptúa la de Viena, en donde culminaron todas las diferencias de clase, se concretaron todos los orgullos y se suprimió todo temblor de vida, como si en las piedras de la maravillosa ciudad se hubiese encerrado un pedazo de sombra medieval* (42).

Doña María Cristina obtiene del papa León XIII la creación de un obispo para uso palatino. *En menos de una década*, según su biógrafo Houghton, *el Reino se encontró con más conventos, monasterios, colegios de jesuítas, escuelas católicas y fundaciones que pudo conocer en los mejores días de Austrias y Borbones* (43).

Vicente Blasco Ibáñez, en *El Liberal*, explica la visión de Don Alfonso XIII durante una excursión a El Pardo: *Pasó en un landó tirado por hermosas mulas, semejante al rey embrujado, Carlos II. Su débil cuerpo, fortificado por la gimnasia, por toda clase de* sports, *una higiene minuciosa, parecía esbelto y se mostraba animado por el soplo de una mustia juventud. En el rostro se delataba la frágil mentira de tantas precauciones adoptadas contra la muerte. Era el ser engendrado en plena tisis, en los últimos meses de existencia de un tuberculoso. Los ojos brillaban empañados; la piel era mate y la mandíbula inferior pendía inerte* (44).

1.4. ASESINATO DE ANTONIO CÁNOVAS DEL CASTILLO (8 de agosto de 1897). EL DESASTRE DEL 98.

El 8 de agosto de 1897 es asesinado por el anarquista italiano Miguel Angiolillo el jefe del Gobierno, Antonio Cánovas del Castillo. Con su muerte desaparece el artífice del tinglado de la Restauración, pero el tinglado permanece. Se equivocan los anarquistas al pensar que el atentado personal puede alterar substancialmente las estructuras del sistema, del que los figurantes políticos, por muy destacado que sea su papel, son simples testaferros en la mayoría de los casos. Sucede a Cánovas en la jefatura del Gobierno Marcelo de Azcárraga y Palmero, *teniente general de salón, como, después de todo, correspondía a su apacible carácter* -al decir de Melchor Fernández Almagro (45)-, que el 4 de octubre de ese mismo año es relevado por Práxedes Mateo Sagasta, el otro puntal del sistema.

Son pocas las voces que se atreven a disentir, frente a la catarata de elogios con que es sepultado el político malagueño, sobre la significación de Cánovas en la España de su tiempo. *Cánovas, el restaurador de la monarquía española, era -equivocado o no- monárquico por razones históricas, según él mismo declaraba* -escribe Pérez de Ayala-. *Lo era, porque no creía en la capacidad del pueblo español para la república. Abominable inmoralidad, porque cuando un gobernante no cree en su pueblo, debe retirarse de la política. Y, además, notable estupidez, porque ningún pueblo posee capacidad republicana hasta que la adquiere con el uso y ejercicio, como nadie aprenderá a nadar si no se sumerge en el agua* (46).

A propósito del *turnismo* de los dos grandes partidos, el Conservador y el Liberal, afirma la Infanta Doña Eulalia: *La política española, que en los días de Alfonso XII pareció orientarse por rumbos modernos y galvanizarse con teorías renovadoras, no tardó en volver a sus tradicionales vicios. Los que estaban dentro de ella, habituados al ritmo cansino de la alternativa Cánovas-Sagasta, no descubrían todo el dañino contenido del sistema, pero los que llegábamos oreados por aires lejanos sentíamos una impresión muy desfavorable* (47).

Esta crítica de la Infanta, por extraño que parezca, es compartida con creces por Doña María Cristina. Según le confiesa a su cuñada, *no hay elementos con que contar para un cambio de frente. Los políticos españoles oponen una resistencia pasiva, oculta, respetuosa si quieres, pero visible, a cuanto intento se hace de llevar las cosas por senderos que no sean los habituales.* Y por paradójico que resulte, la Reina-Regente parece preferir al liberal Sagasta frente al conservador Cánovas: *Todavía con Sagasta puedo conseguir algo, porque es más dúctil, me oye más y no me contradice en cuestiones de interés general. Con Cánovas no es posible. Dicen que me inclino al primero, y es cierto, aunque mis ideas son más afines con las de Cánovas. Pero yo podré ser conservadora sin que por eso me estime obligada a seguir una política reaccionaria. No soy aquí más que un hilo entre dos reyes, y debo continuar la línea política de mi marido, que era liberal* (48).

Para Alvaro de Figueroa y Torres, conde de Romanones, Doña María Cristina *en el ejercicio de sus funciones constitucionales demostró cabal conocimiento de sus deberes practicándolos con escrupulosidad, aunque tal vez no sintiera entrañable afecto por un sistema como el parlamentario, admitido, sólo a última hora y no de buen grado, por sus mayores* (49).

Con la muerte de Cánovas -a cuya viuda se otorga el ducado de su apellido- Don Alfonso XIII se ve privado, para cuando alcance la mayoría de edad, del único político que tal vez se hubiese atrevido a intentar ahormarlo con probabilidades de éxito. A él se debe fundamentalmente la Restauración, que el *pronunciamiento* de Martínez Campos precipita, y aunque la desmemoria sea en ocasiones el pago real a los servicios prestados, la autoridad moral de Cánovas era mucha.

Los niños se dan cuenta pronto de su poder y sus prerrogativas -escribe Balansó-. *La primera pelotera con sus padres o con un hermano define sus límites y la categoria de su poder. Alfonso XIII, el niño-rey, supo desde sus primeras impresiones, que él, cuya efigie estaba en las monedas y los sellos de correo, era alguien superior. A los cuatro años reconvino a un cortesano: "Para mamá soy Bubi, pero para ti soy el rey." Su madre le imbuyó desde la niñez que él estaba por encima de todos* (50). Tal vez Cánovas se hubiese atrevido a recordarle a *Bubi* que a él, en gran medida, le debía la corona.

Pero en otro aspecto la desaparición de Cánovas evita a España un desastre mayor que el sufrido en 1898 en la guerra con los Estados Unidos. *Hasta el último hombre, hasta la última peseta* parece ser el único programa de Cánovas, considerado en este tema de la política colonial de España como un verdadero *halcón*. Sagasta -su sucesor al frente del gobierno tras el breve interregno de Azcárraga-, de vuelta de tantas cosas, sabe que la partida está perdida, aunque disimule. La soledad de la Reina regente es grande en esta difícil circunstancia, y su temor a que se le acuse de no saber conservar la herencia territorial recibida a la muerte de su esposo, mayor.

En los últimos años del siglo pasado -escribe la Infanta Doña Eulalia- *existió en España un divorcio manifiesto entre las ideas de la clase gobernante y las ambiciones populares. Mientras los hombres de la alta burguesía se educaban normalmente en Bolonia, centro espiritual de un movimiento acentuado hacia el liberalismo, la clase aristocrática iba a reforzar su conservatismo en el colegio de los Jesuitas de Beaumont, Inglaterra, tradicional centro de estudio de los grandes de España. Los graduados en Italia regresaban modernizados y solían entrar en la vida pública con ideas nuevas, mientras que los nobles se mostraban indiferentes a toda actuación política. Este distanciamiento restó su apoyo natural a la monarquía, que se vio precisada a inclinarse a una actitud insegura siempre. Desligada de la política, nuestra aristocracia no recogió la voz de la calle, como en Inglaterra, y se hizo parasitaria en vez de colaboradora y guía en el movimiento de renovación que se iniciaba. Sólo el espíritu profundamente monárquico del pueblo español, no escuchado debidamente ni entonces ni ahora, dio a María Cristina un puntal para asegurar el trono que tan abnegada y celosamente defendía.*

Conservar el trono que como regente se le había confiado, en aquellas circunstancias, fue obra gigantesca y revela una estadista superior. No se hizo otra cosa que salvar el trono en España durante dieciséis años. Pero no lo hicieron aquellos políticos cuyo nombre nada dice. Ni una reforma hicieron, ni un cambio de orientación, ni el más ligero empeño de esbozar algo que diera vitalidad a la decadencia que se iniciaba. Nada. Una guerra desgraciada que se pudo evitar y a la que no se debió jamás ir y la pérdida de las últimas colonias fueron los únicos hechos tristes, y notables, de este período (51).

Un joven político que hace sus primeras armas, Antonio Maura, propugna un régimen de autonomía para Cuba. Pero su voz no es escuchada. *La aparición de Antonio Maura* -afirma la Infanta Doña Eulalia- *fue una promesa, pero ya la crisis era muy honda en el espíritu nacional y el mal estaba muy arraigado. Hombre inteligente, físicamente atractivo con su tipo adusto que recordaba a un San Francisco de Borja, joven y mundano, aquel ultramontano de los primeros días hubiera acaso salvado a España de muchos desastres si hubiese sido escuchado. Pero a los que daban voces de alarma no se les hacía caso en España, país de imprevisiones* (52).

La Infanta es uno de los contados españoles de la época que ha pisado los Estados Unidos de América, siquiera sea como resultado de un viaje oficial a la Exposición Universal de Chicago en 1893. Antes ha estado en Cuba, *agitada por ideas liberales, conmovida por ansias de independencia y lista ya a emprender la guerra contra su metrópoli*, constata la Infanta. El resultado de su visita a Cuba no ofrece dudas para ella: *Llegué a pensar que, al fin y al cabo, les sobraba razón a los cubanos en sus deseos de libertad. España, durante siglos, se había limitado a enviarles empleados de todas las jerarquías y segundones de sus casas arruinadas, desoyendo siempre las peticiones de los insulares. Y no eran ambiciosos sin antecedentes los que reclamaban, como sostenía Cánovas del Castillo, ciego en esto como nadie lo fue* (...). *En la cuestión de Cuba Cánovas era un intransigente ciego frente a mí, que veía el problema con más claridad. Casi todos seguían, sin embargo, a Cánovas, cuya frase "el último hombre y la última peseta" para sostener la soberanía de España en Cuba costó ríos de oro y sangre, inútiles y dolorosos. Antonio Maura trató de evitar el desastre, pero no se le hizo caso* (53).

A su regreso de América, la Infanta ha de enfrentarse con la Corte y con los políticos del sistema: *Los desengañé a todos y, ante la erguida protesta de Isabel, afirmé que era demasiado tarde para evitar la emancipación cubana. La isla estaba a unas horas de la democracia formidable que yo había apreciado en los Estados Unidos, a tres días de Méjico -que mi marido no me dejó visitar-, frente a toda una fila de repúblicas, convulsas, es cierto, pero independientes y soberanas. A Cuba llegaba la semilla traída por todos los vientos. Nuestra misma política había sido más de exclusión que de captación de los cubanos, que no se sentían españoles, y en esto estaba, precisamente, escrito lo inevitable. Un pueblo rico, inteligente y trabajador no iba a estarnos siempre sometido para ser explotado* (54).

Dos años después de que la Infanta haga sus sugerencias, que naturalmente no son escuchadas, *Cuba era una hoguera en que se quemaban los mejores soldados de España, y perdimos la isla después de contraer una deuda de muchos millones que arruinó la Hacienda pública española. Entonces se vió que no eran unos pocos cubanos desleales, como decía Cánovas, los que querían alejarse de España* (55).

Sea como sea, en 1898, por el Tratado de París, España pierde los últimos restos de su imperio. *El Desastre no fue el reencuentro de España con la filosofía de la historia* -escribe Ricardo de la Cierva-, *sino el puntapié final que arrojaba a España de sus últimas ilusiones universales. Una derrota, una espantosa, ridícula, inexcusable derrota* (56). Pero para algunos políticos del sistema, sin embargo, la vergüenza del noventa y ocho tiene sus compensaciones: *Hemos perdido todo, pero la Monarquía se ha salvado*, exclama Montero Ríos, ministro de Estado, tras la firma de la deshonra de España (57).

Era el fracaso, el hundimiento de toda una política, la prueba trágica de la inutilidad de un Ejército -escribe *El Caballero Audaz*-.

Jamás ningún pueblo sufrió tan terrible desilusión; jamás ningún pueblo fue de peor manera engañado por sus hombres representativos, por sus gobernantes, por sus caudillos militares y por sus periódicos.

Y jamás en ningún pueblo se convirtió una derrota, como la de España, en botín y honor de los responsables de la catástrofe.

¡Así ocurrió! Sagasta, artífice con Cánovas de la política del desastre, continuaba presidiendo Gobiernos.

(...) *A Weyler, el caudillo de la catástrofe y la concupiscencia, se le concedió el Toisón, la Grandeza de España, el tercer entorchado y, para mayor escarnio, fue decorado con el título de duque de Rubí...*

El general Polavieja era ministro de la Guerra, unos meses después de haberse perdido Filipinas...

El Imparcial, *que al estallar la guerra con Norteamérica publicaba cuadros estadísticos, de los que resultaba que la escuadra española era más numerosa que la yanqui, continuó siendo el periódico mimado en Palacio y de más autoridad en la política.*

La nobleza no había ido a la guerra. Cuando el conflicto estalló, la Regente inició, con un millón de pesetas, una suscripción para adquirir barcos. Toda la aristocracia española, que ahorró su sangre, fue tacaña también de su oro. Entre todos ellos apenas se reunió medio millón de pesetas, contando con que el marqués de Villamejor, padre del conde de Romanones, dió el solo 250.000 (58).

La destrucción pública de la imagen de España como gran potencia convirtió la derrota en un desastre moral -escribe Carr-. *La derrota acabó con la confianza ya minada por la depresión económica y por la confusión política, y fue atribuída al sistema político que había presidido el desastre. Tal imputación era injusta porque ningún sitema político podía salvar los últimos residuos del imperio colonial de una potencia de segunda categoría* (59).

Los horizontes de gloria con que, más allá de las fronteras de su patria, sueña a veces el jovencísimo Don Alfonso XIII quedan ahora reducidos a una más que imprevisible aventura africana. Pero cuando sobreviene la desdichada guerra de Marruecos, la sombra del Desastre condiciona de alguna manera la actuación de Don Alfonso XIII. *Natural también* -escribe *El Caballero Audaz*- *que Alfonso XIII, cuya infancia estuvo amargada por el desastre colonial, pensara, al encontrarse fatalmente con la contingencia de una nueva guerra, que el Destino le deparaba esta ocasión para rehabilitar el prestigio de un Ejército que él encontró hundido en el fracaso* (60).

Alfonso nunca fue enviado al exterior para completar su educación, inadecuada y parcial -comenta Noel-. *Y se sentía frustrado por el aislamiento juvenil, la atmósfera sofocante de la corte y la falta de guía paterna. Encontró una figura paternal en la persona de su agregado militar. Sus juguetes principales eran los soldaditos de plomo y su mundo imaginativo estaba lleno de sueños de gloria militar. Por eso fue tan grande su pesar durante los catastróficos acontecimientos de 1898. Aunque sólo contaba doce años se sintió humillado, al igual que su gobierno y su ejército, por la pérdida de Cuba, Puerto Rico y Filipinas, casi últimos bastiones del una vez poderoso imperio español* (61).

El Desastre del 98, de la mano de José Martínez Ruiz, *Azorín*, da nombre a una generación ilustre de españoles desolados ante la ruina moral y material de su patria. Según Noel Don Alfonso XIII *no era intelectualmente igual a la brillante cosecha de poetas, filósofos, eruditos y escritores que formaban ahora parte importante de la vida de la nación. Fue parte de la tragedia de Alfonso XIII que nunca pudiera ponerse en la misma onda que esta nueva "Generación del 98" y de los hombres y mujeres que se inspiraron en ella en el primer tercio del siglo XX* (62).

El frívolo optimismo oficial -escribe J. Vicens Vives-, *el fácil patriotismo callejero, dejaron paso a un profundo abismo nacional, sobre el que era preciso edificar a toda costa. Aquella generación tuvo dos exponentes unánimes en el ámbito nacional: España no les gustaba tal como era, y era preciso europeizarla a toda costa. Sobre las preferencias de la futura España que ambicionaban aquellos hombres espoleados por una gigantesca inquietud, hubo divergencias de miras: los periféricos, sobre todo los catalanes, predicaron una solución optimisma, construccionista, económica, burguesa e historicista; los castellanos, en cambio, se caracterizaron por su pesimismo trascendente, curtido en una actitud nacionalista, utópica y telúrica. El impacto de esta poderosa mentalidad en la masa social española suscitó de momento una recuperación intelectual y literaria de primer orden, que no cedió a lo largo de decenios sucesivos. Pero las ideas que contenía -ideas explosivas, capaces de hacer saltar al país en pedazos- sólo trascendieron a la política hacia 1930, después de una condigna elaboración filosófica e histórica* (63).

1.5. EL CARLISMO NO MUERE. VÍSPERAS DE UN REINADO.

En los amenes de la Regencia, se producen en Madrid graves disturbios, motivados por la boda de la Princesa de Asturias, Doña María de las Mercedes, hermana mayor de Don Alfonso XIII, con Don Carlos de Borbón, hijo del conde de Caserta (general del Ejército carlista famoso por el bombardeo de Cuenca). Se comprende la alarma de ciertos sectores de la ciudadanía ante la posibilidad de que miembro tan señalado de una familia afecta a quien encarna, de manera emblemática, la bandera antiliberal pueda llegar a convertirse en rey-consorte de España, lo que ocurriría si por cualquier circunstancia la Princesa de Asturias, su esposa, sucediese en el trono a su hermano Don Alfonso.

Doña Mercedes, enamorada profundamente -escribe Almagro San Martín-, *no quiso ceder ante consideraciones de orden político, y la reina Cristina, aunque contrariada como gobernante por aquellas inclinaciones, sostuvo como madre el derecho de su hija primogénita a la felicidad* (64).

La Infanta Doña Eulalia es quien mejor define la situación: *Pero, Señor, ¿por qué se asombra nadie ni se sorprende Crista* <nombre con que es conocida en familia Doña María Cristina> *de que mi sobrina Mercedes se haya enamorado de Carlino? ¡Si la pobre no ha visto de cerca a más hombre que a él y al obispo de Sión!* (65).

La ceremonia de la boda se celebra al fin, pero con las tropas en la calle y el estado de guerra en Madrid. *Por reputarse delito los* mueras *al novio en las manifestaciones callejeras de protesta* -recuerda Indalecio Prieto-, *los manifestantes optaron por gritar "¡viva la princesa viuda!"* (66). Una vez más la rama carlista cree estar en los aledaños del trono, esta vez por persona interpuesta, pero la Princesa de Asturias fallece de parto en 1904, frustrando cualquier esperanza de quienes consideran a su hermano Don Alfonso XIII un usurpador, como usurpadores son, desde su óptica, su padre Don Alfonso XII y su abuela Doña Isabel II. Su viudo, Don Carlos de Borbón, contrae nuevas nupcias, esta vez con Doña Luisa de Orleáns; una hija de este segundo matrimonio, Doña María de las Mercedes de Borbón y Orleáns, se casa en 1935 con un hijo de Don Alfonso XIII, Don Juan, para entonces ya Príncipe de Asturias en el exilio por renuncia de sus dos hermanos mayores.

Al filo de la boda de la Princesa de Asturias, José Canalejas, figura emergente de las huestes liberales, pronuncia *un sensacional discurso de tendencia anticlerical*, al decir de Salvador de Madariaga. *A este discurso contestó en tono violento un periódico clerical en artículo firmado por el padre Montaña, confesor y tutor del rey. La reina le revocó inmediatamente; pero el rey, así confesado y enseñado, empezó a reinar dos años más tarde* (67). Al padre Montaña, según Noel *un hombre de ideas tan grotescamente antiguas y poco imaginativas como para alejar para siempre a cualquiera de la genuina religión*, le sucede el obispo de Sión, capellán de la Corte (68).

Al aproximarse los últimos días de la Regencia -rememora Romanones-, *dispuso la Reina asistiera el Rey a los Consejos de Ministros para adiestrarle en la práctica de una función próxima a ejercer; tomaba asiento a la derecha de la Reina. Fue su presencia saludada por Sagasta con frases de cariño y aprovechó la ocasión para explicarle con claridad las excelencias de la Institución Monárquica y las características del régimen Parlamentario y Constitucional. Seguía D. Alfonso con gran atención, al parecer, las palabras llenas de convencimiento del viejo político liberal. ¿Hasta qué punto penetraban en el abierto y comprensivo ánimo del Rey?* (69). La pregunta del conde, académica por supuesto, tiene su respuesta poco más de veinte años después, cuando Don Alfonso, ya rey en ejercicio, decide que las características del régimen parlamentario y constitucional, cuya ponderación, *al parecer* -según subraya Romanones- ha seguido con gran atención, no se avienen con sus propósitos ni con sus gustos.

¡Lástima que no se aprovechara los últimos meses de la Regencia para que el Monarca viajara por el extranjero y conociera, sobre todo, aquellas naciones maestras en la práctica del régimen Parlamentario! -se lamenta Romanones-. *En la juventud, como dicen los pedagogos, la lección de cosas es insustituíble. El cariño de madre se impuso y la Reina no tuvo arrestos para separarse de su hijo* (70).

La inminencia del nuevo reinado plantea recelos y desconfianzas a propósito de la educación recibida por el Rey. Su orfandad paterna se ve agravada desde su nacimiento por la falta de unos abuelos y de unos tíos varones que se ocupen de él y le disciplinen; rodeado de mujeres -su madre, sus dos hermanas mayores, sus tías paternas y, en ocasiones, su abuela Doña Isabel II-, el mundo femenino que le rodea es proclive a todas las permisividades. En este aspecto la influencia de la Infanta Doña Isabel, condesa viuda de Girgenti, cuyo marido se suicida poco después de contraer matrimonio, es especialmente funesta, como queda dicho. La que fuera dos veces Princesa de Asturias -hasta el nacimiento de su hermano Don Alfonso XII y, tras la abdicación de Doña Isabel II, en tanto Don Alfonso XII tiene descendencia- encarna, de alguna manera, la jefatura *de hecho* de la Familia Real española: Doña María Cristina, extranjera, no es sino un útero mercado a precio razonable para garantizar la progrenie que asegure la continuidad dinástica en el trono. Y *La Chata* le inculca a su sobrino, con insistencia digna de mejor causa, el convencimiento de que por su condición de rey -y rey desde su nacimiento-, todo le está permitido. *Doña Isabel, por su parte* -escribe Almagro San Martín-, *marchó en derechura de su regio sobrino, por el que sentía no sólo cariño maternal, sino veneración, más de creyente a su Dios, que de súbdito por su soberano, porque la anciana Infanta tenía el fanatismo de la Monarquía* (71). Para Palacio, Don Alfonso XIII niño y adolescente es el hilo del que pende, en gran medida, la Restauración. La carencia de hermanos varones -piezas de recambio válidas frente al fantasma de una nueva insurección carlista-, que dota a Don Alfonso XIII del carácter de *ejemplar único*, no contribuye, por cierto, a que la educación de quien ha de convertirse en Rey efectivo al alcanzar la mayoría de edad a los dieciséis años, sea un modelo de exigencia, y crea a su alrededor un clima de enfermiza ansiedad y de aduladora complacencia del menor de sus caprichos, incluídos los de su ardoroso temperamento.

Parece mentira que una reina de tan altas prendas como doña María Cristina de Austria, que ha pasado a la historia como mujer de gran seso, educara tan rematadamente mal a su hijo, concluye Balansó (72).

A los nueve años Don Alfonso XIII se inicia en el uso de la escopeta, *afición la más destacada de la estirpe borbónica*, apostilla maliciosamente el conde de Romanones (73). En 1905, en una cacería de liebres que le organizan sus parientes austríacos en Seelowitz, *el joven monarca español dispara 1.500 tiros y mata 562 piezas, siendo felicitadísmo por todos los cazadores* (74). Sin terminar los estudios primarios y medios el joven Rey se inicia *seriamente* en la instrucción militar bajo la dirección de su jefe de estudios, el general José Lóriga, conde del Grove. *Siempre vio la vida cultural desde fuera, aunque adquirió una cierta comprensión de las artes plásticas*, comenta Ricardo de la Cierva (75).

Los profesores particulares de Don Alfonso XIII -curas ultramontanos como su confesor el padre Montaña, o preceptores militares-, cuya rectitud no se cuestiona, no son, sin embargo, los titulares de una cátedra en propiedad; saben que su permanencia en el cargo es aleatoria y depende en gran medida del capricho regio. La no asistencia de Don Alfonso XIII a unos centros de enseñanza -todo lo elitistas que se quiera- con otros muchachos de su edad en régimen de igualdad relativa, le aísla del mundo en torno; sus únicos compañeros son quienes comparten con él, desde crío, los ejercicios militares. *Con niños de su edad, hijos de Grandes, había formado Alfonso XIII un batallón infantil*, anota Fernández Almagro (76).

El ambiente castrense en que se desarrollan la infancia y la adolescencia de Don Alfonso XIII le reafirma de una manera natural, como jefe máximo de las Fuerzas Armadas, en la creencia de que todo el mundo le debe obediencia sin discrepancia posible. Es el fenómeno que Ramón Pérez de Ayala denomina *psicología de sargento*, y que describe así: *Otra conse-*

cuencia de la naturaleza y hábitos mecánicos del ejército: que el cerebro sometido largamente a la disciplina militar adquiere un rígido pliegue profesional, se mecaniza en cierto modo, y concibe acerca de la vida (fluida, cambiante, inasible, imponderable, rebelde) una visión simplista, automática, pobre, irreal. No por irreal es esta visión nada ideal, antes al contrario. Consiste en lo que pudiéramos denominar "psicología de sargento", que es común a cuantos mandan y no pueden ser desobedecidos, so pena grave, acaso capital. Avezados a que al instante de ellos haber dicho "media vuelta a la derecha" millares de hombres giren sobre sus talones, esperan que en la sociedad la vida libre se doblegue igualmente a las disposiciones que emanan de lo alto, y si no sucede así lo atribuyen a falta de energía o autoridad en el gobierno (77).

Por otra parte la instrucción recibida en la Corte por Don Alfonso XIII le priva del conocimiento siquiera aproximado de *lo que pasa en la calle*. El mundo palatino es una campana neumática, pero también un mullido cojín en que es placentero reposar en tanto se desdeña todo cuanto ocurre más allá de sus límites.

Su voluntad fue débil; su pensamiento, voluble; y le perjudicó haber nacido Rey e hijo único varón, escribe su lealísimo Alfredo Kindelán (78). *Profesores, obispos y generales se presentan a toda hora y se apostan en cada sendero de la vida juvenil*, comenta su biógrafo WInston S. Churchill (79); este tipo de educación impide a Don Alfonso XIII el conocimiento de la sociedad de sus coetáneos.

Ricardo de la Cierva escribe: *La adulación y el consentimiento anegaron las buenas, pero insuficientes, orientaciones que su madre y sus maestros trataron de darle durante su educación y fomentaron desmesuradamente su egoísmo y su sentido de superioridad que parece además congénito en la casa y familia de Borbón; donde late, por debajo de la llaneza y simpatía de muchos de sus miembros un sentimiento de que todo se les debe y nada merece su gratitud. Sin que nunca, hasta hoy* -concluye el ex-ministro de la Corona-, *hayan faltado cortesanos e idólatras que se hayan encargado de fomentar tan grave y pertinaz vicio de la familia* (80).

El 2 de noviembre de 1901 Santiago Alba, del partido Liberal, afirma: *El próximo advenimiento al trono de don Alfonso XIII despierta en el país más recelos que esperanzas, más dudas que alegrías, más incertidumbre que satisfacción. ¿Por qué? Por la educación que se le ha dado*. Y José Canalejas plantea en toda su crudeza el dilema al que ha de enfrentarse Don Alfonso XIII: *O el Rey será demócrata, en cuyo caso juntará a su lado todos los elementos progresivos del país, o no lo será, y entonces será justa y fatalmente necesario el fracaso de la Monarquía* (81).

Por su parte el pretendiente Don Carlos de Borbón, el rey Carlos VII de los carlistas, en una carta pública sentencia: *Triste legado le deja la Regencia... Menguado porvenir le espera* (82). Un sector importante de los monárquicos españoles -los leales de la Tradición- comparte plenamente el diagnóstico de su abanderado.

1.6. CON LA MANO SOBRE LOS SANTOS EVANGELIOS (17 de mayo de 1902). EL MAL INICIO DE UN REINADO (El primer Consejo de Ministros).

El 17 de mayo de 1902, al alcanzar su mayoría de edad, fijada en los dieciséis años, Don Alfonso XIII jura la Constitución en el Congreso de los Diputados. No se le toma juramento porque, según el conde de Romanones, el rey *lo presta espontáneamente*, ya que, como explicaba Cánovas, *el Rey no presta juramento para ser Rey, sino por serlo* (83). Inicia el acto el marqués de la Vega de Armijo, presidente del Congreso, con la fórmula de ritual: *Señor: Las Cortes, convocadas por vuestra augusta Madre, están reunidas para recibir a V.M. el juramento que, con arreglo al artículo cuarenta y cinco de la Constitución del Estado, viene a prestar de guardar la Constitución y las Leyes*. Puesto en pie, el Rey jura: *Juro por Dios sobre los Santos Evangelios guardar la Constitución y las leyes. Si así lo hiciere, Dios me lo premie, y si no, me lo demande* (84).

Cuando en 1923 Don Alfonso XIII falta a tan solemne juramento Dios no se lo demanda; no lo hacen, al menos, sus representantes en la tierra. Ni una sola voz de la jerarquía eclesiástica se alza para denunciar la condición de perjuro del Rey al suspender la Constitución y las Leyes que ha jurado guardar, dando paso a la Dictadura del general Primo de Rivera. Sí le demandan, por contra, los ciudadanos, monárquicos incluídos, que en 1931 le obligan a abandonar trono y familia y huir del país.

La alocución que Don Alfonso XIII dirige al pueblo español la redacta el ministro Segismundo Moret, pero el jefe del Gobierno, Sagasta, introduce algún retoque. Al cabo de los años el conde de Romanones recuerda uno *de verdadero alcance*: *La educación que he recibido me hace ver desde este primer momento pesan sobre mí deberes que acepto sin vacilar, como sin vacilación alguna he jurado la Constitución y las Leyes, consciente de cuanto encierra el compromiso solemnemente contraído ante Dios y ante la Nación* (85). Pero por mucho que los ministros y el jefe del Gobierno se esfuercen en ello, no parece que Don Alfonso XIII sea *consciente* de los compromisos solemnes que el juramento comporta.

El Congreso de los Diputados donde en 1902 jura Don Alfonso XIII la Constitución y las Leyes cambia su nombre, en 1926, bajo la Dictadura del general Primo de Rivera, por el de *Asamblea Nacional*; en 1931, con la Segunda República, recupera su denominación de origen, que será substituída en 1942, con el régimen del general Franco, por el de *Cortes Españolas*, hasta que en 1977, bajo el reinado de Don Juan Carlos I, nieto del rey perjuro, se denomine de nuevo Congreso de los Diputados. Pocos edificios, y cuanto representan, han sufrido a lo largo del siglo tantos cambios semánticos.

Ya es Rey, de hecho, quien ha nacido Rey de derecho. Don Alfonso XIII es el noveno miembro de la dinastía gala -los Bourbon- que desde 1700 ocupa el trono de España. Además de José Napoleón I, el rey *intruso*, y de Amadeo I de Saboya, el rey elegido por votación de las Cortes, le han precedido en el trono de San Fernando, por parte de su familia, Felipe V,

Luis I, Fernando VI, Carlos III, Carlos IV, Fernando VII, Isabel II y Alfonso XII. En un determinado aspecto, todos ellos presentan serias taras, según un periodista contemporáneo de Don Alfonso XIII: Felipe V, *mentalmente desequilibrado y sensual*, Fernando VI, *loco e impotente*, Carlos III, *casi normal*, Carlos IV, *imbécil*, Fernando VII, *excesivamente sensual, cruel y sanguinario*, Isabel II, *ninfómana*, Alfonso XII, *tuberculoso* ... (86). Don Alfonso XIII, al decir de Almagro San Martín, *tiene de los Capetos la retentiva, el don de gentes, la facilidad de palabra; ha heredado de los Austria el valor, la fe, el gusto de la milicia, el amor al mando y a la soberanía. El Destino, haciéndole rey desde la cuna, y la Constitución, elevándole al ejercicio del Poder cuando sólo contaba dieciséis años, impidieron, no sólo que respirase el aire libre de las calles, muy buen educador político, sino que su cultura libresca pudiera formarse normalmente. Era imposible que un mozo alcanzara la perfección de conocimientos apetecibles para su alto oficio, a la edad en que otros son, todo lo más, bachilleres. Por ello, y porque se mostró no siempre discípulo atento y paciente, sabe pocas cosas bien* (87).

Ricardo de la Cierva comenta a propósito de Don Alfonso XIII que *su madre, que era una excelente maestra, trató de inculcarle su gran firmeza de voluntad pero con resultado mediocre. Alfonso XIII fue siempre voluble y tendía a dejarse aconsejar por quien más le gustaba y halagaba. Era simpático y llano pero resultaba dúctil a la adulación y a veces llevaba el tuteo borbónico a situaciones incómodas para el interlocutor, por quien a veces transparentaba, muy a su pesar, un ribete de sarcasmo e incluso de desprecio que le valió muchos disgusto (...) La facilidad con que patricias y plebeyas le brindarían sus favores, unida a su innegable atractivo personal, le despeñó por una vida sexual desenfrenada* (88). Y Luis María Anson sentencia: *Los errores de aquel muchacho inexperto, a pesar de su inteligencia y patriotismo, conducirían a la crisis de la Restauración* (89).

Todo el país, valga la exageración, tiene puestos los ojos en el nuevo monarca en ejercicio. Resulta lógica la expectación, o, si se prefiere la rebaja, la curiosidad, con que se aguarda algún signo indicativo del talante de quien, hasta el momento, ha sido visto, a la sombra tutelar materna, como un adolescente del que todo, o casi todo, se ignora. Pero después del Desastre del 98, es explicable la esperanza de que, con un rey joven y animoso, España conseguirá encauzar su quehacer colectivo de una manera plausible, pero muy pronto tal espejismo se esfuma. Aunque el hecho no trascienda a la opinión, los más cercanos a la vida política del país tienen ocasión, el mismo día de la proclamación de Don Alfonso XIII como soberano efectivo, de saber con quien han de vérselas.

Finalizado el acto de la jura, desde el Congreso Don Alfonso XIII, el Gobierno y toda la comparsa se trasladan a la basílica de San Francisco, donde se entona el inevitable -y *solemnísimo*, anota el conde de Romanones- *Te Deum*. De allí regresan a Palacio, rendidos, Sagasta y sus ministros, por el ajetreo de la jornada bajo los pesados uniformes. En Palacio don Práxedes presenta al Rey la renuncia de su cargo -recibido en su momento de la Reina Regente- y de todo su gobierno, y Don Alfonso XIII, de acuerdo con lo previsto, los confirma, jurando a continuación ante el monarca el nuevo gabinete, que se sucede así a sí mismo.

Cuando creímos terminada la penosa y magnífica jornada -relata Romanones- *y nos disponíamos a retirarnos, el Rey, alegre y satisfecho y, sin duda, deseoso de entrar en el ejercicio de sus funciones, propuso celebrar en el acto Consejo de Ministros. A Sagasta no le entusiasmó la proposición; mas, no pudiendo rechazarla, pasamos a la estancia donde los Consejos se celebran. Por cierto una de las más tristes y frías de Palacio: en los tiempos en que no había calefacción general en ella, se sentía frío, no obstante el fuego que ardía en su monumental chimenea.*

Tomó asiento el Rey en la cabecera de la larga mesa de nogal a cuyos lados se colocan los Ministros y dió comienzo el Consejo, primero del reinado efectivo de Don Alfonso. Tras breves palabras de salutación de Sagasta, dichas con voz apagada, reveladoras de su fatiga, el Rey, como si en su vida no hubiese hecho otra cosa que presidir Ministros, con gran desenvoltura, dirigiéndose al de la Guerra en tono imperativo, le sometió a detenido interrogatorio acerca de las causas motivadoras del cierre decretado de las Academias Militares. Amplia explicación, amplia para su acostumbrado laconismo, le dió el general Weyler: no quedó satisfecho D. Alfonso, opinando que debían abrirse de nuevo. Replicó Don Valeriano con respetuosa energía, y, cuando la discusión tomaba peligroso giro, la cortó Sagasta haciendo suyo el criterio del Rey, resultando con éste vencido el de la Guerra.

Después de breve pausa, el Monarca, tomando en su mano la Constitución, leyó el caso octavo del artículo cincuenta y cuatro (Artículo 54, caso 8º.- "Corresponde al Rey conferir los empleos y conceder honores y distinciones de todas clases") y a manera de comentario dijo: "Como ustedes acaban de escuchar, la Constitución me confiere la concesión de honores, títulos y grandezas; por eso les advierto que el uso de este derecho me lo reservo por completo". Gran sorpresa nos produjeron estas palabras. El Duque de Veragua, heredero de los más ilustres blasones de la nobleza española y de espíritu liberal probado, opuso a las palabras del Rey sencilla réplica; pidiéndole su venia, leyó el párrafo segundo del artículo cuarenta y nueve, que dice: "Ningún mandato del Rey puede llevarse a efecto si no está refrendado por un Ministro".

Aunque la materia no entrañaba importancia, sin embargo, en aquel brevísimo diálogo se encerraba una lección de derecho constitucional.

Como Sagasta no concedió nunca importancia a los títulos y a los honores, apenas había prestado atención a las palabras cruzadas entre el Rey y el Ministro de Marina. ¡Gran lástima, porque el momento era oportuno para deslindar las facultades y funciones del Poder Moderador! El cansancio de Sagasta, agotado por la larga jornada, lo impidió. El calor tuvo no poca responsabilidad en que permaneciera inhibido de la escena ante él desarrollada. ¡Ah! Si no hubiera hecho tanto calor, quizá la suerte constitucional en el presente fuera otra (90). *Ya Salomón, en el libro de los Proverbios, dijo (Cap.XXII. Versículo VI): "Adolescens juxta viam suam, etiam cum senuerit non recedet ab ea"* (91).

Este es el tono en que empezó el nuevo reinado -comenta Madariaga-. *La escena revela ya las características esenciales de la política española en días posteriores: poder personal apoyado en el Ejército y en la distribución de favores regios por parte del monarca; flojedad y vacilación en Palacio, por parte de los políticos. La época presentaba elementos tales como para hacer un reinado verdaderamente grande: una personalidad fuerte en el trono, servida por instrumentos inteligentes y adaptables a su voluntad habría podido construir una nación pacífica y vigorosa (...) Por desgracia no guiaba a la voluntad real una inteligencia preparada para sus tremendas responsabilidades; viva inteligencia, sin duda, pero sin visión más allá de un sincero y ardiente patriotismo; y en lugar de principios generales y de cultura mental y moral, el nuevo rey no aportaba al gobierno del Estado más que un nudo de prejuicios formados en una tradición antidemocrática y antiparlamentaria* (92).

El reinado de Don Alfonso XIII, por tanto, no puede iniciarse bajo peores augurios. Su desafortunada intervención en el primer Consejo de Ministros la explica el Rey, sin saber que lo hace, treinta años después: *Es posible que si no fuera Rey sería un español apasionadísimo en política*, confíesale el 23 de julio de 1933, en su exilio de Fontainebleau, a Julián Cortés-Cavanillas (93). Calla el monarca -o el ex-monarca, como se prefiera, que habla de sí mismo como si no hubiera perdido la condición de tal- que, desde siempre, *ha sido* lo que dice hubiera sido.

Quien debió enseñar a tiempo la Constitución <a Don Alfonso XIII> -escribe Fernández Almagro-, *no pudo o no supo hacerlo: el profesor encargado de formar el espíritu del rey en las disciplinas del Derecho político, con serlo un hombre de tanta autoridad, y liberal por añadidura, como D. Vicente Santa María de Paredes, catedrático de la Universidad Central y tratadista prestigioso. Pero las breves horas de explicación semanal se perdían indudablemente en la atmósfera propia de la Corte, influída por más asiduos mentores, en estudios como en juegos: Sanchiz, Pacheco, Lóriga, González de Castejón, Aguirre de Tejada, militares todos* (94).

Los ministros iban a encontrar en el nuevo tono adoptado en las entrevistas un elemento desquiciante y a la vez una lastimosa pérdida de tiempo -señala Raymond Carr-. *Los decretos quedaban detenidos en Palacio, y los cortesanos se enteraban de su contenido. Pero, aislado de la vida cotidiana y a menudo desilusionado con sus ministros, sus contactos más estrechos fueron con sus ayudantes militares: como su padre, sus sentimientos e intereses más hondos se centraron en el Ejército y ya en 1906 mostró una sensibilidad alarmante hacia la opinión del Ejército. Fue esta sensibilidad la que le llevaría a compartir la preocupación del Ejército por la guerra de Marruecos y la que le proporcionaría en 1923 la alegría de perder de vista a todos los "políticos". La combinación de su inclinación a la intriga y de su tolerancia hacia la dictadura militar después de 1923, hubo de originar una casta de políticos monárquicos sin mucho sentido de lealtad personal hacia la Corona, como patentizaron sobradamente su aislamiento moral en 1931* (95).

Obligado por su juramento a mantenerse dentro de los límites que la Constitución le señala, la *pasión política* de Don Alfonso XIII le incita, sin embargo, una y otra vez, a la transgresión de los mismos, y puesto que no puede, por ley, gobernar directamente, a través de las *crisis orientales* -así llamadas por originarse en el Palacio de Oriente-, emprende una búsqueda insaciable de los testaferros más *idóneos* para que lo hagan en su nombre y de acuerdo con su real gana. El fraccionamiento de los partidos que se produce durante su reinado es en gran parte consecuencia de esta iniciativa regia, que Don Alfonso XIII cree le concede una mayor capacidad de maniobra para el *borboneo* de aquellas personas que, como Antonio Maura, no se plegan a sus caprichos o a sus iniciativas.

Yo puedo ser un Rey que se llene de gloria regenerando la Patria, cuyo nombre pase a la Historia como recuerdo imperecedero de su reinado, escribe en su *Diario íntimo* Don Alfonso XIII poco antes de su proclamación. Nobles propósitos, pero peligrosos en la medida en que añade sin solución de continuidad: *pero también puedo ser un Rey que no gobierne, que sea gobernado por sus ministros y, por fin, puesto en la frontera* (96).

Sorprende en este texto regio, escrito sin cortapisas, la premonición de su destino final como monarca. Pero sorprende todavía más que al arrogante jovenzano dispuesto a cubrirse de gloria regenerando el país nadie le haya explicado que un rey constitucional *no gobierna*, que su función consiste precisamente en lo contrario, en limitarse a firmar los decretos que refrendan con su firma los ministros, que son los *gobernantes*.

Y si alguien se ha tomado la molestia de explicárselo el joven Rey no ha querido entenderlo.

1.7. EL FIN DE LA REGENCIA.

La jura de la Constitución por parte de Don Alfonso XIII supone el fin de la Regencia de su madre Doña María Cristina. *Doña Virtudes*, como despectivamente es conocida -*Castilla miserable, ayer dominadora / envuelta en sus harapos / desprecia cuanto ignora* (97)-, ha sabido cumplir con la tarea que la muerte de Don Alfonso XII echa sobre sus espaldas: conservar el trono para su hijo, bien que no ha sabido, o no ha podido, conservar los restos del imperio que España mantenía en Puerto Rico, Cuba y Filipinas. Y lo hace le guste o no -Habsburgo al fin- el sistema parlamentario, la democracia que a todos supuestamente nos iguala, con un exquisito respeto a las normas constitucionales. Su ejemplo, por desgracia, no hace la menor mella en los propósitos de su hijo, dispuesto a gobernar al margen o por encima de sus ministros, ejerciendo la ciencia en él infusa del *borboneo*.

El 16 de mayo de 1902, último día de la Regencia, Doña María Cristina dirige al jefe del Gobierno, para su publicación, la siguiente carta:

Señor Presidente del Consejo de Ministros:

Al terminar hoy la Regencia a que fuí llamada por la Constitución en momento de profunda tristeza y de viudez inesperada, siento en lo íntimo de mi alma la necesidad de expresar al pueblo español la inmensa e inalterable gratitud que en ella dejan las muestras de afecto y de adhesión que he recibido de todas las clases sociales.

Si entonces presentí que, sin la lealtad y la confianza del pueblo, no me sería dado cumplir mi difícil misión, ahora, al dirigir la vista a ese período, el más largo de todas las Regencias españolas, y al recordar las amargas pruebas que durante él nos ha deparado la Providencia, aprecio aquellas virtudes en toda su magnitud, afirmando que, gracias a ellas, la nación ha podido atravesar tan profunda crisis en condiciones que auguran para el futuro una época de bienhechora tranquilidad.

Por eso, al entregar al Rey D. Alfonso XIII los poderes que en su nombre he ejercido, confío en que los españoles todos, agrupándose en torno suyo, le inspirarán la confianza y la fortaleza necesarias para realizar las esperanzas que en él se cifran.

Esa será la recompensa más completa de una madre, que habiendo consagrado su vida al cumplimiento de sus deberes, pide a Dios proteja a su hijo para que, emulando las glorias de sus antepasados, logre dar la paz y la prosperidad al noble pueblo que mañana empezará a regir.

Ruego a usted, señor Presidente, haga llegar a todos los españoles esta sincera expresión de mi profundo agradecimiento y de los fervientes votos que hago por la felicidad de nuestra amada Patria.

María Cristina (98).

Tal vez en estos momentos Doña María Cristina recuerde el doble consejo que en su lecho de muerte le diera su real esposo, Don Alfonso XII: *Guarda el coño y de Cánovas a Sagasta y de Sagasta a Cánovas* (99). Ambas recomendaciones han sido escrupulosamente cumplidas. A *Doña Virtudes* no se le conoce ni la sombra de un devaneo, y en dieciséis años de ejercer la regencia -desde noviembre de 1885 a mayo de 1902- Antonio Cánovas del Castillo y Práxedes Mateo Sagasta han presidido mayoritariamente los distintos gobiernos que, de acuerdo con el *Pacto de El Pardo*, se han turnado en el uso y disfrute del poder como mandatarios del *sistema establecido*. De los dieciocho gobiernos que se suceden bajo la Regencia, 11 están presididos por Sagasta, 3 por Cánovas (asesinado en el desempeño de la presidencia), 2 por Marcelo Azcárraga y Palmero y 2 por Francisco Silvela. Sagasta se sienta en la presidencia del banco azul en el primero y en el último de los dieciocho gabinetes. La suya es, sin duda, la figura dominante en el *reinado* de Doña María Cristina. Ni tras el abandono del poder, el 6 de diciembre de 1902, ya bajo el reinado efectivo de Don Alfonso XIII, ni a su muerte el siguiente año, es recompensado con la merced de un título nobiliario.

Al finalizar la Regencia -relata el conde de Romanones-, *doña María Cristina se trasladó a las habitaciones en que vivieran las infantas, sus hijas, y en ellas permaneció hasta su muerte* (100). El mundo cortesano, siempre en socorro sino del vencedor sí de quien encarna emblemáticamente la realeza, se desplaza de una manera natural, casi inadvertida, de la órbita de su persona a la de su hijo. Aunque le duela, es seguro que sabe asumirlo. Según el testimonio de su biógrafo Romanones, testigo de excepción, Doña María Cristina *manifestaba su opinión cuando se la requería y se la requería contadas veces; era humano que así aconteciera, por el temor del hijo de aparecer mediatizado en sus funciones por quien le había dado el ser* (101).

Ya es rey, en la plenitud de sus deberes y derechos, Don Alfonso XIII. En el se aúnan las dos dinastías que han reinado en España desde el inicio de la Edad Moderna, Austrias y Borbones. *La nariz, un poco curvada* -anota su biográfo Cortés-Cavanillas-, *era netamente borbónica, y el mentón, prognático, inconfundiblemente austríaco* (102). *Su voluntad* -explica- *no era tan vigorosa como su inteligencia. Razonaba las cosas y gustaba de ponerlas en su punto, con precisión y equilibrio, pero tenía poca continuidad en las ideas que no afectaban a valores absolutos o a dogmas tan intangibles, para él, como la patria o la religión católica. Por ello era tan intransigente en las cuestiones religiosas y en la quintaesencia unitaria y hasta nacionalista de la patria española, mientras resultaba un empedernido escéptico en orden a las diferentes doctrinas políticas y un inconfesable heterodoxo del liberalismo, del parlamentarismo y del sufragio universal* (103).

Preside el primer gobierno de Don Alfonso XIII, heredado de su madre Doña María Cristina, el inevitable Sagasta. La Reina regente le comenta a Melchor de Almagro San Martín: *A rey nuevo, ministros nuevos. Y ya ve usted: son los mismos viejos que yo tomé del reinado anterior* (104). En este primer Gobierno de Don Alfonso XIII Alvaro de Figueroa y Torres, conde de Romanones, se estrena como ministro del rey -lo ha sido antes con el último gabinete de la Regencia-; lo será también en su postrer gobierno, en abril de 1931, tras sobrevivir al ostracismo político impuesto por los seis años de Dictadura del general Primo de Rivera. Sagasta se sucede a sí mismo al frente del gabinete el 15 de noviembre de 1902, pero el 6 de diciembre es substituído por un gobierno Silvela. Se inician así las crisis *orientales*, que jalonan, esterilizándolo, todo el reinado constitucional de Don Alfonso XIII.

A la ceremonia de la jura de la Constitución por Don Alfonso XIII no acude su abuela paterna Doña Isabel II, como tampoco lo hiciera cuando la entrada triunfal de su hijo Don Alfonso XII en Madrid, en 1875. Pero si en aquella ocasión es el Gobierno -es decir, Cánovas- quien le veta la entrada en España, ahora son sus achaques los que la hacen desistir del viaje desde París. La reina-abuela, hija de Fernando VII, ha estado en el ojo del huracán desde que su designación como Princesa de Asturias, chasqueando así las aspiraciones al trono de su tío el Infante Don Carlos -el llamado Carlos V, primer *rey* de los carlistas-, desencadena a la muerte de su padre una cruenta guerra civil. Treinta años atrás -treinta y cuatro para ser exactos- ella misma tiene que abandonar el país a uña de caballo. Tal vez ahora, 1902, piense que los Borbones, con el acceso al trono de su nieto Don Alfonso XIII, están ya definitivamente asentados en España. Treinta años después -veintinueve justos-, quien ahora es aclamado como la esperanza de la patria será puesto en fuga de manera ignominiosa.

Al iniciar su reinado Don Alfonso XIII dirige un mensaje a los *soldados y marinos*:

Al tomar por mí mismo el mando de los ejércitos de mar y tierra , con arreglo a la ley fundamental de la monarquía, me apresuro a cumplir un deber muy grato para mi corazón. Como rey, como general, como español y como soldado yo saludo en vosotros a los representantes de nuestras glorias militares y de nuestra grandeza nacional.

Valor, energía, perseverancia, disciplina, patriotismo, todo lo tenéis: de todas estas virtudes podéis hacer alarde, y dichoso mil veces aquel que las posee: dichoso mil veces el caudillo afortunado que os guíe y dirija en el día de combate, porque está seguro de vencer o morir con honra.

Dichoso el soberano que ve en vosotros el apoyo más firme del orden social, el cimiento más seguro de la paz pública, el defensor más resuelto de las instituciones, la base más sólida del bienestar y de la felicidad de la patria.

En cuanto a mí, cerca de vosotros he de vivir, como vivió el gran Alfonso XII: por vuestro bien he de desvelarme, siguiendo el ejemplo de mi noble madre: con vosotros me hallaréis en los momentos de peligro, y de mí hablará la Historia cuando de vosotros haya de ocuparse.

Cumplid siempre con vuestro deber, que yo no he de olvidar jamás el mío, y con la ayuda de Dios marcharemos juntos, sin vacilaciones ni desmayos, por el áspero sendero que nos marca la estrecha y hermosa tradición de la milicia. Así conquistaremos el amor de los buenos españoles: así haremos una España siempre grande, siempre feliz, siempre llena de admiración y respeto: así contaréis siempre con el afecto de vuestro rey, ALFONSO (105).

Fernández Almagro comenta que en el mensaje, desde el comienzo hasta el final, Don Alfonso XIII sostiene *un lenguaje que indicaba cuál era el cimiento buscado para el trono, con significativa preferencia* (106). A destacar que en esta proclama, avalada por la firma del ministro de la Guerra, Valeriano Weyler, y el de Marina, I. Cristóbal Colón de la Cerda, Don Alfonso XIII, en la peor tradición maniquea, habla ya de *los buenos españoles*, en contraposición a aquellos cuyo amor ni el Rey ni las Fuerzas Armadas conquisten.

1.8. *COME COLIFLOR.*

La mala crianza de Don Alfonso XIII está presta a dar sus frutos.

Para una nación que acababa de cerrar dolorosamente un largo período histórico, necesitada de orden, de paz y de orientaciones precisas, un monarca de dieciséis años constituía una aventura peligrosa -escribe la Infanta Doña Eulalia-. *Si la nuestra tuvo la fortuna de salir adelante, se debió al tacto de María Cristina, que siguió aconsejando a su hijo, guiándolo en sus primeros pasos, contribuyendo con su experiencia y sano juicio a compensar las deficiencias de la edad. A España y a su rey los salvó María Cristina. A la nación, porque ayudó con su consejo, y a su hijo, porque con su carácter rectísimo dominó en él la sed de mando, el afán de gobernar, el deseo de autoridad que alentaba casi toda la Corte, que tomaba esta función de gobernar no como deber y responsabilidad, sino como rito casi religioso.*

"Hay que hacer cuanto el rey mande", era la fórmula de Isabel Y esto, repetido cien veces al día, en todas partes y por todo el mundo, hacía crecer en mi sobrino el deseo de experimentar su autoridad. Los primeros ocho días

de su reinado efectivo fueron de desconcierto y de agitación en la Corte. El Rey jugaba con su autoridad como muchacho, al fin, que era. Se ensañaba con nosotras haciendo ensayos que nos irritaban, pero que Isabel consideraba dignos de todo acatamiento y obediencia. Imaginad, además, un grupo de cortesanos prestos a seguir la corriente, dispuestos a tomar en serio los caprichos del jovenzuelo, todavía en edad de estudiante de bachillerato.

En una de las comidas que siguieron a la retirada de los príncipes extranjeros que habían acudido al acto de la proclamación, se sirvió coliflor a la mesa de Su Majestad, plato que jamás ha sido de mi gusto. No me serví de él.

-Come coliflor -me dijo el Rey.

-No me gusta -respondí-; no la he comido nunca.

-Pues cómela ahora -y sonriendo, quizá por tentar a Isabel, de todos modos por bromear conmigo, agregó el Rey-: Quiero que la comas.

-Cómela -saltó Isabel en seguida-; lo quiere el Rey, y, puesto que él manda, hay que hacerlo.

Aquello me pareció ridículo, y hubiera terminado mal la comida si María Cristina no hubiese mediado dándome la razón, teniendo buen cuidado de explicar a su hijo que su autoridad real no llegaba hasta esos extremos y aprovechando, como siempre hacía, para recordar al Rey cuáles debían ser sus verdaderas preocupaciones. Pero si mi cuñada controlaba aquel deseo de ejercer su novel autoridad que el Rey ponía en todo, Isabel y los cortesanos preferían dar alientos al inexperto monarca.

"Lo que mandes se hará", era siempre el comentario de Isabel a la más pequeña orden o al capricho más menudo de Alfonso XIII, que siguió ejerciendo su autoridad sobre los moradores de palacio. Un día dijo que no le gustaban las sombrillas abiertas en los paseos que dábamos por el Campo del Moro, y eso fue suficiente para que mi hermana las proscribiera de la Corte (107).

El testimonio de la Infanta Doña Eulalia, por muy edulcorado que lo ofrezca, resulta revelador de los modos del nuevo rey en ejercicio.

En el fondo del alma real -escribe Almagro San Martín- *había sedimentado un gran infantilismo, acaso por haber estado el Señor desde la cuna ajeno al roce y desgaste del mundo, que es la escuela de los caracteres. Los reyes no conocen la vida sino tintada por la adulación de los hombres, y hasta de las cosas, que parecen rendirles el vasallaje de sus inanimados servicios* (108).

El distanciamiento que Palacio impone a Don Alfonso XIII respecto de la vida cotidiana se traduce en la forma en que se desarrollan las audiencias, o en la manera en que se despachan los contactos con la prensa.

A propósito de las audiencias, Miguel Maura, hijo del que fuera jefe del gobierno de Don Alfonso XIII, explica que *se había mantenido en todo su rigor la etiqueta que la reina María Cristina había instaurado. Etiqueta del más puro estilo austríaco, preñada de detalles y ceremonias que los palatinos, pronto conquistados por tales formalismos, cumplían con verdadero regodeo, censurando severamente a quienes los infringían y, no hay que decir, que despreciando profundamente a quienes, como yo, nos burlábamos de esas faramallas.*

De toda esa comedia, lo más grave era lo relativo a las "audiencias" regias. Ellas eran el único contacto entre el pueblo *y el soberano.* El aspirante a la audiencia es quien debe solicitarla, *puesto que el rey muy raramente llamaba a nadie por su propia iniciativa.* La solicitud pasa *por todos los filtros interiores de Palacio,* y si se resuelve favorablemente, *al cabo de las semanas o los meses -según la cualidad y el peso específico del solicitante- debía éste informarse bien y hasta ensayar, si quería estar cierto de no equivocarse, los obligados ritos de la ceremonia. Había de ir vestido de levita, con sombrero de copa y guantes. Al llegar a la antecámara, ya descubierto, como es lógico, debía de descalzar el guante de la mano derecha dejando enguantada la izquierda.* Tras ser anunciado por el mayordomo de semana el visitante es introducido en la cámara, donde le aguarda el Rey. *Había de cuadrarse y hacer una reverencia en silencio. Si Don Alfonso le tendía la mano, darle la derecha desenguantada, mientras en la otra mano mantenía el sombrero de copa y el guante descalzado. Y, en tal postura, daba comienzo la audiencia.* Si el Rey le ordena sentarse, el visitante *sólo podía hacerlo en una butaquita baja, que convertía al infeliz en equilibrista, porque era preciso serlo para mantener, encogido y doblado, la chistera, el guante, las faldas de la levita y hasta la cabeza en su sitio respectivo.* La iniciativa del diálogo corresponde al Rey en exclusiva, *de suerte que el visitante no tenía sino contestar a lo que el rey le preguntase. Entre tanto, repasaba en su mente lo que había de hacer al finalizar la audiencia, o sea, cuando el rey se pusiese en pie y tendiese la mano, cuadrarse, hacer una reverencia y, siempre con el sombrero de copa y el guante viudo en la mano izquierda, estrechar con la diestra la de Don Alfonso y empezar la retirada marcha atrás, hasta la puerta, sin volver la cabeza, porque, por lo visto, al rey no le interesaban lo más mínimo las espaldas y los cogotes de sus visitantes y, además, porque, según parece, es irrespetuoso* (...) *¿Qué fruto podía obtener el soberano* -se pregunta Miguel Maura- *de estas audiencias? ¿Qué libertad de mente podía tener el desdichado labrador de Tierra de Campos o el sabio entomólogo, o el físico benemérito, o quienquiera que no fuese un cortesano nato o un desvergonzado integral, durante esa ceremonia? Con pensar y recordar los detalles de la etiqueta y hacer juegos malabares con la chistera y el guante había bastante, y aún sobrado, para tener su mente acaparada. El ser más inteligente, en esas audiencias ante el rey, se convertía en un imbécil. ¡Pues estos eran los contactos del rey con el mundo exterior!*, concluye Miguel Maura (109).

La inutilidad de las audiencias regias es compartida por las que conceden otros miembros de la Familia Real. Almagro San Martín, con conocimiento de causa, describe así las que prodiga la Infanta Doña Isabel: *Gran saludo masculino, reverencia de minué en las señoras; sonrisa de Su Alteza. "Siéntese usted." La persona se acomodaba, generalmente, alicortada. La infanta, entonces, la miraba de pies a cabeza, como tanteando el ataque. Turbación del individuo. Los ojos augustos lo iban recorriendo con lentitud, mientras él, nerviosamente, pasaba su mano por los lugares escrutados: la corbata -¡cielos!, ¿se habría torcido el nudo?-, el chaleco, los puños, el calzado. Formulaba la señora alguna pregunta vaga, si conocía poco a su interlocutor, o le interrogaba sobre su carrera, cruces que ostentaba, familia, salud, viajes. Unos minutos de gimnasia intelectual por parte de Doña Isabel para establecer el contacto: otros cuantos de conversación inocua, e...inclinación hasta los pies, de los hombres, y paso de pavana en las damas. La audiencia había terminado. La persona que acababa de cumplimentar a la señora escapaba, bufando, a su casa, para desnudarse el traje de cumplido y ponerse a sus anchas, física y moralmente* (110).

Respecto a los contactos con la prensa, *El Caballero Audaz*, monárquico militante, refiere que *entre don Alfonso y el periodista estaba siempre el muro aislante de la etiqueta palatina, el obstáculo de unas trabas protocolarias cuya observancia hubiera equivalido a convertir al escritor en una especie de amanuense servil... Había que enviar de antemano el cuestionario a la Secretaría de Palacio, de donde, frecuentemente, lo devolvían ya contestado; en la entrevista, que no tenía otro objetivo que el de una corroboración oficial, el protocolo prohibía dirigir preguntas al Monarca... Y todavía más: antes de ser publicada la información tenían que someterse las galeradas a la censura de la Secretaría y la Mayordomía palatina* (111).

Años después un hijo de Don Alfonso XIII, el Infante Don Jaime señala *el ambiente de adulación y de egoísmo que rodeaba al rey*. En la medida en que el Infante viaja por diversas tierras de España dice percatarse de que *vivíamos en Palacio demasiado aislados, y de que entre el rey y el pueblo, la aristocracia palaciega había levantado un muro que hacía imposible una mutua comprensión* (112).

Criado en tal atmósfera -comenta Theo Aronson-, *no es de extrañar que don Alfonso jamás dudara de sí mismo, lo que habría sido algo totalmente extraño a su naturaleza. Era cínico, y aún se volvería más cínico, aunque su escepticismo jamás sería aquel encogerse de hombros de su padre. Si dudaba de la capacidad de aquellos que le servían, era porque estaba seguro de que él lo haría mejor. Para ser rey de España, había mucho en él que era más bien teutónico, germánico; ciertamente era tan Habsburgo como Borbón. De aquel* laisser aller, *de la indolencia de los anteriores monarcas españoles (incluído su padre), casi no tenía nada. Era activo hasta constituir un defecto* (113).

1.9. MUERTE DE DON FRANCISCO DE ASÍS Y DE DOÑA ISABEL II (1902 / 1904). MUERTE DE DOÑA MARÍA MERCEDES, PRINCESA DE ASTURIAS (1904).

El mismo año de la mayoría de edad de Don Alfonso XIII fallece en Epinay-sur-Seine su abuelo paterno, el rey-consorte Don Francisco de Asís de Borbón y de Borbón, que desde 1868, en que la Dinastía es expulsada de España -*¡Abajo para siempre la raza espúrea de los Borbones!* (114)-, ha consumado de manera definitiva sus intermitentes separaciones de Doña Isabel II. La muerte le sorprende justo un mes antes, día por día, de la proclamación de Don Alfonso XIII. *El luto de corte tuvo que ser reducido* -escribe Balansó-: *don Francisco de Asís había sido en su muerte tan* *inoportuno como lo fuera en vida. Murió solo y arrugadito como una pasa. Cuando se lo llevaron en un ataúd a la estación parisiense, camino del Escorial, doña Isabel derramó un caudal de lágrimas* (115). El rey consorte muere *pobre y olvidado*, y al decir de su hija la Infanta Doña Eulalia, es tan escaso su caudal que ésta sólo recibe como parte de su herencia *la suma irrisoria de veintinueve francos y cincuenta céntimos* (116).

Errabundo, perdido unas veces en los caminos italianos, en Bélgica otras, siempre distante, mi padre casi no había existido para mí. Ya viejo, cuando comenzó a sentirse solo y había mucho frío en torno de él, solía acudir a París, visitando a mi madre y a nosotras. Pero nos era dolorosamente extraño, ajeno, aquel hombre menudo y fino que tenía unas manos bellísimas y un hablar dulce que no encontraba eco en nuestro corazón. Ni un recuerdo, ni un simple detalle que se tiñera de emoción, nada lo unía a mí. Era una orfandad dolorosa la mía. Habíamos sido ajenos el uno al otro, y se hundió en las sombras dejándome apenas el recuerdo de sus manos, que nunca fueron paternales, y de su voz, que, tan suave como era, jamás tuvo palabras de cariño para mí (117). En este texto de la Infanta se desliza, como sin querer, la paladina confesión de su *orfandad dolorosa*: *nada lo unía a mí*, ni siquiera sus manos, *que nunca fueron paternales*. Doña Eulalia, como sus hermanas, está al cabo de la calle de que su relación con el marido de su madre se basa únicamente en que Don Francisco no ha desmentido nunca su paternidad oficial.

Dos años después, el 9 de abril de 1904, muere en su semi-exilio de París, en el palacio Castilla, Doña Isabel II, *la dama de Montmartre*, como, según Ricardo de la Cierva, es conocida en los últimos años de su vida por su frecuentación de ciertos ambientes.

Raramente las palabras de una soberana moribunda -comenta Aronson- *han sido menos memorables.*

-Toma mi mano -le dijo a su yerno, el príncipe Luis Fernando de Baviera- y tira de mi brazo derecho todo lo que puedas. Siento algo extraño en el pecho...; creo que voy a desmayarme.

El príncipe obedeció, y al hacerlo, la reina Isabel II se quedó muerta (118).

De su patrimonio en efectivo a la hora de su fallecimiento dispone, por partes iguales, a favor de sus hijas, de los hijos nacidos de la relación de la *diva* Elena Sanz con Don Alfonso XII, y del secretario-tesorero Haltmann, que según Almagro San Martín le permanece *fiel hasta la muerte*. Cada uno de los herederos recibe doscientas cincuenta mil pesetas (119).

Su fama de ninfómana la sobrevive durante muchos años. Cuenta Pilar Jaraiz Franco que su tío materno Nicolás, contemplando en El Pardo, residencia oficial de su hermano, una vitrina con medallas históricas, le comenta al entonces Jefe del Estado: *Hombre, Francisco, ya veo que tienes una medalla de una señora de pierna alegre como Isabel II* (120).

Las muertes de Don Francisco de Asís, el rey consorte, y de Doña Isabel

II, *la de los tristes destinos*, como la llama el primate tradicionalista Vázquez de Mella, cierran toda una época en la que la falta de estética hace olvidar muchas veces la ausencia de la ética.

Cuando sus restos son trasladados al monasterio de El Escorial, a Don Francisco de Asís le corresponde estar enterrado, en su condición de consorte, entre las reinas de España.

1.10. PRIMEROS AMORÍOS. *CHULERÍAS REALES*. EL BAUTISMO DE LA PÓLVORA (París, 31 de mayo de 1905).

Según Ricardo de la Cierva por esas mismas fechas en que fallece en París Doña Isabel II se difunden *los primeros rumores (verídicos) sobre aventurillas amorosas del joven rey, que mostraba, como su padre, inclinación a las actrices de rutilante figura y escasas dotes escénicas; el primer nombre rutilante que sonó asociado a grandes ramos de flores regias fue el de la* vedette *Julia Fons, que había estrenado* El conde de Luxemburgo *o el de una Carmen de Faya, de folkórico aire* (121).

También en 1904 muere la Princesa de Asturias, Doña María de las Mercedes, al dar a luz al segundo de sus hijos. Su muerte es un duro golpe para Doña María Cristina, y abre de nuevo la desabrida polémica que su boda ha producido dos años antes. El tema que se plantea ahora es quién debe sucederla en el Principado de Asturias, es decir, quién ha de ser el heredero -o la heredera- de la Corona. ¿Su hijo primogénito, Don Alfonso? ¿Su hermana la Infanta Doña María Teresa? *Una buena parte de la opinión no admitía la posibilidad de que el nieto del conde de Caserta* -escribe Romanones- *pudiera ocupar un día el trono de España, y no habiendo otro nombre que oponerle se buscó el de la infanta doña María Teresa, apoyándose en que nunca existieron príncipes de Asturias sin ser hijos de reyes. Las simpatías que inspiraba la infanta eran el único argumento para proclamarla inmediata sucesora de la Corona. El gobierno, ateniéndose a lo dispuesto por la Constitución, resolvió el caso en favor del infante don Alfonso, pero sin concederle el título de príncipe de Asturias* (122). El hijo de la difunta recibe el título de *Infante heredero*, a la espera de que el Principado de Asturias recaiga en la futura sucesión de Don Alfonso XIII.

Pese al revolcón que el duque de Veragua le propina en el primer Consejo de ministros que preside tras la jura de la Constitución, Don Alfonso XIII se afianza en la creencia de que todo le está permitido, incluída la falta de respeto -*chulerías reales* las llama Claudio Sánchez Albornoz- con que se dirige a políticos, cortesanos o simples particulares:

En la antecámara del palacio real charlan animadamente el Grande de España de guardia, el mayordomo de semana, el jefe de los alabarderos, el coronel de las fuerzas que custodian la regia morada... Ríen a su placer comentando las divertidas páginas de un libro de un salaz historiador de muy deshonestas figuras femeninas. Se abre la puerta de la Cámara y aparece en ella la figura de don Alfonso. Los cortesanos interrumpen la plática y las risas. "Estábais hablando mal de mí". El Grande de España le replica: "No, Majestad". "Os he oído charlar y reír y os habéis callado cuando yo he abierto la puerta de la Cámara". "Pero no hablábamos mal de Vuestra Majestad". "¿De qué hablábais?". Se produce un nuevo silencio... El rey insiste: "¿De qué hablábais?". El más osado de los cortesanos responde al cabo: "Señor, hablábamos del último libro de Villaurrutia sobre La reina gobernadora". *A largos pasos don Alfonso avanza por la antecámara diciendo: "Más valía que Villaurrutia se ocupara de la puta de su mujer y dejara en paz a la puta de mi abuela"* (123).

Estas *chulerías reales* serán una constante en la vida del monarca. Según el testimonio de un monárquico a machamartillo, Eugenio Vegas Latapie, la tarde del 14 de abril de 1931 *recordó Maeztu algunas otras anécdotas reveladoras de la ligereza de carácter y frivolidad de Alfonso XIII. Nos dijo, por ejemplo, que cuando él iba a marchar a Buenos Aires, para hacerse cargo de la Embajada en la Argentina, solicitó audiencia a Su Majestad. Durante la visita, en un momento dado, el Rey le dijo: "¡Vaya postín que te vas a dar en un camarote de lujo!" Maeztu recordaba aquella frase con dolor, y pensaba cuántas semejantes pudo haber dicho el Monarca, sin preocuparse del terreno en que habían de caer, creándole así nuevos enemigos* (124). Se entiende que Ramiro de Maeztu, que no es precisamente un paniaguado, se duela al comprobar que el Rey cree que, por su condición de intelectual, el nuevo embajador conocerá por vez primera las comodidades del *confort*.

En la misma reunión donde coinciden Maeztu y Eugenio Vegas -y conforme también con el testimonio de este último- *de acuerdo con esas palabras, José Antonio Primo de Rivera refirió lo ocurrido el día en que su padre, junto con el mariscal Pétain, había efectuado el desembarco en Alhucemas, determinante de la pacificación de Marruecos. En el hipódromo, donde se encontraba, coincidió con Alfonso XIII, quien recibió allí la noticia del feliz desembarco. El Monarca hizo llamar al hijo del dictador para felicitarle, y le comentó: "Vaya suerte que ha tenido el cochino de tu padre". José Antonio lo refería como si en ello hubiera habido un propósito ofensivo. Yo creí percibir, más bien, en la frase* -intenta Vegas suavizar las cosas- *una intención cariñosa, aunque ciertamente de mal gusto* (125). Tal vez a Don Alfonso XIII lo que le duele es no ser él, *El Africano*, quien protagonice el desembarco y capitalice la gloria del mismo.

Antes de dar paso a la Dictadura, en una entrevista con el banquero granadino Manuel Rodríguez Acosta, militante del partido Conservador, le espeta: *No sé cómo te gusta la diputación a Cortes. Serás, sin duda, una de las pocas personas decentes que frecuentan el Congreso* (126). Difundido el regio comentario, cabe suponer la reacción de quienes encarnan, con mayor o menor autenticidad, la soberanía popular, así ultrajados.

Cuando en abril de 1906, ya prometido oficialmente con la princesa Ena de Battenberg, visita la catedral de Winchester, el arcipreste muestra a Don Alfonso XIII el trono en que estuvo sentado Felipe II con motivo de su boda con María Tudor. Junto al trono, el retrato de la que fuera Reina de Inglaterra. El comentario del monarca español surge espontáneo: *Si la*

Princesa con quien voy a casarme se pareciera a ésta, hubiérame guardado muy bien de pedir su mano (127). Sus acompañantes británicos simulan no haber oído sus palabras.

Según Marino Gómez Santos, que recoge el testimonio de labios de Doña Victoria Eugenia, el día de su boda, tras el atentado que cuesta la vida a veinticuatro personas, Don Alfonso XIII *en tono festivo comenta, al marchar a cambiarse de traje*:

-Muchos son los que se casan a los veinte años, pero la verdad es que pocos podrán decir lo que yo: que se han casado en el mismo día en que han nacido (128).

Estamos en un momento malo mundial -le escribe en 1919 a la marquesa de Valparaíso-, *y por donde se mire, lío y gordo. "Pa los reyes de upa", aunque el de Castilla se dejará los riñones antes que abdicar; no sigue el ejemplo malo que le han dado* (129). Tras el destronamiento del *kaiser* Guillermo de Alemania en 1918, que sigue al de Manuel de Portugal en 1910, esta frase la repite a cuantos quieren oírsela.

Su hijo el Infante Don Jaime explica que un verano, en Santander, está Don Alfonso XIII a bordo de un balandro con su real prole. *El tiempo estaba cubierto, soplaba una brisa fresca y ninguno de nosotros sentía el deseo de bañarse, a pesar de que era la hora en que habitualmente lo hacíamos. Entonces mi padre, para darnos una lección de valor y de voluntad, predicando con el ejemplo, se echó al mar vestido como iba, con chaqueta azul de franela, pantalones y zapatos blancos y gorra de balandrista yatchman* (130). Más que *una lección de valor y voluntad* el gesto de Don Alfonso XIII parece el disparate de un excéntrico. El Infante no aclara si, siguiendo el ejemplo paterno, se echaron al agua vestidos o se pusieron antes los bañadores.

La velocidad le embriagaba -comenta Aronson-. *Cuando se enteró de que el joven duque de Alba había comprado un automóvil en Inglaterra, don Alfonso no cejó hasta conducirlo él. Primero atropelló a una vaca, luego a un burro. Cuando el duque le sugirió con diplomacia que debía dejarle el volante, don Alfonso le contestó bruscamente:*

-Si tienes miedo, baja.

El duque siguió donde estaba, y don Alfonso se metió en una zanja (131).

A propósito de su gusto por la velocidad, el conde de Romanones cuenta *el malísimo rato* que en octubre de 1905 pasa el presidente de la República Francesa, Loubet, durante su visita a España. Desde el palacio de Riofrío se dirigen en coche el Rey, el presidente galo, su embajador en Madrid y Romanones, que en esas fechas desempeña el ministerio de Estado, a La Granja. *Conducía el Rey diestramente el automóvil a una velocidad no menor de 90 kilómetros a la hora. Sin duda Loubet no estaba acostumbrado a tan grande rapidez y, asustado, se agarraba, trémulo, al brazo de Cambon, su Embajador. Quizá el momento de mayor satisfacción del Presidente de la República durante su permanencia en España, fue cuando, al descender del automóvil, puso pie en tierra* (132). Para bien de las relaciones hispano-francesas, en esta ocasión Don Alfonso XIII no termina con el coche en una zanja.

Meses antes, en las primeras horas de la madrugada del 31 de mayo de 1905, al salir de una función de gala representada en honor suyo en la Gran Opera, de París, Don Alfonso XIII, a quien acompaña el presidente de la República Francesa, recibe el bautismo de la pólvora.

Habían salido Alfonso XIII y Loubet en coche descubierto, seguido de una escolta de coraceros y de los séquitos oficiales, cuando, al doblar la calle de Rohan para entrar en la de Rívoli, estalló una bomba junto al regio carruaje -relata Cortés-Cavanillas-. *En medio del espantoso ruido y del pánico que se produjo, el Rey, poniéndose en pie y dirigiéndose a Loubet, le preguntó:*

-¿Le han herido a usted, señor presidente?

Y como advirtiera que estaba ileso y tan emocionado que casi no podía hablar, se dirigió a la escolta y, con una calma aplomada, dijo:

-¡Tranquilícense todos! No ha sido nada. Seguramente un petardo.

El coche real se puso en marcha, seguido de los coraceros que no habían sido heridos. Las gentes, percatadas del valor del Rey, rompieron las filas de gendarmes y siguieron al coche con aclamaciones frenéticas. Los vivas se reproducían con un clamoroso contento. Cuando el monarca ascendió a sus habitaciones del Quai d'Orsay, dijo a los que le rodeaban:

-Han querido asustarnos. Dije que había sido un petardo para quitar importancia al suceso y tranquilizar los ánimos, pero ha sido una bomba y de las buenas. Sentí perfectamente el golpe en la caja del coche. ¡Gajes del oficio, señores! (133).

Don Alfonso XIII, de cuyo valor físico da muestras en distintas ocasiones, encuentra la frase feliz. Otros dirán más tarde que un magnicidio es *un accidente laboral*, equiparable al del albañil que se cae del andamio, pero sea un petardo o una bomba lo que han arrojado a su paso, el monarca tiene capacidad de reflejos.

En Madrid, tras recibir simultáneamente la noticia del atentado y un telegrama tranquilizador del presidente Loubet, Doña María Cristina acude a la iglesia de la Virgen de la Paloma en compañía de su hija la Infanta Doña María Teresa, *para dar gracias a Dios por haber resultado el Rey ileso del atentado. A la salida, la Reina entregó al Párroco mil pesetas para los pobres del barrio.* También Don Alfonso XIII, al abandonar la capital francesa, *envía al Prefecto del Sena 25.000 francos para que éste, en su nombre, se sirva repartirlos entre los pobres de París* (134).

En 1912 Doña María Cristina ve reabrirse la herida que la muerte de su hija primogénita le produce, si es que alguna vez se ha cerrado. También tras dar a luz fallece la Infanta Doña María Teresa. *Entonces llegó a faltarle hasta la resignación* - testifica Romanones-; *a cuantos la rodeaban y querían consolarla los escuchaba desabrida, contestándoles: "Sólo la mano que tan rudos golpes me diera es capaz de confortarme"* (135).

Don Alfonso XIII se convierte, así, en hijo único, lo que de hecho ha sido desde su nacimiento. Cualquier posibilidad de atemperar sus arbitrariedades con el consejo leal que una hermana puede brindarle desaparece con la muerte de la Infanta Doña María Teresa.

1.11. EL AMOR PROPIO CONTRARIADO. BODAS REALES.

La Corona necesita garantizar su continuidad mediante un heredero. Don Alfonso XIII, con veinte años cumplidos, piensa en contraer matrimonio. Una gira por diversas cortes de Europa le permite hacerse una idea del género en oferta. La Reina madre, por razones obvias, se inclina por una princesa alemana o austríaca, pero, como escribe Romanones, *ni en los asuntos en que toda madre tiene derecho a dar su consejo, por ser los más definitivos de la vida, dio ella el suyo a tiempo; y conoció las resoluciones cuando ya estaban convertidas en compromisos* (136). Don Alfonso XIII, en efecto, decide que el de su matrimonio es un asunto que sólo a él le incumbe, y no piensa atender ni a razones de Estado ni a advertencias familiares.

En 1905, en visita oficial a Londres, el Rey se prenda como un colegial candoroso de la princesa Patricia de Connaught, nieta de la difunta Reina Victoria de Gran Bretaña, y sobrina del rey Eduardo VII. Pero *la princesa quedó espantada de la mandíbula borbónica y se negó en redondo al sacrificio*, escribe Balansó (137), pese a que, según Cortés-Cavanillas, *ni estigma de degeneración, ni desarmonía del rostro, no siendo muy pronunciado, ha resultado nunca el prognatismo. Desde un punto de vista estrictamente científico, se le podrá considerar como un defecto sin trascendencia alguna, y, a través del estudio tipológico, más aparece como marca insigne de un esclarecido abolengo. La Historia confirma que no hay morbo de decadencia física en los modelos prognáticos* (138). Sea como sea, la princesa, evidentemente, no está por la labor, pese al interés del gobierno británico, y de su tío el Rey, en la posibilidad del enlace: su rechazo visceral de la persona de Don Alfonso XIII es absoluto, y, lo que es peor, notorio. Al término del almuerzo que le ofrecen los Connaught en Clarence House, en que Patricia no le hace el menor caso, Don Alfonso XIII pregunta a la duquesa de Westminster: *¿Tan feo soy*? (139).

Don Alfonso XIII se siente profunda, regiamente ofendido y humillado por lo que le resulta inconcebible: que alguien no se plegue a su voluntad, máxime cuando ha trascendido la posibilidad de su compromiso con la princesa Patricia, *considerada aquí por todos como la futura reina de España*, según escribe desde Londres *Azorín,* corresponsal de *ABC* en la capital británica (140). La mala crianza recibida en España digiere pésimamente el jarro de agua fría recibido en tierra extraña. *Con típico orgullo español* -refiere Balansó-, *Alfonso encajó el golpe borrándola* ipso facto *de su mente y dedicó sus atenciones a Ena, que, por otra parte, era mucho más guapa. No una belleza del Olimpo, como han contado cronistas exaltados, pero sí rubia, de ojos azules y gran clase; una muñeca de tez clara y formas redonditas* (141).

Ena es Doña Victoria Eugenia Julia Ena de Battenberg, prima hermana de Patricia, hija de la princesa Beatriz de Gran Bretaña y del príncipe alemán Enrique de Battenberg, que antes de la visita de Don Alfonso XIII *tenía apalabrado, pero no del todo, el compromiso con el Gran Duque Boris de Rusia, a quien había conocido en la isla de Wight*, según le confiesa muchos años después a su biógrafo Gómez Santos (142). El rechazo de la princesa Patricia, o, mejor, el que trascienda su desdén, echa materialmente a Don Alfonso XIII, en una actitud típica de adolescente humillado, en brazos de la princesa Ena. Cuando las relaciones se formalizan tras la petición de mano el 25 de enero de 1906 lo anuncia a su madre, desde el palacido de Miramar, en San Sebastián, con un escueto telegrama enviado a Madrid: *Me he comprometido con Ena. Abrazos. Alfonso* (143).

En marzo de 1906 tiene lugar la ceremonia de conversión al catolicismo, en San Sebastián, de la futura reina de España. Le acompaña su madre la princesa Doña Beatriz. *Su cambio de fe se basó más en la necesidad que en la convicción* -opina Noel-. *Siempre siguió siendo más protestante que católica en su manera de ver las cosas y nunca se libró de la incómoda sensación de haber traicionado la fe de su familia, de sus antepasados y amigos* (144). Otro historiador británico, Aronson, sentencia: *Los Coburgo no han vacilado en cambiar una fe por una corona* (145). La jerarquía eclesiástica española, de acuerdo con las normas de la época, no le pone las cosas fáciles. *Para mí el episodio fue tan desagradable como era posible*, rememora con amargura Doña Victoria Eugenia (146). *Después he sido muy feliz en la religión católica; pero la entrada fue dura, muy dura. Me lo hicieron lo más antipático que pudieron* -le confiesa años después a Gómez Santos-. *Eso fue en Miramar, ¿verdad?, en la Capilla privada de la Reina Cristina. Públicamente no, pero era bastante para hacerle a uno sufrir. Después lo publicaron, ¿me comprendes? Lo publicaron todos los periódicos... Por eso, cuando yo llegué a Inglaterra, ví a mucha gente amiga que no sabía cómo lo iban a tomar, ¿comprendes?* (147). Pese a que está claro que la abjuración de su fe protestante y su *entrada* en la Iglesia Católica no obedecen a ninguna convicción íntima, sólo a una razón de Estado, el mencionado biógrafo explica que *todos los personajes que han asistido a la ceremonia aseguran que ha sido grandiosa e imponente. El momento de la conversión fue muy solemne y en el semblante del Rey se advertía la emoción* (148).

El joven monarca español era de ingenio rápido, precoz, casi un prodigio -escribe Noel-. *Su encanto era excepcional. Pero, al conocerlo más, surgían sus defectos: era voluntarioso, imperioso, quería salirse siempre con la suya. Eduardo VII empezaba a dudar de si había sido conveniente dejar que su sobrina se casara con un Borbón español. No se lo dijo a Victoria Eugenia en tantas palabras. Tras haber suavizado constitucionalmente el sendero para que ella se casara con Alfonso, se contentó con prevenirla. Le dijo que "no debía volver gimoteando a Inglaterra si las cosas andaban mal". El recuerdo de esas palabras fue un soplo helado en el corazón de Victoria Eugenia cada vez que pensaba en el futuro* (149).

Más que enamorada -comenta Balansó-, *Ena, de diecisiete años, debía encontrarse deslumbrada. El hecho de que sobre ella -protocolariamente la última de las princesas en línea de sucesión al trono, como hija de la menor de las hijas de la reina Victoria- recayesen las atenciones del joven rey de España, el mejor partido de la realeza europea, la fascinaría. Aquel noviazgo fue de hechizo en hechizo, con esporádicas visitas en las playas francesas y tonteos de novios, hasta el momento de la verdad. Alfonso se había enamorado perdidamente de aquella belleza rubia, y nada ni nadie le descabalgaría de su espejismo. Ni siquiera la hemofilia* (150).

El día 11 de marzo de 1906 Don Alfonso XIII comunica oficialmente a su jefe de Gobierno, Segismundo Moret, su intención de contraer matrimonio con la princesa Victoria Eugenia de Battenberg, con el encargo de que, una vez notificado al gabinete, se participe, como es constitucionalmente preceptivo, a las Cortes. Al día siguiente, 12, en el Congreso y en el Senado se da lectura a este comunicado: *Su Majestad el Rey, en cumplimiento de lo que dispone el artículo 56 de la Constitución, nos encarga poner en conocimiento de las Cortes haber concertado su enlace con Su Alteza la Princesa de Battenberg. Al cumplir tan agradable mandato, el Gobierno espera que las Cortes del reino, que han dado testimonio constante de adhesión al trono y de ferviente amor al Rey, compartan la esperanza que a Su Majestad anima de que este enlace contribuya a la continuidad de la dinastía, al afianzamiento de la paz pública y a la grandeza de la patria, aspiraciones sin las cuales no podría ser completa la dicha del monarca que al obedecer a los impulsos de su corazón, tiene esta vez* (sic) *presente sus deberes para con la nación española, cuyos destinos le están encomendados* (151).

El ministro de Hacienda, por su parte, de acuerdo con el Rey y el beneplácito del Consejo de ministros, somete a las Cámaras, que lo aprueban, un proyecto de Ley en el que se estipula:

Artículo 1º- La Princesa Victoria Eugenia, desde el día en que celebre su matrimonio con el Rey, y mientras ese matrimonio subsista, disfrutará, como Reina de España, la asignación anual de 450.000 pesetas.

Se entenderá comprendida al efecto la cantidad correspondiente en la sección de Obligaciones generales del Estado en el presupuesto del año económico de 1906.

Art. 2º- En el caso de que la Princesa Victoria, celebrado su matrimonio con el Rey, le sobreviviera, percibirá del presupuesto general del Estado, mientras no pase a segundas nupcias, la asignación anual de 250.000 pesetas. Madrid, 12 de marzo de 1906 (152).

El 31 de mayo de 1906 se celebra la boda en la iglesia de los Jerónimos, en Madrid. Según el testimonio de Cortés-Cavanillas, al anunciarse días antes la fecha de la ceremonia algunos cortesanos supersticiosos *estaban gravemente preocupados. Uno de ellos se dirigió al Rey con este recuerdo:*

-¿Ha olvidado Vuestra Majestad que el treinta y uno de mayo se cumple el primer aniversario del atentado en París contra la vida de Vuestra Majestad?

-No lo he olvidado. ¡Fecha feliz! -contestó don Alfonso-. Salí sin un solo arañazo (153).

También ahora, *sin un solo arañazo*, sale indemne del atentado que sufre el día de su boda, aunque le cueste la vida a una veintena larga de personas. Mateo Morral Roca, joven anarquista catalán de veintiséis años, hijo de un fabricante textil de Sabadell, que ha trabajado en la editorial de la *Escuela Moderna* de Francisco Ferrer Guardia, en Barcelona, arroja una bomba, camuflada en un ramo de flores, al paso de la comitiva por la calle Mayor. En francés, que es el idioma en que se comunican todavía los recién casados, Don Alfonso XIII le explica a Doña Victoria Eugenia: *He prohibido que arrojen flores. Pero ahora ya estamos fuera de peligro.* Y en el momento en que ella está a punto de preguntarle ingenuamente: *¿Qué peligro?*, se produce la tragedia (154). *El pobre lacayo que marchaba al lado fue muerto en la explosión* -recuerda Doña Victoria Eugenia- *y la sangre de su cabeza cayó sobre mi manto* (155).

Mientras viva no se borrará de mi memoria la impresión que me produjo la noticia del atentado -escribe Romanones, ministro de la Gobernación y responsable, por tanto, de la seguridad de las reales personas-. *En la Iglesia de San Jerónimo se había concentrado la máxima atención de la policía, por considerarla el sitio de mayor peligro; por eso, cuando la pareja nupcial y su acompañamiento salieron del templo, una vez verificada la ceremonia, respiré con satisfacción. Después se supo que estuvo a punto de producirse el atentado dentro de la Iglesia, pues por poco entra Morral en ella.*

Desde San Jerónimo marché a Gobernación para presenciar desde sus balcones el tránsito de la comitiva por la Puerta del Sol. Tuve la imprevisión de retirarme a mi casa antes de tener noticias de la llegada de los Reyes a Palacio, tan seguro estaba de haber pasado el peligro. Me hallaba en la cama rendido por el cansancio, cuando, a los pocos minutos, el teléfono me avisaba de lo ocurrido. Corrí a la calle Mayor; aún me estremezco por el recuerdo del espectáculo ofrecido a mi vista al penetrar en la casa desde uno de cuyos balcones Morral había lanzado el mortífero aparato explosivo. En el portal, cubiertos por mantas, se hallaban diez o doce cadáveres, la mayor parte soldados; la escalera manchada con sangre de las personas heridas.

De todas partes salían ayes de dolor y de angustia. Llegué a la habitación ocupada por Morral hasta momentos antes. El olor acre de los ingredientes utilizados para el explosivo se agarraba a la garganta, mezclándose con el peculiar de medicinas empleadas para la curación de la específica enfermedad que, según después se supo, padecía el asesino.

En el suelo, y en desorden, una elegante maleta de cuero, abierta y esparcidos objetos de tocador y algunas ropas.

Hallábanse el Juzgado y los jefes superiores de Policía tomando declaración a unos y otros y sin encontrar por parte alguna antecedentes ni rastro de Morral (156).

-*¿Para qué te he traído a este país? Fue un error. Nunca debiste venir aquí* -le dice Don Alfonso XIII a su esposa cuando al fin llegan a Palacio (157). El Príncipe de Gales, el futuro Jorge V, que asiste al acontecimiento, emite un duro comentario sobre la imprevisión e ineficacia de las autoridades españolas: *Se supone que el hombre* <por el autor del atentado> *es español y naturalmente lo han dejado escapar. Creo que la policía y los* *detectives españoles son los peores del mundo. No se había tomado ninguna precaución. Aquí se hace lo que se quiere* (158).

A última hora de la tarde el conde de Romanones acude a casa del jefe del Gobierno, Segismundo Moret, *con el corazón henchido de amargura, destrozado.* Animal político de vocación tan posesiva, debe temer Romanones que el atentado tuerza sus expectativas de futuro: *Hablamos largo rato; más de una vez las lágrimas acudieron a mis ojos. Encontré en Moret una frialdad y una reserva excesivas; en sus ojos se leía la censura. Mi deseo hubiera sido dejar de ser Ministro aquella misma noche, pero a ello se opuso Moret, obligándome a apurar las heces del cáliz y a trabajar sin descanso en busca del asesino. Este no parecía: la policía estaba por completo despistada; su retrato no se halló ni en la Jefatura de Barcelona ni en la Sección de anarquismo de Madrid. Para estimular el interés de las gentes ofrecí, no de los fondos de Gobernación, sino de mi propio bolsillo, veinticinco mil pesetas para quien diera alguna noticia de Morral* (159). Dada la legendaria avaricia del conde, cabe imaginar su interés en vista de la largueza de su desprendimiento.

Dos días después y hallándome en el baile de Palacio -¡pocas ganas tenía yo de divertirme!- me avisaron que había sido hallado Morral -explica Romanones-. *Las veinticinco mil pesetas por mí ofrecidas habían dado resultado. Un guarda de Aldovea, finca cercana a Madrid, sospechando al cruzarse con un desconocido que pudiera ser el autor del atentado, le dio el alto; al conducirlo camino del vecino pueblo de Torrejón para entregarlo a la Guardia civil, Morral, al verse perdido, se revolvió contra él matándolo de un tiro; y después, apoyando rápidamente el arma bajo la tetilla izquierda, disparó, atravesándose el corazón y cayendo muerto.*

No he sentido nunca odio hacia nadie ni he contemplado con satisfacción cadáver alguno; pero confieso que no me produjo emoción ni pena el de Morral cuando le ví tendido en el Hospital del Buen Suceso. La bala le había dejado un pequeño orificio perfectamente limpio en el pecho; su rostro juvenil y exento de los estigmas del criminal nato, mostraba completa placidez; sus manos cuidadas y pulidas denotaban al hombre de condición acomodada; por esto, por ser hijo de un industrial conocido, la policía no sospechó de él, ignorando que se había separado de su padre desde hacía tiempo y que era discípulo predilecto de Ferrer, viviendo con él en el local de la Escuela Moderna (160).

Cuando un año después Segismundo Moret ha dejado la jefatura del Gobierno le comenta a Juan de la Cierva:

-¿No encuentra usted extraña la conducta del Infante Don Carlos, que montó a caballo y volvió al lugar del suceso... y dio señales de gran agitación? Piense usted en que si el Rey hubiese muerto, el hijo de Don Carlos le habría sucedido...

Yo me limité a decirle -explica el político conservador, alfonsino de pura cepa- *que Don Carlos era un caballero perfecto y leal... Confieso que no he olvidado nunca esas malévolas insinuaciones, hechas por quien no supo prever ni evitar el terrible atentado. Por supuesto que nadie ha podido dudar, con razón, de la rectitud del Infante Don Carlos, ni yo había oído hasta entonces murmuraciones análogas a las escuchadas a Moret* (161).

El 2 de junio Doña Victoria Eugenia, *con la sangre de mi boda encima*, según comenta años después (162), asiste a una corrida de toros -Antonio Fuentes, José García *Algabeño*, Ricardo Torres *Bombita*, Rafael González *Machaquito*, Antonio Boto *Regaterín* y Manuel Mejías *Bienvenida*-. El espectáculo, al que el Príncipe de Gales y todos los componentes de la delegación británica se niegan a acudir, la aterra. Según Noel, *en las muchas corridas a las que la reina se vio obligada a asistir en años posteriores, llevaba unos anteojos de larga vista que, sin que los espectadores lo supieran, impedían ver lo que estaba pasando* (163).

Tampoco en otros aspectos la vida cotidiana debe resultar agradable para Doña Victoria Eugenia. Hasta 1910, después de cuatro años de casada y habitar en el palacio de Oriente, no consigue que instalen en él calefacción central (164). A César González-Ruano, ya en el exilio, Don Alfonso XIII le comenta sin duda de buena fe: *No entiendo cómo nadie puede quejarse de los hoteles. Son mucho mejores que los palacios reales* (165).

Pero asistir a las corridas de toros o vivir en un palacio sin calefacción central son naderías; su matrimonio con Don Alfonso XIII le reserva pruebas más duras.

1.12. UNA SUCESIÓN IMPOSIBLE. UN MATRIMONIO EN CRISIS.

Uno de los mayores errores del reinado de Don Alfonso XIII es, posiblemente, su matrimonio con Doña Victoria Eugenia de Battenberg. La vida privada de los reyes, aunque ello en ocasiones les disguste, en cierta manera no les pertenece, pues repercute muchas veces en la vida pública de los países en que ejercen. En el caso de Don Alfonso XIII su enlace con la princesa Ena, como familiarmente se la conoce, tiene consecuencias muy graves para la sucesión dinástica, y supone un daño irreparable para la Institución (166).

La reina Victoria Eugenia -escribe Aronson- *fue muy cuidadosa de sus pasos en los primeros años de su reinado. Tenía mucho que aprender. Debía aprender a hablar el español, aceptar el catolicismo más bien ostentoso de sus súbditos, aficionarse (o fingir que se aficionaba) a las corridas de toros, vivir en buenos términos con su suegra austríaca, comportarse como una reina cada minuto de cada día. Y debía aprender a no parecer nunca, cualesquiera que fueran sus inclinaciones, demasiado inglesa. Sólo después de ser reina durante algunos años pudo introducir cierto inglesismo en los gustos y en la conducta, en los vestidos y en la vida cotidiana de la familia real.*

Pero, por desgracia. no fueron éstas las únicas cosas que ella introdujo en la familia real, porque a pesar de su aspecto de salud radiante, la reina Victoria Eugenia era transmisora de la temida enfermedad llamada hemofilia. La sangre de un hemofílico carece de los elementos necesarios para coagular y detener así la hemorragia; la coagulación no tiene lugar o se produce muy lentamente. Cualquier herida que sufra un hemofílico, por ligera que sea, puede serle fatal. Una hemorragia espontánea, por la nariz o las encías, o un topetazo o coscorrón aparentemente inofensivo que cause una hemorragia interna, puede producir la muerte. La enfermedad se produce exclusivamente en los varones, pero puede ser transmitida por una hembra sana o por un varón afectado. Parece que la reina Victoria transmitió la enfermedad a su familia: pudo haber heredado los genes de su madre, o bien ella misma, a través de una mutación espontánea de esos genes, originó la enfermedad. Su hijo, el príncipe Leopoldo, murió desangrado en Cannes en 1884, después de herirse en una rodilla, y tres de sus hijas, la princesa real, la princesa Alicia y la princesa Beatriz fueron transmisoras. La zarina de Rusia, que era hija de la princesa Alicia, transmitió la enfermedad al zarevitch, y a su vez Ena, hija de la princesa Beatriz, la transmitiría. Parece que la embajada española en Londres estaba bien enterada de este peligro inherente a la sangre de la princesa, y el rey don Alfonso fue debidamente advertido, pero como la enfermedad no se transmitía siempre y Ena parecía el retrato de la salud y la vitalidad, don Alfonso decidió correr el riesgo. Fue un hombre que nunca temió los peligros y, además, estaba muy enamorado (167).

Sobre si Don Alfonso XIII es advertido o no en su momento de que Doña Victoria Eugenia es transmisora de la hemofilia, la opinión generalizada de los historiadores, españoles y británicos, es afirmativa, aunque personalidades en la materia como el teniente general Alfredo Kindelán o Ricardo de la Cierva, como se verá enseguida, discrepan al respecto.

Pedro Sainz Rodríguez escribe a propósito del enlace de Don Alfonso XIII con Doña Victoria Eugenia: *Creo que, como persona, fue una excelente elección; desde el punto de vista político puede que también. Pero desde el punto de vista familiar el Rey debía haber tenido en cuenta lo que se le avisó repetidas veces acerca de la enfermedad de la hemofilia. Este es uno de los actos que mucha gente aplaude como un acto romántico del Rey: el haber puesto a su madre y a sus ministros ante un hecho consumado. Les envió un telegrama diciendo: "Me he comprometido con la princesa Victoria".*

Aquel gesto romántico fue una imprudencia tremenda como Rey, porque muchas de las dificultades y toda la tragedia de la familia real dimanan del hecho de esta enfermedad hereditaria: incluso las soluciones políticas (168).

Según Fernando González-Doria, *el ministro español de Estado* (...) *marqués de Villaurrutia, fue cumplidamente informado por su homólogo inglés de esta eventualidad que, muy alarmado, se apresuró a poner en conocimiento de sus compañeros de gabinete*. Para este autor *no es admisible que la reina Cristina ignorara el riesgo* (169). Julián Cortés-Cavanillas, confidente de Don Alfonso XIII en su posterior exilio, afirma: *Alfonso XIII fue avisado de la "enfermedad de Hesse" que traía Victoria Eugenia y no hizo caso* (170). Juan Balansó dice haber *escuchado de labios de un miembro de la Familia Real que tanto Ena como su madre advirtieron a Alfonso, pero el monarca confiaba en su buena estrella y había perdido completamente la cabeza, hasta el punto de no tener en cuenta que dos de los tres hermanos de su novia eran hemofílicos* (171). Según Gerard Noel *Alfonso no tomó en cuenta los muchos avisos que recibió de que la princesa Victoria Eugenia era posible transmisora de una enfermedad hereditaria peculiar de la familia real británica* (172). Y Sir Charles Petrie opina: *Todo hace suponer que Don Alfonso fuese evidentemente advertido del peligro, sin que él lo tomara en consideración; esto, es obvio decirlo, no pudo ser hecho público y por ello se levantaron severas críticas contra la Reina y el Gobierno británico* (173).

El 10 de mayo de 1907 nace en Madrid el Príncipe de Asturias, al que se imponen los nombres de Alfonso, Pío, Cristino, Eduardo, Guillermo, Francisco, Carlos, Enrique, Eugenio, Fernando, Antonio y Venancio. Le apadrina Su Santidad Pío X, representado en el acto del bautismo por un cardenal del Sacro Colegio. Pocos días después la transmisión de la hemofilia propiciada por Doña Victoria Eugenia se hace dramáticamente presente.

Kindelán, como queda escrito, cree en la ignorancia del Rey sobre el tema: *A don Alfonso XIII debieron hacerle saber, al casarse, esto es, antes de hacerlo, que su mujer era un probable agente transmisor de la hemofilia a su descendencia masculina. Al no saberlo, se llamó a engaño y cuando luego supo que no había remedio, se indignó, sobre todo al nacer su primogénito con la terrible tara orgánica* (174). *No puede atribuirse culpa alguna a la novia. ¿Qué sabía ella de enfermedades hereditarias de esa naturaleza?*

Tal vez su madre. Tal vez la Corte de Inglaterra. También debieron averiguarlo los gobernantes o los palatinos españoles. A nadie se le ocurrió prevenir o investigar nada. Cabe preguntar: ¿Nadie estaba obligado a prevenir a la Corte española del caso?. Cuando al nuevo Príncipe de Asturias se le practica la fimosis se hace evidente la tragedia: *La cuestión es que nada se supo hasta que se decidió hacer la fimosis al hijo de los reyes. Llegó para el flamante Príncipe de Asturias la hora correspondiente. Vestían batas albas los médicos y las enfermeras, reunidos en la* nurserie *de palacio. Puesto al descubierto el diminuto campo operatorio, entró en funciones el bisturí practicando una incisión anular y desprendiendo un pequeño colgajo. Desinfectada la herida se procedió a la sutura con todo esmero y cuidado, viendo con sorpresa los cirujanos que no cesaba la hemorragia; perfeccionóse la sutura y tampoco cedió la pérdida de sangre; las caras empezaron a alargarse; los técnicos se miraron preocupados y en voz baja se pronunció una palabra. Mientras tanto, se procedía a la obturación enérgica por medios físicos de los bordes que sangraban y la Facultad se retiraba a deliberar cabizbaja y sumamente inquieta.*

Se acababa de tropezar con la hemofilia, *enfermedad terrible que, como una maldición, castiga desde hace doscientos años a una familia Real, al linaje dinástico de* Hesse *y que se ha transmitido a varios tronos de Europa, en consecuencia de cruces matrimoniales* (175).

Ricardo de la Cierva, a su vez, niega que Doña Victoria Eugenia, ni su familia, ni Don Alfonso XIII, ni nadie, tuvieran conocimiento previo del mal de que era portadora y posible transmisora la nueva reina de España.Se basa en que en el Archivo de Palacio ninguno de los documentos anteriores a 1910 -fecha en la que cree se descubre el mal que aqueja al Príncipe de

Asturias- se hace mención de este asunto. *Alfonso XIII* -explica Ricardo de la Cierva- *no pudo aceptar que la hemofilia, cada vez más precisamente diagnosticada, le arrebatase a su Príncipe de Asturias* (176).

El testimonio de la Infanta Doña Paz, hermana de Don Alfonso XII, parece, sin embargo, convincente. En el verano de 1927 la visita en Munich, en su residencia de Nimphenburg, el historiador Claudio Sánchez Albornoz, acompañado de su mujer y de la condesa de Villahermosa. La Infanta, ante varios testigos, se sincera: Don Alfonso XIII no nos *hace nunca caso*, le dice. *Cuando se proyectó su boda con la reina, le previnimos de que las Battenberg transmitían la hemofilia. No nos escuchó* (177).

El 23 de junio de 1908 nace el segundo hijo de Don Alfonso XIII y Doña Victoria Eugenia, un varón al que su padre impone el nombre de Jaime, según Balansó *para halagar a catalanes y aragoneses*, en recuerdo y homenaje del legendario *Conquistador* (178). Para alivio de sus padres, el Infante no es hemofílico como el primogénito; Don Alfonso XIII debe pensar que la mala suerte ha sido conjurada para siempre. Las pocas personas que están en el secreto del mal que aqueja al Príncipe de Asturias, cuyas consecuencias el Rey se niega a reconocer, creen ahora que, en el futuro, si la ciencia no halla remedio a la hemofilia, el nuevo Infante es una garantía de continuidad en el orden sucesorio de la Corona. Pero cuando cuenta poco más de cuatro años una doble mastoiditis obliga a practicar a Don Jaime una trepanación, a consecuencia de la cual los cirujanos que le atienden le quiebran el hueso auditivo. El niño queda sordo y, en consecuencia, mudo. Si en estas circunstancias faltase el Rey, las perspectivas para la Dinastía son más bien sombrías. *En este momento Alfonso XIII sufrió una de esas periódicas declinaciones que muy poca gente, ni siquiera su madre, que creía conocerlo bien, sospechaba* -escribe Noel-. *Lo cierto es que Victoria Eugenia era la única persona que tenía un conocimiento total de la naturaleza morbosa y del lado oscuro de la personalidad de Alfonso. Porque debajo de su aire despreocupado se ocultaban ciertas tendencias que casi eran una depresión maniática. Paradójicamente, al mismo tiempo que se estaba volviendo en contra de una esposa a la que hacía responsable de sus desdichas, también se dirigía a ella en busca de socorro. Aunque procuraba presentarse como un hombre recio, lo que en realidad era un papel viril para el mundo exterior, había veces, en privado, en las que se convertía en un muchacho asustado, avergonzado de pedir ayuda y consuelo de cualquiera que no fuera su mujer* (179).

Aunque las relaciones entre los augustos esposos se han deteriorado, la necesidad de proveer la sucesión les obliga a engendrar hijos. Victoria Eugenia acepta, *con sombrío estoicismo, que su deber principal era producir herederos para el linaje real español*, comenta Noel (180). El 22 de junio de 1909 nace la Infanta Doña Beatriz, así bautizada en honor de su abuela materna, la princesa Beatriz de la Gran Bretaña. Como queda dicho, las mujeres no padecen la hemofilia, pero pueden transmitirla. Tal posibilidad, en el futuro, no facilita el enlace de una hipotética reina de España con persona de su rango, en un momento en que Don Alfonso XIII sigue aferrado a las llamadas *Leyes antiguas* por las que quedan excluídas de la sucesión al trono las personas de la Familia Real que contraigan matrimonios desiguales -es decir, *morganáticos*-.

Al año siguiente, 1910, nace muerto un Infante que no es inscrito en el Registro de la Familia Real, y que estaba previsto hubiese recibido el nombre de Fernando. El 12 de diciembre de 1911 -el año en que muere Joaquín Costa- nace una nueva Infanta, a la que, en homenaje esta vez a la abuela paterna, se bautiza como María Cristina. Es posible, dada la regularidad de los embarazos de Doña Victoria Eugenia, sometida por su regio esposo a la obsesiva consecución de un heredero válido, que en 1912 sufra un aborto.

El 20 de junio de 1913, nace, al fin, un varón sin la tara de la hemofilia: Don Juan. Y el 24 de octubre de 1914 -cuando en casi toda Europa se ha iniciado el incendio devastador de la Gran Guerra-, otro varón, Don Gonzalo, hemofílico como el primogénito.

El saldo no puede ser más desastroso. Dos hijos hemofílicos, uno sordomudo -*sordomudo, pero muy expresivo con las manos*, anota años después Indalecio Prieto, *hasta el punto de que púdicas damas cortesanas se alejan de ellas prudentemente* (181)-, otro muerto, dos hijas posibles transmisoras de *la maldición de Hesse*, y un solo hijo sano. Para Don Alfonso XIII al drama paterno que esto implica se une la complicación que supone de cara a la sucesión. Parece lo más lógico que el Rey, por mucho que le duela, acepte la realidad de los hechos, y que apartados Don Alfonso y Don Jaime de la línea sucesoria, se prepare a Don Juan, como Príncipe de Asturias, para asumir las responsabilidades que en su día le correspondan. Pero la reacción del monarca, de alguna manera, es irracional. Tal vez su sentimiento de culpabilidad al comprobar las lamentables consecuencias de no haber atendido las voces de quienes le advirtieron le lleva a *sostenella y no enmendalla*. El resultado es de consecuencias irreparables para la Corona.

No me resigno a que mi heredero haya contraído una enfermedad que ha traído la familia de mi mujer y no la mía. Sé que soy injusto. Lo reconozco, pero no puedo sentir de otra manera, se explaya Don Alfonso XIII (182). La consecuencia inmediata de esta injusticia es que se consuma, por iniciativa suya, la separación del matrimonio, aunque se sigan manteniendo las apariencias.

Alfonso sintió creciente repulsión por su esposa -escribe Ricardo de la Cierva- *y lo que es peor, por sus hijos. Es cierto que su sentido de la responsabilidad le impidió abandonarles; que volvió una y otra vez a Victoria Eugenia, física o al menos moralmente; y que hizo todos los esfuerzos necesarios para que la salud de sus hijos se aliviara e incluso se curara. Pero buscó en la evasión su principal consuelo y no faltaron en la corte amigos y amigas que facilitaran esas evasiones, hasta que convirtió su vida en un continuo desenfreno que se prolongó incluso después del destierro. Era la hipersensibilidad borbónica de la serie dinástica posterior a Carlos IV que se excitaba además por la tragedia familiar* (183).

Entre esas evasiones a las que alude Ricardo de la Cierva se cuentan una nodriza irlandesa con la que tuvo una hija *no mucho después de su boda: la sirvienta, que sólo pudo ver una vez a su hija, fue inmediatamente expulsada de palacio* (...). *Hacia 1910 hizo el rey algunos viajes clandestinos a París donde tomaba el nombre de una especie de doble suyo que vivía allí,* monsieur Lamy, *y como tal se relacionó con una chica morena que se trajo a Madrid. Una de sus amantes de París, señora conocida llamada Mélanie de Vilmorin, le dio un hijo llamado Roger hacia 1915, del que una medio hermana casó con el almirante Toulouse-Lautrec. Otra de sus relaciones parisinas se llamaba, por lo visto, Génevéve Vix* (184).

Con la *vedette* de revista Celia Gámez mantendrá un romance *que tuvo lugar con poco recato en el propio palacio real.* Y con la actriz Carmen Ruiz Moragas, *célebre y bellísima*, de *sorprendente parecido con la reina Victoria Eugenia*, a la que instala en un chalet en las afueras de Madrid, establece *una relación duradera*, de la que nacen dos hijos, Teresa y Leandro. Según Ricardo de la Cierva, *ancianos testigos* acreditan haber visto a la Reina madre Doña María Cristina *cuando se asomaba a las rejas del jardín de Carmen Moragas para ver a sus nietos ilegítimos pero perfectamente sanos* (185). El mismo Ricardo de la Cierva concluye que *como por entonces los métodos anticonceptivos se hallaban en estado más bien rudimentario no debe extrañar que Alfonso XIII dejara varios hijos naturales* (186).

Hace cuarenta años, al llegar yo al Congreso -escribe en 1958 Indalecio Prieto-, *andaban en manos de diputados republicanos copias de ardorosas cartas que Alfonso XIII había dirigido infructuosamente a la bella esposa de un pariente suyo. Era tanto el fuego de sus requerimientos que inclusive invocaba a la patria: el resultado del desdén sería perjudicial para España porque su abrasadora pasión, si no era correspondida, le impedía atender a graves problemas nacionales* (187).

El Caballero Audaz, que justifica todas las infidelidades matrimoniales de Don Alfonso XIII, consumadas o en grado de tentativa como la referida por Prieto, publica poco después en *La Esfera* una entrevista con *una célebre artista francesa, cantante de ópera, que habitaba entonces en el Palace Hotel, de Madrid.* Explica el periodista que *era una bella mujer, de figura estilizada, de rostro anguloso, de enormes ojos azules que fulgían como gemas bajo la aureola de sus cabellos medusescos...* La artista en cuestión se sincera con su entrevistador: *El día más feliz de mi vida fue uno que pasé en la Casa de Campo, y allí en un refugio muy poético, escuché de unos adorados labios la palabra "amor".*

Aquella indiscreta interviú -resume Carretero-, *que tenía un aire galante y sentimental, provocó un sordo escándalo en Palacio*, y el enfado de Don Alfonso XIII. No es menor el del periodista ante tales reacciones: *La clerigalla de salón y la nobleza aduladora; los políticos y los cronistas serviles; es decir, toda la gente que más tarde habían de ser los principales instigadores y culpables de la caída de la Monarquía, los que no supieron formar con sus pechos trincheras para defender al Rey en los momentos trágicos, los que con sus murmuraciones, sus deslealtades y sus cobardías lo impulsaron a dejar el trono, fingían asustarse, escandalizarse, porque un periodista publicaba una interviú con una gran artista, de reputación mundial, que era además enamorada de don Alfonso de Borbón (...) ¿Por qué se tolera piadosamente, como una especie de travesura graciosa, que, por ejemplo, una duquesa, grande de España, esposa de un duque y gentilhombre, sea la amante pública de un torero gitano y con él asista a* juergas *de colmado y, en cambio, va a ser motivo de escándalo que un rey tenga por amiga a una bella mujer y artista famosa?...*

No perjudica; antes, al contrario, nimba de un prestigio humano y popular a la realeza, que sus jefes tengan una leyenda galante (...) Sobre la dinastía borbónica gravita un dilema inexorable: O las reinas son libertinas o los Reyes galanteadores (...) Y concluye: *Alfonso XIII ha sido un Borbón galante; marido infiel, que es preferible a marido complaciente* (188).

Victoria Eugenia era penosamente consciente de que la actitud de Alfonso hacia ella había cambiado radicalmente -escribe Noel-. *El período durante el cual había estado enamorado de ella no había durado más de dos años. Tres como máximo. Pero largo tiempo después de esto, Victoria Eugenia se aferró desesperadamente a la ilusión de que el amor del rey por ella no hubiera muerto del todo. Y fue justamente al iniciarse la guerra* <1914> *cuando su esperanza empezó a desvanecerse. Muchos años más adelante ella confesó a una amiga muy antigua que, en la primera parte de su vida, ella había sido feliz "durante diecisiete años". Con esto significaba en general el período entre su infancia y 1914. El amor de Alfonso no se había convertido en odio; en esta época se había convertido, meramente, en indiferencia. El lado sexual del matrimonio, que nunca había contado mucho, se había quebrado ahora totalmente. Alfonso no tardó en darse cuenta de que su mujer no era sensual por naturaleza. Para su estilo era, en verdad, positivamente frígida. Al darse cuenta de que él pensaba esto, a ella le resultó aun más difícil responderle en la forma en que él hubiera deseado. Inevitablemente el rey, dada su naturaleza apasionada y su total falta de interés en controlarla, empezó bien pronto a buscar placeres en otras partes. Incluso la belleza de Victoria Eugenia empezó a convertirse en tema de burla para Alfonso. La presencia de aquellos rasgos perfectos e imperturbables, junto con una falta total de fascinación y de sex appeal, era una combinación que casi resultaba odiosa para el rey* (189).

Consumida la llamarada pasional de los primeros meses de matrimonio, las diferencias entre ambos cónyuges se evidencian. *Su estilo de educación casi exclusivamente militar lo había dejado alegremente ignorante de la literatura, los idiomas y hasta de la historia. Siempre había sido necesario dar prioridad a su bienestar físico, y el rey, siendo ya adulto, se acostumbró a desafiar el cansancio con agresivos ataques de energía, ya fuera en el campo de polo, en las canchas de golf (donde Victoria Eugenia le servía de profesora) o saliendo de caza. Estos ataques cobraron una pesada tarifa más tarde* (190).

Con el paso de los años, la opinión de Doña Victoria Eugenia sobre su augusto esposo no será, precisamente, muy caritativa. En 1930, tras la caída de la Dictadura del general Primo de Rivera, y durante un viaje a Londres para visitar a su madre la princesa Beatriz, coincide en el hotel

Royal Kensigton, donde se hospeda, con Francesc Cambó, líder de la *Lliga Regionalista*. Advertida la Reina por el duque de Miranda de que comparte hospedaje con el político catalán, le invita a tomar el té en sus habitaciones. *Estamos en casa muy quejosos del Gobierno Berenguer, pues, estando formado por amigos personales del Rey, consiente que la prensa le ataque y le difame como nunca había ocurrido y, a poco que esto prosiga se dará el caso de que así como antes sólo hablaban mal del Rey los que le conocían, pronto hablará mal todo el mundo.* El comentario de Cambó, que dice transcribir las palabras de Doña Victoria Eugenia textualmente, es que éstas *ponen de manifiesto tanto su acertada visión política como una ligereza desmedida* (191).

Romanones recuerda, todavía en pleno reinado, que *una fotografía de la futura Reina, tocada con sombrero de grandes alas, ocupaba lugar preferente sobre la mesa donde se celebraban los Consejos de Ministros; producía admiración su recia hermosura, su figura toda, la más propia para ocupar el trono, ceñir sus sienes con la Corona y vestir el regio manto. Durante algunos años seguí contemplando sobre la mesa a aquel retrato* (192). El conde deja implícitamente claro que, al cabo de *algunos años*, la fotografía desaparece, como se ha esfumado el amor de Don Alfonso XIII por Doña Victoria.

La mala crianza, en todos los órdenes, que la orfandad de *Bubi* y un cúmulo de circunstancias desafortunadas han propiciado en el mundo irreal de Palacio, arroja un saldo ciertamente nada halagüeño. Las palabras engañosas de su tía paterna la Infanta Doña Isabel *-Lo que mandes se hará-* parecen guiar todos los actos de Don Alfonso XIII. Pero como rey constitucional el monarca está obligado, le guste o no, a respetar el *pacto* establecido con su pueblo mediante la Ley fundamental que ha jurado guardar. Y como persona de nada le sirven los desvaríos voluntaristas de *La Chata* frente a las adversidades con que toda existencia humana ha de enfrentarse.

CAPÍTULO SEGUNDO

LA PIEL Y EL UNIFORME

Acaso de lo único que tenga que arrepentirme
es de haber observado escrupulosamente
los artículos de la Constitución en aquellos años.

Don Alfonso XIII.

2.1. EL *REY SOLDADO*.

2.1.1. PRIMER MENSAJE DE DON ALFONSO XIII A LAS FUERZAS ARMADAS.

Antonio Cánovas del Castillo, artífice de la Restauración, tiene el mayor empeño, a fin de terminar con el protagonismo político de los espadones militares, en convertir la figura del rey Don Alfonso XII, encarnación suprema de la nación, en un *rey soldado* que, en su calidad de jefe máximo de las Fuerzas Armadas, mantenga a raya a los aguerridos príncipes de la Milicia (193). No consigue Cánovas, sin embargo, que los mílites dejen de interferir en la vida civil de España. En 1886, por ejemplo, muerto ya el Rey, el general Villacampa, afecto al líder republicano José Ruiz Zorrilla, acaudilla una sublevación militar, que fracasa. Pero sí logra Cánovas que durante su corto reinado Don Alfonso XII se identifique con el papel que le asigna. Su hijo Don Alfonso XIII *-un Borbón educado como un Habsburgo-* lleva este proceso hasta sus últimas consecuencias, con resultado bien contrario a las previsiones de Cánovas, cuando asume la Dictadura de Primo de Rivera, que lejos de inscribirse, como los posteriores movimientos fascistas españoles, en los intentos *europeizantes* de su tiempo, pertenece por derecho propio a la más rancia tradición *castiza* (194).

El primer mensaje de Don Alfonso XIII, ya proclamado mayor de edad, es para las Fuerzas Armadas. En él, como se ha visto, el monarca asume plenamente el papel de *rey soldado* diseñado por Cánovas en el anterior reinado, que se inicia, recordémoslo, le guste o no al *factotum* de la Restauración, como consecuencia de un pronunciamiento militar:

Como Rey, como general, como español y como soldado, yo saludo en vosotros a los representantes de nuestras glorias militares y de nuestra grandeza nacional (...) *Dichoso el soberano que ve en vosotros el apoyo más firme del orden social, el cimiento más seguro de la paz pública, el defensor más resuelto de las instituciones, la base más sólida del bienestar y de la felicidad de la Patria* (195).

La mentalidad autocrática y militarista que le inculca la mala crianza, recibida desde la primera infancia, halla en el monarca la recepción más entusiasta. Su hija la Infanta Doña María Cristina, por ejemplo, explica muchos años después: *Vivíamos en las habitaciones que dan sobre la plaza de Oriente y cada día, por orden de Papá, parábamos las clases a la hora de la Parada que, como todo lo militar, nos encantaba (...) Pero lo que le apasionaba* <a Don Alfonso XIII> *era ponernos a hacer instrucción.*

Nos ponía a todos firmes y nos mandaba: "¡En su lugar, descansen!". Luego, al son de "Los voluntarios", desfilábamos todos, saliendo siempre con el pie izquierdo. ¡Y el que se equivocaba se ganaba bronca! Muchas veces Mamá subía en ese momento y decía: "¡Alfonso, por Dios, las chicas desfilando y con fusiles. Una cosa tan poco femenina!" (196). Si a sus propias hijas las Infantas les hace *marcar el paso* nada tiene de extraño que pretenda hacer lo mismo con todo el país, consecuencia natural de la *psicología de sargento* descrita por Pérez de Ayala a que antes me he referido.

2.1.2. LA BOMBA DE MATEO MORRAL (1906). LA *SEMANA TRÁGICA* (1909). ASESINATO DE JOSÉ CANALEJAS (1912). EL ATENTADO DE 1913. EL DERRUMBE DE LAS MONARQUÍAS. LA CRISIS DE 1917. EL ASESINATO DE EDUARDO DATO (1921).

Don Alfonso XIII, *rey soldado* por antonomasia, lo es, además, para su desgracia y para desgracia de España, en una plaza sitiada.

Tras el atentado en París en 1905, sin consecuencias para nadie, y cuya responsabilidad recae en las autoridades francesas, Don Alfonso XIII se enfrenta al año siguiente con un hecho -la bomba de Mateo Morral- que, dada la ligereza de su carácter, de momento le resbala, pero que a la larga sin duda deja profunda huella en su visión de las cosas.

Escribe Gerard Noel: *Alfonso había subestimado el gran daño que el atentado de Morral contra su vida había hecho para el prestigio español en el exterior; el hecho de que él hiciera a un lado tales incidentes como gajes del oficio, no quería decir que los extranjeros adoptaran la misma actitud, y pronto se vio envuelto en un malentendido con el formidable tío de su mujer, el rey Eduardo VII de Inglaterra. Eduardo VII se negó a devolver la visita oficial que había hecho Alfonso XIII a Inglaterra, e hizo saber por intermedio de Sir Maurice de Bunsen que una visita a Madrid era imposible, ya que el Gobierno Británico "opinaba decididamente que, en caso de hacerla, Su Majestad incurriría en considerables riesgos"* (197).

La bomba de Morral el día de su boda, con multitud de representaciones extranjeras desplazadas a Madrid, no sólo daña el prestigio de España en el exterior. Ante su esposa -*¿Para qué te he traído a este país? Fue un error. Nunca debiste venir aquí*- Don Alfonso XIII contrae un cierto complejo de culpabilidad. La árida meseta castellana, indudablemente, nada tiene que ver con los umbríos campos británicos, pero Santander ofrece en verano la posibilidad de evadirse de un paisaje poco grato. Sin embargo, para la joven desposada lo difícil de superar es el trauma causado al ver su traje manchado con la sangre de la cabeza de uno de sus lacayos.

La matanza de la calle Mayor el 31 de mayo de 1906 -veintimuchos muertos, y veinte personas que quedan ciegas como consecuencia de la explosión (198)- enfrenta a Don Alfonso XIII, por primera vez en serio, con un descubrimiento harto doloroso para él: no todos los españoles le quieren. Y algunos, incluso, llevan su desamor al extremo de desear su muerte. Ante este hecho, al que todos los mortales estamos sujetos -y no sólo los autócratas o los políticos- se afianza en él su identificación con el espíritu castrense; la disidencia política sólo cabe combatirla con las armas en la mano, puede ser su errónea conclusión.

En 1909, a finales de julio, se produce en Barcelona y en otras ciudades catalanas -Sabadell, Badalona, Terrassa-, la *Semana Trágica*, como protesta por la llamada a filas de los reservistas con destino a Marruecos. El gobierno Maura quiere incrementar la presencia del Ejército español en Africa con el envío de 40.000 hombres, en su mayoría procedentes de Cataluña, a lo que se oponen *Solidaritat Catalana*, el partido Republicano Radical y las organizaciones obreras. Se forma un Comité de huelga, en el que se integran también socialistas y anarquistas, y el Capitán general De Santiago declara el estado de guerra, contra el parecer del gobernador civil Angel Ossorio y Gallardo, maurista, partidario de una solución negociada. Como ocurre tantas veces, el Comité de huelga se ve pronto desbordado, y la insurrección, sin objetivos políticos concretos, deriva en la quema de edificios religiosos, sean conventos, iglesias o escuelas, y en la construcción de barricadas.

En el resto de España el gobierno presenta el movimiento revolucionario como una acción separatista, lo que seguramente le priva de cualquier asistencia, sin que ni lerrouxistas, socialistas ni anarquistas se decidan a encauzar la protesta popular. El Ejército sofoca al fin, mediante el uso generoso de la artillería, a los rebeldes, y el 2 de agosto los obreros se reintegran al trabajo. El saldo es de 82 civiles y 5 miembros del Ejército y la Guardia civil muertos, y un número de heridos muy elevado, amén de más de ochenta edificios incendiados, lo que motiva que Joan Maragall escriba uno de sus más célebres artículos, *La ciudad quemada*, y otro, *La ciudad del perdón*, contrario a las represalias que siguen a los hechos, cuya publicación en *La Veu de Catalunya* el líder de los regionalistas catalanes, Enric Prat de la Riba, desautoriza (199).

La burguesía catalana respalda la represión que se desata: 5 penas de muerte -que son ejecutadas-, 59 penas de cadena perpetua, 175 penas de destierro, la suspensión de la prensa de izquierdas y la clausura de 150 centros obreros, culturales y laicos (200).

Uno de los ejecutados en los fosos del castillo militar de Montjuich, el 13 de octubre de 1909, es el fundador de la *Escuela Moderna*, Francesc Ferrer i Guàrdia, cuya relación con Mateo Morral sirve de pretexto, en su momento, para presentarle como vinculado al atentado contra los Reyes el 31 de mayo de 1906, aunque fue absuelto.

Sobre Ferrer i Guàrdia escribe Ossorio y Gallardo: *Dependiente de comercio, revisor del ferrocarril de Barcelona a Granollers, comisionista de vinos; republicano, como tantos otros, de los que creyeron en la revolución burguesa y estrictamente soñada por Ruiz Zorrilla; que cifró su liberalismo en el nombre de Riego, impuesto a su único hijo varón; que forzado a ganarse la vida en París, dando lecciones de español, conoció a una solterona rica y católica -Ernestina Mounier- a la que embobó... Rafael Salillas, diputado republicano, que había sido director de la cárcel de Madrid en una época en que Ferrer estuvo preso, dijo de él que "no tenía condiciones para influir en las multitudes" y en cambio "tenía condiciones singulares para influir en la intimidad". Calculador, fatuo, intransigente, taimado, adusto -"no reía nunca", declaró la madre de Soledad Villafranca- parece que difícilmente se haría simpático. Y, sin embargo, ganó corazones y bolsillos de mujer. Su esposa legítima -Teresa Sanmartí- era muy guapa y un día, exasperada, le disparó un tiro. Hizo vida marital con Leopoldina Bonald y dispuso de su cuenta corriente. Ernestina Mounier, la discípula, le hizo heredero de un inmueble en París. Y Soledad Villafranca, veintitantos años menor que Ferrer, compartió con él sus últimas empresas* (201).

La escandalera internacional por la ejecución de Ferrer, vinculado a la Masonería, en toda Europa y parte de América es considerable, y motiva la caída de Antonio Maura como jefe del gobierno, tras aceptarle Don Alfonso XIII una dimisión que Maura no presenta.

¿Tenía algo que ver la inocencia o culpabilidad de Ferrer con la forma de gobierno de España? -se pregunta Salvador de Madariaga. Su respuesta es contundente: *Leídos y escuchados unos y otros, quedaban en pie dos hechos: que Ferrer no había tenido responsabilidad alguna en el atentado contra el rey el día de su boda ni en la agitación de lo que dio en llamarse la Semana Trágica; y que su condena a muerte y ejecución habían sido imposición militar tolerada si no apoyada por el rey* (202). Don Alfonso XIII cede así, primero, ante la presión de los mílites y sacrifica después a Maura, del que Ossorio y Gallardo escribe que *todas las izquierdas, desde los socialistas de Pablo Iglesias hasta los monárquicos de Moret* cerraron filas contra él, *sin tomarse el trabajo de intuir, aun por cualquier indicio más o menos oscuro, si él había sido partidario o resistente del indulto* <de Ferrer> (203).

El 12 de noviembre de 1912 -el mismo año en que muere Marcelino Menéndez y Pelayo- es asesinado en la Puerta del Sol, de Madrid, en tanto contempla las últimas novedades editoriales expuestas en el escaparate de la librería Fernando Fe, a dos pasos del ministerio de la Gobernación, el jefe del Gobierno, José Canalejas. El autor del atentado es un anarquista apellidado Pardiñas.

En 1902 Canalejas dimite como ministro del gobierno Sagasta bajo el que, con tan malos augurios, se inicia el reinado constitucional de Don

Alfonso XIII. En un sonado discurso el político liberal afirma: *Sagasta es mortal; la Monarquía, perecedera; lo que siempre subsiste es la nación.* Suspendida por orden gubernativa la gira que el político liberal hace por Alicante, Valencia y Barcelona, de nuevo en Madrid, en el curso de un inevitable banquete de homenaje, Canalejas, al decir de Eduardo de Guzmán, *alude sin grandes veladuras a la actitud del nuevo monarca y a su forma de interpretar los preceptos constitucionales*: *Con escándalo de algunos que tienen de la monarquía un concepto que nadie comparte ya en el mundo; con asombro de aquellos que creen que para servir e ilustrar la conciencia del rey es preciso adularle y consentir que paseen las carteras de* puerta en puerta, para no obtener jamás las firmas de los decretos; *a despecho de los que estiman que los ministros no son hombres públicos, llevados por los votos y sufragios de la nación a los Consejos de la Corona, sino* nueva prolongación de la servidumbre palatina (204), Canalejas solicita *el concurso de los republicanos, de los socialistas y de los demácratas españoles* (205).

Don José Canalejas -concluye Guzmán- *no es republicano ni socialista, conforme hace constar en forma clara e indudable en todos los momentos de su vida pública. Entiende, sin embargo, que la salvación del país está en una transformación a fondo de las estructuras de la nación, que no se logra con simples y muchas veces caprichosos cambios de Gobierno. No se consigue con esto el menor alivio, como no lo alcanza el enfermo grave por variar simplemente de postura en la cama. Propugna ya, como lo hará unos años más tarde de una manera decidida su adversario conservador don Antonio Maura, "una revolución desde arriba" que evite al país los dolores y trastornos de una revolución cruenta desde abajo. Para él, como para muchos espíritus clarividentes en los años próximos, la rápida sucesión de Ministerios encabezados por diferentes personalidades, sólo pone de relieve, junto al desasosiego general, la descomposición de los viejos partidos turnantes en el Poder* (206).

Canalejas, en efecto, desde la izquierda del sistema, representa un intento de regeneración que una vez más se frustra, como desde la derecha se frustra el intento de regeneración liderado por Maura. Pero, como afirma Eduardo de Guzmán, *es muy probable que de no producirse el atentado tampoco hubiese podido llevar a feliz término sus planes y terminara fracasando por razones y motivos semejantes a los que imposibilitaron el triunfo de Maura. En cualquier caso, muere cuando ya se anuncia su salida del Gobierno y se considera más que problemática su vuelta al Poder, dada la reacción de las derechas contra la llamada Ley del Candado -que limita el número de Ordenes religiosas en España, sometiéndolas a los requisitos de la Ley de Asociaciones-* (207).

El asesinato de Canalejas, lógicamente, impresiona en gran manera a Don Alfonso XIII. El magnicidio de Cánovas lo vive a distancia, con sólo once años casi recién cumplidos, pero el de su actual jefe del Gobierno le arrebata de forma brutal una persona con la que mantiene trato frecuente, pese a sus discrepancias.

Muerto Canalejas -escribe Madariaga-, *Alfonso XIII no creerá ya posible solución alguna que, en último término, no descanse sobre el Ejército. En el cuadro de circunstancias de aquella época, esta conclusión era natural. Pero le costó la corona* (208). La quiebra de los partidos *turnantes* sin duda contribuye a inclinar el ánimo regio a esta *solución*, que no es tal.

Los grandes partidos de la Segunda Restauración, el conservador y el liberal, herederos de Cánovas y Sagasta, habían perdido el rumbo desde la caída de Maura en 1909, que él siempre creyó injusta (con toda razón), y desde el asesinato de Canalejas en 1912 -afirma Ricardo de la Cierva-. *A partir de entonces el régimen constitucional entró en crisis permanente, que fue denunciada con lucidez y tenacidad por José Ortega y Gasset y de la que ya nunca se recuperó la Corona, cada vez más inclinada a soluciones autoritarias al margen de la Constitución* (209).

En 1913 Don Alfonso XIII sufre un nuevo atentado. *Yo estaba acostumbrado a que la gente se me acercara en las calles de Madrid* -explica años después Don Alfonso XIII al gran duque Alejandro de Rusia-. *Unos solicitaban mi ayuda, otros se quejaban. Nada extraño ni sospechoso había en la actitud de Sancho Alegre. Yo regresaba de la jura de la bandera y se destacó entre la multitud en el mismo instante en que yo pasaba a caballo. Llevaba en la mano un pliego. Parecía un memorial. Y ya iba a detener mi caballo cuando el anarquista esgrimió un revólver y comenzó a hacer fuego sobre mí. Debía ser mal tirador. Las dos primeras balas me erraron. Hice lo único que podía hacer en esa circunstancia: encabrité mi caballo y lo lancé sobre el loco aquel. Le derribé. Duró todo unos treinta segundos. La tercera bala se alojó en el pescuezo de mi hermoso "Alarún". Por fortuna, el noble animal sanó... Pensándolo bien, prefiero los revólveres a las bombas. Los proyectiles de un revólver causan menos estragos. O te dan, o tienes la suerte de esquivarlos. Pero, de cualquier modo, te evitan la responsabilidad de la muerte de racimos de espectadores inocentes* (210).

El atentado afianza a Don Alfonso XIII en la creencia de que la violencia sólo puede combatirse con la violencia. Desde su óptica, al peligro que supone un arma en manos enemigas los políticos oponen sólo palabras; los militares, en cambio, oponen las armas. Por otra parte la Gran Guerra que estalla en 1914 se salda con un resultado para él alarmante: a su término se produce el derrumbe mayoritario de las monarquías en Europa. En 1918 pierden el trono el kaiser Guillermo II de Alemania y los reyes del avispero balcánico. Pero pierde el trono, sobre todo, el emperador de Austria y rey de Hungría, Don Carlos, es decir, la rama familiar materna de Don Alfonso XIII. Por otra parte, la matanza de Ekaterimburgo, en la que perecen el zar, su esposa y todos sus hijos, emparentados con Doña Victoria Eugenia -la zarina es prima hermana suya- deja huella profunda no sólo en Palacio, donde se decreta luto oficial, sino en algunos políticos monárquicos como el conde de Romanones; el fantasma de la matanza lo tendrá presente el conde en días venideros.

La guerra europea, con el aniquilamiento del Imperio austríaco y de su dinastía -escribe Almagro San Martín-, *representó para la reina Cristina otra tremenda catástrofe, que al par de herirla de estupor en sus creencias ancestrales, redujo su fortuna, levantada a través de la Regencia, con un sentido de prudente economía, que atestiguó, entre otros detalles, el descubrimiento, después de la Revolución del 31, empotrada en el muro de su saloncito íntimo, de una disimulada caja de caudales* (211). El dolor de Doña María Cristina frente al hundimiento de *los suyos*, los Habsburgo, repercute sin duda en el ánimo de Don Alfonso XIII. El hecho de que otras monarquías se derrumben en Europa le afianza en su creencia de que la suya es una plaza sitiada por el enemigo.

1917, con las Juntas Militares de Defensa, sometidas a la postre a la disciplina por el ministro Juan de la Cierva, la Asamblea de Parlamentarios, que se celebra en Barcelona y que el gobierno declara ilegal, y la huelga general revolucionaria, que fracasa, pero que constituye un aldabonazo en la conciencia colectiva, es un año especialmente conflictivo para España; conflictivo y decisivo, pues Don Alfonso XIII, como cabeza de la Institución, no parece que sea capaz de resolver por sí mismo la grave crisis de las instituciones.

A propósito de las Juntas Militares de Defensa Vicens Vives señala que *el Ejército, soslayado de la vida política por la Restauración, intervenía de nuevo en ella* (212). Y Raymond Carr escribe que *la revolución de las Juntas de 1917 fue (...) el finisterre de los burócratas militares mal pagados, y, al mismo tiempo, un intento de defender el* status *"moral" del Ejército. El movimiento, que esencialmente fue una huelga de oficiales en favor de mejoras económicas, fue aceptado por la opinión pública como un medio legítimo para imponer una renovación de la vida pública. Al coronel Márquez, su figura principal, se le diría más tarde: "Teníais a España en vuestras manos... Hicisteis mucho. Redimisteis a las clases medias y les enseñasteis a llevar la cabeza alta". El movimiento fracasó como intento de regenerar España: el rey, tras intentar valerse de los junteros, o aplacarlos, acabó repudiándolos. Los generales no quisieron tener nada que ver con ese movimiento, que el político conservador La Cierva dividió accediendo a sus reivindicaciones "técnicas". De este modo, en vez de imponer condiciones a los partidos, se convirtió en un movimiento de "sórdidos" intereses militares -paga y ascensos- manejado por los políticos para sus propios objetivos partidistas* (213).

Y en tanto en España se escucha de nuevo el ruido de los sables, en Rusia un grupo de revolucionarios a los que se conoce con el nombre de bolcheviques asalta el poder. La suya es una amenaza que, no por lo lejana en el espacio, resulta menos peligrosa, pues sin duda puede extenderse, como un reguero de polvora, a otros países, en los que las banderas rojas que ahora señorean en la fortaleza de los zares aparecen como una esperanza de liberación para quienes soportan la explotación secular del hombre por el hombre.

Otro hecho acaecido en 1917 pasa más inadvertido para el común de los españoles: la entrada de los Estados Unidos de América en la Gran Guerra, que deja de ser una guerra europea para convertirse en una guerra mundial. Con su entrada en la contienda los Estados Unidos, en realidad, entran en la historia.

El 8 de marzo de 1921 es asesinado el jefe del Gobierno, Eduardo Dato. Este es el tercer jefe de Gobierno que cae asesinado en el ejercicio de su cargo desde la minoría de edad de Don Alfonso XIII hasta la fecha: en 1897, Cánovas, en 1912, Canalejas, en 1921, Dato. La *iettatura* que se atribye al monarca, si bien a él le permite salir indemne de los diversos atentados que sufre, para sus primeros ministros parece ser nefasta. En un rasgo de valor físico y, sobre todo, de reconocimiento moral al político asesinado, Don Alfonso XIII, con uniforme de almirante, preside el entierro de Dato a cuerpo descubierto en el madrileño paseo de la Castellana. A título póstumo, como antes se hicera con Cánovas y con Canalejas, su viuda recibe el ducado de su nombre.

Creen tal vez los anarquistas que los males de la sociedad española pueden hallar remedio mediante la eliminación violenta de sus gobernantes, sin advertir que éstos no son sino simples gestores del *sistema establecido*, fácilmente substituíbles unos por otros. *Mientras el socialismo marxista no ha producido ni producirá más que la siniestra tiranía de que da triste ejemplo la Unión Soviética* -escribe años después desde su anticomunismo visceral Salvador de Madariaga-, *el socialismo libertario pudiera muy bien ser la cuna del porvenir político social. Esta bella esperanza es la que deshonraron y mataron con sus bombas y revólveres los asesinos de Cánovas, Canalejas, Dato y los que atentaron contra el rey* (214).

2.1.3. EL *BORBONEO* DE ANTONIO MAURA Y LA EXCLUSIÓN DE PABLO IGLESIAS. EL TRONO Y EL ALTAR.

En un reinado cargado de errores dos de ellos destacan, sin embargo, con fuerza propia: el *borboneo* de Antonio Maura y la exclusión de Pablo Iglesias.

Antonio Maura representa, con todas las limitaciones del sistema, la derecha de *los ideales* frente a la de *los intereses*, un intento de regeneración sincera por parte de lo que hoy llamaríamos *la derecha civilizada*. Me he referido antes a la opinión de la Infanta Eulalia, cuando Maura accede por primera vez al gobierno: *Hubiera acaso salvado a España de muchos desastres si hubiese sido escuchado* (215). Pero, como cabía temer, Maura es desoído. *Maura procuró, como presidente* -escribe Salvador de Madariaga-, *resolver a la vez el problema catalán y la corrupción electoral por medio de un proyecto de administración local que iniciaba la evolución hacia la autonomía administrativa* (216). *Maura intentó hacer una ley de Administración Local en serio* -afirma Manuel Fraga Iribarne-; *era consciente de que, en el fondo, equivalía a una* reforma constitucional, *tal vez la más importante, pues unida a la nueva ley electoral, vendría a quebrar el célebre binomio de Costa*, oligarquía y caciquismo (217).

Pero a Antonio Maura Don Alfonso XIII, según el testimonio de Angel Ossorio y Gallardo, le mira *con respeto profundo y con antipatía irrepri-*

mible. A todos los Ministros, como prueba de estimación y confianza, les llamó de tú. Unicamente a Maura le trató de usted y le nombró siempre D. Antonio. Realmente todo se explicaba sólo con ver su entrada en el Palacio Real, llevando la cartera debajo del brazo. El día que habló de "las casacas palatinas, muy honrosas pero muy distintas de los uniformes ministeriales", trazó una línea divisoria entre las fuerzas monárquicas, servidoras del Rey en los partidos políticos, y los oficios domésticos de la servidumbre aduladora del Monarca (218).

Maura, aunque leal, no era cortesano -escribe Raymond Carr-; *su austeridad, el convencimiento de su propia indispensabilidad no eran para conciliarle con un monarca que se sacudía las críticas ofreciendo un cigarrillo. La campechanía era una de las armas políticas de don Alfonso: con Maura no rezaba* (219).

Y Eduardo de Guzmán testifica: *A Maura le derrotan -más que la oposición del bloque de izquierdas, de la represión de la Semana Trágica de Barcelona y la campaña desencadenada por el fusilamiento de Francisco Ferrer- la incomprensión egoísta de las clases privilegiadas, las maniobras dentro de su propio partido y la falta de apoyo que necesita en el poder moderador* (220).

Eduardo Dato facilita a Don Alfonso XIII, en su día, la posibilidad de *borbonear* a Antonio Maura, aceptando su decapitación como jefe del partido Conservador y asumiendo la presidencia del Gobierno al frente de los llamados *idóneos*.

En España, los organismos gubernamentales, las agrupaciones que se turnan en el mando -se lamenta Antonio Maura-, *no son personificación de ideas, sino sindicatos de intereses, de ambiciones y de vanidades* (221). Resulta difícil que quien se halla en la cúspide del sistema acepte, sin más, la descalificación que Antonio Maura hace del sistema. *El partido conservador se dividió entonces entre los seguidores de Dato y los de Maura* -escribe Carr-. *Con esta deserción final de la Corona, Maura dejó de ser un jefe de partido y pasó a jefe de un movimiento renuente, el maurismo, fundado en octubre de 1913* (222).

Cada nueva maniobra de este tipo -el *borboneo* de quienes se enfrentan con el *sindicato de intereses*- permite a Don Alfonso XIII manipular uno tras otro a los políticos que cree que acatarán más dócilmente sus iniciativas, pero contribuye de manera reiterada a la fragmentación de los partidos, al hundimiento del mecanismo constitucional en que éstos se integran.

El rey era el primero de los políticos, primus inter pares, *uno de ellos. Esta fue su desgracia. No se dio cuenta de que el* poker *del poder, juego favorito de casi todos ellos, le estaba vedado al rey no sólo por la Constitución sino por la vera esencia de la función real,* escribe Madariaga (223) .

Pero un hombre tan desdichadamente vocado a la política, y volcado en ella, no es capaz de percibir el latido soterrado de los tiempos. *Alfonso XIII, encerrado en su cripta del Palacio de Oriente, rodeado por los ilustres cadáveres de sus Grandes de España, no se dio cuenta de cómo se desarrollaba el nuevo torso musculado de la política social española*, escribe Luis María Anson (224). Así es, en efecto. Ni por un momento se percata Don Alfonso XIII de que las fuerzas sociales emergentes han de ser canalizadas si la Institución aspira a sobrevivir. *En el año 86 nacen Don Alfonso de Borbón Habsburgo y el primer número de "El Socialista"* -comenta Almagro San Martín-, *como si el Destino hubiera querido señalar con esta coincidencia fortuita un presagio histórico* (225). Don Alfonso XIII, sin embargo, vive siempre de espaldas a otras lecturas que no sean *ABC* y *La Epoca*, y cuanto estos dos diarios representan. Ni un solo dirigente del Partido Socialista Obrero Español, la gran fuerza que lidera Pablo Iglesias con su correa de transmisión, la Unión General de Trabajadores, es llamado jamás a Palacio para evacuar una consulta. La exclusión, por principio, de los socialistas y de cuanto el socialismo representa, es, repito, junto con el *borboneo* de la derecha civilizada que encarna Antonio Maura, el gran error del reinado de Don Alfonso XIII.

El 30 de mayo de 1919 Don Alfonso XIII consagra España al Sagrado Corazón de Jesús, en el Cerro de los Angeles, cercano a Madrid.

Corazón de Jesús Sacramentado, Corazón del Dios-Hombre, Redentor del mundo, Rey de reyes y Señor de los que dominan.

España, pueblo de tu herencia y de tus predilecciones, se postra hoy, reverente, ante ese trono de tus bondades, que para Ti se alza en el centro de la Península. Todas las razas que la habitan, todas las regiones que la integran, han constituído, en la sucesión de los siglos y a través de comunes azares y mutuas lealtades, esta gran patria española, fuerte y constante en el amor a la religión y en su adhesión a la monarquía.

Sintiendo la tradición católica de la realeza española y continuando, gozoso, la historia de fe y devoción a Vuestra Divina Persona, confesamos que Vos vinisteis a la tierra a establecer el reino de Dios en la paz de las almas redimidas por vuestra santa ley; reconocemos que tenéis por blasón de vuestra divinidad conceder participación de vuestro poder a los príncipes de la tierra, y que de Vos reciben eficacia y sanción todas las leyes justas, en cuyo cumplimiento estriba el imperio del orden y de la paz. Vos sois el camino seguro que conduce a la posesión de la vida eterna; luz inextinguible que alumbra los entendimientos para que conozcan la verdad, y príncipio propulsor de toda la vida y de todo legítimo progreso social, afianzándose en Vos y en el poderío y suavidad de vuestra gracia todas las virtudes y heroísmos que elevan y hermosean el alma.

Venga, pues, a nosotros Vuestro Santísimo Reino, que es Reino de justicia y de amor. Reinad en los corazones de los hombres, en el seno de los hogares, en la inteligencia de los sabios, en las aulas de la ciencia y de las letras y en nuestras leyes e instituciones patrias.

Gracias, Señor, por habernos librado misericordiosamente de la común desgracia de la guerra, que a tantos pueblos ha desangrado; continuad con nosotros la obra de vuestra amorosa providencia.

Desde estas alturas, que para Vos ha elegido España como símbolo del deseo que la anima de que presidáis todas nuestras empresas, bendecid a los pobres, a los obreros, a los proletarios todos, para que en la pacífica armonía de todas las clases sociales, encuentren justicia y caridad que haga más suave su vida, más llevadero su trabajo.

Bendecid al Ejército y a la Marina, brazos armados de la Patria, para que, en la lealtad de su disciplina y en el valor de sus armas, sean siempre salvaguardia de la nación y defensa del Derecho.

Bendecidnos a todos los que, aquí reunidos en la cordialidad de unos mismos santos amores de la religión y de la patria, queremos consagraros nuestra vida, pidiéndoos, como premio de ella, el morir en la seguridad de vuestro amor y en el regalado seno de vuestro Corazón adorable (226).

Una vez más Don Alfonso XIII quiere dejar constancia clara y explícita de que el Trono y el Altar tienen sellada una alianza que constituye uno de sus mejores sostenes. Nada importa que muchos españoles no compartan determinadas creencias -ni siquiera que algunos, pocos, piensen que tal tipo de maridajes nada tiene que ver con la pureza del mensaje evangélico-; las palabras de su augusto padre, Don Alfonso XII, en el *Manifiesto* de Sandhurst, quedan muy lejos: *Sea la que quiera mi propia suerte, ni dejaré de ser buen español, ni, como todos mis antepasados buen católico, ni, como hombre del siglo, verdaderamente liberal* (227). El liberalismo de Don Alfonso XIII, por el contrario, con su visión maniquea de los *buenos* y los *malos* españoles, brilla por su ausencia.

El 10 de mayo de 1920, al cumplir trece años, el Príncipe de Asturias, que su padre cree que algún día le sucederá como Don Alfonso XIV, jura bandera. Don Alfonso XIII se empeña tercamente en cerrar los ojos a la evidencia de que su desdichado hijo no está en condiciones de asumir no ya la Corona sino ni siquiera las funciones meramente representativas que le corresponden como presunto sucesor.

2.2. CAMINO DE LA DICTADURA.

2.2.1. EL DISCURSO DE CÓRDOBA: *DENTRO O FUERA DE LA CONSTITUCIÓN* (23 de mayo de 1921). LOS SUEÑOS DE *EL AFRICANO*. ANNUAL, EL PRINCIPIO DEL FIN (21 de julio de 1921).

Poco más de dos meses después del asesinato de Dato, el 23 de mayo de 1921, y bajo un gobierno presidido por Manuel Allendesalazar, Don Alfonso XIII comete una grave imprudencia. Con motivo de una reunión de aceituneros en Córdoba, el Rey pronuncia un discurso en el que anuncia su propósito de obrar al margen de la Constitución.

Juan de la Cierva, ministro de Fomento, que acompaña a Don Alfonso XIII en su viaje, es testigo de los hechos, y con su decidida intervención procura remediar en lo posible el desafuero real.

Apenas <Don Alfonso XIII> *comenzó su discurso* -relata en sus memorias-, *comprendí que se había dejado ganar por el ambiente, tan sugestivo e impresionante como he procurado reflejar, y temí que dijera algo que no fuera oportuno; al oirle que en aquella hermosa ciudad quería hablar con el corazón, Viana, que estaba enfrente de mí, me miró expresivo y comprendí que abrigaba el mismo temor que yo. Al Gobernador, que se sentaba a mi lado, le ordené que prohibiera toda comunicación telegráfica y telefónica sobre el discurso del Rey. Y al mismo tiempo, en el menú, que era bastante grande, fuí escribiendo con lápiz el discurso, suprimiendo, modificando y adicionando lo necesario. El Rey dijo que estaba dispuesto a vencer todos los obstáculos que la política apasionada y censurable oponía al progreso y bienestar de España; habló de que las reformas importantes, las que debieran ser de igual interés para todos, tropezaban con dificultades que la lucha de personas e intereses hacía casi insuperables; y que él, dentro o fuera de la Constitución, tendría que imponerse y sacrificarse por el bien de la Patria.*

Este era el sentido principal de sus palabras, y yo las transcribí variando ese sentido y sustituyéndolo con el ruego a todos, dentro siempre del límite de sus facultades constitucionales, para que pospusieran sus divergencias y luchas ante las necesidades y conveniencias de progreso y bienestar de la Patria, y ofreciendo hacer por su parte, dentro de los deberes constitucionales, cuanto le fuera dable para que no se obstruyera el camino de las reformas que el país demandaba. Cubrí las dos caras del menú (228).

Al término del discurso del Rey, acogido con *ovaciones delirantes*, los presentes piden que hable Juan de la Cierva. El ministro se excusa alegando que *después del Rey no podía hablar nadie. Yo no podía tampoco rectificar al Rey*, se lamenta. A continuación llama a Luis Martínez de Galinsoga, del diario *ABC*, a quien lleva como *jefe de los periodistas* que acompañan al séquito real. El ministro le pide que, en su nombre, les ruegue se comprometan a no dar más versión por teléfono que la que el propio ministro les facilite. *Lo ofrecieron y lo cumplieron*, constata Juan de la Cierva. *Mientras Galinsoga hacía las gestiones que le encomendé, me aproximé al Rey, le entregué el menú con lo que yo había escrito y le pregunté si lo había traducido con exactitud. Lo leyó despacio dos veces y con semblante risueño me dijo: "Sí, hombre, sí; es eso."* Cuando el tren arranca, de regreso a Madrid, Don Alfonso XIII abraza a su ministro y le da las gracias *por haberle sacado de un mal paso*. El Rey intenta justificarse: *Se me fue el corazón a los labios y no he hecho bien. Sin tu agilidad y cuidado nos habrían dado serios disgustos*. De nada sirve, sin embargo, el intento del ministro de rectificar la imprudencia de Don Alfonso XIII dejando traslucir su deseo de saltarse a la torera los límites que le marca la Constitución. La versión auténtica del discurso real se divulga, *porque en Córdoba lo habían tomado taquigráficamente, y los periodistas, ya en Madrid, refirieron lo ocurrido*. Tanto en el Parlamento como en la prensa Juan de la Cierva afirma que la versión auténtica del discurso es la que él ha dado *con la aprobación de Su Majestad, que la encontró exacta. No admití más discusión* -concluye-, *y me encerré en esas manifestaciones* (229).

Pasados muchos años, el recuerdo de la *pifia* real perdura. Pedro Sainz Rodríguez le pregunta en 1978 a Don Juan de Borbón y Battenberg si es verdad que en cierta ocasión, siendo niño, al despertarse en plena noche, en el Palacio de Oriente, pregunta: *¿Es que nos vamos*? La explicación del Conde de Barcelona es afirmativa, y pese al tiempo transcurrido recuerda *aquel discurso del Rey en Córdoba, que se comentó mucho; poco menos pareció que era el principio de la dictadura* (230).

Raymond Carr escribe a propósito de este desliz de Don Alfonso XIII: *En el fondo siempre anidó en él la idea de una dictadura real* (231). Imprudencias como la del discurso de Don Alfonso XIII en Córdoba, con la que el Rey emprende decididamente la recta final que le conduce a la Dictadura, son las que tal vez mueven al conde de Romanones a opinar que la sordomudez del Infante Don Jaime, lejos de constituir un defecto para su posible acceso al trono, es su mayor garantía de un desempeño eficaz de las funciones regias: *Un rey que ni oye ni puede hablar es un rey perfecto. ¿Qué más podemos desear?* (232).

Dos meses después del discurso de Córdoba los sueños de Don Alfonso XIII de pasar a la historia como *El Africano* sufren un serio revés. *Las luchas coloniales no son populares en ningún país; en el nuestro, y en las primeras décadas del siglo actual -vivo y sangrante el recuerdo de los desastres en Cuba y Filipinas-, lo son menos que en cualquier otro* -reflexiona Eduardo de Guzmán-. *No se acaba de comprender que por razones de prestigio y en virtud de acuerdos firmados con potencias extranjeras, soldados españoles hayan de morir tratando de ocupar territorios misérrimos de los que no podrá extraerse ningún beneficio y que en el mejor de los casos habrán de seguir costándonos millones durante largos años* (233).

Pero es muy posible que Don Alfonso XIII, que sin duda atribuye la pérdida de Cuba, Puerto Rico y Filipinas a la mala gestión de los denostados políticos, crea que 1921 es el año que el Destino le tiene reservado para reparar los desastres del Desastre. *En el verano de aquel año fatídico* -escribe Noel-, *el rey hizo un entusiasta discurso en la catedral de Burgos, ante la tumba del Cid, uno de los más grandes conquistadores españoles de moros en el pasado. "Con lo que nos pertenece del otro lado del estrecho", afirmó el rey, "tenemos bastante para figurar entre las primeras naciones de Europa". Alfonso había elegido el peor momento para hablar en estos términos y -como se cree que hizo- para urgir al general Silvestre a que realizara una audaz ofensiva contra los moros. Silvestre no tenía autorización -a menos que la recibiera directamente del rey- para actuar por su cuenta. Era sólo el segundo del general Berenguer, que favorecía la cautela* (234). Cercado en Annual, el general Fernández Silvestre sufre una espantosa derrota que cuesta 14.000 bajas entre muertos y prisioneros. *La humillante derrota de Annual, campamento situado a unos ciento veinticinco kilómetros de Melilla, los días 21 y 22 de julio de 1921, frente al cabecilla de las tribus del Rif, Abdelkrim, puso crespones negros en los balcones de las casas y luto a los corazones* -escribe Manuel Leguineche-. *España, agotada en guerras domésticas y coloniales, guerras endémicas, el "tejido de farsas" de que hablaba Julián Besteiro, estaba de duelo una vez más por doce, quince o veinte mil de sus hijos* (235). Silvestre, que desobedece las órdenes estrictas de su superior inmediato, el general Dámaso Berenguer, perece en el desastre, y se acusa a Don Alfonso de haberle incitado a tomar la iniciativa para ofrendarle la victoria el día de la festividad de Santiago, conocido en España como *matamoros. Entre sus papeles se encontraron dos telegramas del rey. El primero decía: "El 25 espero buenas noticias" y el otro: "¡Olé los hombres! Espero." A partir de este momento* -concluye Noel-, *con razón o no, Alfonso fue considerado culpable, ante los ojos de la mayoría de los españoles, por la trágica e innecesaria calamidad de Annual. Y el rey empezó a mirar alrededor desesperado, en busca de los medios para sostener un trono que ahora estaba decididamente debilitado* (236).

Según Víctor Alba, *el rey recibe la noticia cuando prepara un viaje particular a Deauville*, que no suspende, y al saber que Abdelkrim pide cinco millones de pesetas por el rescate de los 1.500 supervivientes, exclama: *¡Caray, qué cara va la carne de gallina!* (237).

La conmoción es general. Se exigen responsabilidades. Se nombra una comisión a las órdenes del general Picasso, que instruye un expediente. *En el Senado* -explica Guzmán- *se discute el procesamiento del alto comisario de España en Marruecos -el teniente general don Dámaso Berenguer- y no parece que las responsabilidades se detengan en él; ni siquiera en el ministro de la Guerra o el jefe del Gobierno, sino que apuntan incluso al propio don Alfonso XIII. Durante dos años buena parte de la vida política española gira en torno al famosos expediente y a los presuntos responsables. En el Congreso se celebran en 1922 algunas sesiones borrascosas que terminan con la constitución de la llamada "Comisión de los Veintiuno", que no llegará a actuar por la disolución del Parlamento unos meses después de su designación, al triunfar la dictadura del general Primo de Rivera* (238). El prestigio de Don Alfonso XIII ante la opinión pública queda seriamente dañado. *Los españoles consideraban a Marruecos como un lugar para satisfacer ambiciones personales de los militares e intereses financieros de los políticos* -escribe el hispanista Pierre Vilar-. *Sólo a disgusto consentían sacrificios por esa causa* (239). Y toda España sabe que militares y políticos, salvo honrosas excepciones, son fieles intérpretes de la voluntad regia. Don Alfonso XIII, después de Annual, *ya no será para el futuro "el Grande" o "el Africano", como soñara en alegres días de sano optimismo*, comenta Almagro San Martín (240).

Annual -al decir del general Miguel Cabanellas Ferrer- *es el hecho de armas más deshonroso para el ejército español del siglo XX* (241).

En 1921 -escribe Anson-, *el Rey había perdido el cerebro y las manos del cuerpo nacional. La "inteligencia" y el trabajo estaban ya con la República. Las sordas campanas del pueblo doblaban por la Corona inerte* (242). Annual añade un repique sangriento a este fúnebre doblaje. *Después del desastre marroquí* -anota Carr- *el rey* sufre *ataques de antiparlamentarismo* (243).

2.2.2. LA MARCHA SOBRE ROMA (28 de octubre de 1922). EL EXPEDIENTE PICASSO.

El 28 de octubre de 1922 tiene lugar en Italia un hecho de consecuencias imprevisibles, a largo plazo, para la misma Italia y para Europa: la

Marcha sobre Roma. Benito Mussolini, el jefe de los *camisas negras* del partido Fascista, es encargado de formar gobierno por Víctor Manuel III. Aunque el flamante *Duce*, como le aclaman sus partidarios, consiga de momento que los trenes italianos partan y lleguen a su punto de destino con puntualidad hasta entonces impensada, su acceso al poder, y su posterior caída, arrastrará por el escotillón de la Historia a la dinastía de los Saboyas, tras inocular a casi toda Europa, como reacción de las clases burguesaa atemorizadas por el triunfo en 1917 de la revolución bolchevique en Rusia, el virus del fascismo y su exaltación de la violencia.

Pero seguramente Don Alfonso XIII, que sigue los acontecimientos de la política extranjera con atención desusada, no se para a distinguir -como tantos de sus compatriotas- las voces de los ecos, y en la conquista del poder por Mussolini y sus escuadristas, y la posterior implantación de un sistema dictatorial -que el monarca italiano consagra- ve sólo el apuntalamiento de la tambalenate monarquía saboyana.

El espejismo italiano supone, además, un acicate para lo que sin duda desde siempre más complace a Don Alfonso XIII: la posibilidad de gobernar España como un cuartel, enfundado ya para siempre en un vistoso uniforme.

Su inquina por los políticos es notoria. *Los choques con Sagasta* -escribe Almagro San Martín-, *concluyeron siempre por un encogimiento de hombros del escéptico viejo, que al fin le dejaba hacer la real gana. Silvela, de carácter delicado y sensible, prefirió retirarse a la vida privada, y Villaverde suprimió totalmente los conflictos en fuerza de ceder. Maura fue el único hueso duro de roer con sus arranques canovinos: pues ¿no llevaba su injerencia hasta prohibirle correr demasiado aprisa en automóvil y cambiar en ocasiones el curso de los proyectos reales?* Aunque a todos ellos termine imponiéndose Don Alfonso XIII, le molesta que no se dobleguen desde el principio a sus reales caprichos. Y cuando lo hacen, los que lo hacen, la inquina cede el paso a su desprecio. *Siempre que el Monarca tuvo necesidad de alguien para derribar a un Gobierno que cesaba de placerle lo encontró fácilmente* (244).

Durante el reinado constitucional de Don Alfonso XIII, desde el 17 de mayo de 1902 al 13 de septiembre de 1923, se suceden 34 gobiernos. Son sus presidentes Antonio Maura Montaner (5 veces), Segismundo Moret (4) Manuel García Prieto, marqués de Alhucemas (4) Alvaro de Figueroa y Torres, conde de Romanones (3), Eduardo Dato Iradier (3), Práxedes Mateo Sagasta, que encabeza el último gabinete de la Regencia (2), Raimundo Fernández Villaverde (2), Manuel Allendesalazar (2), Francisco Silvela (1), Marcelo de Azcárraga y Palmero (1), Eugenio Montero Ríos (1), José López Domínguez (1), marqués de la Vega de Armijo (1), José Canalejas Méndez (1), Francisco Sánchez de Toca (1) y José Sánchez Guerra (1).

Pero ahora la posibilidad de intentar resolver los problemas, aplazándolos mediante las sucesivas crisis *orientales*, se ha terminado. El expediente Picasso, instruído para dirimir las responsabilidades por el desastre de

Annual, tiene que ser sometido al Congreso de los Diputados, y de él pueden desprenderse graves consecuencias para Don Alfonso XIII por su interferencia en la marcha de la guerra de Africa. Don Alfonso XIII está presto a que el Ejército, con su intervención, le saque las castañas del fuego. Descartado el general Aguilera mediante dos sonoras bofetadas que le propina en el Congreso el político conservador José Sánchez Guerra, todas las miradas convergen en el Capitán general de Cataluña, Miguel Primo de Rivera y Orbaneja, que cuenta con el apoyo decidido de la burguesía catalana, y al que, desde Zaragoza, secunda el teniente general José Sanjurjo.

Unos trataban de proteger al rey y otros de desenmascararlo -escribe Leguineche-. *El capitán general de Cataluña Miguel Primo de Rivera, con su golpe de Estado, echó toda la tierra necesaria encima para evitar que las acusaciones del* Expediente Picasso *sobre las responsabilidades de Annual pasaran a mayores. Faltaban doce días para que las Cortes discutieran el informe de la comisión que al parecer acusaba a la corona. Para Unamuno ésta es la crisis más honda después de 1868. Han borrado pistas, han robado los documentos del general Silvestre. Alguien ha forzado los cajones en los que guarda el desdichado general, "brazo ejecutor de la santiagada", de aquella desatinada hazaña -más bien fechoría- fraguada en oficina de inepcia y de frivolidad estratégicas, los documentos comprometedores. Acaso entre aquellos documentos estuviese el famoso telegrama real de "¡Olé los hombres!" "¡Así se hacen las cosas y así se deshacen!" Entre los papeles de Silvestre podría encontrarse la orden del rey: "Haz como yo te digo y no hagas ningún caso del ministro de la Guerra (vizconde de Eza) que es un imbécil"* (245).

2.2.3. EL GOLPE DE ESTADO (13 de septiembre de 1923). EL *IMPULSO SOBERANO*.

El 13 de septiembre de 1923, en efecto, se produce el golpe de Estado, en tanto Don Alfonso XIII se halla en San Sebastián apurando los últimos días de su veraneo.

Don Alfonso XIII, que piensa inicialmente en asumir él en persona el mando dictatorial del país, atiende la advertencia que le hace Antonio Maura, rotundo en su respuesta al ser consultado al respecto: *Desenlace funesto se debe pronosticar si el Rey tomase sobre sí las funciones del gobierno para asumirlas directamente, asumiendo día por día las responsabilidades personales. Ni la generosidad del móvil, ni los aciertos más constantes, evitarían la consumación del suicidio. Así se ha de llamar la conversión en dictadura, de suyo transitoria, del Instituto en que se encarna y vive la unidad perenne de la nación* (246). Don Alfonso XIII, en consecuencia, decide ejercer la Dictadura de manera vicaria, con un espadón como figura interpuesta, aun cuando Primo de Rivera, desde un principio, se opone decidamente a las interferencias regias.

Que el golpe de Estado fue arbitrado por el Rey, es cosa que ya no niega ni desconoce nadie -afirma Angel Ossorio y Gallardo, ex-ministro de la Corona-. *Primo de Rivera, capitán general de Cataluña, fue el instrumento de la dictadura, pero su pensamiento, su decisión, su mano ejecutora, fueron del Rey Alfonso. Intentó ejercerla el Rey por sí mismo y lo consultó al propio D. Antonio Maura, pero éste lo repelió, como no podía menos de hacerlo* (247).

Y otro monárquico conspicuo, Luis María Anson, años después, con la perspectiva y la serenidad que proporciona la lejanía de los hechos estudiados, afirma: *El desgaste de la guerra de Africa y la inestabilidad política, con las continuas crisis de Gobierno* -escribe Anson-, *condujeron a Alfonso XIII al error definitivo que le costaría la Corona: legalizar el golpe de Estado del general Primo de Rivera, el 13 de septiembre de 1923, respaldar la dictadura y ofender a la Constitución que había jurado* (248). Pero para muchos de sus contemporáneos, y para muchos estudiosos posteriores de los hechos aquí narrados, la intervención de Don Alfonso XIII no se limita a *legalizar* el golpe de Estado: el Rey es su directo inspirador. En su momento media España repite los versos amañados que un político monárquico, conservador por más señas, José Sánchez Guerra, populáriza: *La verdad del caso ha sido / que el* Dictador *fue Bellido / y el impulso soberano.*

Pero ningún testimonio de más valor que el del propio Don Alfonso XIII a propósito del *impulso soberano* que alienta el golpe de Estado de 1923. Diez años después, con la desinhibición que le facilita el exilio, Don Alfonso XIII le confiesa a su fiel confidente Julián Cortés-Cavanillas a propósito de los años anteriores al pronunciamiento de Primo de Rivera:

Acaso de lo único que tenga que arrepentirme es de haber observado escrupulosamente los artículos de la Constitución en aquellos años (249).

Y a José María Carretero, *El Caballero Audaz*, dícele en 1934 a propósito de la Dictadura: *Considero que fue uno de los mejores aciertos de mi reinado... El general Primo de Rivera era, ante todo, un perfecto militar, un hombre honrado, sin egoísmo alguno...Quizá no tenía cultura bastante, preparación suficiente para acometer todos los complejos problemas de un Estado, pero su maravillosa intuición, su gran talento natural, le capacitaban para todas las empresas* (...). *No me arrepiento de ello. Mientras más tiempo pase, mejor se apreciará la gigantesca obra realizada por Primo de Rivera...¿No es cierto?* (250).

Don Alfonso XIII, en la misma entrevista, se lamenta: *El constitucionalismo y el parlamentarismo convierten a un Monarca en una figura ineficaz y decorativa... La única víctima personal de la Constitución fuí yo...* (251). No entiende Don Alfonso XIII, a estas alturas de su vida, el carácter de *pacto* que la Constitución supone, y habiendo faltado al juramento de cumplirla y respetarla, se lamenta de ser su víctima después de violarla.

El jefe del último gobierno constitucional, Manuel García Prieto, celebra una entrevista con Don Alfonso XIII, tras su llegada a Madrid procedente de San Sebastián. *¡Te juro, Manolo, que no lo sabía!*, miéntele

Don Alfonso XIII (252). Maestro consumado en el arte del *borboneo*, el desdichado jefe del Gobierno es pan comido para Don Alfonso XIII.

El testimonio de Juan de la Cierva es ilustrativo al respecto: *Me encontraba yo en Murcia cuando un amigo fiel, hombre civil, pero que tenía fácil entrada en la Capitanía General de Barcelona, me llamó al teléfono el día 12 de septiembre de dicho año, y me dijo: "Mañana dará Manifiesto el General." Y resultó cierta la noticia. Una vez publicado oficialmente, telegrafié a Su Majestad el Rey reiterándole mi leal adhesión, como lo hice siempre en los momentos políticos difíciles* (253). Nadie puede creer que lo que, por teléfono, le comunica desde Barcelona un paisano al ex-ministro de la Corona, en Murcia, el día antes del pronunciamiento, lo ignore Don Alfonso XIII. *Que don Alfonso estaba advertido de que "algo se tramaba", no ofrece duda: hubiera sido el único español en semejante inopia*, escribe Carlos Seco Serrano. Afirma este autor, basado en el testimonio del propio Rey, por escrito, a sir Charles Petrie, que *Alfonso XIII puso sobre aviso a García Prieto. "Supo" y "advirtió". Pero ni* estimuló *ni menos* ordenó *la preparación del "golpe" como luego se diría tergiversando burdamente los datos* (254). Si lo sabía le miente al negárselo al jefe de su último gobierno constitucional, y cuesta creer que García Prieto, de ser advertido, no tome las medidas oportunas para evitar lo que se le viene encima; cuando propone a Don Alfonso XIII las medidas disciplinarias contra los golpistas, Don Alfonso XIII le desautoriza y le obliga a dimitir.

He dado cuenta a Su Majestad -explica el ya cesado jefe del Gobierno en la nota que tras ser dimitido entrega a la prensa- *de cuantas noticias tenía el Gobierno desde la tarde del martes último en relación con los sucesos de Barcelona y Zaragoza y de las contestaciones dadas por las autoridades militares del resto de España, que conocía el ministro de la Guerra, proponiendo al rey, en cumplimiento del acuerdo unánime adoptado en Consejo de ministros de ayer, decretar el relevo de los capitanes generales de Cataluña y Zaragoza, la destitución del capitán general de Madrid, señor Muñoz Cobos, y la separación de sus cargos de los demás generales que se han significado en el movimiento, así como la convocatoria de Cortes para el martes próximo, a fin de que en ellas se examinen los cargos que formulan contra el Gobierno y se depuren las responsabilidades de los hombres que hemos gobernado y de los que no hayan dejado gobernar, estableciendo claramente el resultado de la actuación de cada cual.*

Habiéndose servido manifestar Su Majestad que, tanto por falta de elementos de juicio suficiente, como por la importancia de las medidas propuestas, necesitaba reflexionar, me apresuré a devolverle respetuosamente los poderes con que me había honrado, presentándole la dimisión de todo el Gobierno (255).

Don Alfonso XIII, en un abrir y cerrar de ojos, acaba de *borbonear* a su último Gobierno constitucional. *En lugar de apoyar, respaldar y solidarizarse con el Gabinete constitucional amenazado de muerte* -certifica Eduardo de Guzmán-, *el monarca, tras un viaje de San Sebastián a Madrid, se apresura a designar al marqués de Estella presidente del Directorio militar que se hace cargo del gobierno de la nación* (256).

Otra nota, ésta debida a los generales insurrectos, explica: *Su Majestad el rey, bondadosamente, se ha dignado recibir al capitán general de la Primera Región, acompañado de los señores Cavalcanti, Berenguer* <Federico>, *Dabán y Saro, ejerciendo su mando interinamente de acuerdo con el movimiento iniciado en Barcelona y Zaragoza, y atendiendo sus razones, ha aceptado los hechos y encargado al capitán general de conservar el orden público interín se hiciera cargo del Gobierno el capitán general de Cataluña, pudiendo adoptar cuantas medidas estimase necesarias. Este Directorio, constituído por los generales citados, seguirá trabajando interinamente hasta que el nuevo jefe de Gobierno organice el Gabinete, porque ninguno de sus componentes ocupará cargo alguno* (257).

Sin embargo, una vez en Madrid, Primo de Rivera no presta juramento como *presidente del Consejo de ministros*, sino, en virtud de un Real Decreto, tal como textualmente cita la *Gaceta*, *como presidente del Directorio militar encargado de la gobernación del Estado, con poderes para proponer cuantos decretos convengan a la salud pública, los que tendrán fuerza de ley interín en su día no sean modificados por leyes aprobadas por las Cortes del reino* (258).

Cuando el golpe se produce *la Ejecutiva del Partido Socialista envió una nota a los periódicos protestando de lo hecho en Barcelona y aconsejando a la clase trabajadora que no secundara ni apoyara en forma alguna el movimiento militar* -relata Francisco Largo Caballero-. *Esperábamos represalias, pero el Directorio que se formó no se dio por enterado de nuestro comunicado. ¿Cálculo? ¿Prudencia? Lo que fuere; para el caso es lo mismo* (259). Tal vez entre los proyectos de Primo de Rivera, que algunos presentan como el *cirujano de hierro* que reclamara Joaquín Costa, cuenta de manera principal el intento de integrar las fuerzas socialistas, desde siempre alejadas del pistolerismo sindical que ha convertido a Barcelona en *la ciudad de las bombas*. Sea como sea, el propio Largo Caballero acaba incorporado por Primo de Rivera en el Consejo de Estado.

Un mes después del golpe de Estado, el 16 de octubre de 1923, se celebra en Oviedo la boda del teniente coronel Francisco Franco Bahamonde, uno de los militares *africanos* de historial más brillante, con Carmen Polo Martínez Valdés. Los contrayentes son apadrinados por Don Alfonso XIII, que quiere dar así una muestra pública de su estima personal por quien en Marruecos, al frente de la Legión fundada por el coronel Millán Astray, encarna sus propios sueños, pasar a la historia con el sobrenombre de *El Africano*, pero al que la historia conocerá como el rey perjuro.

Cuando Franco le visita para agradecerle su apadrinamiento, Don Alfonso XIII hace honor a su proverbial locuacidad: *El rey me contó todo lo que había hecho para comprobar que Primo de Rivera tenía detrás al Ejército y contaba con la opinión nacional* -rememora Franco años después-. *En Barcelona, Zaragoza y Madrid estaban las guarniciones completamente al lado del dictador. Aquí* <Madrid> *contaba con el general Monvilas, le dije a Su Majestad que representaba a las Juntas Militares de Defensa. "¿Tú crees, me dice el rey, que el Ejército de Africa estaba en contra del general Primo de Rivera?" Le dije que no era entusiasta de la dictadura, y que por patriotismo no se había opuesto una vez S.M. había entregado el poder al dictador. El Ejército de Africa estaba seguro de que la influencia del espíritu "juntero", aún no desaparecido, había de hacer mella en el ánimo del dictador, en contra del sentir de la oficialidad de Marruecos, decidida a que se ocupase toda la zona del Protectorado y se terminase de una vez la pérdida de vidas en una campaña lenta y con objetivos muy limitados* (260).

Primo de Rivera, según Carr, *triunfó porque asestó el golpe al sistema parlamentario en el momento en que se operaba la transición de la oligarquía a la democracia; la vieja máquina política que se proponían los liberales avanzados no había prevalecido aún sobre la indiferencia del cuerpo electoral. No era la primera, ni la última vez, que un general aseguraba rematar un cuerpo enfermo cuando, de hecho, estaba estrangulando a un recién nacido* (261).

2.3. LA MONARQUÍA DE SEPTIEMBRE.

2.3.1. EL REQUERIMIENTO DE ROMANONES Y GARCÍA PRIETO.

De nuevo en España las armas se imponen a las urnas. El pacto constitucional de 1876, según el cual la soberanía reside en las Cortes, encarnación de la voluntad popular, y en el Rey, es ya papel mojado por obra y gracia de Don Alfonso XIII. Mucho se ha escrito sobre el aplauso con que la Dictadura es recibida en determinados sectores de la sociedad, pero se suelen silenciar las advertencias que a Don Alfonso se le hacen, a partir de 1923, y desde el propio campo dinástico, a propósito del incumplimiento flagrante de sus deberes constitucionales, y de los males que del mismo se derivan inexorablemente para la Corona.

La disolución de las Cortes -refiere Romanones- *no se hizo esperar. El documento en que así se disponía, claramente vulneraba el precepto constitucional que obliga al Rey, en caso de disolución, a reunir y convocar el cuerpo colegislador dentro de los tres meses, extremo que no se mencionaba.*

Hubo algunos, en verdad no muchos, Diputados y Senadores que se acercaron a don Melquíades Alvarez y a mí excitándonos a que, defendiendo los fueros de los cuerpos colegislativos, cuya presidencia habíamos ostentado, acudiéramos al Monarca haciéndole observar la infracción cometida (262).

Según el conde, tanto él como Melquíades Alvarez, en su calidad de antiguos presidentes del Congreso y del Senado, respectivamente, cometen *un verdadero error*, porque para que su protesta ante Don Alfonso XIII tenga *la eficacia y resonancia debida* se precisa que la opinión de los antiguos partidos Liberal y Conservador *se sintiera herida por una infracción tan grande como la cometida. Los principales jefes políticos, autoridades máximas a quienes acudimos* -explica Romanones-, *coincidieron con nosotros en que la infracción cometida era notoria, pero ninguno de ellos se prestó a seguirnos en el camino que, tanto Alvarez como yo, decidimos emprender* (263). Calla el conde que el mismo 18 de septiembre de 1923, cinco días después del golpe de Estado de Primo de Rivera, los siete diputados con que cuenta el Partido Socialista Obrero Español -Pablo Iglesias, Indalecio Prieto, Julián Besteiro, Fernando de los Ríos, Manuel Cordero, Manuel Llaneza y Andrés Saborit- dirigen una carta a Melquíades Alvarez *incitándole a una acción constitucional como presidente de las Cortes que acaban de ser disueltas*, según certifica Eduardo de Guzmán; los diputados del PSOE *no quieren pasar de la palabra a los hechos violentos, a que les inducen los elementos anarquistas y comunistas* (264).

En la mañana del 12 de noviembre de 1923, personados en Palacio, Romanones y Alvarez hacen entrega a Don Alfonso XIII del siguiente documento:

Señor: Las Cortes fueron disueltas el 17 de septiembre próximo pasado. La Constitución de la Monarquía española dice: "Las Cortes se reúnen todos los años. Corresponde al Rey convocarlas, suspender, cerrar sus sesiones y suspender simultánea o separadamente la parte electiva del Senado y el Congreso de los Diputados, con la obligación en este caso de convocar y reunir el Cuerpo o Cuerpos disueltos dentro de los tres meses".

Para cumplir la obligación que en el citado artículo impone, las Cortes habrán de estar no sólo convocadas, sino reunidas antes del día 17 de diciembre próximo.

Cada uno de los artículos que integra la Constitución tiene, desde el punto de vista legal, idéntica importancia, pero nadie podrá desconocer que sustancialmente, por lo que significa y representa, el artículo 32 sobrepuja, desde luego, en trascendencia a todos los demás. Es el alma misma de la Constitución de la Monarquía española, la garantía única de la vigencia y continuidad del régimen allí establecido. Acatado con escrupulosidad tal precepto, la Constitución subsiste en su esencia, cualesquiera que hayan sido las resoluciones y olvidos de que fuera víctima. Incumplido, en cambio, la Constitución desaparece, aunque todas sus demás disposiciones sean obedecidas en apariencia, porque con el artículo 32 se asegura eficazmente la alianza entre las Cortes y el Rey, de que habla el artículo 18, y al juntar entonces las prerrogativas históricas de la Monarquía con la soberanía inmanente de la nación, se armonizan sus respectivos intereses y funciones y se hace efectiva la cosoberanía de la Corona y la representación del país.

Por todo ello, este artículo es el único existente en la Ley Fundamental de la Monarquía que, refiriéndose al Rey, emplea la palabra "obligación". Y esa obligación, base y fundamento del pacto constitucional, fue aceptada por Su Majestad al jurar ante las Cortes sobre los Evangelios.

Lleva cuarenta y siete años rigiendo la Constitución. Discútase si otros artículos de ella han sido menoscabados; el artículo 32 no fue infringido jamás. Es natural que así sucediera, ya que su infracción haría desaparecer, siquiera momentáneamente, con soluciones de continuidad inevitables y peligrosas, la vida del régimen constitucional en España. Ante dicho artículo siempre se tuvo presente que no en vano se llama a sí propia la Constitución "Ley fundamental de la Monarquía".

Los plazos que la Ley y la realidad misma imponen para las diversas operaciones electorales que han de preceder a la reunión de las Cortes, obligan a convocarlas con alguna anterioridad al término del plazo señalado en el artículo 32. Normalmente, ese Decreto de convocatoria debiera haberse publicado antes del día 8 del corriente mes de noviembre. Quizá reduciendo los plazos electorales al mínimum, podrán dilatarse algunos días más; pasados muy pocos, el artículo 32 de la Constitución de la Monarquía será inevitablemte vulnerado, y si las Cortes no se hallan en funciones en plazo breve, se infringirá también fatalmente otro principio constitucional que basta enunciarlo para encarecer su importancia: el que se refiere a lo que prescribe el artículo XI relativo a las contribuciones y gastos públicos.

Señor: Los que suscriben, amantes del régimen constitucional por estimarlo el mejor, tanto para la vida de la Libertad y del Estado como para la paz de España y de la Monarquía, tienen el deber, acrecentado hoy ante las circunstancias actuales, por haber ostentado en las últimas disueltas Cortes la más alta representación parlamentaria, de elevar a V.M. su voz y expresarle respetuosamente su sincero sentir de que el bien público notoriamente demanda el cumplimiento fiel del artículo 32 de la Constitución, con la ferviente esperanza de que este sentir coincidirá con el de V.M.

Y puesto que ése es su deber, y en el que se atiende tan sólo a los intereses fundamentales de la Patria y de las instituciones, obedecen a los dictados de su conciencia al cumplirlo por este documento.

Madrid, 12 de noviembre de 1923.

Señor: A.L.R.P. de V.M., Conde de Romanones, Melquíades Alvarez (265).

Le entrevista de los firmantes del escrito con Don Alfonso XIII es breve. *Tan breve como poco cordial*, anota Romanones. *Nos recibió el Rey de pie y en el quicio de una puerta. No nos dió ocasión a explicación de ninguna clase, y la despedida estuvo a tono con lo que queda dicho* (266).

El conde y Melquíades Alvarez abandonan Palacio *muy contrariados. Yo mucho más que don Melquíades* -comenta amargamente Romanones-, *porque éste nunca había sentido el monarquismo y no le podía ofender lo desabrido de su primer contacto con el Monarca. Mas yo llevaba muchos años de servir a éste. Mi vida entera estaba unida a él, y además le profesaba un hondo y verdadero afecto* (267). Del relato de Romanones, de memoria tan puntillosa, se desprende, por muy increíble que ello parezca, que quien preside el Congreso de los diputados, Melquíades Alvarez, es la primera vez que tiene la oportunidad de saludar al Rey de España. El hecho es revelador del desdén olímpico -y suicida- con que Don Alfonso XIII y sus asesores palatinos ignoran a quienes no consideran *incondicionales* de su persona o de la Institución, y que, por eso mismo, debieran ser los que el Rey tuviera más interés en conocer, atender y escuchar.

Por la noche, un alabardero se presenta en el domicilio de Romanones con orden de que se le despierte, pues ha de entregarle una carta autógrafa del Rey, *en la que me reprochaba con dureza* -explica- *que yo hubiera firmado el documento en que se ponía en duda el cumplimiento de sus deberes.* Romanones, ni corto ni perezoso, le contesta *con el mayor respeto* que ha procedido en el cumplimiento de su deber *por el afecto que le profesaba y por mis convencimientos monárquicos.* Romanones guarda durante años, *con cuidado*, ambas cartas, la autógrafa del Rey y la copia

Don Alfonso XII (1857-1885): su muerte prematura, con 27 años, constituye *el primer fracaso de la Restauración,* cuando ésta no tiene todavía un arraigo consistente en la vida del país.

Doña María Cristina de Habsburgo-Lorena (1858-1929). Regente tras la muerte de su esposo, sabrá respetar la Constitución de 1876, el *pacto* entre el pueblo y la Corona.

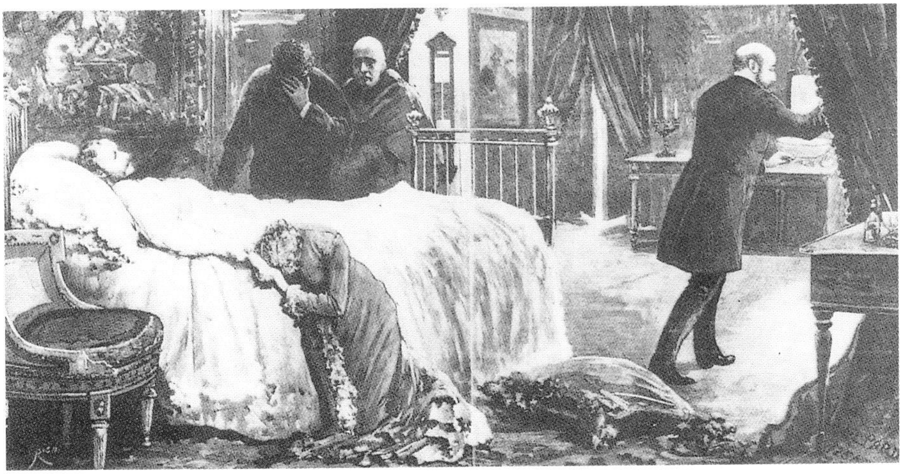

Cristinita, guarda el coño y de Cánovas a Sagasta y de Sagasta a Cánovas (Don Alfonso XII a Doña María Cristina, en su lecho de muerte).

Antonio Cánovas del Castillo (1828-1897) y Práxedes Mateo Sagasta (1825-1903), jefes del partido Conservador y Liberal respectivamente, amañan con el Pacto de *El Pardo*, sustentados en el caciquismo, el uso y disfrute del poder mediante el *turno pacífico.*

El Desastre del 98, por el que España pierde los restos de su imperio colonial, da nombre a una generación ilustre de españoles desolados ante la ruina moral y material de su patria.

Huérfano de padre, el mundo femenino que rodea a Don Alfonso XIII (1886-1941), aquí retratado en brazos de su madre, es proclive a todas las permisividades.

Don Alfonso XIII con su abuela Doña Isabel II (1830-1904) y sus hermanas la Princesa de Asturias Doña María de las Mercedes (1880-1904) y la Infanta Doña María Teresa (1882-1912).

La Infanta Doña Isabel (1851-1931), tía paterna de Don Alfonso XIII, conocida popularmente como *La Chata* y en familia como *el sostén de las Instituciones,* le inculca el convencimiento de que todo le está permitido. Su marido se suicida dejándola viuda a los veinte años.

La Infanta Doña Eulalia (1864-1958), hermana de la anterior, la única persona consciente en Palacio de la mala crianza de Don Alfonso XIII, y de la malsana influencia que sobre el ánimo del rey niño ejerce la Infanta Doña Isabel con su *fanatismo de la Monarquía.*

Don Alfonso XIII con su madre y hermanas. La muerte de la Princesa de Asturias y de la Infanta le convierten en hijo único, lo que de hecho ha sido desde su nacimiento.

El 17 de mayo de 1902 Don Alfonso XIII, al cumplir los 16 años, jura *por Dios sobre los Santos Evangelios guardar la Constitución y las leyes;* en 1923 la aceptación de la Dictadura militar le convierte en perjuro (en la foto, con uniforme de capitán general, en 1903).

En el primer Consejo de ministros que preside, Don Alfonso XIII pretende saltarse *a la torera* las limitaciones que la Constitución le impone. *Los errores de aquel muchacho inexperto, a pesar de su inteligencia y patriotismo, conducirían a la crisis de la Restauración,* escribe Luis María Anson.

Alvaro de Figueroa y Torres, conde de Romanones (1863-1950), ministro en el primer Gobierno constitucional de Don Alfonso XIII: *En España es difícil concebir un monarca con levita y sombrero; por eso el Rey, desde que pudo andar, ha lucido la más variada colección de uniformes* (En la foto, primero por la izquierda rodilla en tierra, en una clase de Instrucción militar).

Doña Victoria Eugenia de Battenberg (1887-1969), nieta de la reina Victoria de la Gran Bretaña, cambia *una fe por una corona* al abjurar de sus creencias religiosas para convertirse en reina de España.

El atentado de Mateo Morral el 31 de mayo de 1906 mancha el manto nupcial de Doña Victoria Eugenia con la sangre de la cabeza del lacayo que marcha a su lado junto al coche.

Don Alfonso XIII con el Príncipe de Asturias (1907-1938). *No me resigno a que mi heredero* —se lamenta el Rey— *haya contraído una enfermedad* —la hemofilia— *que ha traído la familia de mi mujer y no la mía.*

Don Alfonso XIII con sus hijos. El Príncipe de Asturias, Don Alfonso, y el Infante Don Gonzalo padecen hemofilia; el Infante Don Jaime queda sordomudo desde los 4 años; las Infantas Doña Beatriz y Doña María Cristina se ignora si pueden ser transmisoras del terrible mal heredado de su madre...

Las desgracias familiares precipitan la separación del matrimonio de Don Alfonso XIII y Doña Victoria Eugenia, aunque se mantengan las apariencias.

La *Semana Trágica* de Barcelona en 1909 motiva la caída como jefe del Gobierno de Antonio Maura (1853-1925), tras aceptarle Don Alfonso XIII una dimisión que Maura no presenta.

José Canalejas Méndez (1854-1912), desde la izquierda del sistema, representa un intento de regeneración que una vez más se frustra con su muerte, víctima de un atentado, como desde la derecha se frustra el intento de regeneración liderado por Maura.

1917 —Juntas Militares de Defensa, Asamblea de Parlamentarios, huelga general revolucionaria— es un año conflictivo para España, pues Don Alfonso XIII, como cabeza de la Institución, no parece capaz de resolver la crisis de las instituciones (En la foto, Luis de Zulueta visita en Cartagena a los condenados por la huelga: de pie, Francisco Largo Caballero; sentados, Julián Besteiro, Andrés Saborit y Daniel Anguiano).

Lenin arenga a las masas tras el triunfo de la revolución bolchevique de 1917. A la derecha de la foto, el Comisario del Ejército Rojo, León Trotsky.

El fin de la Gran Guerra (1918) supone el derrumbe de diversas monarquías europeas, cuyo ocaso se inicia en 1911 con el destronamiento de Don Manuel de Portugal (En la foto, con el Rey). El hecho afianza a Don Alfonso XIII en la creencia de que la suya es una plaza sitiada por el enemigo.

En 1919 Don Alfonso XIII consagra España al Sagrado Corazón de Jesús: el Trono y el Altar tienen sellada una alianza que constituye uno de sus mejores sostenes.

Eduardo Dato Iradier (1856-1921), jefe del partido Conservador, víctima, como Cánovas y Canalejas, de un atentado. No advierten los anarquistas que los gobernantes son simples gestores del *sistema establecido,* sustituibles unos por otros.

Pablo Iglesias (1850-1925) en un mitin. La exclusión de los socialistas y de cuanto el socialismo representa, junto con el *borboneo* de la derecha *de los ideales* que encarna Antonio Maura, constituye el gran error de Don Alfonso XIII.

Juan de la Cierva Peñafiel (1864-1938), el fidelísimo servidor de la Corona, *maquilla* en 1921 el discurso de Don Alfonso XIII en Córdoba en que dice estar dispuesto a actuar *dentro o fuera de la Constitución.*

El desastre de Annual supone un serio revés para los sueños de Don Alfonso XIII de pasar a la historia como *El Africano.*

Don Alfonso XIII con su atuendo preferido, el militar. *A fuerza de llevarlo el uniforme de infantería se le había hecho piel,* escribe Salvador de Madariaga.

Marcha sobre Roma, 28 de octubre de 1922. Benito Mussolini, de paisano, con los jerarcas fascistas. Es la reacción de las clases burguesas atemorizadas por el triunfo de la revolución bolchevique de 1917.

El 13 de septiembre de 1923 el Capitán general de Cataluña, Miguel Primo de Rivera y Orbaneja (1870-1930), se *pronuncia*. El golpe de Estado salva a Don Alfonso XIII de sus posibles responsabilidades por el desastre de Annual.

Acaso de lo único que tengo que arrepentirme es de haber observado escrupulosamente los artículos de la Constitución en aquellos años, confiesa Don Alfonso XIII en su exilio. Su aceptación de la Dictadura militar, que le convierte en perjuro, rompe el *pacto* de la Corona con el pueblo establecido mediante la Constitución de 1876.

El conde de Romanones y Melquíades Alvarez, como presidentes del Senado y del Congreso respectivamente, recuerdan a Don Alfonso XIII, en vano, en noviembre de 1923, sus deberes constitucionales.

La pacificación de Marruecos, a cuyo abandono era inicialmente proclive Primo de Rivera, constituye el mejor logro de la Dictadura (En la foto, el general José Sanjurjo (1872-1936) y el coronel Franco (1892-1975) durante una de las operaciones militares).

Pío XI, ante el que Don Alfonso XIII se manifiesta como un *nuevo cruzado* en la audiencia que el Papa le concede en 1923.

María Cristina de Habsburgo-Lorena: opuesta, al parecer, a la Dictadura de Primo de Rivera, su muerte en 1929 sume a *Bubi,* como cariñosamente llamaba a Don Alfonso XIII, en una orfandad definitiva.

Don Alfonso XIII con el general Primo de Rivera en una cacería poco antes de que el primero le *borbonee. Las animadversiones de Palacio* —comenta Almagro San Martín— *son como el gris del Guadarrama, que no apaga un candil y mata un hombre.*

Dámaso Berenguer Fusté (1873-1953), jefe del Cuarto Militar del Rey, es el encargado de salvar la corona de Don Alfonso XIII tras el fracaso de la Dictadura (En la foto, con los generales Martínez Anido y Primo de Rivera).

Miguel de Unamuno (1864-1936) regresa a España triunfalmente tras sus años de exilio.

Emilio Mola Vidal (1887-1937), nombrado Director general de Seguridad en el Gobierno *palatino* y *bancario* del general Berenguer, llega a Madrid procedente de Marruecos para posesionarse del cargo.

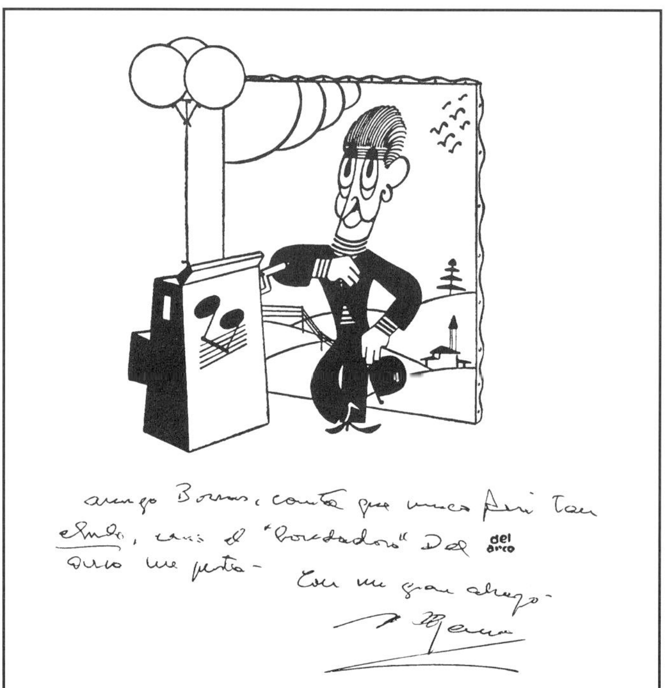

Miguel Maura Gamazo acude en febrero de 1930 a visitar a Don Alfonso XIII para anunciarle su marcha al campo republicano (Caricatura de Manuel del Arco, dedicada por Maura al autor: *Amigo Borrás, conste que nunca fui tan «chulo» como el «bondadoso» Del Arco me pintó. Con un gran abrazo. M. Maura).*

de su respuesta, pero los avatares de la guerra civil iniciada en 1936 producen su extravío (268).

La reacción del presidente del Directorio militar de Su Majestad no se hace esperar. Azuzado sin duda por Don Alfonso XIII, a quien tanto molesta que se le recuerden sus deberes como monarca constitucional, *el dictador, acusando recibo del documento entregado al Rey, en términos violentos, tanto a don Melquíades como a mí, nos declaraba suspensos en la Presidencia de anbas Cámaras* (269).

El atropello se ha consumado. El requerimiento del conde de Romanones y de Melquíades Alvarez, presidentes del Senado y del Congreso -es decir, de las dos máximas instituciones que encarnan la soberanía popular y la comparten con la Corona-, es rechazado de malos modos *-de pie y en el quicio de una puerta-*, y Romanones, de arragaidos *convencimientos monárquicos*, es encima severamente reprendido acusado de haber puesto en duda *el cumplimiento de sus deberes* por parte del Monarca.

Las palabras de la Infanta Doña Isabel, escuchadas por Don Alfonso XIII desde su más tierna infancia *-Hay que hacer cuanto el rey mande-* han surtido su efecto. La Monarquía constitucional de Sagunto se ha transmutado en la Monarquía militar de Septiembre mediante el perjurio de Don Alfonso XIII, *simpático y funesto individuo metomentodo y anticonstitucional de nacimiento*, según le define Enrique Jardiel Poncela (270).

Vicente Blasco Ibáñez, en la plenitud de su fama, se dispone a emprender un viaje alrededor del mundo. Antes, sin embargo, le escribe a Alejandro Lerroux, desde Francia, donde reside, ofreciéndole suspender el periplo y regresar a España, en vista de los acontecimientos, *para actuar en la forma que más convenga al republicanismo español.* A vuelta de correo Lerroux le disuade de oferta tan generosa, y refiriéndose a quienes se han impuesto por encima de la Constitución le dice: *Fracasarán pronto; fracasarán sin remedio. No hay preparación ni competencia en los promotores. Carecen de ideal político. No puede bastarles, para triunfar, el patriotismo, que es un sentimiento y no un pensamiento. Y como, además, no pueden prestarles colaboración los caídos, por dignidad, ni las izquierdas, por no gastarse estérilmente, necesariamente se han de entregar a las derechas reaccionarias. Pero éstas no tienen hombres, ni organización, ni masas. Irán al fracaso. Durante esta "revolución" se hará un "frente único" de las izquierdas, sin sus viejos y gastados caudillos: la opinión, que está despertando, les empujará. Y entonces un nuevo golpe de Estado, militar, pero no militarista, traerá el Poder a nuestras manos. ¡Ojalá siga siendo la revolución, hasta ese momento, pactada, ordenadita e incruenta, porque si la fiera despierta de su letargo y saborea no más la sangre, la tragedia puede llegar a ser espantosa! Y si las cosas ruedan sobre éstos o parecidos carriles, entonces será cuando nos hagas falta, más falta quiero decir. Y si te llamo, ven sin demora, porque será que te necesitan la Patria y la República* (271).

2.3.2. LA SEDUCCIÓN ITALIANA (*ESTE ES MI MUSSOLINI*). EL NUEVO CRUZADO (Ciudad del Vaticano, noviembre de 1923).

En noviembre de 1923 los Reyes de España, acompañados del general Primo de Rivera, realizan una visita oficial a Italia. En Spezzia toman el tren que ha de conducirles a Roma. Centenares de fascistas forman la guardia de honor.

El Rey se asomó a la ventanilla y estuvo un momento contemplando la gran parada:

-Veo pocos fascistas. Deseo ver más -dijo a Italo Balbo.

-Prometo a Vuestra Majestad una gran revista en Nápoles -respondió Balbo.

El Rey agregó:

-Admiro el fascismo. Felices vosotros, que terminais vuestra obra. Nosotros la empezamos.

Entonces, Don Alfonso llamó al General Primo de Rivera y señalándole exclamó:

-Este es mi Mussolini (272).

En 1933, ya en el exilio, le dirá a su confidente Cortés-Cavanillas que el fascismo *es una "bella" dictadura personificada por un hombre de dotes excepcionales que está levantando el país, sobre todo en el aspecto de la industrialización y del turismo.* Y alabará sin reservas los *aciertos descomunales* de Benito Mussolini: *el Tratado de Letrán, la construcción de una Marina mercante potentísima, la magnífica red ferroviaria electrificada en un setenta por ciento y otras obras importantes de indudable interés político y social* (273).

En el Palazzo Venezia el duce del Fascismo, Mussolini, ofrece un banquete en honor de Primo de Rivera, en el que el antiguo militante socialista otorga su bendición al general-dictador:

Cuando, en septiembre último, tuvimos noticia de vuestro movimiento, pensamos que, aun cuando distinto en método, por corresponder a la diversidad de clima y de política de los dos países, el objetivo podía ser considerado como idéntico, o sea: librar a las fuerzas vitales del pueblo de la nefasta influencia de doctrinas políticas caducas y de hombres incapaces de asumir las duras responsabilidades del mando.

(...) *Os declaro, señor Presidente, que soy optimista en lo que concierne a la firmeza y duración de vuestro Gobierno. Lo que os sucede también nos sucedió a nosotros en los primeros tiempos. Cuatro políticos desocupados y melancólicos se pasaban el día esperando, desde la mañana hasta la noche, el fin de mi Gobierno. Trátase de durar, día por día, mes por mes, año por año, como hemos durado y hemos de durar. También vosotros duraréis, ya que vuestro Gobierno respondía a una necesidad íntimamente sentida por toda la mejor parte de vuestro pueblo.*

(...) *Permitidme, señor Presidente, que, al saludaros, rinda homenaje a vuestros soberanos y a vuestros colegas del Directorio, y levante en alto nuestras enseñas, teñidas en sangre, en honor de todo el pueblo español, que se encamina en la actualidad decidido y orgulloso para ocupar de nuevo el lugar que le corresponde en la vida y en la Historia europea* (274).

Don Alfonso XIII visita el Coloseo. Allí, bajo una lluvia intempestiva, se cree obligado a destocarse e improvisar una frase cuidadosamente preparada: *Señores, cuando uno entra en el Coloseo, haga sol o llueva torrencialmente, tiene que entrar con el sombrero en la mano.* Y al abandonar Roma le dice al presidente del Senado italiano, camarada Titoni: *Me iré de Italia; pero mi corazón quedará con vosotros* (275). La frase es algo más que una cortesía; traduce su rendida entrega. No es sólo la seducción que Italia entera ejerce desde siempre sobre quien la visita por primera vez; en el caso de Don Alfonso XIII -*Felices vosotros, que termináis vuestra obra*- el Rey cree hallar en la Italia fascista el modelo soñado para España.

Antes de abandonar Roma, Sus Majestades Católicas son recibidas por Su Santidad el Papa Pío XI.

En El Vaticano Don Alfonso XIII pronuncia un discurso en el que, de entrada y sin mayores empachos, tras arremeter contra *los sectarios de Mahoma*, declara: *La predicación del apóstol Santiago y la aparición de la Virgen en el Pilar de Zaragoza, hacen ya de mi pueblo el predilecto de la Providencia.*

Hecha esta afirmación, Don Alfonso XIII se cree con títulos suficientes para explicar al Santo Padre *la satisfacción efusiva con que contemplaría, formando parte de la Guardia Noble de Vuestra Santidad, a caballeros españoles, nobles entre los nobles, fieles entre los fieles*, y reclamarle que aumente el *cupo* de los cardenales de habla hispana: *Y como ruego donde pongo mi corazón y con el cual creo recoger los anhelos todos de la raza, a impetrar me atrevo de Vuestra Santidad que tuvieran representación más numerosa en el Sacro Colegio los países americanos, petición que hago, Santísimo Padre, en este lugar, uno de los más augustos de la tierra, para proclamar la aspiración más vehemente de España de fundirse en apretado abrazo de cariño con las que antes fueron colonias del Nuevo Mundo, para que unidos los españoles todos, los de allende y aquende, el decano de la raza hispana llegue al cenit de la grandeza que en el fondo le corresponde por haber sido la propulsora de los más altos ideales de la Humanidad y por haber cobijado todas sus glorias bajo las brazos redentores de la Cruz.* No se entiende muy bien si al hablar del *decano de la raza hispana* Don Alfonso XIII se refiere a España o al posible decano de los cardenales de habla hispana, para el que, de ser así, parece postular el papado -*llegue al cenit de la grandeza que en el fondo le corresponde*-.

Sea como sea, el insólito discurso termina con un ofrecimiento singular: *Y al desear, Santísimo Padre, mientras seáis piloto de la nave de San Pedro, que la paz, hija del Cielo, reine en la tierra, y desaparezcan los obstáculos que la política, la herejía y la incredulidad han opuesto al avance triunfal de nuestra Religión, y se delimiten las jerarquías eclesiásticas por toda la redondez de la tierra, y en el mundo no haya sino un solo rebaño y un pastor solo, al pedir con todo rendimiento como os pido vuestra bendición paternal para España, mi Real Familia y mi valiente Ejército, que en Africa lucha por implantar la justicia y la civilización, solemnemente os prometemos, Santo Padre, que si un día, en cumplimiento de la divisa de San Malaquías, corresponde a vuestro pontificado "fides intrepida", la Fe insuperable de los católicos, los mayores sacrificios, no regaterían los españoles ninguna clase de sacrificio en ir en defensa de la Fe perseguida, nuevo Urbano II, si levantarais una cruzada contra los enemigos de nuestra sacrosanta Religión. España y su Rey fidelísimo a Vuestro mandato, jamás desertarían del puesto de honor que sus gloriosas tradiciones les señalan para el triunfo y por la gloria de la Cruz, que junto con ser bandera de la Fe, es también bandera de la paz, de la justicia, de la civilización y del progreso* (276).

Victoria Eugenia asistía silenciosa y seria a estas comprometidas declaraciones de Alfonso XIII en Italia; y desde luego no sintonizaba mucho con ellas ni las creía coherentes con el comportamiento personal del rey, anota Ricardo de la Cierva (277).

El discurso de respuesta de Pío XI, tras recordar la consagración hecha por Don Alfonso XIII al *Corazón divino del Rey de los Reyes*, sale del paso con los lugares comunes de rigor y sin aludir para nada a las peticiones que ha escuchado.

En determinados sectores de la sociedad española las palabras de Don Alfonso XIII causan vergüenza ajena. *Los liberales españoles quedaron atónitos* -comenta Noel-. *Previamente sólo habían escuchado esta clase de retórica en boca de los carlistas* (278). Wenceslao Fernández Flórez, de derechas *de toda la vida*, publica en *ABC*, bajo el título *No voy a la cruzada*, una réplica no por irónica menos contundente:

Se ha dicho recientemente en un comentadísimo discurso pronunciado en la Ciudad Eterna, que todos los españoles formaríamos, si se nos requiriese para ello, en una nueva cruzada contra el infiel.

Tengo que hacer una pequeña aclaración al margen de la rotunda frase.

Yo, no. Yo no me alistaré en esa cruzada. Que se me censure, si se quiere; pero, por lo menos, que se reconozca mi franqueza. Yo no voy. Conmigo que no se cuente. Queda dicho. Después, cuando llegue el momento, no se me vaya a echar en cara que descompongo el grupo. ¡No voy y no voy!

Lamento muchísimo que por mi culpa sea preciso modificar la frase: ya no se puede decir "todos los españoles", hay que intercalar un "casi", cuya inconveniencia siento en el alma; pero no me molestará que se diga: "todos, menos uno", o "no hay más que una excepción confirmadora de la regla". En fin, que lo arreglen como quieran. Pero no voy.

Lo he pensado mucho, caballeros, y mi decisión es firmísima. Primeramente me he preguntado: ¿Por qué he de cerrar airadamente contra el infiel? Y no acerté a darme una respuesta que tuviese sentido común.

¿Qué es el infiel? Para nosotros, el que no comulga en nuestra fe, el no cristiano. Dejando aparte que en España existen muchos compatriotas no cristianos, a los que tendríamos asimismo que reducir, yo digo: ¿Qué

eficacia dogmática puede contener una ametralladora? Supongamos que ya estoy frente a frente con un infiel.

-¡Conviértete! -bramo.

-¡Nunca! -ruge el bueno del hombre.

Y voy yo y le meto dos cuartas de sable de reglamento en el estómago. Bueno ¿y qué? O le embrollo las ideas religiosas de un tiro en el cráneo. ¿Y qué? Si ese hombre, al sentirse traspasado, se diese una palmada en la frente o cayese de rodillas, clamando: "¡Sí, ahora lo comprendo todo; Mahoma fue un farsante; que me bauticen en seguida!", yo habría logrado un éxito satisfactorio y acaso valdría la pena de repetir tantas veces como hiciese falta la cruenta operación. Pero esto no ocurre. El infiel muere, y a otra cosa.

Admitido que lo que se persigue con tal sistema es precisamente la muerte del infiel, vamos a suponer lo que pudiera suponerle a posteriori. *Imaginemos los millares, los millones de infieles muertos en luchas religiosas. O a uno solo de ellos ante el Señor. Cuando el pobre sujeto acabe de referir cómo lo hizo volar en pedazos una granada, o cómo le aniquilamos con un lanzallamas, o cómo le convertimos en pus los pulmones con nuestros cristianísimos gases asfixiantes, no por otro motivo que por el de ser infiel, ¿qué creen ustedes que pasaría? ¿Suponen que el Señor haría dar un voto de gracias a los autores de aquel homicidio? ¿Presumen que en el reglamento divino de la ley "no matarás" hay una excepción a la que uno pueda acogerse cuando extingue la vida de un infiel?*

Pero, por si estas altísimas razones no bastasen, aún podemos añadir algunas más. Al decir "el infiel", los españoles entendemos tradicionalmente "el árabe". Todavía no se ha hecho una cruzada contra los salvajes de la Polinesia, tan perfectamente infieles como el árabe y mucho más crueles y atrasados y distantes de nuestra moral. Entre el fetichismo y el mahometismo hay una inmensa distancia. No pretendemos estimular a las potencias europeas a un exterminio de polinesianos; nos referimos a este ejemplo para deducir que, según parece, las grandes potencias no se preocupan de la fe de los hombres cuando estos hombres no han podido acumular tesoros. Pero queremos decir preferentemente que las razones históricas -no ya religiosas- que se alegan para convencernos de que debemos odiar al árabe no nos conmueven. Admiramos profundamente la civilización árabe, el sentido que de la vida tenían los árabes y su capacidad para la realización de la belleza. Creemos que España perdió mucho con expulsarlos, y opinamos -de acuerdo con los interesantes estudios publicados no hace mucho en El Sol *por el señor Aguilar- que los reyes moros expulsados de Andalucía eran más españoles y tenían más derecho a permanecer en la península que los monarcas castellanos que los vencieron.*

Desde luego, no hace falta apoyar con muchas explicaciones la negativa de ir a una cruzada. Ya no se emprenden luchas por motivos religiosos. Los hombres se matan cuando los industriales y los comerciantes lo exigen. En las guerras de hoy no se defienden ideales, sino intereses. Pese a ello, es preciso reconocer que continúan los personajes del Calvario siendo, en la perturbada razón humana, pretexto de espantosas tragedias. Con una diferencia: antes se mataba (¡terrible desvarío!) por el dulce Redentor; ahora, por los otros dos crucificados (279).

Los discursos que se cruzaron entre el soberano y el pontífice Pío XI -recuerda muchos años después Antonio Garrigues y Díaz-Cañabate- *fueron muy significativos. España fue en esa ocasión, como lo venía siendo tradicionalmente, más papista que el papa. El ponderado discurso del Santo Padre frente al de exaltación de la "España católica" de don Alfonso XIII, decepcionó un tanto a los españoles, y no digamos a los medios oficiales que lo habían preparado, en un momento -como el de la Dictadura de Primo de Rivera- de fervor nacionalista* (280).

En la persona de Don Alfonso XIII el trono y el altar ven reafirmada su tradicional alianza, bien que Pío XI, que a la vuelta de pocos años propicia una política de aproximación a la República, no responda a sus fervores como el Rey espera.

El viaje a Italia, en definitiva, ha servido para un cierto respaldo internacional de la Dictadura. A Don Alfonso XIII *-éste es mi Mussolini-* le ha confirmado en lo que él cree su gran acierto al alentar el golpe de Estado de Primo de Rivera.

2.3.3. LA VUELTA AL RÉGIMEN CONSTITUCIONAL, UNA OCASIÓN PERDIDA (1925). EL MEJOR DE LOS MUNDOS POSIBLES.

El 2 de diciembre de 1925 se constituye un *Directorio civil* bajo la jefatura del general Primo de Rivera. La substitución de algunos príncipes de la Milicia por elementos civiles -Yangüas Messía en el ministerio de Estado, José Calvo Sotelo en el de Economía, Eduardo Aunós en el de Trabajo- no es la solución requerida, sino su aplazamiento.

Don Alfonso XIII desaprovecha la gran oportunidad para liquidar la Dictadura sin perder la corona. Pacificado prácticamente Marruecos, erradicado el pistolerismo de sindicatos y patronales, escarmentados los partidos de la Restauración tras dos años de cuaresma forzosa, el momento parece propicio para que Primo de Rivera sea licenciado con todos los honores, de buen grado o por fuerza, y se convoquen unas elecciones generales que desemboquen en unas Cortes constituyentes.

El mes de diciembre de 1925, con pocos días de diferencia, mueren Pablo Iglesias, fundador y secretario general del PSOE y de la UGT y Antonio Maura Montaner, ex-jefe del partido Conservador, que preconizara en vano *la revolución desde arriba*.

Ambos entierros, que constituyen auténticas manifestaciones de duelo, simbolizan de alguna manera el sepelio de la gran oportunidad histórica desaprovechada por Don Alfonso XIII: la de la renovación total de la vida política española sobre la base del reconocimiento de las fuerzas sociales emergentes que representan el partido Socialista y la UGT, y el encauzamiento de la *derecha civilizada* y renovadora, regeneracionista en suma, que encarnaba el maurismo, con todas las limitaciones que se quieran.

Pero Don Alfonso XIII deja pasar la gran oportunidad de 1925. En definitiva, el *cochino* de Primo de Rivera, aunque le *chupe* cámara, encarna el tipo de gobierno que más le satisface, el que permite que a la voz de *media vuelta a la derecha*, como explica Pérez de Ayala, *millares de hombres giren sobre sus talones.*

El 25 de febrero de 1926 el coronel Francisco Franco es ascendido a general a los treinta y cuatro años. Es el general más joven de Europa, y cuenta, desde que inicia su fulgurante carrera en Africa, con la estima personal de Don Alfonso XIII.

José María de Areilza, años después, narra un episodio ciertamente revelador: la repulsa pública que en el apogeo de la Dictadura hace Don Alfonso XIII del parlamentarismo:

Creo que era el año 1927 -escribe el conde consorte de Motrico- *cuando fui presentado al Rey en una de estas ocasiones* <las regatas veraniegas organizadas por el Club Sporting en el Abra de Bilbao> *por el presidente de la entidad. Estudiaba yo en la Escuela de Ingenieros bilbaína, cursando simultáneamente por libre, en Salamanca, la licenciatura de Derecho. Observaba el profundo y todavía en parte oculto avance que en las filas universitarias iba realizando la oposición a la Dictadura de Primo de Rivera, que se encontraba entonces en el apogeo de su tarea gobernante. En las nuevas generaciones la Monarquía tenía pocos partidarios y la hostilidad al Monarca era grande, reflejada en chistes, caricaturas y canciones. Don Alfonso tenía un aspecto físico alargado, de paso rápido y elástico, con una cabeza pequeña, nariz prominente, prognatismo no muy acentuado, boca sensual bajo el negro bigote, y unos ojos vivísimos que lo inspeccionaban todo: al interlocutor; su traje; las manos; el movimiento de los labios, como queriendo absorber rápidamente una impresión de su personalidad. Usaba el Rey una gorra blanca de visera de plato muy corto, lo que acentuaba aún más su perfil popular e inconfundible. Me preguntó dónde estudiaba y qué se decía en las aulas sobre la situación política y si muchos de mis compañeros leían* El Liberal, *órgano bilbaíno de Indalecio Prieto, entonces ya antidinástico furibundo. Le contesté que la mayoría leáin* Excelsior, *diario deportivo que dirigía Jacinto Miquelarena, y muy pocos los periódicos de signo político. "Yo soy probablemente el único alumno que leo* El Liberal *todos los días porque me interesa la política y las cosas que escribe Prieto cuando le deja la censura." El Rey se rió mucho y pasó a la cubierta del primer piso, donde tuvo lugar el almuerzo cotidiano de los balandristas que volvían de regatear. Se hablaba de las incidencias de la competición, del viento y del tiempo, preferentemente, y al final de la comida el presidente decía unas pocas palabras de saludo y ofrecimiento a las que don Alfonso contestaba con una sonrisa de agradecimiento.*

Aquel día, sin embargo, no fue así. Ante la sorpresa general, el Monarca se levantó y pronunció un discurso breve e intencionado. Tenía una sordera congénita de origen específico que le impedía escucharse a sí mismo para corregir el timbre de su voz, lo cual daba una nota algo destemplada y metálica a sus palabras. Mirando con insistencia hacia una mesa lateral de comensales insistió en que el balance de su Gobierno era positivo con lo realizado en Marruecos, las obras públicas y el orden social logrado en el país. "Parece que algunos críticos no tienen memoria y tratan de olvidar a donde habríamos llegado en 1923 con el abuso del parlamentarismo. Yo les pido desde aquí que reflexionen y pongan el patriotismo por encima de sus enconos o preferencias", vino a decir. En la mesa en cuestión se encontraban un grupo destacado de monárquicos liberales de Vizcaya que presidía Antonio Arteche, marqués de Buniel, diputado de filiación albista y que había sido vicepresidente del Congreso al ser éste disuelto por el golpe de estado del 13 de setiembre. Las palabras regias produjeron una cierta sensación y reacciones encontradas. Al salir del Sporting, Buniel, que no ocultaba su desagrado y al que me unía, a pesar de la diferencia de edad, un sincero afecto que se prolongó con los años, me dijo: "Has escuchado un discurso político del Rey constitucional que una vez más no ha funcionado dentro del ámbito que le asigna la Constitución (281).

Como ocurre tantas veces, el testimonio veraz de muchos monárquicos a machamartillo se convierte en el más duro alegato contra Don Alfonso XIII.

2.3.4. LA ORFANDAD DE *BUBI* (Muerte de Doña María Cristina, 6 de febrero de 1929).

El 6 de febrero de 1929 muere en el Palacio de Oriente, víctima de una angina de pecho, a los setenta años, la Reina madre Doña María Cristina, *la mujer ejemplar que parecía llevarse consigo la monarquía a la que había consagrado su vida*, escribe la Infanta Doña Eulalia (282), quien de todos los miembros de la Familia Real parece ser la única persona capaz de captar lo que Antonio Machado, en boca de *Juan de Mairena*, describe como *lo que pasa en la calle*, y que sin duda en Palacio prefieren denominar *los eventos consuetudinarios que acontecen en la rua* (283).

La Reina Doña Victoria Eugenia se encarga de dar la noticia a sus hijas las Infantas Doña Beatriz y Doña Cristina. *Es significativo* -comenta Aronson- *que al despertarlas a una hora tan temprana lo primero que preguntaron era si ya había estallado la revolución, y lo segundo qué podían hacer por su padre* (284).

En los varios días que pasé en Madrid con tal doloroso motivo <el fallecimiento de su cuñada, la ex-reina regente>, *pude darme cuenta del ambiente político, que comenzaba a ser hostil a la monarquía. No se veían como peligrosas las fuerzas republicanas, pero ya en el pueblo se iba extendiendo la idea de que Alfonso XIII sería el último rey. Era algo brumoso, impreciso y oscuro aquel ambiente ingrato, no había amagos revolucionarios, pero tampoco se sentía del todo asentado el trono en la conciencia popular. Tuve claramente la intuición de que algo iba a ocurrir, corazonada de mujer, acaso, pero que fue más cierta que la apreciación de los políticos.*

La monarquía se creía afianzada, muy sólida y muy dentro del espíritu español, porque en esta ocasión, como en otras, la voz de la calle no era oída en el interior de palacio, ni pasaba las murallas que separaban al Rey de sus súbditos. En 1925, yo había acudido al Panteón de El Escorial acom-

pañando a unos amigos ingleses y pude ser testigo de cómo los guías mostraban al visitante la tumba de Alfonso XIII -última que quedaba en la cuatro veces centenaria galería-, respondiendo, cuando se les interrogaba sobre el sitio en que continuaría sepultándose a los reyes, que se pensaba poco en ello, porque después de Alfonso XIII vendría la República. Lo decían sonriendo, naturalmente, como si aquello fuera una realidad por todos acatada. Lo que cuento lo podrán atestiguar numerosos turistas a quienes en El Escorial se dijo lo mismo. Mi amigo el barón de Montagnac-Versoe, distinguido arqueólogo húngaro, que visitó Madrid en esta época, me lo contaba lleno de asombro, pues le había sorprendido como a todos.

Yo lo conté en Palacio, y el Rey no dio importancia al hecho, riéndose con buen humor de mi asombro. Al fin y al cabo, estábamos acostumbrados a los guías españoles, que son los que más han contribuído a difamar a España y a ponernos en solfa a todos nosotros en el extranjero (285).

El conde de Romanones explica que, desde el inicio de la Dictadura, Doña María Cristina no vió la cosas claras: *Durante siete años vivió presa de gran intranquilidad; su fino instinto político le prevenía que si es fácil proclamar el régimen de fuerza y de excepción, es mucho más difícil salir de él sin daño (...). Además, doña María Cristina, en los dieciséis años de Regencia, se había compenetrado de tal modo con los principios fundamentales del régimen constitucional y parlamentario, que es lógico suponer no se acomodara a gusto a vivir bajo otro* (286).

Doña María Cristina insta en cierta ocasión a Juan de la Cierva a que hable con el Rey y le explique el juicio que a éste le merece la Dictadura. *Ofrecí hacerlo si el Rey me llamaba, pero espontáneamente no me parecía bien darle consejos que no se me pedían. Nada supe después, pero comprendí que la Reina temía las consecuencias que para España y para la Monarquía podían derivarse de la Dictadura* (287).

La muerte de Doña María Cristina -*una de esas mujeres que inspiraba respeto, pero no amor*, al decir de Noel (288)- supone un duro golpe para Don Alfonso XIII. *Como sauce estremecido por el viento de la adversidad dolorosa, la majestad del soberano se doblegó ante el imperio de un patetismo torturante. ¡Ya no vivía la Reina madre!*, escribe con estilo inconfundible su biógrafo Cortés-Cavanillas (289). Y Noel apostilla: *Pese a su arrogante comportamiento y a su urbanidad superficial, Alfonso era un niño en el fondo de su corazón, y a veces un niño muy asustado.* La orfandad definitiva de quien desde su nacimiento ha estado privado de la sombra tutelar paterna, sin duda contribuye a acrecentar sus cada vez más frecuentes estados depresivos. *Los aspectos psicológicos de la herencia Borbón de Alfonso proporcionan las mejores claves para interpretar su carácter y su vida. En medio de estallidos de energía física y nerviosa (...) había períodos de total agotamiento (cuidadosamente ocultos). La alegría exterior estaba equilibrada por ataques de depresión profunda, que con frecuencia fueron conocidos únicamente por su mujer. Casi nada se ha escrito en el pasado sobre este aspecto de la naturaleza de Alfonso XIII* (290).

Para quienes confunden la rectitud y la austeridad de vida con la severidad, la reina María Cristina aparecía como una figura ilustre, aureolada de prestigio, pero un tanto adusta -recuerda con nostalgia uno de sus nietos, el Infante Don Jaime-. *El reflejo dramático de su viudez de los años difíciles en que tuvo que hacer frente a los graves problemas políticos planteados en el país, la presentaban ante el pueblo con tonos algo sombríos. Sin embargo, mi abuela fue para todos nosotros la expresión constante, entrañable, del cariño familiar. Y nunca mejor que con ella disfrutamos de libertad para nuestros juegos infantiles* (291).

A excepción de Doña María de las Mercedes, la primera esposa de Don Alfonso XII, Doña María Cristina es la única reina, en más de un siglo, que muere en España y no en el exilio. Curiosamente en persona tan ordenada, la muerte sorprende a Doña María Cristina sin testar.

2.3.5. EL *BORBONEO* DE PRIMO DE RIVERA (28 de enero de 1930).

El 28 de enero de 1930 Primo de Rivera presenta a Don Alfonso XIII su dimisión. *A mí no me borbonea nadie*, alardea en ocasiones (292), pero Don Alfonso XIII es mucho borbón frente a la simplicidad del general, *jerezano jacarandoso y alegre*, al decir de Miguel Maura (293), y posiblemente un alma cándida; *las animadversiones de Palacio* -comenta Almagro San Martín- *son como el gris del Guadarrama, que no apaga un candil y mata un hombre* (294). *Con toda suavidad, al cabo, fue borboneado*, concluye Raymond Carr (295).

El pretexto es la consulta que Primo de Rivera hace a los Capitanes generales, para saber si sigue contando con su apoyo. La respuesta de éstos reitera su lealtad al Rey, pero nada más.

Primo de Rivera entiende el mensaje, y ante el enfado del monarca, que considera que el general le ha *puenteado*, dimite y se exilia, sin conseguir que ni uno solo de quienes, desde dentro o desde fuera del gobierno, han sido sus colaboradores, forme parte del nuevo gabinete a fin de atemperar la previsible reacción que contra él y contra su obra ha de desencadenarse. Al contrario: el general Berenguer, su sucesor, nombra ministro de Instrucción Pública a un redactor de *El Murciélago*, el panfleto clandestino más significado por sus ataques contra la Dictadura (296).

Parece mentira que un hombre como Berenguer, no desprovisto de mérito, ni sobre todo de buena intención, pudiese caer en un error tan burdo -escribe años después Eduardo Aunós, ministro de Trabajo con la Dictadura-. *Era preciso estar literalmente ciego para no ver que, el dejar que se atacase despiadadamente a los hombres caídos, por el mero hecho de haber permanecido fieles al dictador, equivalía fatalmente a contribuir a que, tirando de la soga con que se pretendía arrastrarles, se descubriese al cabo de ella la persona misma del rey. Sacrificar sin contemplaciones a todo el equipo dictatorial, con el intento de salvar así tan sólo a su cabeza más visible y más alta, era absurdo. Quienes tal se proponían olvidaban, sin duda, que en 1923 se había llegado a la dictadura después de haberse enajenado la institución real las simpatías de todos y cada uno de los grupos políticos. Cuando Primo de Rivera entró a servir al país y a su monarquía, fue porque ésta ya no podía fiarse de ningún grupo ni de ninguna personalidad relevante, por estar todos igualmente gastados. Al desgastar ahora y arrojar por la borda al equipo dictatorial, ¿qué iba a quedarle al monarca? Cuando la realeza consiente que se descarte hoy a éstos y mañana a aquéllos, acabando por descartar a todo el mundo, es fatal que su actuación parezca personalista, como si renunciase al papel supremo y moderador que es su característica en las monarquías tradicionales, para convertirse en un luchador más, aunque sea con evidente ventaja. Y una vez falseado así su papel, perdida su posición de árbitro colocado por encima de los partidismos, la realeza, trocada en un partido más, se atrae las iras implacables de todos los restantes y acaba por excitar, sin querer, el apetito del cambio, el mito de un nuevo régimen. Esto es lo que ocurrió, exactamente, en España* (297).

Según Noel, Don Alfonso XIII abandona *a su salvador de un momento, de manera tan oportunista que para muchos fue claro que el principal deseo de Alfonso era ahora salvarse a sí mismo. Su mayor triunfo era haber aislado a casi todos los políticos importantes del país con sus maquinaciones previas y sus jugarretas a expensas de ellos* (298).

Iniciado como una esperanza profunda y dilatadamente sentida por la opinión pública -comenta José Pla-, *el régimen del general Primo de Rivera terminó su existencia en medio de la hostilidad de algunos, del alejamiento de los más, de la indiferencia casi universal del país* (299).

Dos años antes, día por día, muere en el exilio Vicente Blasco Ibáñez, enemigo irreductible de la Dictadura y del Rey, sobre el que publica en París su obra *Alfonso XIII desenmascarado*. Un año antes, también día por día, el ex-presidente del Consejo José Sánchez Guerra, exiliado voluntariamente en París al inicio de la Monarquía de Septiembre, ha desembarcado en Valencia para acaudillar una sublevación contra el dictador; al no hallar las asistencias esperadas, se entrega y es sometido a un Consejo de Guerra.

El Cuerpo de Artillería, reacio a las reformas de Primo de Rivera, que pretende suprimir la tradicional escala cerrada en los ascensos de los artilleros, protagoniza una grave crisis, que se salda con una profunda división en la familia militar.

La Dictadura vaciló por diversos motivos combinados -escribe Ricardo de la Cierva-: *la inseguridad en sí misma, la falta de horizonte político, la retirada de algunos de sus colaboradores más relevantes, como el ministro de Hacienda José Calvo Sotelo, la ofensiva de las multinacionales del petróleo en represalia por la creación del monopolio denominado CAMPSA, el declive de la divisa española en los mercados monetarios, los primeros efectos de la gran crisis económica de 1929 en Europa, la hostilidad de sectores considerables del estamento militar, que preparaban un pronunciamiento en regla después de varios fallidos, la cerrada enemistad de los monárquicos liberales desahuciados por el general Primo de Rivera al dar su golpe de Estado, las represalias de otro estamento, el llamado intelectual, que había apoyado inicialmente a la Dictadura, incluso con entusiasmo para desencantarse luego de ella después de algunas impremeditadas agresiones del Dictador, la rebelión abierta de los estudiantes universitarios y finalmente el propio desvío de Alfonso XIII, que al principio, y durante varios años, había respaldado a don Miguel Primo de Rivera pero al acabar el año 1929 parecía decidido a despedirle* (300).

El primogénito del Dictador, José Antonio Primo de Rivera, es quien mejor entiende, seguramente, las causas profundas del fracaso histórico de la Dictadura. Al juzgar la obra de su padre dirá que *la Dictadura rompió un orden constitucional que regía a su advenimiento, embarcó a la Patria en un proceso revolucionario y, por desgracia, no supo concluirlo. Al caer la Dictadura, poco más o menos, siquiera ya con la anemia de lo que está próximo a morir, renació alegremente el mismo sistema, con los mismos defectos, que se había encontrado la Dictadura al advenir el 13 de septiembre de 1923.* Porque la Dictadura, en definitiva, según José Antonio Primo de Rivera, no sabe librar a España de las dos losas que la oprimen: *por arriba, la falta de toda ambición histórica, la falta de todo interés histórico; por abajo, la falta de una profunda justicia social* (301).

Como el dictador no podía establecer una "legalidad nueva" -escribe Richard A.H. Robinson-, *tanto él como sus colaboradores estaban políticamente sentenciados. Se había divorciado de los antiguos políticos al dejar en suspenso la Constitución de 1876, y no tenerla en cuenta para nada. Se había divorciado de los intelectuales y estudiantes con el apoyo que prestaba a la educación clerical y con una caprichosa aplicación de la censura. Se había divorciado de la opinión catalana y de la del País Vasco con la rigurosa supresión del regionalismo. Se había divorciado de importantes sectores de las fuerzas armadas, con sus ataques al Cuerpo de artillería. Incluso se había divorciado de la Iglesia con su prudente regalismo y su favoritismo por la U.G.T. en detrimento de los sindicatos católicos. El rey, que suavemente lo apartó del poder, quedó comprometido por su aceptación del régimen "ilegal". La Derecha, débil en 1923, quedó impotente, desacreditada y en dispersión en 1930* (302).

Sobre la responsabilidad de Don Alfonso XIII en el advenimiento de la Dictadura, el testimonio de su tía la Infanta Doña Eulalia parece contundente. *Primo de Rivera fue un noble corazon y un gran español. Errores los tuvo, pero no hay que tomárselos en cuenta en un país en donde todos se han equivocado tantas veces. No era político ni quería serlo; era solamente militar. Cumplió su deber de gobernar como quien ejecuta una orden del día, y cuando le llegó el relevo supo dar un paso adelante, saludar y entregar la guardia. Lo que pasó después no fue de su responsabilidad, aunque muchos aficionados a la interpretación de la Historia hayan querido hacerle copartícipe de ello* (303). Aunque expresado de manera sibilina, está claro que si Primo de Rivera gobernó *como quien ejecuta una orden del día*, a juicio de la Infanta, esta orden sólo el Rey podía dársela. Por esto, *llegado el relevo*, hace entrega de la guardia que le había sido confiada. *Quien le ordenó "sublevarse"* -sintetiza G.Munis- *le ordenó marcharse* (304).

La Monarquía de Sagunto, restaurando mediante un golpe de Estado a Don Alfonso XII, se ha legitimidado, de alguna manera, por el respeto a la Constitución mostrado por su viuda la Reina-Regente, Doña María Cristina. Pero su hijo Don Alfonso XIII, al aceptar y sancionar el golpe de Estado del general Primo de Rivera, al suspender indefinidamente la Constitución en virtud de la cual es Rey, y las demás leyes que con la mano sobre los Santos Evangelios ha jurado, convierte la Monarquía de Sagunto en la Monarquía de Septiembre, es decir, en una monarquía apoyada en la fuerza de las bayonetas. Este grave error con el que pretende salvar *in extremis* la tambaleante Institución, *la Corona vacilante*, como la denomina Juan Balansó, le cuesta el trono.

Cuando un rey falta a su juramento -sentencia Ossorio- *no tiene perdón* (305).

El *borboneo* de Primo de Rivera afecta notablemente a su amigo y compañero el general José Sanjurjo. Su biógrafo el teniente general Emilio Esteban-Infantes, en esas fechas comandante y ayudante de Sanjurjo, escribe a este propósito: *Faltaría a la verdad si no dijera que la caída o retirada de Primo de Rivera disgustó extraordinariamente a Sanjurjo. Estaba convencido de que, de una u otra forma, el exilio del Presidente a París no fue en él un acto totalmente voluntario. Los hilos de la intriga desconcertaron al marqués de Estella y le quitaron buena parte de su empuje. La actitud del Rey acabó por decidirle a presentar la dimisión, saliendo inmediatamente para Francia con objeto de evitar algaradas y facilitar su substitución* (306).

Con la Dictadura de Primo de Rivera Don Alfonso XIII, jefe supremo de las Fuerzas Armadas, consigue, sin proponérselo, dividir aún más profundamente a la familia militar, cuya unidad se quiebra a partir de la aparición de las Juntas de Defensa en 1917.

El conde de Romanones, ministro en el primero y en el último de los gobiernos de Don Alfonso XIII, tiene ocasión, a lo largo de veintinueve años de reinado, de hacerse una idea bastante certera del personaje. *En España* -escribe- *es difícil concebir un monarca con levita y sombrero; por eso el Rey, desde que pudo andar, ha lucido la más variada colección de uniformes* (307).

Los uniformes *-el uniforme*, por antonomasia- se convierten así para Don Alfonso XIII en un hábito que termina condicionando no sólo sus hábitos sino su carácter y su mentalidad. El resultado, como sagazmente advierte Salvador de Madariaga, es que, *a fuerza de llevarlo el uniforme de infantería se le había hecho piel* (308).

El *rey soldado*, más aún, el *caudillo afortunado*, como a sí mismo se describe en el mensaje que dirige al Ejército y a la Marina en 1902, tras la jura de la Constitución, se enfrenta ahora a una batalla a la que le empuja su exclusiva responsabilidad.

CAPÍTULO TERCERO

LA DESERCIÓN Y EL ASEDIO

Mientras yo viva,
la Monarquía no corre ningún peligro.
"Après moi le déluge."

Don Alfonso XIII.

3.1. LA ABDICACIÓN, ÚLTIMA OPORTUNIDAD DE LA DINASTÍA.

Tras la dimisión de Primo de Rivera Don Alfonso XIII cree, sin fundamento, que *muerto el perro se acabó la rabia*. Pero la caída del Dictador no borra las responsabilidades del monarca. Y, desaparecido Primo de Rivera de la escena política, forzado a exiliarse en París por las presiones de su sucesor, el teniente general Dámaso Berenguer, arrecian los ataques. Como apunta Salvador de Madariaga, *al caer la Dictadura ya no se gritaba "Abajo Primo" sino "Abajo el Rey"* (309).

Paul Preston, para quien, como queda dicho, *el sistema de monarquía parlamentaria estaba tan manipulado por la falsificación electoral que el sufragio universal no amenazó nunca seriamente el monopolio de poder de los grandes partidos oligárquicos, el liberal y el conservador,* explica que *los viejos políticos que no se unieron al dictador no perdonaron nunca al rey su brusca destrucción del sistema constitucional* (310).

Pero como he escrito en otro lugar (311), en los meses inciertos que siguen a la dimisión del Dictador la Corona tal vez podría salvarse con la abdicación de Don Alfonso XIII en la persona de su sucesor; ésta, sin embargo, tiene que hacerse, preceptivamente, ante unas Cortes generales -Congreso de los Diputados y Senado- inexistentes desde hace más de siete años. Aun en el caso de que se encuentre algún subterfugio con apariencia de legalidad, Don Alfonso -que posiblemente no cree, en su ceguera, que la gravedad de la situación le aboque a la catástrofe- se niega en redondo a admitir que la dramática condición de hemofílico del Príncipe de Asturias Don Alfonso le excluye de la sucesión; igual ocurre con el segundo de sus hijos, el Infante Don Jaime, sordo y mudo. Para su orgullo de rey y su sensibilidad de padre es un trago muy fuerte tener que reconocer, pública y oficialmente, la incapacidad manifiesta de ambos para el desempeño normal de las funciones a que están destinados, primero uno y después otro si el primero falla, de acuerdo con el automatismo sucesorio, tantas veces ponderado por los exégetas de la Monarquía como una de sus principales excelencias.

De tener Don Alfonso XIII el coraje de asumir la triste realidad de los hechos -incluída la humillación que para sus dos hijos mayores representaría declararlos incapaces ante todo el país-, en los primeros meses de 1931 el tercero de sus vástagos varones, el Infante Don Juan, con diecisiete años cumplidos -su augusto padre ha accedido al trono con dieciséis- hubiera podido ser proclamado Rey y ceñir la corona con el nombre de "Juan III", con el que hoy le designa todavía buena parte de sus leales (312).

La actitud de Don Alfonso, desde el punto de vista personal, merece la comprensión más respetuosa; no le disculpa, sin embargo, a la luz de sus responsabilidades históricas.

La abdicación, por otro lado, significa de alguna manera asumir la parte de culpa que le corresponde en el advenimiento de la Dictadura, y en su sostenimiento, parte de culpa de la que cree, erróneamente, poder redimirse con el *borboneo* oportunista de Primo de Rivera tras siete años de entrega leal, abnegada y honesta. Don Alfonso XIII cree que para esto están los cortesanos -y sin duda considera como tal al marqués de Estella, grande de España-, para que reciban las bofetadas destinadas al Señor.

Pero está claro que la pretendida *vuelta a la normalidad* no es empresa que pueda resolver con éxito quien como Don Alfonso XIII la ha quebrantado. El diario monárquico *ABC*, caída ya la Institución, en su editorial del 14 de noviembre de 1931, cuando en las Cortes Constituyentes se discuten las responsabilidades de Don Alfonso XIII, afirma: *Que el monarca aceptó el golpe de Estado es un hecho, el único que puede imputarle la Comisión* <de Responsabilidades> (313).

Qué duda cabe que, de abdicar, las fuerzas monárquicas cerrarían filas en torno a Don Juan de Borbón, su sucesor, sin ir a engrosar muchos de sus más caracterizados representantes la tropa republicana de aluvión. Las fuerzas antimonárquicas, por contra, tras la obtención de la regia cabeza, perderían el principal de sus argumentos: que la primera magistratura del país no puede ser ejercida por quien ha incurrido, como Jefe de Estado, en perjurio. Y grandes capas de población, satisfecha el ansia vindicativa, verían aliviados que la recuperación de la propia estima como ciudadanos no exige lo que para muchos es un salto en el vacío.

La abdicación de Don Alfonso XIII es la última oportunidad de la Dinastía para salvar la Corona. Pero el Rey, si lo percibe, no lo quiere ver. Su orgullo, para desdicha de su Casa, es superior a los intereses de su estirpe. Y, una vez más, confía en su buena estrella. La *iettatura* de la que se murmura es portador parece afectar a los otros, no a él. Tres jefes de gobierno -Cánovas, Canalejas y Dato- han perecido en sus primeros treinta y cinco años de vida, pero ninguno de los atentados sufridos por el monarca le ha producido un solo rasguño. Primo de Rivera parece reunir, por su talante de hombre de bien y su falta de malicia, las condiciones necesarias para ser el chivo expiatorio de las reales culpas. El Rey está seguro de que el marqués de Estella antepondrá siempre su lealtad a su natural resentimiento por la regia ingratitud.

Según Gerard Noel hay un intento por parte de José Sánchez Guerra, que no documenta, para que Doña Victoria Eugenia, previa la abdicación de Don Alfonso XIII, asuma la regencia: *Un retiro digno y voluntario de Alfonso podía ser el medio de salvar la monarquía. Pero, para extender el* interregnum, *período de transición, o lo que fuera, se requería una regencia. ¿Y quién podía ser regente? Sánchez Guerra pensaba que nadie estaba más capacitado para esto que la reina. Y ésta fue la propuesta que le hizo. El incidente, dentro de lo que pude averiguar, no ha quedado registrado en ningún documento del período, pero la seguridad de que existió me fue dada por alguien que estuvo muy cerca de los acontecimientos, y corroborada por otros que tenían un conocimiento similar.*

El incidente lanza una considerable luz acerca de los sentimientos de los españoles corrientes, en ese tiempo, hacia el rey y hacia la reina. Porque hombres como Sánchez Guerra estaban en fuerte posición de medir estos sentimientos y eran además astutos asesores. De todos modos, la propuesta a la reina fue, desde cualquier punto de vista, sorprendente. Por ingenua y bienintencionada que fuera, su audacia es incontrovertible.

La fuerza del argumento no debe haber pasado inadvertida para Victoria Eugenia. Si ella cedía al plan, podía ser el instrumento de conservar la monarquía para la casa de Borbón, y de salvar a España de un republicanismo casi seguro. Además, habría asegurado que uno de los hijos de ella y de Alfonso heredara el trono con buena posibilidad, como monarca constitucional, de ver salir adelante al país en medio de los inevitables y provocadores cambios que se acercaban, en la esperanza de establecer permanentemente un gobierno democrático sin pagar el precio de la amargura y el derramamiento de sangre. Con una mirada retrospectiva puede decirse ahora que -por medio de este audaz plan- don Juan hubiera podido, en 1931, convertirse en rey para todos los españoles, como iba a serlo su hijo muchos años después. De todos modos, la reina Victoria Eugenia dejó bien claro que no iba a participar en este plan. Aunque la sugerencia la tomó de sopresa, no vaciló ni un momento en dar la respuesta: un firme "No". Esta respuesta, y la forma en que fue dada, han sido citados por mi principal informante como prueba de una de las características más notables de Victoria Eugenia: esto es, su lealtad. Nunca se le hubiera ocurrido actuar de otro modo. Fue tan leal con Alfonso -hasta el fin- como él había sido desleal con ella (314).

Desde el campo monárquico se alzan voces -pocas- pidiendo la abdicación real. Lo hace Ossorio y Gallardo en el Ateneo de Zaragoza el 4 de mayo, y lo reitera el 1 de noviembre en el Ateneo Mercantil de Valencia, pero su propuesta entraña un riesgo: cuestiona la Monarquía y somete su continuidad a la aprobación de unas futuras Cortes, de cuya composición en estos momentos ni el más avezado muñidor electoral puede responder con garantías plenas. *La abdicación* -explica Ossorio en su parlamento- *no quiere decir ¡Viva Alfonso XIV! Quiere decir revisión de los títulos de la Monarquía... El Príncipe, aclamado rey en las cámaras palatinas, no lo será hasta jurar en las Cortes. El príncipe de Asturias seguirá siéndolo hasta tanto que las Cortes aceptasen la abdicación y le nombraran rey* (315).

Y este riesgo Don Alfonso XIII no está dispuesto a asumirlo.

3.2. EL "ERROR BERENGUER"

3.2.1. EL *GOBIERNO PALATINO* Y *BANCARIO* (30 de enero de 1930).

El 30 de enero de 1930, dos días después de la dimisión de Primo de Rivera, el general Berenguer, conde de Xauen y jefe del Cuarto Militar del Rey, consigue formar Gobierno. Berenguer, junto con la jefatura del gabinete, se reserva el ministerio de la Guerra.

El Rey creyó necesario sustituir al general Primo de Rivera por otro general para disuadir a los conspiradores militares -entre ellos el general Goded- que con secreto bien guardado, aunque no sin alguna filtración, habían tramado un pronunciamiento final contra el Dictador, que frenaron al conocer su caída, escribe Ricardo de la Cierva (316).

Ocupa el ministerio de Justicia José Estrada, el de Marina el vicealmirante Carvia, el de Gobernación el general Enrique Marzo, el de Hacienda Manuel Argüelles, el de Instrucción Pública el duque de Alba, el de Fomento Leopoldo Matos y el de Trabajo Pedro Sangro y Ros de Olano.

Aquel Gobierno tenía, entre otros inconvenientes, el de que se viera demasiado la iniciativa del Rey en los detalles de su formación, comenta Juan de la Cierva. Una vez más, en efecto, Don Alfonso XIII no puede controlar su afán desmedido por intervenir directamente en los asuntos públicos. *No quiso el Monarca aceptar el consejo que al dimitir le diera Primo de Rivera para nombrar el nuevo Gobierno, pero esto no puede servir para ningún fundado reproche. La alegría que produjo la crisis en los elementos políticos que la deseaban, no bastó para ocultar la falta de consultas a los hombres que pudieran aconsejar al Rey, en momentos trascendentales para la vida nacional, ni la preparación que ahora se exteriorizaba del cambio de política y nombramiento de nuevos Ministros. Al salir de la Dictadura y restablecer, como se anunció, el régimen constitucional, habría sido preferible llamar al Poder a la más alta representación de la política monárquica, previa meditación y asesoramiento bastantes para asegurar el acierto. No se hizo así, y el Gabinete pareció una prolongación del poder personal que se imputaba haber ejercido el Rey con la Dictadura* (317).

Berenguer representaba para la Monarquía el gallo tapado -escribe Mariano Ansó-, *o, si se quiere, la última carta que faltaba a la baraja de generales comprometidos en el golpe de Estado, y saltó a la Presidencia del Gobierno desde el Cuarto Militar del rey, donde había encontrado silencioso cobijo tras lo no del todo merecidos sinsabores del desastre de Annual* (318).

Al echar del Gobierno a Primo de Rivera, surgió un problema desconcertante -escribe Angel Ossorio y Gallardo-. *¿Quién le sustituía? Lo natural era encontrar un hombre civil, unas soluciones civiles, unos modos civiles. Las soluciones y los modos se hallaron, pero el hombre, no. Ello fue inevitable porque el dictador había echado de Palacio a todos los hombres civiles y no era para ellos decoroso volver, ni para el Rey llamarlos. Por esta razón, y por distintos motivos de evidente cautela, hubo que buscar otro militar. Se ha de reconocer que fue insuperable por las maneras civilísimas, por el sentido de justicia, por el espíritu rectificador. No cabía hallar una conciencia mejor. Pero ¡ay! era el jefe de la Casa Militar del Rey, don Dámaso Berenguer. Es decir, que la dictadura militar del Rey buscaba su remedio en la propia casa militar del rey.*

Claro que el Gobierno tenía un fuerte asidero civil en el ministro de Fomento, que era el distinguido abogado (que fue muchos años pasante mío y siempre mi amigo queridísimo) D. Leopoldo Matos. Pero ¡ay dos veces! este jurista era el abogado personal del Rey, de la Casa Real. De suerte que entre todos los buenos abogados de Madrid él era el menos indicado. Y estuvo a punto de ser nombrado Ministro de Instrucción, el dentista de S.M. Dr. Florestán Aguilar.

Por consiguiente aquello no era un Gabinete, sino una tertulia palatina (319).

Años después el juicio del general Francisco Franco, ya jefe del Estado, acerca de Berenguer, es claramente descalificador: *El general Berenguer no había perdonado a Primo de Rivera que el Consejo supremo de guerra y marina le hubiese condenado por el derrumbamiento de Annual, aun cuando luego le indultó el dictador*, le confía a su primo el teniente general Franco Salgado-Araujo el 3 de febrero de 1955. Y el 23 de junio de ese mismo año le dice: *Don Dámaso Berenguer, sin duda por lo que le ocurrió en Marruecos, carecía del prestigio necesario para ser presidente y ministro del Ejército después de la Dictadura. Fue una equivocación del rey el haberse rodeado de aquellos políticos que ya no tenían fe alguna en la institución monárquica. Ellos engañaron al rey no diciéndole la verdad de la situación* (320).

En esta *tertulia palatina* como denomina al gabinete Ossorio y Gallardo, o *gobierno palatino y bancario*, en expresión de Ricardo de la Cierva (321), el duque de Alba -Jimmy para los amigos-, ocupa el problemático ministerio de Instrucción, se supone que en razón de su amistad personal con el rey, devoto Don Alfonso XIII de la hermana del duque, doña Sol, duquesa de Santoña, enemiga declarada de la reina Doña Victoria Eugenia. Pero el duque, que si no se caracteriza por sus luces tampoco es lerdo, pronto cambia la incómoda cartera por otra menos comprometida, más lucida y más afín con sus innegables dotes mundanas, la de Estado. El 24 de febrero, en efecto, Elías Tormo le substituye en Instrucción, en unos momentos en que la Universidad está dispuesta a dar la batalla a la Monarquía, a la que responsabiliza de los atropellos cometidos durante la etapa dictatorial. Del ministerio de Hacienda se desglosa la cartera de Economía, que asume Julio Wais.

El general Berenguer pretende el regreso a la *normalidad constitucional* anterior al golpe de Estado de 1923 con un simple *decíamos ayer. Salir de la anormalidad volviendo a la normalidad perdida* -escribe Jesús Pabón-, *era, en principio y como siempre, un intento de escapar al efecto volviendo a la causa. La situación anterior a la Dictadura no podía ser su desenlace, puesto que la había producido o, al menos, no la impidió* (322).

Pero en cualquier caso la vuelta a *la normalidad constitucional* supone la elección de unas Cortes que, necesariamente, han de dilucidar las responsabilidades de Don Alfonso XIII en el régimen anterior. Este es, para Berenguer, el general *palatino*, el nudo gordiano que no se atreve a cortar. A propósito de Berenguer escribe Carr que, *como primer ministro, su tarea consistía en arbitrar un retorno al gobierno constitucional sin hacer peligrar al rey. Su fórmula era la Constitución de 1876, que debía ser restablecida mediante elecciones libres presididas por un gobierno neutral, el suyo. Ello evitaría la discusión en torno a las responsabilidades de Alfonso XIII respecto de la dictadura y eliminaría el recurso revolucionario a unas Cortes Constituyentes, que acaso rechazarían sin más la monarquía. La debilidad de Berenguer consistía en que su gobierno, lejos de ser una oficina electoral neutra, era, como él mismo confesaba, "francamente conservador"; sus únicos partidarios eran aquellos conservadores que no fueron arrastrados contra la dictadura por Sánchez Guerra* (323).

El día 5 de febrero en Madrid, y el 7 en San Sebastián, Ossorio dicta una conferencia *en la que estimulaba al sentido civil a ponerse de pie frente al militarismo y a realizar para ello unas elecciones* bárbaramente sinceras. *Me aplaudieron muchísimo, pero la verdad es que nadie me hizo maldito el caso* (324).

El 7 de febrero, Gregorio Marañón escribe a Miguel de Unamuno, que ha decidido volver a España: *La dictadura que acaba de morir -de la muerte que merecía, de la peor muerte de todas, de la muerte civil- tuvo una falta original: el nacer de padres deshonrados, la insensatez y la injusticia; pecado, al fin, común a todos las dictaduras. Pero sobre esta culpa primitiva se acumuló después tal cantidad de pecados mortales de necesidad que el remover y limpiar sus escombros es tarea que no se cumplirá en una sola generación.*

El más grave de estos pecados fue, sin duda, la persecución de don Miguel de Unamuno. Ella ha dado, sin embargo, al mundo entero la medida de estulticia del régimen y se ha convertido en el símbolo que ha agrupado a los españoles en torno de la justicia. Nadie ha sufrido en el destierro como este entrañable español. Pero ningún otro desterrado ha podido decir que su dolor de ausencia haya sido tan fecundo como el suyo para su patria.

La salida de la dictadura representa sólo la barredura de unos indeseables. Mas la casa había quedado muda y vacía. La vuelta de Unamuno la poblará de nuevo de fecunda inquietud (325).

Unamuno, en efecto, ha sido uno de los grandes perseguidos de la Dictadura. Tras ser desterrado a Fuerteventura, en las islas canarias, consigue evadirse y se instala en tierras francesas, donde al final de su exilio, antes de la caída de la Dictadura, le conoce un joven y fascinado José

María de Areilza: *Conté en mi casa el gran interés con que se comentaban en Salamanca, en el ambiente universitario, las cartas que don Miguel de Unamuno enviaba desde el exilio francés a sus numerosos amigos de la ciudad, con agudas críticas acerca de la Dictadura y del dictador. "Quiero que conozcas personalmente a don Miguel, que es uno de los grandes españoles de nuestro tiempo" -me dijo mi padre-. Aprovechando las vacaciones de Semana Santa, emprendimos el viaje en tren hasta Hendaya. Don Miguel se albergaba en el hotel Broca, junto a la estación ferroviaria. Bajó de su cuarto al pequeño* hall *de la fonda y abrazó a mi padre con notable y visible emoción. Iba vestido de negro, con un jersey de lana hasta arriba; sus ojos inquietos brillaban tras las plateadas gafas. Se parecía mucho a las caricaturas. Su voz era aguda, con repentinas subidas de tono, de timbre metálico. Los dos viejos amigos, camaradas desde los años escolares bilbaínos, se preguntaban recíprocamente sobre las amistades comunes, los compañeros de tertulias, las noticias familiares y los trabajos profesionales de uno y otro. Fue un encuentro de muchas horas. Salimos a pasear un rato los tres. Don Miguel explicó que cada tarde se asomaba a la bahía del Bidasoa a contemplar en silencio, desde el destierro, la otra orilla. "Escribo mucha poesía. Casi un romancero del desterrado." La nostalgia de este hombre hacia la España inaccesible era, realmente, un fenómeno a la vez lírico y psicológico, conmovedor.*

Apenas quiso mi padre, por delicadeza, evocar la situación legal en que se encontraba. "Tengo unos cuantos esbirros que me vigilan y siguen de cerca mis paseos, escuchando, cuando pueden, las conversaciones que mantengo con los visitantes." Regresamos al hotel, pues teníamos que continuar viaje hacia Toulouse. Al llegar al comedor, en el que sólo había un par de hombres, vestidos de oscuro, que comían en silencio en la mesa del fondo, don Miguel comenzó, de pronto, a dictar una carta en voz alta: "Señor Martínez Anido, asistente de gobernación del dictador." A continuación largó una diatriba feroz contra Primo de Rivera y su gabinete, con acusaciones y datos concretos. Mi padre y yo escuchábamos fascinados la tirada de improperios, el texto de aquel volcánico documento verbal. "Habrán tomado nota y lo remitirán mañana a sus jefes." Los supuestos o auténticos policías guardaban silencio, sin inmutarse, ante aquella avalancha de improperios (326).

3.2.2. MIGUEL DE UNAMUNO REGRESA A ESPAÑA.

Dos días después de la carta de Gregorio Marañón, el 9, a las cinco de la tarde, Unamuno, solo, de acuerdo con lo que pide a la multitud de amigos y simpatizantes que le acompaña, cruza a pie el puente internacional de Hendaya y, por Irún, regresa a la patria. *Llevando a España en las entretelas del corazón cual siempre la llevara don Miguel, y siendo todo él una síntesis de la patria -síntesis por la dramática discordia interna que le promovían sus dudas y por la conjunción de los dos espíritus peninsulares más antitéticos, el vasco y el castellano-, ¿repatrióse verdaderamente cuando tornó al territorio nacional en 1930* -se pregunta Indalecio Prieto-, *luego de haber permanecido desterrado en Francia tras el confinamiento en la isla canaria de Fuerteventura*? (327).

En el momento en que Unamuno inicia su marcha de Francia, el alcalde de Hendaya, M. Lannepouquet lanza tres vivas:

-Vive l'Espagne! Vive la France! Vive monsieur Unamuno! (328).

En Irún se celebra un acto en el que intervienen Anastasio Blanco Elola, que presenta a Unamuno, éste y, de manera no programada, Indalecio Prieto. Blanco Elola, secretario del Centro Republicano, teme hacer un mal papel como orador. *Limítese usted al anuncio de que va a hablar don Miguel de Unamuno, con lo cual basta, pues todos hemos venido exclusivamente a oirle a él y no hacen falta más discursos*, le aconseja Luis Jiménez de Asúa. Según el relato de Blanco Elola, Unamuno, contra lo que esperan sus asistentes, se limita a *un frío discurso*, en el que *poetizaba hablando de la nieve en la Peña de Aya que tantas veces contemplara desde Hendaya. Tanto lirismo* resulta *decepcionante* para quienes esperan *algo sustancialmente político*. Una alusión de Unamuno al general Primo de Rivera, ahora exiliado en París, es contestada con gritos diversos: ¡*Que se muera*! ¡*Que no muera*! ¡*Que viva para que sufra*! Unamuno finaliza su discurso: *Hay que sustituir el lema Dios, Patria y Rey, por el de Dios, Patria y Ley*. En ese momento Prieto, en la primera fila de sillas frente al orador, se levanta de un salto, se acerca a Unamuno y le espeta: ¡*Qué Dios, Patria y Ley ni que...ocho cuartos*! ¡*O con el rey o contra el rey*! Blanco Elola pide a sus amigos de Irún que convenzan a Prieto para que hable. ¡*Qué cosas dijo usted*! -le recuerda en carta escrita muchos años después-. *El policía Urruela, delegado de la autoridad, le exigía que se callase tirándole de la manga. Pero usted, sin hacerle caso, seguía disertando sobre el dilema planteado a Unamuno: con el rey o contra el rey. Monarquía o República. Nadie se acordaba de la Peña de Aya* (329).

Un testigo de los hechos, Mariano Ansó, los rememora así: *Uno de los actos a los que tuve la fortuna de asistir fue la llegada a España de don Miguel de Unamuno, acompañado entre otros exiliados por Indalecio Prieto. Pasaron la frontera por el puente internacional de Hendaya rodeados por una gran muchedumbre que, entre vítores y aclamaciones, los acompañó hasta el trinquete Ramuncho. El gran vasco, con los ojos centelleantes y la piel acarminada por la emoción, hizo una evocación magistral de su niñez durante el sitio de Bilbao, en medio de la admiración y el respeto del auditorio. Habló a continuación Indalecio Prieto desde el templete que servía de tribuna; mucho menos literario que don Miguel, pero con aquel sentido de la eficacia que supo poner siempre en sus palabras, centró la cuestión política del día en una fórmula que no tenía escape: "¡Con el rey o contra el rey; con la Monarquía o con la República!" Un rugido de entusiasmo popular fue la respuesta* (330).

Al llegar a Bilbao Miguel de Unamuno es acogido por sus paisanos a los gritos de ¡*Viva Unamuno*! ¡*Viva el presidente de la República española*! Indalecio Prieto, que le acompaña, anota: *Brillaron de satisfacción sus ojillos*. El lider socialista explica que *en Irún le había asustado algo* <a Unamuno> *el tumulto en que yo le encerré -con el rey o contra el rey, con la Monarquía o con la República-, disyuntiva que era imposible eludir mediante ataques a Primo de Rivera, el cual ya no importaba nada a nadie.*

En Bilbao le complacía ver cómo gentes que años antes le habían negado el acta de diputado republicano por no fiar de su republicanismo, otorgándomela a mí, le exaltaban hasta el punto de proclamarle futuro presidente de la República (331).

3.2.3. EL GENERAL EMILIO MOLA, DIRECTOR GENERAL DE SEGURIDAD. MANUEL AZAÑA COMPARECE EN ESCENA.

El 10 de febrero, diez días después de constituirse el Gobierno Berenguer, el general de brigada Emilio Mola, jefe de la Circunscripción Militar de Larache, es nombrado Director general de Seguridad.

El nombramiento produjo sorpresa -explica Mariano Ansó-; *considerado como republicano y enemigo de la Dictadura de Primo de Rivera, se creyó sin fundamento que no sólo no sería uno de los últimos sostenedores de la Monarquía, sino uno de los militares que iban a darle el golpe de gracia.*

Probablemente, sin aquel extemporáneo nombramiento de su amigo el general Berenguer, Mola hubiera figurado entre la élite de los militares adictos a la República, sin que esta hipótesis, claro está, pretenda decidir de su incondicionalidad al nuevo régimen. Los hombres íntegros e inquietos como él difícilmente se entregan a nada ni a nadie de una vez para siempre, sin condiciones ni rectificaciones. y los actos conocidos de su vida y sus numerosos escritos le presentan más bien como un constante elaborador de ideas y doctrinas al servicio de las circunstancias. Pero lo cierto es que el general Mola, que estaba muy lejos de ser en espíritu lo que se llama determinista, quedó clasificado, sin escape posible, como el adversario número uno del régimen que estaba a punto de nacer, con el que sin duda había soñado a lo largo de su asendereada vida profesional y política. Y ya prisionero de su destino por los actos llevados a cabo desde aquella malhadada Dirección General de Seguridad que le cayó en suerte, se convirtió a los ojos de la masa republicana en la bestia negra de la Monarquía agonizante, tan alejada de sus antiguos y conocidos ideales. Para él la suerte estaba echada y las brujas de Macbeth hubieran podido vaticinarle desde aquel mismo momento: "Tú serás el jefe de una nueva carlistada, arropada esta vez por la ayuda militar." (332).

La creencia en el supuesto *republicanismo* de Mola tal vez se origina al trascender su escepticismo sobre las posibilidades de futuro de la institución monárquica. Cuando cumplimenta a quien le nombra, el general Berenguer, se produce entre ambos el siguiente diálogo, según el relato de Mola, que se interesa por los planes del jefe de Gobierno:

-¿Así es que piensa usted hacer unas elecciones sinceras?
-Por mi parte, serán completamente sinceras; se lo aseguro.
-¿Y espera usted conseguir una mayoría monárquica?
-Estoy convencido de ello. España, aunque usted lo dude, es monárquica -me dijo con cierto retintín-. Ahora y durante unos meses, hemos de sufrir los efectos de los seis y pico años de Dictadura; pero luego, las pasiones se calmarán y todo se noramalizará: ya lo verá, ¡Bah!, antes de un año podrá usted volver a sus soldados y yo a mis estudios sobre arte (333).

Al día siguiente de ser nombrado Mola Director general de Seguridad, el 11 de febrero Manuel Azaña Díaz, jefe del partido *Acción Republicana*, hace su aparición en escena. *En las vísperas de la República* -recuerda Eduardo Haro Tecglen-, *Azaña era un desconocido para el pueblo. Tenía un relativo prestigio intelectual, pero reducido: probablemente porque Ortega y Gasset no le dejó nunca escribir en* El Sol *(...) y sólo este periódico y algunas revistas minoritarias daban con su censo de colaboradores el reconocimiento. Era, sin embargo, secretario, luego presidente, del Ateneo de Madrid, lo cual tenía una importancia cultural y política* (334). Con motivo del aniversario de la Primera República, Azaña pronuncia en Madrid, a los postres de un banquete, el siguiente discurso:

Amigos y correligionarios:

El grupo de Acción Republicana delega en mí para llevar su voz en este acto. He aceptado la delegación, por lo mismo que el encargo es fácil y llano de cumplir, porque los sentimientos que nos animan y el propósito que nos reúne son tan patentes y claros, estamos tan unánimes, que se halla al alcance de cualquiera traducirlo en palabras que podáis acoger todos cordialmente, aunque diciéndolas yo estén mal dichas. Me congratulo, pues, en nombre de la Acción Republicana y con todos vosotros, del número y variedad de representación aquí presentes, que dan a este acto el carácter de fraternidad política que todos deseábamos darle. Siempre sería importante esta demostración. Lo es más en la situación actual y en los días críticos que comienzan, porque es un alarde de nuestra fuerza, una promesa de eficacia en nuestra acción y una respuesta satisfactoria a lo que espera de nosotros la opinión pública. La cooperación nos es indispensable, con todas las salvedades que se quiera para la personalidad, la disciplina y el programa de los partidos. En política hay leyes rigurosas, como las de la física, que no pueden infringirse, o que no se infringen impunemente. Y la opinión pública que tiene puestos los ojos en los republicanos, lo primero que nos pide es cohesión y ejemplos de valor cívico. No podemos ni debemos limitarnos a contar para nuestra obra con los afiliados en nuestras organizaciones, con los militantes antiguos o modernos que están en los cuadros y en los censos de los partidos y secundan su acción. En torno nuestro, formándonos una atmósfera que necesitamos para respirar, existe una masa vastísima, quizá indecisa hasta ahora, quizá deshabituada de la actividad política, pero en el fondo republicanizada por la dictadura, que espera de nosotros, los militantes, y de nuestra obra, una guía y una salvaguardia, la justa reparación del derecho, la garantía de buen gobierno, la organización del Estado sobre bases de libertad y de respeto a la ciudadanía; en suma, la restauración de una España que a fuerza de hacer justicia y de hacerla por la fuerza cuando sea menester, se libre de la servidumbre en que yace.

Se ha querido dar al país la impresión falaz de que esa restauración del derecho había comenzado con sólo caer del Gobierno el general Primo de Rivera. Es un engaño que estamos obligados a desenmascarar. Se ha producido un hecho nuevo: la confesión forzosa del fracaso de la dictadura, no ya su fracaso con respecto al bien del país, que esto era inevitable, previsto y conocido desde el primer día, sino su fracaso respecto de los mismos fines bastardos y antinacionales que vino a representar y a servir. De donde resulta que la monarquía, que no pudo gobernar con el atenuado régimen parlamentario que conocimos, tampoco puede gobernar ni sotenerse con la dictadura. Este es el hecho nuevo, cuya importancia no necesito subrayar. Pero la cuestión principal no se ha resuelto, El problema sigue en pie. Los responsables no están encausados, la justicia no se ha hecho. La libertad sigue en secuestro. Y los remilgos, dudas y aplazamientos del Gobierno para devolver al país la libertad que le pertenece, y que el Gobierno retiene como si fuese patrimonio suyo del que puede disponer, descubren que el régimen ve tan claro como nosotros, pero quizá con menos regocijo, la alternativa en que está: o gobierna sin libertades, en contra de las libertades, déspóticamente, o si restablece la libertad, da paso a la revolución.

La dictadura se engendró en el desastre de Annual. Desde entonces hay planteada una acusación que recaía en personas determinadas, con nombres y apellidos, responsables directamente de los desastres de Africa. La opinión pública en pie, como nunca la habíamos visto en España, mantenía la acusación.

Es justo decir, porque la verdad debe decirse siempre, caiga el que caiga, que algunas personas, muy señaladas en estos últimos tiempos por su oposición al dictador, hicieron cuanto estaba de su parte, en el Parlamento y en el Gobierno, por estorbar el paso a la justicia que demandaba la opinión. En estos seis años hemos visto escupir fieramente por el colmillo una materia corrorsiva y antimonárquica a muchos que a fuerza de humildad y complacencia habían hecho todo lo posible por inculcar en las instituciones la convicción de que todo puede hacerse con impunidad, y ahora se aprestan a disolver sus rencores en el agua sedativa del constitucionalismo. Por ellos, nunca se habrían exigido las responsabilidades. Por ellos, la venida de la dictadura habría sido innecesaria. Pero la opinión era tan clamorosa, tan inminente el escándalo, las consecuencias tan graves, que se echó el telón. Lo echaron por orden telefónica. "Ya no es usted Ministro de la Guerra" - dijeron una noche desde Barcelona. Y cuarenta y ocho horas después, los embajadores de España en París, Roma y Londres iban a las cancillerías de los respectivos países a dejar una nota tranquilizadora. "En España - dijeron, como si lo supusiesen de antemano- no ocurre nada. Es que han echado del Gobierno al señor García Prieto". El cual señor García Prieto oyó aquellos días estas palabras de exculpación anticipada:

"-Te juro, Manolo, por la salud de mis hijos, que yo no sabía nada de esto."

Al transcurrir los seis años que el señor García Prieto ha tenido para meditar sobre esas palabras, y al levantarse de nuevo el telón, vemos con asombro a la cabeza del Gobierno uno de los hombres en quien recaía la acusación de 1923, para desviar la cual se trajo la dictadura, hombre a quien un tribunal condenó y Primo de Rivera amnistió, como a su vez él cubre ahora la retirada de Primo de Rivera, al amparo del silencio forzoso de la prensa, tratando de remendar la red protectora de los partidos dinásticos, que si han sido insultados por decreto, esperan lavarse de los insultos poniéndose heroicamente a recibir la lluvia de los favores ministeriales. Y como en ninguno de los dos casos se trata de un favor personal entre esos dos hombres, la significación del juego es que ambos han venido a dejar a salvo lo que está sobre ellos: en 1923, por las responsabilidades de Africa; en 1930, por aquéllas y por las de la dictadura. Esta es la significación verdadera del momento actual, y ella nos dicta claramente nuestra posición y nuestra conducta.

Declara el Gobierno que viene a pacificar los espíritus. ¿Paz en los espíritus? No la queremos. Al contrario, queremos agitarlos y conturbarlos con el ansia de la justicia que se nos debe. El problema, no hay que olvidarlo, es de orden moral y de derecho público, afecta a nuestro íntimo ser de hombres y de ciudadanos. Dicen que la dictadura deja la Hacienda entrampada. Lo siento mucho; pero si dejase llena de oro las arcas públicas, el problema sería el mismo. La dictadura se apunta como un suceso el haber empedrado unas carreteras; pero aunque hubiese dejado toda la Península flamante y remozada, su culpa no sería menor. Es falsa la posición de hacer el balance de la dictadura y echar la cuenta de los bienes y males que haya traído; es posición falsa y es además una complicidad. Eso se queda para los pedantes que en 1923 creían que los problemas de Gobierno planteados en España podían resolverse por ocho brigadieres cuchicheando en torno de una mesa. No hay balance que valga. La acusación, íntegra, se mantiene en pie.

En el proceso de descomposición del régimen, el año 1923 señala un momento decisivo. Es el momento en que el régimen, forzado a elegir entre someterse o tiranizar, eligió tiranizar, jugándose el todo por el todo. Pues bien: se lo jugó, y lo ha perdido. La dictadura ha destruído todos los soportes del régimen, sin acertar a construir otros. Ha destruído la disciplina militar y el respeto a los juramentos. Ha destruído los partidos monárquicos y la confianza en las promesas regias. Ha desquiciado la economía del país. Ha sembrado el rencor en todos los corazones. Ha desfalcado la riqueza pública, ostentando el fruto de sus concusiones con insolente impudor de advenidizos.

Ha delinquido vulgarmente, ha calumniado, ha mentido bajamente. Ha perseguido a personas inocentes, ha quitado la vida a personas exculpadas por un tribunal. A toda esta masa de errores, de injusticias y delitos, que constituyen un explosivo formidable, debemos aplicar la mecha para que salte en mil pedazos aquello mismo en cuyo favor y defensa se hizo tanto mal. Que no se restaure nada. Debemos encararnos con el dictador y decirle: ¡general Primo de Rivera, gracias te sean dadas! A las destrucciones que has hecho y a la revolución que sin saberlo has comenzado, nosotros les pondremos el remate.

El deber consiste en sacar las consecuencias irremisibles de esta situación. Para ello debemos contar con las izquierdas españolas todas, y nada más que con ellas, llamando izquierdas a los que sin ambages, remilgos ni distingos, ponen por base de la organización del Estado la forma republicana. Es vano pretender que la división de izquierdas y derechas desaparezca, como pretenden siempre los espíritus conservadores, y como repite ahora, entre otros, el señor Cambó, que de tan listo como dicen que es parece creer que todos los españoles somos tontos. Las clasificaciones políticas no son producto del capricho ni de la rutina. Surgen de los problemas planteados por la realidad, en torno de los cuales los hombres definen sus opiniones. Los que piensan como nosotros estaremos a un lado, irreductiblemente adverso a los que piensan de otro modo, cualquiera que sea el motivo que tengan para disentir de nuestra opinión. Llamarnos izquierdas o derechas, azules o blancos, importa poco. Y hemos de prometernos aquí todos no descansar hasta que se logre nuestra obra, de suerte que el 11 de febrero, fiesta conmemorativa en los años pasados, adquiera, sin perder nada de su significación piadosa y memorable, el valor de una promesa de realizaciones y de una llamada al combate.

La política consiste en realizar. La política se parece al arte en ser creación. Una creación se plasma en formas sacadas de nuestra inspiración, de nuestra sensibilidad, y logradas por nuestra energía. La política es, pues, confianza en el esfuerzo, optimismo. No hay política de hombres desengañados, de hombres tristes; no hay política de hombres circunspectos, que no quieren arriesgarse a fracasar; no hay política de hombres futiles; la política está reñida con el esnobismo. Nosotros hemos rebasado aquella etapa decadente del espíritu español que contaba por meses y aun por días el tiempo que le faltaba para desaparecer. Desechamos la opresión del pasado y las añoranzas históricas. De frente a la realidad, por adversa que parezca, hemos de modelarla con nuestras propias manos.

A esto nos llama la vocación y el deber. Iremos todos los españoles que quieran igualar esta condición con la de hombres libres. Todos ellos, pero ninguno más. Los tímidos, los espectadores benévolos, no los queremos: que pierdan su rancia doncellez y vengan con nosotros, o se vayan para siempre con el enemigo. Cualquiera que sea nuestro oficio, cualquiera que sea la formación mental y moral que hayamos recibido, los que entremos en este combate debemos ir poseídos del magnífico, envidiable e incontrastable fanatismo por la idea. Debéis templaros en ese fanatismo. Cuando todo está dicho, explicado y probado, es hora de conducirse creyendo a cierra ojos que la idea nos dará la verdad social española. No temáis que os llamen sectarios. Yo lo soy. Tengo la soberbia de ser, a mi modo, ardientemente sectario, y en un país como éste, enseñado a huir de la verdad, a transigir con la injusticia, a refrenar el libre examen y a soportar la opresión, ¡qué mejor sectarismo que el de seguir la secta de la verdad, de la justicia y del progreso social! Con este ánimo se trae la República, si queremos que nazca sana y vividera. La República no puede surgir como un mal menor, originado en la podredumbre y corrupción de un régimen, sino como criatura de nuestra energía, fecunda y activa, segura de sí misma. La República tendrá que combatir con una mano mientras edifica con la otra. Los tiempos serán entonces más difíciles que los actuales, porque habremos echado sobre nosotros la responsabilidad del porvenir de España. No nos bastará barrer de un escobazo el infecto clericalismo del Estado, ni acabar con la demagogia frailuna que a los liberales moderados de hace un siglo ya les parecía repugnante. Estas son medidas policíacas que en una hora se conciben y se ejecutan en un día. No nos bastará concluir con el militarismo para que no vuelva a surgir en el pecho de ningún general la extraña iluminación de querer redimirnos a fuerza de buena voluntad.

No nos bastará asegurar la libertad de conciencia y la libertad religiosa con todas las consecuencias que ello trae en la vida civil y pública. Nos bastará ofrecer a todos los pueblos hispánicos aquellos términos de concordia que subsanen, si es posible, las aberraciones opresoras de quienes identifican a la Patria con el símbolo religioso y el símbolo regio. Necesitaremos dilatar la República, en el tiempo, propagándola en las generaciones que nos sucedan, para lo cual la escuela deberá ser nuestra; y necesitaremos arraigarla en las más profundas capas de la democracia, para lo cual debemos demostrar con actos que la República es la condición inexcusable del progreso social. La República cobijará sin duda a todos los españoles; a todos les ofrecerá justicia y libertad; pero no será una monarquía sin rey: tendrá que ser una República republicana, pensada por los republicanos, gobernada y dirigida según la voluntad de los republicanos. A esta obra llamamos a todos los que piensan como nosotros, sean jóvenes o viejos. Es vana en política esa distinción. En política, las gentes no se clasifican por edades, sino por opiniones. Hay viejos que son militantes gloriosos del republicanismo. Hay jóvenes que a título de modernidad remedan el pensamiento fascista. Nosotros queremos trabajar con nuestros iguales en ideas. Todos juntos acertaremos a darnos lo que más falta nos hace: una España libre, a la que podamos servir sin amargura (335).

Emilio Mola, el flamante Director general de Seguridad, inicia sus tareas. *Era costumbre en la Corte, costumbre que por cierto tenía arraigo* -explica-, *que el director general de Seguridad cumplimentase lo antes posible a SSMM. y además a las AARR. que pudiéramos llamar de primera categoría: príncipe de Asturias, infanta Isabel, y a veces hasta a los infantes don Fernando y don Alfonso. Tenían por objeto estas visitas -aparte la obligada cortesía- que las personas de la familia real conociesen personalmente a un funcionario que, por deber inherente a su cargo, habían de encontrar en todos los actos oficiales que tuvieran lugar fuera de Palacio. Al Rey, y más todavía a la Reina, les molestaba extraordinariamente las caras desconocidas a su lado.* De todas las visitas realizadas la que más le impresiona, sin duda, es la que hace al Príncipe de Asturias, Don Alfonso: *Entonces comprendí toda la tragedia íntima de la familia real y encontré justificado el rostro de dolor de la Reina. Me recibió de pie y quiso tener la deferencia de hacerme sentar; luego intentó levantarse para despedirme, y no le fue posible: una ráfaga, mezcla de angustia y resignación, pasó por su semblante. El primogénito de los reyes, en aquellos días, se hallaba muy asustado* (336).

A su escepticismo sobre las posibilidades de que Berenguer obtenga en las proyectadas elecciones *una mayoría monárquica* se une ahora, en el ánimo del general, la penosa impresión de que Don Alfonso XIII no cuenta con una pieza de recambio válida si la Corona se ve obligada a instrumentar soluciones de emergencia.

Su impresión sobre el ambiente en que se nueve Don Alfonso XIII, por lo demás, no puede ser más negativa a fuer de realista: *La gente que bullía en Palacio era dada a la crítica y tenía por sistema no contradecir jamás a las reales personas; esto perjudicaba a todos y especialmente al Rey, pues, sobre adquirir un concepto equivocado de las cosas, fomentaba en él la ligereza en los comentarios, excitaba su vanidad y le impulsaba a la soberbia* (337).

El 9 de marzo Salvador de Madariaga publica en *The Observer*, de Londres, un artículo en el que llama la atención del Rey *sobre su responsabilidad personal si algo grave ocurría en el país, como muchos lo temíamos a causa de la coincidencia en Barcelona de tres generales: el capitán general de Cataluña, Barrera, que en su día iba a ser uno de los enviados a Mussolini para pedirle ayuda y lanzar la guerra civil; el general Milans del Bosch, palaciego, o sea, instrumento ciego de Palacio* (338), *y el general*

Martínez Anido, que Barcelona conocía demasiado para no sospechar que algo siniestro se tramaba. En dicho artículo Madariaga afirma: *No tiene la culpa el Rey Alfonso de haber nacido con cinco siglos de retraso, ni la tiene España de que hayan pasado esos cinco siglos; y la nación tiene derechos mayores que los que puede alegar el primero de sus hijos* (339). La intentona, si la hubo, de salvar a la Corona mediante lo que Madariaga llama *un gobierno resoluto*, que hubiese prescindido de Don Alfonso XIII e instaurado una regencia en la persona de Primo de Rivera, no pasa a mayores. En cualquier caso, consta que la censura gubernativa tiene interceptada la correspondencia del ex-dictador. Así parece desprenderse de una carta de su hijo José Antonio a su hermano Miguel, que se halla en París acompañando a su padre, el 7 de marzo de 1930: *No escribo hoy a nuestro padre para poder alcanzar el correo y, sobre todo, porque no me atrevo a confiar a él las cosas que pienso decirle* (340).

3.3. *NO MÁS SERVIR A SEÑORES / QUE EN GUSANOS SE CONVIERTEN* (La defección monárquica y los nuevos republicanos, febrero / mayo de 1930).

En los albores del año 1930 -escribe Miguel Maura Gamazo, hijo del líder del partido conservador y antiguo jefe del Gobierno de Don Alfonso XIII, Antonio Maura- *sólo formaban en las filas de la oposición los hombres y partidos tradicionalmente republicanos y las organizaciones obreras. Estas habían permanecido pasivas y tranquilas durante el período dictatorial. Con habilidad maquiavélica, Largo Caballero, el dirigente de la Unión General de Trabajadores (desde la muerte de Pablo Iglesias, en 1925) había aceptado la mano que Primo de Rivera le tendió con el fin de garantizarse por ese camino la paz social sin esfuerzos ni violencias. El propio Largo Caballero aceptó el cargo de Consejero en el Consejo de Estado, y la influencia y el poder de que gozaba en los organismos oficiales le permitió extender por toda España la red de la organización sindical y, además, la del partido socialista, hermano gemelo de la U.G.T. Incansable en el trabajo, hábil, admirablemente secundado por elementos de la organización, y con gran talento natural, Largo Caballero logró articular una fuerza social y política enorme durante los seis años de favor dictatorial. Al formarse el Gobierno Berenguer, el partido socialista resultaba ser el único verdadero existente en toda la nación, y la U.G.T. la única organización sindical que en este instante, peligroso y decisivo, agrupaba a la inmensa mayoría de los trabajadores españoles.*

Frente a esas fuerzas de izquierda y a esas masas obreras nada había, absolutamente nada, en el campo monárquico -concluye Miguel Maura-. *Y de los partidos liberal y conservador, que habían jugado su triste papel en las postrimerías del régimen parlamentario, no quedaba sino el recuerdo* (341).

Un ejemplo suficientemente ilustrativo de ese vacío absoluto en el campo monárquico a que se refiere Miguel Maura lo constituye el que a finales de enero de 1930, el día 23, Eugenio Vegas Latapie, presidente de la Juventud Monárquica, se vea obligado a solicitar del general Mola, Director general de Seguridad, que suspenda gubernativamente un banquete *de concentración monárquica* planeado para ese día, onomástica del Rey. La insólita petición, que es atendida, se basa en razones de peso: *Como varios jefes políticos se negaban a asistir al acto, su previsible fracaso vendría a demostrar la desunión de los monárquicos.* Vegas consigue, así, ocultar la que califica de *triste realidad* (342).

Para Miguel Maura *la Monarquía había jugado y perdido su última carta. Toda esperanza de renovación dentro del régimen monárquico se desvanecía. La consecuencia inevitable e inmediata no podía ser otra que la caída de la Institución, barrida por la ira popular* (...) *El problema que se nos planteaba era el siguiente: la Monarquía se había suicidado, y, por lo tanto, o nos incorporábamos a la revolución naciente, para defender dentro de ella los principios conservadores legítimos, o dejábamos el campo libre, en peligrosísima exclusiva, a las izquierdas y a las agrupaciones obreras* (343).

La defección monárquica, sin embargo, no se limita, como denuncia Vegas, al abandono pasivo del campo propio. En los primeros meses de este año crítico, en que la Institución se juega su permanencia y su continuidad, de acuerdo con la disyuntiva que plantea Miguel Maura destacadas figuras conservadoras y liberales, procedentes de las diversas facciones de los dos partidos históricos en que se ha sustentado la Restauración hasta la llegada de la Dictadura, desahucian a Don Alfonso XIII, piden su abdicación, se declaran *monárquicos sin rey* o, finalmente, engrosan de manera decisiva las filas del republicanismo. Son los nuevos republicanos, que tienen un papel determinante, en alianza con los socialistas, en la caída de la Monarquía y el advenimiento de la República.

Los golpes más socavadores, los tirones más fuertes, los barrenos más dañinos -se lamenta *El Caballero Audaz- no los pusieron en la fortaleza de la Monarquía sus enemigos más airados, sino los que, por cobijarse dentro de su recinto, estaban más obligados a defenderla* (344).

Alejandro Lerroux, figura destacada del republicanismo histórico y jefe del Partido Radical, lo explica así: *Los que de buena fe habían servido a la Monarquía no podían aprobar la conducta del monarca. De hecho, el Rey les había licenciado, devolviéndoles su independencia, al prescindir de la Constitución. Después del golpe de Estado la monarquía constitucional estaba muerta. En la tradicional absolutista no había que pensar. Para la Patria no quedaba otra solución que la República* (345).

3.3.1. MIGUEL MAURA SE DESPIDE DEL REY.

Consecuente con los planteamientos que a sí mismo se hace, el 20 de febrero de 1930 Miguel Maura, en una conferencia pronunciada en el Ateneo de San Sebastián, anuncia su paso al campo republicano. Antes de hacerlo, sin embargo, ha tenido el detalle de ir a despedirse del Rey.

Mi hermano Honorio (...) a espaldas mías obtuvo de Don Alfonso una audiencia privada para los dos, en sus habitaciones particulares, convencido de que tan pronto como yo hablase con el rey, mis supuestas veleidades republicanas se esfumarían como el humo. No me hacía gracia la aventura, pero tanto insistió que accedí a la prueba -explica en *Así cayó Alfonso XIII.*

Mis relaciones con Don Alfonso habían sido muy someras. Sólo en tres ocasiones hube de solicitar y obtuve audiencia. Las tres con carácter estrictamente privado, con ocasión de sucesos familiares.

Toda mi actuación política desde 1913 (en que surgió el movimiento maurista como protesta por el proceder del rey con mi padre, escindiendo el partido conservador para eliminarle de la jefatura del mismo), había girado precisamente frente a la conducta del rey y en contra de los partidos de turno. Fuí concejal del Ayuntamiento de Madrid y diputado a Cortes por Pego (Alicante), y jamás ocupé cargo alguno de designación oficial con la Monarquía. Digo esto para que quede claro que pese a cuanto se ha dicho no tenía yo en ese momento el menor vínculo con la persona del rey, ni el del trato, ni el del agradecimiento, sino que, por el contrario, mi actuación pública había sido siempre forzosamente orientada contra sus intromisiones en la vida de la política.

Bajaba el rey diariamente al tiro de pichón, y había convenido con mi hermano que nos recibiría, a las dos y media de la tarde, unos momentos en sus habitaciones particulares, mientras cambiaba de ropa para ir a la Casa de Campo. Así se hizo. Un día de mediados de febrero pasamos a su habitación tocador, donde terminaba de vestirse. Estaba, claro es, Don Alfonso advertido por mi hermano del motivo de mi visita, que era oficialmente, el de despedirme de él antes de dar el paso al campo republicano.

Sin la menor ceremonia, nos recibió afectuoso. Y, después de saludar a mi hermano, se dirigió a mí diciéndome:

-¿Qué te trae por aquí?

-Vengo, Señor -le dije-, a despedirme de Vuestra Majestad.

Hizo como si no comprendiera, y preguntó:

-¿A dónde te marchas?

-Al campo republicano, Señor -le contesté un tanto molesto ante su actitud de no darse por enterado de algo que ya sabía.

-¡Estás loco! -exclamó-. A ver, explícame eso.

Con el menor número de palabras posible, le dije que consideraba, tras la solución de la crisis a la caída de la Dictadura, perdida a la Monarquía; que mi deber era seguir el camino, que había anunciado durante mis actuaciones públicas como inevitable, si acontecía lo que acababa de suceder; que no era prudente dejar solas a las izquierdas en el campo republicano, y que mi propósito era defender, dentro de él y desde ahora, los principios conservadores legítimos.

Me oyó atentamente y, al terminar, me dijo textualmente:

-Todo esto estaría muy bien si fuese cierta la primera premisa. Pero no lo es. Mientras yo viva, la Monarquía no corre ningún peligro -y, volviéndose hacia mi hermano y sonriendo, añadió-: "Après moi, le déluge"...

Traté de demostrarle que no era esa la realidad captada en mis viajes por España, y en el contacto que llevaba establecido desde hacía más de dos años con las gentes de todas las clases sociales en mis conferencias.

-El ambiente que en todas partes he encontrado -le dije- es hostil, y,

en el mejor caso, indiferente a la Monarquía. Mucho me temo, Señor, que antes de dos años se haya acabado la Monarquía en España.

El rey se echó a reir y, tendiéndome la mano, me dijo:

-Nada de eso. Bueno, no tardarás en convencerte de que estás equivocado y volverás arrepentido.

Y con estas palabras dio por terminada la audiencia (346).

Días después de la audiencia regia, Miguel Maura habla en San Sebastián. *Razoné ampliamente los motivos de mi decisión de incorporarme a la República. Glosé las manifestaciones y anuncios que a lo largo de mis viajes por España venía sembrando desde hacía dos años. Lo acontecido al caer la Dictadura lo había yo previsto; y anunciado, desde mucho antes, cuál sería mi actitud en tal caso. El momento de dar el paso trascendental había, pues, llegado, y lo había dado sin vacilar.*

Lo curioso del caso fue que esa actitud mía, que, como es lógico, tuvo la suficiente publicidad para que todos la conocieran, no produjo entre los monárquicos, amigos y familiares míos, ningún sobresalto, ni menos indignación, en aquellos momentos. El hecho fue tema de innúmeras conversaciones, sin la menor acritud ni censura.

Cuando no era la hostilidad franca y declarada, era la más completa indiferencia el sentimiento que el rey y la Monarquía inspiraban a sus adeptos (347).

No hay sobresalto ni indignación entre los monárquicos ante el anuncio de Miguel Maura de su paso al campo republicano, pero como escribe lúcidamente Ricardo de la Cierva, *Miguel Maura rindió un gran servicio a la República; el conjuro de su nombre convencía a muchos moderados de que República no era sinónimo de Revolución* (348).

Y no sólo su nombre, sino sus propuestas:

No puedo admitir que reverdezcan tiempos de iniquidad, en los que la espada de un general pueda levantarse sobre la Corona. Así, si algún hombre levanta la bandera de la derecha republicana, a él me uniré.

Y si ese hombre no sale, seré yo mismo quien, dentro de mi modestia, alce esa bandera. Soy un hombre de derechas y profeso la religión católica, apostólica y romana, pero creo que ésta es mi obligación civil. Por ahora, hay que ir a la revisión de la Dictadura, exigiendo responsabilidades al Dictador, sus secuaces y amparadores y luego hay que ir a las Cortes Constituyentes. Si la fortuna me acompaña y los electores me llevan a las Cortes, mi voto será para la República (349).

Si Don Alfonso XIII conoce estas palabras de Miguel Maura sin duda toma buena nota de la amenaza institucional que implican personalmente para él, antes incluso de que se llegue a una votación en las hipotéticas Constituyentes entre Monarquía o República, porque entre los *amparadores* a quienes Miguel Maura quiere exigir responsabilidades por su patrocinio de la Dictadura hay un nombre conocido al más alto nivel, el del propio Rey.

3.3.2. JOSÉ SÁNCHEZ GUERRA ACUSA Y DESCALIFICA A DON ALFONSO XIII.

Siete días después del paso al frente dado por Miguel Maura, el 27 de febrero, José Sánchez Guerra, ex-presidente del Consejo de ministros y jefe del partido Conservador anuncia su separación de la Monarquía y señala a Don Alfonso XIII como impulsor de la Dictadura.

Sánchez Guerra, enemigo declarado del régimen de Primo de Rivera, ha desembarcado meses antes en Valencia, como queda escrito, procedente de Francia, a fin de, personado en la Capitanía General, liderar de acuerdo con su guarnición, comprometida de antemano, un movimiento que derroque al general. Pero los aguerridos príncipes de la Milicia -en este caso concreto, el capitán general Castro Girona- que han empeñado su palabra, llegado el caso se echan para atrás. Detenido, procesado y encarcelado, Sánchez Guerra ha sido posteriormente puesto en libertad.

No había habido jamás en Madrid otro acto ni festejo que despertara un interés semejante. Se pedían, casi se asaltaban, se compraban los billetes aun siendo gratuitos, con apremio y empeño indescriptibles, recuerda Niceto Alcalá-Zamora a propósito del acto que ha de celebrarse en el teatro de la Zarzuela de Madrid (350). Emilio Mola comenta a su vez: *Existía por oir al ex presidente del Consejo una verdadera expectación, ya que el haberse mantenido, desde que triunfó el golpe de Estado del 13 de septiembre, en una actitud gallarda y digna contra el régimen dictatorial y su intervención personal, no obstante su edad, en el fracasado movimiento de Valencia, le habían convertido en símbolo de rebeldía contra el despotismo, creándole un ambiente de popularidad. Estas circunstancias, unidas al absoluto mutismo que se impuso sobre su pensamiento íntimo, hicieron concebir a los republicanos de entonces -que andaban bastante escasos de personas de calidad- la esperanza de que se uniese a ellos, en lo que iban ganando una figura nacional y un importante núcleo de incondicionales, gentes de prestigio y solvencia, que por fuerza habrían de seguir, más por cariño que por disciplina, al viejo político conservador; y no eran únicamente los republicanos los que así pensaban, sino que también participaban de estas sospechas bastantes elementos monárquicos e incluso amigos suyos* (351).

No se sabía cuál iba a ser la actitud que pensaba adoptar en su anunciado discurso -explica Miguel Maura-, *y la expectación era enorme, porque se comprendía la gravedad que para el rey entrañaba que el jefe de su partido más dinástico abandonase el campo y alzase bandera contra el Soberano. No obstante mi amistad con él y, sobre todo, mi identificación con su hijo Rafael* (352), *no logré saber de antemano lo que iba a acontecer aquel famoso 27 de febrero.*

Sin embargo, según refiere en sus Memorias el General Mola, ya entonces director general de Seguridad, el Gobierno, por confidencias con alguna anterioridad tuvo atisbos de la postura que adoptaría el jefe del Partido Conservador. Un inspector de policía, Luis Fenoll, amigo personal de Sánchez Guerra, logró oír directamente de él, unos días antes, el propósito que con su discurso perseguía. No se declararía republicano, pero tampoco dispuesto a servir a Don Alfonso XIII, lo que, al parecer, equivalía a pedir su abdicación. ¿En quién? El pobre príncipe de Asturias, preso del terrible mal de la hemofilia, resultaba totalmente incapaz para reinar, y precisamente, en aquellos días, era víctima de uno de los ataques agudos que ese mal le proporcionaba.

La expectación despertada en Madrid era enorme, creo que pocas veces igualada en acontecimientos de carácter político. Allí fuimos. El gran Teatro de la Zarzuela, abarrotado hasta lo inconcebible, hervía de comentarios y discusiones antes de comenzar el acto.

Al aparecer en el escenario don José Sánchez Guerra, los asistentes, puestos en pie, le tributaron la mayor ovación que había oído en su larga vida de hombre político. Don José, quizá bajo el peso de la enfermedad que acabaría con él a principios de 1935, se emocionó y empezó a llorar ostensiblemente. No podía dar comienzo a su oración hasta lograr serenarse. Cuantos más esfuerzos hacía para ello, mayor era la intensidad de la prolongada ovación y los gritos entusiastas de los espectadores, con lo cual se hacía interminable la escena dolorosa y emotiva que presenciábamos.

Al fin, con voz entrecortada, que poco a poco cobró asiento hasta normalizarse, don José nos dijo lo que para él representaba la legalidad constitucional y las libertades ciudadana y públicas, su dolor ante las violaciones y los atropellos a la una y a las otras durante los seis largos años de dictadura; la insoslayable responsabilidad que en su advenimiento y duración había tenido Don Alfonso XIII y, para describir esta responsabilidad, apeló a la anónima décima -que muchos atribuyen a Góngora-, tan conocida, sobre el asesinato del conde de Villamediana, en tiempos de Felipe IV:

"-Mentidero de Madrid,
decidnos: ¿Quién mató al conde?
Ni se sabe ni se esconde:
sin discurso discurrid.
-Dicen que le mató el Cid,
por ser el conde Lozano...
Disparate chabacano.
La verdad del caso ha sido
que el matador fue Bellido
y el impulso soberano".

No puede describirse el estallido de entusiasmo que esa cita desencadenó en el auditorio. Minutos y minutos de ovación, de gritos, de sentarse y levantarse de los asientos. Algo inefable que en mi vida había yo presenciado.

Y, llegado el momento del discurso en que el orador había de definir su propia actitud con precisión, volvió a echar mano del romance poético, esta vez a cargo del duque de Rivas, en el suyo sobre san Francisco de Borja:

"No más abrasar el alma
el sol que apagarse puede,
ni más servir a señores
que en gusanos se convierten".

Esta vez no una ovación, sino un estupor, un silencio impresionante fue la forma en que el público reaccionó. Hubo quien atribuyó el silencio a censura y reprobación por el significado poco explícito de la cita poética. ¡Todo lo contrario! Para mí, y para la mayoría del auditorio, ella fue precisamente la más grave herida causada a la persona del rey y a la Monarquía. Bastaba para cerrar el paso a todo intento de resucitar los viejos y desacreditados partidos en torno al soberano, que era precisamente el propósito públicamente declarado por el rey y por el general Berenguer.

A la salida del histórico acto hubo disturbios provocados por jóvenes, en su mayoría estudiantes, que no habían conseguido acceso al teatro, pero ya enterados de lo ocurrido por las versiones de los que iban saliendo.

La fuerza, apercibida por el general Mola en los alrededores del coliseo, causó heridos, pero creo recordar que sin importancia. Este fue el principio de una agitación callejera que, hasta entonces, no había surgido. A partir de ese día fueron pocos los que transcurrieron sin algún incidente (353).

Alcalá-Zamora hace una valoración más matizada de la toma de posición de Sánchez Guerra: *Ya la expectación, muy natural tras siete años de silencio y en torno a figura tan aureolada por general adhesión, no era, como no lo es nunca, conveniente al éxito ruidoso, que más fácilmente se obtiene por la reveladora sorpresa. Era además desproporcionada la esperanza con las posibilidades manifiestamente menores. De ahí la decepción general, mostrada en sólo un respetuoso tributo de simpatía al final, que había sido desbordamiento de entusiasmo al principio. No figuré entre los críticos severos. Aparte mi simpatía honda hacia don José, mi afecto y mi sincera justicia creyeron que llegó Sánchez Guerra a cuanto podía llegar y aun lo rebasó en parte. El esfuerzo oratorio superó el rendimiento de energías ya tan minadas por la enfermedad, y, en el fondo, el jefe del partido conservador acusó al responsable directo, sin equívoco, señalando la culpa del rey, sin excluir la solución republicana. La decisión mostrada por Sánchez Guerra y la trascendencia de tal actitud se perciben claramente imaginando lo que habría supuesto que los hombres situados más a su izquierda, como Romanones, Alba, García Prieto, Villanueva y Alvarez hubieran avanzado desde sus posiciones respectivas tanto camino como el recorrido por el jefe de los conservadores; o más sencilla y tímidamente hubiesen coincidido con él en vez de permanecer atrás. Con todo, como la hora en que se enfrían los entusiasmos excesivamente avivados no es la de reflexiones, la impresión dominante casi unánime, síntoma expresivo del estado de conciencia, fue de desencanto, si bien respetuoso. Crítica agria, furiosa, descortés, no se oyó más que una: procedía de aquel antiguo pasante, que ya tenía casi olvidado, del despacho de Díaz Cobeña y que se llamaba Manuel Azaña* (354).

Las fuerzas físicas, más que el temple del espíritu -concluye Alcalá-Zamora a propósito del discurso de Sánchez Guerra-, *ponían fin honroso al caudillaje político de la oposición, llevado tan gallardamente por Sánchez Guerra* (355). Al margen de ese *caudillaje político* que Alcalá-Zamora da por terminado, el político conservador ha de jugar todavía, en febrero del siguiente año, una carta que hiere de muerte a la Institución.

El general Mola, informado con anterioridad, como queda dicho, de que Sánchez Guerra se declararía *monárquico aunque no dinástico*, no oculta sin embargo su sorpresa tras escuchar el discurso, junto con el ministro de la Gobernación, general Marzo, por la radio: *Lo que todos ignorábamos entonces era que el ilustre hombre público recurriría a la poesía para asestar a la Corona un golpe fatal y, a mi juicio, definitivo* (...). *No voy a basarme ahora en haber sido un oyente más para hacer una recopilación de la pieza oratoria, ni menos su crítica, que poco soy, pobre de mí, para enfrentar mi torpe pluma con el gesto altivo, la templada voz, el agudo ingenio y la clara inteligencia del veterano político. Esto sentado, sí puedo decir que don José Sánchez Guerra desilusionó a unos y desencantó a otros, no obstante lo cual su actitud, y más la forma de expresarla, como ya he indicado anteriormente, fue la sentencia de muerte de la Monarquía* (356).

Quienes confían -o temen- que Sánchez Guerra tremole la enseña republicana no ven confirmadas sus expectativas, pero hay en su parlamento dos afirmaciones que son las que el público retiene por encima de cualquier matización: la culpabilidad de Don Alfonso XIII en el golpe de Estado de 1923 -*el impulso soberano*- y su descalificación personal -*no más servir a señores / que en gusanos se convierten*. Según el general Mola, es *inexacto lo que algún periódico insinuó de que* <el discurso> *también fue escuchado desde Palacio* (357). Don Alfonso XIII, una vez más, ha perdido la ocasión, recluído en los silencios de las cámaras regias, de atender *lo que pasa en la calle*.

Al término del acto César González-Ruano, en funciones de reportero, recoge, entre otras, tres opiniones cualificadas sobre el parlamento de Sánchez Guerra. Gregorio Marañón, el máximo prestigio de la vida científica española, se muestra moderadamente satisfecho: *Yo, como republicano, salgo contento. No ha colmado mis esperanzas, pero me parece un buen paso para el advenimiento del nuevo régimen*. Indalecio Prieto, figura destacada del Partido Socialista, hace una valoración más optimista: *No ha derribado la casa, ésta es la verdad; pero otro golpe más... ¡y basta!* Manuel Azaña, secretario del Ateneo madrileño, discrepa sin remilgos: *Me ha parecido una mamarrachada* (358). El *antiguo pasante del despacho de Díaz Cobeña* que, al decir de Alcalá-Zamora, *ya tenía casi olvidado*, será a la vuelta de pocos meses la gran revelación política que nadie puede ahora intuir.

El general Mola considera que si bien Sánchez Guerra *desilusionó a unos y desencantó a otros, su actitud, y más la forma de expresarla* (...), *fue la sentencia de muerte de la Monarquía*. Y añade: *A partir de este momento empecé a sospechar que el régimen secular en España estaba en ruinas y podría derrumbarse el día menos pensado, y de estos temores hice partícipes, no una sola vez por cierto, a los generales Berenguer, Marzo y Goded: el primero rehusó siempre dar su opinión; los otros dos abundaban en la mía* (359).

En el acto del Teatro de La Zarzuela -anota Guillermo Cabanellas- *Sánchez Guerra declaró que él se alejaba del rey pero no de la Monarquía; pudo haber sido presidente de la República si hubiera definido una posición política a favor de ésta. No lo hizo porque honestamente consideraba que no debía hacerlo* (360).

3.3.3. MUERTE DEL GENERAL PRIMO DE RIVERA.

El 16 de marzo, en tanto se inicia la defección monárquica, muere en París, súbitamente, el general Primo de Rivera. Muere triste, cansado y pobre, en un hotel de segunda categoría, el *Pont Royal*.

El general Mola comenta: *El general Primo de Rivera había encontrado un hospitalario refugio en París: la ciudad universal. Desde allí contemplaba a España -amor de sus amores- y meditaba, fuera de la coacción del ambiente, el resultado de su gestión de gobernante, ni falta de aciertos, ni escasa de yerros; y al mismo tiempo que meditaba, moría. Moría, porque su temperamento no le permitía soportar ni la crítica, ni la ingratitud, ni el desengaño; porque su soberbia y amor propio eran antagónicos con la resignación necesaria para su tranquilidad espiritual; porque sentía la nostalgia del predominio y de la popularidad. Espíritu rebelde, buscaba en vano apoyos y colaboraciones, para dar satisfacción a sus anhelos y ambiciones de ejercer de nuevo el Poder.*

Al general Primo de Rivera, pese a los buenos deseos del doctor Alberto de Bandelac, a los consuelos de Quiñones de León y al cariño de sus hijas, que pocos días antes se le habían unido, le sorprendió la muerte cuando se hallaba solo en la habitación del hotel enterándose del contenido de las cartas y periódicos recibidos de España. ¡Quizá en alguna de estas cartas y periódicos estuviera la clave de la tempestad moral que paralizó los latidos de su corazón! (361).

Mola, que como Director general de Seguridad debe tener conocimiento sobrado de los hechos, deja claramente explicitado que Primo de Rivera está rumiando en París su regreso al poder. No resulta aventurado relacionar cuanto Mola afirma con el artículo de Salvador de Madariaga publicado en el *Observer*, de Londres, una semana antes de la muerte del general, a propósito de la reunión celebrada en la Capitanía general de Barcelona de los generales Barrera, Milans del Bosch y Martínez Anido. La muerte súbita de Primo de Rivera, cuando inevitablemente trascienden sus propósitos de un nuevo golpe, alimenta el rumor de que ha sido asesinado. Años después su hijo José Antonio lo desmiente a su amigo y camarada Felipe Ximénez de Sandoval, frente a las versiones que del hecho ofrecen en su día el comisario de Policía Mauricio Carlavilla (*Mauricio Karl*) y el periodista César González-Ruano (362). Pero la leyenda de que la muerte del general no es debida a la enfermedad que padece, la diabetes, perdura; todavía en 1957 el teniente general Emilio Esteban-Infantes escribe: *Muerto repentinamente en París, de modo algo extraño, el regreso a su querida España hubo de hacerlo en un furgón convertido en capilla ardiente* (363).

La muerte del general, por amor a España -escribe años después su nieto Miguel Primo de Rivera y Urquijo-, *en marzo de 1930, en su exilio a medias voluntario y a medias forzado por quien le sucedió en el desempeño del poder, el general Dámaso Berenguer, dejó sin defensa al hombre que había entregado su vida, generosamente, a resolver con éxito problemas entonces tan peliagudos como la pacificación de Marruecos. Primo de Rivera, sin cumplir los sesenta años, murió en las habitaciones de un hotel parisino más que modesto, agotadas su salud y sus ilusiones, y, conviene decirlo, murió pobre* (364).

Al día siguiente, *El Sol* enjuicia así la significación del general en la historia de España que le ha tocado vivir:

La obra del general Primo de Rivera como hombre de Gobierno fue en su totalidad -y dejando a un lado aciertos parciales, a los cuales hicimos en su hora, y seguiremos haciendo, justicia- una grave equivocación; pero sería injusto no añadir que fue una equivocación nacida de nobles impulsos; una equivocación de buena fe. Y aun debemos decir que sólo a la investigación histórica corresponde determinar hasta qué punto fue el dictador dueño de graduar la magnitud de su yerro. En los hiperbólicos elogios de que vivió rodeado el general Primo de Rivera, y que lógicamente se acentuarán en esta hora, hay una parte de verdad. El hombre que improvisándose dueño y señor de un país, sin más cultura que la allegada en las aulas militares y en la vida, pudo gobernar durante seis años y medio, afrontando los más graves problemas y hasta resolviendo algunos con éxito, no era ciertamente un hombre vulgar. Mejor orientado, mejor inspirado y mejor acompañado, habría podido ser un gobernante útil a su patria. Pudo serlo y no lo fue. De sus errores se puede hoy ya formar un juicio aproximado. De las consecuencias de sus errores está la clave más lejos: en un incierto porvenir. Porque si hubo un gobernante que vino -decía él- a continuar la Historia de España, del que acaba de morir puede decirse que su predestinación fue precipitar la Historia de España (365).

Al morir Primo de Rivera Don Alfonso XIII pierde la peana que amortiguaba los golpes dirigidos al santo. A partir de ahora las críticas contra la Dictadura se centran en la figura del Rey. Ante el féretro del general, el duque de Miranda, Jefe de Palacio, pregunta a Juan de la Cierva si su muerte servirá para *suavizar la lucha política*. La respuesta del político conservador le desengaña: *El elemento político tiene mucha pasión, y la muerte del Dictador deja al descubierto al Rey, como blanco principal de los ataques* (366). *Roto el parrarayos* -sentencia Madariaga-, *la torre tuvo que aguantar las descargas de la tormenta popular* (367).

El entierro del general, en Madrid, levanta una ola de fervor primorriverista *postmortem*. *El cortejo fúnebre que presidió el Gobierno en pleno* -anota su adversario político Miguel Maura-, *al atravesar las calles de Madrid en medio del bullicioso gentío, dio ocasión a las gentes para mostrar, sin saber bien el porqué, su hostilidad al Gobierno. Gobierno que hasta la fecha no había hecho sino devolverles unas libertades que desde hacía más de seis años les fueron suprimidas sin grandes protestas por su parte* (368). No es aventurado suponer que el pálpito popular, equivocado o no, de que Primo de Rivera muere como consecuencia de su amargura por la regia patada recibida, lleva al campo antidinástico a bastantes de quienes fueron sus seguidores. *Los dos grupos que vitoreaban al Rey y a Primo de Rivera, contraponiéndoles durante el entierro* -afirma Ricardo de la Cierva-, *estaban en la luna. El asalto enemigo iba a concentrarse sobre los dos, y sobre todo contra el que quedaba de los dos* (369). El gobierno

Berenguer, en una nota oprobiosa más para quien la redacta que para la memoria de aquel al que pretende ofender, afirma a propósito de los incidentes producidos durante el sepelio que éste, *muy concurrido*, ha sido una muestra de *curiosidad popular* (370).

La defensa de la obra del general hubiera correspondido en buena lógica a su ex-ministro de Hacienda, José Calvo Sotelo, responsable de la política económica de la Dictadura, terreno en el que se centran los mayores ataques. Pero Calvo se ha autoexiliado en París, con escasa gallardía. Su defección motiva la entrada en política del hijo primogénito del dictador, José Antonio, hasta entonces entregado al ejercicio del Derecho, que parece ser su auténtica vocación (371). El 11 de febrero de 1930 ha protagonizado un sonado incidente en un café madrileño con el general Gonzalo Queipo de Llano, al que abofetea. Así lo cuenta a González-Ruano, por esas fechas redactor de un "diario liberal", *El Heraldo*.

-La verdad sobre esto es muy sencilla. Yo no tengo nada de chulo *ni de reñidor. Puede que no haya pegado más de tres puñetazos en mi vida. Pero ese señor Queipo... Imagínese que este señor escribió una carta soez a mi tío José, hablando de no sé qué humillaciones de que creía haber sido objeto, y llamándole cretino, y hablando de que quería procurar liquidar cuentas pendientes. Esto era intolerable y cobarde tratándose de mi tío* (...). *Pues Queipo es fuerte, mucho más alto que yo, espadachín, con fama de pendenciero. Mi pobre tío es un anciano enfermo, imposibilitado en absoluto para ningún combate. Entonces fuí a la casa de Queipo de Llano y éste no me recibió. Le busqué en el Café Lyon D'Or por la noche. Conociendo que a su tertulia acuden varios enemigos de mi padre, no quise ir solo. Me acompañaron mi hermano Miguel y mi primo Sancho Dávila. Ellos no conocían a Queipo ni yo tampoco. Tuve que preguntar a un camarero que quién era, y entonces yo fuí a él, y mostrándole la carta le pregunté si era suya. Me contestó afirmativamente, devolviéndomela en actitud retadora, y yo le dí un golpe en la cara. El Sr. Queipo intentó, a pesar de ir yo desarmado, agredirme y trataba de pegarme con su bastón, mientras otros amigos suyos se repartían la labor, unos para pegarme con bastones y otros sujetándome por detrás. Acudieron mi primo y mi hermano, y ya no se pudieron contar las bofetadas. El Sr. Queipo se quedó rezagado y yo pude llegar hasta él y descargarle, frente a frente, mi puño, haciéndole rodar sin sentido* (...). *A mí* <Queipo de Llano> *no me ha exigido reparación alguna, como esperaba; pero, en cambio, pretende complicar a mi hermano Miguel y a mi primo Sancho Dávila, dentro de un procedimiento militar, aprovechando que ambos son oficiales de complemento en servicio* (372).

El 30 de marzo algunos ex-ministros de la Dictadura constituyen la Unión Monárquica Nacional, pero su acción a la defensiva no logrará contrarrestar el ataque en toda regla protagonizado, principalmente, por Miguel Maura, José Sánchez Guerra, Niceto Alcalá-Zamora y Angel Ossorio y Gallardo a lo largo de los meses de febrero a mayo de 1930.

La muerte de Primo de Rivera afecta notablemente al general Sanjurjo, ya muy dolido por el *borboneo* de su amigo el Dictador mes y medio antes. Sanjurjo tiene así un nuevo agravio que añadir a los que alimenta contra Don Alfonso XIII. *Quizá le alejaba algunas veces de Palacio* -escribe Esteban-Infantes- *el saber que se había hablado con poca prudencia en los salones regios de las cosas de Sanjurjo y de un acontecimiento familiar de su vida privada* (373).

3.3.4. NICETO ALCALÁ-ZAMORA PROPUGNA UNA REPÚBLICA *DE ORDEN*. EL NUNCIO FEDERICO TEDESCHINI ACUSA RECIBO.

El 13 de abril, tras las espectaculares deserciones de Miguel Maura y José Sánchez Guerra le toca el turno a Niceto Alcalá-Zamora, ex-ministro de la Corona, quien no sólo se declara republicano en un mítin pronunciado en Valencia sino que se ofrece para encauzar una República *de orden*.

Antes de dar este paso Alcalá-Zamora incita al ex-ministro de la Corona Miguel Villanueva que sea él quien encabece un movimiento en favor de una República de derechas. En el acto del discurso de Sánchez Guerra, explica Alcalá-Zamora, *la esperanza miraba a Villanueva y desde el palco inmediato al de éste mi familia y yo le alentábamos para su candidatura a la presidencia de la inminente República. El nos oía con la agradecida y desengañada sonrisa que invocaba sus setenta y ocho años* (374).

La renuncia de Villanueva a levantar la bandera que reclama Miguel Maura en su conferencia de San Sebastián decide a Alcalá-Zamora a ser su portaestandarte.

Comprendía la necesidad nacional, y aun conservadora, de buscar una solución ante el derrumbamiento, forzoso e irremediable por sus propias culpas, del vacilante trono, desaparecido el cual no podría ser el caos improvisado el único desenlace. Mis largas reflexiones habían ido examinando las cuatro soluciones posibles y fijando frente a cada una los puntos cardinales de mi actitud: la continuación del rey, la rechazaba; la abdicación dinástica, no la estorbaría, sin servirla, por la mostrada incapacidad sucesoria, agravación de las taras borbónicas y excluyente de un orden regular, principal ventaja del régimen monárquico; a la República, anárquica o epiléptica no iría nunca; sólo podría servir a la evolutiva, moderada, progresiva, pero de orden (375).

Alcalá-Zamora, ministro de Fomento de 1917 a 1918 y de la Guerra en 1923, en el penúltimo gobierno constitucional de Don Alfonso XIII, es una figura de gran prestigio en el foro y dentro de las filas, casi deshechas del todo, del antiguo partido Liberal. El 13 de abril pronuncia en Valencia un discurso cuyo anuncio, como el de Sánchez Guerra, levanta una gran expectación. *Antes de salir para pronunciarlo, sólo mi mujer, que por enfermedad no pudo ir con mis hijos a oirlo, conoció en mi casa mi plan y mi decisión final* (376).

Había vacilado mucho antes de decidirse -explica su amigo y confidente Miguel Maura-. *Nos veíamos casi a diario y no había yo logrado saber exactamente cuál sería su posición en el discurso anunciado. Resultaba curioso observar esa especie de pudor que los políticos sentían aquellos días para revelar sus interioridades mentales. Ninguno quería anticipar lo que ya tenía decidido en su mente, ni a quienes compartían los afanes de la diaria lucha. El espíritu de jurista de don Niceto le llevaba a formularse a sí mismo y en monodiálogo conmigo toda clase de reparos a la decisión clara y franca de incorporarse a la República. "Tales reparos (le decía yo) son de orden procesal, no de fondo. Déjelos a un lado y resuelva con vistas al fondo del problema político, que es el que importa."*

Cuando se marchó a Valencia, sabía yo que se declararía enemigo irreconciliable del rey, porque en ese extremo no ponía veladuras en sus expresiones, pero ignoraba hasta dónde llegaría en su afirmación republicana.

El discurso del 13 de abril fue, como todos los suyos, elocuente, con esa elocuencia que yo llamaba "de cadeneta", porque no parecía sino que tejía los períodos lanzándolos al aire por separado para recogerlos luego y unirlos en una cadena perfecta. Anunció su alejamiento definitivo de la Monarquía y expuso cómo debía de ser la República que él estaba dispuesto a servir, y cuál la que no contaría con él si se implantaba (377).

En Valencia Alcalá-Zamora afirma: *Una República viable, gubernamental, conservadora, con el desplazamiento consiguiente hacia ella de las fuerzas gubernamentales de la mesocracia y de la intelectualidad española, la sirvo, la gobierno, la propongo y la defiendo. Una República convulsiva epiléptica, llena de entusiasmo, de idealidad, mas falta de razón, no asumo la responsabilidad de un Kerenski para implantarla en mi patria* (378).

El general Mola no concede al acto protagonizado por Alcalá-Zamora -del que dice que *causó sensación en la opinión pública, aun cuando no sorpresa al Gobierno, que ya sabía el cambio operado en los ideales políticos del ilustre ex ministro-* la trascendencia que le otorgan otros: *El mitin del teatro Apolo no había sido más que un episodio de la propaganda antidinástica; un nuevo síntoma de la impopularidad de la Monarquía, desde luego sin la trascendencia del celebrado en Madrid en el que se "definió" don José Sánchez Guerra. La actitud del señor Alcalá-Zamora había producido entre los republicanos un efecto que me atrevo a calificar de antitético: de un lado, la alegría de contar con una figura más; de otro, el disgusto para el día de mañana de disponer de un puesto menos. En política impera siempre el egoísmo* (379).

La importancia innegable del paso dado por Alcalá-Zamora acrecentó, en progresión geométrica, el entusiasmo popular por la República -comenta por el contrario Miguel Maura-. *¡Un ex ministro del último Gobierno constitucional de la Monarquía, jefe de una de las fracciones liberales de la misma, pasaba de lleno a engrosar las filas de los republicanos, hasta entonces faltos de cabezas y figuras de suficiente prestigio para inspirar confianza a las clases medias, conservadoras por tradición y por instinto! Fue, en verdad, un paso decisivo en el camino del cambio de régimen, porque nos permitió, a los que ya estábamos en marcha, aunar en torno suyo nuestros desperdigados esfuerzos* (380).

A diferencia del general Mola, quien sí toma buena nota de la trascendencia del paso dado por Alcalá-Zamora es el Nuncio en España de Su Santidad. *La deserción de Alcalá Zamora* -escribe Ricardo de la Cierva- *hirió de nuevo gravemente al Rey y llamó la atención de la Iglesia, representada en España por el nuncio monseñor Federico Tedeschini, que no tardó en ponerse en contacto con el orador e incluso conspirar con él y con sus compañeros del que pronto sería Comité Revolucionario* (381).

3.3.5. ANGEL OSSORIO Y GALLARDO PIDE LA ABDICACIÓN DE DON ALFONSO XIII.

Como ya he mencionado, el 4 de mayo, en el Ateneo Mercantil de Zaragoza, Angel Ossorio y Gallardo, ex-ministro de la Corona en un gabinete presidido por Antonio Maura, y principal impulsor, en su día, del llamado *maurismo callejero*, pide la abdicación del rey:

Viendo que los meses pasaban, que no se hacían elecciones y que no se adoptaba ninguna determinación trascendental, el 4 de mayo de 1930 pronuncié una conferencia en aquella institución zaragozana y allí, después de hacer una severísima crítica de la actuación gubernamental de la dictadura, propuse una solución. Declaré mi incompatibilidad con el Rey "porque hablamos lenguajes distintos". "Si yo creo en esa incompatibilidad -añadí- y no soy partidario de la República por convencimientos doctrinales y por reputarla, cuando menos, prematura, ¿qué solución se habrá creado en mi espíritu? No es ninguna agresiva, no es ninguna desconsiderada. Es legal, la admite la Constitución de la Monarquía: la abdicación".

El escándalo que se produjo en aquel momento fue inenarrable. El delegado de la autoridad suspendió la reunión. El público se dispuso a salir en manifestación a la calle. Personas prudentes advirtieron el tremendo peligro que aquello traería en la tarde de un día festivo y en el centro de la capital. Convencido el delegado de la autoridad, reanudamos la sesión y me fue posible reiterar mi solicitud y darla más amplio razonamiento (382).

Para cuantos conocían la triste realidad familiar de la dinastía -comenta Miguel Maura-, *la abdicación de Don Alfonso significaba el desahucio de la Institución, porque nadie concebía la posibilidad de una regencia de la reina Victoria Eugenia, durante la menor edad del infante Don Juan entonces un adolescente, único vástago de la dinastía en condiciones de llegar a reinar* (383). Ello no es exacto, puesto que, como antes he recordado, Don Juan de Borbón y Battenberg, que en esas fechas cuenta 17 años -uno más de los que tenía su padre Don Alfonso XIII al acceder al trono en 1902-, hubiera podido ser proclamado Rey sin necesidad de Regencia ninguna, aun cuando no le hubiesen preparado en absoluto para ello. Miguel Maura anota que, tras la petición de que Don Alfonso XIII abdique *muchos antiguos mauristas, aún vacilantes e indecisos, tras ella pasaron, más prácticos y más lógicos, al campo republicano* (384).

Francisco Bergamín, otro ex-ministro de la Corona, ilustre figura del foro, se pronuncia en términos violentos contra la Monarquía en el discurso que pronuncia en el Ateneo de San Sebastián; Rafael Sánchez-Guerra, hijo de don José, se adhiere a la causa republicana, en la línea de Alcalá-Zamora (385).

Para el trotskysta G. Munis los *viejos políticos monárquicos* que prestan su apoyo a la causa republicana, que simboliza emblemáticamente en las figuras de Alcalá-Zamora y Miguel Maura, son los *representantes de esa casta híbrida de políticos, típicamente española, de caciques mitad burgueses, mitad señores feudales, señoritos bestias y devotos creyentes a la vez.* Para este autor *las torpezas de la monarquía y la amenaza revolucionaria les forzaron a endosar el hábito republicano. Metidos en él, y seguros como estaban de encontrar las complicidades necesarias en los dirigentes socialistas, trataban sobre todo de salvar de la revolución la sociedad existente, pero sin cambiar nada esencial* (386). Esta crítica, exabruptos aparte, no parece aportar nada nuevo a lo que tanto Alcalá-Zamora como Miguel Maura declaran paladinamente una y otra vez: su propósito es, en una República burguesa, salvar los intereses y los valores de la derecha tradicional.

En aquella época -se lamenta Juan de la Cierva- *tuve el hondo sentimiento de que mi entrañable amigo Azorín se declarase también republicano* (387). *Durante los últimos tiempos de la Monarquía, en alguna mañana de audiencia en Palacio* -comenta *El Caballero Audaz-, era tan escaso el número de visitantes que don Alfonso le dijo a uno de sus amigos, con amarga ironía:*

-Ya ves: me dejan solo. ¡Cómo se conoce que estoy pasado de moda!... (388).

Don Alfonso XIII constata que el barco se hunde, pero tal vez no se pregunta por las causas del naufragio. No es un problema de que esté o no de moda; el Rey está desahuciado.

En 1907 Benito Pérez Galdós escribe una carta al director de *El Liberal*, de Madrid, en la que se lamenta: *Es ya una vergüenza no ser europeos más que por la Geografía, por la ópera italiana y por el uso desenfrenado de los automóviles.* Y explica sus impresiones tras dejar atrás el campo monárquico para abrazar la causa de la República: *Al abandonar, ávido de aire y luz, el ahogado castillo, veo en toda la extensión del campo circundante las tiendas republicanas. Entro en ellas; soy recibido por sus moradores con simpatía, como un combatiente más, y al mostrarles mi gratitud por su fraternal acogimiento, les digo: "Sitiadores, agrandad vuestras tiendas, que tras de mí han de venir muchos más. Muchos vendrán conforme se vayan recobrando de la pereza y timidez que entumecen los ánimos. Las deserciones del campo monárquico no tendrán fin: los desaciertos de la oligarquía serán acicate contra la timidez; sus provocaciones, latigazos contra la pereza. Vuestra legión, ya muy crecida, será tan grande, que para rendir el castillo no necesitará emplear las armas. Triunfará con un arma más fuerte que la fuerza misma, con la lógica formidable, que siempre, en la debida sazón, engendra los hechos históricos"* (389).

Casi veinticinco años después, las palabras de Pérez Galdós *-las deserciones del campo monárquico no tendrán fin-* parecen cumplirse de la manera más cabal.

3.3.6. NACE LA DERECHA LIBERAL REPUBLICANA.

Después del mítin del teatro Apolo, en Valencia, Niceto Alcalá-Zamora prodiga su presencia en numerosas capitales. *A pesar de la pausa que impuso el ya próximo verano, siguieron a aquel discurso otros cuantas veces el gobierno volvió a permitir la propaganda* -recuerda en sus Memorias-. *Los pronuncié en sitios muy distintos: en la Academia de Jurisprudencia y en el Ateneo de Madrid; en el de San Sebastián y en la sociedad "El Sitio", de Bilbao; en Málaga, en Tenerife, en Sevilla en un gran mitin improvisado a mi regreso de Canarias; y en el imponente acto de septiembre en la plaza de toros madrileña, donde ya la coalición republicana apareció cuajada e invencible* (390).

A partir de su ingreso en el campo republicano Alcalá-Zamora recibe numerosas adhesiones, y la incitación a constituir un nuevo partido que encauce los anhelos que sus planteamientos suscitan. *Con todos los defectos dinásticos y los de su régimen mediocre y falseado, la monarquía se sostuvo mientras servía, en un país de extremismos fanáticos, la necesidad de centro transigente de cimentación. Desviada y perdida por su culpa la institución monárquica, esa estabilidad sólo podía hallarse en la transacción que yo trazara, que el país aceptó (...). Ese estado de conciencia, que se sintió interpretado y a la vez tranquilizado, significaba la adhesión difusa pero decisiva a mi discurso y a mi actitud. Con mucha menos extensión e importancia empezó a reflejarse en adhesiones concretas de todas partes de España, que se ofrecían y me invitaban para la formación de un partido con aquella bandera ya desplegada. Iba ordenando sin apresuramiento esas adhesiones para una agrupación que se organizara al pasar los días poco propicios del riguroso verano.* Miguel Maura, una vez más, se dispone a forzar los hechos. *No se aguardó, sin embargo, a ello, porque, siempre impaciente, Miguel Maura me requirió y apremió para que en julio mismo convocase, como lo hice en mi casa, la reunión en que se acordó constituir el partido de la Derecha Liberal Republicana (...). Fue muy fácil ponernos de acuerdo sobre un programa previamente formulado. Se discutieron detalles de forma, en todos los cuales procuré complacer a Miguel* <Maura>, *con más desacuerdo, pero sin resistencia de mi parte, ante el empeño que él ponía en el nombre del nuevo partido. Prefería yo el de progresista (...) y alegaba para ello que exigiendo la consolidación de la República adhesiones de fuerzas más a nuestra derecha y por nosotros no asimilables, debíamos dejarles tal campo libre, sin acotarlo ni apropiárnoslo.* Pero Miguel Maura se impone y las fuerzas agrupadas en torno a Alcalá-Zamora y a Miguel Maura reciben finalmente la denominación de Derecha Liberal Reublicana. *Era fácil de percibir, y lo fue para mí de aceptar* -escribe Alcalá-Zamora a propósito de Miguel Maura-, *que su tenaz empeño buscaba reflejar la existencia de dos fuerzas coincidentes, siendo la sustantiva la derecha, que él creía interpretar, y el adjetivo liberal una concesión honorífica hecha a mi presencia* (391).

Desde ciertos grupúsculos de la izquierda, la agrupación de estos sectores es severamente criticada. *Entre el oportunismo político de los socialistas y los prejuicios apolíticos de los anarquistas* -escribe Munis-, *los republicanos burgueses aparecieron con una fuerza y una representación que estaban muy lejos de tener* (392).

En el campo contrario al de Munis, un hombre de derechas como *El Caballero Audaz*, afirma: *En este país clásico de picardía política, donde la habilidad, la travesura y la gracia para la zancadilla se cotizaron como dotes de estadista, Alcalá Zamora tuvo el mérito excepcional de convertir en arma política, en vez de un vicio, una virtud; la honradez. Y en programa, en vez de un espejismo, un valor humano: la lealtad.*
Y el pueblo, que estaba harto de habilidosos compadres, de truquistas traviesos y de tránsfugas venales, acogió el gesto viril de este hombre con todo su corazón.
En el país de los cucos y de los ambiciosos mezquinos y de los reptadores logreros, el pueblo dijo: "¡He aquí a un hombre honrado!" (393).

La defección de los monárquicos se inicia en el mes de febrero con el pase de Miguel Maura al campo republicano, y prosigue con las acusaciones y la descalificación que de Don Alfonso XIII hace José Sánchez Guerra, con la declaración de republicanismo de Niceto Alcalá-Zamora y con la petición de la abdicación real que formula Angel Ossorio y Gallardo en el mes de mayo.

Ahora, con las fuerzas que lideran como jefes de fila Niceto Alcalá-Zamora y Miguel Maura, sea cual sea su auténtica importancia en número, la causa republicana ofrece, desde la derecha, la garantía de que un cambio de régimen no supone, necesariamente, un cambio revolucionario. La defección de los monárquicos, motivada por el perjurio de Don Alfonso XIII, es el primero de los factores que permiten el derrocamiento de la Monarquía.

3.4. LA COLABORACIÓN SOCIALISTA.

3.4.1. LA MANO TENDIDA DE INDALECIO PRIETO EN EL ATENEO DE MADRID.

Pero quienes van a inclinar la balanza con peso específico son los socialistas, y a su cabeza Indalecio Prieto.

El 25 de abril, en el *Ateneo Científico y Literario*, Indalecio Prieto pronuncia *un formidable discurso revolucionario*, al decir de Miguel Maura. *Hasta aquel preciso momento, nosotros habíamos definido nuestras actitudes y posiciones en el campo político, con miras evolutivas sobre el supuesto de un desahucio pacífico de la Monarquía y de la persona del rey, culpable de perjurio. Prieto irrumpe en el terreno de la lucha con armas mucho más devastadoras. Para él, al enemigo al que hay que abatir es el general Berenguer, quien es, según afirma, el "hombre de Annual" y el responsable, con el rey, de los sangrientos desastres de España en el Rif. No sólo hay que acabar con ellos -afirma-, sino que además hay que exigir y ejecutar a los responsables de esa serie de catástrofes, y para ello no existe otro camino que la revolución y la República* (394).

Prieto recuerda en su parlamento las responsabilidades de Don Alfonso XIII en el advenimiento de la Dictadura: *El 13 de septiembre de 1923 comenzó una conculcación descarada de la ciudadanía; se abolieron todos los derechos individuales que forman la personalidad del ciudadano, y quien, simplemente por ley de herencia, tenía atribuída una parte de la soberanía, decidió prescindir definitivamente del Parlamento para que sus tendencias absolutistas, en plena libertad, no tuvieran freno.* Tras un repaso prolijo a diversos aspectos de la política económica de los últimos años, Prieto entra en el fondo de la cuestión: *Es una hora de definiciones. La mía, os lo decía al comienzo de esta deshilvanada oración, no ofrece novedad. Vengo a requerir públicamente desde aquí a que se definan quienes no se hayan definido, y a que lo hagan con absoluta claridad. Que no están los tiempos para equívocos, palabras confusas y matices desvaídos. Nos hallamos en el momento político más crítico que ha podido vivir, en cuanto respecta a España, la presente generación.*

Yo creo que es preciso desatar, cortar un nudo; este nudo es la monarquía. Para cortarlo vengo predicando la necesidad del agrupamiento de todos aquellos elementos que podamos coincidir en el afán concreto y circunstancial de acabar con el régimen monárquico y terminar con esta dinastía en España. Pero el agrupamiento no debe originar confusiones. Estos agrupamientos, a mi juicio -hablo sin más representación que exclusivamente la mía personal-, no deben dar lugar a confusiones, como dije en cortas palabras en Irún en el homenaje a don Miguel de Unamuno. Hay que estar o con el Rey o contra el Rey. El Rey debe ser el mojón que nos separe. Por vistosas clámides liberales que vistan quienes le quieren servir, por muy democrático que sea el acento en la palabra de quienes deseen seguir con el Rey, ésos no pueden estar con nosotros. El Rey es el mojón separador entre los partidarios del régimen, cualesquiera que sean sus apellidos y su significación, y quienes somos sus adversarios. El Rey es el hito, el Rey es la linde: con él o contra él, a un lado o a otro. Y al ir contra él, ¿por qué desdeñar el auxilio de fuerzas situadas en la misma dirección nuestra. Observad este fenómeno. No ha aumentado la capacidad radical en España. Se equivocan quienes lo presumen. No ha habido sino un desgajamiento de elementos defensivos de la Corona, un apartamiento de elementos sociales que eran adictos al monarca y que ante el ejemplo de la deslealtad constitucional le abandonan, pero a los cuales elementos nosotros no podemos infiltrar, por arte de magia, un radicalismo que está en contradicción con la esencia de los postulados políticos de toda su vida.

Yo no trato de batir ningún récord de radicalismo con nadie. Adonde llegue en su apetencia ideal quien más allá vaya, voy yo también. Pero la política es arte de realidades y en apreciar de una manera exacta la realidad española, está el éxito del esfuerzo, está el secreto de que este sentimiento antimonárquico, difuso, sin fuertes cuadros de organización, tenga en su ímpetu un cauce fertilizador, evitando que nos despedacemos todos en pugnas de radicalismo y en controversias de principios que esterilicen nuestro esfuerzo.

Vamos a derribar la monarquía. Vamos a abrir el palenque a la ciudadanía española, que nunca se sintió verdaderamente liberta y que últi-

mamente llegó al grado de mayor oprobio; y cuando hayamos derribado el régimen monárquico, cuando hayamos instaurado una República, que cada cual, dentro del ruedo amplísimo de la democracia, propugne por el triunfo de sus ideales con todo el ímpetu que quiera; porque en el agrupamiento de fuerzas para derribar el régimen y acabar con la dinastía de los Borbones a nadie se pide la abdicación de sus ideales.

A la monarquía española, a la dinastía española, ya no le quedan en el campo político más que sombras. Eso que veis erguirse como fuerzas políticas en su defensa no lo son. Es simplemente la expresión de intereses materiales, que forzosamente, por ley fatal, han de estar adscritos de manera incondicional al régimen que impere en un país. Se le van sus hombres a la monarquía. Yo creo que se le van sus mejores hombres, porque el crisol de los hombres políticos de España han sido estos seis años largos del primer período dictatorial (395).

Miguel Maura finaliza así su comentario al discurso de Prieto: *Es la brusca irrupción de la calle en la arena política. Ya he dicho que el partido socialista había logrado, durante la Dictadura y merced a la habilidad de Largo Caballero, colocarse en primer plano en el campo político por su fuerza numérica y la perfección de sus organizaciones. Los dos jefes más autorizados del socialismo, después de la muerte de Pablo Iglesias, eran Francisco Largo Caballero y Julián Besteiro, ambos moderados en aquel entonces, y partidarios del procedimiento evolutivo para dar salida al régimen monárquico, ya cadáver.*

Prieto, enarbolando la bandera de la revolución y de la violencia, ponía al socialismo en trance de crisis honda, pues era indudable que las masas se sentirían atraídas irresistiblemente por la postura del famoso líder (396).

La colaboración socialista a la causa republicana, en efecto, se decide apoyada no sólo por Prieto sino también por Fernando de los Ríos, y, a última hora, por Francisco Largo Caballero, contra el parecer de Julián Besteiro. En una reunión de la Comisión Ejecutiva de la Unión General de Trabajadores (UGT) se informa de la visita de *una Comisión de republicanos para invitar al Partido y a la Unión a adherirse al Comité Revolucionario que estaba trabajando para instaurar el régimen republicano*, y que *la impresión causada había sido favorable porque se trataba de algo serio. "Siendo así* -manifiesta Largo Caballero- *ha llegado el momento de poner en acción el primer punto del Programa del Partido, y ayudar al movimiento moral y materialmente"* (397). Este acuerdo de los socialistas, después de la defección de los monárquicos, es el segundo factor que de manera decisiva contribuye al derrocamiento de la Institución.

3.4.2. MIGUEL DE UNAMUNO PRESIDE LA MANIFESTACIÓN DEL 1 DE MAYO EN LA CAPITAL DE ESPAÑA.

Las fuerzas antidinásticas solicitan de Miguel de Unamuno que presida la manifestación del primero de mayo. *La calle, hasta este momento, no había exteriorizado en forma violenta su actitud* -escribe Miguel Maura-. *Algunas ligeras algaradas con pretextos fútiles pero sin importancia real. Mas el 1º de mayo, Fiesta Nacional del Trabajo, cambió súbitamente el tono de la misma.*

Se hizo venir desde Salamanca a don Miguel de Unamuno para que presidiese la tradicional manifestación, en desagravio popular por el tratamiento injusto que le había infligido la Dictadura, deportándole a Fuerteventura y privándole de su cátedra y de la Rectoría de la Universidad de Salamanca. Debía presidir la manifestación de dicho día y, además, dar una conferencia en el Ateneo y otra en el cine Europa.

Se le hizo un recibimiento apoteósico ya en la Estación del Norte, que se prolongó hasta el hotel donde se hospedaba, sito en la Gran Vía.

Se celebraron, con éxito indescriptible, los tres actos anunciados, en los que se mostró, sin subterfugios, incisivo a su manera.

-Hay la fuerza de la espada; pero también existe la fuerza de la pluma. Yo tenía la conciencia de que mi pluma vale por muchas espadas -dijo en el Ateneo, el día 5.

-Cuando alguien me decía en París que no creía que España estaba preparada para la República, yo contestaba: ¿pero es que acaso está preparada para la Monarquía? -dijo en el cine Europa, el día 6.

No hay para qué repetir que los tres actos fueron movidísimos. En tal fecha comenzó la agitación estudiantil en las universidades de España, agitación que, por desgracia, ocasionó, en Madrid al menos, víctimas entre los estudiantes y en la fuerza pública, y que obligó al Gobierno a cerrar las Universidades de Madrid, Sevilla, Valladolid, Granada, Valencia, Santiago y Murcia (398).

Unamuno es "invitado" a regresar a Salamanca. Así explica el general Mola, Director general de Seguridad, el cumplimiento del trámite: *Para la delicada misión de darle conocimiento de la resolución del Gobierno, designé a un comisario, modelo de corrección, que a las ocho en punto de la mañana del día 7 le visitó. El señor Unamuno aceptó sin protesta la orden, y rápidamente preparó su pequeño equipaje; al pasar por la Administración del hotel pidió la factura, mas cuando le iba a ser entregada, cambió de parecer, y dijo: "¿Por qué voy a ser yo el que pague mi estancia en Madrid, si después de todo, he venido invitado? Que la paguen los que me han traído"... Y sin más explicaciones torció la boina con que cubría su cabeza, colgó la cayada del brazo y subió en el automóvil que la Dirección de Seguridad había puesto a su disposición para mayor comodidad. Una pequeña avería del motor retrasó el viaje y le decidió a parar en Peñaranda para almorzar, lo que hizo con buen apetito. Cuando terminó, dijo a los agentes que le acompañaban: "Esto de ser perseguido político, no deja de tener sus ventajas, como por ejemplo, la de no pagar". Y se salió de la fonda, dejando a los policías que abonasen su comida. Yo he admirado siempre más que la sabiduría del señor Unamuno, su franqueza y humorismo* (399).

3.5. LA ALTERNATIVA VÁLIDA (El *Pacto de San Sebastián*, 17 de agosto de 1930).

3.5.1. LA *COLCHONETA* PARA EL CAMBIO. FORMACIÓN DEL GOBIERNO PROVISIONAL.

Después del discurso de Niceto Alcalá-Zamora en Valencia, el ex-ministro de la Corona y Miguel Maura, como queda relatado, inician los trabajos para *poner orden en el caos de grupos y grupitos en que la oposición se debatía (...) Los elementos revolucionarios o de acción estaban, en su inmensa mayoría, en manos de Indalecio Prieto, lo mismo los militares que los civiles, y, preferentemente, los obreros, aunque entre éstos ya empezaba a pesar en las provincias -singularmente en Barcelona- la Confederación Nacional del Trabajo (C.N.T.) enemiga declarada de la Unión General de Trabajadores (U.G.T.) y del Partido Socialista* -escribe Miguel Maura-. *Los partidos republicanos, escindidos recientemente por la separación de la Alianza Republicana de los elementos que seguían a Marcelino Domingo y Alvaro de Albornoz, actuaban poco en el camino revolucionario, pero sí en propaganda oral por provincias, aunque siempre en forma desordenada y sin rumbo preciso en cuanto a las metas de desenlace nacional del caos "reinante"* (400).

Miguel Maura se traslada a Lecumberri, donde veranea Niceto Alcalá-Zamora, y le insta para que *con apremio* -según relata éste- *presidiese una reunión de partidos republicanos, a cuyos representantes decía haber encontrado propicios. Convinimos que se convocaría aquella para San Sebastián, pero que debía prepararse en Madrid. Allí regresamos, y en una soñolienta tarde madrileña de agosto pasó inadvertida la reunión preparatoria celebrada en el Ateneo. Fue reducidísima: de la penuria de los partidos republicanos, resucitados a esplendorosa vida meses más tarde, dará idea el hecho de que por no tener ni organización, ni representante, ni recurso para enviarlo no pudo estar directamente representado en San Sebastián aquel histórico partido federal que, bajo la influencia de Pi y Margall había puesto su sello a las Cortes de 1873 y a la Constitución que quisieron elaborar* (401).

Repartidas las invitaciones, Niceto Alcalá-Zamora explica: *Sabíamos de antemano que sin mandato de los socialistas iría Prieto a la reunión definitiva a título personal. como había asistido a la preparatoria. Nos preocupaba mucho asegurar la concurrencia de los partidos regionales catalanes y como emisarios, para ellos sentimentalmente más gratos, se eligieron relaciones familiares o de amistades íntimas salmeronianas. Al atribuir tanta importancia a la representación genuinamente catalana no nos hacíamos exageradas ilusiones sobre la eficacia de su concurso, previsto como escaso, regateado e inseguro. Por otra parte, mi sentimiento espontáneo no necesitaba que una elemental visión de gobernante le advirtiese los peligros que para una revolución supone la tibieza del significado nacional, que históricamente y aun lógicamente asienta sobre el patriotismo servido el éxito revolucionario (...) ¿Qué era lo que nos hacía desear tanto la llegada a San Sebastián de los representantes de partidos regionales catalanes? Sencillamente que el interés de la nación exigía que (...) a la hora de la lucha y del triunfo vibrara acorde el alma popular en toda España. Era que a su vez la instauración y el mantenimiento del Estado republicano imponía la supresión inicial, de raíz, de las explosiones cantonales que habían volado la primera República. Y tales exigencias de patria y de gobierno veíanse muy amenazadas por la torpe y desastrosa política que en Cataluña había seguido la Dictadura, envenenando hasta agravaciones muy peligrosas el problema regional. Para enconarlo más acudió a persecuciones que herían torpemente el sentimiento, después de haber alentado esperanzas de éste en 1923 en busca de ambiente para surgir, de apoyo para triunfar y de seguro para huir si hubiera sido vencido. No había que leer más que aquel manifiesto de Primo de Rivera, documento del cual dije que olía a cera, más que a pólvora, para comprender la incubación del movimiento dictatorial en connivencia con ambientes derechistas patronales, pero catalanistas. El equívoco de esperanzas alentadas subsistió hasta la vuelta del dictador y del rey del viaje de Italia para asegurarse una acogida grata en Barcelona. Al momento, con deslealtad imperdonable, sucedieron a las promesas los rigores; aparecían éstos así más aborrecibles y la suerte para España fue la generalización de la violencia, que estableció entre todas las regiones la compenetración del sentimiento común y permitió manifestaciones de solidaridad total, como la de los intelectuales reunidos en Cataluña* (402).

Miguel Maura hace una reseña detallada del acto en que se formaliza el Pacto, y de sus incidencias: *Asistieron a la reunión, empezada a las 3 de la tarde del 17 de agosto, las siguientes personas: Alejandro Lerroux, por la Alianza Republicana; Marcelino Domingo, Alvaro de Albornoz y Angel Galarza por el Partido Radical Socialista; Manuel Azaña por la Izquierda Republicana* (403); *Santiago Casares, por la Federación Republicana Gallega; Carrasco Formiguera, por Acció Catalana; Matías Mallol, por Acción Republicana de Cataluña; Jaime Ayguadé, por Estat Catalá; Alcalá Zamora y yo por la Derecha Liberal Republicana; Indalecio Prieto y Fernando de los Ríos, por su propia cuenta, ya que el partido socialista, al que pertenecían, no había querido dar su conformidad hasta saber el resultado de la reunión. Asistieron, además, en concepto de invitados, Felipe Sánchez Román y Eduardo Ortega y Gasset. Gregorio Marañón, ausente de España, no pudo asistir, pero envió un telegrama de previa adhesión a los acuerdos que se adoptasen. Presidía la reunión, que se celebró en el Círculo Republicano de San Sebastián, el señor Sasiaín, su presidente.*

Apenas abierta la sesión, Carrasco Formiguera planteó sin disimulo el pleito catalán en la siguiente forma:

-A nosotros, los catalanes, no nos interesa esta reunión si, previamente, no se conviene en que el advenimiento de la República entraña la más absoluta autonomía para Cataluña. A partir del nacimiento del nuevo régimen, Cataluña recaba su derecho a la autodeterminación y se dará a sí misma el régimen que le convenga.

A este desatino, sucedió un silencio general y penoso.

Según mi pésima costumbre, en casos tales, mi temperamento me llevó a tomar la palabra y, con vehemencia quizá excesiva, arremetí contra los tres catalanes, queriendo demostrarles algo que estoy seguro que tenían bien sabido: que por tal camino se iba derecho a la guerra civil, que era lo contrario de la República que buscábamos.

Se generalizó la discusión. Intervinieron muchos, pero destacadamente Prieto, que en su patria chica tenía entonces como enemigos irreconciliables a los nacionalistas vascos, y veía que para ellos los acuerdos con los catalanes tendrían fuerza de ley.

Lo que sostuvimos los no catalanes, y lo que en definitiva prevaleció, con el voto unánime, es decir, incluso los de los catalanes, *fue que la República no podía contraer más compromiso previo con Cataluña que el de llevar al Parlamento Constituyente un Estatuto de Autonomía, siempre y cuando el pueblo catalán, consultado mediante elecciones libres, declarase que deseaba esa autonomía. Quedó, pues, bien entendido y remachado que hasta ese preciso instante, Cataluña no gozaría de ningún privilegio en relación con las demás provincias y regiones españolas.*

Se pasó luego al examen del plan político. Se trató de la preparación del movimiento revolucionario, en el que pocos, muy pocos, tenían fe, pero que se consideraba indispensable como arma de desgaste y señal de alarma para los gobernantes. A continuación se nombró el Comité ejecutivo, que llevaría la dirección de la política republicana y la del movimiento, si éste llegaba a ser necesario. Figurábamos en dicho Comité Alcalá Zamora, que lo presidía, Prieto, Azaña, Fernando de los Ríos, Domingo, Albornoz y yo.

No hubo más ni hubo menos en aquella famosa sesión, y con lo que hubo bastó para que pudiera nacer el Gobierno Provisional, para que se diera a la República la tónica que inspiró sus primeros -y más peligrosos- meses de vida; para que prevaleciera más tarde, en el seno de los partidos y de las organizaciones obreras, merced a la actitud de sus dirigentes, el deseo de apartarse de toda violencia llegada la hora de la victoria (404).

La colaboración socialista con los republicanos es duramente criticada desde ciertos sectores de la izquierda: *Quienes verdaderamente poseían la representación de las masas eran los socialistas y los anarquistas* -escribe Munis-. *Ellos hubieran podido limitar el convenio con los republicanos a un pacto de unidad de acción, sin sometérseles políticamente. Pero los socialistas no querían provocar nada que se pareciese a un movimiento de carácter proletario. Veían en la República un traslado a España del sistema de la tercera república francesa, en la que ellos desarrollarían sus organizaciones sin desbordar el capitalismo, y se comportarían, ya como colaboradores, ya como opositores parlamentarios. De ahí que su táctica fuese diametralmente inversa a la revolucionaria. En lugar de hacer valer la importancia y la fuerza de las masas frente al republicanismo burgués, la minimizaron cuanto pudieron inculcando ilusiones en la República; en lugar de disponerse a dirigir la acción independiente de las masas en pro de su revolución, se dispusieron a encerrarla dentro del círculo de intereses capitalistas* (405).

Finalizada la reunión, Indalecio Prieto se encarga de redactar la nota que se hace llegar a la prensa:

En el domicilio social de Unión Republicana, y bajo la presidencia de don Fernando Sasiaín, se reunieron esta tarde: don Alejandro Lerroux y don Manuel Azaña, por la Alianza Republicana; don Marcelino Domingo, don Alvaro de Albornoz y don Angel Galarza, por el Partido Republicano Radical-Socialista; don Niceto Alcalá-Zamora y don Miguel Maura, por la Derecha Liberal Republicana; don Manuel Carrasco Formiguera, por la Acción Catalana; don Matías Mallol Bosch, por la Acción Republicana de Cataluña; don Jaime Ayguadé, por el "Estat Catalá"; y don Santiago Casares Quiroga, por la Federación Republicana Gallega, entidades que, juntamente con el Partido Federal Español -el cual, en espera de acuerdos de su próximo Congreso, no puede enviar ninguna delegación-, integran la totalidad de los elementos republicanos del país.

A esta reunión asistieron también, invitados con carácter personal, don Felipe Sánchez Román, don Eduardo Ortega y Gasset y don Indalecio Prieto, no habiendo podido concurrir don Gregorio Marañón, ausente en Francia, y de quien se leyó una entusiasta carta de adhesión, en respuesta a la indicación que con el mismo carácter se le hizo.

Examinada la actual situación política, todos los representantes concurrentes llegaron, en la exposición de sus peculiares puntos de vista, a una perfecta coincidencia, la cual quedó inequívocamente confirmada en la unanimidad con que se tomaron las diversas resoluciones adoptadas.

La misma absoluta unanimidad hubo al apreciar la conveniencia de gestionar rápidamente y con ahinco la adhesión de las demás organizaciones políticas y obreras que en el acto previo de hoy no estuvieron representadas para la finalidad concreta de sumar su poderoso auxilio a la acción que, sin desmayo, pretenden emprender conjuntamente las fuerzas adversas al actual régimen político (406).

El general Mola es informado puntualmente del Pacto. *El día 20 recibí una información en la que se decía que en San Sebastián habían coincidido significadas personalidades del partido republicano y algunos destacados elementos catalanes, invitados previamente por aquellas. En la información se aseguraba también que unos y otros habían celebrado una conferencia, adoptando como consecuencia de ella un programa sobre la forma que en lo sucesivo debía desenvolverse la propaganda, sin que de momento se pudieran concretar detalles por la reserva que guardaban los asistentes al acto. En esa forma y con tan escasos pormenores recibí la primera noticia del que fue llamado después "Pacto de San Sebastián"* (407).

Sorprende que persona tan bien informada a lo largo de su paso por la Dirección general de Seguridad tenga de este acontecimiento datos tan escasos. Y, sobre todo, que no capte la trascendencia del mismo. *Dos días más tarde* -escribe Mola- *llegó a mi poder otro informe en el cual se daban algunos detalles de la conferencia, obtenidos por mediación de persona bien enterada. La reunión se había celebrado en el Casino republicano y a ella concurrieron, entre otros, los señores Alcalá Zamora, Lerroux, Azaña, Sánchez Román, Sasiaín, Ortega y Gasset (don Eduardo), Carrasco Formiguera y Aiguadé; estos últimos eran los "destacados elementos catalanes". En esa reunión quedó acordado emprender una activa campaña para derribar la Monarquía, aprovechando el malestar que se dejaba sentir en todos los órdenes de la vida nacional, aceptando todas las colaboraciones revolucionarias, fueran o no republicanas. Los catalanes -que iban muy bien aleccionados- sólo accedieron a prestar su concurso sobre la base de que, si llegaba a implantarse la República, ésta habría de reconocer a Cataluña su personalidad y dar satisfacción completa a sus aspiraciones, que no concretaron, lo que dio origen a bastantes reparos del señor Lerroux, conocedor mejor que nadie de la forma de proceder de los elementos extremistas catalanes. "Según me dicen -terminaba el informador-, todo ha quedado prendido con alfileres, no obstante lo cual ellos se las prometen muy felices".* Mola informa de todo ello al ministro de Gobernación y al presidente del Consejo, pero *a decir verdad* -confiesa-, *en aquella ocasión ni ellos ni yo concedimos gran importancia a los acuerdos* (408).

El *Pacto de San Sebastián*, sin embargo, después de la defección monárquica y la colaboración de los socialistas a la causa republicana, es el tercero de los factores decisivos que permiten derribar la Monarquía. Frente al país quienes propugnan un cambio de régimen pueden ofrecer ahora una alternativa válida: la de un conjunto de fuerzas coaligadas, incluídos determinados partidos catalanes, que garantizan que con la caída de la Monarquía no ha de producirse ningún salto en el vacío.

Mucho después escribe Miguel Maura: *Han transcurrido muchos años desde entonces. Aún hoy, ese famoso Pacto constituye una especie de pesadilla y acarrea las maldiciones de una parte de las derechas españolas. Le atribuyen, sin saber por qué (puesto que estoy seguro que ignoran la verdad de lo que allí aconteció), nada menos que la responsabilidad exclusiva de la caída de la Monarquía (...). Quienes actuábamos en la vida política con la mira puesta en el porvenir de España y palpábamos las reacciones, no siempre pacíficas y caritativas, que la visión del próximo porvenir suscitaba en ciertas masas populares, vivíamos bajo la obsesión de llegar cuanto antes a encuadrar las fuerzas políticas y sindicales dentro de un programa previamente madurado, y además designar a los hombres que habrían de asumir, llegado que fuese el momento, la función de gobernar. De la tónica de aquel programa y de la calidad de estos hombres dependería, íntegramente, la suerte del país. Se trataba, en una palabra, de preparar la colchoneta en la que había de caer fatalmente el cuerpo nacional cuando llegase la hora del cambio de régimen* (409).

Al día siguiente del Pacto, *sin perder un momento*, según palabras del propio Miguel Maura, sus firmantes dan comienzo a los preparativos revolucionarios (410).

De las deliberaciones del Comité Revolucionario, primero en el domicilio particular de Miguel Maura, y después en el Ateneo, sale la formación del Gobierno Provisional. Lo preside Niceto Alcalá-Zamora, y lo integran Alejandro Lerroux (Estado), Fernando de los Ríos (Justicia), Manuel Azaña (Guerra), Santiago Casares Quiroga (Marina), Indalecio Prieto (Hacienda), Miguel Maura (Gobernación), Marcelino Domingo (Instrucción Pública), Alvaro de Albornoz (Fomento), Francisco Largo Caballero (Trabajo) y Luis Nicolau d'Olwer (Economía). Su elaboración presenta algunas dificultades, pues todos coinciden, menos el interesado, claro está, en que Lerroux, dada la tradicional venalidad que se atribuye al partido Radical, debe ser *aparcado* en algún ministerio que no sea propicio -como Gobernación o Justicia- al tráfico de influencias. Recluído al fin en Estado, Lerroux reclama para su partido una mayor representación en el Gobierno Provisional, y se crea el ministerio de Comunicaciones, que se adjudica a un protegido suyo, Diego Martínez Barrio (411).

El Comité Revolucionario, con la formación del Gobierno Provisional, convertido en interlocutor válido a todos los efectos, y el nombramiento de quienes en su momento han de desempeñar puestos claves como el Gobierno civil de Madrid, avanza en el sentido de ofrecer a la opinión pública la seguridad de que el *cambio* que preconiza, nada menos que la substitución del régimen monárquico por el régimen republicano, se hace con los menores riesgos de que se produzca un temido y temible vacío de poder.

3.5.2. *LA REVOLUCIÓN EN MARCHA.* (El mítin republicano de la plaza de toros, de Madrid, 29 de septiembre de 1930).

Tras el *Pacto de San Sebastián*, las fuerzas republicanas y socialistas menudean su presencia en diversos lugares de España durante todo el mes de septiembre. Según anota Mola, que desde la Dirección general de Seguridad sigue atentamente sus idas y venidas, el 7 se celebra un banquete en Torrelavega, en el que pronuncian discursos Eduardo Ortega y Gasset, Alvaro de Albornoz, Miguel de Unamuno y Francisco Recaséns Siches; el 18 Alcalá-Zamora habla en el frontón Betis, de Sevilla; el 22 el partido Socialista celebra un acto en el cine Europa, en el que intervienen Andrés Saborit y Julián Besteiro; ese mismo día, en Sevilla, conferencia de Alvaro de Albornoz. *Pero el acto "cumbre"* -al decir de Mola- *fue el que tuvo lugar en la plaza de toros de Madrid -al que se llamó "mitin de solidaridad republicana"-* (412).

La Alianza Republicana, formada clandestinamente en 1926, integra el partido Federal, que se arrastra desde la Primera República, el partido Radical de Alejandro Lerroux, el partido Radical-Socialista de Marcelino Domingo y Alvaro de Albornoz -escindido de la disciplina lerrouxista- y el partido de Acción Republicana de Manuel Azaña. A esta formación, la Alianza Republicana, se suma ahora la Derecha Liberal Republicana que lideran Niceto Alcalá-Zamora y Miguel Maura.

El domingo 29 de septiembre se celebra en la plaza de toros, de Madrid, un acto en el que intervienen Gerardo Abad Conde, por la Federación Republicana Gallega, Vicente Marcos Miranda, por la Unión Republicana Autonomista de Valencia, Diego Martínez Barrio, por un llamado Consejo Regional Republicano de Andalucía (estos tres oradores son de filiación radical), el doctor Cárceles, por el partido Federal, Manuel Azaña, por Acción Republicana, Marcelino Domingo, por el partido Radical-Socialista, Niceto Alcalá-Zamora, por la Derecha Liberal Republicana y Alejandro Lerroux, por el partido Republicano Radical.

Aunque el primer puesto, es decir, la última intervención, se reserve para Alejandro Lerroux, la figura de mayor significación desde hace más de veinte años en el campo republicano, en el que abundan los viñadores de última hora, el *plato fuerte* de las distintas intervenciones lo constituye el discurso de Manuel Azaña, que habla, como queda dicho, en nombre de la minoritaria Acción Republicana:

Lo primero que se me ocurre, ante la majestad de este pueblo congregado, es saludar en vosotros a la auténtica manifestación de la voluntad nacional. Un pueblo inmenso, que no puede estar aquí en persona, la mayoría del país, os ha conferido clamorosamente su representación. Lo mejor y lo más numeroso de España nos sigue, y nos acompaña en espíritu, dándonos, con la fuerza del número y la evidencia de su derecho, la autoridad necesaria para hacer las declaraciones que vamos a formular. Por eso, la importancia de esta primera asamblea del pueblo, de estas Cortes espontáneas de la revolución popular, consiste, ante todo, en que desde aquí notificamos a los que detentan los poderes públicos el fallo irrevocable de la voluntad de los españoles. Se reduce a esto: no más tiranos, no más despotismo; a todo trance, queremos libertad.

La libertad vamos a conquistarla los republicanos llegando a un buen acuerdo, superior a las competencias de partido y acallando las disputas de clase, con todas las fuerzas antimonárquicas de la nación. Mientras eso llega, la presencia en este acto de todas las organizaciones y todos los partidos del republicanismo demuestran, a quien lo ignore, o quiera desconocerlo, que los republicanos todos, unidos para la sustancial, estamos dispuestos a cumplir con nuestro deber del momento, recogiendo el gobierno del país en el estado en que la abyección y la incapacidad de unos, los sucios apetitos y la mala sangre de otros, lo han dejado caer.

Yo no sé ahora, yo no digo ahora si esta obra de los republicanos, conclusión natural de nuestro ideario y, al mismo tiempo, deber cívico y signo de decencia política, es fácil o difícil. Lo que veo y digo es que su realización es inevitable, fatal. Nosotros no necesitamos preparar y poner en marcha la revolución. La revolución existe ya, la estamos viviendo y, por vivirla, casi no nos damos cuenta clara de que vamos en ella: la revolución española comenzó el 13 de septiembre de 1923.

Hay revolución si el pueblo se levanta contra los poderes del Estado y los destruye. Pero también hay revolución, aunque por otro estilo, si los poderes del Estado, sus órganos, los hombres en quien el Estado culmina se abalanzan contra el pueblo y lo esclavizan. Revolución de este género estamos viviendo en España desde 1923. El Estado perdió hasta la apariencia de orden jurídico y se convirtió en arma para desvalijar, en fuerza caprichosa para tiranizar. Una revolución desencadenada por el pueblo que pretende destruir los poderes constituídos puede ser sofocada por la fuerza; pero una revolución como la que está ocurriendo en España, promovida por los magnates mismos del Estado, que se erigen en tiranos, es incontenible, no puede pararse, no puede retroceder; pararse o retroceder sería tanto como reconocer y confesar la culpa, pedir perdón de ella, y llevaría consigo el hundimiento del trono. Tienen que seguir hasta su término natural el camino emprendido. Si la dictadura cediese voluntariamente, y ya estamos viendo que no cede, la cólera justiciera del pueblo haría en ella un escarmiento; y, si no cede, la conciencia pública despierta, como al fin ha despertado, le dará en su día el golpe de gracia. El 13 de septiembre de 1923, la monarquía se suicidó; no se culpe a nadie de su muerte.

El golpe de Estado, restaurando el despotismo, manifestó que la monarquía no era capaz de acomodarse ni a la moderada Constitución del 76. Los siete años que llevamos de despotismo, los tres Ministerios de dictadura, desde el Directorio al Gobierno del general Berenguer, prueban que tampoco se tiene en pie la monarquía ni puede gobernar usurpando todas las ventajas que la licencia del poder personal lleva consigo. La prueba es decisiva. ¿Qué le queda a una institución impotente para el bien, fautora de desorden, que no puede oponernos más que la sinrazón de la fuerza bruta? Le queda el recurso de la fuga, para ir a meditar en el destierro la lección que el pueblo español sabrá imponer a todos los que se confabularon para la explotación de su trabajo, de su sangre, de su silencio y de su mansedumbre, aprovechandos para lanzarse a la orgía de los millones.

Este proceso político que la dictadura no consintió que se sustanciase ante el Parlamento, se ha incoado y sustanciado ante la opinión, que señala inapelablemente a los culpables. Y aunque sea esto una verdad harto conocida, conviene repetirlo siempre, y vocearlo aquí a los cuatro vientos por primera vez después de siete años, porque ello es la base de nuestra acción, la sustancia misma de nuestra justicia: en 1923 se nos impuso la tiranía para cortar el paso a las reivindicaciones del pueblo español, sublevado por los desastres de Africa; para evitar que en las Cortes sonase la palabra acusatoria incontestable. Régimen en que la majeza y la majadería le disputaban el primer puesto a la inmoralidad. Tan ofensivo de la justicia como del sentido común. Régimen que montó el gigantesco negocio de explotar al país en beneficio de unas familias, asistido de los fracasados de todos los partidos, de los pazguatos que creyeron llegada la hora de su celebridad, de los ladronzuelos que a cambio de lustrar las botas del dictador recibían su parte y comisión en la lluvia de monopolios, concesiones y obras, que han puesto a la economía del país en el estado lastimoso que hoy la vemos. Régimen, en fin, que invocaba a cada paso el tecnicismo, y como si eso pudiera estar nunca por encima de la moral, se rodeó de cuantos técnicos pudo, sin desdeñar a ninguno, ni siquiera a los técnicos que habían hecho su aprendizaje en el terrorismo barcelonés, poniendo a los representantes y agentes del Estado español al nivel profesional de los pistoleros de oficio. Este régimen, que llamándose nuevo, era el encubrimiento de lo más podrido y bastardo del régimen anterior, realizó en la cuestión de las responsabilidades una operación milagrosa: el más alto tribunal de la nación declaró culpable a un general; la dictadura lo amnistió, impulsada acaso de un remordimiento, y el general que había dejado de ser culpable, ocupó un puesto de confianza de tal manera que al formarse en Andalucía un nublado serio que pudo barrer algo más que la persona del dictador (413), *los vientos reinantes se pusieron a soplar de parte del nublado, y apareció el general amnistiado a cubrir la retirada de su antecesor. El contenido de este juego es un proceso de orden histórico y político. La condena, la sanción, han de ser también históricas y políticas. El jurado competente es el pueblo; la audiencia es la calle; la sentencia es la República, porque, ya que ellos lo han querido, ya que ellos, revolucionariamente, no nos han dejado ser súbditos de un Estado normal, regido por el derecho; ya que ellos, revolucionariamente, no nos consintieron ser ciudadanos de un país libre, nosotros les notificamos que no nos da la gana de seguir siendo vasallos.*

Todo lo que hay de irremediable y de fatal en el término de esta contienda, no nos exime a los republicanos del deber de esforzarnos en auxiliar y adelantar el momento supremo; antes al contrario, nos incita a que vayamos a él sin desperdiciar ninguna coyuntura, porque una institución virtualmente muerta puede mantenerse en pie algún tiempo, se puede arrastrar algunos años el cadáver de un régimen. Ahora mismo se está preparando un artificio de este género. Los periódicos cuentan que en la frontera franco-española cuatro jefes liberales, no sé si hay más, están en tratos para formar un Gobierno con estas o las otras condiciones, que preste a la monarquía una falsa apariencia de constitucionalismo y le permita vivir un poco más. ¡Los cuatro jefes liberales! Yo creía que esta expresión: los jefes liberales, había desaparecido de la estereotipia de los periódicos, como desapareció también otro grupo ilustre: los moros notables de Frajana, que tanto dieron que hablar al comienzo de la penetración. ¿De dónde vienen estos reaparecidos? Vienen del ostracismo en que los sumió un puntapié memorable; vienen de soportar injurias proferidas por el Gobierno en nombre del rey, y no sintiéndose por lo visto bastante insultados, estos hombres contritos, dándole en definitiva la razón a su insultador, se aprestan a salvar aquello mismo que buscaba su perdición. En cuanto esa devoción palatina pueda hacer daño en la vida del país tenemos obligación de denunciarla y de decir a esos hombres que, por muchas ganas que tengan de continuar su historia y de prolongar la tradición del liberalismo dinástico, lo que proyectan, si se lograse, sería un pacto nefando, un engaño al país, y si fuesen liberales, una traición. Gobierno que así se forme tendrá nuestra hostilidad declarada e irreductible, tan necesaria o más que con cualquier Gobierno de franca reacción, porque vendría a escamotear la liquidación de cuentas, a fatigar con una táctica electoral y un Parlamento inofensivo el ansia de renovación que siente con nosotros toda España. Esto ha de ser así, aunque para formar el Gobierno liberal se pacte la condición impresionante de un cambio de personas en el régimen: porque no se trata de personas, sino de sistema, y ese mismo cambio que se promete como garantía de porvenir sería la prueba definitiva y concluyente de su impotencia. Es lo que hay que decir a los cuatro jefes liberales, que parecen en caricatura los cuatro jinetes del Apocalipsis, *porque vienen precediendo al acabamiento de todo* (414).

Si nuestro deber es claro en los momentos actuales, no lo es menos nuestra línea de conducta. Implantar la República es una obra nacional. La verdad política del presente es ésta: unión de todas las fuerzas organizadas, cualquiera que sea su apellido, en cuanto admite la base común de la democracia republicana. Nosotros, que venimos procurando ese acuerdo, condicionado por el propósito colectivo, tenemos la seguridad de que aquella verdad política se impondrá por fin a todos. Quiero recordar, para subrayarlo con mi aplauso, lo que ha dicho en su último discurso Indalecio Prieto. No es ésta la ocasión, decía Prieto, de que las fuerzas antimonárquicas entremos en regateos de programas y antepongamos al objetivo común un debate sobre aquello que pueda separarnos; eso ha de quedar para la Constitución de la República. Y recojo también dos declaraciones que Julián Besteiro hizo en el mítin socialista del domingo pasado. Decía Besteiro: los socialistas hemos sido y somos, en el orden político, fundamentalmente republicanos. Es cierto. Sería monstruoso ponerlo en duda. Y añadía Besteiro: El estado del país en general, y el punto de progreso a que ha llegado la organización proletaria, no permiten todavía que los socialistas tomen sobre sí las responsabilidades del poder. Estas tres verdades incontrovertibles, palmarias, proclamadas por tan señalados hombres del socialismo, nos dan abierto el camino para el acuerdo de señalar también los límites del mismo. La República le es tan necesaria al proletariado como a la burguesía liberal, pero nostros no tenemos el pensamiento ni los socialistas tienen ahora la ambición de que nuestra fuerza común concluya en una República socialista. Pensamos en una República burguesa y parlamentaria, tan radical como los republicanos más radicales consigamos que sea, si tenemos opinión y votos para ello. Porque la República tiene un doble valor, una doble eficacia. De una parte es conclusión, porque termina el pleito político planteado desde hace un siglo con la dinastía, y de otra parte, es comienzo o iniciación, en cuanto servirá de instrumento o de medio para el progreso político y la justicia social. En las Cortes Constituyentes de la República cada cual pugnará por sacar adelante lo más que pueda de su ideario; y votada la Constitución, cada cual pugnará, en las amplias vías legales del régimen, por dilatar su proselitismo y determinar su Gobierno. Pero hay una regla general que yo prclamo aquí, no como aliciente para atraer a los dudosos, ni menos aún como recompensa de posibles colaboraciones, sino como un principio que se nos impone en conciencia y que habremos de aplicar aunque no contásemos nunca con el apoyo de un solo proletario; es éste: la República española tendrá que ser, no sólo respetuosa con los derechos del trabajo, y garantía de sus reivindicaciones, sino propulsor y estímulo en la obra de despertar las conciencias más atrasadas y de levantarlas a un rango superior de humanidad y de ciudadanía.

Dicho esto, para los que de mala fe oponen a nuestra acción un fantasma sangriento, como si fuésemos a desencadenar sobre España un cataclismo, hay que decir también, mirando a otra parte, que la República española, por burguesa y parlamentaria que nazca, no podrá ser nunca una monarquía sin corona. La revolución no puede consistir en el ostracismo de una familia. Nadie piense que el estado monárquico va a persistir, sin otro cambio que la designación del jefe; que van a persistir las jerarquías políticas antiguas ni sus feudos caciquiles, ni la impotencia de una administración paralizada por las corruptelas y los compromisos, ni el oscuro dominio de los institutos , corporaciones y gremios, unos nacionales y otros extranjeros, que tienen mediatizada la soberanía nacional; nadie piense que nosotros, como si dudásemos de nuestro derecho o de nuestra capacidad, vamos a entregar la República, para que le perdonen la vida, a sus enemigos tradicionales. La República no será el régimen de un partido, es cierto: será un régimen nacional, en este sentido: que respetuosa con los Estatutos regionales que las Cortes sancionen para regular las autonomías locales, amparará con el poder del Estado los derechos de todos. Todos cabemos en la República, a nadie se proscribe por sus ideas; pero la República será republicana, es decir, pensada y gobernada por los republicanos, nuevos o viejos, que todos admiten la doctrina que funda el Estado en la libertad de conciencia, en la igualdad ante la ley, en la discusión libre, en el predominio de la voluntad de la mayoría, libremente expresada. La República será democrática, o no será. De esta manera, los republicanos venimos al encuentro del país, no como estériles agitadores, sino como gobernantes; no para subvertir el orden, sino para restaurarlo; no para comprometer el porvenir de la nación, sino como la última reserva de esperanza que le queda a España de verse bien gobernada y administrada, de hacer una política nacional. Tenemos conciencia de nuestra responsabilidad y de las dificultades que nos aguardan, y esamos resueltos a afrontarlas, sin escatimar ningún sacrificio.

Nosotros no podemos rematar estas declaraciones poniéndoles como conclusión la promesa de una era de felicidad, de ventura y de grandeza. La libertad no hace felices a los hombres; los hace simplemente hombres. La República no promete glorias; no vamos a comprometer a nuestro país, cuya modesta posición en el mundo conocemos, en aventuras grandiosas. Prometemos paz y libertad, justicia y buen gobierno. Llevad este mensaje a todos los rincones de la Península. Avivad a los dudosos y a los tímidos. Venid todos en nuestra ayuda. Estad prontos para el día de la prueba. Que España deje ya de parecer, en el orden de la acción política, un corral poblado de gallinas donde unas cuantas monas epilépticas remedan los ademanes de los hombres. Seamos hombres, decididos a conquistar el rango de ciudadanos o a perecer en el empeño. Y un día os alzaréis a este grito que resume mi pensamiento: ¡Abajo los tiranos! (415).

Con este discurso en la plaza pública, emparedado entre diversos oradores, se inicia la revelación de Manuel Azaña como figura emblemática de la futura República.

Si los tres primeros oradores habían sido radicales -lo cual significaba que tenían poco arraigo personal entre las masas republicanas-, el último lugar que se concedió a Lerroux mostraba bien claro quién era la figura más conocida del republicanismo español de aquel momento -escribe Octavio Ruiz Manjón-. *Esto lo sabían los demás dirigentes y, aunque desconfiasen de él, no dejaron de reconocerle una primacía que les beneficiaba para los objetivos de la propaganda* (416).

En nombre del Partido Republicano -explica Lerroux en su parlamento-, *se me ha concedido la palabra y sin olvidar los deberes contraídos en relación con esta legión de amigos que me siguen durante tantos años, yo quiero decir que rebajaría la importancia de este acto reduciéndome exclusivamente a hablar con el sentido que ellos me han inspirado y sin tener en cuenta la solemnidad, la importancia del que estamos realizando, verdadera comunión de todas las almas republicanas. Es esta la primera vez, probablemente, después de mucho tiempo, en que todos los republicanos españoles, subordinados a una disciplina superior que es la del ideal común, se disponen a realizar actos que si en el de hoy se han de acomodar estrictamente a la necesidad de la propaganda y a la justificación de nuestras intervenciones en la vida pública, en lo sucesivo, es posible que tengamos que pasar por la dura necesidad de que se manifiesten de otra manera.*

Tras señalar que la Restauración ha fracasado, Lerroux hace el desahucio de la Monarquía:

No se trata ya de un problema de forma de gobierno; se trata de que haya España o de que no haya España. Porque, abstractamente, teóricamente, a nadie se le puede negar el derecho de profesar la fe republicana o la fe monárquica y en discusión académica yo no tendría sino respeto para los que profesen una fe política contraria a la mía; yo no opondría más que el argumento de la razón al de la razón contraria; pero es que aquí, discutiendo concretamente, para ser lo uno o lo otro, para ser monárquico o para ser republicano en España, es condición previa e indispensable ser español, profundamente español. Ser español es sentir hondamente la patria; es decir, amarla, y el amor a la patria es incompatible con una monarquía que le ha hecho traición.

Y termina con una apelación, muy efectista, dirigida a Don Alfonso XIII: *Pero nosotros no somos profesionales de la revolución; nosotros somos hombres de razón. La otra solución está en tu mano, y pues la tienes en tu mano, salva al país de una nueva tragedia. Abdicación antes que revolución; pero una abdicación pura y simple en la soberanía del pueblo; que la soberanía del pueblo consultado por los Gobiernos que dimanen de la revolución , hablará en sus Cortes Constituyentes y en ellas dirá la última palabra* (417).

El mitin de "solidaridad republicana" constituye un claro éxito. *Perfectamente planeado en sus menores detalles* -explica Eduardo de Guzmán- *(...), concurren más de veinte mil personas, que llenan no sólo tendidos, gradas y andanadas, sino el ruedo, los pasillos y las escaleras. La plaza está abarrotada de gente una hora antes de comenzar el acto, y el público, que ovaciona con entusiasmo a los oradores, demuestra en todo momento disciplina y sensatez admirables (...). El mitin (...) dura cerca de tres horas, y muchos espectadores salen roncos de ovacionar a cuantos intervienen (...). Tanto al Gobierno como a los más conscientes defensores del Régimen les impresiona, más que la elocuencia y los argumentos de los oradores, los muchos millares de personas que asisten al acto, y de manera especial el orden que impera tanto durante el mitin como a su terminación. Los asistentes bajan en grupos por la calle de Alcalá sin que se produzca perturbación de ninguna clase. Resultan totalmente innecesarias las grandes medidas adoptadas por el general Mola y, conforme demuestran los hechos, falsa en absoluto una confidencia recibida días antes anunciándole que el "mitin de solidaridad republicana" es un simple pretexto para concentrar en Madrid los elementos precisos para iniciar el mismo día 28 de septiembre un movimiento revolucionario* (418).

Mola, en efecto, explica en sus Memorias: *Tuve noticias, por conducto muy autorizado, de que los elementos del Ateneo de Divulgación Social, integrado por anarquistas, anarcosindicalistas y comunistas -estos últimos muy molestos por haber sido detenido Bullejos con otros significados militantes- intentaban aprovechar la salida del público que asistiera al acto para provocar alborotos y cometer todo género de desmanes, lo que traté de evitar -y evité- con la aprobación del ministro de la Gobernación-, realizando un verdadero alarde de fuerzas* (419).

Como se ve, los temores de Mola se muestran infundados, tal vez porque sabe prevenir el peligro, real o imaginario. En cualquier caso, la Revolución está en marcha, aunque su andadura hasta el presente sea pacífica.

3.6. LA DIVISIÓN MILITAR (Jaca y Cuatro Vientos, 12 y 15 de diciembre de 1930). EL FRACASO DE LA HUELGA GENERAL.

En diciembre de 1930 la conjunción de militares y paisanos adversarios decididos de la Monarquía cristaliza en el alzamiento de Jaca el día 12 y el de Cuatro Vientos el 15. Escapa al propósito de estas páginas la narración detallada, por lo menudo, de las diversas circunstancias que concurren en cada uno de los acontecimientos que, juntos, deciden la caída de la Institución. Basta señalar que, a partir del Pacto de San Sebastián, en septiembre de ese año, el Comité Revolucionario entra en contacto con destacados jefes y oficiales -desde el general Gonzalo Queipo de Llano, al que nombra jefe del Comité militar, a los capitanes Galán y García Hernández, pasando por el comandante Ramón Franco-, dispuestos a sumarse a la conspiración.

En pocos meses -recuerda Mariano Ansó- *se sucedieron los hechos sonados, como la fuga rocambolesca del héroe del* Plus Ultra, *el comandante Ramón Franco, del caserón de las Prisiones Militares. El coche que le esperaba en las cercanías de la cárcel pertenecía al catedrático de Fisiología de la Facultad de Medicina de Madrid, que era además secretario de la Ciudad Universitaria, don Juan Negrín. Esta fue sin duda la primera actuación del que andando el tiempo iba a ser el último jefe de Gobierno y el último resistente de la Segunda República española* (420). A propósito de la fuga de Ramón Franco escribe Ignacio Hidalgo de Cisneros: *El prestigio de Ramón Franco, en aquellos días, había llegado a límites increíbles con su última aventura, escaparse de la prisión militar donde estaba detenido. Toda la prensa dedicaba grandes espacios a comentarla. Los reaccionarios, con indignación, pidiendo medidas enérgicas. Los de izquierda, con gran simpatía. Se escribieron los relatos más fantásticos sobre los medios empleados para su fuga. En toda España se hablaba de Franco. Se recordaba que había sido el primer aviador en el mundo que atravesó el Atlántico. Su posición clara en contra de la dictadura y del Rey, su valor para declarar públicamente sus ideas, la carta que publicó en un periódico en contra de su hermano Francisco, metiéndose brutalmente con él, llamándole fascista y reaccionario, su prisión y otros episodios de su vida, más o menos ciertos, habían hecho de él un personaje rodeado de un ambiente romántico, querido por el pueblo y odiado a muerte por la reaccióna* (421).

El viernes día 12, en Jaca, a las seis y media de la madrugada, los capitanes Fermín Galán y Angel García Hernández, según lo acordado en principio con el Comité Revolucionario, se alzan en armas. Santiago Casares Quiroga, desplazado a Jaca para transmitir la orden de retrasar el alzamiento, decide irse a dormir, y cuando al día siguiente se despierta la maquinaria militar se ha puesto en marcha. La proclama del capitán Galán es un prodigio de laconismo castrense, que traduce fielmente, sin duda, la parvedad de su programa: *Como delegado del Comité Revolucionario Nacional a todos los habitantes de esta Ciudad y Demarcación hago saber: Artículo único: Todo aquel que se oponga, de palabra o por escrito, que conspire o haga armas contra la República naciente será fusilado sin formación de causa. Dado en Jaca el 12 de diciembre de 1930. Fermín Galán* (422). De Fermín Galán escribe Miguel Maura: *Galán había pretendido llevar por su cuenta, y sin contacto alguno con nosotros* <el Comité Revolucionario>, *una revolución de carácter anárquico. Amigos de Galán (...) habían referido que tenía preparados los decretos y las órdenes para instaurar un gobierno libertario que pensaba había de residir en Zaragoza, hasta el momento de entronizarlo en Madrid -pura locura de un desequilibrado-* (423).

La intentona, como era de esperar, fracasa de manera estrepitosa, y se salda con varios muertos y heridos. Fermín Galán, que tiene la oportunidad de escapar, rehúye hacerlo: *Para yo marcharme* -explica a quienes le incitan a ello- *tendrían que perdonarme los muertos y no pueden hacerlo; tendríais que perdonarme vosotros, que sin duda me habréis perdonado ya; pero tendría que perdonarme yo mismo, que no me perdonaría nunca* (424). A las cuarenta y ocho horas ambos oficiales son juzgados por un Consejo de Guerra, en tanto se empieza a difundir el *manifiesto* preparado desde hace meses por el Comité Revolucionario en la mejor tradición decimonónica, cuyo lanzamiento *oficial* se hace el 15, lunes, coincidiendo con la fecha establecida para la anunciada sublevación en toda España.

¡Españoles!:

Surge de las entrañas sociales un profundo clamor popular que damanda justicia y un impulso que nos mueve a procurarla.

Puestas sus esperanzas en la República, el pueblo está ya en medio de la calle.

Para servirla hemos querido tramitar la demanda por los procedimientos de la ley y se nos ha cerrado el camino; cuando pedíamos justicia, se nos arrebató la libertad, cuando hemos pedido libertad se nos ha ofrecido como concesión unas Cortes amañadas como las que fueron barridas, resultantes de un sufragio falsificado, convocadas por un Gobierno de dictadura, instrumento de un rey que ha violado la Constitución y realizadas con la colaboración de un caciquismo omnipotente.

Se trata de salvar un régimen que nos ha conducido al deshonor como Estado, a la impotencia como Nación y a la anarquía como Sociedad.

Se trata de salvar a una dinastía que parece condenada por el Destino a disolverse en la delicuescencia de todas las miserias fisiológicas.

Se trata de salvar un rey que cimenta su trono sobre las catástrofes de Cavite y Santiago de Cuba, sobre la osamenta de Monte Arruit y Annual; que ha convertido su cetro en vara de medir y que cotiza el prestigio de su majestad en acciones liberadas.

Se trata, por los hombres del pasado y del presente, de una cruzada contra los hombres del porvenir, para estorbar la acción de la justicia popular, que reclama enérgicamente las responsabilidades históricas.

No hay atentado que no se haya cometido, abuso que no se haya perpetrado, inmoralidad que no haya trascendido a todos los órdenes de la Administración pública para el provecho ilícito o para el despilfarro escandaloso.

La fuerza ha sustituído al Derecho, la arbitrariedad a la ley, la licencia a la disciplina. La violencia se ha erigido en autoridad y la obediencia se ha rebajado a la sumisión. La incapacidad se pone donde la incompetencia se inhibe. La jactancia hace veces de valor y de honor la desvergüenza.

Hemos llegado por el despeñadero de esta degradación al pantano de la ignominia presente. Para salvarse y redimirse no le queda al país otro camino que el de la revolución.

Ni los braceros del campo, ni los propietarios de la tierra, ni los patronos, ni los obreros, ni los capitalistas que trabajan, ni los trabajadores ocupados en huelga forzosa, ni el productor, ni el contribuyente, ni el industrial, ni el comerciante, ni el profesional, ni el artesano, ni los empleados, ni los militares, ni los eclesiásticos..., nadie siente la interior satisfacción, la tranquilidad de una vida pública jurídicamente ordenada, la seguridad de un patrimonio legítimamente adquirido, la inviolabilidad del hogar sagrado, la plenitud de vivir en el seno de una nación civilizada.

***

El pueblo está ya en medio de la calle y en marcha hacia la República.

No nos apasiona la emoción de la violencia culminante en el dramatismo de una revolución, pero el dolor del pueblo y las angustias del país nos emocionan profundamente.

La revolución será siempre un crimen o una locura dondequiera que prevalezcan la justicia y el derecho, pero es derecho donde prevalece la tiranía.

Sin la asistencia de la opinión y la solidaridad del pueblo, nosotros no nos moveríamos a provocar y dirigir la revolución. Con ellas salimos a colocarnos en el puesto de la responsabilidad, eminencia de un levantamiento nacional que llama a todos los españoles.

Seguros estamos que para sumar a los nuestros sus contingentes, se abrirán las puertas de los talleres, de las fábricas, de los despachos, de las Universidades, hasta de los cuarteles, porque en esta hora suprema todos los soldados, ciudadanos libres son, y todos los ciudadanos serán soldados de la Revolución al servicio de la patria y de la República.

Venimos a derribar la fortaleza en que se ha encastillado el Poder personal, a meter la Monarquía en los archivos de la Historia y a establecer la República sobre la base de la soberanía nacional representada en una Asamblea Constituyente. De ella saldrá la España del porvenir y un nuevo Estatuto inspirado en la conciencia universal, que pide para todos los pueblos un Derecho nuevo, ungido de aspiraciones a la igualdad económica y a la justicia social.

Entre tanto, nosotros, conscientes de nuestra misión y de nuestra responsabilidad, asumimos las funciones del Poder Público con carácter de Gobierno Provisional.

¡Viva España con honra! ¡Viva la República!

Niceto Alcalá-Zamora, Alejandro Lerroux, Fernando de los Ríos, Manuel Azaña, Santiago Casares Quiroga, Indalecio Prieto, Miguel Maura, Marcelino Domingo, Alvaro de Albornoz, Francisco Largo Caballero, Luis Nicolau d'Olwer, Diego Martínez Barrio (425).

El Comité Republicano-Socialista no pensó nunca seriosamente en derribar la monarquía por medio de un movimiento revolucionario en el que las masas desempeñaran el principal papel -escribe Munis, sin duda en sintonía con los propósitos de Galán-. *Su plan consistía en un pronunciamiento de guarniciones militares, secundado, si acaso, por un paro obrero pacífico en las principales ciudades. De esta manera el nuevo régimen parecería traído por el brazo militar y el gobierno republicano habría dis-*

puesto de una fuerza represiva prestigiada por el pronunciamiento, para lanzarla contra las masas si se extralimitaban de los vítores gozosos a la República. Creyendo tener en las manos suficientes guarniciones, el Comité dió la señal del pronunciamiento. Pero seguramente le fallaron muchos de sus bravos mílites, puesto que dio contraorden. El movimiento que había sido ya fijado y aplazado numerosas veces, parecía una burla a los ojos de quienes lo habían tomado en serio. Así se explica la impaciencia de Galán, hombre medio anarquista y medio comunista. El movimimiento no abortó por su impaciencia, sino porque su sublevación puso al Comité Republicano-Socialista ante la alternativa de secundarle con una insurrección obrera o dejarle vencer. He ahí por qué no se ha averiguado aún qué ocurrió con la orden de huelga general que debió haberse dado en Madrid. Estoy plenamente convencido de que la responsabilidad por el fracaso del intento de diciembre y por el fusilamiento de los dos capitanes de Jaca, recae totalmente sobre el famoso Comité revolucionario (426).

A las diez de la noche del sábado día 13 Angel Ossorio y Gallardo, ex-ministro de la Corona, hace al general Berenguer un llamamiento desesperado para evitar lo inevitable:

Excelentísimo señor Conde de Xauen. Mi distinguido amigo: Perdóneme usted el atrevimiento de importunarle con esta carta. La caridad y el patriotismo me mueven a escribirla y a remitírsela con urgencia.

Nada sé de la sublevación aragonesa sino lo que los periódicos refieren. Pero ello basta para presumir que esta noche actuará el Consejo de Guerra en juicio sumarísimo y que quizá mañana estén en disposición de ser ejecutados fallos terribles e irreparables.

Nadie puede sorprenderse de que, entablada una lucha en campo abierto, arriesguen su vida los que mantienen posiciones antagónicas. Nadie tampoco será tan insensato que pretenda censurar a los Tribunales ni al Gobierno si cumplen inexcusables deberes de obediencia a la ley. Ciego estaría quien pretendiera de ellos una deserción.

Pero el ejecutar penas capitales produciría en la mayoría de los españoles una emoción de índole muy peligrosa, y cuyas consecuencias son para prevenidas.

A partir de 1923, las autoridades tienen en España disminuída la fuerza moral para sancionar con rigor las rebeliones. Ello por motivos tan notorios, que es ocioso apuntarlos, sobre ser imprudente exponerse a que alguien quiera torpemente confundir la política con la misericordia. Por las circunstancias derivadas de aquella fecha, existen en nuestra patria ciertos estados de inquietud tan hondos, tan generalizados, de tan abundantes asensos y tan exaltados apasionadamente, que nadie puede calcular en cuántos pechos rebotarían las balas que acabaran con la existencia de uno solo. Y lo que España aventuraría luego no escapará a la prudencia del gobernante.

Quizá si cada cual pudiera exponer y pretender por vías legales lo que apetece, con seguridad de ver el Derecho siempre reconocido y, en su caso, triunfante, no habría tantas vocaciones a la violencia, y el Poder público contaría con más holgura para asfixiarlas.

Trazar entre las ideologías contendientes una línea de sangre, acentuará el funesto resurgir, que se advierte ya, de las maneras con que los dos primeros tercios del siglo XIX envilecieron a España. También entonces los revolucionarios tenían razones sentimentales y los gobiernos razones legales; mas los hechos enseñaron que para la vida nacional no bastaba tener razón y que, por encima de ello, la templanza clamaba por sus fueros.

¡Por Dios y por España, señor Presidente, agote su esfuerzo en que no surja lo irremediable; que si la sangre del facineroso sólo mueve a conmiseración, la sangre del delincuente político es simiente de represalias, enconos y protestas que ponen en peligro aquello mismo que al verterla se quiso defender, y fácilmente da ocasión a luchas fratricidas de incalculable alcance! Para volver a su nuevo cauce, no es sangre lo que demanda España sino justicia y libertad.

Mucho temo que pregunte usted cuáles son mis títulos para hacer este llamamiento a su corazón y a su entendimiento. Ciertamente son escasísimos. Quizá el único que puedo alegar es el de ser un ciudadano -abogado y político- que viene años y años clamando contra la violencia en cualquier lado que surja; que públicamente condena los intentos revolucionarios; que específicamente abomina de los pronunciamientos militaristas, y que censura el actual con absoluta energía, aunque comprenda que los hombres se ofusquen buscando caminos de revuelta cuando años y años encuentran interceptados los jurídicos.

Aun sin tan pequeño título, seguramente usted no desoirá el ruego angustiado de un español que, en momentos críticos, le pide piedad: piedad para los que delinquieron, piedad para España.

Con mi reverente agradecimiento por la atención que quiera dispensarme, quedo de usted afectísimo servidor y amigo q.e.s.m. (427).

El general Berenguer, a quien Gabriel Maura tanto pondera por sus *virtudes cívicas*, jamás contesta a Ossorio su carta, ni tampoco Leopoldo Matos, ministro de Fomento, a quien remite una copia. Tiene razón el ilustre jurista cuando hablando de sí mismo escribe entre zumbón y dolorido: *Soy un hombre que se ha pasado la vida en un descansillo de escalera llamando en la puerta de la derecha y a quien han abierto siempre la de la izquierda* (428).

El 14 Fermín Galán y Angel García Hernández, tras un Consejo sumarísimo que no dura más de cuarenta y cinco minutos, son pasados por las armas, a pesar de la tradición mantenida desde tiempo inmemorial de que en domingo no se ejecutan las sentencias de muerte. La conmoción en toda España es enorme, pues se espera, con razón o sin ella, que Don Alfonso XIII conceda el indulto. *Fue versión muy extendida* -comenta Fernández Almagro- *la de que el rey se anticipó a denegar el indulto a que se inclinaban los ministros de Estado, Trabajo, Instrucción Pública y algún otro, excitando a todos -reunidos en Consejo- para que la sentencia quedara cumplida sin pérdida de momento* (429). Años después, un monárquico alfonsino de lealtad acrisolada, se lamenta de la negativa regia a conceder el indulto: *Las consecuencias del fracasado movimiento de Jaca fueron mortales para la causa de la Monarquía... Reprimir con fusilamientos -aunque sea en estricto cumplimiento de la justicia- siempre es malo, porque la sensibilidad de las gentes se inclina piadosamente hacia las víctimas. Y éste fue un grave error más del Gobierno*, escribe Cortés-Cavanillas (430). La República tiene ya dos mártires, le guste o no a Miguel Maura, que afirma, rotundo, que *la República no precisaba héroes ni mártires. Sola, y con sólo tender las manos para recoger lo que yacía en medio del arroyo, hubiese logrado su triunfo. La República era inevitable porque la Monarquía ya no era más -repito- que un cadáver en pie. Sin alzamientos, sin héroes, sin mártires y hasta sin republicanos hubiese venido lo mismo, con la única diferencia de que en vez de hacerlo pacífica, ciudadana, ejemplarmente, su advenimiento hubiese podido ser violento, anárquico y caótico sin "la colchoneta" del Gobierno Provisional* (431).

En las primeras horas de la mañana del domingo 14 el general Mola procede a la detención de los miembros del Comité Revolucionario que son hallados en Madrid: Niceto Alcalá-Zamora, Miguel Maura y Alvaro de Albornoz. Santiago Casares Quiroga es detenido en Jaca, donde llega la víspera de la sublevación, como queda dicho, para transmitirle a Galán la orden de que retrase la sublevación hasta el 15, cosa que no hace porque se marcha a dormir cansado del viaje. Alejandro Lerroux y Manuel Azaña consiguen esconderse, en tanto Indalecio Prieto, Marcelino Domingo, Luis Nicolau d'Olwer y Diego Martínez Barrio cruzan la frontera y se refugian en París. Francisco Largo Caballero y Fernando de los Ríos, que en los primeros momentos se han *escaqueado*, se presentan voluntariamente en el Juzgado y son procesados. Felipe Sánchez Román se hace responsable, ante el juez, del manifiesto del Comité Revolucionario, pero al no figurar su firma en el mismo, el magistrado decide no encartarlo en el proceso que se sigue (432).

Con la detención del Comité Revolucionario -comenta Ricardo de la Cierva- *la intentona podía darse por desarticulada. Sólo la conmoción general por las ejecuciones de Jaca y la insistencia del alocado aviador Ramón Franco impulsaron al Comité Militar a mantener la orden de rebeldía. El director de ese Comité, general Queipo de Llano, lo explicará después con una frase lapidaria: "Un loco hace ciento"* (433).

El día 15, en efecto, se produce el alzamiento, fracasado, de la Base aérea de Cuatro Vientos, donde Gonzalo Queipo de Llano, Ramón Franco e Ignacio Hidalgo de Cisneros encabezan un movimiento que ha de ser secundado por una huelga general .

Fue una mañana de diciembre -recuerda Rafael Alberti-. *María Teresa y yo, como todo Madrid, mirábamos al cielo frío, esperando que las alas conjuradas de Cuatro Vientos decidieran. Pero las alas, sintiéndose enfiladas por fusiles, se vieron impelidas a remontar el vuelo, rumbo a Lisboa (En uno de esos aviones iba Queipo de Llano, en otro, Ignacio Hidalgo de Cisneros: dos Españas en vuelo, que habían de separarse definitivamente. Queipo, monárquico, se subleva contra el rey; Queipo, republicano, se subleva contra la República. En cambio, Hidalgo de Cisneros, intachable conducta, hombre de corazón valiente y seguro, no despintó jamás de las alas de su avión de combate la bandera republicana. El 18 de julio, en las batallas decisivas por defenderla, el pueblo le nombra general, jefe de las Fuerzas del Aire.)* (434).

Ante la evidencia de que la huelga general no se produce, *Franco decidió bombardear el Palacio Real, para ver si conseguía cambiar la situación en Madrid* -testifica Hidalgo de Cisneros-. *Salió con su avión cargado de bombas. Desde Cuatro Vientos seguíamos a simple vista y con la emoción natural su vuelo, esperando con impaciencia las explosiones de las bombas. Pero después de dar varias pasadas sobre el Palacio, vimos que el avión de Franco regresaba sin haber soltado las bombas. Cuando le preguntamos qué había ocurrido, nos contestó que en la Plaza de Oriente había muchos niños y que no se atrevió a bombardear* (435).

Mientras los sindicatos revolucionarios de Madrid callaban y se inhibían, se declararon algunas huelgas locales en varios puntos de España con proclamaciones muy minoritarias de la República -escribe Ricardo de la Cierva-. *Pero los numerosos comprometidos del Ejército en varias guarniciones, tal vez escarmentados por la suerte de sus compañeros de Jaca, tampoco se movieron. Ni el general Fernández de Villa Abrille en Burgos, ni el general Miguel Núñez de Prado en Logroño consiguieron iniciar el pronunciamiento de aquellas guarniciones. Al anochecer del día 15 podía darse por abortada la segunda revolución republicana de diciembre* (436).

Según Francisco Largo Caballero la huelga a la que se han comprometido tanto el partido Socialista como la Unión General de Trabajadores no se produce por la enemiga de Julián Besteiro y Andrés Saborit: *la huelga estaba saboteada; consumada la traición por los enemigos de formar parte del Comité revolucionario* (437). En Barcelona, en cambio, la Confederación General del Trabajo (CNT), fiel a su compromiso, promueve la huelga.

Los implicados en la intentona de Cuatro Vientos huyen a Portugal, desde donde semanas después se trasladan a París.

La importancia de lo ocurrido en Jaca y Cuatro Vientos, para la Monarquía, es que ambas sublevaciones evidencian un hecho gravísimo: la división del Ejército, cuya unidad se resquebraja, y algunos de cuyos jefes y oficiales no cuestionan un gobierno o un partido determinados sino la persona de Don Alfonso XIII, su jefe máximo, convencidos de que la regeneración de España es incompatible con el trono. Esta división del Ejército, el sustento armado de la Institución, es uno de los factores determinates de su caída.

El teniente general José Sanjurjo Sacanell, Director general de la Guardia civil, dirige días después a sus subordinados la siguiente arenga:

Beneméritos: Vuestros compañeros de la Comandancia de Huesca, y muy singularmente los que constituían el puesto de Jaca, han escrito una página más que añadir al voluminoso libro de oro de la Guardia Civil. Los que perdieron su vida cumpliendo con su deber, dando con su valor, lealtad y abnegación una prueba más de las hermosas virtudes que atesoráis; los que sin contar el número y despreciando el peligro resistieron y combatieron enemigos de enorme superioridad; los que sin descanso y multiplicándose en los servicios reaccionaban contra el agotamiento físico en aras del restablecimiento de la paz pública, y cuantos actuaron excediéndose en el cumplimiento de su obligación, saben que la sangre vertida, y lo por ellos realizado, fecundará nuevos laureles para la Guardia Civil.

Las innumerables pruebas de admiración, cariño y felicitación que estoy recibiendo, no solamente por la actuación de las fuerzas de la Comandancia de Huesca, sino por la de todo el Instituto en general, las deposito como flores sobre los cuerpos de los compañeros caídos, y al elevar una oración por sus almas, reiteremos nuestro decidido propósito de jamás entibiar nuestra lealtad ni de manchar nuestro honor.

Al felicitar a todos por vuestro brillante comportamiento y encargaros sigáis cumpliendo como hasta ahora, os saluda vuestro general director.- SANJURJO (438).

Preston enjuicia así el fracaso de Jaca y Cuatro Vientos: *Puesto que al cabo de cuatro meses se estableció la República, después de unas elecciones municipales, el fracaso del movimiento de diciembre no fue un revés definitivo. Además, si la República hubiese sido traída por un golpe militar, habría tenido un carácter considerablemente distinto y quizá menos capacidad para proyectar varias reformas* (439).

El fiasco del intento revolucionario envalentona al general Berenguer, que el 30 de diciembre anuncia la próxima convocatoria de elecciones generales, a celebrar el mes de marzo de 1931, el día 1 para el Congreso y el 15 para el Senado.

Finaliza el año 1930, iniciado con la presencia de un general en la presidencia del Gobierno, y que cuenta con otro en idéntico cargo al dar sus últimas boqueadas.

3.7. *AL SERVICIO DE LA REPÚBLICA*
(La movilización intelectual, 9 de febrero de 1931)

El 1 de enero de 1931, en un editorial de su director, Angel Herrera Oria, el diario confesional *El Debate* afirma que *la situación política se presenta para España a comienzos de 1931 más despejada que en fecha igual de 1930.* Pero por debajo de afirmación tan optimista el proceso para derribar la monarquía de Don Alfonso XIII avanza implacable. Lo que no le impide profetizar al ilustre editorialista y futuro cardenal, refiriéndose a las consecuencias de los acontecimientos de diciembre del año anterior: *Fracasó el movimiento porque tenía que fracasar y porque España no está para revoluciones... de ahí no ha de venirnos una revolución a corto plazo. Podrá venirnos dentro de una década, si no se la ataja convenientemente* (440).

En febrero de 1930 es repuesta la Junta Directiva del Ateneo de Madrid destituída por la Dictadura: Gustavo Pittaluga, presidente, Gregorio Marañón, vicepresidente, Luis de Tapia, secretario. El Ateneo, cuya presidencia recae pronto en Manuel Azaña, es no sólo la *cobertura legal* del Comité Revolucionario sino un centro de agitación permanente en favor de la República de la mayor importancia. Un año después, el 9 de febrero de 1931 tres figuras de primer orden del mundo cultural español, José Ortega y Gasset, Gregorio Marañón y Ramón Pérez de Ayala, fundan la Agrupación *Al Servicio de la República*, cuya presidencia, que acepta, se ofrece a Antonio Machado. Su manifiesto se publica en *El Sol*, de Madrid, al día siguiente:

Cuando la historia de un pueblo fluye dentro de su normalidad cotidiana, parece lícito que cada cual viva atento sólo a su oficio y entregado a su vocación. Pero cuando llegan tiempos de crisis profunda, en que, rota o caduca toda normalidad, van a decidirse los nuevos destinos nacionales, es obligatorio para todos salir de su profesión y ponerse sin reservas al servicio de la necesidad pública. Es tan notorio, tan evidente, hallarse hoy en España en una situación extrema de esta índole, que estorbaría encarecerlo con procedimientos de inoportuna grandilocuencia. En los meses, casi diríamos en las semanas, que sobrevienen, tienen los españoles que tomar sobre sí, quieran o no, la responsabilidad de una de esas grandes decisiones colectivas en que los pueblos crean irrevocablemente su propio futuro. Esta convicción nos impulsa a dirigirnos hoy a nuestros conciudadanos, especialmente a los que se dedican a profesiones afines a las nuestras. No hemos sido nunca hombres políticos, pero nos hemos presentado en las filas de la contienda pública siempre que el tamaño del peligro lo hacía inexcusable. Ahora son superlativas la urgencia y la gravedad de la circunstancia. Esto, y no pretensión alguna de entender mejor que cualesquiera otros españoles los asuntos nacionales, nos mueve a iniciar con máxima actividad una amplia campaña política. Debieran ser personas mejor dotadas que nosotros para empresas de esta índole quienes iniciasen y dirigiesen la labor. Pero hemos esperado en vano su llamamiento, y como el caso no permite demora ni evasiva, nos vemos forzados a hacerlo nosotros, muy a sabiendas de nuestras limitaciones.

El Estado español tradicional llega ahora al grado postrero de su descomposición. No procede ésa de que encontrase frente a sí la hostilidad de fuerzas poderosas, sino que sucumbe corrompido por sus propios vicios sustantivos. La Monarquía de Sagunto no ha sabido convertirse en una institución nacionalizada, es decir, en un sistema de Poder público que se supeditase a las exigencias profundas de la nación y viviese solidarizada con ellas, sino que ha sido una asociación de grupos particulares, que vivio parásitamente sobre el organismo español, usando del Poder público para la defensa de los intereses parciales que representaba. Nunca se ha sacrificado aceptando con generosidad las necesidades vitales de nuestro pueblo, sino que, por el contrario, ha impedido siempre su marcha natural por las rutas históricas, fomentando sus defectos inveterados y desalentando toda buena inspiración. De aquí que día por día se haya ido quedando sola la Monarquía y concluyese por mostrar a la intemperie su verdadero carácter, que no es el de un estado nacional, sino el de un Poder público convertido fraudulentamente en parcialidad y en facción.

Nosotros creemos que ese viejo Estado tiene que ser sustituido por otro auténticamente nacional. Esta palabra "nacional" no es vana; antes bien, designa una manera de entender la vida pública, que lo acontecido en el mundo durante los últimos años de nuevo corrobora. Ensayos como el fascismo y el bolchevismo marcan la vía por donde los pueblos van a parar en callejones sin salida; por eso apenas nacidos padecen ya la falta de claras perspectivas. Se quiso en ambos olvidar que, hoy más que nunca, un pueblo es una gigantesca empresa histórica, la cual sólo puede llevarse a cabo o sostenerse mediante la entusiasta y libre colaboración de todos los ciudadanos unidos bajo una disciplina, más de espontáneo fervor que de rigor impuesto. La tarea enorme e inaplazable de remozamiento técnico, económico, social e intelectual que España tiene ante sí no se puede acometer si no se logra que cada español dé su máximo rendimiento vital. Pero esto no es posible si no se instaura un Estado que, por la amplitud de su base jurídica y administrativa, permita a todos los ciudadanos solidarizarse con él y participar en su alta gestión. Por eso creemos que la Monarquía de Sagunto ha de ser sustituida por una República que despierte en todos los españoles, a un tiempo dinamismo y disciplina, llamándolos a la soberana empresa de resucitar la historia de España, renovando la vida peninsular en todas sus dimensiones, atrayendo todas las capacidades, imponiendo un orden de limpia y enérgica ley, dando a la Justicia plena transparencia, exigiendo mucho a cada ciudadano, trabajo, destreza, eficacia, formalidad y la resolución de levantar nuestro país hasta la plena altitud de los tiempos.

Pero es ilusorio imaginar que la Monarquía va a ceder galantemente el paso a un sistema de Poder público tan opuesto a sus malos usos, a sus privilegios y egoísmos. Sólo se rendirá ante una formidable presión de la opinión pública. Es, pues, urgentísimo organizar esa presión, haciendo que sobre el capricho monárquico pese con suma energía la voluntad republicana de nuestro pueblo. Esta es la labor ingente que el momento reclama. Nosotros nos ponemos a su servicio. No se trata de formar un partido politicil. No es razón de partir, sino de unificar. Nos proponemos suscitar una amplísima agrupación al servicio de la República, cuyos esfuerzos tenderán a lo siguiente:

1º. Movilizar a todos los españoles de oficio intelectual para que formen un copioso contingente de propagandistas y defensores de la República española. Llamaremos a todo el profesorado y Magisterio, a los escritores y artistas, a los médicos, a los ingenieros, arquitectos y técnicos de toda clase, a los abogados, notarios y demás hombres de ley. Muy especialmente necesitamos la colaboración de la juventud. Tratándose de decidir el futuro de España, es imprescindible la presencia activa y sincera de una generación en cuya sangre fermenta sustancia del porvenir. De corazón ampliaríamos a los sacerdotes y religiosos este llamamiento, que, a fuer de nacional, preferiría no excluir a nadie, pero nos cohibe la presunción de que nuestras personas carecen de influjo suficiente sobre esas respetables clases sociales.

Como la agrupación al servicio de la República no va a modelarse en partido, sino a hacer una leva general de fuerzas que combaten a la Monarquía, no es inconveniente para alistarse en ella hallarse adscrito a los partidos o grupos que afirman la República, con los cuales procuraremos mantener contacto permanente.

2º. Con este organismo de avanzada bien disciplinado y extendido sobre toda España actuaremos apasionadamente sobre el resto del cuerpo nacional, exaltando la grande promesa histórica que es la República española y preparando su triunfo en unas elecciones constituyentes ejecutadas con las máximas garantías de pulcritud civil.

3º. Pero, al mismo tiempo, nuestra Agrupación irá organizando, desde la capital hasta la aldea y el caserío, la nueva vida pública de España en todos sus haces, a fin de lograr la sólida instauración y el ejemplar funcionamiento del nuevo Estado republicano.

Importa mucho que España cuente pronto con un Estado eficazmente constituido, que sea como una buena máquina en punto, porque, bajo las inquietudes políticas de estos años, late algo todavía más hondo y decisivo: el despertar de nuestro pueblo a una existencia más enérgica, su renaciente afán de hacerse respetar e intervenir en la historia del mundo. Se oye con frecuencia, más allá de nuestras fronteras, proclamar como el nuevo hecho de grandes proporciones que apunta en el horizonte y modificará el porvenir, el germinante resurgir ibérico a ambos lados del Atlántico. Nos alienta tan magnífico agüero, pero su realización supone que las almas españolas queden liberadas de la domesticidad y el envilecimiento en que las ha mantenido la Monarquía. Incapaz de altas empresas y de construir un orden que, a la vez, impere y dignifique. La República será el símbolo de que los españoles se han resuelto por fin a tomar briosamente en sus manos propias su propio e intransferible destino". -Gregorio Marañón.-Ramón Pérez de Ayala.-José Ortega y Gasset (441).

El hecho tiene una repercusión importante en amplios sectores de la sociedad española. Ni Ortega, ni Marañón, ni Pérez de Ayala son unos *bohemios* de tertulia de café, sino figuras socialmente muy consideradas en círculos que nada o poco tienen que ver con la condición intelectual de los tres. Pero todo ello no inquieta seguramente a Don Alfonso XIII. Para él los intelectuales, cuando menos, son seres extravagantes y pintorescos, dedicados a quehaceres incomprensibles. Cuenta Salvador de Madariaga que el duque de Alba convida a su casa de Madrid al soberano para que conozca a José Ortega y Gasset : *Da vergüenza pensar que tal cosa hubiera sido necesaria. Pero en la biblioteca personal de Alfonso XIII no había, cuando se marchó, más que un Código Civil y una edición de lujo del Quijote.*

Llegó Su Majestad, se hizo la presentación, y el rey preguntó: "¿Y qué enseña usted en la Universidad?" A lo que Ortega contestó: "Estética y metafísica". Y el rey, chascando los dedos como un golfillo de Madrid, exclamó: "Pues no debe ser poco difícil eso" (442).

Alfonso XIII no supo atraerse a la inteligencia española -constata Luis María Anson-. *No creía en los intelectuales ni en lo que significaban políticamente en una sociedad que cada día accedía mejor informada a la vida de opinión. Dedicó algunas chanzas a Ortega y Gasset, no supo tratar a Unamuno, permitió que se detuviera a Valle Inclán, que se persiguiera a escritores de relieve. Y no sólo no dedicó tiempo a los intelectuales, líderes de la opinión y capaces de moldearla, sino que se sumó muchas veces a la mofa que de ellos hacían algunos aristócratas y cortesanos cretinos y desleales que adulaban al Rey en Palacio y le despreciaban luego fuera de él. No pocos Grandes de España hablaban de los intelectuales como si España estuviera anclada en el siglo XVII. A Alfonso XIII le divertía reirse de los escritores en las tertulias con sus aristócratas cortesanos que más tarde le llamaban "Gutiérrez" y difundían chistes soeces sobre el Monarca* (443).

Rafael Alberti, por su parte, recuerda que *la otra España seguía bullendo incontenible. Sus anhelos de libertad, más subidos y contagiosos cada vez, se derramaban por todas partes. Hasta las gentes más imprevistas, aquellas que incluso hablaban familiarmente de "nuestra Isabel, nuestra Victoria, nuestro Alfonso", encontraron de pronto que aquel espléndido teatro del Palacio Real era apenas un mamarrachesco barracón de feria, habitado por unos esperpenticios y valleinclanescos muñecos. Las amistades puras empiezan a resquebrajarse. El escritor, por vez primera en esos años, va a unirse al escritor por afinidades políticas y no profesionales. Todos a una comprendieron que tenían, si no bancarias, serias cuentas que arreglar con la Casa del Rey; rey que, por otra parte, jamás consultó a las inteligencias de su país. Unamuno, Azaña, Ortega, Valle-Inclán, Pérez de Ayala, Marañón, Machado, Baeza, Bergamín, Espina, Díaz Fernández, por citar sólo algunos nombres, se agitan y trabajan, ahora ya abiertamente, "al servicio de la República"* (444).

La monarquía jamás se había tomado en serio a los intelectuales - escribe Carr-, *y el mundo cerrado y ciego de la corte no sospechó nunca el creciente alcance de su influencia. El rey (...) les descuidó; como los políticos, le aburrían; se sentía "más interesado por una turbina o un puente que por un debate político". Ahora, los intelectuales y los políticos que iban con ellos se desquitaban* (445).

El 15 de ese mes Ortega publica en *El Sol* un artículo sobre la solución dada por Don Alfonso XIII a la crisis de la Dictadura: *El error Berenguer*:

No, no es una errata. Es probable que en los libros futuros de historia de España se encuentre un capítulo con el mismo título que este artículo. El buen lector, que es el cauteloso y alerta, habrá advertido que en esa expresión el señor Berenguer no es el sujeto del error, sino el objeto. No se dice que el error sea de Berenguer, sino más bien lo contrario -que Berenguer es del error, que Berenguer en un error-. Son otros, pues, quienes lo han cometido y cometen; otros, toda una porción de España, aunque, a mi juicio, no muy grande. Por ello trasciende ese error los límites de la equivocación individual y quedará inscrito en la historia de nuestro país.

Estos párrafos pretenden dibujar, con los menos aspavientos posibles, en qué consiste desliz tan importante, tan histórico.

Para esto necesitamos proceder magnánimamente, acomodando el aparato ocular a lo esencial y cuantioso, retrayendo la vista de toda cuestión personal y de detalle. Por eso, yo voy a suponer aquí que ni el presidente del Gobierno ni ninguno de sus ministros han cometido error alguno en su actuación concreta y particular. Después de todo, no está esto muy lejos de la pura verdad. Esos hombres no habrán hecho ninguna cosa positiva de grueso calibre; pero es justo reconocer que han ejecutado pocas indiscreciones. Algunos de ellos han hecho más. El señor Tormo, por ejemplo, ha conseguido lo que parecía imposible: que a estas fechas la situación estudiantil no se haya convertido en un conflicto grave. Es mucho menos fácil de lo que la gente puede suponer que exista, rebus sic estantibus, *y dentro del régimen actual, otra persona, sea cual fuere, que hubiera podido lograr tan inverosímil cosa. Las llamadas "derechas" no se lo agradecen porque la especie humana es demasiado estúpida para agradecer que alguien le evite una enfermedad. Es preciso que la enfermedad llegue, que el ciudadano se retuerza de dolor y de angustia: entonces siente "generosamente" exquisita gratitud hacia quien le quita la enfermedad que le ha martirizado. Pero así, en seco, sin martirio previo, el hombre, sobre todo el feliz hombre de la "derecha", es profundamente ingrato.*

Es probable también que la labor del señor Wais para retener la ruina de la moneda merezca un especial aplauso. Pero, sin que yo lo ponga en duda, no estoy tan seguro como de lo anterior, porque entiendo muy poco de materias económicas, y eso poquísimo que entiendo me hace disentir de la opinión general, que concede tanta importancia al problema de nuestro cambio. Creo que, por desgracia, *no es la moneda lo que constituye el problema verdaderamante grave, catastrófico y sustancial de la economía española -nótese bien, de la española-. Pero, repito, estoy dispuesto a suponer lo contrario y que el Sr. Wais ha sido el Cid de la peseta. Tanto mejor para España, y tanto mejor para lo que voy a decir, pues cuantos menos errores haya cometido este Gobierno, tanto mejor se verá el error que es.*

Un Gobierno es, ante todo, la política que viene a representar. En nuestro caso se trata de una política sencillísima. Es un monomio. Se reduce a un tema. Cien veces lo ha repetido el señor Berenguer. La política de este Gobierno consiste en cumplir la resolución adoptada por la Corona de volver a la normalidad por los medios normales. Aunque la cosa es clara como "¡buenos días!", conviene que el lector se fije. El fin de la política es la normalidad. Sus medios son...los normales.

Yo no recuerdo haber oído hablar nunca de una política más sencilla que ésta. Esta vez, el Poder público, el Régimen, se ha hartado de ser sencillo.

Bien. Pero ¿a qué hechos, a qué situación de la vida pública responde el Régimen con una política tan simple y unicelular? ¡Ah!, eso todos lo sabemos. La situación histórica a que tal política responde era también muy sencilla. Era ésta: España, una nación de sobre veinte millones de habitantes, que venía ya de antiguo arrastrando una existencia política bastante normal, ha sufrido durante siete años un régimen de absoluta anormalidad *en el Poder público, el cual ha usado medios de tal modo anormales, que nadie, así, de pronto, podrá recordar haber sido usados nunca ni dentro ni fuera de España, ni en este ni en cualquier otro siglo. Lo cual anda muy lejos de ser una frase. Desde mi rincón sigo estupefacto ante el hecho de que todavía ningún sabedor de historia jurídica se haya ocupado en hacer notar a los españoles minuciosamente y con pruebas exuberantes esta estricta verdad: que no es imposible, pero sí sumamente difícil, hablando en serio y con todo rigor, encontrar un régimen de Poder público como el que ha sido de hecho nuestra Dictadura en todo el ámbito de la historia, incluyendo los pueblos salvajes. Sólo el que tiene una idea completamente errónea de lo que son los pueblos salvajes puede ignorar que la situación de derecho público en que hemos vivido es más salvaje todavía, y no sólo es anormal con respecto a España y al siglo XX, sino que posee el rango de una insólita anormalidad en la historia humana. Hay quien cree poder controvertir esto sin más que hacer constar el hecho de que la Dictadura no ha matado; pero eso, precisamente eso -creer que el derecho se reduce a no asesinar-, es una idea del derecho inferior a la que han solido tener los pueblos salvajes.*

La Dictadura ha sido un poder omnímido y sin límites, que no sólo ha operado sin ley ni responsabilidad, sin norma no ya establecida, pero ni aun conocida, sino que no se ha circunscrito a la órbita de lo público, antes bien ha penetrado en el orden privadísimo brutal y soezmente. Colmo de todo ello es que no se ha contentado con mandar a pleno y frenético arbitrio, sino que aún le ha sobrado holgura de Poder para insultar líricamente a personas y cosas colectivas e individuales. No hay punto de la vida española en que la Dictadura no haya puesto su innoble mano de sayón. Esa mano ha hecho saltar las puertas de las cajas de los Bancos, y esa misma mano, de paso, se ha entretenido en escribir todo género de opiniones estultísimas, hasta sobre la literatura de los poetas españoles. Claro que esto último no es de importancia sustantiva, entre otras cosas porque a los poetas los traían sin cuidado las opiniones literarias de los dictadores y sus criados; pero lo cito precisamente como un colmo para que conste y se recuerde y simbolice la abracadabrante y sin par situación por que hemos pasado. Yo ahora no pretendo agitar la opinión, sino, al contrario, definir y razonar, que es mi primario deber y oficio. Por eso eludo recordar aquí, con sus espeluznantes pelos y señales, los actos más graves de la Dictadura. Quiero, muy deliberadamente, evitar lo patético. Aspiro hoy a persuadir y no a conmover. Pero he tenido que evocar con un mínimum de evidencia lo que la Dictadura fue. Hoy parece un cuento. Yo necesitaba recordar que no es un cuento, sino que fue un hecho.

Y que a ese hecho responde el Régimen con el Gobierno Berenguer, cuya política significa: volvamos tranquilamente a la normalidad por los medios más normales, hagamos "como si" aquí no hubiese pasado nada radicalmente nuevo, sustancialmente anormal.

Eso es todo lo que el Régimen puede ofrecer, en este momento tan difícil para Europa entera, a los veinte millones de hombres ya maltraídos de antiguo, después de haberlos vejado, pisoteado, envilecido y esquilmado durante siete años. Y, no obstante pretende, impávido, seguir al frente de los destinos históricos de esos españoles y de esta España.

Pero no es eso lo peor. Lo peor son los motivos por los que cree poderse contentar con ofrecer tan insolente ficción.

El Estado tradicional, es decir, la Monarquía, se ha ido formando un surtido de ideas sobre el modo de ser de los españoles. Piensa, por ejemplo, que moralmente pertenecen a la familia de los óvidos, que en política son gente mansurrona y lanar, que lo aguantan y lo sufren todo sin rechistar, que no tienen sentido de los deberes civiles, que son informales, que a las cuestiones de derecho y, en general, públicas, presentan una epidermis córnea. Como mi única misión en esta vida es decir lo que creo verdad -y, por supuesto, desdecirme tan pronto como alguien me demuestre, que padecía equivocación-, no puedo ocultar que esas ideas sociológicas sobre el español tenidas por su Estado son, en dosis considerables, ciertas. Bien está, pues, que la Monarquía piense eso, que lo sepa y cuente con ello; pero es intolerable que se prevalga de ello. Cuanta mayor verdad sean, razón de más para que la Monarquía, responsable ante el Altísimo de nuestros últimos destinos históricos, se hubiese extenuado, hora por hora, en corregir tales defectos, excitando la vitalidad política del español, haciéndole hiperestésico para el derecho y la dignidad civil, persiguiendo cuanto fomentase su modorra moral y su propensión lanuda. No obstante, ha hecho todo lo contrario. Desde Sagunto, la Monarquía no ha hecho más que especular sobre los vicios españoles, y su política ha consistido en aprovecharlos para su exclusiva comodidad. La frase que en los edificios del Estado español se ha repetido más veces es ésta: "¡En España no pasa nada!" La cosa es repugnante, repugnante como para vomitar entera la historia española de los últimos sesenta años; pero nadie honradamente podrá negar que la frecuencia de esa frase es un hecho.

He aquí los motivos por los cuales el Régimen ha creído posible también en esta ocasión superlativa responder, no más que decretando esta ficción: Aquí no ha pasado nada. Esta ficción es el Gobierno Berenguer.

Pero esta vez se ha equivocado. Se trataba de dar largas. Se contaba con que pocos meses de gobierno emoliente bastarían para hacer olvidar a la amnesia celtíbera los siete años de Dictadura. Por otra parte, del anuncio de elecciones se esperaba mucho. Entre las ideas sociológicas, nada equivocadas, que sobre España posee el Régimen actual, está esa de que los españoles se compran con actas. Por eso ha usado siempre los Comicios -función suprema y como sacramental de la convivencia civil- con instintos simonianos. Desde que mi generación asiste a la vida pública no ha visto en el Estado otro comportamiento que esa especulación sobre los vicios nacionales. Ese comportamiento se llama en latín y en buen castellano: indecencia, indecoro. El Estado en vez de ser inexorable educador de nuestra raza desmoralizada, no ha hecho más que arrellanarse en la indecencia nacional.

Pero esta vez se ha equivocado. Este es el error Berenguer. Al cabo de diez meses, la opinión pública está menos resuelta que nunca a olvidar la "gran viltà" que fue la Dictadura. El Régimen sigue solitario, acordonado como leproso en lazareto. No hay un hombre hábil que quiera acercarse a él; actas, carteras, promesas -las cuentas de vidrio perpetuas-, no han servido esta vez de nada. Al contrario: esta última ficción colma el vaso. La reacción indignada de España empieza ahora, precisamente ahora, y no hace diez meses. España se toma siempre tiempo, el suyo.

Y no vale oponer a lo dicho que el advenimiento de la Dictadura fue inevitable y, en consecuencia, irresponsable. No discutamos ahora las causas de la Dictadura. Ya hablaremos de ellas otro día, porque, en verdad, está aún hoy el asunto aproximadamente intacto. Para el razonamiento presentado ante la cuestión es indiferente. Supongamos un instante que el advenimiento de la Dictadura fue inevitable. Pero esto, ni que decir tiene, no vela lo más mínimo el hecho de que sus actos después de advenir fueron una creciente y monumental injuria, un crimen de lesa patria, de lesa historia, de lesa dignidad pública y privada. Por tanto, si el Régimen la aceptó obligado, razón de más para que al terminar se hubiese dicho: Hemos padecido una incalculable desdicha. La normalidad que constituía la unión civil de los españoles se ha roto. La continuidad de la historia legal se ha quebrado. No existe el Estado español. ¡Españoles: reconstruid vuestro Estado!

Pero no ha hecho esto, que era lo congruente con la desastrosa situación, sino todo lo contrario. Quiere una vez más salir del paso, como si los veinte millones de españoles estuviésemos ahí para que él saliese del paso. Busca a alguien que se encargue de la ficción, que realice la política del "aquí no ha pasado nada". Encuentra sólo un general amnistiado.

Este es el error Berenguer de que la historia hablará.

Y como es irremediablemente un error, somos nosotros, y no el Régimen mismo; gente de la calle, de tres al cuarto y nada revolucionarios, quienes tenemos que decir a nuestros conciudadanos: ¡Españoles, vuestro Estado no existe! ¡Reconstruidlo!

Delenda est Monarchia.

José Ortega y Gasset (446).

Parece obvio que la importancia del articulo de Ortega radica no tanto en la descalificación de Berenguer como en la condena de la Monarquía y su desahucio, y en la apelación para que los españoles construyan su futuro a través de la República.

Ortega y Gasset se definió bravamente contra Alfonso XIII -recuerda Indalecio Prieto desde su exilio de México-. *No cabe duda de que influyó tanto o más que nadie para derribar el trono. El pueblo aborrecía al rey, al que asimismo los estudiantes hacían blanco de sus odios. El profesorado tomó también su puesto. Desde luego, tenían tomado de tiempo atrás el suyo los catedráticos de filiación republicana y socialista, pero carecían de ella Unamuno y Ortega. Ambos se situaron decididamente en pro de la República, en forma más reflexiva el segundo que el primero, pues mientras Ortega obedecía a una sólida convicción, Unamuno fue empujado por las masas desde que, retornando del destierro, llegó a Irún. Los artículos antialfonsinos de Ortega eran tremendos. Aquella su condenación catoniana "Delenda est monarchia" puso en vilo a mucha gente intelectual* (447).

Para Luis María Anson, con la perspectiva de más de sesenta años desde su publicación, el escrito de Ortega es *un artículo tan magistral que unas docenas de líneas valían, ellas solas, más que la Corona de Alfonso XIII* (448). Pocas veces, desde el campo monárquico, se ha valorado más una requisitoria republicana o justipreciado menos a la institución monárquica encarnada por un Borbón.

La movilización intelectual en favor de la República, en una sociedad en la que figuras como Ortega, Marañón o Pérez de Ayala cuentan con un prestigio sólido, supone un duro golpe para la Institución, cuya cabeza visible, Don Alfonso XIII, se caracteriza por el frívolo desprecio con que ignora cuanto se refiere al mundo de la cultura.

Cuatro días antes de la publicación del artículo de Ortega, José Martínez Ruiz, *Azorín*, antiguo diputado maurista y subsecretario con Juan de la Cierva, se declara republicano. En las respuestas a una entrevista encuesta -*¿Cómo ve usted el porvenir de España*?- realizada por Juan Guixé en el semanario barcelonés *La Calle*, el *inventor* de la *Generación del 98* declara:

Con un cambio de régimen, España volverá a recobrar su sentido histórico, su verdadera tradición, interrumpida por el advenimiento al trono de los Austrias y los Borbones. Soy republicano, francamente republicano. Republicano federal. La fórmula, federal, predicada por el maestro Pi y Margall, dará a España la armonía que necesita. Esta devoción por el autor de "Las Nacionalidades" es antigua en mí. Data desde la mocedad (...). De momento, la Constitución que debe darse a España es la del año 1869 (449) *Después, las Constituyentes deliberarán acerca de la Constitución que conviene adoptar, de la Constitución futura (...). Creo que la nota más destacada, la más convincente, es la colaboración entre intelectuales y obreros. Es decir, entre trabajadores, sencillamente. Unos lo son de la inteligencia y otros manuales. Tan trabajador es un albañil como un médico. El intelectual tiende a distanciarse del obrero. Es un error. Estamos más cerca de él que de otras clases* (450).

En esa encuesta *Azorín* recomienda la *abstención masiva* en las próximas elecciones municipales si no hay garantías suficientes de neutralidad por parte del Gobierno.

Fuera de las relaciones de amistad con algunos de sus miembros -explica Gregorio Marañón, uno de los fundadores de la *Agrupación-, apenas tuve trato con el comité que organizaba el movimiento republicano (...). Por entonces, nadie pensaba en España que estuviera tan próximo el fin de la Monarquía y que los personajes que dirigían el movimiento republicano fueran, en tan breve plazo como ocurrió, los directores de la política española. La posibilidad del cambio de régimen nos parecía a todos, no obstante, inevitable después de la Dictadura. Precisamente por los peligros que preveíamos ante este suceso, en un pueblo como el español, decidió Ortega y Gasset la fundación de la* Agrupación al servicio de la República, *con el propósito de hacer una obra de educación del pueblo, para adaptarle al futuro régimen. Este fue el sentido de nuestras gestiones y de nuestra única actuación política en el mitin de Segovia, en marzo de 1931* (451).

Cuando el general Mola, recién nombrado Director general de Seguridad, realiza la obligada visita de cortesía a los diversos ministros del Gobierno, Elías Tormo, que desempeña la cartera de Instrucción Pública, en un encuentro que Mola califica de *extravagante*, le alecciona en estos términos: *No olvide que las únicas algaradas que hacen caer los Gobiernos son las de estudiantes y cigarreras. Eso lo debe tener muy presente un director de Seguridad* (452).

La parte más inquieta de la juventud -escriben el duque de Maura y Melchor Fernández Almagro-, *señaladamente la estudiantil, que por aquellas calendas decimonónicas había sido casi totalmente alfonsina, propugnaba ahora, con la misma superioridad numérica, la implantación de la República y menospreciaba insolente la persona del Rey. La* Federación Universitaria Escolar, *bautizada con el nombre de F.U.E. por la manía anagramática de los tiempos, lanzaba contra el Monarca proyectiles de fango, cargados de soecidades y calumnias, y convertía en arma villana hasta el más acerbo de sus infortunios familiares, la incapacidad física (por achaques diversos) de sus dos hijos mayores y del benjamín Infante don Gonzalo. Esos jóvenes escolares que acababan de abrir los ojos a la vida pública, no habían conocido al Soberano sino sujeto ya a la capitidiminución que le impuso la Dictadura, relegándole desdeñosa al rango de pasmarote decorativo en el escenario político nacional; y solían identificarle con cierto grotesco personaje al que la sátira libelesca clandestina aplicaba el seudónimo despectivo de* Guitérrez. *Eminencias de la Filosofía, las Letras, la Medicina o el Foro, recibidas y agasajadas alguna vez por Su Majestad, se erigían ahora en paladines de la República, poniéndose al servicio suyo como lo estuvieron al de su Dama los justadores de torneos medievales* (453).

La movilización intelectual contra la Monarquía y a favor de la República coincide con otra de la mayor importancia.

El apoyo que la causa de la República recibía estaba incrementado por el aporte de las grandes organizaciones de trabajadores -escribe Guillermo Cabanellas-. *De una parte la Unión General de Trabajadores y el Partido Socialista, y de la otra la Confederación Nacional del Trabajo y la Federación Anarquista Ibérica. La coincidencia de estas dos fuerzas en el plano de una acción revolucionaria, dirigida por republicanos, hacía entrever que la causa de la Monarquía perdía toda posibilidad ante la reacción de las masas trabajadoras* (454).

El 14 de marzo, a un mes justo de la proclamación de la República, se publica el primer número del semanario *La conquista del Estado*, fundado y dirigido por Ramiro Ledesma Ramos. Resulta inevitable que el fascismo haga acto de presencia en España, donde sus precursores, desde la década anterior, son Rafael Sánchez Mazas y Ernesto Giménez Caballero, aunque este último, años después, pretenda que el precursor del fascismo, no ya español sino del fascismo universal, es nada menos que Pío Baroja (455). *Cuando la República llegó a España, en 1931* -escribe Haro Tecglen-, *Europa atravesaba por la época que se ha llamado "crisis de las democracias"; la creencia, incluso por notables personajes de la izquierda, de que las democracias se perderían por sus flaquezas -incluyendo al parlamento, y los partidos políticos, y las dudas respecto al valor de las mayorías- frente a las dictaduras de Mussolini, Hitler o Stalin; más aún, si llegaba a haber guerra. En España fascinaba más Mussolini* (456).

3.8. EL GABINETE AZNAR (17 de febrero de 1931).

3.8.1. SÁCHEZ GUERRA OFRECE ENTRAR EN EL GOBIERNO A LOS MIEMBROS DEL COMITÉ REVOLUCIONARIO. EL ALMIRANTE Y EL CONDE. TRIUNFO Y ESPANTO DE DOÑA VICTORIA EUGENIA. LA ADVERTENCIA DEL CARDENAL PRIMADO, PEDRO SEGURA.

El general Berenguer es un palaciego en el sentido en que define este término Salvador de Madariaga, es decir, *un instrumento ciego de Palacio* (457). Su fracaso es el fracaso del Rey, que busca para substituirle a otra persona igualmente afecta al Real Alcázar, perteneciente esta vez no al Ejército de Tierra sino a la Marina, el capitán general de la Armada almirante Juan Bautista Aznar. El duque de Maura y Melchor Fernández Almagro recuerdan, a este propósito, que el académico y almirante Julio

Guillén asegura que *la presencia de algún Almirante a la cabeza de un Gobierno o de un Estado, es indicio indefectible de naufragio* (458).

Berenguer no logra que los partidos políticos, ni monárquicos ni antimonárquicos, acepten su calendario electoral. El conde de Romanones exige, y consigue, que los primeros comicios que se celebren sean municipales. Cree que con ello evita el riesgo que puede suponer para la Institución un resultado adverso si las elecciones son a Cortes.

Antes del nombramiento del almirante Aznar el Rey inicia las consultas. El lote de los llamados a Palacio incluye a diversos políticos que han declarado su incompatibilidad con el monarca. *El rey sabía que esta vez acudirían los convocados* -escribe Miguel Maura-. *Lo que ignoraba era que la mayor parte de ellos lo harían para volcar ante él sus legítimos agravios y mostrarle sus pesimistas augurios* (459).

El sábado 14 de febrero, por la mañana, Don Alfonso XIII recibe a los *incondicionales*: el duque de Maura, el marqués de Alhucemas y el conde de Romanones. Por la tarde, a José Sánchez Guerra, quien al salir de Palacio declara a los periodistas que *la historia tiene la coquetería de repetirse, merced a lo cual, una vez más, se comprueba que la realidad tiene más fuerza que la realeza*, lo que, *traducido al lenguaje vulgar* -apostilla Miguel Maura- *quería esto decir que, en aquellos momentos, ya no es el rey quien manda, sino la realidad, que bien claro está hacia donde apunta ...* (460). Tras Sánchez Guerra Don Alfonso XIII recibe al conde de Bugallal, a Melquíades Alvarez, a Miguel Villanueva y a Juan de la Cierva. Melquíades Alvarez manifiesta a Don Alfonso XIII, según explica a la prensa, que *el momento era histórico y las circunstancias gravísimas* (461). Su propuesta al monarca es la convocatoria de unas Cortes constituyentes *con un poder que estuviera por encima del real*, lo que comporta la ausencia del Rey durante las elecciones; éste es el sentir unánime de los constitucionalistas.

De las consultas salió "la realeza" hecha girones. Salvo los incondicionales de siempre, los demás la desahuciaron verbalmente del trono, resume Miguel Maura (462).

Juan de la Cierva, que encarna la derecha pura y dura, deja al Rey una nota escrita en la que resume su opinión: *Resueltamente pedía al Monarca que nombrara el Gobierno que entendiera defendería mejor la Monarquía, prescindiendo de la significación política de cada Ministro en relación con los partidos o grupos, y censuré por peligrosas las complacencias con los revolucionarios. En aquel momento no me pareció resuelto a seguir los consejos de los Constitucionalistas, que, como se ha dicho, reclamaban Cortes Constituyentes para decidir entre Monarquía y República. Entendí que se trataba de concentrar fuerzas para atraer a los elementos liberales y conservadores. Le ví también inclinado a que ese Gobierno lo presidiera el Almirante General Aznar, Ministro de Marina cuando surgió la Dictadura, excelente persona, pero poco político y muy viejo y achacoso* (463).

El domingo 15 de febrero Don Alfonso XIII recibe a Francesc Cambó. El político regionalista, el día antes, hace unas declaraciones al salir de Barcelona con destino a Madrid:

España, no desde ayer sino desde hace algunos meses, da la sensación a propios y extraños, pero aún más a los extraños, de encontrarse en una situación prerrevolucionaria.

Todos los elementos de disolución política social actúan con desenfrenada actividad, y muchos de ellos, por no vivir otro mundo y no respirar otro ambiente que el que ellos mismos se forman, creen de buena fe que está llegando su hora.

El Gobierno del general Berenguer ha ido dando, cada vez más acentuada, la sensación de que no era él quien preveía y dirigía los acontecimientos, sino que era un simple juguete... y de los hombres que los provocaban y administraban.

El movimiento prerrevolucionario español es mucho más superficial que profundo. Ofrece una intensidad mucho menor que la que debía producirse como corolario de una dictadura de más de seis años.

La inmensa, la inmensísima mayoría del país, ni quiere revolución ni quiere dictadura, ni quiere que se vuelva al viejo régimen. Quiere, sencillamente, sentirse gobernado por una democracia verdad que no se espante ante el enunciado de ninguna reforma, pero que las examine cuidadosamente antes de aceptarlas; que no tolere coacciones ni violencias de nadie, ni de las masas obreras ni de las coaligaciones autocráticas.

No hace muchos días hablaba yo con uno de los organizadores de la revolución portuguesa (464) *y me confesaba que en el momento actual, en el que hay una potencia bárbara como Rusia que no piensa en otra cosa que en extender a los pueblos del centro y occidente de Europa la miseria de sus masas y el látigo de sus directores, no participaría en un movimiento revolucionario que podría significar la pérdida de todas las esencias de refinamiento y de civilización que debemos a las influencias griega y romana.*

Las masas sin ideales no resistirán nunca el empuje revolucionario de una minoría excitada. La revolución es como las víboras, que sólo se encuentran en los terrenos abonados y yermos. Es con la acción ciudadana activa como se impiden los estallidos revolucionarios (465).

Don Alfonso XIII desea un Gobierno capaz de neutralizar, por la izquierda -dentro de lo posible, que no es mucho-, a los miembros del Comité Revolucionario, y en consecuencia llama telefónicamente a París a Santiago Alba, huído de España a uña de caballo al proclamarse la Dictadura. En la llamada es posible que influya decisivamente el consejo de Cambó. Pero Alba se niega a regresar y declina el real ofrecimiento.

El conde de Romanones, que sin duda está al corriente de lo que se trama, niega a los periodistas haber tenido una entrevista extraoficial con el Rey en la Casa de Campo, *pero, en cambio* -anota Mola-, *les dijo que se iba a intentar la formación de un Gobierno de "clara, franca y definida significación izquierdista", que convocaría unas Cortes "archiconstituyentes", y terminó mostrándose satisfecho por el paso dado, con el que juzgaba haber prestado un "positivo servicio al Rey y al Gobierno", librando al país de los trastornos que le amenazaban "durante la última semana del período electoral"* (466).

Se hace pública una nota de las Comisiones Ejecutivas del Partido Socialista Obrero Español y la Unión General de Trabajadores, en la que, entre otras cosas, se declara que *ambas Comisiones Ejecutivas concuerdan unánimente en la reiteración de la necesidad de poner un término a la crisis profunda por que atraviesa la vida nacional, abriendo un cauce amplio al desarrollo de la democracia en un régimen nuevo, que no puede aspirar a una vida normal sino rompiendo decididamente con el pasado y emprendiendo resueltamente la obra de la nueva estructuración del país, bajo la forma de Gobierno republicano* (467).

El lunes 16 Don Alfonso XIII encarga la formación de gobierno al miembro más destacado del grupo de los constitucionalistas, José Sánchez Guerra, que acepta, *no obstante* -anota Juan de la Cierva-. *aquello de "los gusanos"*. En su opinión, *Melquíades Alvarez parece que también estaba dispuesto a aceptar* (468).

Falto de otro más eficaz de entre los consultados, hubo don Alfonso de echarse en brazos de Sánchez Guerra, que, cuando menos, había usado de eufemismos para desahuciarle -escribe Miguel Maura-. *El 15, a mediodía, fue encargado de formar Gobierno y aceptó el encargo. Mas no sin condiciones. A la salida de Palacio, con la investidura regia al hombro, se expresó así:*

-El rey me ha hecho el honor de encargarme formar Gobierno. Le he dicho que la confianza no puede otorgarse con cuentagotas y que ha de ser absoluta.

En el ejercicio de esos poderes absolutos, don José realizó un acto "histórico" cuyas consecuencias fueron, sin la menor duda, decisivas para la marcha de los acontecimientos nacionales (469).

El viejo líder del partido Conservador, en efecto, ni corto ni perezoso toma su automóvil y *antes de entrevistarse con los hombres políticos afines o allegados*, como subraya Miguel Maura (470), se dirige a la Cárcel Modelo, de Madrid, a requerir a los miembros del Comité Revolucionario allí presos desde diciembre del año anterior las asistencias necesarias para la formación del gabinete.

En la tarde del 15 (471), *cuando los detenidos políticos, en número considerable, estábamos en la galería, entregados a diferentes quehaceres* -rememora Miguel Maura-, *el director de la cárcel, don José Elorza, compareció de improviso ante nosotros vestido de gran uniforme, y con voz grave, ademán solemne -siempre se mostraba muy ceremonioso, además de ser una excelente persona- y en medio del más profundo silencio de los allí reunidos, nos dijo:*

-Señores, acabo de recibir la orden de comunicarles que, dentro de breves instantes, el señor Sánchez Guerra, encargado por S.M. de formar Gobierno, vendrá a la cárcel para hablar con los señores Alcalá Zamora, Largo Caballero, de los Ríos y Maura. La sala de abogados está dispuesta. Siento que el reglamento no me permita autorizarles para comunicar dentro

de ella, en vez de hacerlo a través de la reja. Les avisaré tan pronto como llegue el señor Sánchez Guerra. La sorpresa de los allí congregados es fácil de suponer. Miguel Maura ha conseguido introducir en su celda un pequeño radioreceptor de galena, con el que sigue las incidencias de la crisis a través de los frecuentes "Diarios hablados", pero explica que *jamás se nos ocurrió pensar que iban a venir a la cárcel los encargados de resolverla* (...) *Todas las conjeturas y fantasías se dieron rienda suelta. Los designados pasamos a reunirnos en mi celda, no tanto para deliberar como para sustraernos a la curiosidad inquisitorial de cuantos allí estaban* (472).

A las siete de la tarde un oficial de prisiones les anuncia que acaba de llegar a las dependencias carcelarias Sánchez Guerra. *Recuerdo que hacía un frío intenso cuando bajamos las escaleras que conducen al locutorio de abogados, y entramos en él* -recuerda Miguel Maura-. *Era reducidísimo, y desde él los presos hablaban con sus defensores a través de la reja. También ésta era estrecha, lo que nos obligó a colocarnos ante ella en dos filas: delante sentados Alcalá Zamora y Largo Caballero, detrás, en pie, Fernando y yo. Alumbraba la sala de abogados, bastante espaciosa, una luz mortecina de bombilla de cinco o diez bujías sin pantalla, que daba a la estancia un aspecto lúgubre. Esperamos unos minutos en silencio. De pronto, se abrió la puerta del fondo de la sala frente a nosotros, y entró, con su inseparable bastón, tocado con sombrero de copa y vestido con majestuoso abrigo de pieles, don José Sánchez Guerra.*

Llega el visitante al centro de la habitación, se descubre con cierta solemnidad y, con voz temblorosa, nos dice:

-Señores, he sido encargado por el rey de formar Gobierno y he creído de mi deber venir a proponerles la colaboración en el que voy a formar, si logro reunir los elementos que considero indispensables.

Continuaba don José en medio de la sala, con el sombrero y el bastón en una mano y la otra en el bolsillo del abrigo. Parecía un fantasma, en aquella media luz de una habitación de paredes encaladas y desnudas, entre muebles desvencijados y cojos, frente a unas sombras que, acurrucados tras una reja, miraban asombrados sin llegar a dar crédito a sus ojos y oídos.

Niceto, siempre esclavo del procedimiento, tras un silencio bastante prolongado, con su característico acento andaluz, respondió:

-No podemos contestá a la pregunta, querido don José, sin antes sabé las condisiones y límites de ese encargo por usted recibido.

Ante un gesto de sorpresa o de impaciencia de Sánchez Guerra, calló Niceto un instante, y Fernando, creyendo sin duda que le ayudaba a salir de un mal paso, intervino, entrando en una disertación sobre el momento histórico que vivía España, que "nos obligaba a examinar..." Entonces yo, que ví claro que don José se impacientaba de veras, dejándome llevar una vez más de mi temperamento, adelanté el busto y, por encima de la cabeza de los dos compañeros sentados, saqué el brazo y exclamé:

-No hay nada que examinar que no esté examinado ya. Nosotros, con la Monarquía, nada tenemos que hacer ni qué decir.

Se produjo un ligero frío colectivo. Sánchez Guerra, tras unos segundos de silencio, sonrió y, muy despacio, contestó:

-Ya suponía yo que esa sería su respuesta, pero he querido comprobarlo oyéndolo de labios de ustedes. Señores, muchas gracias y muy buenas tardes.

Hizo una reverencia ligera, y salió de la sala mientras nosotros quedábamos un rato aún, silenciosos e inmóviles, más que asombrados. La escena no había durado más de seis minutos (473).

De regreso a la galería, Alcalá-Zamora reprocha a Miguel Maura que su impetuosidad les prive de *conocer a fondo la razón de la propuesta*: *Este Migué siempre tan impetuoso y tan raudo... Pero hombre de Dios, ¿no veía usted que yo iba a sacarle a don José toa la verdá de la situasión?* (474).

Los miembros del Comité Revolucionario hacen una valoración de la visita y la insólita propuesta de José Sánchez Guerra. *Había que considerar que estábamos sometidos a proceso por rebelión armada contra el régimen* -reflexiona Miguel Maura-; *que la causa iba a verse ante el Tribunal Supremo de Guerra y Marina, unos días más tarde; que tras la visita de don José esta causa estaba ya fallada, puesto que era evidente que, pese a estar en el banquillo de los acusados, no se podía condenar a quienes no estaban en el Poder porque lo habían despreciado; quienes, en vez de enjuiciados, podían haber pasado a ser árbitros de la vida nacional, con sólo haber aceptado el ruego del encargado por el rey de formar Gobierno; que, en fin, el refuerzo que con este ofrecimiento recibía la causa republicana era tal, que fatalmente inclinaría la balanza hasta el límite máximo, puesto que representaba la confesión paladina de la impotencia del régimen para valerse por sí solo y el respeto que le merecía la popularidad y la fuerza del Comité encarcelado. El resto era secundario e insignificante, les decía yo a mis compañeros. Aparte de que era pura quimera del bueno de don Niceto pensar que don José, allí, de pie, helado y medio a oscuras, iba a darnos una referencia detallada de su conversación con el rey, referencia que, por lo demás, nos importaba un comino. Acabaron dándome la razón, excepto Niceto, que no rectificaba jamás públicamente sus opiniones* (475).

La noticia de la visita de José Sánchez Guerra a los miembros del Comité Revolucionario para ofrecerles entrar a formar parte del Gobierno estalla como una bomba. Al día siguiente *El Debate* se rasga, lógicamente, las vestiduras en su editorial:

¡Intentar un Gobierno monárquico apoyado y sostenido en los enemigos declarados del Rey! Más que una paradoja es un desatino que no cabe en cabeza de hombre que conserve sereno su juicio (476).

El rey encargó la misión de formar nuevo Gobierno ni más ni menos que a José Sánchez Guerra, el sublevado de Valencia, que pareció aceptar sólo por el placer de la venganza, llevando al Trono a las rejas de la cárcel Modelo a ofrecer el poder a los hombres fuera de la ley precisamente por sus actuaciones públicas -rememora el republicano Mariano Ansó-. *Estos rechazaron la propuesta, pero uno no puede menos de pensar en los escabrosos caminos de arbitrariedad y de desparpajo que hubiera sido preciso recorrer para convertir sin solución de continuidad a los presidiarios de la Modelo en los gobernantes de España. Ni en la picaresca española ni en el vodevil extranjerizante nadie se hubiese atrevido nunca a imaginar semejante actuación* (477).

¿Qué motivos impulsaron al señor Sánchez Guerra a visitar a los presos políticos? -se pregunta el general Mola, Director general de Seguridad-. *Se dijo entonces, y todo el mundo lo dio por cierto, que el veterano jefe del partido liberal-conservador había ido a solicitar el apoyo de dichos señores e incluso a ofrecerles algunos puestos en el Gobierno que pensaba formar. Mis informes difieren en absoluto de esta versión . El señor Sánchez Guerra fue a la cárcel Modelo a rogar a los directores del movimiento revolucionario aplazasen un "golpe" preparado para la madrugada siguiente -del que tuve conocimiento horas después, como se verá más adelante-, pues estimaba que, por patriotismo, era deber de todos no provocar conflictos hasta que estuviera resuelta la cuestión política. Si de paso hizo la otra gestión, yo lo ignoro* (478).

El "golpe" a que se refiere Mola está preparado, según algunas informaciones que dice recibir, primero para la madrugada del 19, y después para la del 17. Consiste, de acuerdo con las confidencias que le llegan a la Dirección general de Seguridad, en el emplazamiento de unas baterías en el cerro de los Angeles, desde donde se piensa bombardear el Palacio Real:

Se asegura contar para este hecho con toda la fuerza de Artillería, de oficiales para abajo, y con la Escuela de Tiro; también de Húsares de Pavía se dice que hay algo, pero debe ser muy poco.

Este movimiento está concentrado en don Alejandro Lerroux. Don Melquíades Alvarez y don Santiago Alba conocen la preparación y tienen dada su aquiescencia al señor Lerroux, aun cuando se esfuerzan por resolver la crítica situación con la menor violencia posible.

Otro sector más extremista, desde los republicanos radicales-socialistas hasta comunistas y anarquistas, empuja a Lerroux al hecho con violencia y entre sí comentan estar dispuestos a apoderarse de la nueva República si llega a proclamarse.

Por último se ha hablado durante todo el día del viernes en el sentido de que unas Constituyentes alejarían del movimiento revolucionario a los antiguos políticos y quizá a un sector considerable de militares. Como en este caso los libertarios por sí solos no pueden hacer un movimiento serio, es creencia de que por el momento nada pasaría (479).

Las informaciones que recibe Mola parecen faltas de todo fundamento. Es muy posible que confidentes avispados sometan a la Dirección general de Seguridad a una sangría de los *fondos de reptiles* a base de invenciones más o menos rocambolescas. No resulta muy creíble que personas como Santiago Alba o Melquíades Alvarez aprueben nada menos que el bombardeo del Palacio real; ni siquiera resulta creíble que lo apruebe Lerroux, de vuelta ya, desde hace años, de toda veleidad *revolucionaria* que exceda los límites verbales. Basta que Mola alerte al Capitán general de Madrid, Federico Berenguer, hermano del dimitido presidente del Gobierno, para que todo quede en agua de borrajas, Y sin que ninguno de los presuntos implicados militares sea detenido ni procesado. Mola justifica el hecho diciendo que cree que *no fueron las medidas adoptadas por el capitán general y por mí las que contuvieron el movimiento, sino la gestión realizada por el señor Sánchez Guerra en la cárcel Modelo* (480). En cualquier caso el hecho es significativo del ambiente de *acoso y derribo* en que personas como Mola se sienten inmersos. El general aduce en favor de su tesis de que el supuesto movimiento revolucionario se paraliza unas declaraciones de Sánchez Guerra en las que explica los motivos que le impulsan a visitar a los miembros del Comité Revolucionario en la Modelo: *Mi decisión fue consecuencia de cierta conversación que al salir de Palacio sostuve con mi hijo, que me acompañaba en el automóvil.* De ahí deduce Mola que Rafael Sánchez Guerra, que *no sólo militaba en el partido republicano, sino que era elemento destacado entre los que dirigían la conspiración*, alerta a su padre (481).

Dámaso Berenguer en sus memorias de los hechos aquí relatados abunda en el criterio de Mola, con matices.

De la Cárcel Modelo marchó Sánchez Guerra al Ministerio de la Gobernación con objeto de ver al ministro dimisionario, señor Matos, y como allí le dijeron que éste había ido al Ministerio del Ejército para ver al Presidente, a Buenavista se trasladó Sánchez Guerra.

Allí nos dijo a Matos y a mí que había ido a ver al ministro de la Gobernación para darle cuenta de que había estado en la Cárcel Modelo visitando a los presos políticos, y que quería explicarle el motivo de su visita.

Este fue, según nos dijo, que al salir de su entrevista con el Rey esa misma tarde, su hijo Rafael, que lo esperaba en la puerta de Palacio, le había comunicado que se estaban circulando órdenes para lanzar manifestaciones republicanas por las calles y perturbar el orden público; que esas órdenes habían salido de los presos políticos del movimiento de diciembre y que fue a verles para pedirles que retiraran sus órdenes y no perturbaran la marcha de los acontecimientos (482).

Contra esta versión -en la que el bombardeo de Palacio queda reducido a simples manifestaciones callejeras- protesta al cabo de los años, airadamente, Miguel Maura:

Esta versión es inadmisible y absurda. Ni nosotros habíamos cursado órdenes semejantes, que no tenían razón de ser, puesto que sin nuestra actuación el régimen se desmoronaba a ojos vistas, ni Sánchez Guerra nos habló para nada de semejante cosa, ni ello concuerda con las declaraciones del propio don José, quien, al salir de la cárcel, interrogado por los periodistas, manifestó

-No he logrado la colaboración de los presos, pero aún he de hacer otras gestiones (483).

Sánchez Guerra, en efecto, no se da por vencido e intenta la formación de gobierno por otros derroteros.

El Rey hubo de pasar por el incomprensible rebajamiento de llamar al Poder al propio Sánchez Guerra, el cual se fue desde Palacio a la Cárcel Modelo para brindar las carteras a los propios procesados como miembros del Comité Revolucionario. Naturalmente éstos repelieron la invitación con perfecta dignidad, escribe Angel Ossorio y Gallardo. *Entonces Sánchez*

Guerra quiso hacer todavía un último y definitivo ensayo. Aunque mis relaciones con él estaban casi totalmente interrumpidas, me llamó por teléfono. Fuí a su casa y en el ascensor me encontré con el ex-ministro de Hacienda don Joaquín Chapaprieta. Bastó esto para darme cuenta de lo que se trataba. Había en Madrid un corto número de diputados que querían rescatar la libertad y hacer un último esfuerzo para defender la Monarquía. Entre ellos se contaba a Chapaprieta. Por consecuencia comprendí a qué otras personas me iba a encontrar arriba. Y en efecto, arriba estaban los señores Villanueva, Melquíades Alvarez, Burgos Mazo y no sé si algunos más. Quedaron todos en un gabinete y Sánchez Guerra haciéndome pasar de largo me hizo entrar en el comedor. Allí me dijo:

-El Rey me ha encargado la formación de un Gabinete sin la menor restricción. Los señores que ha visto usted ahí, se hallan dispuestos a colaborar en el empeño. Pero para mí hay un punto esencial. Ya comprenderá usted que ese gobierno viene para formalizar unas elecciones rabiosamente sinceras *como usted tiene reiteradamente pedido. Ahora bien, esas elecciones no puede hacerlas en España nadie más que usted. Es dudoso que los españoles hagan caso a nadie, ni siquiera a usted mismo, pero si hay algún hombre en quien puedan creer, ese hombre es necesariamente usted. Es, pues, el eje de mi gobierno que sea usted el ministro de la Gobernación que prepare esa Asamblea. Hasta tal punto es esto cierto que si no es usted el ministro de la Gobernación, yo no formo ministerio. Tome usted en cuenta la gravedad de la respuesta que me ha de dar.*

Me puse en pie y resueltamente contesté estas palabras:

-Muchas gracias señor Sánchez Guerra por su confianza. Que abdique el Rey y después hablaremos.

Con esto quedó deshecha la reunión y fracasado el intento de Gabinete (484).

Pese a la negativa de Ossorio a integrarse en el gabinete sin la abdicación previa del Rey, Sánchez Guerra lleva a Palacio una lista de gobierno: Presidencia, Sánchez Guerra; Vicepresidencia y Estado: Melquíades Alvarez; Justicia: Francisco Bergamín; Gobernación: Burgos Mazo; Hacienda: Miguel Villanueva; Fomento: Pedregal: Economía: Chapaprieta; Instrucción: Piniés; Marina: almirante Rivera; Ejército: general Manuel Goded. Queda por cubrir la vacante de Trabajo. La crisis parece al fin solucionada. Sánchez Guerra *-no más servir a señores / que en gusanos se convierten-* ha prestado un último servicio a Don Alfonso XIII.

Pero una vez más Don Alfonso XIII quiere imponer su real gana, y exige que en el proyectado ministerio se incluya al conde de Romanones y al marqués de Alhucemas (485). La *confianza absoluta* que Sánchez Guerra ha exigido al ser encargado por el Rey de formar Gobierno, y con la que ilusamente cree contar, se ve ahora *borboneada*. Don Alfonso XIII no renuncia a gobernar por personas interpuestas, y para ello necesita a dos incondicionales como Romanones y García Prieto. José Sánchez Guerra declina el encargo y recomienda se encomiende a Melquíades Alvarez; según Juan de la Cierva, *parece que el Rey no le ofreció el poder, aunque sólo habría aceptado el encargo de formar Gobierno si las Cortes fueran Constituyentes y con Cámara única y el propio Rey se sometía, en cuanto a su responsabilidad, a lo que esas Cortes resolvieran* (486).

Cuando Juan de la Cierva tiene conocimiento de la visita efectuada por Sánchez Guerra a la Cárcel Modelo monta en cólera, aunque lo disimule. *Tal fue el escándalo político* -escribe-, *que unos cuantos amigos míos que solían reunirse en casa se indignaron en términos que parecían reprochar mi pasividad ante noticias tan graves. Decidí entonces, después de meditarlo bien, ponerme en contacto con otros hombres políticos, y a pesar de la noche intensamente fría y de mi estado de salud, comencé las visitas. Ví primero al Duque de Maura. Le expuse la situación con los caracteres de gravedad y peligro que yo veía en ella y le pedí que, con los demás jefes políticos que apreciaran como yo el problema, dijéramos al Rey que la entrega de la Monarquía a la revolución no podía hacerse y que eso representaría un Gobierno de revolucionarios como el que se trataba de formar. Le rogué transmitiera al señor Cambó las indicaciones mías y me ofreció hacerlo, coincidiendo conmigo aquella noche en cuanto yo expuse. Visité a Bugallal, que estuvo en absoluto conforme. Muy temprano, al día siguiente, visité a Romanones, que asintió igualmente, y fue a ver de mi parte al Marqués de Alhucemas. Maura y Romanones vinieron a mi casa y por lo que el primero dijo, comprendimos que Cambó no se hallaba en actitud franca. Sin duda, mantenía relación con Sánchez Guerra, a quien, como en otra ocasión dije, pidió el Gobernador y el Capitán General de Barcelona para el caso de que triunfara en el intento sedicioso de Valencia; y al mismo Maura, por sugestión, sin duda, de Cambó, no le encontré tan decidido como la víspera. Romanones y Alhucemas hicieron llegar al Rey su opinión; yo le envié por conducto seguro una carta y Maura dijo que se proponía ver al Duque de Alba para que llevara a Palacio su opinión. Visité a Berenguer, recluído en Buenavista por indisposición, rogándole que por teléfono directo previniese al Rey de lo que opinábamos y Berenguer aplaudió con entusiasmo mis gestiones* (487).

Las gestiones de Juan de la Cierva se extienden a otras figuras de la vida política como Antonio Goicoechea. Al visitar a Angel Herrera, director de *El Debate*, le encuentra *en la misma situación de ánimo en que yo me encontraba, desde que se conoció el intento de reclutar los Ministros en la cárcel*. El conde de Guadalhorce, ex-ministro de la Dictadura, y Ramiro de Maeztu, ex-embajador en la República Argentina bajo la misma, le visitan y se muestra *de completo acuerdo* con su *actitud y gestiones* (488).

Al fin, movido el Rey *por las sugestiones habilidosas del conde de Romanones*, al decir de Ossorio y Gallardo (489), se constituye un Gobierno de concentración monárquica presidido por el almirante Juan Bautista Aznar, quien, en frase de Gabriel Maura y Fernández Almagro, procedía *geográficamente de Cartagena y políticamente de la Luna* (490). Romanones, en esta ocasión, decide mangonear sin salir en la foto, o, al menos, sin salir en primer plano.

Con noble lealtad le apoyaron aquellos hombres políticos, que le habían perdonado al Rey lo de la dictadura -escribe Ossorio-. *En perdonárselo creo yo que hicieron muy mal, porque cuando un Rey falta a su juramento, no tiene perdón. Mas ya que lo otorgaron era legítimo y plausible que mantuvieran su adhesión hasta el último momento* (491).

Integran el gabinete del capitán general de la Armada, almirante Aznar, Alvaro de Figueroa y Torres, conde de Romanones (Estado), Manuel García Prieto, marqués de Alhucemas (Justicia y Culto), José María de Hoyos y Vinent, marqués de Hoyos (Gobernación), Juan Ventosa Calvell (Hacienda), teniente general Dámaso Berenguer, conde de Xauen (Guerra), almirante José Rivera (Marina), José Gascón y Marín (Instrucción Pública), Juan de la Cierva y Peñafiel (Fomento), Gabino Bugallal, conde de Bugallal (Economía) y Gabriel Maura Gamazo, duque de Maura (Trabajo).

El último gobierno de la Monarquía para tratar de salvar la Institución en sus horas más críticas, está trufado de duques, marqueses y condes, de almirantes y tenientes generales, de políticos resabiados -amén de alguno inexperto-, de viejos caciques y de testaferros de los poderes económicos, pero ninguno de sus miembros, once en total, puede imaginar que, antes de dos meses, a contar desde su constitución, serán todos ellos testigos de excepción, cuando no protagonistas notables, del naufragio irremediable de la Corona. La primera medida del nuevo gobierno es el restablecimiento de la censura de prensa.

El Gobierno Aznar -anota Gonzalo Redondo- *acogía en sus filas a todos los caudillos monárquicos que aún quedaban con vida -los "viejos políticos"- y no habían renegado de su fe política. Era un Gobierno de saldo* (492). Y Mariano Ansó: *El viejo almirante Aznar, sumiso palatino, se embarcó en la nave del Estado haciendo agua como hubiese podido embarcarse en cualquiera de las unidades de su flota para dar la vuelta al mundo para presentar combate al infiel en los tiempos de Lepanto. Con él en cabeza, tomó posiciones a bordo la flor y nata del dinastismo español, incluyendo a políticos llenos de reservas como el conde de Romanones, fino político de estirpe liberal, resignado a prestar un nuevo servicio a su rey, sirviendo de puente entre un pasado lejano y un futuro inmediato que él avizoraba con sus ojillos penetrantes y llenos de malicia* (493).

Esa misma tarde del 17 de febrero, en tanto se constituye el último gobierno de la Monarquía, regresa a Madrid, procedente de Londres, Doña Victoria Eugenia. El recibimiento que se le hace en la estación del Norte resulta tan multitudinario que *la pobre Reina imaginó, al ver el griterío de tantísima gente, que ya se había proclamado la República: así lo confesó después* (494). Pero para que esto suceda falta algo menos de dos meses, aunque resulta patético que a estas alturas las muestras de afecto, por lo insólitas, Doña Victoria las confunda con muestras de hostilidad.

Ante el anuncio que hace el gobierno del almirante Aznar, cuyos hilos mueve en la sombra el conde de Romanones, de que el calendario electoral se inicia con elecciones municipales, el cardenal primado de Toledo, Pedro Segura, se pronuncia el 27 de febrero de manera inequívoca: *Unos y otros con febril actividad se aprestan a tomar posiciones para la defensa de sus ideas e intereses. Los antiguos partidos se reorganizan; se anuncia la for-*

mación de otros nuevos; se plantean uniones o federaciones circunstanciales para sumar fuerzas: indicio todo ello que nos hallamos en vísperas de una intensa lucha política.

Ni aun los más avisados y previsores pueden conjeturar las consecuencias que tendrá esta contienda, no sólo en el orden político, sino también en el social y muy principalmente en el religioso. Mas, como quiera que sea, ha de tenerse por cierto que, aun considerada la situación no más que en este último aspecto, la hora actual debe calificarse de grave (495).

3.8.2. LOS REFORMISTAS TARDÍOS (Cambó y el *Centro Constitucional*, 3 de marzo de 1931)

El 3 de marzo se hace pública en el hotel Ritz, de Madrid, donde suele hospedarse Francesc Cambó durante sus estancias en la capital, la formación del Centro Constitucional. Son sus jefes de filas el líder de la *Lliga Regionalista* y Gabriel Maura, que se supone representa el maurismo residual; su directorio lo integran, con Cambó y el duque de Maura, Juan Ventosa, el marqués de Figueroa, Montes Jovellar, César Silió, Antonio Goicoechea, Díaz Caneja y Sánchez Bayton (496).

Todo lo que quedaba del partido maurista -recuerda Cambó- *ingresó en el Partido del Centro. Muchos antiguos mauristas, que se habían retirado de la política, se inscribieron también* (497).

La Liga quedaba en Cataluña con su organización independiente, aunque relacionada en lo posible con el nuevo partido nacional regionalista que se creaba -anota Juan de la Cierva-. *En las próximas elecciones había de intervenir el nuevo partido, con decisión entusiasta* (498).

El Centro pretende, de la mano del político catalán, reconstruir la derecha española, prescindiendo de lo que queda del antiguo partido Conservador. Juan de la Cierva, que lo percibe claramente, se revuelve airado contra tal propósito: *A base de las fuerzas conservadoras del país se constituía un nuevo partido*, precindiendo en absoluto *de Bugallal y de mí. Nuestra inicial exclusión al formarse el Gobierno Berenguer se acentuaba ahora. Las viejas fuerzas conservadoras, más o menos divididas, pero siempre en posibilidad de atraer a otras muchas coincidentes con su historia, con su tradición y su doctrina, quedaban apartadas del nuevo grupo, nacido con todas las asistencias e inclinaciones del monarca al caer la Dictadura. La jefatura de Cambó, efectiva desde entonces, condicionada en su actividad política por la penosa enfermedad que aquél sufría, quedaba reforzada, y los demás grupos, precisamente cuando tenían representación en el Gobierno y habían contribuído tanto a su formación, acogida con gran simpatía por el país, que en él veía garantía para sus intereses vitales, esos grupos, digo, quedaban excluídos del movimiento iniciado y amparado desde Palacio* (499).

La otra pieza de la maquinaria que pretende montar Cambó es el partido Liberal de nuevo cuño que debe liderar Santiago Alba. Pero Alba, pese a algún viaje esporádico a Madrid y Barcelona, sigue en París sin decidirse a regresar a España y sin decidirse, sobre todo, a participar en la operación ideada para salvar la Monarquía.

Se reunían en Madrid Alba y Cambó, los antiguos rivales que sabemos estaban preconizados como directores de los dos grandes partidos liberal y conservador, que tenían que ser los instrumentos principales de gobierno de la Monarquía renovada -explica Amadeu Hurtado-. *La composición de estos partidos sería diferente de la de los partidos históricos. Alrededor de Alba se agrupaban, con el nombre de constitucionalistas y con el programa conocido de convocar unas Cortes Constituyentes, hombres como Melquíades Alvarez, Villanueva y Chapaprieta con otros de procedencia .conservadora como Bergamín y Burgos Mazo. Y junto a Cambó, con el nombre de partido de centro conservador, se agrupaban hombres como los duques de Alba y de Maura, de significación diferente, junto con antiguos mauristas como Goicoechea y Silió y otros de antigua procedencia regionalista o liberal. Ignoro qué reacción produjo en el espíritu de Cambó ser reconocido como jefe visible de un gran partido español monárquico, pero lo cierto es que desconcertó a mucha gente por la forma inesperada en que inauguró esta nueva posición política. En una nota pública dirigida a sus correligionarios, les decía de entrada: "Amigos de Aragón y de Levante, de Castilla, de León y de Galicia, de la Mancha y de la Rioja, y de Navarra, Andalucía y Extremadura, a todos mi saludo más cordial", y añadía a continuación: "Habéis sido los primeros que, al decidir extender mi actuación de modo definitivo por tierras de España, habéis querido luchar a mi lado. Esta prueba de confianza os dará siempre un derecho a ser los primeros en mi afecto y a ser los escogidos para rendir el máximo esfuerzo en la lucha". Sorprende que un hombre tan dotado para la acción política como Cambó* -concluye Hurtado- *sufriese esta flaqueza de vanidad, tan poco frecuente todavía entonces en los partidos de opinión, sin pensar que podía serle funesta la propensión del público de Madrid a ridiculizar los gestos teatrales. Sin duda por este motivo, unos periodistas entre los que predominaba* <Manuel> *Fontdevila tuvieron la humorada de enviar al palacio de Liria, residencia del duque de Alba, una noche que allí cenaba la plana mayor del nuevo partido centrista, una* troupe de cante jondo *que habían contratado en nombre del duque para amenizar una* juerga *andaluza. Esta jugarreta y la gracia que hizo al ser divulgada, mostraban a las claras que la gente no era propicia a los experimentos de conservadurismo monárquico* (500).

El intento de los reformistas, bromas de la periodistas chungos aparte, es tardío. Su hora ha pasado. Pero Cambó y quienes le secundan, en tanto Ortega incita a los españoles a reconstruir el Estado desde la descalificación de la Monarquía, creen erróneamente que la defensa de sus intereses pasa por el mantenimiento de la Institución.

Comentando el hecho de la formación del Centro Constitucional Luis de Zulueta escribe en *El Sol*: *Yerran nuestras ciegas derechas si juzgan que porque hablan solas están ellas solas en el país. Hay una España avanzada, nieta de los liberales de antaño, hermana de las grandes izquierdas europeas, que hoy como ayer, más aún hoy que ayer, tiene fe inquebrantable en la solución plenamente democrática de los problemas planteados en la vida nacional* (501).

El mismo día que nace a la vida pública el Centro Constitucional el gobierno Aznar establece el calendario electoral para después de las elecciones municipales convocadas para el 12 de abril: las provinciales se celebrarán el 3 de mayo, y las generales para el Congreso y el Senado el 7 y 14 de junio respectivamente. El 21 de marzo se restablecen las garantías constitucionales, mediante un decreto que Don Alfonso XIII ha firmado, no se sabe si muy constitucionalmente, dos días antes, durante un viaje suyo a Londres de carácter particular.

3.8.3. UN PAÍS ESCARMENTADO (MACIÀ Y LA *ESQUERRA REPUBLICANA DE CATALUNYA*, marzo / abril de 1931).

En febrero, definitivamente indultado, regresa a Barcelona Francesc Macià, el líder nacionalista exiliado desde la época de la Dictadura, protagonista del intento revolucionario de Prats de Molló. Y en marzo, en tanto Cambó intenta galvanizar un cadáver con su Centro Constitucional, se constituye en la ciudad condal, entre los días 17 y 19, la *Esquerra Republicana de Catalunya.*

Poco después de la llegada de Macià -escribe Hurtado-, *se inició entre el conglomerado de grupos que estaban dispuestos a seguirlo la idea de formar un partido coherente, convocando una asamblea titulada Conferencia de Izquierdas, para darse una doctrina, o un programa, o al menos un nombre común que acabó con la fundación de la* Esquerra Republicana de Catalunya. *La modestia de los hombres que figuraban al frente de la nueva formación, la mayoría desconocidos, parecía destinada a conseguir una posición de orden secundario en las luchas políticas del país, donde perduraba la impresión de que los extremistas sociales, no ingresados en el nuevo partido, seguirían siempre las inspiraciones de la gran masa no catalana y que en la hora del resurgimiento de las viejas pasiones políticas, se decantarían de nuevo a favor del radicalismo lerrouxista* (502).

A la izquierda de la Liga Regionalista, embarcada en la aventura de acudir en socorro de la Monarquía de Don Alfonso XIII, están *Acció Catalana*, escisión de la propia Liga con gentes como Jaume Bofill i Matas, Nicolau d'Olwer o Ramón de Abadal, y *Acció Republicana*, que encabeza Antoni Rovira i Virgili; de la fusión de ambas formaciones nace *Acció Catalana Republicana.* Más a la izquierda, *Estat Català*, que lidera Macià. Todas estas fuerzas han estado presentes en el Pacto de San Sebastián. La *Unió Socialista de Catalunya*, de Rafael Campalans, Gabriel Alomar y Manuel Serra Moret, tiene escaso arraigo en la ciudadanía.

Pero en la naciente *Esquerra Republicana de Catalunya* milita Lluís Companys, político de izquierdas y abogado laboralista, que tiene contactos muy importantes con la Confederación Nacional del Trabajo (CNT), la gran fuerza sindical en Cataluña. Aunque por el momento nadie concede gran importancia a la nueva formación política, no es difícil pensar que una gran parte del electorado catalán no está por la labor que patrocina Cambó; Cataluña es un país escarmentado a estas alturas, cuyas clases burguesas, cada vez que han tenido la oportunidad de liderar un gran cambio político en España, la modernización del país, asustadas por el costo social que dicha transformación comporta han acabado entregándose en brazos de la oligarquía más reaccionaria. Y es muy posible que este lección, aprendida a fuerza de escarmientos, termine por dar sus frutos (503).

3.9. LA APOTEOSIS DEL COMITÉ REVOLUCIONARIO (20 de marzo de 1931)

En los primeros meses del año 31 -evoca Rafael Alberti-, *aún resonaban en los oídos de España las descargas del fusilamiento de los capitanes Galán y García Hernández, oscureciendo momentáneamente aquel terror el camino que ya marchaba. Con casi todo el futuro gobierno republicano en la cárcel Modelo, nadie podía imaginar que por debajo iba engrosando el agua que había de reventar, como en una fiesta de surtidores y fuegos de artificio, el 14 de abril* (504).

El 26 de febrero anterior se estrena en Madrid su obra *El hombre deshabitado*. El día de la última representación se organiza un homenaje a la primera actriz, la mejicana María Teresa Montoya. *Teatro hasta los topes* explica Alberti en *La arboleda perdida-. Firmas de adhesión. Alvarez del Vayo aprovechó el momento para hablar, desde el escenario del teatro en Rusia y zaherir con claras alusiones la amordazada existencia española. José María Alfaro -¡ay, José María Alfaro, poeta principiante y amigo, más tarde miembro del Comité Nacional de Falange y ahora embajador de Franco en Argentina!- leyó entre estruendosas aclamaciones, llenas de sorpresas para los espectadores, los nombres de los jefes republicanos condenados en la cárcel y de quienes cuidadosamente, durante la mañana, nos habíamos procurado la adhesión: Alcalá Zamora, Fernando de los Ríos, Largo Caballero... Unamuno envió desde Salamanca un telegrama que, reservado para el final, hizo poner de pie a la sala, volcándola, luego, enardecida, en las calles. Cuando acudió la policía ya era tarde. El teatro estaba vacío. Sólo quedaba, arrumbado entre los bastidores, el carrusel de los hombres deshabitados, esos trajes huecos, sin nadie, que doblan las esquinas del mundo, estorbando el paso de los demás* (505).

El 20 de marzo se ve el juicio contra los encausados por la frustrada rebelión de diciembre del año anterior. El que Largo Caballero, consejero de Estado, figure entre ellos atribuye la jurisdicción al Consejo Supremo de Guerra y Marina. Preside el alto tribunal el general Burguete, *hombre de ideas avanzadas* -al decir de Miguel Maura-, *muy aficionado a mostrar sus opiniones a través de diarios y revistas, e incluso de libros, y enemigo declarado, desde los tiempos de Africa, del general Berenguer, Ministro de la Guerra a la sazón. Un hijo del general Burguete, Ricardo, había colaborado en la rebelión de diciembre, y su nombre figuraba, innumerables veces, en el sumario. Y ello era conocido al detalle por nosotros.*

No teníamos, pues, sino dejar hacer al Presidente del Tribunal y ayu-

dar, si era necesario, con nuestra pasividad o nuestra protesta, para que el consejo de guerra fuese, como deseábamos, un gran espectáculo revolucionario. Por exigencias de Burguete la vista se celebra en la Sala de Plenos del Palacio de Justicia, la mayor de Madrid -lo que a juicio del puteado general Mola, es *una insensatez* (506)-, y tras declarar que tiene *plena confianza en los procesados y en sus defensores* ordena que la policía apostada por el Director general de Seguridad desaloje el edificio. Considerando vejatorias para su condición de presos políticos el ser trasladados desde la cárcel al Tribunal Supremo en coches celulares, los procesados exigen, y obtienen, hacerlo en coches particulares, sin escolta ni acompañamiento dentro de los mismos, así como circular libremente por el local del Colegio de Abogados, del que Miguel Maura es Secretario General, y Angel Ossorio y Gallardo, defensor de Niceto Alcalá-Zamora y del propio Maura, Decano. Para completar el cuadro de exigencias, y de concesiones, los procesados deciden almorzar o merendar en los locales del Colegio, *porque Ossorio y yo invitábamos a los procesados*, explica Miguel Maura (507).

Defienden a Niceto Alcalá-Zamora y Miguel Maura, como queda dicho, Angel Ossorio y Gallardo; a Alvaro de Albornoz, Victoria Kent, la primera mujer que interviene en un Consejo de Guerra; a Fernando de los Ríos, Francisco Bergamín; a Francisco Largo Caballero, Felipe Sánchez Román y a Santiago Casares Quiroga, Luis Jiménez de Asúa. Comentando el hecho de que entre los defensores se halla Francisco Bergamín, ex-ministro de la Corona y defensor de la Casa Real en algunas ocasiones, Ossorio y Gallardo comenta : *No nos agrupaba, pues, un sentimiento político, sino el amor a la Justicia y a la Libertad* (508). El resto de los acusados están exiliados en París -Indalecio Prieto, Marcelino Domingo, Diego Martínez Barrio- o escondidos en Madrid -Alejandro Lerroux, Manuel Azaña-. El propio Ossorio rememora así el suceso:

¡Alegría, alegría! ¡Bulla y jaleo! ¡Animación ruidosa! ¡Caras de fiesta, risas y gritos por todas partes! ¿Qué pasa en Madrid? ¿Es el día del Santo Patrón? ¿Se da la corrida de toros de Beneficencia?

No, nada de eso. Es la vista de la causa contra los miembros del Comité revolucionario, firmantes de la proclama hallada en diciembre de 1930 que llamaba a los españoles a echar por tierra la Monarquía.

El Fiscal calificó el caso de conspiración para la rebelión militar y pidió contra Alcalá Zamora, como jefe de la misma, nada menos que quince años de prisión y para los restantes ocho años para cada uno. Actuaba la jurisdicción de guerra porque, según acabo de decir, la rebelión ofrecía carácter militar y competía el caso al Supremo del ramo, no porque estuvieran procesados ex-ministros y catedráticos, que nada significaban por su jerarquía, sino porque lo era también un peón de albañil que en aquel momento desempeñaba el cargo de Consejero de Estado <Francisco Largo Caballero>. *Eran, pues, los puestos y no la significación de las personas, lo que determinaba la categoría del Tribunal.*

Formaban éste nada menos que diecisiete generales y lo presidía el teniente general don Ricardo Burguete (...).

Pero todo se tambaleaba. Los defensores pedimos que el juicio no se celebrase en el Supremo de Guerra por ser local pequeño, sino en el mayor salón del Tribunal Supremo que era muy espacioso. Se nos concedió. Pedimos igualmente que no se condujese a los procesados en el coche celular sino en nuestros coches particulares acompañados de un simple agente vestido de paisano y colocado en el baquet. *Se nos concedió también y recorríamos larguísimo trayecto (calle de la Princesa, Boulevard Alberto Aguilera, calles de Carranza, de Sagasta, Génova, General Castaños y Bárbara de Braganza) hasta el Palacio de Justicia, con la gente estacionada en las aceras vigiladas -sin vigilar- por la guardia civil de caballería y gritando con apasionado entusiasmo*:

-¡Viva Alcalá Zamora! ¡Viva Maura! ¡Viva la República!

Salones, galerías, vestíbulos y escaleras, estaban colmados de un público bullicioso que repetía los mismos vivas. No hay que decir que el salón de la vista estaba atiborrado de inmenso gentío (509).

En la defensa de Alcalá-Zamora y Maura, Ossorio alega: *Para condenar a mis compañeros y clientes por el delito de rebelión, hay que reputar legítimo el Poder que en España existe desde el 13 de septiembre de 1923. Tengo la esperanza de que a esto resistirá gravemente la conciencia de los señores consejeros* (510).

El interés del juicio estaba, no en lo que dijeran los abogados defensores, sino en los discursos de los acusados -recuerda Largo Caballero-. *El acto se convirtió verdaderamente en un mitin de propoganda.*

Cuando me correspondió el turno, en síntesis dije:

"La clase trabajadora se ha adherido y yo, en su nombre, he firmado el Manifiesto, porque en España están anuladas de hecho las garantías constitucionales; no existe prácticamente el derecho de reunión, de asociación, de prensa, de pensamiento, ni existe inviolabilidad de domicilio. En esta situación, a la organización obrera y socialista no le quedaba otro recurso para defender sus derechos, que el de formar parte de los que defienden las libertades individuales. Si los trabajadores se volviesen a encontrar en la misma situación, se conducirían del mismo modo" (511).

Los reos son condenados a seis meses de arresto; la aplicación de la ley de condena condicional les permite quedar en libertad desde el mismo momento en que se hace pública la sentencia, y en la calle son recibidos con una ovación. Si su eco llega hasta Palacio debe resonar en los oídos de Don Alfonso XIII, pese a su sordera cada vez más acentuada, como el anticipo del estallido de júbilo con que antes de un mes será recibida la noticia de su abandono del trono.

Miguel Maura, tras recobrar la libertad, hace balance del alzamiento de diciembre anterior: *Este fue el final del alzamiento de diciembre. Alzamiento fracasado, como supusimos casi todos desde el mismo día que se planeó en principio, porque nadie soñaba con asaltar el poder a través de barricadas y motines. Ese género de revoluciones pasó definitivamente a la historia. Ante un Estado moderno que no quiere entregarse no hay violencia que logre prevalecer. Ya lo sabíamos, pero tampoco ignorábamos que la conmoción que el intento causaría en la opinión pública -incluso aceptando por anticipado el fracaso del mismo- sería más que suficiente para considerar rentable la aventura.*

Por de pronto, gracias a ella, fuimos a parar a la cárcel la mayor parte de los miembros del Comité, hecho que tuvo no poca parte en el triunfo final, porque nada confiere mayor autoridad y prestigio que la persecución.

La visita de Sánchez Guerra a la cárcel y el consejo de guerra fueron otros valiosos tantos definitivos que pudimos apuntar al haber del alzamiento frustrado de diciembre.

A partir de este acontecimiento, la agitación revolucionaria en la villa y corte no cesó un solo día (512).

La tensión de aquel mes de marzo -concluye Alberti- *hacía que la gente aprovechara el más raro pretexto para manifestar sus esperanzas. Todo servía: un chiste de café, una copla de doble sentido, un soneto acróstico en el periódico de más circulación; la forma de vocear otro. Es el momento de los motes hirientes. "Gutiérrez", nombre de pila callejero con que se reconocía al rey, tiembla en su palacio. Valle-Inclán, y no lejos de él los jóvenes escritores de la revista* Nueva España, *convierten en tribuna política su mesa de* La Granja. *Azaña y sus amigos, graves y recatados, han dejado de sentarse en el inmediato café de Negresco. Sabíamos que las inteligencias españolas apoyaban plenamente y trabajaban por la realización de estos deseos. Viajes misteriosos, citas despistadoras en bares elegantes o en tabernas, todos iban encaminados al mismo fin. Hasta en el elegante y monárquico golf de Puerta de Hierro se agita el viejo cencerro motinesco de la República. Y la duquesa de la Victoria, en pleno* cocktail *patriótico, pega una blanca bofetada a una señorita, hija de marqueses, que algo mareada se atrevió a clavar en su cabeza una minúscula bandera tricolor. Aquellos republicanotes, tratados siempre de ordinarios, ahora llevaban nombres de filósofos, de ilustres profesores, de grandes poetas y académicos, mezclados democráticamente con organizaciones estudiantiles y obreras. Porque el proletariado, que en la primera República había forzado la marcha, queriendo precipitar con las insurrecciones cantonales la llegada de una utópica libertad, más consciente en el año 1931, en pleno proceso de su crecimiento político, da totalmente su adhesión, sobre todo con sus grandes masas socialistas, a lo que ya iba poco a tardar en aparecer* (513).

3.10. LA VIGILIA.

3.10.1. EL TENIENTE GENERAL SANJURJO, CONDECORADO POR DON ALFONSO XIII. EL DIAGNÓSTICO DE GREGORIO MARAÑÓN.

El 28 de marzo, a dos semanas escasas de las elecciones, Don Alfonso XIII impone al general Sanjurjo, en Palacio, la Gran Cruz de Carlos III, concedida por decreto del 23 de enero de ese mismo año. Al decir de quien es entonces su ayudante, Esteban-Infantes, en este *solemne y brillante acto, a presencia de la Guardia Civil, se pronunciaron discursos que de nuevo demostraron la lealtad del general al Trono* (514).

Años después, sin embargo, el general Francisco Franco, en conversación con su primo Franco Salgado-Araujo, disiente claramente del supuesto monarquismo de Sanjurjo, de quien, le dice, *estaba esquinado con el rey por motivos particulares suyos que no debo repetir, que tú conoces* (515). Luis María Anson alude a *alguna ebúrnea dama, dispuesta a satisfacer los inextinguibles ardores sexuales del general Sanjurjo*, y explica que éste y el notorio monárquico Pedro Sainz Rodríguez *habían intimado en una casa de citas de la calle Echegaray, "muy bien puesta y amueblada". El general, que guardaba allí sus uniformes de gala y sus condecoraciones, iba a visitar a "La Caoba" -polvos de estrellas, decía don Pedro-, una venus de atractivas caderas que había sido amante de Primo de Rivera* (516). Niceto Alcalá-Zamora, años después, explica en sus Memorias que cuando se lanza su candidatura única para la Presidencia de la República, le ofrece a Sanjurjo la jefatura del Cuarto militar. *Dijo agradecerlo mucho* -testifica Alcalá-Zamora, quien visita al general en el ministerio de la Guerra-; *me acompañó hasta la puerta del ministerio, estuvo en mi casa a reiterar las más efusivas gracias, pero me envió a decir, por serle violenta la revelación directa, que su situación privada o familiar, entonces aún no regularizada, hacía imposible que ocupase un puesto tan honroso* (517). La clave está, pues, en la irregularidad de su vida privada.

El general Franco añade que al comunicarle a Sanjurjo la concesión de la Gran Cruz de Carlos III *se dieron cuenta en Palacio que no era gentilhombre, y al hacerle el rey la concesión de la llave y enviársela dicen que exclamó Sanjurjo "que se la meta... o que la cuelgue en la pared con una alcayata". A Sanjurjo* -concluye Franco-, *por su alto cargo y prestigio no se le debió conceder la llave, sino hacerle grande de España. Estas personas con apariencia de modestas, luego resulta que son las menos y tienen un amor propio enorme* (518).

Sea como sea, es muy posible que la distinción llegue tarde, o mal, y que por debajo de los discursos protocolarios latan agravios, con razón o sin ella, que influyen de forma notable en las conductas.

Ni los más esperanzados conspiradores de principios del mes de abril -escribe *El Caballero Audaz- creían que la República fuera un hecho tan inmediato. Porque ellos no suponían que la Monarquía, como un edificio ruinoso, se viniera abajo por sí sola...* (519).

Los días que precedieron a las elecciones municipales de abril -recuerda Gregorio Marañón-, *nos dieron a todos la impresión de que el estado, más que republicano antimonárquico, del pueblo había alcanzado insospechada extensión, ganando hasta clases sociales que creíamos inatacables. No sólo entre el pueblo y entre el medio universitario era considerada la caída del rey como un hecho seguro; esta idea se arraigaba cada día más en los estratos burgueses más elevados y aun en parte de la misma aristocracia. No pocos de los directores de la política de entonces estaban convencidos de ello. No había sitio donde no se diera por cierto y por inmediato el acontecimiento. Hasta los que no lo deseaban, lo consideraban inevitable y procuraban adoptar un gesto de adaptación, a fin de que el advenimiento del nuevo régimen no fuera una convulsión catastrófica y de que su sentido fuera, en lo posible, liberal y tolerante. Aunque la pasión, excusada por lo que ocurrió después, lo quiera desconocer o desvirtuar ahora, nadie podrá*

José Sánchez Guerra (1859-1935), ex-ministro de la Corona, en su conferencia en el teatro de la Zarzuela, el 27 de febrero de 1930: *No más servir a señores / que en gusanos se convierten.*

Con la muerte de Primo de Rivera en París, el 16 de marzo de 1930, Don Alfonso XIII pierde la peana que amortiguaba los golpes dirigidos al santo.

José Antonio Primo de Rivera (en la foto, con su padre en un homenaje a Antonio y Manuel Machado): *La Dictadura rompió un orden constitucional que regía a su advenimiento, embarcó a la Patria en un proceso revolucionario y, por desgracia, no supo concluirlo.*

Niceto Alcalá-Zamora, otro ex-ministro de la Corona, propugna en Valencia, el 13 de abril de 1930, una República *de orden*. La defección de los monárquicos es decisiva en la caída de la Institución.

Angel Ossorio y Gallardo (1873-1946), ministro en un gobierno conservador presidido por Antonio Maura, se declara *monárquico sin Rey* y propugna la abdicación de Don Alfonso XIII.

El Príncipe de Asturias con el general Franco, en la Academia General Militar de Zaragoza. La hemofilia que padece Don Alfonso le incapacita, caso de que su padre aceptase abdicar, para el desempeño de la titularidad de la Corona.

En el Ateneo de Madrid Indalecio Prieto ofrece a los republicanos la colaboración decidida del Partido Socialista Obrero Español para *derribar la Monarquía.*

Miguel Maura, incansable, convence a Alcalá-Zamora de la urgencia de ofrecer a las clases conservadoras, mediante la creación de la Derecha Liberal Republicana, la garantía de que un cambio de régimen no lesionará gravemente sus intereses.

En tanto la defección de los monárquicos y la colaboración de los socialistas amenazan seriamente la Corona, la Corte y sus aledaños parecen vivir en un mundo totalmente ajeno a la realidad de su tiempo.

Los miembros del Comité Revolucionario, tras el Pacto de San Sebastián, acuerdan la constitución, en la sombra, del Gobierno Provisional de la República: Niceto Alcalá-Zamora y Torres (1877-1949), Presidente; Alejandro Lerroux García (1864-1949), Estado; Fernando de los Ríos Urruti (1879-1949), Justicia; Manuel Azaña Díaz (1880-1940), Guerra; Santiago Casares Quiroga (1884-1950), Marina; Indalecio Prieto Tue-

ro (1883-1962), Hacienda; Miguel Maura Gamazo (1887-1971), Gobernación; Marcelino Domingo Sanjuán (1884-1939), Instrucción Pública; Alvaro de Albornoz Liminiana (1879-1954), Fomento; Francisco Largo Caballero (1869-1946), Trabajo; Lluís Nicolau d'Olwer (1888-1961), Economía; Diego Martínez Barrio (1883-1962), Comunicaciones.

Capitanes Fermín Galán y García Hernández, sublevados en Jaca el 12 de diciembre de 1930. Su fusilamiento, tras el fracaso de la intentona, dotará al movimiento republicano de unos *mártires* que, en frase de Miguel Maura, *no precisaba.*

General Gonzalo Queipo de Llano (1875-1951), nombrado por el Comité Revolucionario jefe del Comité Militar.

La proclama del capitán Galán es un prodigio de laconismo castrense, que traduce fielmente, sin duda la parvedad de su programa.

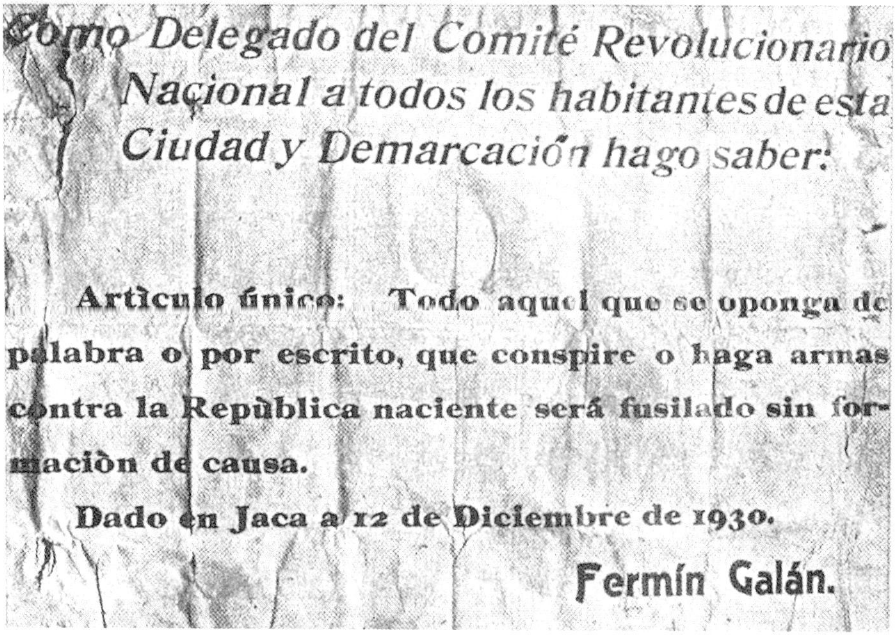

Como Delegado del Comité Revolucionario Nacional a todos los habitantes de esta Ciudad y Demarcación hago saber:

Artìculo ùnico: Todo aquel que se oponga de palabra o por escrito, que conspire o haga armas contra la Repùblica naciente será fusilado sin formaciòn de causa.

Dado en Jaca a 12 de Diciembre de 1930.

Fermín Galán.

¡ESPAÑOLES!

Surge de las entrañas sociales un profundo clamor popular que demanda justicia, y un impulso que nos mueve a procurarla. Puestas sus esperanzas en la República, el pueblo está ya en medio de la calle. Para servirle, hemos querido tramitar la demanda por los procedimientos de la ley, y se nos ha cerrado el camino. Cuando pedíamos justicia, se nos arrebató la libertad; cuando hemos pedido libertad, se nos ha ofrecido como concesión, unas Cortes amañadas como las que fueron barridas, resultantes de un sufragio falsificado, convocadas por un Gobierno de Dictadura, instrumento de un rey que ha violado la Constitución, realizadas con la colaboración de un caciquismo omnipotente. Se trata de salvar a un régimen que nos ha conducido al deshonor como Estado, a la impotencia como Nación, y a la anarquía como sociedad. Se trata de salvar una dinastía que parece condenada por el Destino a disolverse en la delicuescencia de todas las miserias fisiológicas. Se trata de salvar a un rey que cimentó su trono sobre las catástrofes de Cavite y de Santiago de Cuba, sobre las osamentas de Monte-Arruit y de Annual; que ha convertido su cetro en vara de medir, y que cotiza el prestigio de su majestad en acciones liberadas. Se trata, por los hombres del pasado y del presente, de una cruzada contra los hombres del porvenir para estorbar la acción de la justicia popular que reclama enérgicamente las responsabilidades históricas. No hay atentado que no se haya cometido, abuso que no se haya perpetrado, inmoralidad que no haya trascendido a todos los órdenes de la Administración Pública, para el provecho ilícito o para el despilfarro escandaloso. La fuerza ha sustituido al derecho, la arbitrariedad a la ley, la licencia a la disciplina. La violencia se ha erigido en Autoridad y la obediencia se ha rebajado a la sumisión. La incapacidad se impone donde la competencia se inhibe. La jactancia hace veces de valor, y de honor la desvergüenza. Hemos llegado por el despeñadero de esta degradación al pantano de la ignominia presente. Para salvarse y redimirse, no le queda al país otro camino que el de la revolución.

Ni los braceros del campo, ni los propietarios de la tierra, ni los patronos, ni los obreros, ni los capitalistas que trabajan, ni los trabajadores ocupados o en huelga forzosa, ni el productor, ni el contribuyente, ni el industrial, ni el comerciante, ni el profesional, ni el artesano, ni los empleados, ni los militares, ni los eclesiásticos... nadie siente la interior satisfacción, la tranquilidad de una vida pública jurídicamente ordenada, la seguridad de un patrimonio legítimamente adquirido, la inviolabilidad del hogar sagrado, la plenitud de vivir en el seno de una Nación civilizada. De todo este desastre brota espontánea la rebeldía de las almas que viven sin esperanza, y se derrama sobre los pueblos que viven sin libertad. Y así se preparó la hecatombe de un Estado que carece de justicia y de una Nación que carece de ley y de autoridad. El pueblo está ya en medio de la calle y en marcha hacia la República. No nos apasiona la emoción de la violencia culminante en el dramatismo de una revolución; pero el dolor del pueblo y las angustias del país nos emocionan profundamente. La revolución será siempre un crimen o una locura dondequiera que prevalezcan la justicia y el derecho, pero es derecho y es justicia donde prevalezca la tiranía. Sin la asistencia de la opinión y la solidaridad del pueblo, nosotros no nos moveríamos a provocar y dirigir la revolución. Con ellas salimos a colocarnos en el puesto de la responsabilidad inminencia de un levantamiento nacional que llama a todos los españoles. Seguros estamos de que para sumar a los nuestros sus contingentes se abrirán las puertas de los talleres, de las fábricas, de los despachos, de las Universidades, hasta de los cuarteles, porque en esta hora suprema todos los soldados, ciudadanos libres son, y todos los ciudadanos, soldados serán de la revolución al servicio de la Patria y de la República.

Venimos a derribar la fortaleza en que se ha encastillado el Poder personal, a meter la Monarquía en los archivos de la Historia, y a establecer la República sobre la base de la Soberanía Nacional, y representada en una Asamblea Constituyente. De ella saldrá la España del porvenir y un nuevo Estatuto inspirado en la conciencia universal que crea para todos los pueblos un Derecho nuevo ungido de aspiraciones a la igualdad económica y a la justicia social.

Entre tanto, nosotros, conscientes de nuestra misión y de nuestra responsabilidad, asumimos las funciones del Poder Público con carácter de Gobierno provisional.

¡Viva España con honra!

¡Viva la República!

El *Manifiesto* del Comité Revolucionario, en la mejor tradición decimonónica, finaliza con un *¡Viva España con honra!*

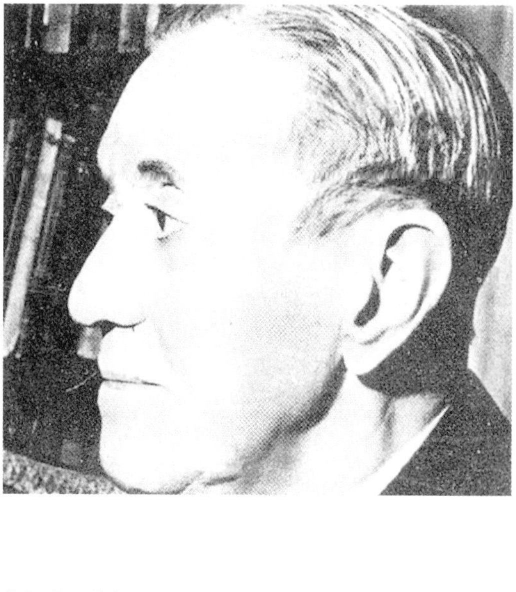

José Ortega y Gasset (1883-1955), Gregorio Marañón (1887-1960) y Ramón Pérez de Ayala (1881-1962) firman en febrero de 1931 el manifiesto *Al Servicio de la República.* El hecho no inquieta seguramente a Don Alfonso XIII, para quien los intelectuales son, cuando menos, seres extravagantes y pintorescos dedicados a quehaceres incomprensibles.

Antonio Machado preside en Segovia, el 14 de febrero de 1931, un acto de la *Agrupación al servicio de la República,* en el que intervienen Marañón, Ortega y Pérez de Ayala.

José Martínez Ruiz, *Azorín,* antiguo diputado maurista: *Soy republicano, francamente republicano.*

Según Luis María Anson, *El error Berenguer,* de Ortega, en el que el filósofo lanza su *Delenda est Monarchia,* es *un artículo tan magistral que unas docenas de líneas valían, ellas solas, más que la Corona de Alfonso XIII* (Caricatura de Del Arco).

Alcalá-Zamora preso en la Cárcel Modelo de Madrid. Hasta allí acudirá José Sánchez Guerra, encargado de formar gobierno por Don Alfonso XIII, para ofrecer al Comité Revolucionario diversas carteras ministeriales, que rechazan.

Capitán general de la Armada Juan Bautista Aznar (1860-1933), procedente *geográficamente de Cartagena y políticamente de la Luna,* forma el que será el último gobierno del reinado de Don Alfonso XIII.

Doña Victoria Eugenia, aclamada en febrero de 1931 a su regreso de Londres, queda tan sorprendida a la vista de la multitud que cree que ya se ha proclamado la República.

Cardenal primado de Toledo, Pedro Segura. La suya es una de las escasas voces que, en las semanas iniciales de 1931, se alzan en apoyo de Don Alfonso XIII.

Francesc Cambó i Batlle (1876-1947), líder de la Lliga Regionalista, acude en socorro de la agonizante Monarquía a través de su testaferro Ventosa i Calvell —en la foto—. La burguesía catalana teme una vez más el costo social que el cambio político pueda comportar.

Francesc Macià i Llussà (1859-1933), a su regreso a España tras un largo exilio, aglutina a través de la Esquerra Republicana de Catalunya a las fuerzas que desean terminar con el tinglado de la Monarquía de Septiembre.

Angel Ossorio y Gallardo con sus defendidos Niceto Alcalá-Zamora y Miguel Maura Gamazo en el proceso que se les sigue, en marzo de 1931, por los sucesos de diciembre del año anterior.

12 de abril de 1931. Se inicia la jornada electoral. En Barcelona son numerosas las muchachas que, a la puerta de los colegios, reparten las candidaturas antimonárquicas.

Eugenio Vegas Latapie, presidente de la Juventud Monárquica, tiene ocasión de comprobar, en las primeras horas de la tarde del domingo 12 de abril, la *debacle* de las candidaturas monárquicas.

El general Sanjurjo, Director general de la Guardia Civil, deja claro, en la reunión informal del Gobierno en la tarde del 12 de abril, que no puede contarse con la Benemérita.

Gabriel Maura Gamazo (1879-1963), duque de Maura y ministro de Trabajo en el Gobierno Aznar, dice *resignarse* ante el resultado adverso para la Monarquía que ha expresado la opinión popular.

Indalecio Prieto, en París, recibe noticia puntual, junto con el resto de sus compañeros de exilio, del triunfo republicano.

El general Berenguer, ministro de la Guerra, en telegrama a los Capitanes generales: *Los destinos de la Patria han de seguir, sin trastornos que la dañen intensamente, el curso lógico que les imponga la suprema voluntad nacional.*

Marqués de Hoyos, ministro de la Gobernación que preside las primeras elecciones *limpias* en más de medio siglo de Monarquía restaurada.

Santiago Alba, en París, visita a Indalecio Prieto y Marcelino Domingo para felicitarles por el triunfo republicano. Quien tenía que ser, junto con Cambó, el salvador de la Monarquía reciclada ha perdido todos los trenes.

Juan de la Cierva postula el poder la tarde del lunes 13 de abril en un intento desesperado de evitar lo inevitable.

A las seis de la mañana se proclama en Eibar la República.

El general Mola, Director general de Seguridad, recomienda al marqués de Hoyos, ministro de la Gobernación, *una inteligencia con los revolucionarios.*

A las órdenes de usted, señor ministro (El general Sanjurjo, Director general de la Guardia civil, a Miguel Maura, a las 11 de la mañana del 14 de abril). (En la foto, De los Ríos, Pedro Rico y Maura votando el domingo 12).

Manuel Azaña, a quien sólo Rivas Xerif logra convencer de que se reintegre a las tareas del Comité Revolucionario en las primeras horas de la tarde del 14 de abril.

Alejandro Lerroux, escondido como Azaña, mantiene contacto con el general Sanjurjo a lo largo de las jornadas de abril.

El doctor Marañón con el conde de Romamones en la playa de San Sebastián, verano de 1930. En la casa del primero, el 14 de abril, pactará el conde la capitulación de la Monarquía ante el jefe del Comité Revolucionario, Niceto Alcalá-Zamora.

negar ante la historia que el ambiente que hizo caer a la Monarquía representaba, por lo menos en las grandes poblaciones, una inmensa mayoría y una fervorosa esperanza. Casi todos los españoles tenían la sensación, y en esto acertaban, de que a la Monarquía, después de fracasada la experiencia dictatorial, le faltaban los resortes indispensables para sostenerse. Habían desaparecido los partidos políticos y las viejas y calumniadas organizaciones caciquiles en los distritos; gran parte del Ejército, empezando por su cuerpo más distinguido, el de Artillería, se mostraba hostil o, por lo menos, reservado ante el rey; muchos jefes de la antigua política monárquica, incluso del partido conservador, tenían la misma actitud; y hasta en la misma Iglesia se había infiltrado el sentimiento de desconfianza o de hostilidad. De las mentes se había apoderado ese espejismo que deslumbra a los pueblos en los momentos de angustia, que consiste en suponer que un cambio, por el solo hecho de cambiar, traería consigo una mejoría radiante de la situación. Los menos cautos esperaban con fe ciega que el simple cambio de régimen abriría sobre España la caja de Pandora. Son pocos los que, en tales circunstancias colectivas, escapan a este contagio singular; tanto más inexplicable, cuanto que la historia nos enseña reiteradamente que el cambio mismo y los años que le siguen, son inexorablemente duros, aun cuando, a la larga, pueda surgir del nuevo estado de cosas una situación favorable (520).

3.10.2. LA EMBAJADA DE HONORIO MAURA. UN BALANCE.

Dos días antes de las elecciones, el viernes 10, Honorio Maura visita a su hermano Miguel, a quien no ha visto desde que ingresara en la cárcel en diciembre del año anterior, con una embajada ciertamente sorprendente: la de que se reintegre al campo monárquico. Amigo personal de Don Alfonso XIII, *pasaba las tardes de esos meses de primavera en el tiro de pichón, deporte favorito del soberano, en su compañía y en un ambiente de familiaridad no exenta de respeto, que autorizaba toda suerte de confidencias* (521). La visita de Honorio Maura a su hermano Miguel la cuenta así el interesado:

Sin preámbulos, me anunció que venía de parte de Don Alfonso a decirme que todavía estaba a tiempo de rectificar la locura cometida.

-Todos, en el tiro -me dijo-, estamos convencidos del ridículo que vais a correr los republicanos pasado mañana. La mayoría monárquica será arrolladora, como lo ha sido el domingo pasado con el artículo 29. Don Alfonso está dispuesto a perdonarte y abrirte los brazos, si publicas hoy unas declaraciones retirando tu candidatura y volviendo al campo monárquico.

Me quedé estupefacto. Yo era de los que jamás dudaron, en aquellos días, no sólo del triunfo republicano, sino de lo que entonces parecía más problemático y muy pocos admitían, de la inminencia de la proclamación de la República. En cuantos actos públicos intervine anuncié que la República se proclamaría el 14 de abril, con gran disgusto de mi compañero obligado de propaganda, Fernando de los Ríos, que se enfadaba conmigo por esta "ligereza", que podía desacreditarnos para lo sucesivo.

Al oír a mi hermano afirmar con el calor de su temperamento, parejo del mío, que, en el tiro, todos consideraban seguro el triunfo, porque sí, porque la tarde había sido sin duda hermosa, y la tirada divertida y animada, y, lo que era peor, al oír la proposición más que molesta, hiriente para mi dignidad y mi amor propio, no pude menos de dejar correr mi temperamento y...¡allí fue Troya!

Acabó muy mal la entrevista. Pero tuve tiempo para hacerle ver el error que cometían viviendo en el ambiente falso del tiro de pichón, de predecirle el triunfo republicano arrollador y augurarle que le quedaban muy pocos días a Don Alfonso para tirar al pichón y aun para dormir en Palacio (522).

Se comprende el enfado de Miguel Maura. Desde la caída de la Dictadura a comienzos del año anterior, en algo más de catorce meses Don Alfonso XIII no ha sido capaz de conseguir hallar la salida pacífica, democrática y legitimadora que le permita remediar, si es que tiene remedio, su pifia garrafal al convertir la Monarquía constitucional de Sagunto en la Monarquía militar de Septiembre. Y dos días antes de unas elecciones que Miguel Maura considera pueden suponer un grave revés para el Rey, éste pretende que dé la campanada y deje en la estacada a quienes han compartido con él prisión y procesamiento, para congraciarse con los habituales del tiro de pichón. Don Alfonso XIII, evidentemente, no se ha tomado la molestia de hacer un simple balance, por muy somero que sea, de lo ocurrido en los últimos meses.

De enero de 1930 a abril de 1931, en efecto, la incomprensible actuación del Rey mediante dos jefes de gobierno palaciegos, el teniente general Berenguer y el capitán general de la Armada almirante Aznar, arroja un saldo ciertamente preocupante para la Institución, en el que hay que destacar la defección monárquica, la aparición de los nuevos republicanos, la colaboración socialista, la *alternativa válida* que supone el Pacto de San Sebastián y la formación de un Gobierno Provisional republicano, la división militar, la movilización intelectual a favor de la República y el desfase de los reformistas tardíos, apoyados, cierto, por los regionalistas catalanes de Cambó, pero cuya actuación en Cataluña se ve ensombrecida, a última hora, por la aparición de una nueva formación, la *Esquerra Republicana*, cuya fuerza se desconoce. Aunque posiblemente lo ignora, Don Alfonso XIII tiene en contra también la previsora política del Vaticano, que a través del Nuncio Tedeschini quiere garantizar, ante un posible cambio de régimen, la salvaguarda de sus intereses, no siempre estrictamente espirituales.

Los dos partidos sustento de la Restauración durante cincuenta años, el Conservador y el Liberal, no han sido capaces de sobrevivir a la cuaresma impuesta por Don Alfonso XIII a partir de septiembre de 1923. Algunas de sus figuras más representativas, como José Sánchez Guerra y Angel Ossorio y Gallardo en el campo conservador, o Santiago Alba en el campo liberal, no se han pasado abiertamente a las filas republicanas, pero sí han desahuciado personalmente a Don Alfonso XIII, pidiendo su abdicación y la convocatoria de unas Cortes Constituyentes que, en ausencia del Rey, determinen la forma de gobierno que España deba darse. A esta postura de descalificación personal, y de demanda de un plebiscito que legitime la Monarquía o implante la República, se suman antiguos accidentalistas como Melquíades Alvarez. Pero el grupo constitucionalista, los *reformistas tardíos*, ha perdido el tren. O, para ser exactos, se lo ha hecho perder Don Alfonso XIII.

Dentro del campo monárquico se ha producido una defección importante, la de figuras *de derechas* como Niceto Alcálá-Zamora o Miguel Maura, que procedentes del partido Liberal y del Conservador respectivamente, no quieren que la República sea patrimonio de las izquierdas. Son los *nuevos republicanos*, que galvanizan las mortecinas huestes del republicanismo histórico de Alejandro Lerroux, de los republicanos radical-socialistas de Alvaro de Albornoz y de Marcelino Domingo, de los republicanos de Manuel Azaña procedentes de las filas del reformismo de Melquíades Alvarez.

Los socialistas, a su vez, consideran cerrada la etapa de colaboración con las instituciones que, en defensa de los intereses de la clase obrera han practicado mediante Largo Caballero aceptando la mano tendida por el general Primo de Rivera. Aunque la República para ellos sea sólo una etapa, su implicación en la conspiración para derribar la Monarquía aporta las masas de las que los partidos republicanos carecen en gran medida.

A través del pacto de San Sebastián todas estas fuerzas ofrecen al país una alternativa válida, una *colchoneta*, en expresión de Miguel Maura, para que el previsible cambio se produzca sin traumas. Al pacto de San Sebastián se unen los catalanistas, y, a título personal, destacados intelectuales como Felipe Sánchez Román.

Un Ejército dividido, cuya expresión máxima es la intentona fracasada de Jaca y Cuatro Vientos, pero también la apoteosis del Comité Revolucionario cuando es juzgado por un Tribunal Militar. Con los sucesos de Jaca Don Alfonso XIII eleva a la categoría de mártires a Galán y García Hernández, y con los de Cuatro Vientos se ve amenazado por el general Queipo de Llano y el comandante Ramón Franco, uno de los héroes del vuelo transatlántico del *Plus Ultra*.

La *Agrupación al servicio de la República* consigue la movilización de las figuras más destacadas de la intelectualidad contra la Monarquía; hasta un antiguo subsecretario en un gobierno conservador, José Martínez Ruiz, *Azorín*, se declara republicano.

Tiene a su favor Don Alfonso XIII un gobierno incondicional, con figuras tan avezadas como el conde de Romanones, y tan leales a su persona, al parecer, como el recién creado duque de Maura; con un ministro de la Guerra, el general Berenguer, al que Don Alfonso XIII ha dispensado en todo momento su protección; tiene la Guardia civil, a cuyo Director general, Sanjurjo, acaba de condecorar; tiene el apoyo de los regionalistas catalanes, con Cambó al frente, que ha dado al gobierno del almirante Aznar un ministro, Ventosa, por no poderse incorporar él por motivos de salud, aunque la recién creada *Esquerra Republicana*, a las órdenes del ex-coronel Macià, no se sabe bién con qué fuerza electoral cuenta, pues es posible que uno de sus líderes, el abogado laboralista Lluis Companys pueda sacar a los elementos de la Confederación Nacional del Trabajo de su tradicional absentismo... Tiene, en fin, el apoyo del cardenal primado de Toledo, Pedro Segura, y de parte de la cúpula eclesiástica. Pero en definitiva el balance, bien analizado, es negativo.

A propósito del *ambiente falso* del tiro de pichón, tan grato a Don Alfonso XIII, y que Miguel Maura debe conocer de primera mano, años después el general Francisco Franco le comenta a Franco Salgado-Araujo, desde un campo bien lejano del republicanismo: *Don Alfonso XIII iba al Tiro del Pichón alternando casi siempre con muchos de estos parásitos que nada hacían por el prestigio del monarca, antes al contrario, ya que le incitaban a entregarse a juegos prohibidos* (523). Pero lo más grave no es que Don Alfonso XIII se entregue o no a lo que su gentilhombre de cámara años después llama *juegos prohibidos*; lo más grave es que el Rey no parece consciente de que la quiebra del pacto constitucional a partir de 1923 exige, para su recomposición, si aún es posible, unas dosis de valor, tacto e imaginación de las que el monarca no parece sobrado en momentos tan críticos.

3.10.3. NUEVO MANIFIESTO DE LA *AGRUPACIÓN AL SERVICIO DE LA REPÚBLICA*. DISCURSO DE MIGUEL DE UNAMUNO EN SALAMANCA. EL OPTIMISMO DE *EL DEBATE*: *ESPAÑA ES MONÁRQUICA*. LA *PROFECÍA* DE FRANCESC CAMBÓ.

El sábado 11 de abril *Crisol* publica un nuevo manifiesto de la *Agrupación al servicio de la República*: *Quiere nuestra nación vivir en plenitud y hacerse un puesto de respeto en el mundo, tomando para ello en su mano la dirección de sus destinos. Pero esto no conviene a la institución monárquica, que no ha sabido nunca fundirse con la totalidad de los españoles, y es más bien gerente de una sociedad de socorro mutuo formado por los altos dignatarios eclesiásticos -no el clero humilde ni las órdenes religiosas populares-, por la alta Banca -no el comerciante y el pequeño industrial-, por los jerarcas militares, por los "aristócratas". Esos pocos centenares de personas pretenden que, entera una raza antigua e ilustre, viva supeditada a su arbitrio, el cual, sobre ser egoísta, ha demostrado ser todo menos genial* (524).

El mismo día el conde de Romanones declara: *Lo que se ventila el domingo es el porvenir de España y la forma de gobierno* (525). Una de las figuras máximas del monarquismo militante acaba de otorgar a los comicios del día siguiente el carácter plebiscitario que desde el campo republicano se les pretende dar desde un principio.

En Salamanca, Miguel de Unamuno, candidato independiente en las elecciones municipales, cierra la campaña con un discurso que, según su biógrafo Emilio Salcedo, es *su último reto a la monarquía*: *He querido poner en claro mi posición personal frente al régimen y frente a quien lo representa, advirtiéndole que si mañana, obedeciendo a consejos leales como el que acaba de darle Indalecio Prieto; si mañana, obedeciendo a la voz de su conciencia, se marcha y nos deja gobernarnos libremente, y algún día nos encontramos en el extranjero, fuera de España, no sería yo quien le recordase agravios públicos; pero mientras esté en España tengo la obligación de enjuiciarle, en el sentido etimológico de la palabra, hacerle justicia* (526).

La víspera de la jornada electoral, *El Debate* afirma en un editorial: *Estamos convencidos de que la jornada de mañana domingo será brillantísima para los monárquicos. Ha penetrado en la mente de todos la importancia de estas elecciones. No se trata solamente de elegir nuevos administradores municipales, sino de ganar una batalla por el orden y la paz social, que en los actuales momentos aparecen vinculados a la Monarquía. Y para ésta el espectáculo que ofrece Madrid y toda España en estos momentos, no puede ser más confortador* (...) *España es monárquica y mañana en las urnas votará como tal* (527).

Y Francesc Cambó, también el mismo día 11 de abril de 1931, profetiza: *La revolución no vendrá, ni por obra del Ejército, ni por la acción de los revolucionarios; habría que acordarla el Gobierno y firmarla el Rey* (528).

Seguramente Don Alfonso XIII comparte la visión tan optimista de *El Debate - España es monárquica-*. Cuando hace poco más de un año, en febrero de 1930, Miguel Maura se despide de él anunciándole su paso al campo republicano, Don Alfonso XIII intenta desengañarle: *Mientras yo viva la Monarquía no corre ningún peligro.* Y añade sonriendo y dirigiéndose a su hermano Honorio Maura: *"Après moi le déluge"* (529).

Pero *Azorín*, en la encuesta del semanario *La Calle -¿Cómo ve usted el porvenir de España?-* declara: *No tienen estos momentos otra solución que la caída de la Monarquía* (530).

Al día siguiente, doce de abril, los tres, Don Alfonso XIII, Miguel Maura y su hermano Honorio tienen ocasión de comprobar la razón o sinrazón de aquella *chulería real* y la razón o sinrazón del diagnóstico de *Azorín*. Y toda España con ellos.

De alguna manera, las palabras de Cambó, que desde su prepotencia intenta infundir ánimos a sus electores para que acudan en socorro de la Institución, se cumplirán en forma no prevista ni por el líder político catalán ni por el propio Don Alfonso XIII.

SEGUNDA PARTE / CAIDA DE LA MONARQUIA Y PROCLAMACION DE LA REPUBLICA

De las elecciones municipales al cambio de régimen (12, 13, 14 y 15 de abril de 1931)

No valía la pena producir una convulsión sangrienta para sostenerse en precario hasta unas elecciones generales que hubieran depuesto, con escarnio, el símbolo de la monarquía.

Don Alfonso XIII.

CAPÍTULO CUARTO

CUATRO DIAS DE ABRIL

**Yo no podía desconocer
que el resultado de la elección del doce de abril
iba dirigido contra mi persona.**

Don Alfonso XIII.

4.1. EL PLEBISCITO (domingo, 12 de abril de 1931).

4.1.1. SE INICIA LA JORNADA ELECTORAL.

El domingo, 12 de abril, los españoles acuden a las urnas, después de la larga cuaresma electoral impuesta por Don Alfonso XIII de forma vicaria mediante la Dictadura. Pese a que se trata de unas simples elecciones municipales, en gran parte de España -la España urbana, sobre todo- los ciudadanos parecen dispuestos a ejercer de nuevo uno de sus derechos más importantes como tales: el de elegir libremente a sus representantes, aunque tal elección, que se rige por el sistema de *listas abiertas*, se limite por el momento a sus representantes en los Ayuntamientos.

Las esperanzas de vencer a las candidaturas oficiales, las que se presentan al amparo y bajo la etiqueta monárquica, se basan más en el deseo que en la realidad. En el último medio siglo, desde que se inicia la Restauración, el Gobierno que convoca unas elecciones -sea conservador o liberal, tanto da- no las pierde prácticamente nunca. En el caso concreto de los postreros comicios municipales celebrados antes del advenimiento de la Dictadura, los de 1922, en Madrid, por ejemplo, los monárquicos obtienen 43 concejales, 6 los socialistas y 1 los republicanos (531).

Añádase a ello que la edad de voto sólo se alcanza a los 25 años, lo que en estas elecciones margina a un amplio sector, la juventud universitaria sobre todo, que se manifiesta partidario decidido de los cambios radicales; están privadas de voto las mujeres de cualquier edad o condición, pero ello favorece más que perjudica, seguramente, a las candidaturas de oposición, pues por encima de la opinión política del marido -supuesto que la esposa carezca de ella- priva muchas veces la del confesor. Pero como señala Eduardo de Guzmán, *más importante que los sufragios que se depositen son los que aparezcan al realizarse los correspondientes escrutinios. El cambio de color de los votos emitidos, el escamoteo de los adversos y el incremento de los propios constituye a todo lo largo de la Restauración un arte difícil y complicado en que son consumados maestros varios de los integrantes del Gobierno que preside el almirante don Juan Bautista Aznar* (532). Aunque Guzmán no los identifique, de todos es sabido que el conde de Romanones, Juan de la Cierva y el conde de Bugallal, por ejemplo, tienen en Guadalajara, Murcia y La Coruña feudos segurísimos.

Contrasta el entusiasmo de quienes apoyan la conjunción de republicanos y socialistas con la desidia de quienes respaldan las candidaturas monárquicas. El general Dámaso Berenguer, ministro de la Guerra en el gabinete Aznar, sintetiza el ambiente de la jornada: *enardecimiento por parte de los impugnadores del Régimen* e *inerte inconsciencia entre los que lo defendían* (533).

El general Mola, Director general de Seguridad, traza a su vez un vívido cuadro de lo sucedido en la capital de España:

De Madrid diré que, desde las ocho, a las puertas de los colegios electorales se formaron animadas colas y en algunos los votantes tardaron cerca de una hora en poder llegar a las urnas. La Conjunción republicanosocialista había montado un servicio de propaganda extraordinario; en cambio apenas se encontraban repartidores que ofrecieran candidaturas monárquicas. La organización de los antidinásticos era en realidad formidable, contrastando con la de los monárquicos: esperaban, sin duda, como otras veces, que la intervención gubernamental les diese la victoria sin hacer el menor esfuerzo. El abandono fue tan grande por parte de éstos y pusieron tal ahínco en vencer aquéllos, que incluso llegaron a comprar para su causa a los repartidores de las candidaturas monárquicas; todo era cuestión de unas pesetas más, que no les importaba gastar: la Casa del Pueblo no regateaba... (534).

No parece, sin embargo, que el problema radique en que las candidaturas de uno u otro signo sean mayor o menormente repartidas, sino en la decisión que los votantes han tomado al acercarse a los colegios electorales respectivos. Y mientras quienes propugnan el fin de un sistema corrupto acuden a las urnas sin importarles el tiempo que tengan que emplear para poder emitir su voto, quienes desean la perpetuación del tinglado montado por la Restauración siguen confiando, en palabras del Director general de Seguridad del gobierno monárquico, en que *la intervención gubernamental* les otorgue el triunfo *sin hacer el menor esfuerzo.*

En el ministerio del Ejército, por ejemplo, el subsecretario, general Ruiz Fornells, se permite *recomendar la candidatura monárquica, e incluso repartir papeletas*, según el testimonio de Mola, quien explica que en los demás centros oficiales (ministerios, direcciones generales y otras dependencias de la Administración central) *se dejó al personal en completa libertad para votar* (535).

Desde muy temprano -escribe Mola- *los republicanos y socialistas aspirantes a concejales se dejaron ver por los colegios buscando el aplauso de sus correligionarios y repartidores y animando a sus representantes en las mesas; en cambio, los otros, los monárquicos, como buenos burgueses, dejaron que entrase bien la mañana para desperezarse, pedir el desayuno y salir a la calle a enterarse de los que pasaba. No es de extrañar, ante esta conducta, que sus apoderados, faltos del amparo que proporciona la presencia de los candidatos, se dejaran vencer por la coacción de los contrarios en todos los incidentes que se presentaron, que no fueron pocos* (536).

Al cabo de los años, el Infante Don Jaime de Borbón y Battenberg, con la acreditada memoria de los Borbones, comenta que *algunos de los Grandes de España y muchos miembros de la nobleza no se molestaron en votar, precisamente cuando se estaba jugando en las urnas el destino de la monarquía: el duque de Alba estaba en Saint Moritz y no votó, el conde de la Cimera en Biarritz, demasiado ocupado por lo visto con el bridge. Tampoco votó Juan March* (537).

No olvidemos ni un instante -se lamenta *El Caballero Audaz* meses después- *que las gentes adineradas, la alta burguesía, había ayudado también con sus votos el cambio de régimen.*

Prueba elocuente de ello es que, aún en los barrios más aristocráticos de Madrid, y en el propio distrito de Palacio, donde jamás se emitieron sino votos monárquicos, en las elecciones de abril triunfaron con aplastante mayoría los republicanos... Esos votos no eran, naturalmente, el resultado de un improvisado trasiego de vecinos; representaban la evolución razonada de todo un núcleo de opinión, arrastrada por una propaganda convincente... ERAN LA EXPRESION DE LA VOLUNTAD DE UNOS MILLONES DE CIUDADANOS EN MADRID <sic> *-MILLONES DE ELLOS EN ESPAÑA- QUE SE AVENTURABAN A UN CAMBIO DE REGIMEN, FIADOS EN LAS PROMESAS QUE SE LE HICIERON* (538).

Joaquín Ruiz Jiménez, último alcalde de la capital de España con la Monarquía de Septiembre, y padre de un futuro ministro del general Franco, explica que *camino de Madrid, salido de La Berzosa quince minutos antes de las ocho de la mañana en que empezó la votación, domingo espléndido de sol y de temperatura, antes de llegar, a las ocho y treinta, a El Plantío, la preocupación electoral me hizo contar hasta sesenta y tres automóviles de personas más o menos conocidas, pero seguramente electores, que se habían ausentado sin votar, y sus mecánicos, por no haber tenido tiempo para hacerlo, con el objeto de pasar el día en la Sierra, en La Granja o en El Escorial. Y tantos otros que no se habrían movido de sus casas o habrían salido por otros caminos... Lo que sí puede asegurarse es que, en cambio, los republicanos y socialistas no dejaron ni uno de votar, en compañía de los monárquicos y neutros que creyeron que Madrid se iba a convertir en el paraíso terrenal que cuentan los escritores sagrados* (539).

Por razones obvias, quienes no votan en el campo de la Conjunción republicano-socialista son Alejandro Lerroux y Manuel Azaña, escondidos en Madrid a raíz de los sucesos de diciembre del año anterior, e Indalecio Prieto, Marcelino Domingo, Lluis Nicolau d'Olwer y Diego Martínez Barrio, exiliados en París desde esa fecha. Huídos todos ellos de la justicia, figuras como Lerroux y Prieto, de estar presentes en Madrid en esta jornada electoral, contribuirían sin duda, con su popularidad y su capacidad de arrastre, a una votación más lucida de sus candidaturas respectivas.

4.1.2. VOTAN LOS POLÍTICOS Y DIVERSAS PERSONALIDADES. LA *ESQUERRA REPUBLICANA DE CATALUNYA*, DE FRANCESC MACIÀ, ACUDE EN SOLITARIO A LA CONTIENDA.

Entre quienes sí madrugan para acudir a votar está Niceto Alcalá-Zamora, figura máxima del Comité Revolucionario, acompañado de su mujer en la visita a los colegios de Chamberí, sabedora ésta de los rumores de un posible atentado contra su marido: *El escrutinio del 12 de abril estaba ya previsto desde el comienzo de la votación y hecho sin error al mediar ésta. Ya a esta hora la total indiferencia de la plena derrota, y aun el abandono de la retirada, eran las actitudes de los interventores monárquicos, aun en las secciones más ricas dominadas de antiguo por la aristocracia. Esas impresiones las iba yo recogiendo en incesantes y repetidas visitas a los colegios de Chamberí, por donde era candidato. Me acompañaba hasta la puerta mi mujer, no obstante su salud quebrantada y su discreta abstención de exhibiciones; para tal actitud, en ella excepcional, invocaba serlo el momento, pero en el fondo obedecía a que llegaron a ella rumores y amenazas de un atentado contra mí* (540).

También entre los madrugadores está el antiguo jefe político de Alcalá-Zamora, el conde de Romanones, ministro de Estado, que acude a votar a primera hora de la mañana. *Larga era la fila de los que esperaban para hacerlo. En la sección que recogía los electores de la Castellana, los que habitaban en palacios y en hoteles, el escrutinio dio un resultado insospechado: no votarían la República los amos, pero sí puede afirmarse que toda su servidumbre la votó* (541).

Gregorio Marañón, uno de los fundadores, con José Ortega y Gasset y Ramón Pérez de Ayala, de la *Agrupación al servicio de la República*, vota *muy temprano*, pues desea ir a pasar el día, como tiene por costumbre los domingos, a su cigarral de Toledo: *A pesar de la hora, había delante de los colegios inmensas filas de ciudadanos. Nunca se había conocido una afluencia tan copiosa de votantes, sobre todo tratándose de simples elecciones municipales. El trascendente sentido político que el pueblo dio a éstas, era ya impresionante. Lo era también la rigurosa imparcialidad del Gobierno* (542).

Miguel Maura y Fernando de los Ríos, miembros destacados del Comité Revolucionario y compañeros de candidatura, recorren desde primera hora los colegios electorales de todo Madrid. A partir de 1913 Maura ha dirigido las campañas en las que ha participado el partido maurista de su padre don Antonio; su experiencia y su instinto -y su deseo de vencer, sin duda- le dicen que la *masa neutra* les dará el triunfo: *Esa parte muy numerosa del cuerpo electoral, tan numerosa como la articulada en los partidos políticos, solía votar* anti, *es decir, contra lo que en ese momento se llevaba, sin importarle un ardite el resultado de su voto.* En los colegios electorales que visitan Maura se tropieza con numerosos conocidos *pertenecientes de siempre a esa masa neutra que "abominaba de la política". Me llamaban a la fila en la que estaban incrustados y me mostraban la papeleta que tenían apercibida. Era la republicana íntegra, con lo que demostraban que les eran totalmente indiferentes las personas, y que sólo pretendían, con su voto, "reventar al rey"* (543).

También a Marañón algún amigo o conocido le muestra orgulloso la papeleta con la candidatura republicana que se apresta a votar: *El sentido republicano de la votación podía colegirse con sólo permanecer unos minutos entre las largas filas de sufragistas. En el colegio en que yo voté, en el barrio de Salamanca, había en la cola gran número de personas conocidas de la mejor sociedad y muchas de ellas no ocultaban su adhesión a la candidatura republicana. No olvidaré nunca a un joven aristócrata, que meses después me negaba el saludo por ser yo republicano, y que aquella mañana, al pasar junto a él, sacó de su bolsillo la papeleta con los nombres de la candidatura izquierdista y la tremoló con aire de triunfo* (544).

El general Berenguer cumple con sus deberes cívicos mediada la mañana: *En el colegio de la barriada céntrica en que me correspondía, pude observar poca animación; no había cola de votantes. De otros colegios me informaron que tampoco era grande la concurrencia. En el Ministerio, entre las personas que allí encontré a mi regreso, tampoco se señalaba gran animación en los que ellos habían recorrido. Al comentar la jornada se hacía resaltar la ausencia de bastantes votantes de derechas, que no dando a aquella elección, por su carácter administrativo, la importancia que tenía, se habían ausentado de Madrid, huyendo de las molestias de un día de elecciones* (545).

En Zaragoza el general Francisco Franco, director de la Academia General Militar, acompañado de su primo y ayudante el comandante Francisco Franco Salgado-Araujo, vota en un colegio del Arrabal. *El voto de Franco quizá fuera el único con carácter monárquico de aquella barriada,* comenta años después su pariente (546).

Los testimonios aquí recogidos de uno y otro campo, referidos a Madrid, pero que reflejan en líneas generales lo ocurrido en toda España, coinciden en el entusiasmo de las fuerzas integradas en la coalición de republicanos y socialistas, y en el desinterés, cuando no la franca abstención, del electorado que se supone monárquico. Añádase a ello el *voto antialfonsino* de amplias capas de la población, que no es, en principio, necesariamente, un voto republicano, sino un decidido e irritado palmetazo en los regios nudillos de Don Alfonso XIII. Un futuro concuñado del general Franco, por ejemplo, el jovencísimo Ramón Serrano Suñer, perteneciente a un cuerpo de elite como es la abogacía del Estado, le comenta poco antes al comandante Franco Salgado-Araujo, en el casino de Zaragoza, que *los males de España desaparecerían cuando se marchara Don Alfonso XIII* (547).

Como parece inevitable en toda contienda electoral, en el curso de la misma las noticias recibidas son contradictorias; se confunde en ocasiones la realidad con el deseo, o se tergiversa, incluso de buena fe; muchas veces quienes facilitan determinadas informaciones parecen guiados sólo por su afán de complacer a quienes las escuchan. Así, el ministro de la Guerra recibe impresiones alentadoras de Barcelona y Madrid, las dos plazas emblemáticas de la jornada. *Poco después del mediodía* -escribe Berenguer-, *una personalidad en contacto con la secretaría regionalista en Madrid, me dijo, por teléfono, que de Barcelona comunicaban que la elección se desarrollaba con regularidad, estando muy animados los elementos regionalistas, para los que se descontaba el triunfo. A la una y media me avisaron que en Madrid también marchaban las cosas muy bien, y que se luchaba por el empate entre los monárquicos y los republicanos y socialistas coaligados, cuya fuerza se consideraba aquí grande, especialmente por la organización de los socialistas, sobre cuya base actuaba la coalición* (548).

En Barcelona Francesc Macià, que lidera la recién creada *Esquerra Republicana de Catalunya*, propone días antes de las elecciones una alianza electoral a *Acció Catalana Republicana*, el partido *centrista*, a fin de enfrentarse juntos a la poderosa *Lliga Regionalista*, de Cambó. Macià se conforma, si se llega a un acuerdo, con que en la candidatura, integrada por más de treinta candidatos, se incluyan sólo cinco o seis correligionarios suyos. *La perspectiva de una campaña demagógica que tendrían que compartir* -escribe Hurtado-, *y la poca simpatía por los nombres de estos aliados indujo a* Acció Catalana *a rechazar la propuesta. Esto obligó a Macià a formar precipitadamente candidatura plena con todos los nombres que consiguió reunir entre catalanistas, republicanos y socialistas, mezclando a nacionalistas extremistas con gentes que contaban en su historial con proezas tales como disolver las sardanas de alguna fiesta catalanista.* Según Hurtado, las previsiones más optimistas sobre los resultados que puede obtener *Esquerra Republicana* en la contienda electoral le otorgan *quizás* diez candidatos, *pero en general nadie sobrepasaba los cinco, y algunos auguraban un total desastre* (549). El triunfo de la *Lliga* de Cambó es muy importante para la causa monárquica, pues los resultados que se obtengan en Barcelona, y por extensión en toda Cataluña, pesan casi tanto como los que se logren en Madrid.

El general Mola, tan bien informado generalmente, tras cambiar impresiones con el subsecretario de Gobernación, Mariano Marfil, *que no se sentía pesimista a pesar de la desorganización que existía en el campo monárquico*, confiesa estar hecho *un mar de confusiones y hasta convencido de que tenían razón sobrada quienes me acusaban de "derrotista"* (550).

4.1.3. ALMUERZO EN PALACIO. CIERRE DE LOS COLEGIOS ELECTORALES. OVACIÓN A PEDRO RICO EN LA PLAZA DE TOROS DE MADRID. ALARMA EN LA DIRECCIÓN GENERAL DE SEGURIDAD.

A las dos de la tarde Don Alfonso XIII almuerza en Palacio, en estricta intimidad, con la Reina, Doña Victoria Eugenia, y sus hijos, los Infantes Don Jaime y Don Gonzalo y las Infantas Doña Beatriz y Doña María Cristina. El Príncipe de Asturias, Don Alfonso, lo hace en sus habitaciones, retenido en cama a causa de unos graves hematomas causados por el movimiento de retroceso del *mauser* con que el día antes, desde una avioneta, se dedica a cazar avutardas. El infante Don Juan, desde el año anterior, cursa estudios en la Academia Naval de San Fernando, en Cádiz. Durante la mañana la Real Familia no abandona el Alcázar, donde asiste a misa, aunque Doña Victoria Eugenia da un paseo a caballo por la Real Casa de Campo.

El yantar fue sobrio, a la moderna, como era uso y costumbre en la época postrera de la Corte española: sopa, huevos, arroz con carne y un dulce de repostería -anota Almagro San Martín-. *Nada más. Después, una taza de café y una copita de licor* (551).

Al término del almuerzo Don Alfonso XIII habla por teléfono con el jefe del Gobierno, almirante Aznar, quien le informa de que el orden es completo y no se ha producido ningún disturbio. Aznar, no obstante, recomienda al Rey que no ande hoy por Madrid. El monarca le explica que piensa dar un paseo en coche por El Pardo, que la Reina permanecerá en Palacio con su prima la princesa de Battenberg y la Infanta Doña Beatriz de Orleáns -esposa del primo hermano de Don Alfonso XIII el Infante Don Alfonso de Orleáns y Borbón-, que el Príncipe de Asturias sigue en cama y que los Infantes pasarán la tarde en La Zarzuela, como siempre. Sabedor de que Aznar se pirra por la lectura de las novelas de Rocambole, no resiste *chafarle* el desenlace de la que sabe está leyendo: *¿Ha llegado usted ya a la resurrección del Vizconde*? (552).

A las cuatro de la tarde se cierran los colegios electorales y empieza el escrutinio. Cuando el recuento de los votos termine se habrán disipado todas las dudas. Don Alfonso XIII sabrá al fin, y con él España entera, si los españoles le perdonan el perjurio cometido o si por el contrario le exigen las responsabilidades correspondientes. A estas alturas sólo los empeñados en no ver la realidad de las cosas pueden desconocer el carácter plebiscitario que, quiérase o no, ha adquirido la jornada. Todo está en el aire. Ni el Director general de Seguridad, ni el ministro de la Gobernación, son conscientes aún de la catástrofe que se les echa encima. Para Mola, *la impresión entonces dominante era de que la lucha había sido muy reñida y que los de la Conjunción republicanosocialista obtendrían mayoría en los distritos extremos por el exceso de población obrera, casi toda ella afiliada a la Casa del Pueblo; pero no en los del centro, en donde dominaba la clase media y la aristocracia* (553).

A esa misma hora Juan de la Cierva, ministro de Fomento, se traslada al ministerio de la Gobernación. *En la Puerta del Sol ví ya a mucha gente y tendencia al alboroto. Encontré al Marqués de Hoyos satisfechísimo. Casi todas las noticias que llegaban de provincias eran de triunfo. En Madrid, o se ganaba por dos o tres puestos o se empataba la elección. En Barcelona estaba Ventosa, y le acababa de decir por teléfono que la Lliga iba en primer lugar. Luego afirmaron que el sindicato único, que se había nutrido con la mayor parte de los elementos obreros de Barcelona, no recibió de Moscú la orden de votar hasta media mañana, y entonces, lanzó sus enormes fuerzas a la contienda y dio el triunfo a Maciá. Ellos sabrán lo que hay de cierto en esa manifestación.*

De Sevilla, de Valencia, de Murcia, de Cádiz y de otras varias las noticias eran también buenas. El fino instinto de Juan de la Cierva, curtido tras tantos años de *turnismo pacífico*, dispara la señal de alerta: *Yo le dije que me sorprendían tales noticias, llegadas antes de las cuatro, que es cuando comenzarían a escrutarse los votos; pero él afirmó que le parecían seguros y ciertos los cálculos* (554).

En contraste con la actitud del *satisfechísimo* ministro de la Gobernación, marqués de Hoyos, las comprobaciones que otros monárquicos realizan *in situ* son desalentadoras. Eugenio Vegas Latapie, con otros directivos de la *Juventud Monárquica*, que preside, entra en uno de los cuatro colegios establecidos en unas escuelas de la calle de Pozas, de Madrid:

Lo hicimos con curiosidad, sin suponer toda la magnitud de la catástrofe que se nos venía encima. Al empezar a salir las primeras candidaturas, pudimos comprobar con estupor que, de cada diez papeletas, siete eran de los candidatos republicanos. Pasamos al colegio de enfrente; sucedía exactamente lo mismo. En los otros dos colegios los resultados eran idénticos. Nos dirigimos a otros colegios próximos , y ocurría exactamente igual. Dije entonces a mis amigos: "Vámonos a coger optimismo al barrio de Salamanca". En la Casa de la Moneda, donde estaban finalizando las operaciones electorales, la mayoría también era republicana. Recorrimos algunos otros colegios, en los que ya habían terminado los escrutinios, y en todos era abrumador el triunfo de la conjunción republicano-socialista (555).

Francisco Franco Salgado-Araujo, por su parte, se dedica a recorrer por la tarde diversos colegios electorales de Zaragoza, *sacando ya una impresión pesimista, aun cuando nunca tuve esperanzas de que en la sede de la C.N.T.* <Confederación Nacional del Trabajo> *saliese triunfante la candidatura monárquica, ni me imaginaba que en unas elecciones ya ganadas en la mayoría de los pueblos de España, se pudiera jugar la suerte del régimen monárquico* (556).

A la misma hora en que se cierran los colegios electorales, las cuatro de la tarde, y en que el marqués de Hoyos cree asegurado el triunfo monárquico, el general Berenguer anota que empiezan a llegar *noticias alarmantes sobre las elecciones. Se decía ya que en Madrid y Barcelona se habían perdido* (557). Si Berenguer no equivoca la hora, las informaciones recibidas en el ministerio de la Guerra anticipan la verdad de lo sucedido frente al crédulo optimismo que reina en el ministerio de la Gobernación y en la Dirección general de Seguridad.

A las cuatro y media, Eduardo de Guzmán, redactor-jefe del diario sindicalista *La Tierra*, que ese día hace información *de calle*, se queda de una pieza cuando un compañero de redacción le notifica que en el distrito de Palacio se ha obtenido mayoría republicano socialista: ¡*Increíble* -grítale alborozado- ¡*Hasta los propios palaciegos han votado contra* Gutiérrez! (558).

Poco antes de las cinco de la tarde Pedro Rico, republicano de izquierda, llega a la plaza de toros de Madrid. Es compañero de candidatura de Miguel Maura y Fernando de los Ríos, con los que ha almorzado en el restaurante Buenavista de la calle de Alcalá. Ante el optimismo desbordante de Maura, no compartido por De los Ríos, Pedro Rico solicita autorización para *abandonar el campo de la lucha e irse a los toros*. Maura le asegura que puede irse tranquilo porque el triunfo está de tal modo asegurado que les sobran miles de votos. En la plaza, a quienes le inquieren el motivo de su deserción, Pedro Rico se limita a repetirles:

-Hemos ganado. Nos sobran miles de votos. Por eso estoy aquí.

La noticia se propala por los graderíos, y cuando las cuadrillas inician el paseo, la plaza entera, puesta de pie, tributa *una ovación cerrada y clamorosa* al candidato republicano. Pedro Rico, *obeso sobre toda ponderación*, ha de subir sobre el asiento de su barrera y corresponder a quienes le aclaman. La escena se repite cada vez que los diversos matadores le brindan su toro respectivo (559).

Como si la ovación a Pedro Rico, que de alguna manera le consagra como el primer alcalde republicano de Madrid (560), hubiese sido el pistoletazo de salida de una dramática carrera, hora y media después de iniciarse el recuento de los votos Mola recibe en su despacho de la Dirección general de Seguridad informaciones alarmantes: *A las cinco y media se empezaron a recibir las primeras noticias oficiales, que acusaban una aplastante mayoría de la Conjunción, noticias que yo personalmente transmití al marqués de Hoyos, en cuyo despacho del Ministerio se hallaba reunido desde media hora antes casi todo el Gobierno y con él el general Sanjurjo* (561).

4.1.4. REUNIÓN INFORMAL DE LOS MINISTROS EN GOBERNACIÓN. LA OPINIÓN DE SANJURJO, DIRECTOR GENERAL DE LA GUARDIA CIVIL. DON ALFONSO XIII INQUIERE NOTICIAS.

El conde de Romanones siguiendo *inveterada costumbre* marcha al campo a pasar la tarde, pero puesto el pensamiento en Madrid regresa pronto a la capital. En su recorrido hasta el ministerio de Estado no advierte *movimiento desusado: parecía un domingo de los más tranquilos.*

Me devoraba la impaciencia por conocer, cuando menos, el resultado de algún escrutinio -escribe-. *Antes de tener noticia de ninguno, y sin saber por qué, los presagios más negros se apoderaron de mi ánimo. Presagios que se confirmaron con la primera información que recibí: la del escrutinio de la sección correspondiente al Palacio de Oriente. Allí los monárquicos habíamos tenido una votación ridícula. Con este dato no podía caberme duda de lo que había pasado en la expirante Corte* (562).

Romanones se excusa de recibir a los representantes de la prensa extranjera, a los que ha citado para facilitarles noticias de los resultados electorales, y marcha al ministerio de la Gobernación. Allí acuden todos los ministros, menos los de Guerra (general Berenguer), Marina (almirante José Rivera) y Hacienda (Juan Ventosa Calvell), que se halla en Barcelona.

El duque de Maura se incorpora el último. En el despacho del ministro de la Gobernación, José María de Hoyos y Vinent, que preside la jornada electoral del 12 de abril con corrección exquisita, los reunidos tienen ocasión de asistir al desplome de cincuenta años de caciquismo, simbolizado en particular en las provincias de Guadalajara y Murcia, feudos tradicionales del conde de Romanones y Juan de la Cierva respectivamente. Asiste a la reunión un solo personaje que no es ministro, el general José Sanjurjo Sacanell, Director general de la Guardia civil. Según el marqués de Hoyos, que lo subraya en las páginas de *Mi testimonio*, Sanjurjo acude por su *propia iniciativa* (563).

Las funestas noticias comenzaron a venir -recuerda Juan de la Cierva-. *El triunfo republicano socialista en Madrid y muchas capitales, era cierto. Como es natural, la impresión en nosotros fue desagradable y penosa. Cuando comentábamos el triste suceso llegó el Duque de Maura. "Un desastre" -le dijimos- Y el Duque textualmente contestó: "¿Pero, les ha sorprendido a ustedes? Todavía pudo ser mayor. Lo había dicho yo hace tiempo..." "Cómo, Duque -le dije-, si lo sabía, ¿por qué no nos lo advirtió, para poner remedio, y si no lo tenía, para preparar el ánimo y adoptar algunas determinaciones?" "Yo -insistió- lo había previsto". Estas manifestaciones produjeron en todos la consiguiente impresión* (564).

No en Consejo, sino en reunión ocasional -puntualiza Romanones-, *pasamos dos horas de verdadero tormento escuchando al Marqués de Hoyos, Ministro de la Gobernación, anunciarnos las noticias que recibía de los gobernadores. Cuando oí: "Guadalajara:* catorce de la coalición republicanosocialista, seis monárquicos", *me quedé atónito. Cincuenta años de vida política se desvanecían como el humo* (565). Según Miguel Maura, a tenor de lo contado por testigos presenciales, al conocer los resultados de Guadalajara Romanones no puede contenerse: *Ahora es cuando les digo a ustedes que todo está perdido* (566). *A poco, el Ministro de la Gobernación* -prosigue Romanones- *exclamó: "Murcia, derrota completa de los monárquicos". Mi querido amigo y compañero de Bolonia, Juan de la Cierva, le interrumpió con violencia, diciendo: "Eso no puede ser cierto". Y entonces Hoyos puso en su mano el teléfono para que hablara con el gobernador. Así lo hizo durante algunos minutos; cuando terminó y volvió a sentarse entre nosotros, todo el brío de La Cierva se había venido al suelo: parecía otro hombre* (567). Según el testimonio del marqués de Hoyos, La Cierva le pide al gobernador civil de la provincia que se ponga al aparato su hermano Isidoro de la Cierva; es de éste de quien recaba la fiabilidad de los datos transmitidos (568).

Más de sesenta y cinco años después de esta escena, un nieto del político conservador, Ricardo de la Cierva, testifica: *Los cacicatos de la vieja política monárquica estaban prácticamente desmantelados en 1931, después de más de siete años de Dictadura y Dictablanda* (569).

Se seguían los comentarios a las noticias, cada vez peores -relata Romanones-. *Había quien no perdía su optimismo, sosteniendo que la derrota en las capitales sería compensada con creces por el triunfo en los pueblos, y que la verdadera doctrina del sufragio universal es que los votos se cuentan, no se pesan. Esta, en efecto, es la teoría; pero una vez más entre la teoría y la práctica existe un abismo. ¡Qué iban a pesar los ocho mil Ayuntamientos menores de diez mil almas ante el resultado de todas las capitales de provincia!* (570).

Es lamentable, pero cierto, que en San Sebastián y Santander, residencias veraniegas de la Real Familia, triunfaron los de la coalición republicano-socialista, se plañe el ministro de la Gobernación, que une a sus títulos de marqués de Hoyos, de Vinent y de Zorzona, de vizconde de Manzanera, y de Grande de España, el de Gentilhombre de Cámara de Su Majestad con ejercicio y servidumbre. *Es igualmente instructivo recordar que figuraba entre las capitales en que triunfaron los del Pacto de San Sebastián por enorme mayoría, Toledo, Sede del Cardenal Primado de las Españas, y cuya población estaba compuesta principalmente de clérigos, militares y comerciantes* (571). La promesa de Niceto Alcalá-Zamora de una *República con el cardenal primado a la cabeza* (572) sin duda ha surtido efecto en la llamada ciudad imperial. *En el cigarral de Toledo* -recuerda Marañón, que ha ido allí a pasar el día-, *a la caída de la tarde, empezaron a llegar por teléfono noticias del triunfo de la República. Ni los que con más optimismo habían calculado los resultados, pudieron imaginarse lo que sucedió. Nuestro cigarralero, que había presidido una mesa electoral en Toledo, volvió, ya de noche, y nos dijo: "hasta los canónigos han votado a la República"* (573).

En esa reunión informal del gabinete Aznar la figura clave, en razón no sólo de su cargo sino de su prestigio dentro del Ejército, es precisamente el único que no forma parte del Gobierno, el general Sanjurjo, Director general de la Guardia civil.

Yo seguía atentamente los reflejos que producían en el rostro de Sanjurjo los resultados electorales que escuchaba -escribe Romanones-; *para mí, el voto de calidad de cuantos allí nos hallábamos era el suyo, sobre todo por el cargo que desempeñaba. Lo estimaba como decisivo; por eso me decidí a interrogarle diciéndole: "Mi general, ¿qué piensa usted del resultado de la jornada? ¿Qué piensa de cuáles serán sus consecuencias?" Tardó en darme contestación. Después me dijo: "Creo que en la Guardia civil producirá hondo efecto."*

A seguido, La Cierva precisó más, preguntando: "¿Cuál será su actitud?" El general dijo: "Hasta ayer por la noche podía contarse con ella." (574).

Según el duque de Maura, la respuesta de Sanjurjo -*Hasta ayer, sábado, por la tarde, respondía de ella en absoluto; después de estas elecciones...*- la acompaña el general de *un significativo encogimiento de hombros* (575).

Hoyos, sin embargo, explica que el encogimiento de hombros de Sanjurjo fue acompañado de la frase *Cosas como ésta impresionan a todo el mundo*, que, según él, Romanones no oyó *a causa de su falta de oído* (576).

Oiga o no Romanones el comentario final de Sanjurjo, parece claro que por parte de éste no hay ninguna voluntad de intervención en el curso de los acontecimientos para desvirtuar las consecuencias que del resultado electoral puedan derivarse.

El marqués de Hoyos sugiere la conveniencia de convocar Consejo de ministros para aquella noche o para el día siguiente, lunes, *visto que no estaban presentes ni el Ministro de la Guerra ni el de Marina, que se hallaban en Madrid, y que podría darse por seguro que Ventosa* <Hacienda> *saldría aquella noche de regreso de Barcelona* (577). Según Romanones se decide *aplazarlo hasta conocer todos los datos de la jornada, y a aquella hora faltaban muchos* (578).

Sorprende la excusa dada por el conde a fin de no anticipar el Consejo de ministros previsto para el martes 14. Falten muchos o pocos datos, todos saben ya, y Romanones más que nadie, que ese domingo electoral supone un voto de castigo para Don Alfonso XIII y para la Monarquía. Romanones, además, es el *factotum* del gobierno Aznar, *un hombre inteligente y maestro en las luchas del mar*, según el conde, *pero, desgraciadamente, no tanto en las políticas; por eso es seguro que tardó en darse cuenta de lo ocurrido* (...). *Seguían los comentarios. Ninguno de nosotros proponía nada concreto. Predominaba la opinión de que unas elecciones municipales no podían decidir de la suerte del país. Pero que las elecciones fueran municipales o de diputados a Cortes, tanto monta; se habían convocado las municipales para conocer el estado de la opinión, y con esto bastaba*, concluye Romanones (579).

A las siete de la tarde Don Alfonso XIII regresa al Palacio de Oriente después de su paseo por El Pardo. *La noticia dada por un guarda de que la caza menor y mayor se presentaba en el coto real más abundante que otros años, acabó de ponerle de muy buen humor.* Ya en Palacio pide enseguida té, *adimentado de pollo frío, chorizo de Cantimpalo y patatas fritas un tanto vulgares que eran del agrado de Su Majestad* (580). En tanto merienda en sus habitaciones llega su dentista Florestán Aguilar, *a quien la munificencia regia había creado recientemente vizconde de Casa Aguilar*, y del que Almagro San Martín traza esta semblanza:

Florestán era hombre cuyo elevamiento se debía a sí mismo: actividad, ingenio, trabajo. En los Estados Unidos aprendió su profesión y el idioma inglés. Supo hacer fama, y a su sombra dinero. Compró un palacio. Entró en el de Oriente para cuidar la dentadura descaecida de Su Majestad el Rey, y después arregló la de casi todos los miembros de la Casa Borbón, cuyos retratos, en fotografía con dedicatorias afectuosas, sonreían desde los muros del despacho de Aguilar bajo diademas, plumeros, cascos y coronas heráldicas varias.

Pero no fue lo más importante el que don Florestán hubiera conseguido desembarcar en las playas del Alcázar monárquico, sino que arraigara en él. Su simpatía, su generosidad, la lealtad, digna de un cruzado, que ofrendaba a las personas reales, sagacidad para inspirar confianza y ser útil, le ganaron el afecto de la familia augusta, especialmente la de Don Alfonso, de quien llegó a ser amigo dilecto. ¡Qué extraño nexo histórico puede haber entre la Odontología y la fidelidad: Hans, cirineo de la emperatriz Eugenia; Aguilar, de Alfonso XIII! (581).

En compañía de Aguilar, que juega un papel nada desdeñable en las jornadas de abril, Don Alfonso XIII inquiere telefónicamente del ministro de la Gobernación noticias de los resultados electorales.

La respuesta del marqués de Hoyos, que desde las cinco y media de la tarde está alertado por el general Mola del signo adverso de las urnas, intenta no obstante tranquilizar al monarca: es muy pronto todavía para formar juicio definitivo, faltan datos de provincias, sólo se tienen impresiones.

La demanda de información la hace Don Alfonso, en opinión de Romanones, *más por curiosidad que por satisfacer esperanzas. Ninguno de nosotros comprendió tan rápidamente como él* <el Rey>, *en aquellas primeras horas de la noche, que todo estaba perdido* (582). El comentario de Romanones -deseoso tal vez de justificar su proceder- parece como mínimo aventurado, pues la actuación del monarca, y sus palabras, lo desmienten. Sólo en la mañana del martes 14, y después de que sea Romanones precisamente quien le abra los ojos, comprende el monarca el alcance de lo sucedido.

Por orden del Rey, Florestán Aguilar telefonea a Mola, cuyos informes son también *adversos*. En estos momentos Doña Victoria Eugenia se reúne con su esposo, *a pesar de cierta distancia sentimental que ya por entonces separaba a los dos cónyuges egregios*, al decir de Almagro San Martín, *para pedirle noticias de las elecciones. El interés y el peligro común les acercaba ahora, fundiendo hielos. Hablaron del momento. Don Alfonso no presagiaba ninguna posibilidad seria aunque las elecciones le fueran totalmente contrarias. Doña Victoria, en cambio, tenía miedo, mucho miedo, sin saber por qué, a pesar del valor que su prima Doña Beatriz de Coburgo, mujer arriscada y entera que había atravesado ya varias guerras y cortes en quiebra, tratara de infundirla* (583).

4.1.5. EUFORIA EN LA CASA DEL PUEBLO, DE MADRID. LA DECLARACIÓN DE ROMANONES A LA PRENSA. LOS RESULTADOS DE BARCELONA.

A la caída de la tarde, según relata Miguel Maura, todos los candidatos de la Conjunción por los distritos de Madrid se reúnen en la Casa del Pueblo, sede de la Unión General de Trabajadores (UGT), *espanto de burgueses y pesadilla de gobernantes*, que Maura es la primera vez que pisa en su vida. Allí reciben las primeras noticias. *Como había previsto, nuestro triunfo era arrollador*. En Madrid las candidaturas republicanas triunfan en todos los distritos por mayorías aplastantes, con un resultado total de treinta concejales republicanos contra veinte monárquicos e independientes sumados. En el distrito de Chamberí Alcalá-Zamora obtiene 12.275 votos frente a los 3.227 del candidato monárquico; en el de Buenavista, distrito aristocrático por excelencia, la candidatura encabezada por Miguel Maura obtiene 3.000 votos más que la monárquica. *No es fácil describir el entu-*

siasmo delirante de los obreros reunidos en la Casa del Pueblo a medida que iban dándose semejantes resultados, resume Miguel Maura (584). Lo sucedido en toda España lo certifica, desde el otro campo, el general Berenguer: *Al anochecer, las noticias eran francamente malas; las elecciones se habían perdido en casi todas las capitales de provincia* (585).

Por lo que respecta a lo ocurrido en la capital de España, en cuyo espejo se mira el resto del país, el conde de Romanones comenta: *Que en Madrid existían núcleos considerables de republicanos bien organizados y sometidos a severa disciplina era cosa sabida, como también las fuerzas con que contaban los socialistas, sobre todo en aquellos distritos en que predominaba la población obrera: como se dice en el* argot *electoral, en aquellos distritos que tenían "afueras". Nadie dudaba de que en Palacio, Buenavista y Centro la mayoría monárquica resultaría aplastante. Sin embargo, en Palacio la candidatura monárquica resultó derrotada por la republicanosocialista por el duplo de votos. Para ello se necesitaba que la mayor parte de los electores que vivían en aquel distrito y al socaire de la Casa Real hubieran depositado en las urnas la papeleta antimonárquica.*

En el Centro, cuartel típico del comercio y de la burguesía, y en Buenavista, sede de las clases privilegiadas y aristocráticas, la derrota monárquica fue completa.

En los distritos de abolengo republicano la candidatura antimonárquica quintuplicó en votos a la monárquica. Pocas veces el afán de votar fue más intenso: a las urnas acudió el ochenta por ciento de los electores.

Así, puede asegurarse que votaron contra la Monarquía gran número de sacerdotes, frailes, militares y aristócratas. En el resto de España ocurrió lo mismo. En todas las capitales, menos cuatro, la mayoría se mostró en favor de la República. Y no fueron sólo las grandes poblaciones, aquellas en que domina el elemento industrial y obrero, las antimonárquicas, sino también las de vecindario reducido y vida lugareña (586).

A la salida del consejillo, los periodistas asedian a los ministros; algunos se escabullen como pueden, el resto se cierra en banda y se niega a formular ningún tipo de declaración. Sólo el conde de Romanones no resiste la tentación de dejar caer, como el que no quiere, un comentario que supone una censura implícita a Don Alfonso XIII:

-Han sido ocho años que al fin han hecho explosión (587).

Tal vez recuerda el conde, cuya memoria no le va a la zaga a la tan acreditada de los Borbones, que a los dos meses de proclamada la Dictadura, en noviembre de 1923, cuando él y Melquíades Alvarez, presidentes del Senado y del Congreso de los Diputados, es decir, la máxima representación de la soberanía popular encarnada en las Cortes, visitan a Don Alfonso XIII para recordarle sus deberes constitucionales, el Rey les recibe de pie en el quicio de una puerta, y les despacha sin atender a explicaciones. Tal vez recuerda, también, que la noche de ese mismo día, hace ocho años, un alabardero le saca de la cama para hacerle entrega de una carta personal de Don Alfonso XIII en que el monarca le reprocha con dureza que haya firmado el documento *en que se ponía en duda el cumplimiento de sus deberes*. Sea como sea, Romanones establece claramente una relación de causa a efecto: la Dictadura patrocinada por Don Alfonso XIII a partir de 1923 produce como resultado el voto plebiscitariamente adverso a la Corona de ese domingo 12 de abril.

Propinado el palmetazo en los regios nudillos, su sentido de la política inmediata se impone: *El momento es grave y exige del Gobierno una gran serenidad. Nada, pues, de precipitaciones ni nerviosismos. Estamos en el deber de examinar los acontecimientos cara a cara, con valor, y encauzarlos* (588).

Hacia las siete y media de la tarde, en el Palacio de Oriente, el Infante Don Jaime demanda nuevas por su cuenta: *Como las noticias que teníamos eran confusas, telefoneé al gobernador civil de Granada para preguntarle cuál era el resultado de las elecciones en su provincia, y me dijo que los candidatos iban por este orden: un republicano, un socialista y un monárquico, con una ventaja del 6% para el primero* (589).

Amadeu Hurtado resume así lo ocurrido en Barcelona: *Al llegar el domingo 12 de abril, todos los augures se pegaron la gran costalada. La nueva* Esquerra Republicana *copaba la totalidad de las mayorías con una votación aplastante. Se argumentaba, para tratar de explicar de alguna manera este resultado sorprendente, que las masas obreras apolíticas, bajo la presión de los extremistas, se habían decido a votar en bloque la candidatura de* Esquerra, *introduciendo en la lucha un factor imprevisto que había alterado todos los cálculos, pero esto, que podía ser cierto en algunos barrios extremos de la ciudad, no justificaba que en distritos como el cuarto o el sexto, que incluían ambas orillas del Paseo de Gracia, y que invariablemente daban el triunfo a la* Lliga, *el cuerpo electoral hubiese votado también aquellos hombres desconocidos del nuevo partido. Y este detalle inesperado adquiría toda la significación de un movimiento general de la masa del país al saberse que en Madrid, en el distrito de Palacio, uno de los más aristocráticos de la Corte, habían triunfado por gran mayoría los candidatos republicanos y socialistas* (590). Raymond Carr, por su parte, opina que *Companys, un abogado cuyas relaciones se extendían desde los piadosos* rebassaires *hasta los dirigentes de la C.N.T.* (...), *en el breve plazo de veintidós días destruyó la fuerza electoral del catalanismo conservador de la Lliga, desacreditada por los llamamientos al monarca hechos a última hora por Cambó. Ahora el catalanismo parecía un movimiento decididamente de izquierda. Las multitudes que cantaban "Viva Macià" gritaban "Muera Cambó"* (591).

4.1.6. LA DIRECCIÓN GENERAL DE SEGURIDAD ANUNCIA AL GOBIERNO LA DERROTA MONÁRQUICA. EL DUQUE DE MAURA SE *RESIGNA* ANTE LA OPINIÓN POPULAR.

A las ocho menos cuarto de la tarde la Dirección general de Seguridad está en condiciones de facilitar al Gobierno un resumen muy detallado del escrutinio: la derrota de los candidatos monárquicos es *completa* (592).

A las ocho, desde Palacio, el teniente coronel Pablo Martín Alonso, ayudante del Rey, llama a Mola y por encargo de Don Alfonso XIII le pide datos del resultado de las elecciones. La llamada, en presencia del monarca, la efectúa Martín Alonso desde las habitaciones del Príncipe de Asturias. *Lo que le decía a Martín Alonso* -explica Mola- *oía como se lo repetía al Rey. Hablamos por dos veces en espacio de poco tiempo. Mis noticias debieron producir allí una honda emoción: lo adivinaba por las preguntas y comentarios que se me hicieron* (593).

En la Casa del Pueblo, según relata Miguel Maura, *no eran sólo las noticias de Madrid las que originaban el entusiasmo frenético de los allí reunidos. Las demás que de provincias iban llegando coincidían con el triunfo indiscutible. Feudos tradicionales de personajes monárquicos, como Guadalajara para el conde de Romanones y Murcia para don Juan de la Cierva, se habían volcado del lado republicano. En todas las grandes ciudades, la República había triunfado. Cierto que en los distritos rurales, en pueblos y ciudades de menor cuantía, el triunfo monárquico había sido a su vez arrollador, y que, del cómputo de votos general, el resultado era desfavorable para la República, puesto que ese conjunto arrojaba la cifra de 22.150 concejales monárquicos, contra 5.875 republicanos. Mas lo esencial era, como nosotros habíamos previsto, que en todas las ciudades de alguna importancia la República había obtenido un triunfo semejante al logrado en la capital de España* (594).

En tanto Miguel Maura confraterniza en la Casa del Pueblo con los militantes de base socialistas, su hermano el duque recibe en su domicilio a Vegas Latapie y un reducido grupo de jóvenes monárquicos inasequibles al desaliento. *El duque se mostraba tan dogmático y optimista como siempre* -testifica Vegas-. *A la vista de las noticias que él tenía y de las que nosotros le dimos, declaró que el pueblo había hablado; que era muy claro lo que quería, aunque estuviese equivocado, y que no quedaba más que resignarse ante ello. Como yo le preguntara si, dada la situación, pensaban reunirse inmediatamente los ministros, para tomar acuerdos, me replicó que de ninguna manera; se reunirían el martes, que era el día señalado para la celebración del Consejo de Ministros* (595). Sorprende que si el duque es consciente de lo que el resultado electoral supone se empecine, como la cosa más natural del mundo, en que el Gobierno no altere la fecha prevista para el Consejo, cuarenta y ocho horas más tarde, como si las resoluciones que deban adoptarse fuesen de trámite.

Antes de despedirnos -explica Vegas-, *entre paternal y protector, me preguntó el ministro del Rey y dueño de la casa: "Y usted ¿qué opina que debe hacer Su Majestad?" A pesar de los cincuenta años transcurridos, conservo perfectamente grabada en la memoria la contestación que le dí: "Con arreglo a mis ideas, el Rey tendría que quedarse; pero como, desgraciadamente, mis ideas no las tiene él, ni ninguno de los que le rodean, no le quedará más remedio que irse."* (596).

En la redacción de *La Tierra* disponen ya, en esos momentos, de datos completos de la votación en Madrid. *El resultado supera los más entusiastas pronósticos* -escribe Guzmmán-: *los 90.630 sufragios de la Conjunción republicano-socialista casi triplican los 31.636 votos dinásticos. Poco después conocemos que en Barcelona ha tenido la victoria republicana parecidas proporciones: 89.285 votos contra 28.137. Noticias sucesivas confirman que igual ha sucedido en Valencia, Sevilla, Bilbao, Zaragoza, Málaga y Valladolid. En realidad, los republicanos han vencido en todas las capitales de provincia con las únicas excepciones de Burgos, Cádiz, Lugo, Soria y Vitoria* (597).

4.1.7. ARENGA DE MIGUEL DE UNAMUNO EN LA CASA DEL PUEBLO, DE SALAMANCA. LA CANDIDATURA REPUBLICANA TRIUNFA EN PAMPLONA.

En Salamanca Miguel de Unamuno, que figura en las listas sin filiación concreta, es elegido concejal del Ayuntamiento charro. Sólo le superan en votos el tipógrafo Primitivo Santa Cecilia y el médico Julio Salcedo, de la Conjunción republicano-socialista. En la Casa del Pueblo salmantina Unamuno lanza una arenga: *Esto no es más que el principio; podemos decir que queda proclamada virtualmente la República en Salamanca.*

Entraremos en la Casa de la Villa como representantes del pueblo, como representantes de la cosa comunal, porque no nos asusta el comunismo, ya que los comuneros de Castilla no fueron otra cosa que comunistas. Y añade refiriéndose a Don Alfonso XIII: *Entraremos, digo, en la Casa de la Villa y yo os aseguro que, por mi parte, haré todo lo que pueda para que no nos presida el consabido retrato. Dijo un día que si los españoles queríamos la República, que la ganásemos en la calle. ¡Que baje él a la calle!* Y finaliza con una recomendación típicamente unamuniana: *Y ahora mucha serenidad y tranquilidad; a ser, ante todo, ¡hombres!, a no doblegar la cerviz ante los poderes que carecen de autoridad* (598). Desde la Casa del Pueblo de Salamanca se remiten telegramas a Indalecio Prieto y Marcelino Domingo, se canta *La Marsellesa* por las calles y la multitud se concentra en la Plaza Mayor. Unamuno y los concejales electos han de pedir calma ante la propuesta de algunos de tomar el Ayuntamiento por asalto (599).

Al anochecer de aquel domingo 12 de abril de 1931 conocimos por los escrutinios locales la magnitud de nuestro triunfo: la candidatura republicana había obtenido en Pamplona una mayoría de uno o dos escaños en el Ayuntamiento -explica Mariano Ansó-. *En cuanto a los nacionalistas vascos, a pesar de contar con nombres de familias navarras muy prestigiosas, habían sido barridos en todos los distritos. A las nueve de la noche casi todas las incógnitas quedaron despejadas, el triunfo republicano era total en Madrid, Barcelona, San Sebastián y Valencia, y poco después se supo que todas las capitales de provincia habían votado sin excepción por la República. Aunque los republicanos pamploneses se limitaron a dar algunos gritos todavía subversivos y a reunirse en torno a largas mesas, nada turbó la tranquilidad de la ciudad, excepto un escuadrón de la guardia civil que irrumpió en la plaza del Castillo sin la menor causa justificada. Por lo visto el gobernador civil quiso mostrar con aquel gesto que no todo el monte era orégano, pero horas más tarde comprendió su error* (600).

4.1.8. CENA EN PALACIO.

No consta que un solo miembro de la nobleza, a partir del momento en que se tiene conocimiento de que los monárquicos han perdido las elecciones, se acerque hasta Palacio no ya para ofrecer sus servicios sino tan siquiera una muestra de solidaridad.

La víspera de las elecciones -escribe Noel-, *el duque de Almenara Alta, presidente del Club de Nobles, había hecho una llamada a las clases altas para que se unieran a la causa monárquica. Los grandes de España, había declarado, "tenían la firme intención de servir al rey, si era necesario, hasta el sacrificio". Pero de los grandes que servían en la corte sólo ocho tenían empleos productivos. Los resultados de la elección les hicieron temer que, si el rey no se iba, pudiera producirse una "revolución roja". Para salvar el pellejo decidieron quedarse quietos, hasta que amaneciera una era más favorable. Sabían que ésta iba a llegar algún día, pasara lo que pasare entretanto con Alfonso XIII* (601).

A las nueve y media se celebra en Palacio la habitual cena familiar de todos los domingos. Asisten, con los Reyes y sus hijos, el Infante Don Fernando de Baviera, viudo de la hermana del Rey Doña María Teresa, casado en segundas nupcias con María Luisa Silva, duquesa de Talavera, a la que Don Alfonso XIII ha elevado a los honores del Infantazgo de España, pese a que la difunta reina madre, Doña María Cristina, no vio en su momento con buenos ojos que quien era una de sus *damas chicas* fuese elevada a Infanta de España. Acompañan a los Infantes Don Fernando y Doña María Luisa dos de sus hijos. Otros comensales son el Infante Don Alfonso de Orleáns y Borbón, primo del Rey, y su esposa, Doña Beatriz de Coburgo, prima de la Reina. El menú consiste en consomé, pescado, ternera en salsa, legumbres, pollo asado, ensalada, helados, queso y frutas. *Después, el consabido café y la copita de licor, cosas ambas de las que los egregios personajes no se privaban nunca*, según Almagro San Martín. El Rey cena con buen apetito, a diferencia de la Reina, que en esas fechas busca adelgazar *con un plan de abstinencias severas y restricciones.*

Fue en balde todo el esfuerzo por levantar el espíritu de la reunión. En vano bajaban cataratas de luz irisada al quebrarse en prismas y colgantes de las cincuenta y seis bombillas incrustadas sobre el rico cristal de roca del bronce labrado de la maravillosa araña, en forma de canastilla, que colgaba del techo, donde combatían los dioses con los gigantes pintados por Bayeu. La luz, en vez de alegrar, servía para poner en evidencia los gestos fruncidos, las testas preocupadas que se reunían alrededor de la mesa real. El cuadro histórico era de museo, como si el grupo goyesco de la familia de Carlos IV, u otro análogo, se hubiese trasladado esa noche al comedor de la plaza de Oriente, donde el tono secular de la estancia, las alhajas antañonas, el prestigio de los nombres y títulos y hasta semejanzas físicas con reyes y altezas pretéritos, imponían de tal modo el peso de los siglos muertos que los príncipes y majestades presentes, a despecho de su ropaje moderno, se reintegraban al pasado cual fantasmas escapados de él y que a él tornaban naturalmente.

Antes de la cena, Don Alfonso XIII ordena a Florestán Aguilar que le acompañe mientras se viste el *smoking*: *¿Qué dice la gente? ¿Qué pasa por Madrid? ¿Cómo interpretas tú todo esto? De ti, de tu franqueza, de tu honradez me fío. Eres mi único amigo; los demás, y sobre todo los políticos, me engañan.*

Después de la cena, servida por criados de calzón corto, medias de seda blanca y casaca galoneada en oro, hay velada cinematográfica. *Varias películas inocuas, donde palpitaba una vida ficticia y chocarrera, desfilaron ante los ojos atentos de personas a quienes la vida real zarandeaba brutalmente en aquellos momentos mismos sin que ellos se dieran cabal y completamente cuenta.*

A las doce se decide dar por terminada la sesión y recomenzarla al día siguiente, pues a esa hora el *film* que se proyecta está sólo mediado. Despedidos los invitados, Don Alfonso XIII y Doña Victoria Eugenia se trasladan al despacho del monarca, donde les aguarda Aguilar, *estatua viviente de la fidelidad*, al decir de Almagro San Martín.

Reunidos los monarcas con su servidor y amigo, encargaron a éste la tarea de telefonear a derecha e izquierda, en procura de noticias electorales, cuya cifra apuntaba la misma Reina con ansiedad. El desastre esbozado se acentuaba a medida que, con la noche, las nuevas eran más copiosas. Todas las grandes poblaciones, Madrid y Barcelona a la cabeza, habían vencido a la Monarquía (602).

Han bastado unas pocas horas, desde las siete de la tarde en que ha regresado a Palacio, para que el buen humor de Don Alfonso XIII, motivado por las excelentes perspectivas de caza menor y mayor en los regios cotos que le ha facilitado un guarda, se esfume por completo.

4.1.9. EL MINISTRO DE LA GOBERNACIÓN EN EL MINISTERIO DE LA GUERRA.

El marqués de Hoyos cena con el conde de Gamazo, su hijo y uno o dos funcionarios en las dependencias del ministerio de Gobernación. *Hasta después de la una de la madrugada del 13* -escribe- *las informaciones que llegaban confirmaban las noticias ya recibidas de las capitales y pueblos de mayor población y el triunfo de los monárquicos en los pueblos de menor importancia, y confirmaban también que la tranquilidad, en cuanto al orden público se refiere, era absoluta* (603).

Después de cenar, Mola, acompañado del teniente coronel Sánchez Delgado, se traslada al palacio de Buenavista, donde se entrevista con el ministro de la Guerra: *El general Berenguer, que acababa de cenar, se hallaba escribiendo en unas cuartillas algo que absorbía toda su atención. Cuando terminó nos habló así:*

-Acabo de redactar un telegrama dando instrucciones a los capitanes generales de las regiones. Antes de darlo a conocer quiero consultar con

Valentín Galarza, que es muchacho inteligente y ponderado.

El conde de Xauen recogió las dos cuartillas escritas, y doblándolas cuidadosamente las introdujo en el bolsillo interior de la americana. Segundos después entraron en el comedor íntimo, donde nos hallábamos, su hermano Federico y el teniente coronel Marín. Se habló de cosas indiferentes. Al cabo de un rato Sánchez Delgado y yo nos despedimos (604).

A las dos de la madrugada el marqués de Hoyos se traslada con el conde de Gamazo y su hijo al ministerio de la Guerra. *Venía visiblemente impresionado. Su gran afecto a la Monarquía y a los Reyes personalmente, acrecía su alarma y deprimía su ánimo ante la realidad de aquellos resultados que no pudieron evitar ni su interés ni su devoción en el desempeño de aquella cartera de Gobernación , que él no había solicitado, impuesta a su lealtad y a su patriotismo* (605). Berenguer le manifiesta su extrañeza por no haber estado convocado a la reunión celebrada por la tarde en el ministerio de la Gobernación, del que Hoyos es titular. Este le explica que *habían acudido a aquel Ministerio sin previo aviso el General Sanjurjo y los ministros que lo habían creído oportuno.* A continuación Berenguer le da a conocer el telegrama que poco antes ha consultado con Valentín Galarza (606). El marqués de Hoyos no parece percatarse de la importancia del mismo, y su silencio sin duda es interpretado por Berenguer, si la necesitara, como evidente muestra de conformidad con lo que el telegrama entraña.

4.1.10. LOS EXILIADOS EN PARÍS DEL COMITÉ REVOLUCIONARIO RECIBEN LA NOTICIA DEL TRIUNFO DE LA COALICIÓN. EL OPTIMISMO DE MIGUEL MAURA. LAS RESERVAS DE MANUEL AZAÑA.

Fuera de Palacio, de los ministerios, de la Dirección general de Seguridad, Madrid es un hervidero.

En los múltiples cafés de la Puerta del Sol y de la calle de Alcalá -Colonial, Levante, Puerto Rico, Correos, Universal, Madrid, Negresco y La Granja- apenas se habla esa noche más que de las elecciones y de sus consecuencias -refiere Guzmán-. *De creer a la mayoría, no parece que ésas hayan de ser inmediatas ni trascendentales (...). Es un revés para el Gobierno y le resultará incómodo que en la capital de la nación haya un alcalde republicano* (607).

En París Indalecio Prieto y Marcelino Domingo han montado en el modesto hotel de la calle Vaugirard, donde residen, entre la Sorbona y el palacio de Luxemburgo, un centro informativo. En diarios de Madrid y provincias publican avisos con el ruego de que amigos, correligionarios y organizaciones políticas les transmitan, por telégrafo o mediante llamadas telefónicas, noticias del resultado de las elecciones. A partir de media tarde, antes incluso de que empiece el recuento de los votos, diversas llamadas de Madrid, Barcelona, Bilbao, Valencia y Zaragoza les anticipan *impresiones francamente optimistas*. Poco después un alud de telegramas notifica el triunfo de las candidaturas republicanas sobre las monárquicas en las grandes ciudades (608).

Al amanecer nos retiramos a dormir -rememora años después Indalecio Prieto desde su exilio de México-. *Aún continuaba repiqueteando el teléfono y aún seguían llegando telegramas. Pero nos retirábamos sabiendo que el triunfo era completo, aplastante. El pueblo, convirtiendo las elecciones municipales en plebiscito nacional, había derribado el régimen monárquico como castigo a la violación constitucional y al perjurio que significó la dictadura del general Primo de Rivera, consentida por el rey* (609).

En Madrid, sin embargo, no todos los miembros del Comité Revolucionario ven las cosas con el optimismo de Prieto, espoleado sin duda por la impaciencia de volver a España. A las cinco de la madrugada Francisco Largo Caballero, Fernando de los Ríos y Miguel Maura abandonan la Casa del Pueblo. Al llegar al paseo de Recoletos, De los Ríos comenta:

-El triunfo de hoy nos permite acudir a las elecciones generales que se celebrarán en octubre, y entonces el éxito, si es como el de hoy, puede traernos la República.

Ante el asombro de Maura, Largo asiente a este *peregrino argumento*, como lo califica el futuro ministro de la Gobernación.

Por lo visto -comenta-, *ni el uno ni el otro habían medido las consecuencias inevitables de lo que había acontecido en la jornada.*

Maura reacciona con vehemencia y les hace ver que, *antes de cuarenta y ocho horas*, estarán gobernando, *advirtiéndoles del riesgo que podían correr muchas cosas vitales para todos si no era así, por timidez o vacilación nuestra.*

La respuesta de los dos líderes socialistas es escéptica. *Me llamaron iluso (...). Quedé preocupado ante la cavilación observada en el ánimo de hombre tan avezado a las luchas políticas como Largo Caballero. Pensé que quizá me dejaba llevar por mi optimismo congénito al enjuiciar como lo hacía la hora que vivíamos* (610).

El escepticismo de Francisco Largo Caballero y Fernando de los Ríos es compartido por amplios sectores, de uno y otro campo. *Tanto en izquierdas como en derechas, en republicanos como en monárquicos predomina en la noche del 12 de abril la opinión de que no sucederá nada trascendente, al menos de una manera inmediata* -constata el joven Eduardo de Guzmán, que, por no fiarse de su poca experiencia política, pregunta a unos y a otros en las horas que siguen al conocimiento de los resultados electorales-. *Las derechas recuerdan la frase de Romanones acerca del valor aproximado de todos los concejales triunfantes; si los republicanos han vencido en los grandes núcleos de población, es seguro que los monárquicos tengan mayoría en pueblos y aldeas. Las izquierdas confían únicamente en que tras el veredicto popular será preciso convocar unas Cortes Constituyentes en que consigan centenares de diputados* (611).

Otro miembro del Comité Revolucionario que no comparte el análisis optimista de Miguel Maura es Manuel Azaña, con quien su cuñado Cipriano de Rivas Xerif se entrevista en el piso donde se halla escondido: *La situación era muy confusa y la evidencia del éxito electoral no la aclaraba de momento. Como él había anticipado en sus fáciles pronósticos, si los datos que se tenían por fidedignos acusaban el triunfo republicano en las capitales y aun en los pueblos grandes, no parecía que la gran masa rural hubiera votado de otra suerte que por los caciques que en mayoría administraban la vida municipal de los españoles. El Gobierno, por las muestras que empezaba a dar frente a las naturales expansiones del contento popular, parecía dispuesto a contradecirlo por la violencia. El no las tenía todas consigo respecto a la posibilidad de obtener de una vez todas las consecuencias políticas de las elecciones. Su natural caviloso y poco propenso a dejarse llevar de la primera impresión fácil, hallaba acaso motivo de satisfacción en el rumbo probable de los acontecimientos* (612).

Ni de lejos piensa el Gobierno en contradecir *por la violencia* las *naturales expansiones del contento popular*. Sólo el temor de Azaña a las resoluciones que la victoria obtenida pueda obligar a tomar, de acuerdo con el análisis que hace Miguel Maura, explica que, por la pluma interpuesta de su fiel Rivas Xerif, intente hallar un subterfugio que justifique su inhibición.

Para Angel Ossorio y Gallardo, por contra, *la República era un hecho. Sólo le faltaba ser proclamada. Ello dependía del resultado de las elecciones. Los monárquicos han dicho que el admitirla fue una precipitación, pues la verdad es que los republicanos triunfantes fueron unos pocos miles, mientras los monárquicos proclamados fueron una cantidad inmensamente mayor.*

Eso es verdad. En las aldeas triunfaron los monárquicos por enorme mayoría, mientras que el fenomenal éxito contrario tuvo efecto en las capitales y ciudades de gran importancia. Esto había de ser descontado, porque el pueblerino no disfruta la menor libertad electoral. Siendo como es arrendatario, peón, granjero, en suma, cultivador de tierra ajena, su actuación está condicionada a los deseos del patrón y no tiene más movimientos sino los que el propietario le consiente. Donde radica la libertad electoral y puede esperarse que el elector haga lo que guste -siquiera relativamente- es en la capital de la provincia, es decir, allí donde los votantes son muchos millares, donde hay agremiaciones obreras, empleados públicos y particulares, gente que vive de sus carreras o de sus bienes. El conde de Romanones, ministro de aquel Gabinete, declaró lealmente que aunque las elecciones eran de tipo administrativo, en realidad iban a disponer del porvenir político del país. No cabía hablar más claro (613).

Su pertenencia al *establishment*, como en el caso de Miguel Maura, le permite a Ossorio y Gallardo enfocar los resultados de la jornada electoral con la decisión de quienes, desde siempre, conocen de sobra los pasillos del poder.

4.1.11. EL TELEGRAMA DEL GENERAL BERENGUER, MINISTRO DE LA GUERRA. DON ALFONSO XIII CULPA AL GOBIERNO.

Ya avanzada la madrugada del lunes 13, el ministro de la Guerra, general Berenguer, el fidelísimo palaciego, cursa el telegrama que estaba preparando al recibir después de cenar la visita del general Mola, y que ha dado a conocer al marqués de Hoyos, ministro de la Gobernación:

Telegrama oficial núm. 2.258.- 13 de abril de 1931.- Madrid, Sevilla, Valencia, Barcelona, Zaragoza, Burgos, Valladolid, Coruña, Palma de Mallorca, Tenerife y Tetuán.- Cifrado.- Clave núm. 3.- L. en M.- Ministro Ejército a Capitanes Generales y Jefe Superior.- Las elecciones municipales han tenido lugar en toda España con el resultado que, por lo ocurrido en la propia Región de V.E., puede suponer. El escrutinio señala hasta ahora la derrota de las candidaturas monárquicas en las principales capitales: en Madrid, Barcelona, Valencia, Sevilla, etc., se han perdido las elecciones. Esto determina una situación delicadísima que el Gobierno ha de considerar en cuanto posea los datos necesarios. En momentos de tal trascendencia no se ocultará a V.E. la absoluta necesidad de proceder con la máxima serenidad por parte de todos, con el corazón puesto en los sagrados intereses de la Patria, que el Ejército es el llamado a garantizar siempre y en todo momento. Mantenga vuecencia estrecho contacto con todas las guarniciones de su Región, recomendando a todos absoluta confianza en el Mando, manteniendo a toda costa la disciplina y prestando la colaboración que se le pida al del Orden público. Ello será garantía de que los destinos de la Patria han de seguir, sin trastornos que la dañen intensamente, el curso lógico que les imponga la suprema voluntad nacional. Le saludo (614).

El telegrama no se envía, contra lo que parecería lógico, ni al Director general de la Guardia civil ni al de Carabineros; Guillermo Cabanellas afirma que *por desconfiarse de la conducta de uno y otro, especialmente del primero, el general Sanjurjo* (615).

A las dos de la madrugada Don Alfonso XIII y Doña Victoria se retiran a descansar. El Rey agradece a Florestán Aguilar su compañía. *El trago ha sido duro*, le dice. El odontólogo real intenta darle ánimos: *Vuestra Majestad no debe desesperar. Aún faltan censos enteros de provincias. Pero aunque se confirmara nuestra derrota en las capitales, ¿acaso no hemos triunfado en los pueblos? Seguramente tendremos una mayoría de concejales monárquicos, muchos más que republicanos*. El Rey se agarra como un clavo ardiendo a la esperanza que se le brinda: *Es posible. Pero en todo caso quien ha fracasado ruidosamente es el Gobierno. ¡Vaya unos defensores que me echado, con el gran lector de Rocambole a la cabeza! ¡Qué plancha! ¡Qué elecciones, Dios del cielo! ¡Qué falta de previsión!* (616).

Desde que Cánovas y Sagasta amañan el turno pacífico de los partidos para apuntalar la Restauración monárquica, en efecto, es la primera vez que un Gobierno pierde unas elecciones. Resulta por tanto comprensible que Don Alfonso XIII culpe al almirante Aznar *-el gran lector de Rocambole-* y a sus ministros del desastre padecido. Ni por un momento se le ocurre plantearse qué parte de culpa le corresponde en el desahucio que el electorado hace de la Institución o, al menos, de su persona.

4.1.12. ALGUNAS VALORACIONES. LA HORA DE LA VERDAD.

Las elecciones del abril de 1931 -escriben el duque de Maura y Melchor Fernández Almagro- *aprovecharon poco o nada a la Administración local, para cuyo servicio se convocaron; pero desde el punto de vista plebiscitario, revistieron interés trascendental e importancia decisiva. Innúmeros electores, que morosos antes de 1923, desdeñaban hasta entonces el voto ciudadano, lo malbarataban o lo vendían al mejor postor, se sintieron impensadamente desposeídos de una joya, que se les antojaba de súbito herencia de familia, y heridos, además, en su dignidad de españoles conscientes por un Poder público que estaba mangoneando a la nación sin tomar para nada en cuenta sus pareceres. El* anti *(idiosincrásico) nacional, hirvió en sus pechos, y durante el septenio* ominoso, *rumiaron aquel agravio y se dieron a sí propios palabra de varón de ajustar al Rey esa cuenta política (ya que al Dictador les resultaría más difícil) en la primera oportunidad que para ello se les deparase. No se les ofreció ninguna, hasta ese 12 de abril, a tiempo que era ya enorme el número de compatriotas que, por otras razones, abominaba también de lo existente* (617).

Diego Martínez Barrio, miembro del Comité Revolucionario que el 12 de abril se halla en París, compartiendo el exilio con Indalecio Prieto, Marcelino Domingo y Lluis Nicolau d'Olwer, comenta así lo sucedido: *Las elecciones municipales, que normalmente no entrañaban otro problema que el de organizar la vida administrativa del país durante un cuatrienio, adquirieron la categoría de plebiscito nacional. El gobierno del almirante Aznar lo comprendió así y se dispuso a ceder. El Rey, también.*

¿Por qué se produjo con tan inusitado estruendo la explosión de la voluntad política de los españoles? ¿Qué milagro se había operado en el cuerpo social para que siendo, como lo era, apático y soñoliento, despertara de su modorra y desahuciara desde los colegios electorales al régimen milenario del país?

Diversas causas dieron motivo a que se consumara el magno acontecimiento histórico. Unas, las menos, tenían su origen en la crítica filosófica del régimen monárquico, y otras, las más, en los desaciertos y veleidades del monarca. Anticipándose a la moda que habría de hacer, luego, estragos en Europa, el rey quiso transformar el sistema político de España, arrinconar la Constitución y ejercer por sí, o persona interpuesta, la dictadura. Durante cuatro años, los mediados entre 1923 y 1927, creyó que el éxito iba a coronar sus propósitos. El dictador, el general Primo de Rivera, había logrado, con el desembarco de Alhucemas, pacificar el protectorado de Marruecos, aliviando el erario y al contribuyente de las cargas que la crónica guerra africana le imponía. Pero los triunfos militares del lado allá del estrecho se marchitaron con los errores políticos que se cometían en Madrid. La dictadura, después de reducir al silencio a sus enemigos, empezó a devorarse a sí misma, y entre los desórdenes de una gestión financiera poco honesta y las acrobacias políticas del jefe máximo, cayó en el descrédito. A comienzos del año 29, la nación conspiraba, pública o secretamente, y en enero de 1930, a la cabeza de los conspiradores y descontentos, se colocó el rey. Este, desandando lo andado, quiso reconciliarse con los españoles y restablecer la misma Constitución que había infringido. De nuevo llamó a su Consejo a los antiguos jefes políticos y hasta a algunos hombres públicos de conocida moderación. Era tarde. Cuando, el 12 de abril, acudieron los españoles a las urnas estalló la tormenta (618).

La tormenta es de tal magnitud que ni el voto de los guardias de Seguridad -no ya sus porras- la hubiera podido contener. Al iniciarse la jornada electoral los representantes de la Coalición republicano-socialista se oponen a que los miembros de dicho Cuerpo ejerzan el voto, alegando, según Mola, que deben ser considerados *como individuos pertenecientes a fuerza armada.* Sorprende que los elementos monárquicos, si prevén que el voto de los guardias ha de favorecerles, no establezcan con anterioridad su derecho al mismo. Mola cree, sin embargo, más lúcido que todos los dinásticos, que los guardias no hubiesen *salvado la situación*, pues presume saber que *gran parte de los que votaron lo hicieron a favor de los republicanos, más que por ideología, por creer que venciendo los que a diario eran causa de que se alterase el orden público, cesarían las algaradas estudiantiles, los disturbios en las calles y las horas extraordinarias de servicio. Había, efectivamente, en dichos funcionarios una razón; pero ¿cuál tuvieron para votar también la candidatura republicanosocialista los alabarderos, criados de Palacio, empleados del Patrimonio, sacerdotes, militares, aristócratas y otros por el estilo, que eran los primeros que debían tocar las consecuencias de un cambio de régimen?* La explicación del general parece un tanto simplista: *La locura revolucionaria hizo perder el instinto de conservación a un buen número de ciudadanos* (619).

Años después, al margen de estas cominerías, el conde de Romanones enjuicia así la jornada electoral del domingo día 12: *La campaña para las elecciones municipales, suspensas desde hacía bastantes años, se desarrollaba con animación, dentro de una normalidad aparente. El Gobierno, olvidando antiguas prácticas, había proclamado su inhibición absoluta en la lucha. Cumplió la palabra. Aseguro que en cincuenta años de participación activa mía en cuantas elecciones se efectuaron en España, y sobre todo en Madrid, jamás, como entonces, cumplió el Gobierno lo ofrecido. ¿Hizo bien? ¿Hizo mal? No me corresponde a mí decirlo en esta hora* (620).

Han bastado unas simples elecciones *limpias*, las primeras en medio siglo, para que todo el tinglado de la Restauración montado mano a mano entre Cánovas y Sagasta se vaya al garete.

Algunos historiadores, sin embargo, consideran que la interpretación del resultado de los comicios falsea la expresión de la voluntad popular: el cómputo global de los votos emitidos, en efecto, es favorable a las candidaturas monárquicas frente a las de la Conjunción republicano-socialista, si bien estas últimas triunfan en Madrid y en todas las capitales de provincia de manera aplastante casi sin excepción (621).

Pero desde el momento en que se conoce dicho resultado, algunos adversarios de la Institución, como Miguel Maura, y algunos de sus partidarios, como el conde de Romanones y el duque de Maura, defienden la significación de los sufragios emitidos en la España urbana como un voto de censura vinculante contra el Rey y la Corona, tras la cuaresma impuesta por la Dictadura. Miguel Maura, con su vehemencia característica, advierte a Largo Caballero y Fernando de los Rios que *antes de cuarenta y ocho horas* estarán gobernando (622). ¡*Qué iban a pesar los ocho mil Ayuntamientos menores de diez mil almas ante el resultado de todas las capitales de provincia*!, escribe Romanones, buen conocedor del falseamiento sistemático a que el caciquismo tiene sometida a la España profunda desde los albores de la Restauración mediante el sistema corrupto del *turnismo pactado* (623). Y el duque de Maura declara que *el pueblo había hablado*; que *era muy claro lo que quería, aunque estuviese equivocado, y que no quedaba más que resignarse ante ello* (624).

Dos años después el propio Don Alfonso XIII, con la incontinencia verbal que caracteriza a algunos de los miembros de la Dinastía, pero con la objetividad que el paso del tiempo proporciona en raras ocasiones incluso a los reyes en el exilio, declara paladinamente a un monárquico conspicuo, con toda la melancolía del caso: *Yo no podía desconocer que el resultado de la elección del doce de abril iba dirigido contra mi persona* (625).

Las elecciones municipales fueron una revelación para el rey -escribe Churchill-. *Toda su vida había estado perseguido por conspiradores y asesinos; pero toda su vida se había confiado libremente a la buena voluntad de su pueblo. Jamás había vacilado en mezclarse entre las multitudes, o en ir solo, sin escolta, a donde le parecía bien. En todos los viajes de su vida encontraba muchos amigos, y, siempre, cuando era reconocido, alcanzaba ovaciones y respeto. Sentíase, pues, seguro de tener tras sí la constante fidelidad de la nación; y habiendo trabajado continuamente en su servicio, entendía haber merecido su afecto. Un relámpago iluminó la sombría escena. Vio en torno suyo una extensa, arraigada y, aparentemente, casi universal hostilidad; especialmente hostilidad personal hacia él. Pronunció entonces una de aquellas expresiones, que se le atribuían en aquel interesante período, y que muestran la fuerza y la calidad de su comprensión de la vida: "Me parece como si hubiese ido a visitar a un viejo amigo y me encontrase con que había muerto." El episodio fue, realmente, una triste decepción. Explicadlo como queráis: la dureza de los tiempos en todo el mundo, la incapacidad política del partido monárquico, la tendencia de la época, la propaganda de Moscú; pero lo cierto es que, sin disfraz, fue un gesto de repulsa de la nación española que llegó al corazón* (626).

Así es. El 12 de abril, a través de las urnas, la repulsa de España, el *viejo amigo* del Rey, es total. Ya puede Churchill echar mano de cuantos tópicos le inspire su monarquismo y su simpatía hacia su regio contemporáneo, al que conoce en Madrid poco antes de que estalle la Gran Guerra, incluído el tópico de *la propaganda de Moscú*, que para nada influye en la votación de la jornada que concluye. Don Alfonso XIII es el gran perdedor de estas elecciones.

Desde el campamento de los sitiadores republicanos Miguel Maura, casi en solitario al principio, plantea lúcidamente el carácter vinculante del resultado de los comicios. En la fortaleza monárquica, no repuesta de la sorpresa, sus tesis son compartidas por su hermano Gabriel y por el conde de Romanones, a los que prestan una ayuda inestimable los generales Sanjurjo, Berenguer y Mola. Los tres políticos se enfrentan decidida y decisivamente con quienes creen que hay que esperar a las elecciones generales para saber qué rumbo toma España.

4.2. TIERRA DE NADIE (lunes, 13 de abril de 1931).

España había entrado en barrena,
y casi todos aseguraban que era la República
el único régimen apto para salvarla y presidirla.

Don Alfonso XIII.

4.2.1. UNA DECLARACIÓN DE NICETO ALCALÁ-ZAMORA. HONORIO MAURA LLEVA UN MENSAJE AL REY.

Hasta los canónigos han votada a la República, le dice la noche del domingo, doce, a Marañón, en Toledo, su cigarralero. *Esta misma impresión* -escribe el ilustre doctor- *se recogía, a la mañana siguiente, en Madrid. Se decía que hasta los servidores del Palacio Real, que hasta los alabarderos, habían votado por los republicanos. Sin duda tenían algo de hiperbólico estas y otras noticias semejantes, referentes a personajes o colectividades que se incorporaron -se decía- súbitamente al movimiento antimonárquico. Pero todo ello, la realidad y el mito, revelaba que una inmensa conmoción colectiva había sacudido a las grandes masas en las poblaciones españolas. Nadie pudo achacarse entonces la gloria de haberla suscitado, ni ahora podría nadie arrepentirse de haberlo hecho* (627). *Por acción o por omisión, no hubo un solo ciudadano español que no tuviera parte en la responsabilidad. Sería injusto juzgar aquel movimiento de otra manera. Ni entonces ni nunca, tales profundos movimientos del alma popular han obedecido a la dirección de un jefe, ni de un grupo de personas, ni de un partido. Cuando el jefe surge es, en realidad, creación de la conmoción general y no creador de ésta, aunque lo parezca. La ola de agitación que contagió aquellos días a la mayoría de los españoles, tuvo el mismo origen lejano y oscuro de los grandes acontecimientos cósmicos. Los que después han querido analizar sus responsabilidades, han olvidado el análisis más fructífero, que hubiera sido el de sus propias conciencias. Cuando escribo esto, tengo la misma serenidad en el pensamiento y en la pluma que si estuviera meditando, no ya sobre sucesos ocurridos en otra edad, sino en otro planeta; y afirmo que en el triunfo de la República, en 1931, los que menos parte tuvieron fueron los republicanos* (628).

La euforia de la víspera, al conocerse el triunfo aplastante de la Coalición republicano-socialista en Madrid y en casi todas las grandes capitales de España, no va acompañada, ciertamente, de un análisis lúcido del alcance último de los resultados electorales, que se interpretan como un voto de castigo infringido a la Monarquía, que, en unos meses, pueden tal vez forzar un cambio de régimen. Hoy, sin embargo, la mayoría de quienes han protagonizado en las urnas una jornada insólita, empieza a pensar que todo, en cuestión de horas, puede ser radicalmente distinto.

La *Hoja del Lunes*, de Madrid, *siguiendo al pie de la letra las instrucciones recibidas del ministro de la Gobernación* -al decir de Eduardo de Guzmán-, *pretende desfigurar lo sucedido la víspera, asegurando que son mayoría los concejales monárquicos elegidos en toda España. No consigue ocultar por entero la verdad y ha de reconocer que los republicanos han logrado imponerse en los principales núcleos urbanos del país. Pese a ser el único periódico matutino que aparece y que durante varias horas está solo en la calle, no consigue equivocar a nadie* (629).

El redactor-jefe de *La Tierra* se presenta en el hotelito de Niceto Alcalá-Zamora, en la calle Martínez Campos. *En la acera de la calle, en el breve jardincito y en el interior de la vivienda hay mucha gente, pese a lo temprano de la hora. Son periodistas, políticos más o menos conocidos y simples curiosos.* El periodista, *nada más llegar*, advierte *un cambio radical del ambiente predominate la noche anterior en Madrid. Lo que era escepticismo respecto a las consecuencias de la victoria republicana se ha trocado en desbordante optimismo.* Preguntado Alcalá-Zamora *sobre lo que hará y lo que debería hacer el Gobierno Aznar*, el presidente del Comité Revolucionario contesta:

-Son dos preguntas distintas, porque generalmente un gobierno derrotado por el pueblo hace lo contrario de lo que debe hacer. Lo que haga, él lo sabrá. Lo que debe hacer no se discute ni casi es necesario preguntarlo: rendirse ante la aplastante derrota y ahorrar al país el trastorno de una lucha fratricida e inútil, sostenida por los que dicen representar el orden (630).

La inmensa conmoción colectiva que, según Marañón, sacude *a las grandes masas de las poblaciones españolas*, es percibida claramente en uno y otro campo por diversos miembros de la clase política, en especial por Gabriel y Miguel Maura. El primero propugna una solución pactada; el segundo la rendición incondicional de la Corona. Pero por uno u otro camino ambos están convencidos de que Don Alfonso XIII tiene su tiempo contado: el duque de Maura cree que es cuestión de días, de semanas tal vez: el ministro *in pectore* del Gobierno Provisional de la República piensa que es cuestión de horas. El conde de Romanones, artífice de la formación del gobierno Aznar que ha presidido la catástrofe, cree, como su colega en el gabinete, el duque de Maura, que todo está perdido para la Monarquía, pero no en cuestión de días ni semanas, sino, como piensa Miguel Maura, en cuestión de horas.

Muy de mañana el duque de Maura se persona en el ministerio de Trabajo, del que es titular. Allí conferencia con sus correligionarios el marqués de Figueroa, Antonio Goicoechea, César Silió, Montes Jovellar, su *fidelísimo* subsecretario Colom Cardany y su hermano Honorio Maura.

El resultado de la deliberación fue creer todos inminente la formación de un Ministerio constitucionalista, y la expatriación, temporal por lo menos, del Rey; convenir en lo nocivo y quizá impracticable de tal solución, y buscar otra, no mucho más viable quizá, pero sí más propia para ser tanteada por nosotros,que era ésta: si el Monarca, el Consejo de Ministros y el Comité revolucionario lo aceptaban, celebraríanse el 10 de mayo, en vez de las previstas elecciones provinciales, unas generales a Cortes constituyentes, presidiéndolas el mismo Gobierno que acababa de acreditar pulquérrima e irreprochable su corrección electoral. El nuevo régimen, fuese el que fuese, nacería allí y no en la calle; y ante esas Cortes y no ante el previsible motín, declinaría don Alfonso sus poderes, cuando el resultado de la consulta al país lo requiriera así. Importaba, ante todo, conocer su dictamen y recibir, siendo favorable, expresa autorización para negociar con unos y con otros. Habíanse de ganar los minutos, y se encomendó la misión a mi hermano Honorio, amigo personal del Rey, puesto que le sería fácil y rápido el acceso a su Majestad (631).

Sorprende la ingenuidad de Gabriel Maura, de su hermano Honorio, de su subsecretario y de sus correligionarios políticos al pensar que Don Alfonso XIII puede acceder a presentarse ante unas Cortes para apurar el cáliz de declinar públicamente sus poderes. Ello constituiría el reconocimiento solemne del repudio de España a su persona, en tanto que un supuesto acto de fuerza por parte de sus adversarios siempre podrá ser presentado como una arbitrariedad impuesta por una minoría sin el consenso mayoritario de los ciudadanos.

4.2.2. EL COMITÉ REVOLUCIONARIO ANALIZA LA SITUACIÓN.

En tanto Gabriel Maura, desde el campo monárquico, intenta una salida para lograr que el nuevo régimen, es decir, la República, nazca ante unas Cortes Constituyentes y no ante *el previsible motín*, su hermano Miguel ejerce de anfitrión de los miembros del Comité Revolucionario que se hallan en libertad, reunidos en su hotel de la calle Príncipe de Vergara, de Madrid. Como es lógico, un doble tema ocupa su tiempo: la valoración del resultado de los comicios celebrados el día anterior y las consecuencias que de éste puedan derivarse.

Treinta años después, Miguel Maura evoca la reunión celebrada en su casa: *Mis compañeros pensaban aún que el rey, en una suprema reacción de defensa, decretaría el estado de guerra y echaría al Ejército a la calle para acabar a cintarazos con las ilusiones de la masa republicana. Por supuesto, ninguno de ellos preveía a esas horas la toma del Poder por nosotros ni la proclamación de la República... Todos hablaban, como lo habían hecho Largo* <Caballero> *y Fernando* <de los Ríos> *a la madrugada, de las elecciones generales de otoño como meta final de nuestras aspiraciones. No participé ni un solo instante de sus temores y no hay que decir, que menos aún de sus previsiones a largo plazo. Estaba seguro de que el Gobierno no aconsejaría el empleo de la violencia, que no había usado un solo momento a lo largo de su vida ministerial, como remedio de lo ya irremediable. Además, era dudoso que la fuerza respondiera al llamamiento del Gobierno en las circunstancias presentes, y el temor a que tal cosa aconteciera -estaba yo seguro- alcanzaba a todas las personalidades dirigentes, desde el rey hasta el último de sus ministros* (632).

El ayudante del general Franco, comandante Franco Salgado-Araujo, se entera en Zaragoza, por la *Hoja del Lunes*, de que las elecciones *estaban perdidas para la Monarquía. No obstante esta fatalidad, seguía convencido de que la suerte de este régimen se jugaría en las próximas elecciones para diputados a Cortes, que tendrían carácter de Constituyentes y que, desde luego, se ganarían por gran mayoría. No me imaginaba que la institución monárquica secular de España iba a ser entregada cobardemente por los ministros del Rey a consecuencia de unas elecciones administrativas ganadas por una inmensa mayoría de votos y en las que no se consultó al pueblo si quería o no cambiar el régimen.* Frente a quienes otorgan un voto de calidad al voto urbano, Franco Salgado-Araujo, por el contrario, cree que éste está mediatizado: *Me parecía que en una auténtica democracia el voto de un campesino tiene que ser igual al del obrero industrial de las ciudades, que siempre están coaccionados por sus asociaciones sindicales, sin que les quede más remedio que votar por la candidatura que se les impone.* La visión simplista del comandante Franco Salgado-Araujo seguramente no es compartida ni por Berenguer, ni por Sanjurjo ni por su pariente, el general Franco, director de la Academia Militar General de Zaragoza, a quien el Capitán general de la V Región militar da a conocer el telegrama cursado en la madrugada por el ministro de la Guerra, general Berenguer (633).

Al día siguiente, 13 de abril, los periódicos de Pamplona aparecieron sobrios y reticentes, mientras que los de Madrid en general eran más expresivos -recuerda Mariano Ansó-. *Las gentes, despreocupadas de sus quehaceres diarios, esperaban en grupos las nuevas noticias que llegaban fragmentariamente y en ocasiones de forma contradictoria, mientras en Madrid la hora de la capitulación sin condiciones de la Monarquía se acercaba. El gentío sólo quería saber, no abrigaba rencores ni afanes de desquite* (634).

A medida que la mañana avanza, Miguel Maura, que a excepción de Niceto Alcalá-Zamora es quien mejor conoce los pasillos del poder, se afirma en su creencia de que el cambio de régimen es cosa decidida: *Mi instinto, reforzado por mi entusiasmo, me decía que la hora había sonado y que el Poder venía a nuestras manos sin más demora. Mi preocupación la centraba en la reacción primera del pueblo. Si ella era pacífica y alegre, estábamos salvados. Si no era así, y surgía la violencia por alguna parte, nada ni nadie podría evitar las horas de anarquía en los comienzos, porque no teníamos a quienes mandar, seguros de ser obedecidos. Era inútil intentar dialogar sobre estos temas con mis compañeros. Cuando los iniciaba, me miraban como a un pobre iluso o un demente que soñaba despierto.* (635).

Al rememorar lo acaecido durante el lunes día 13, ya en el exilio, Alcalá-Zamora evita cuidadosamente cualquier referencia al escepticismo de los miembros del Comité Revolucionario, salvo Maura, respecto a los cambios que se avecinan: *En la mañana del 13 la magnitud de la victoria aparecía claramente dibujada y fue confirmándose con increíble aumento durante toda la jornada* (636).

4.2.3. EL DIRECTOR GENERAL DE SEGURIDAD TRANQUILIZA AL MINISTRO DE LA GOBERNACIÓN.

La magnitud de la derrota, en el otro campo, es valorada con idéntico realismo. *A la hora del chocolate* -comenta José Pla-, *el Gobierno - Romanones, García Prieto, Berenguer, Aznar- estaba completamente abatido* (637). El general Mola escribe: *Dado el resultado en la mayoría de las capitales de provincia -que, pese al criterio sustentado por algunos políticos, ejercían una decisiva influencia sobre la población rural- no cabía consolarse con utópicos optimismos* (638). Así se lo manifiesta al ministro de la Gobernación, marqués de Hoyos, cuando acude a despachar con él en su calidad de Director general de Seguridad.

El marqués de Hoyos estaba anonadado por temer pudiera achacarse el fracaso monárquico a incapacidad suya. Según le habían asegurado los de Acción Ciudadana (639), *hubo republicano en Madrid que votó tres veces.* Mola desmiente la versión interesada del fraude electoral. *Eso no es cierto -le contesté-. Tal como se llevó ayer la votación no fueron posibles trampas de esa índole. El resultado es la verdad; así: ¡la verdad!... Es sensible para los monárquicos; pero ésa es indiscutiblemente la voluntad nacional hoy por hoy.* A la pregunta del ministro sobre si el resultado electoral del día antes puede tener *una importancia decisiva*, Mola responde sin tapujos que, *si no de momento, en plazo relativamente corto se impondrá la República.* Insiste el ministro en sus escrúpulos: *Mi mayor amargura es pensar: "¿No habré yo sabido hacer las cosas? ¿Seré el causante de todo lo ocurrido?" ¿Juzga usted que he tenido medios para evitar el desastre de las elecciones? ¿Hubiera conseguido otro ministro un éxito?* Mola tranquiliza al buen hombre: *No. Honradamente creo que no. Lo sucedido es que, por muchas razones que usted conoce tan bien como yo, o mejor si cabe, el panorama español ha variado mucho de pocos años a esta parte, y contra una opinión arraigada, justa o no, es imposible ir, máxime en tiempos como los presentes en que ya no son posibles los "pucherazos" de otras épocas* (640).

El alcalde de Madrid, Ruiz Jiménez, se incorpora al diálogo que sostienen el ministro y el Director general. Tras criticar a quienes la jornada anterior han desertado de su deber como votantes para ir a pasar el día en el campo, les relata, tal vez como un velado reproche al marqués de Hoyos, *el desarrollo de unas elecciones, celebradas no sé si en tiempos de Moret o de Canalejas, en que él hizo verdaderos milagros*, según anota Mola maliciosamente (641).

Los votos rurales, sometidos a las presiones de los caciques de turno, son favorables a los candidatos monárquicos; pero en opinión del duque de Maura y Melchor Fernández Almagro, *los votos que se suponía depositados en los comicios rurales, aunque diesen en definitiva el triunfo aritmético a la causa monárquica, carecieron en absoluto de significación plebiscitaria* (642). La suerte de la Monarquía se ha jugado en Madrid y las capitales de provincia.

4.2.4. GABRIEL MAURA DECLARA *ILEGÍTIMA* LA MONARQUÍA. EL ALMIRANTE AZNAR CONVOCA A LOS MINISTROS. EL MARQUÉS DE BENDAÑA DESMIENTE LA ABDICACIÓN DEL REY.

Según Juan de la Cierva, ministro en el gabinete Aznar, en el entierro de la condesa de Peña Ramiro, que se efectúa el lunes 13, el duque de Maura, su compañero en el gobierno, manifiesta *sin rebozo* que le parece *ilegítima la Monarquía después de las elecciones del 12 y que había crisis de Monarquía y de Gobierno* (643). El día antes, ante Eugenio Vegas Latapie y sus amigos monárquicos, Gabriel Maura declara en su domicilio que *el pueblo había hablado* y que está *muy claro lo que quería*. Ahora saca la conclusión pertinente, por muy dura que sea: la ilegitimidad de la Monarquía a partir del resultado de los comicios. Y esta conclusión la pregona en público. Cabe suponer el doble impacto que la misma produce: en las filas de los monárquicos y en las de los republicanos. Quien así se pronuncia es, aunque reciente, un duque, pero, sobre todo, un ministro del Gobierno que preside la jornada electoral.

A las diez de la mañana el jefe del Gobierno, los ministros de Gracia y Justicia, Manuel García Prieto, marqués de Alhucemas, y de Estado, conde de Romanones, despachan, de oficio, con Su Majestad el Rey. Está presente el jefe del Gobierno, almirante Aznar. *La conversación que se entabla es larga, y prolijos los comentarios, sin que Romanones, totalmente pesimista, acierte a expresar de modo suave la desesperanza completa de su pensamiento. A pesar de las cautelas, ciertas reminiscencias tocan en lo vivo* -comenta Almagro San Martín-. *Yo no seré obstáculo en el camino que se deba tomar, pero creo que aún hay varios caminos*, afirma el Rey (644), quien seguramente desea la dimisión del Gobierno para llamar tal vez a los constitucionalistas, en un intento de huída hacia adelante.

A la salida de Palacio comunican que, tal como se acordó en el Consejo de ministros del día anterior, el Gobierno no se reunirá hasta el día siguiente, martes. En tanto Aznar, García Prieto y Romanones salen del regio alcázar por una puerta, por otra entra Honorio Maura, portador del mensaje de su hermano Gabriel.

-*Vengo en su nombre* -le explica al Monarca el Maura al que sus dos hermanos, Gabriel y Miguel, coinciden en llamar *amigo personal del Rey*-. *Nos hemos reunido esta mañana varios incondicionales de Vuestra Majestad. Estaban Ventosa, Goicoechea, el marqués de Figueroa, Silió, Montes Jovellar, Colom y yo. Hemos discutido mucho el problema planteado y su salida. Creemos que podría ser solución, si Vuestra Majestad lo autorizaba, proponer al Consejo de Ministros y al Comité revolucionario que, en vez de las previstas elecciones provinciales, se celebren unas generales a Cortes Constituyentes, presididas por este Gobierno, que ha acreditado pulquérrima corrección electoral. El país determinaría, pues, en suma, el régimen que quisiera darse. Importa, Señor, ganar los minutos, porque las gentes andan muy revueltas. Si V.M. lo autoriza, entablaríamos negociaciones por medio de mi hermano Miguel con el Comité revolucionario* (645). El Rey acepta. Se trata, sin duda, de ganar tiempo, porque nadie de los que intervienen en este proyecto, de Gabriel Maura al Rey, pasando por el correveidile, parece plantearse qué posibilidades tiene la Monarquía de ganar la nueva consulta electoral a Cortes Constituyentes.

Cuando el almirante Aznar llega a Presidencia le aguarda el general Berenguer, quien le da cuenta del telegrama cursado durante la madrugada y le insta a que reúna a los ministros pues desea que éstos conozcan el documento. El duque de Maura, que aguarda el regreso de su hermano Honorio con la previsible conformidad del Rey a su propuesta, se suma a la petición.

Al abandonar el regio alcázar Honorio Maura se encuentra con el marqués de Bendaña, mayordomo mayor de Doña Victoria Eugenia. Rodéanles a ambos los periodistas que montan guardia en Palacio. El *noble prócer*, como le denomina Almagro San Martín, abrumado sin duda por la tensión vivida en las últimas horas, *tan impasible y reservado siempre, rompe su indiferencia cortés con una queja salida del corazón*:

-Estas elecciones han sido una torpeza muy grande o una traición extraordinaria. Ustedes los periodistas, que tanto influyen en el público, deben desmentir por todos conceptos esa noticia que corre sobre abdicación del Rey. Puede hacer mucho daño si se propaga. ¡Desmiéntanla! ¡Desmiéntanla! Yo no sé, Dios mío, quién aconseja aquí (646).

Parece claro que palatino tan significado considera que el resultado de las elecciones del día anterior, adverso en las grandes ciudades a la Monarquía, constituye una *torpeza muy grande*, cuando no una *traición extraordinaria*, por parte de quienes, desde los órganos del poder, no han sido capaces de manipularlas como siempre. Su ingenua apelación a la prensa a propósito de la pretendida abdicación de Don Alfonso XIII no logra sino dar alas al rumor que pretende desmentir.

4.2.5. FRENTE A PALACIO SE GRITA ¡*QUE SE VAYA LA FAMILIA REAL*! SANTIAGO ALBA FELICITA EN PARIS A INDALECIO PRIETO Y MARCELINO DOMINGO.

En el palacio de Oriente, entre tanto, el Infante Don Jaime se apresta a defenderse por su cuenta de no se sabe bien qué posibles ataques, cuando presencia una escena entre cómica y grotesca:

Estaba yo en mi habitación, verificando el funcionamiento de una escopeta de caza que siempre guardaba allí con unos paquetes de cartuchos, porque las habitaciones de mi hermano Alfonso y mía quedaban sólo a unos cinco metros de la calle y no se sabe lo que podía ocurrir, cuando ví acercarse a la Puerta del Príncipe un coche descubierto, dentro del cual reconocí a Agustín de Figueroa (hijo del conde de Romanones, varias veces presidente del Consejo de ministros y jefe de uno de los dos grandes partidos monárquicos) que había puesto en un palo de golf una tela roja y enarbolaba esta extraña bandera gritando al mismo tiempo: "¡Que se vaya la familia real! ¡No la necesitamos para nada!" (647).

Pero la realidad es que la capital de España vive tranquila y confiada. El Rey toma su aperitivo en el salón japonés de Palacio, como acostumbra, y el almuerzo se sirve con toda normalidad en el comedor de diario. *La vida en Madrid era en aquellas horas absolutamente normal* -recuerda Mola, que abandona el ministerio de la Gobernación para dirigirse a su despacho-: *la Puerta del Sol* <donde radica el ministerio de la Gobernación>, *la carrera de San Jerónimo y la calle de Alcalá rebosaban gente como de costumbre; no existía el menor indicio que hiciera sospechar lo que pocas horas después había de ocurrir*. En la Dirección general de Seguridad Mola recibe algunas visitas, pregunta si se celebrará Consejo de ministros, con respuesta negativa, y habla con diversos gobernadores civiles. La tranquilidad es *tan absoluta en todas partes* que decide comer en su casa. Al término del almuerzo recibe aviso de que a las cinco se reunen los ministros en la Presidencia (648).

En París, Santiago Alba, ministro de Estado con Don Alfonso XIII el 13 de septiembre de 1923, exiliado en París desde el momento de producirse el cuartelazo incruento de Primo de Rivera, visita en el hotel de la calle Vaugirard a Indalecio Prieto y Marcelino Domingo para felicitarles por el éxito obtenido en España en la jornada electoral del día anterior (649).

4.2.6. EL REY BENDICE EL PLAN DE GABRIEL MAURA. EL GENERAL MOLA LICENCIA A LOS MIEMBROS DEL SERVICIO SECRETO QUE ACTÚAN EN FRANCIA.

Poco después del mediodía Honorio Maura regresa de Palacio, tras cumplimentar el encargo de su hermano Gabriel, *portador del regio asentimiento. También el Rey juzgaba irresoluble sin su eliminación el problema político* (650). El duque de Maura tiene ahora luz verde para *gestionar cerca de algunos jefes republicanos la aceptación de una breve tregua. El propio Gobierno que acababa de presidir las elecciones de la víspera, con tan escrupulosa e intachable lealtad que ni antes ni después osó nadie ponerla en duda, convocaría para el 10 de mayo otras de diputados a Cortes, comprometiéndose la Corona a transferir a la Cámara que ese día se eligiera, rápidamente reunida, la integridad de sus poderes soberanos* (651). El duque encarga a su *amigo fraternal* el marqués de Cañada Honda, amigo también de su hermano Miguel, *el primer sondeo cerca del Comité republicano* (652). *Esta decisión* -parlamentar con el Comité Revolucionario- *la adoptó el Rey, desde luego, sin conocimiento del presidente del Consejo*, anota Mola (653).

Los diarios vespertinos anticipan en varias horas su publicación. En su editorial *El Debate* afirma: *Sería pueril negarle gravedad a la jornada de ayer. La tiene y muy grande. No recordamos otra parecida. Cierto que no hay en España una mayoría de concejales republicanos, pero cierto también que la hay en casi todas las grandes capitales de la Nación. Y esto quiere decir que un sector enorme de la opinión española se pronunció ayer contra la Monarquía. Votó contra ésta una parte crecidísima del pueblo, buena parte de la clase media y aún elementos pertenecientes a las clases elevadas. Volvemos a repetir que el acontecimiento ha de influir en nuestra política. Y añadiremos que de un modo radical, sin que al hablar así pensemos en resoluciones extremas* (654).

Después de almorzar, Don Alfonso XIII se dispone a dar su acostumbrado paseo por la Casa de Campo. Antes de salir al Campo del Moro, el inspector de los Reales Palacios se atreve a romper el protocolo *-la ansiedad vence en él al respeto*, anota Almagro San Martín, que es quien refiere el lance- y pregunta al Rey:

-Señor, ¿qué va a pasar?

El Rey le mira de alto abajo. Después, una sonrisa forzada se dibuja en el rostro pálido. No pasará nada. Está tranquilo (655).

Sobre las tres y media el general Mola sale de su domicilio, *solo y a pie, como tenía por costumbre hacerlo*. Al llegar a las cuatro y cuarto a la Dirección general de Seguridad el jefe de la División de Investigación Social le comunica los insistentes rumores de crisis ministerial, desatados sin duda por el hecho de que los ministros se reúnan esa misma tarde, cuando el día anterior, y esa misma mañana, han comunicado que no lo harán hasta el martes. Su *primer cuidado*, por si tales rumores se confirman, es remitir cinco mil pesetas a París *para liquidar los honorarios del personal del Servicio Secreto que allí actuaba*. Esta cantidad, explica Mola, la envía de la que dispone para "gastos reservados" (656).

4.2.7. LA SUPUESTA ENTREVISTA DE DON ALFONSO XIII CON *UN AMIGO INCÓGNITO* EN LA CASA DE CAMPO. *UN PAÍS QUE SE ACUESTA MONÁRQUICO Y AMANECE REPUBLICANO*. LOS CONTACTOS SANJURJO- LERROUX.

Melchor de Almagro San Martín relata una supuesta entrevista de Don Alfonso XIII con persona cuya identidad no revela, *cerca del lago de la Casa de Campo*. Se trata, según este autor, de *un amigo incógnito a quien Don Alfonso ha dado cita allí* -¿el conde de Romanones?-, quien le hace entrega del manifiesto del Comité Revolucionario, le informa de que *con Sanjurjo y su Guardia Civil no se puede ya contar*, del ambiente que reina en el Ateneo, del que Don Alfonso es socio, y en la Casa del Pueblo, y de los rumores que circulan según los cuales ha abandonado Madrid. El comentario de Don Alfonso, según el citado historiador, es contundente:

-¡*Qué infamia! Eso es excitar a las masas enemigas con la mentira* (657).

Cerca de las cinco Don Alfonso XIII regresa a Palacio, donde le espera la Reina para tomar el té. En tanto las Infantas comentan alegremente el proyectado almuerzo, invitadas por la marquesa del Mérito, que ha de celebrarse al día siguiente en Fuentelarreina, el restaurante campestre de moda, *la Reina tiene recelos. El temor que la ganó desde el día de su boda, cuando las bombas salpicaron de sangre el traje blanco, no la abandonó nunca. Doña Victoria afrontó siempre al público español con aprensiones disculpables. Por eso ama sobre todo el retiro de La Granja, en cuyas soledades se siente a salvo.* Doña Victoria Eugenia propone tomar el té en la terraza, pero Don Alfonso XIII ordena: *Que nos sirvan dentro.* Y les explica a sus hijas, en tanto da buena cuenta de las chuletas asadas, las patatas fritas y la copa de jerez que toma todas las tardes a esa hora, que deben excusarse con Carmela Mérito de asistir al almuerzo al que han sido invitadas. *No es ocasión, como comprenderéis, de correr juerguecitas* (658).

Pocos minutos antes de las cinco de la tarde, al llegar al palacio de la Castellana, sede de la Presidencia, el jefe del Gobierno almirante Aznar se sincera con los periodistas cuando éstos inquieren si hay crisis de gobierno:

-*¿Crisis? ¿Qué más crisis desean ustedes que la de un país que se acuesta monárquico y amanece republicano?* (659).

Con una simple frase Aznar hace bueno el duro juicio del duque de Maura y Melchor Fernández Almagro: el almirante ha sido llamado a la presidencia del gobierno, en el momento más crítico para la Monarquía, *haciéndole venir de donde a la sazón se encontraba; esto es, políticamente de la luna y geográficamente de Cartagena* (660), pero con sus palabras justifica el desahucio de la Institución, aunque convenga matizarlas. Resulta pueril, en efecto, pensar que el común de los españoles, de la noche a la mañana y de una manera totalmente improvisada y gratuita, ha decidido acabar con la Monarquía a instaurar la República como si de satisfacer un antojo repentino se tratara. España amanece republicana porque se ha acostado republicana, como resultado de un proceso que conduce al pueblo español a repudiar la Institución y apostar por las instituciones, consecuencia inevitable de la irresponsable dilapidación que hace Don Alfonso XIII, en los veintinueve años de su reinado, de la única herencia válida recibida de su padre Don Alfonso XII y celosamente conservada, en lo esencial, por su madre la Reina Doña María Cristina de Habsburgo-Lorena durante los de su regencia: el ejemplo del respeto a las normas de juego establecidas por la Constitución; el respeto, en definitiva, al *pacto* entre la Corona y el pueblo soberano, que la Monarquía de Septiembre ha roto.

Según el ayudante de Sanjurjo, Esteban-Infantes, el general *se constituyó de servicio permanente en su despacho oficial, y allí, con sus ayudantes e íntimos amigos, pasó casi por entero dos días sin moverse.* Ello no es rigurosamente cierto, puesto que la tarde del domingo 12 Sanjurjo, en su calidad de Director general de la Guardia civil, está presente en la reunión informal que la casi totalidad de los ministros celebran en el ministerio de la Gobernación. *Estuvo esperando llamadas y órdenes del Gobierno que no llegaron. Estuvo esperando, también inútilmente, aviso de citas o audiencias.* Nadie requirió su consejo <subrayado en el original>, *y Sanjurjo estaba pendiente del teléfono, preocupado e intranquilo, al ver que pasaban las horas sin que se tomaran por el Poder las medidas de precaución que los momentos requerían. La pasividad del Gobierno envalentonó a los republicanos* (661).

Calla Esteban-Infantes la intervención de Sanjurjo en el *consejillo* del domingo 12, a instancias de Romanones y de Juan de la Cierva, y la profunda impresión que en todos los reunidos produce el hecho de que militar tan prestigioso -*El León del Rif*, nada menos- asegure que ya no se puede contar con la Guardia civil de la que él es Director general.

Posiblemente las reservas y reticencias de Sanjurjo motivan que no le lleguen *llamadas*, *órdenes*, *citas* ni *audiencias*. Ni siquiera el telegrama del general Berenguer.

Pero si ni el Rey, ni el gobierno Aznar, ni las fuerzas que, bien que mal, apoyan todavía a *la Corona vacilante* acuden a Sanjurjo, sí lo hacen, al parecer, los sitiadores de la fortaleza. Según Esteban-Infantes, *a partir de la tarde del día 13* ven los ayudantes del general *entrar y salir varias veces del despacho de Sanjurjo a Azpiazu, que suponíamos en contacto con Lerroux. Alguna otra persona , desconocida para nosotros, pidió saludar al General, personas corrientes, sin que ninguna de ellas entrara con el misterio y trazas inconfundibles de los conspiradores. Ese porte y sigilo con que Aspiazu cruzaba la sala de ayudantes*. Esteban-Infantes concluye: *Esto demuestra que Sanjurjo indudablemente estaba en relación con Lerroux desde la tarde del día 13, cuando nadie había requerido su ayuda de modo formal* (662).

4.2.8. LOS MINISTROS CONOCEN EL TELEGRAMA DE BERENGUER. JUAN DE LA CIERVA POSTULA EL PODER.

A las cinco de la tarde, y a requerimiento del ministro de la Guerra, general Berenguer, como queda escrito, se celebra Consejo de ministros, con asistencia de los titulares de todas las carteras. Según Romanones, *Berenguer deseaba saber si el Presidente y los Ministros estaban conformes o si el telegrama debía sufrir modificaciones o ampliaciones, a fin de que las autoridades militares se pusieran de acuerdo con las civiles para lo que procediera* (663).

Sorprende que un telegrama de cuya importancia Berenguer es sin duda consciente, y que ha sido enviado en la madrugada del domingo al lunes, no sea dado a conocer al Gobierno hasta las cinco de la tarde siguiente, cuando sus efectos, si es que hay que prevenirlos, pueden ser ya irremediables. Como ya sabemos, antes de cursarlo Berenguer se lo muestra al marqués de Hoyos, pero éste se halla en el ministerio de la Guerra como podría estar en otra parte; Berenguer se lo da a conocer por pura coincidencia. El telegrama, según Romanones, *fue aprobado sin modificación alguna* (664), lo que, pasados los años, no atenúa la severidad de su juicio a propósito del mismo:

El telegrama, aunque breve, pudo serlo más. En sustancia, era decir a los diez capitanes generales que permanecieran con los brazos cruzados mientras no se les requiriese para cooperar al mantenimiento del orden público. Pero entre líneas decía muchas más cosas. Acaso no estaba en el pensamiento de su autor, pero las decía. Peligros de la inexperiencia; en materia de gobierno, hasta los telegramas tienen su filosofía. Una exégesis elemental descubre en este telegrama varias afirmaciones a cual más expresiva en el momento de circularlo por iniciativa exclusiva el entonces Ministro de la Guerra.

1ª "Se han perdido las elecciones" es decir las han ganado los republicanos.

2ª "El Ejército es el llamado a garantizar los intereses de la Patria." Lo cual es cierto, pero también la seguridad de las instituciones que aquella Patria se ha dado. La omisión deja escapar un vientecillo helado sobre toda la fraseología de esta pieza telegráfica.

3ª "Los destinos de la Patria han de seguir...el curso lógico que les imponga la suprema voluntad nacional." Y esto después de decir que las elecciones las habían ganado los republicanos.

El telegrama parecía *una invitación dirigida a los capitanes generales para que se inhibieran presto a lo que estaba ocurriendo. Y ya sabemos lo que ocurrió. No digo que lo era; lejos de mi ánimo tal supuesto. Digo que lo parecía. Berenguer ha dado tan repetidas muestras de amor a la persona del Rey y de lealtad a la Corona, que está por encima de toda sospecha y de toda insinuación maliciosa. Aunque el telegrama parecía adecuado para dejar franco el paso a la proclamación tumultuosa de la República, nada más lejos, sin duda, de los deseos de su autor. Si en aquél hubo pecado, fue pecado de inteligencia, no de voluntad. Acaso lo fue sólo de memoria, porque notoriamente en aquel texto se olvidó que, por virtud de la Constitución, la autoridad del Rey se extiende a todo cuanto conduce a la conservación del orden público en el interior, y por si esto fuese poco, dice que "tiene el mando supremo en el Ejército y la Armada, y dispone de las fuerzas de mar y tierra (Constitución del 76. "Del Rey y sus Ministros", art. núm. 52). Y disponiendo en absoluto de las fuerzas de mar y tierra, se quedó sin tierra, sin mar y en la calle...*

Con este telegrama bastaba para conocer de una manera clara y terminante que estaba ganada la batalla por los revolucionarios. Este documento preciosísimo copiaba en absoluto el estilo y la política del Duque de la Victoria (665), *que constantemente resolvía los conflictos con una misma frase: "Cúmplase la voluntad nacional."*

La derrota que el telegrama proclamaba era tan evidente, que ante ella sólo cabía uno de estos dos caminos: o someterse al veredicto electoral, o apelar a la fuerza para resistirlo, único medio, aunque inseguro, de sostener la Corona tambaleante en la cabeza del Monarca (666).

Miguel Maura, desde el campo republicano, cree que el telegrama, para los monárquicos, *era, ni más ni menos, que el desahucio de la monarquía, pues quedaba como inconcuso que "la suprema voluntad nacional" había de prevalecer* (667).

Tras su lectura, Juan de la Cierva, que cree *haber oído mal*, pide el texto para leerlo por sí mismo. *"¿Cómo, mi general* -pregunta a Berenguer-*, es que estamos ya en los umbrales de la República y no vamos a defender al Rey?" "Ça va sans dire" -textual- contestó el General. "Sí -agregué- pero del Rey no habla usted en ese telegrama" "Es que yo -dijo-, al comunicar con los Capitanes Generales no hablo del Rey" "Pero, mi General, es que no se trata de una circular de servicio, sino profundamente política, e invoca usted, no el Poder legítimo del Gobierno del Rey, sino la soberanía nacional."* (668).

El telegrama -se justifica Berenguer- *fue acogido con muestras de aprobación por los ministros que no lo conocían. Sólo uno de ellos, el señor Cierva, hizo la observación de que notaba en él la falta de algo que debía de haberse dicho. A mi gesto interrogante añadió: que en él no se decía nada con respecto al Régimen. Reconocí que al redactarlo no se había considerado necesario; mas que ante el Consejo estaba, para que el Gobierno dijera lo que estimara oportuno, estando por mi parte dispuesto a transmitir al Ejército lo que el Consejo acordara, ampliando el telegrama en la forma que se estimara.*

Los ministros permanecieron en silencio, sin sumarse a la observación hecha ni acoger la proposición mía. Entonces el señor Cierva, ante el reiterado mutismo de todos, se limitó a decir: "No; si está bien así. Me hubiera gustado más que se hubiera dicho algo de eso; pero está bien así."

A mí también me hubiera gustado poder decir algo de eso, porque mis sentimientos monárquicos y mi lealtad al Rey así me lo hacían desear; pero esa iniciativa, en el régimen constitucional y en cualquier régimen, correspondía de lleno al Gobierno, no al ministro de la Guerra, quien en aquel caso tampoco podía abrogársela... El pretexto de un pretendido nuevo golpe de Estado hubiera provocado, facilitándolas, muchas actitudes.

Por la lectura del telegrama quedó el Gobierno enterado de las instrucciones que hasta aquel momento se habían dado al Ejército, señalándole su deber en aquellas circunstancias: absoluta confianza en el Mando; *mantener* a toda costa la disciplina, *y* prestar la coloboración que se le pidiera al del orden público. *¿Por qué otros medios podía el Ejército colaborar a los lógicos propósitos del Gobierno de defensa del Régimen? ¿Qué iniciativas podían corresponderle en aquel momento...?* (669).

Aquel Consejo -ironiza el conde de Romanones- *pudiera llamarse el de "las lamentaciones", pues sólo salieron lamentos de los labios de los responsables y, al mismo tiempo, la viva impaciencia por verse libres de las responsabilidades que aún pesaban sobre ellos.*

Para poner término a una reunión que parecía inacabable, pedí al Presidente que me permitiera leer una nota que, a prevención, llevaba yo en el bolsillo; en ella se proponía a Su Majestad que oyera más opiniones para resolver con completo acierto y libertad, dejando el Gobierno el campo abierto a la decisión de la Corona (670).

En aquel momento -recuerda Juan de la Cierva-, *Romanones leyó una nota que tenía redactada presentando el Gobierno todo la dimisión al Rey para que éste pudiera nombrar otro Gobierno que resolviera, mejor que el actual, los problemas pendientes.*

Alhucemas vaciló. Berenguer y el Ministro de Marina estuvieron conformes. Hoyos, con amargura, se sumó a Romanones. Ventosa, que estaba muy caído y casi abrumado, también se manifestó de acuerdo. (Yo, por tenerlo a mi lado, le había dicho: "¿Pero podemos dudar en estos momentos que hay que defender a todo trance la Monarquía?" Y, desmayadamente, me contestó: "Sí, pero hay que saber a dónde vamos.").

Pedí la palabra y con la natural vehemencia me opuse a que esa nota se presentara al Rey, y dije que, en todo caso, yo no dimitía ni autorizaba al Presidente para hablar en mi nombre, pues aunque los Presidentes de Consejo pueden dimitir en nombre de los Ministros, en las actuales circunstancias esa solidaridad de los Ministros no podía admitirse, sobre todo porque yo no abandonaba al Rey en estos momentos, dejándole solo frente a un problema que exigía la unión estrecha de los monárquicos leales, que estimasen esencial la Institución para la vida de España. Se entabló la discusión con gran nerviosidad; Bugallal estuvo conforme conmigo. En esto, habló el Ministro de Instrucción recordando que él estaba dimitido desde que se negó la destitución de Mola, y ahora se sumaba al contenido de la nota de Romanones.

Por fin habló el Duque de Maura y dijo: "¡Yo tengo el sentimiento de manifestar que después de la elección de ayer, me parece ilegítima la Monarquía en España!" Ya no había que discutir más. Comprendí que aquellos hombres no eran los que podían defender al Rey. Alhucemas me habló, y me dijo que influyera con Romanones para que no se presentara al Monarca la nota de dimisión. Finalmente se convino en que el Presidente no llevara la dimisión, sino que explicara a Su Majestad lo que cada cual había dicho en el Consejo (671).

La postulación del poder por parte de Juan de la Cierva es recibida con frialdad absoluta. Se entiende que si al duque de Maura le parece *ilegítima la Monarquía en España*, al resto de los ministros les suene a música celestial los desesperados intentos de quien cree que la Institución debe ser defendida a toda costa.

Era evidente que la nota no satisfacía por completo al Consejo -resume Berenguer-. *Lo testimoniaban las observaciones que a ella se hicieron, sin que su justa apreciación, que indudablemente estaba en el ánimo de la mayoría, despertara el eco de una discusión: la misma frialdad con que fue aprobada... Pero el Gobierno había perdido ya la cohesión indispensable para hacer frente a los acontrecimientos, y la crisis se imponía, aun ante la evidencia de los riesgos que ella traería consigo* (672).

El gobierno Aznar, cuyo presidente, según el testimonio de quienes intervienen en este Consejo de ministros, no se digna abrir la boca, está dimitido.

4.2.9. UN LAUREADO OFRECE SUS SERVICIOS. LA BANDERA TRICOLOR INVADE LAS CALLES. FRANCESC MACIÀ INFORMA A PRIETO Y A DOMINGO.

A media tarde, Heli Rolando de Tella, comandante de Infantería laureado y Gentilhombre de Cámara de Su Majestad, se ofrece a Eugenio Vegas

Latapie, en el local de la Juventud Monárquica, *para ponerse al frente de los miembros de la Juventud Monárquica que estuvieran dispuestos a impedir que el Rey abandonara Palacio.* Vegas le da *muy efusivamente* las gracias, pero le hace ver, según sus propias palabras, que, *tal como estaba el ambiente de la clase política española y el de la calle, resultaría suicida intentar nada. Desgraciadamente no era posible aceptar su ofrecimiento* (673).

A esas horas se produce un hecho que, de alguna manera, no estaba previsto: la aparición de las primeras banderas republicanas. *Habíamos acordado en el Comité republicano que no se cambiaría la bandera para evitar innumerables complicaciones que esta clase de pleitos llevan siempre consigo*, testifica Miguel Maura. Pero el Comité Revolucionario se ve desbordado en sus previsiones: *Sin que nadie pudiese decir cómo, desde el atardecer del día 13, las masas obreras y burguesas que invadían las calles en coches y camiones, enarbolaban la bandera tricolor republicana. Lo mismo aconteció con el himno de Riego, que nos parecía, creo que con razón, malísimo e impropio. Habíamos acordado abrir un concurso para dotar al régimen de un himno razonable. Las gentes, en plena orgía, pacífica pero estrepitosa, entonaban a gritos el viejo sonsonete del antiguo canto republicano. No iba a ser fácil rectificar lo que el pueblo había espontáneamente decretado* (674).

Sobre las ocho el almirante Aznar se traslada a Palacio y tras informar a Don Alfonso XIII de su dimisión y la de todos sus ministros, le comunica:

-Hay uno dispuesto a sucederme: don Juan de la Cierva, pero yo lealmente no aconsejo a V.M. que lo acepte.

Don Alfonso XIII se da por enterado.

-Está bien. Considero al Gobierno en crisis y mañana comenzaré las consultas acostumbradas (675).

Desde mayo de 1902, al aceptar la prevista dimisión de Sagasta como presidente del último gobierno de la Regencia y encargarle la formación del primer gobierno de su reinado constitucional, la escena que acaba de vivir Don Alfonso XIII con el almirante Aznar se ha repetido incontables veces. Tal vez piensa el monarca que a un presidente del gobierno le sucederá otro, como siempre, y que aunque ésta de ahora no sea una de tantas crisis *orientales* por él provocadas, sabrá como siempre superarla. Ni el Rey ni su presidente dimisionario se percatan de que la gravedad del momento no permite demora alguna; sólo así se explica que el monarca no inicie esa misma noche las consultas a fin de constituir cuanto antes un nuevo gabinete, y que el almirante no le haga ninguna indicación en este sentido.

Durante la jornada del lunes 13 Francesc Macià, desde Barcelona, llama a París para dar a Indalecio Prieto y Marcelino Domingo *su impresión sobre la inminencia del cambio de régimen.* Aunque Prieto no precisa la hora, es muy posible que la conversación se celebre vencido ya el día. *Partiendo de suposición tan fundada* -la de que la Monarquía tiene las horas contadas-, *Maciá ofreció a Marcelino Domingo la Presidencia del Gobierno autónomo que habría de constituirse en Cataluña. Pidieron ambos mi parecer y lo dí negativamente, porque la figura de Marcelino Domingo, verdaderamente nacional, desbordaba el marco catalán, y porque, estando previamente designado para desempeñar el ministerio de Instrucción, sería mal comienzo para el Gobierno de la República verse obligado a recomposiciones. Me costó menos esfuerzo convencer a Marcelino que a don Francisco, pero, al fin, ambos se allanaron a mi criterio* (676).

Al anochecer Franco Salgado-Araujo regresa a Zaragoza, procedente de la Academia General Militar, ubicada en el extrarradio. *Me encaminé a los alrededores de uno de los periódicos de la tarde del lunes 13, que aún no había salido. Tuve que formar cola, escuchando los comentarios del público que daba por descontado la caída de la monarquía. Contesté en forma no muy diplomática a un impertinente que no cesaba de decir "que el pueblo republicano había ganado las elecciones". Le dije: "El pueblo de Zaragoza sí, pero el voto de la mayoría del pueblo español ha sido monárquico." Como iba vestido de uniforme las cosas no fueron a mayores, pero de ir de paisano no lo hubiese pasado bien, pues los ánimos empezaban a caldearse. Por el periódico que compré puede enterarme del ambiente pesimista que había en relación con el régimen monárquico. Por lo visto el gobierno no defendía la monarquía y acataba la votación del domingo como un plebiscito nacional. Las manifestaciones del capitán general de la Armada no podían ser más concluyentes: "Qué más crisis desean ustedes que la de un país que se acuesta monárquico y se levanta republicano."* (677).

4.2.10. SANJURJO VISITA EN SECRETO A ALEJANDRO LERROUX. EL COMUNICADO DEL DIRECTOR GENERAL A LA GUARDIA CIVIL. CENA EN PALACIO.

Para Gregorio Marañón la jornada del lunes 13 transcurre, como siempre, dedicada a su trabajo, por la mañana en el Hospital y por la tarde en su despacho. *Tuve que hacer verdaderos esfuerzos sobre mis nervios y sobre los de los que me rodeaban para que, durante las horas de labor, fuese aquel día exactamente igual a los demás. Sin embargo, tuve ocasión de hablar con muchas gentes de todos los planos sociales. Por mi situación de médico con quehacer abrumador y relaciones entre los más altos, como entre los más bajos; por el número grande de mis amigos; y por el aún mayor de los que suponían que yo iba a jugar un papel político importante en la nueva situación, mis fuentes informativas eran excepcionalmente numerosas y fidedignas. Y de estas informaciones deducía una conclusión de inmediato temor, respecto a lo que pudiera ocurrir en las horas que se estaban desarrollando después de las elecciones. Presentía la posible cristalización del movimiento revolucionario que se estaba gestando en España, desde largos años atrás; el que en realidad había engendrado la Dictadura, que no hubiera sido posible por la voluntad de un hombre, sin esa misteriosa e inadvertida colaboración con fuerzas colectivas subterráneas; el que, en definitiva, mató a una Monarquía multisecular en la que las gloriosas tradiciones superaban a los indudables errores; el que, sin darse cuenta, desde el fondo inexplorado de sus conciencias, querían evitar los innume-*

rables españoles -izquierdistas, derechistas y neutrales- que habían votado el día antes a la República (678).

En tanto Marañón se entrega a sus cavilaciones tras una jornada tan tensa, el general Sanjurjo, Director general de la Guardia civil, visita en secreto -un secreto relativo- a Alejandro Lerroux, miembro del Comité Revolucionario, escondido en un piso de la calle Mayor, de Madrid.

Al término de la visita se cruza en la escalera del inmueble con el político e historiador Natalio Rivas, al que finge no conocer, *apresurando el paso*. Natalio Rivas, que ha sido llamado por un amigo suyo, enfermo, para actuar como albacea testamentario, le comenta a éste: *Me figuro que Sanjurjo será otro albacea*. Su amigo le aclara que *dicho general no había estado en su casa, y que sin duda había ido a ver al señor Lerroux que estaba escondido en el piso de arriba*. Así lo refiere Natalio Rivas al general Francisco Franco (679).

A las nueve de la noche el general Sanjurjo dirige a los mandos de la Guardia Civil un comunicado en el que ordena:

Disponga Usía las órdenes convenientes para que las fuerzas a su mando no se opongan a la justa manifestación del triunfo republicano que pueda surgir del Ejército y del pueblo (680).

El telegrama, que no suele citarse, puede ser muy bien el resultado de los contactos mantenidos en la tarde de ese día por Sanjurjo con el enlace de Lerroux, Aspiazu, y con el propio Lerroux, de ser cierta la versión que Natalio Rivas da al general Franco de su encuentro casual en la escalera del inmueble donde Lerroux se esconde. La máxima jerarquía de la Guardia civil ordena, nada más ni nada menos, que las fuerzas a sus órdenes *no se opongan* a la *justa manifestación del triunfo republicano*, pero da por sentado, además, que la misma se producirá no sólo entre la población civil sino entre el estamento militar.

Tal vez como consecuencia de este comunicado, *en Zaragoza en la noche del día 13 la Guardia Civil se mantenía en una actitud pasiva y estaba en plan de no intervención, dejando en libertad a las masas para que se manifestasen conforme les pareciese conveniente*, según el testimonio de Franco Salgado-Araujo (681). Cabe suponer que en el resto de España el telegrama de Sanjurjo surte idéntico efecto.

Para Romanones, *las noticias que de toda España se recibieron durante el día, aumentaban la extensión del desastre: era una derrota, por su magnitud, tan aplastante como insospechada*. Pese a ello, en opinión del conde, *los republicanos y socialistas, aunque habían comenzado a repartir un manifiesto proclamando su triunfo, uno de cuyos primeros ejemplares llegó a mis manos, no se daban en aquella hora cuenta cabal de la trascendencia de lo ocurrido; de lo contrario, no hubieran esperado hasta el martes para imponerse* (682). El hecho que Romanones subraya de que uno de los primeros ejemplares del manifiesto del Comité Revolucionario haya llegado a sus manos, tal vez avala que la persona que se entrevista con Don Alfonso XIII en la Casa de Campo sea el conde. Recuérdese que, según Almagro San Martín, el *amigo incógnito* le hace entrega al Rey del ejemplar del citado manifiesto.

En Palacio, cuando Don Alfonso XIII cruza los salones para ganar sus habitaciones particulares, *palaciegos y damas de honor allí reunidos a la husma de impresiones y cotilleos, tratan de exaltar su resistencia. La culpa ha sido del Gobierno, le dicen. Con Primo de Rivera, arguyen otros, no habría pasado esto. Es preciso obrar con energía. Nada de transacciones; las debilidades nos han traído a lo de hoy. ¡Estado de guerra! ¡Estado de guerra!*

Otras personas de categoría modesta, servidores tal vez, más al tanto que los altos funcionarios de cuanto pasa por Madrid, bajan la cabeza con pesimismo.

-¿Tú crees que las cosas van tan mal? -preguntó el Rey a uno de ellos a quien conoce desde niño.

-Los obreros andan muy levantiscos -responde el interrogado- y la Guardia Civil no tiene cara de aguantar mecha. Hay que verla en la Puerta del Sol, cuando la gente chilla. Se ve que está allí de mala gana (683).

En Barcelona Francesc Cambó, alarmado ante la gravedad de la situación, toma el tren con destino a Madrid. Y antes de cenar, un grupo de destacados miembros de *Esquerra Republicana*, encabezado por Lluís Companys, convoca telefónicamente a Francesc Macià para la una de la madrugada en el bar del hotel Colón (684).

En tanto Don Alfonso XIII se viste de esmóquin y Doña Victoria *se pone un vestido descotado para asistir a la comida en la incierta luz del anochecer*, según relata Almagro San Martín, *van duplicándose secretamente los centinelas del Palacio, caballería, Cuerpo de Seguridad y Policía. La Guardia Civil, numerosa, se embosca, para no ser advertida, en el próximo teatro Real, y otras fuerzas hacen lo propio en las portadas que avecinan la plaza de Oriente, por donde casi nadie pasa ya* (685).

4.2.11. LA ENTREVISTA DEL MARQUÉS DE CAÑADA HONDA CON MIGUEL MAURA. EL GOBERNADOR CIVIL DE PAMPLONA HACE UN AMAGO DE TRASPASO DE PODERES.

Ya de noche, Gregorio Marañón recorre calles y redacciones de periódicos, departe *con las gentes más diversas*. De regreso al hogar, en el paseo de la Castellana el taxi en que viaja es detenido dos veces por la Guardia civil: *En la cara y en la actitud de varios de los guardias* -recuerda-, *en las palabras de un oficial con quien hablé brevemente, se adivinaba una angustiosa indecisión. Los representantes de la autoridad empezaban a dudar de a quién era a quien tenían que servir* (686).

En Palacio, tras la comida, Reyes y Altezas Reales, con la dama de honor de guardia, el Grande de servicio y los jefes de parada de la Escolta

Real, más otras personas de la alta servidumbre, se trasladan al salón donde terminan de ver el film cuya proyección quedó interrumpida el día anterior (687).

Al filo de la media noche el marqués de Cañada Honda da cuenta al duque de Maura del resultado de sus gestiones cerca de Miguel Maura, con quien no le ha sido posible entrevistarse hasta poco antes, aunque no resulta fácil de entender que Cañada Honda, dada la urgencia y trascendencia del encargo, no consiga conectar, siquiera sea telefónicamente, con Miguel Maura para explicarle el motivo de la entrevista y forzar ésta. *Su interlocutor* -testifica el duque-, *sobre desahuciarle personalmente, le declaró, además, que aun cuando el Comité unánime aceptase la ya explicada fórmula* -la convocatoria de unas elecciones a Cortes Constituyentes ante las que Don Alfonso XIII, si el resultado de las elecciones le era adverso, declinase sus poderes-, *sería desobedecido y arrollado por las masas* (688).

Miguel Maura narra así la entrevista con el enviado de su hermano Gabriel:

La visita de Cañada Honda tuvo lugar cerca de la medianoche del 13, es decir, cuando la calle, desde las cinco de aquella tarde, en plena efervescencia, con banderas y cantos, descontaba y festejaba el triunfo total de la causa republicana. Que a dicha hora y en tales circunstancias viniese un emisario, no del Gobierno, sino de un grupo de amigos, por muy allegado a mí que fuese el mandante y muy amigo el mandatario, a pretender parar en firme el alud popular y emprender el largo camino de una nueva consulta electoral al país, bajo el mando del mismo gobierno, ya cadáver para todos los españoles, era algo tan desorbitado y absurdo, que, con la confianza que se merecía mi interlocutor, hube de negarme en redondo a ser el portavoz de semejante quimera, ante el Comité allí mismo reunido.

Además, no acierto a entender qué quiere decir la frase sobre desahuciarle personalmente. *Nada de* personal *había en todo ello, y la hora era lo bastante dramática y tensa como para no pararme en consideraciones de esa índole. Es muy posible que mi contestación estuviese impregnada, merced a la tensión del momento, de frases tajantes y de expresiones poco académicas. Las usaba con relativa frecuencia aun en trances menos dramáticos. La confianza que con mi interlocutor tenía autorizaba plenamente la libre expresión de las ideas, sin mirar el color que tiñese el léxico empleado. Pero, en todo caso, afirmo categóricamente que jamás dije, pues ni siquiera pasó por mi mente, que el Comité pudiese ser* desobedecido y arrollado por las masas. *No sé si fue pura ilusión, pero es lo cierto que a lo largo de las jornadas del 13 y 14 y, por supuesto, también la del 15, tuve la sensación clara de nada tener que temer del pueblo. Cabalmente ello había sido mi máxima pesadilla en las horas que mediaron entre la madrugada del 13, al conocerse la totalidad de los resultados, y la tarde de ese mismo día, en que el pueblo de Madrid se echó a la calle y mostró la calidad de su regocijo. Desde ese instante quedé tranquilo.*

Como se ve, aún se intentaban fórmulas de compromiso, y ellas venían a chocar con la imperiosa realidad de la calle, que, desde la tarde del 13, era quien mandaba, pacíficamente, alegremente, pero inexorablemente.

Esas fórmulas adolecían del mismo defecto: eran tardías. Cualquiera de ellas, propuesta antes de las elecciones municipales, hubiese quizá tenido audiencia cerca del Comité y, por tanto, cerca del pueblo, puesto que partían del principio de la eliminación, temporal o definitiva, pero eliminación al fin, de la persona del rey.

Pero a la hora en que la calle había ya saboreado las primicias del triunfo total y veía la impotencia del régimen ya caído, la única que cabía intentar era la rápida, cuanto más rápida mejor, transmisión de los poderes para evitar males mayores (689).

A espaldas de su jefe de Gobierno, almirante Aznar, y del resto de sus ministros, Don Alfonso XIII, en connivencia con Gabriel Maura, intenta un *pasteleo* que lo único que consigue es que los miembros del Comité Revolucionario que aún no lo han hecho se percaten de que el adversario está dispuesto a la rendición. Mola anota al respecto: *Aun cuando el duque de Maura era quien, por circunstancias especiales, estaba en mejores condiciones para llevar a cabo tan delicada misión, no cabe negar que el proceder del Monarca fue en extremo desacertado, al punto de que tan pronto llegó a noticia del Comité el paso dado empezaron a circular por Madrid rumores de una abdicación* (690).

En Pamplona, explica Mariano Ansó, *pasada la medianoche se produjo un incidente ante el monumento erigido por la Dictadura al general Sanjurjo. Un grupo no muy numeroso derribó el busto del general navarro, que era, y seguiría siéndolo, director general de la Guardia Civil. Este episodio trajo como consecuencia una última salida de la Benemérita y a mí me correspondió la misión de convencer al oficial que mandaba la fuerza de la actitud pacífica de los manifestantes* (691).

En Barcelona, a la una de la madrugada, a la salida del cine, Francesc Macià se reúne en el bar del hotel Colón con Lluís Companys y diversos miembros de *Esquerra Republicana. No se acordó ningún plan concreto de actuación* -explica Ferran Soldevila-, *pero prevaleció la determinación de no soportar por más tiempo el régimen que padecíamos, y se convino que al día siguiente, a las doce y media, algunos de ellos se personarían en el Ayuntamiento* (692).

En su despacho, según el relato de Almagro San Martín, *Don Alfonso ordena que despierten a Emilio Torres, hombre muy equilibrado y discreto, antiguo discípulo de los jesuítas y congregante de San Luis Gonzaga, a la sazón secretario particular del Rey bajo el título de marqués de las Torres de Mendoza, quien se había ido a la cama, convencido, a pesar de su discrección, de que nada de importancia pasaría y de que sus servicios no serían reclamados durante aquella noche. Roncando como un bendito en su alcoba de las mansardas del Alcázar estaba cuando le llamaron.*

-Busca en seguida -le dice Don Alfonso- al corresponsal del Times *para que desmienta por teléfono, sin perder un segundo, la intención que me atribuyen de una próxima marcha al extranjero. No pienso irme. ¿Pues qué se han creído?* (693).

Según Alcalá-Zamora, en las horas postreras del lunes 13 *los agentes de la autoridad* son conscientes de la inminencia del cambio en la titularidad del poder: *Las manifestaciones se sucedían y se saludaban durante la noche del 13 al 14; los choques con la fuerzas armada fueron escasos y sin estrago, porque ya la multitud republicana sentía la responsabilidad de ser el verdadero gobierno y como tal empezaban a mirarla los agentes de la autoridad, que cambiaba de asiento y de manos* (694).

Por contra, Miguel Maura afirma que *durante todo el día 13, el único* <miembro> *del Comité* <Revolucionario> *que creyó y obró seguro de la victoria definitiva, fui yo, a pesar de los rumores y las alarmantes noticias, en su totalidad falsas, que los correligionarios despistados nos traían sobre la inminente reacción del rey y del Ejército contra nosotros. ¡Cuánto eché de menos en aquellas horas la presencia de Indalecio Prieto a nuestro lado! De haber estado él en Madrid yo habría tenido no sólo un apoyo para mi acción, sino la decisión definitiva desde el primer momento. Era, con mucho, el único verdadero político de entre los miembros del gobierno provisional* (695).

La inminencia del cambio en la titularidad del poder a que alude Alcalá-Zamora parecen advertirla en Palacio los servidores más humildes. *Dentro de Palacio* -escribe Almagro San Martín-, *aparte la servidumbre de guardia, hay esta noche pocos empleados, que se reúnen instintivamente en el despacho de los oficiales de inspección. Nerviosos, ahogados de angustiosos presagios, ven hundirse el Trono sin que nadie acuda en su socorro. Con la Corona desaparecerán las posiciones personales y los medios de vida de esta gente honrada. La indignación monta a los rostros congestionados.*

-¡Es una infamia lo que está pasando! -dicen-. Todos engañan al Rey; nadie viene en su ayuda. Arriba está él tan tranquilo. ¡Señor, Señor, que lo echan, que lo destronan!

Por las puertas de las habitaciones del Príncipe de Asturias aparece un oficial de alabarderos.

-¡Cállese, hombre! -dice-. Desde ahí dentro se oyen las voces que está dando. Puedo oirlo el Príncipe, todavía despierto.

-¡No me importa! ¡Que me oiga! ¡Esto clama al cielo! ¡Lo que yo quisiera es que me oyera el mismo Rey!

Consiguen los otros empleados calmar al exaltado, y Palacio entra en el silencio y las sombras de la noche (696).

Ya de madrugada -rememora Mariano Ansó, que es en Pamplona la figura republicana más destacada-, *fuimos a Capitanía General, donde probablemente habrían llegado instrucciones. Nos recibió con exquisita cortesía un militar que iba a tener un final trágico en Valladolid junto a su jefe el general Molero, el primer día de la sublevación de 1936, el comandante de Estado Mayor Eduardo Casas. Allí y en el cuartel del regimiento de América, nos garantizaron una total neutralidad de los elementos militares, sin otra condición que la de no ser molestados en sus cuarteles.*

Aquella misma madrugada llegó al Círculo Republicano, convertido en un hervidero de gentes, un emisario del gobernador civil con el encargo de que yo me presentase lo antes posible en su despacho. El mensaje era un ruego y no una orden, todo era en son de paz, y aunque algunos se opusieron a mi visita, creí que mi deber era acudir y allí fui. Me recibió el secretario, mi amigo Modesto Font, quien me condujo a las habitaciones privadas del gobernador. Era la primera vez en mi vida que le veía. Le encontré en pijama y desencajado. Sin preámbulos de ninguna clase, me hizo saber que me llamaba porque me consideraba la cabeza visible del nuevo orden de cosas, para ponerme frente a responsabilidades inmediatas. Entonces comprendí la altura a que habían llegado los acontecimientos. Le pregunté si se trataba de una transmisión de poderes.

-Todavía no -me dijo-, pero creo que es una cuestión de horas. Probablemente mañana veré descargadas mis espaldas de responsabilidades que automáticamente van a caer sobre las suyas. Quisiera que desde ahora mismo me ayudara usted en la tarea de evitar desórdenes y violencias.

-Si habla usted de responsabilidades morales, las acepto, pero no puedo aceptar otras, que competen solamente a quien representa legalmente al poder constituído.

Me ofreció sus vacilantes manos y salí de aquella inesperada entrevista convencido de que el nuevo día vería la proclamación de la República en España (697).

4.2.12. *ME HE QUITADO DE ENCIMA A LOS PELMAZOS DE MINISTROS QUE ME HAN LLEVADO AL FRACASO.* MADRID, CIUDAD TRANQUILA Y CONFIADA.

Hacia las dos de la madrugada Florestán Aguilar llama a Don Alfonso XIII para darle cuenta de que la tranquilidad en la Puerta del Sol es completa. *Los alborotadores por horas, al servicio del desorden público* -escribe Almagro San Martín-, *pero amigos, sin duda, del orden hogareño y de no perder los últimos tranvías, no quisieron hacer trasnochar demasiado a sus respectivas familias y se fueron pacíficamente a la cama, antes de que fuese más tarde, un poco roncos de tanto gritar, abandonando sus papeles de revolucionarios más o menos retribuídos.*

-Pienso -dice el Rey por teléfono a su ninfa Egeria- que no hemos escapado hoy del todo mal. Me he quitado de encima a los pelmazos de ministros que me han llevado al fracaso y puedo llamar a Sánchez Guerra mañana, que será la solución (698).

A las cuatro de la madrugada Mola regresa a la Dirección general de Seguridad y se acuesta. *No pude pegar los ojos* -recuerda meses después-. *Madrid, en cambio, parecía dormir tranquilo* (699).

España había entrado en barrena, y casi todos aseguraban que era la República el único régimen apto para salvarla y presidirla, comenta años después Don Alfonso XIII en su exilio de Fontainebleau (700). El único que en la madrugada del lunes trece al martes catorce no es consciente de la verdad de ese aserto es el monarca. Don Alfonso XIII respira tranquilo tras sacudirse a *los pelmazos de ministros*, a cuya gestión atribuye en exclusiva el palmetazo que las elecciones suponen para su persona y para la Institución, y piensa que llamando a Sánchez Guerra, *el de los gusanos*, en frase de Juan de la Cierva, la tormenta quedará en un simple chubasco.

Durante la jornada del lunes 13, conocido ya el resultado de las elecciones del día anterior, la Deuda pública baja sólo un entero y medio, según anota Romanones (701).

4.3. LA ALEGRÍA DEL CATORCE DE ABRIL (martes, 14 de abril de 1931)

Poco después me enteré de que Miguelito Maura, hombre de considerable prestancia escénica, había proclamado la República desde los balcones del Ministerio de la Gobernación.

Don Alfonso XIII.

4.3.1. *A LAS ÓRDENES DE USTED, SEÑOR MINISTRO.*

4.3.1.1. A LAS SEIS DE LA MAÑANA SE PROCLAMA LA REPÚBLICA EN EIBAR.

Se inicia una jornada decisiva. *El Socialista, órgano central del Partido Obrero*, titula así lo sucedido el domingo anterior: *Espantosa derrota de la Monarquía en España. Las elecciones municipales fueron una gloriosa jornada triunfal para la República y el Socialismo. Abdicación, no; cambio de régimen* (702). Tal vez el rechazo de una posible abdicación responda a los rumores que, según Mola, se han propalado en las primeras horas de la madrugada como consecuencia de la gestión hecha por el marqués de Cañada Honda, por encargo del duque de Maura, cerca de Miguel Maura.

Crisol, bajo el título *La palabra de España*, publica un suelto contundente:

En 1909, cuando el barranco del Lobo, España calló.

En 1917, España no acertó a decir lo que quería.

En 1921 se niveló el patriotismo para tapar el desastre y España aplazó su palabra.

En 1923, cuando iba a hablar, la cogieron por la garganta.

Hasta hace unos días la tuvieron con la mordaza puesta.

Y su primer grito ha sido éste: ¡República! (703).

Pero antes de que la prensa llegue a los lectores, a las seis de la mañana se ha proclamado la República en Eibar. A las cinco, los concejales electos el domingo anterior, convocados mediante los *serenos* (704) por el líder socialista local Juan de los Toyos, se congregan en la Casa del Pueblo. Allí distribuyen los cargos edilicios proporcionalmente al número de concejales pertenecientes a cada partido. Toyos renuncia a la alcaldía, para la que se le propone, y, a indicación suya, es elegido Alejandro Tellería. Desde la Casa del Pueblo se trasladan todos al Ayuntamiento.

Para entonces -relata el autor de la iniciativa- *todo Eibar estaba en pie. Antes de las seis de la mañana, hallándose el pueblo congregado en la plaza, los concejales nos constituímos en sesión en la Casa Consistorial y acordamos por unanimidad proclamar la República. Acto seguido izóse la bandera tricolor en el balcón del Ayuntamiento. Desde allí notifiqué al pueblo que, a partir de aquel momento, vivíamos en régimen republicano.*

Poco después, en el Centro Republicano de San Sebastián, en la calle Garibay, Joaquín Berasaluce recibe una llamada angustiosa desde Eibar, donde ha estado horas antes animando a Toyos a proclamar la República: *Aquí hemos proclamado la República, y ahí ¿qué hacen? Vamos a reunirnos pronto* -contesta Berasaluce- *y veremos cómo marchan los acontecimientos.* ¡*Pues la hemos hecho buena*! -le responden desde Eibar-. *Porque la Guardia civil no está mirando esto con buenos ojos, sino con mala cara y parece tener deseos de arrearnos. Manténganse firmes* -le anima Berasaluce *por decir algo-, pues las cosas van muy bien. ¡Viva la República!*

Entretanto -concluye Indalecio Prieto, que es quien en México recoge los testimonios de Juan de los Toyos y Joaquín Berasaluce-, *morses y hughes de las estaciones telegráficas de España repiqueteaban comunicando con entusiasmo -el cuerpo de Telégrafos era la institución más republicana dentro del Estado- lo ocurrido en Eibar que en todas partes producía júbilo, sin que en ninguna se secundara la acción* (705).

El reproche de Prieto no responde exactamente a la realidad de los hechos, pues en Portugalete, por ejemplo, según el testimonio de José María de Areilza, se proclama la República poco después que en Eibar: *Madrugué al día siguiente y bajé, de paisano, a la plaza portugaluja a las siete de la mañana. Había unas doscientas personas, en su mayoría de las fábricas, que esperaban a que el alcalde recién elegido, el socialista Busteros, se asomara al balcón del Ayuntamiento. Fue un momento histórico. Apareció enarbolando la bandera tricolor y la izó, lentamente, en medido del aplauso popular. Gritó "¡Viva la República!" con voz emocionada. La banda municipal, convocada de urgencia, entonó el* Himno de Riego. *Eso fue todo. Se oyó un "¡Viva el soci!" que lanzó un amigo mío, Gaviña, socialista. Los concejales nacionalistas vascos asistieron a la ceremonia como espectadores* (706).

A las siete de la mañana Franco Salgado-Araujo inicia su jornada en Zaragoza, *pensando en la ceguera del gobierno y su falta de decisión al darlo todo por perdido. Para exteriorizar mi adhesión a mi Rey y a la institución monárquica a la que le quedaban muy pocas horas de vida, me puse en el uniforme la Medalla de la Coronación de Don Alfonso XIII, que destacaba mucho por su cinta roja y por llevar el busto del monarca. Ya que no podía exteriorizar de otra forma mi protesta por lo que iba a ocurrir, hice alarde de monárquico para que nadie se pudiese imaginar que iba a subirme a la carroza de los vencedores, echando por la borda los ideales monárquicos de toda mi vida.* Mientras aguarda el autobús que ha de trasladarle a la Academia General Militar, en compañía de diversos profesores de ese centro, *aumentó el bullicio y la animación, que se exteriorizaba con risas, sobre todo en el grupo artillero-ingeniero. Me sentí molesto y sin perder los estribos expuse mi extrañeza por esa alegría, cuando todos hubiéramos debido de estar tristes y preocupados. Un capitán me contestó: "No le extrañe esta alegría, mi comandante, pues aquí estamos varios que siempre hemos sido republicanos." Dueño de mí mismo le contesté: "Pues yo no noté que lo fuese nadie cuando recientemente S.M. el Rey visitaba la Academia. Veo que nuestro director tuvo mala información al elegir para ayudarle a formar el espíritu de los cadetes a algunos jefes y oficiales que tenían ideales republicanos, y ustedes mucha habilidad para ocultarlos." No me contestó nadie ni se volvió a hablar del asunto en todo el viaje a San Gregorio* (707).

4.3.1.2. DON ALFONSO XIII ORDENA AL SUBSECRETARIO DE GOBERNACIÓN QUE CESEN LAS MANIFESTACIONES POPULARES.

Según el relato que meses después de los hechos le hace el subsecretario de Gobernación del último gobierno de la Monarquía a Miguel Maura, *alrededor de las siete, el subsecretario de Gobernación, Mariano Marfil, dignísima persona, y funcionario más que ejemplar, ya que no abandonó un solo instante su puesto durante esas cruciales jornadas, fue llamado por el hilo directo que unía el despacho del ministro con la cámara regia.*

Don Alfonso preguntó a Marfil si era muy nutrida la manifestación que ya en aquella hora tan temprana ocupaba la Puerta del Sol.

Contestó Marfil que todavía no, pero que crecía por momentos.

El breve diálogo entre el rey y don Mariano Marfil siguió en estos o muy parecidos términos, según me contó el propio subsecretario unos meses después, en mi casa:

-Y, ¿qué gritan?

-Señor, gritan de todo.

-¿Es verdad que gritan "muera el rey"?

-No es posible, señor, saber exactamente lo que dicen, desde aquí no se oye bien.

-Bueno. Pues tienen que cesar esas manifestaciones en seguida. Me importa mucho que en el día de hoy no haya tumultos. Mañana ya será otra cosa. ¿Quién está de guardia en Gobernación?

-El capitán...(No recuerdo su nombre. Se trataba de un capitán, laureado, muy adicto al rey.)

-Dile, de mi parte, que salga con sus hombres a la Puerta del Sol y, sin violencia, despeje. Repito que hoy no quiero escándalos en la calle.

-Está bien, señor (708).

4.3.1.3. EL COMUNICADO DEL COMITÉ REVOLUCIONARIO. JUAN DE LA CIERVA ESCRIBE UNA CARTA A DON ALFONSO XIII.

En tanto Don Alfonso XIII pretende que, *sin violencia*, la fuerza pública logre que cesen las manifestaciones iniciadas a hora tan temprana, se hace público el comunicado redactado por los miembros del Comité Revolucionario reunidos el día anterior en casa de su presidente, Niceto Alcalá-Zamora, del que ya tienen conocimiento, entre otros, Romanones y Mola:

La representación de las fuerzas republicanas y socialistas coaligadas para una acción conjunta, siente la ineludible necesidad de dirigirse a España para subrayar ante ella la trascendencia histórica de las elecciones del 12 de abril. Jamás se ha dado un acto en nuestro pasado comparable con el de este día, porque nunca ha mostrado España tan fuerte emoción civil y entusiasta convencimiento, ni ha revelado con tanto vigor la digna firmeza que es capaz de desplegar en la defensa de sus ideales políticos. En la historia moderna de Europa hay actos civiles como el realizado por España el día 12, pero no hay uno que lo supere.

La votación de las capitales españolas y principales núcleos urbanos ha tenido el valor de plebiscito desfavorable a la Monarquía, favorable a la República, y ha alcanzado a su vez las dimensiones de un veredicto de culpabilidad contra el titular supremo del Poder. En la formación de estos juicios adversos han colaborado todas las clases sociales del país, todas las profesiones y aún ha quedado en la calle vibrando, pero sin poder acudir a las urnas, la admirable férvida adhesión a nuestras ideas de las juventudes españolas.

Invocamos, pues, llegada esta hora, los supremos valores civiles a que rinden acatamiento en todo pueblo culto las Instituciones más altas del Estado, los órganos oficiales del Gobierno y los Institutos armados; a todos es forzoso someterse a la voluntad nacional que en vano pretenderá desfigurarse con el silencio o el voto rural de los feudos. El día 12 de abril ha quedado legalmente registrada la voz de España viva; y, si ya es notorio lo que ansía, no es menos evidente lo que rechaza; pero si, por desventura para nuestra España, a la noble grandeza civil con que ella ha procedido, no respondiesen adecuadamente quienes con violencia desempeñen o sirvan funciones de Gobierno, nosotros declinamos ante el país y la opinión internacional la responsabilidad de cuanto inevitablemente habrá de acontecer, ya que, en nombre de esa España mayoritaria, anhelante y juvenil, que circunstancialmente representamos, declaramos públicamente que hemos de actuar con energía y presteza a fin de dar inmediata efectividad a sus afanes implantando la República. Firman Alcalá-Zamora, De los Ríos, Casares Quiroga, Maura, Albornoz, Largo Caballero, Lerroux (709).

En la mañana del 14 -explica Alcalá-Zamora- *el conocimiento ya total y definitivo de lo que había y de la situación de los ánimos nos llevó a la decisión de reclamar y tomar el poder que legítimamente nos correspondía. Resolvióse así en mi casa y para estar más libres y aislados en la ejecución del acuerdo nos trasladamos a la de Maura* (710).

Muy temprano, el martes 14 -explica Juan de la Cierva sin precisar la hora-, *escribí una carta al Rey diciéndole que yo no había dimitido en el Consejo del día anterior y sin propósito ambicioso que, en las actuales circunstancias, decía, sería insensato, quedaba a disposición del Rey, pues no quería, por mi parte, dejarle indefenso ante el problema de nombrar nuevo Gobierno. El Conde de los Moriles tuvo la bondad de llevar esa carta, que entregó a la Reina y ésta la dio al Rey. Alhucemas, casi a la misma hora, llamó al teléfono y me dijo, que él no había podido dormir, porque en estos momentos no se podía hablar de dimisión y había sentido no estar más enérgico y decidido en el Consejo. Yo le contesté que había escrito a Su*

Majestad insistiendo en lo que en el Consejo expuse. Afirmó que se proponía comunicar con el Presidente (711).

4.3.1.4. PALACIO PIDE INFORMACIÓN.

Otra personalidad ilustre que, a pesar de su sueño *habitualmente profundo*, tampoco ha podido *dormir apenas*, según confiesa, es Gregorio Marañón, a quien *muy temprano* visita su *íntimo amigo y compañero de estudios* el doctor Salvador Pascual.

Había sido en los años estudiantiles uno de los republicanos exaltados de nuestra promoción -explica-, *como hijo que era de un hombre modesto y honradísimo, médico del pueblo de La Unión, en donde había sido muchas veces alcalde republicano, durante los años del último esplendor de la Monarquía. Pascual estuvo conmigo en la cárcel durante la Dictadura, con los otros miembros de la Junta Directiva del Ateneo. Ya entonces se iniciaba su conversión monárquica, que se aceleró y se convirtió en adhesión ferviente, al calor de la amistad y de la confianza profesional que le dispensara el príncipe de Asturias. Había pasado aquella noche a la cabecera del príncipe enfermo. El rey había velado también muchas horas con ellos y habían hablado de la situación. Según me dijo mi condiscípulo, el resultado de las elecciones había sorprendido profundamente al monarca. Ignoraba éste la trascendencia del suceso, aunque la presentía; y había encargado al doctor -por lo menos éste me lo dijo así- de informarle con datos recogidos directamente, con datos de la calle, para contrastarlos con los que, tal vez dulcificados, le daban sus cortesanos y ministros.*

Marañón le expone su visión *pesimista* del momento que están viviendo: *Un movimiento nacional de larga y silenciosa preparación, del cual eran episodios culminantes la revolución de Barcelona en 1909, la Asamblea de diputados en la misma ciudad, en 1917, la creación de las Juntas de Defensa y la Dictadura, había culminado en la votación del día anterior. Esta votación significaba, por una parte, un ímpetu inesperado y violento del movimiento revolucionario; por otra, el deseo de los no revolucionarios de evitar una catástrofe en las calles, asiéndose a una República de orden, como a una suprema esperanza. El sentido conservador de muchos de los que dirigían el movimiento republicano, era expresión de esto mismo. Tenía, pues, la trascendental votación, como todos los acontecimientos sociales, un carácter equívoco. Estos acontecimientos han sido siempre cuchillas de dos filos. Elementos de aspiraciones opuestas se suman al movimiento, unidos transitoriamente por un pabellón común, que es sólo un símbolo, un nombre, que en realidad encubre designios antagónicos. Es la historia de todas las revoluciones. El que actúe uno u otro de los dos filos, el filo o el contrafilo, depende, en suma, del azar. Cuando el suceso ha pasado, cuando es ya sólo una efeméride en la historia, es muy fácil decir que se debió hacer esto o lo otro. Mas lo cierto es que lo que se hizo, seguramente no se pudo evitar y no se pudo hacer de otra manera. El no comprenderlo así es natural, dentro del juego de la pasión política; pero, ante el juicio histórico, no cabe más que aceptar lo sucedido como irremediable.* (712).

Tras esta disertación de Marañón, que tal vez no responde exactamente a las informaciones que Don Alfonso XIII demanda, el doctor Salvador Pascual regresa a Palacio.

4.3.1.5. MOLA SE ENTREVISTA CON EL MINISTRO DE LA GOBERNACIÓN Y RECOMIENDA *UNA INTELIGENCIA CON LOS REVOLUCIONARIOS.*

Muy de mañana, Mola, que ha dormido en las dependencias de la Dirección general de Seguridad, sube a su despacho. Mientras echa una ojeada a los diarios de la mañana, recibe la visita de un confidente, cuyo nombre silencia.

Tras justificar brevemente su presencia en la Dirección en aquellos momentos tan intempestivos, me pidió la devolución de unas informaciones escritas de su puño y letra; apelaba a mi caballerosidad recordándome la lealtad con que hasta entonces me había servido. Hecho examen de conciencia la noche anterior, había convenido consigo mismo que su comportamiento, traicionando a quienes eran sus amigos, era propio de un canalla; lo reconocía así y, arrepentido, quería cambiar de conducta: para ello era preciso deshacer su pasado y con éste todo rastro de sus traiciones, de las que no existían más pruebas materiales que los documentos que obraban en mi poder. Le contesté estaba dispuesto a complacerle, siempre y cuando me reintegrara las cantidades que sin regateos y religiosamente le había abonado tanto por sus servicios como por ciertos documentos originales; le recordé al propio tiempo el ofrecimiento que en cierta ocasión me había hecho, precisamente por escrito, de estar dispuesto a sostener, donde fuera necesario, la veracidad de ciertas informaciones en las cuales se daban detalles de un suceso que había quedado envuelto en el misterio. Mi respuesta desconcertó al confidente. Después del ruego vino un amago de amenaza que rechacé con energía; luego acudió a la súplica, y, por último, vista mi actitud irreductible..., se puso de rodillas y rompió a llorar.

No sé si aquel hombre me dio lástima o asco; mas el caso es que entré en mi gabinete de trabajo, busqué entre unos papeles míos los suyos y volví al salón para entregárselos. Los examinó detenidamente para cerciorarse no faltaba ninguno; los guardó con todo cuidado; se deshizo en cumplidos y hasta pretendió besarme las manos. ¡Pobre diablo! (713).

En el ministerio de la Gobernación, hacia donde Mola encamina sus pasos para despachar con el ministro, el marqués de Hoyos se halla entretenido atendiendo llamadas telefónicas y *visitas sin importancia*, según las califica el Director general de Seguridad. Mola lleva a su superior jerárquico una noticia "bomba": la de la proclamación, en Eibar, de la República.

Según me había comunicado el gobernador civil de Vizcaya -escribe-, *en Eibar se acababa de proclamar la República; el oficial de la Guardia Civil con el puesto a sus órdenes (unos veinte hombres), considerándose impotente para dominar a las diez mil almas congregadas para presenciar cómo los concejales electos se posesionaban del Ayuntamiento y al grito de "¡Viva la*

República!" izaban la bandera tricolor, se había refugiado en la casa-cuartel; con San Sebastián se hallaban interrumpidas las comunicaciones telegráficas y telefónicas, y el gobernador de Guipúzcoa no contaba con medios para acudir a sofocar el movimiento sedicioso.

El marqués de Hoyos escucha el relato de Mola *con asombro, sin saber qué partido tomar; le tranquilizaba, empero, observar la normalidad que reinaba en Madrid. ¡Tenía esperanzas de que todo quedase en agua de borrajas!*, comenta Mola, que, sin embargo, está dispuesto a *hacerle comprender la realidad. Creo que el "batacazo" es inevitable* -le espeta-: *¡se han cometido tantos errores!... A mi juicio, ya, después de lo que ayer dijo Aznar a los periodistas, no cabe más que ponerse de acuerdo con Alcalá Zamora para que no sobrevenga una revolución sangrienta...* Y a continuación le pregunta qué medidas tomaron en el Consejo de ministros del día anterior y si acordaron declarar el estado de guerra. Hoyos se resiste a aceptar la gravedad de la situación, que Mola considera no grave, *gravísima*. E insiste en su idea de *ir a una inteligencia con los revolucionarios*, pues considera que *es tarde para otra cosa*. El marqués sigue en sus trece: *El presidente irá hoy a Palacio para indicar al Rey que consulte personalidades. Supongo que esta tarde o a más tardar mañana por la mañana, habrá Gobierno que se encargue de la situación*. Respecto al estado de guerra, del que dice nada se habló en el Consejo del lunes, Hoyos manifiesta a Mola que tiene razón y *quizá fuera conveniente. Si se quiere contener el desbordamiento de las masas no hay más remedio que tomar aparentes actitudes de energía*, concluye Mola su entrevista con el ministro (714).

A la hora habitual en que se dirige a sus *quehaceres hospitalarios*, Gregorio Marañón decide *ir antes a cambiar impresiones con el conde de Romanones, ministro del rey*. Según explica, *esta visita no era nada rara a mis hábitos. Me unían con el conde viejos lazos profesionales y, por encima de ellos, profunda simpatía y estimación hacia su perspicacia y su bondad (...). No hay que decir que nuestra conversación de aquella mañana versó, con emoción hondísima, sobre la situación creada por las elecciones; y que yo le referí mis impresiones y los informes recogidos en el ambiente de Madrid, así como mi conversación reciente con el doctor Pascual, muy amigo también de Romanones*. Desde la casa del conde Marañón se encamina al Hospital, donde trabaja *como todos los días, a pesar de la efervescencia de la calle, que salpicaba de pasión hasta la serenidad de las clínicas y de los laboratorios* (715).

4.3.1.6. EL CONDE DE ROMANONES TOMA LA INICIATIVA. EL SUBSECRETARIO DE GOBERNACIÓN INFORMA A DON ALFONSO XIII QUE LA GUARDIA CIVIL SE NIEGA A RECIBIR ÓRDENES. EL REY PIENSA EN LA ABDICACIÓN Y EN UN CONSEJO DE REGENCIA PRESIDIDO POR EL INFANTE DON CARLOS.

Tras la visita de Gregorio Marañón el conde de Romanones recibe la del doctor Amalio Gimeno, que le da cuenta de las esperanzas manifestadas la noche anterior por Don Alfonso XIII en su conversación con el doctor Florestán Aguilar. Es posible que la versión pesimista de Marañón respecto a la posibilidad de que el curso de los acontecimientos desborde al Comité Revolucionario pese en el ánimo de Romanones, que después explica que esta noche ha dormido mal, sin conseguir que el recuerdo de la sangre vertida en Ekaterimburgo, en 1918, con el fusilamiento de la familia imperial rusa, tras el triunfo de la revolución bolchevique, se aparte de su mente. En cualquier caso, las palabras del doctor Gimeno le deciden a tomar la iniciativa.

Sin pérdida de tiempo convoca en su casa al doctor Aguilar, a quien confía un mensaje para Don Alfonso XIII. Espántase el galeno de la misión que se le encarga, y pide a Romanones -a quien acompaña en estos momentos el ministro de Instrucción Pública, José Gascón y Marín-, que se lo dicte textualmente. Así lo hace éste:

Señor: El Conde de Romanones y Gascón y Marín me han llamado para encargarme que con toda urgencia transmitiese a V.M. las palabras siguientes:

Los sucesos de esta madrugada les hacen temer que la actitud de los republicanos pueda encontrar adhesiones de elementos del Ejército y fuerza pública, que se nieguen en momentos de revuelta a emplear las armas contra los perturbadores y se unan a ellos, y se conviertan en muy sangrientos los sucesos.

Para evitarlo (en opinión de los mencionados ministros) podría V.M. reunir hoy el Consejo de Ministros para que cada cual tenga la responsabilidad de sus actos y que el Consejo reciba la renuncia del Rey para hacer ordenadamente la transmisión de poderes. Así se haría posible, en su día, la pronta vuelta a España del Rey por el clamoroso llamamiento de todos.

(Sólo como servidor de V.M. cumplo el encargo de la urgente transmisión de las anteriores palabras.) (716).

Así, por intermediario de su odontólogo, el conde de Romanones le dice lisa y llanamente a Don Alfonso XIII que haga las maletas y se marche, apelando a *los sucesos de esta madrugada*, que no le aclara al Rey en qué consisten.

Se entiende que el hecho de que el mensaje esté avalado por Gascón y Marín es puramente circunstancial: Romanones se arropa en su nombre, sin mayor significación política, como podría hacerlo con el de cualquier otro ministro que tuviese a mano de un gabinete cuyos componentes maneja dócilmente con pocas excepciones.

El fantasma de la división del Ejército y de la fuerza pública es esgrimido como arma disuasoria, envuelta en la falaz promesa de que si el Rey renuncia y se hace *ordenadamente la transmisión de poderes* será posible *la pronta vuelta del Rey*.

Se entiende, también, la elemental precaución por parte de Florestán Aguilar de pedir que el mensaje le sea dado por escrito, pues de comunicarlo de palabra se expone a que Don Alfonso XIII crea que su dentista no ha interpretado correctamente lo que Romanones le insta a transmitir.

Rápidamente, y con la congoja de ánimo que es de suponer, Florestán Aguilar, vizconde de Casa Aguilar, parte del domicilio de Romanones con destino a Palacio. Como en una comedia de enredo, Juan de la Cierva, dispuesto a resistir, se sirve de un conde -el de los Moriles- para que, a través de la Reina, su mensaje llegue a Don Alfonso XIII; Romanones, que preconiza el entreguismo, necesita menos circunloquios y envía su propuesta a través del dentista regio.

Pocos minutos después de las nueva de la mañana el criado del Rey, Paco, avisa a Don Alfonso XIII de que el vizconde insiste en verle sin demora. El Rey abandona el lecho y le recibe en pijama y con chinelas.

La lectura del papel que le entrega Casa Aguilar echa por tierra cualquier esperanza de ignorar la gravedad de los acontecimientos. Le guste o no, Don Alfonso XIII sabe ahora que las elecciones de la antevíspera no pueden despacharse como un simple revés electoral sin importancia. El ofrecimiento de Juan de la Cierva se le antoja, sin duda, carente de cualquier posibilidad de encontrar las asistencias necesarias para que cristalice en la formación de un gobierno dispuesto a enfrentarse a la gravedad de los hechos.

De acuerdo con las órdenes recibidas de Don Alfonso XIII de que cesen todas las manifestaciones, Mariano Marfil, subsecretario de Gobernación, llama al capitán que en dicho ministerio está de guardia y le transmite el encargo. Según el relato posterior de Marfil a Miguel Maura, *el capitán se cuadró y, sin vacilar un momento, le dijo al subsecretario*:
-Dígale a Su Majestad que, por obedecer sus órdenes, estoy dispuesto a salir yo solo a la Puerta del Sol para que las turbas me despedacen si quieren. Pero no puedo ordenar a la fuerza que salga, porque no me obedecerían los soldados.

Mariano Marfil llama a Don Alfonso XIII y le comunica *literalmente* la respuesta del capitán. *Don Alfonso le obligó a repetir las frases de éste, y, tras una pausa, dijo*:
-Es lo que me quedaba por saber. Gracias, Mariano (717).

Cree Miguel Maura que *éste fue el instante en que el rey adoptó la decisión suprema de abandonar España (...) ¡Nada menos que la Guardia Civil, el Cuerpo de tanto abolengo de lealtad y disciplina, se negaba a salir contra el pueblo! La partida estaba, de verdad, perdida* (718).

Don Alfonso XIII piensa ahora que tal vez una posible abdicación puede salvar todavía la Corona, y manda que Romanones acuda rápidamente a Palacio. En tanto aguarda al conde, llama de nuevo al subsecretario de Gobernación por el hilo directo:

-Ponte al habla con los gobernadores y entérate del camino que tengo libre para salir de España. Lo mismo me da por un lado que por otro.

Según su relato a Miguel Maura, Marfil entra en contacto con diversas autoridades; *todas le advierten que es peligroso intentarlo, pues la agitación aumenta por momentos.*

Al fin, el gobernador de Murcia, propone que, sin entrar en la ciudad, y tomando una carretera que antes de llegar a ella va directa a Cartagena, se gane el puerto militar, a condición de que se haga rápidamente, porque no sabe cuánto tiempo podrá responder del orden.

Así se lo comunicó Marfil al rey, y éste le encargó que estuviese un coche de escolta de la Guardia Civil, en la plaza de la Armería, a las cuatro de la tarde.

Para dar cumplimiento a dicha orden, llamó Marfil al general Sanjurjo y le transmitió el encargo. ¡Así supo el general, en las primeras horas de la mañana del 14, dos cosas decisivas: lo ocurrido en el ministerio con el capitán de guardia, y la decisión del rey! Tiene ello capitalísima importancia para juzgar la conducta de Sanjurjo, acusado también por los monárquicos de haber sido él quien asestó el golpe de gracia a la Monarquía, ofreciendo sus servicios a la República. La verdad es que, a las nueve de la mañana del 14, sabía Sanjurjo que la Guardia Civil a sus órdenes no salía contra el pueblo, puesto que el capitán de guardia en Gobernación se había negado a realizarlo, y que el rey abandonaba la lucha y España, puesto que le había de proporcionar la escolta. El general optó por resignarse a la aceptación de los hechos consumados, y estoy seguro de que, con las máximas reservas mentales, decidió ofrecerse a la República en la forma que verá el lector (719).

Sin duda desconoce Miguel Maura la orden cursada por Sanjurjo a la Guardia civil la noche anterior. Por ello no es exacto que la actitud del llamado *León del Rif* la determine, según piensa Miguel Maura, cuanto Mariano Marfil le cuenta al general, que sin duda pesa en su ánimo, pero cuya decisión respecto a la marcha de los acontecimientos parece estar tomada desde antes.

Parte de la prensa publica esa mañana el telegrama de Berenguer cursado en la madrugada del 12 al 13, que según Ricardo de la Cierva *ya había surtido sus demoledores efectos durante la jornada del 13. Todo el mundo lo interpretó como que el Ejército reconocía la victoria de la República* (720).

El dolor de Alfonso fue casi intolerable cuando comprendió que había perdido todo apoyo viable y que incluso sus supuestos amigos, con escasas excepciones, lo habían abandonado -escribe Noel-. *Pero una cosa no lo abandonó: su rápido ingenio en momentos de crisis. No tardó en decidir, bastante astutamente, que se podía convertir una necesidad en virtud, y anunció que iba a dejar España antes de provocar un derramamiento de sangre. Como había muy poca posibilidad de que se derramara sangre por él, era una afirmación fácil, aunque vacía* (721).

Don Alfonso XIII recibe a continuación al ministro de la Gobernación, marqués de Hoyos, y a Juan Ventosa Calvell, ministro de Hacienda.

Fui a Palacio -explica Hoyos-, *como estaba previsto, en compañía del señor Ventosa y dejando el Ministerio al cuidado del excelente Subsecretario. Ventosa, inteligente, ponderado, expuso al Rey que, a su juicio, no había más que dos soluciones: aceptar los hechos como interpretación de la voluntad de España contra la Monarquía, o insistir con la fuerza, yendo al cierre de Universidades, suspensión de periódicos, etc., y que esa actitud no la podía adoptar el actual Gobierno... No había acabado de hablar cuando le atajó S.M. diciendo que él, ante el resultado de las elecciones que entregaban a los revolucionarios los Ayuntamientos de las capitales, no haría uso de la fuerza, porque le repugnaba la idea de imponerse de esa forma y desencadenar una guerra civil. Añadió que muchos se dejarían matar por él, pero que había que pensar en España; que la manifestación expresada por las elecciones municipales no era contra la Monarquía, sino resultado de una serie de perturbaciones que habían producido animosidades que se habían acumulado en él; que era preciso que la Monarquía se conservara en el país en la forma y condiciones que el país quisiera, y que él estaba resuelto a no ser obstáculo a ello con su presencia; que dadas las condiciones de salud de algún miembro de la Real Familia, había pensado en la formación de un Consejo de Regencia que convocara a Cortes Constituyentes. Terminó diciéndonos que, con ánimo de realizar ese propósito, había llamado a consulta a los señores Sánchez Guerra y Melquíades Alvarez.*

El Consejo de Regencia -dijo S.M. volviéndose a mí- podría ser presidido por el Infante don Carlos (722).

Tras esta propuesta de Don Alfonso XIII, el marqués de Hoyos le reitera su adhesión y su *vehemente deseo de serle útil en todo momento* y le manifiesta que no puede aconsejarle *cosa distinta a la que S.M. acababa de expresar, pero que esa solución debía intentarse rápidamente.* Y concluye Hoyos: *Ya era más que tarde* (723).

Una vez más los Borbón-Parma, la rama afecta a los carlistas, parece que va a jugar un papel importante en los destinos de España. *Bien ajeno estaba el Infante don Carlos, Príncipe ejemplar, de que se pensó encomendarle tan grave misión, que sólo por obedecer al Rey hubiera aceptado. Es por demás interesante observar que en aquellos momentos tan graves se volvían los ojos a él* (724).

4.3.1.7. CAMBÓ EN MADRID. LA ENTREVISTA DON ALFONSO XIII-CONDE DE ROMANONES.

A las diez de la mañana Juan de la Cierva y Bugallal reciben aviso de que a los doce y media estén en Palacio. *Creímos que la crisis era inevitable* -escribe Juan de la Cierva-, *y Bugallal se ofreció para todo; dijo que había que unirse estrechamente, y que yo debía ser el jefe del Gobierno que se constituyera. Ya lo había anunciado "El Socialista", previniendo a sus gentes contra las medidas que yo adoptaría* (725).

Al llegar procedente de Barcelona al hotel Ritz madrileño, escenario de la fundación del partido Centro Constitucional, Francesc Cambó se entrevista con Ventosa, quien le informa de que todo está perdido y no hay nada que hacer: todos los ministros, a excepción de Juan de la Cierva, aconsejan al Rey su marcha de España, que éste acepta (726). De la manera más imprevista el político catalán que se preconiza como salvador de la Corona ve cumplida su profecía formulada el día antes de las elecciones: el advenimiento de la República, lo que él denomina *la revolución*, parece haberlo acordado ya el Gobierno; sólo falta que el Rey lo sancione con su firma.

A las once de la mañana el conde de Romanones recibe aviso del Rey de que le espera. *Sin cambiar de indumentaria*, puntualiza para subrayar la gravedad de la situación, se dirige a Palacio. En sus alrededores la normalidad es completa, y cuando llega a la puerta del Príncipe no hay periodistas que monten la guardia.

En la antecámara regia el conde se tropieza con un marqués, el de Alhucemas. Manuel García Prieto, ministro de Gracia y Justicia, ha sido convocado en Palacio al mismo tiempo que Romanones. En el despacho de Su Majestad se halla el presidente del Consejo, almirante Aznar.

Sin preámbulos -explica Romanones-, *Don Alfonso abordó inmediatamente el tema electoral, subrayando la derrota. Aznar intentó echar agua al vino. Don Alfonso le interrumpió, diciéndole: "Déjese usted de consuelos, no los necesito. Sé cuanto debo saber, y mi resolución es inquebrantable. No olvido que nací Rey, que lo soy". Y en seguida, rectificando la frase: "Que lo era. Pero hoy, por encima de todo, no olvido que soy español, y mi conducta se acompasará a mi amor a la Patria. No hay tiempo que perder; los acontecimientos se precipitan"* (727).

Este testimonio del conde de Romanones recoge una declaración de Don Alfonso XIII que me parece de la mayor importancia, y que tal vez no ha sido nunca destacada. El Rey reconoce paladinamente que ha dejado de serlo: *No olvido que nací Rey, que lo soy. Que lo era.* Resulta evidente -y no hay por qué dudar de la fidelidad de la transcripción que el conde hace de las palabras regias-, que Don Alfonso XIII tiene claro, en la mañana del catorce de abril, que ha dejado ser Rey como consecuencia del resultado de las elecciones celebradas dos días antes.

Romanones recibe de las augustas manos un encargo singular: *Tú eres quien conoce más a Alcalá Zamora*, le dice. Y después de una pausa, obligada para que el conde se haga a la idea de la patata caliente que se le pasa, el Rey añade haciendo alarde de la memoria selectiva que se atribuye a los Borbones: *Recuerdo cuando le llevaste como uno de tus secretarios en mi viaje a Canarias. Entonces, en el barco, comía en la segunda mesa.* ¿Hay tal vez un reproche implícito al recordarle a Romanones que quien ahora es la figura máxima del adversario republicano fue, en su día, uno de sus secretarios? En cualquier caso, el soberano -*No olvido que nací Rey, que lo soy. Que lo era*- no ha olvidado tampoco una futesa protocolaria: quien pronto ha de substituirle en la primera magistratura del país *comía en la segunda mesa* durante su viaje a Canarias.

Al fin, tras estos rifirrafes, la misión más difícil que Romanones ha recibido a lo largo de su extensa y ajetreada vida política: *Precisa que en seguida le veas para convenir los detalles del tránsito de un régimen a otro, y además para precisar lo referente a mi viaje y al de toda mi familia.*

Romanones advierte claramente lo que se le viene encima: *En el acto me dí cuenta de las enormes responsabilidades que sobre mí caían y de los comentarios poco piadosos que se seguirían al ser yo el encargado de tremolar la bandera blanca.* Pero, animal político al fin, no opone ningún reparo al cumplimiento de la tarea encomendada. Sabe que en el campo monárquico nadie le iguala en el arte del regateo y de la negociación. Antes de salir de Palacio, cosa previsible para quien le conozca medianamente -y Don Alfonso XIII sin duda le conocía bien-, tiene ya trazado el plan a seguir:

Hablar con don Niceto en su casa, me repelía; para ello no tenía fuerzas suficientes; la entrevista habría de tener lugar en una casa neutral. Me pareció la mejor la del doctor Marañón, amigo de Alcalá Zamora, y no digo más amigo mío porque entonces dejaba de ser neutral. Conociendo sus costumbres, sabía que a aquella hora lo encontraría en el Hospital. Le envié mi automóvil con recado de que, dejando toda ocupación, se dirigiese inmediatamente a mi casa (728).

4.3.1.8. EL GENERAL SANJURJO SE OFRECE A MIGUEL MAURA.

A la misma hora en que Romanones recibe aviso de que el Rey le espera se produce en el campo republicano un hecho decisivo. *Creo recordar que eran las once, o las once y cuarto de la mañana, cuando mi secretario entró en la biblioteca donde estábamos reunidos los miembros del Comité, mientras el resto de la casa estaba totalmente invadido por la masa de correligionarios* -rememora Miguel Maura-. *Acercándose a mí me dijo al oído que acababa de llegar y aguardaba en el hall, en medio de aquellas gentes, el general Sanjurjo, vestido de paisano, que quería verme. Ordené que se despejase inmediatamente el despacho pequeño contiguo a la biblioteca y que pasase allí el visitante. Así se hizo rápidamente y en él esperé breves segundo al general.*

Entró éste en el despacho, vestido, en efecto, de paisano, se cuadró ante mí y, saludándome militarmente, me dijo:

-A las órdenes de usted, señor ministro.

Me quedé de una pieza. Todo cuanto había ocurrido en el campo contrario en aquellas jornadas, y que he relatado, era para nosotros totalmente desconocido aún (729).

Seguía hablándose en corros y corrillos de estado de guerra, de gobiernos militares, y nadie sabía que la Guardia Civil hubiese adoptado ya posición definitiva. Verme de pronto ante el general Sanjurjo, de paisano, que saluda y se ofrece, era para mí como caerme de las nubes. Le invité a sentarse y le rogué que me explicase el secreto de su actitud.

Con muy pocas palabras y con la premiosidad habitual en él, me dijo que la Guardia Civil y él personalmente acataban la voluntad popular y pasaban al servicio de la República, con la lealtad tradicional en el Instituto. Que se ponía a las órdenes del ministro de la Gobernación y deseaba cumplimentar al señor Presidente. No me dijo ni una palabra de lo ocurrido en Gobernación, ni de la decisión final del rey.

Llamé a Alcalá Zamora y ante él reiteró el general sus ofrecimientos. Se lo agradecimos cordialmente y en tono menor, porque la escena se tramitó con cierto aire familiar y sin solemnidad; el general abandonó mi casa dejando tras de sí un océano de comentarios entusiastas entre la muchedumbre que poblaba mi domicilio.

A partir de ese momento, consideramos, como es lógico, plenamente ganada la batalla (730).

En la mañana de este día el ofrecimiento del general Sanjurjo es el primero de los cuatro *momentos estelares* que se suceden a lo largo de una jornada que, sin hipérbole, todos sus protagonistas tienen clara conciencia de que es una jornada histórica.

Casi cuarenta años despúes, el 2 de marzo de 1970, el general Francisco Franco comenta a propósito del ofrecimiento del general Sanjurjo a Miguel Maura:

Sanjurjo encajaba muy bien en el régimen republicano que se implantó el 14 de abril de 1931, dado su carácter y que no había perdonado a S.M. el rey Don Alfonso XIII que hubiese prescindido de Primo de Rivera concediendo el gobierno al general Berenguer (...). *Maura se quedó perplejo, pero aún tuvo una sorpresa mayor cuando el general Sanjurjo también le manifestó su deseo de ponerse a las órdenes de Azaña, llamándole jefe del gobierno. Cuando Maura se lo dijo a Azaña, éste le contestó: "Yo no me fío y no salgo de mi escondite hasta que no se haya ido el rey."* (731).

De ser cierta esta versión que ofrece el general Franco, o Sanjurjo no sabe que Azaña no es el jefe del ejecutivo del proyectado Gobierno Provisional o se expresa mal y a quien quiere ofrecer sus servicios, además de Miguel Maura, es al futuro ministro de la Guerra.

El ayudante de Sanjurjo en abril de 1931, Esteban-Infantes, justifica así, años después, la actuación del general: *La suerte estaba echada. Nada podía hacerse por contener la caída de la Monarquía y la implantación de la República. A Sanjurjo no le quedaba otro camino que velar por la seguridad de los españoles e impedir los desmanes y atropellos de la masa borracha de pasiones y de vino. Todas las salvajadas imaginables eran posibles en Madrid* (732). La verdad es, sin embargo, que los temidos *desmanes y atropellos* brillan por su ausencia.

4.3.1.9. EL GENERAL FRANCO SE ADHIERE A LA ACTITUD DE SANJURJO.

En la Academia General Militar de Zaragoza, que dirige el general Francisco Franco, *se cumplió el horario de trabajo y al terminar de dar mi clase* -explica el comandante Franco Salgado-Araujo- *fuí a saludar a mi primo en el momento en que se encontraba hablando por teléfono con el general Millán Astray, que estaba en Madrid en el ministerio del Ejército* (733). *Quise retirarme al ver que Franco estaba ocupado, pero me hizo un gesto para que entrase, sin duda para que fuese testigo de su conversación. Eran las once de la mañana y Millán estaba consultando a Franco si creía que S.M. debía resistir y defender el trono o marcharse al extranjero. Franco le preguntó la opinión de Sanjurjo y si se podía contar con la lealtad de la Guardia Civil. Millán le contestó: "Me ha dicho Sanjurjo que con la Guardia Civil no se puede contar y que él creía que a S.M. no le quedaba otra solución que marcharse hoy mismo fuera de España." Franco contestó que en vista de lo que Sanjurjo decía él opinaba lo mismo* (734). Según el testimonio de su primo, el general Franco está durante toda la jornada *atento a las noticias que le iba dando el capitán general, pero sin salir de su despacho ni tener conferencias con sus subordinados* (735).

Años despúes, el 29 de junio de 1965, comentando su actuación en abril de 1931, y en los meses posteriores, el general Franco le dice a su primo y confidente: *Esto no quiere decir que yo fuese republicano, pero acataba los hechos consumados aunque no me gustasen. La república al ser proclamada no tenía más dificultades que no contar con republicanos que la apoyaran. Sus primates eran monárquicos resentidos con el rey y la dictadura, por motivos sin verdadera importancia. Las masas obreras en su mayoría eran sindicalistas y socialistas. El comunismo no estaba aún organizado. El Ejército sentía adhesión por S.M., y los que no, era por despecho de algún motivo profesional* (736). El análisis peca de simplista en alguno de sus puntos, pero es revelador de que, como Franco, muchos militares profesionales acatan *los hechos consumados* aunque no les gusten.

4.3.1.10. LA ENTREVISTA DON ALFONSO XIII-JUAN DE LA CIERVA.

A las doce y media Juan de la Cierva llega a Palacio. Allí se entera por boca de Romanones de que Don Alfonso XIII ha decidido marcharse; sus propósitos de encabezar un Gobierno que remonte la situación se derrumban en un instante.

En la galería alta encontré a Romanones y Alhucemas, que salían -escribe La Cierva-. *Vestían de americana. Bugallal y yo de etiqueta. No eran momentos para detenerse en esos detalles, pero luego comprendimos que sí tenían importancia. Ellos estaban en el secreto de que todo terminaba. Me dijo Romanones: "Esto se ha concluído. El Rey ha decidido marcharse. Esta tarde celebraremos Consejo de Ministros". "¡Cómo! -dije-, ¿que el Rey se marcha y usted lo da por decidido y hecho?..." Siguieron su camino los dos Ministros y yo entré precipitadamente en la Cámara. Había poca gente, toda azorada, presagiando tristes sucesos. Me reuní con Bugallal y Gascón y Marín, que habían sido citados también para la misma hora. Del despacho del Rey salieron Berenguer y el Duque de Maura. No recuerdo si les acompañaba el Ministro de Marina. El Rey nos invitó a pasar a los tres a la vez.*

Preguntó primero a Bugallal qué opinaba sobre el resultado de las elecciones, y lo que en su vista debía hacerse. Bugallal, con gran serenidad y precisión, explicó el alcance que el suceso electoral podía tener. Numéricamente, el triunfo era monárquico. Suponer que sólo habían de contarse para apreciar la significación del resultado los votos de los grandes centros, era desnaturalizar maliciosamente el mecanismo electoral, pues los Diputados de los distritos no tenían en las Cortes distinta representación que los de las ciudades y lo mismo podía decirse de los concejales. Que contratiempos como éste, en España y fuera, los tienen los Gobiernos, y no se les da más significación que la de un accidente político que más o menos fácilmente se enmienda. Que, cuanto ahora ocurre, corresponde al período de liquidación de la Dictadura y restablecimiento de la normalidad,y por eso no puede juzgarse con las mismas normas críticas que en otras ocasiones, en relación con el Gobierno, que se constituyó para ir venciendo las naturales dificultades con que tropieza. Terminó afirmando que no había motivos para que el Gobierno dejara de seguir el camino que en su programa se trazó. En estos o parecidos términos se expresó Bugallal, coincidiendo con mi opinión, que había confrontado con la suya en nuestras conversaciones anteriores. Por eso, pude decir al Rey cuando me preguntó: "¿Y tú qué opinas?" "Señor, en absoluto conforme con lo que ha expuesto el Conde de Bugallal, con quien he cambiado impresiones. Pero ha de permitirme Su Majestad que antes de ampliar esas consideraciones y agregar otras le haga a mi vez una pregunta. ¿Ha decidido Vuestra Majestad marcharse? Porque el Conde de Romanones me acaba de decir, en la galería de Palacio, que ha adoptado el Rey esa resolución."

El Rey: "Sí, he decidido marcharme, formando antes un Gobierno casi nacional, en el que figuren personas, como por ejemplo el Marqués de Lema, que dirija las elecciones a Cortes Constituyentes, a fin de que resuelvan si España quiere Monarquía o República. De ese modo, estando ausente, nadie dirá que he influído en tales elecciones. He citado para esta tarde a los constitucionalistas, para que formen en el Gobierno."

"Señor -dije-, si Vuestra Majestad desea y puede formar otro Gobierno, es cosa que está dentro de sus facultades, y únicamente corresponde a los demás reservar o exponer su juicio, y acatar la resolución del Rey. Pero, lo de ausentarse Vuestra Majestad en la forma que ha expuesto, permítame que diga, con toda lealtad y franqueza, movido por el deber que con España y con Vuestra Majestad tengo, que no lo puede ni lo debe hacer. Esa ausencia sería la renuncia a la Corona, que no es de Vuestra Majestad, más que en un momento histórico, que es de su estirpe, y que, por representar la Institucion secular de España, a ésta, en realidad pertenece. Como estoy seguro de que, si el Rey se va, España cae en el abismo, y la Monarquía será barrida por las olas revolucionarias ya tan agitadas; y nuestra civilización se destruiría, y se desmembraría la Patria, porque el conglomerado revolucionario se impondría a toda idea de orden y de defensa de la sociedad; yo me atrevo a protestar de tal propósito, como español y como Ministro, me opongo a él y pido al Rey que se mantenga fiel a la Patria y valerosamente afronte y venza las dificultades actuales".

El Rey, que ya manifestó disgusto cuando le hice la pregunta, porque tal vez quisiera ocultarnos en aquel momento su resolución, fue acentuándolo a medida que yo pronunciaba esas palabras, que, estoy seguro las consigno fielmente, pero, de todas formas, el contenido era ese; y dijo:

-Lo que pasa es que hay en España algunos que en estas materias "no ven más allá de sus narices", y no aprecian el problema de conjunto, no ven la lejanía, sólo ven el aspecto inmediato de la perspectiva. Yo no puedo consentir que con actos de fuerza para defenderme, se derrame sangre, y por eso me aparto de este país.

-Señor, siento mucho molestarle, pero estos momentos son históricos y he de hablar con firmeza y claridad. Lo peor no es que en España "estemos algunos" que no vemos más allá de nuestras narices; lo peor es que al nivel y junto a ellas la trágica realidad española nos diga que el Rey se equivoca si piensa que su alejamiento y pérdida de la Corona evitarán que se viertan lágrimas y sangre en España. Es lo contrario, Señor, y Vuestra Majestad debe pensar en los que se sacrificaron para restaurar la Monarquía en nuestro país, después de las tragedias de 1873 en adelante (737). *Los que las hemos visto de niños, no podemos avenirnos a que se reproduzcan, y se reproducirían si el Rey se marchara. Piense en el triunfo de otras revoluciones por no haberse defendido las Instituciones amenazadas, y vuelva sobre su acuerdo, se lo ruego y suplico.*

El Rey pasó bruscamente a preguntar a Gascón y Marín. Este se limitó a decir que, siendo muy nobles mis palabras, no podía estar de acuerdo con ellas, y creía que debía marcharse el Rey.

Así terminó esa penosa conversación. Las frases que personalmente me podían molestar, no he querido suprimirlas porque ellas, por sí mismas, demuestran el estado de ánimo del Rey. Bien sabe Dios que en mi espíritu, leal y respetuoso para Su Majestad, quedaron borradas en el acto, como todas las que signifiquen poco aprecio a mi rectitud y noble intención (738).

Casi un cuarto de siglo después, el 23 de junio de 1955, el general Franco le comenta a Franco Salgado-Araujo:

El consejo de La Cierva al rey de que no se marchase y de que era preferible que muriese en la brecha no era practicable el 14 de abril, porque ya estaba decidida la entrega. Pudo hacerse el día 12 al conocerse el resultado, pero sin dejar pasar ése; al siguiente ya se había adelantado el comité revolucionario para decidir la situación, pues la Guardia Civil estaba entregada por el general Sanjurjo y el Ejército por el general Berenguer. El 14 de abril el rey hubiera sacrificado la vida inútilmente. Si el 12 el gobierno aconseja al rey que resistiese en vista de que la legalidad estaba al lado de la Monarquía, S.M. se hubiese jugado la vida: pero los ministros le aconsejaron todo lo contrario, diciéndole que debía evitar todo derramamiento de sangre. El teniente general Sanjurjo estaba de acuerdo con los enemigos de la monarquía antes del 14 de abril de 1931 (739).

4.3.2. *ANTES DE LA PUESTA DE SOL* (La entrevista Conde de Romamones-Alcalá-Zamora).

4.3.2.1. LA REAPARICIÓN DE MANUEL AZAÑA.

Manuel Azaña, escondido desde que en diciembre del año anterior se procede a la detención del Comité Revolucionario, se decide al fin, bien a su pesar, a dar señales de vida ante sus compañeros, *conminado*, como no podía ser de otro modo, por el benjamín del Comité Revolucionario, el infatigable Miguel Maura.

Se hallaban en mi casa los miembros del Gobierno Provisional, pues ya lo era de verdad, que residían en Madrid: Niceto Alcalá Zamora, Francisco Largo Caballero, Fernando de los Ríos, Alvaro de Albornoz y Santiago Casares Quiroga. Estaba escondido, creo que en San Rafael, Alejandro Lerroux (740). *No cabía contar con los emigrados, aunque sabíamos que se habían puesto en camino desde París. Escondido también, en Madrid, pero sin que supiésemos dónde, estaba Manuel Azaña, que no nos había dado la menor señal de vida el día 13, a pesar de los sucesos.*

Se imponía reunir a todos cuantos estuviesen al alcance, para decidir de la actuación inminente. Se avisó a Lerroux, por conducto de un amigo que por allí andaba, y, en efecto, no tardó en presentarse.

Me encomendaron mis compañeros la tarea de dar con Azaña. No fue fácil localizarle porque el secreto que envolvía su paradero era celosamente guardado por sus íntimos. Al fin, me indicaron el domicilio de su cuñado, Cipriano Rivas Cherif. Fuí en su busca. Tras no pocas formalidades y teniendo que dar el nombre y esperar un buen rato, fui introducido en una habitación del fondo de la casa. Allí estaba, pálido, con palidez marmórea, sin duda por haber permanecido en aquellas habitaciones más de cuatro meses, Manuel Azaña.

Le hice presente el objeto de mi visita y le conminé para que me acompañase, sin pérdida de tiempo, a mi casa. Se negó rotundamente, alegando que nosotros habíamos sido ya juzgados y prácticamente absueltos, pero que él seguía en rebeldía, y cualquiera, un simple guardia, podía detenerle y encarcelarle. ¡No salía yo de mi asombro! Le expliqué la euforia del pueblo, la visita y el ofrecimiento de Sanjurjo y cuanto podía tranquilizar al espíritu más timorato, sin lograr conmover su decisión de permanecer oculto. Ya me disponía a dejarle encerrado, cuando apareció su cuñado, Rivas Cherif, que regresaba de la calle en un estado de excitación y entusiasmo similar al de los republicanos en esa hora. Confirmó con pormenores cuanto yo venía diciéndole, y, por fin, Azaña, de muy mala gana, se decidió a seguirme.

Durante el trayecto en mi coche hasta mi casa, fue mascullando no sé qué cosas y de un humor de perros. Entró conmigo en la biblioteca y saludó uno a uno a los compañeros, y entonces supe, con asombro, que no había visto a ninguno de ellos desde el 13 de diciembre, es decir, desde hacía cuatro meses. Nadie había tenido con él contacto, ni sabido siquiera dónde se hallaba. Vino ello a confirmar lo que ya había tenido ocasión de apreciar: Azaña, hombre de una inteligencia extraordinaria y de cualidades excelsas, estaba aquejado de un miedo físico insuperable. Más de una vez, en lo sucesivo, pude comprobarlo. Era algo más fuerte que él, y él hacía lo inimaginable para disimularlo (741).

Cipriano de Rivas Xerif, que silencia piadosamente la resistencia de Azaña a acudir donde su compromiso le reclama, explica el comentario al abandonar su refugio de quien, a la vuelta de pocas semanas, será *la revelación de la República*:

-Un mes más de encierro y terminaba la novela -dijo tranquilamente con sincero fastidio, recogiendo las cuartillas de Fresdeval *que escribía en aquel momento, en la carpeta que guardaba el montón primero* (742).

Hacia el medio día reapareció Azaña, procurando tener su expresión más risueña, con la naturalidad imperturbable de un "decíamos ayer" al cabo de cuatro meses de aislamiento. Iba a recoger su parte de botín en la victoria por la cual nada o casi nada había hecho, sufrido ni arriesgado. Llegaba dispuesto a posesionarse de Guerra y a recordar con su presencia que tal cartera le pertenecía como suya. Nos miramos los de la cárcel con sonrisa, y una mirada indulgente y expresiva le amnistió de la sanción en principio acordada: hubo la generosidad del triunfo sobreponiéndose a la estima de los servicios, explica Alcalá-Zamora, quien, erróneamente, sitúa la reincorporación de Azaña y de Lerroux a las tareas del Comité Revolucionario en la jornada del día anterior, lunes 13 (743).

Hacia el mediodía también, Miguel Maura reparte *bocadillos de jamón* a los miembros del futuro Gobierno Provisional reunidos en la biblioteca de su casa, *respetada por la multitud.* Tan modesto condumio, al decir del improvisado anfitrión *constituyó el único alimento que tomamos durante aquel día y toda la noche los miembros del Gobierno que iba a nacer* (744). Según Maura en esos momentos se hallan en su casa ocho de los doce miembros del Comité Revolucionario: él mismo, Alcalá-Zamora, Lerroux, De los Ríos, Azaña, Casares Quiroga, De Albornoz y Largo Caballero. Faltan Prieto, Domingo, D'Olwer y Martínez Barrio. Lerroux, sin embargo, de ser cierta la hora que consigna en el relato de esta jornada, no se incorpora a la reunión hasta después de las tres de la tarde, se supone que convenientemente almorzado.

A la una del mediodía, el presidente de la Diputación de Barcelona, Joan Maluquer i Viladot, monárquico, abandona su despacho y se dirige a su casa a almorzar, en tanto en el edificio de enfrente, el Ayuntamiento, Lluís Companys, republicano, pretende hacerse con la Alcaldía (745).

4.3.2.2. GREGORIO MARAÑÓN, *AL SERVICIO DE LA REPÚBLICA.*

El doctor Marañón prosigue mientras tanto sus tareas habituales en el Hospital. *Hacia las doce* -explica-, *un empleado de la Dirección vino a anunciarme que Romanones había telefoneado que le era urgente hablar conmigo y que me enviaba su coche. En el camino, el recadista había voceado la nueva, de suerte que cuando acudí a la puerta del Hospital, donde estaba ya el coche oficial del ministro, un grupo numeroso de médicos, de estudiantes y aun de enfermos se había reunido para inquirir lo que pudiera suceder. En la excitación que a todos dominaba, interpretábase el menor suceso como si fuera trascendente; y esta vez con razón. Además, el coche oficial había sido seguido por varios automóviles llenos de periodistas que andaban, como es natural, sobre la pista de los acontecimientos que presentían todos* (746). Desde el Hospital el coche lleva a Marañón a casa del ministro, en el paseo de la Castellana. *Me previno* -cuenta Romanones- *que, por falta de precau-*

ción mi aviso se había conocido y divulgado y que corría y se comentaba por todas las salas y galerías del Hospital; y que le acompañaron a tomar el automóvil profesores, enfermeros y hasta enfermos, comprendiendo todos ellos que el aviso podía envolver una importancia decisiva. Se mostraban alborozados (747).

Romanones me dijo que durante la mañana había hablado con el rey, y que éste, penetrado de la gravedad de la situación, le había autorizado para celebrar una entrevista con el jefe del Comité Revolucionario, Alcalá Zamora -testifica Marañón-. *En su virtud, me rogaba que preparase yo la entrevista, que había de ser precisamente en mi casa, como terreno neutral. Me apresuré a cumplir sus deseos. Fuí a casa de Alcalá Zamora, donde me dijeron que se encontraba en la de Miguel Maura, en la que el comité estaba reunido en sesión permanente. Seguido siempre por los periodistas, llegué al domicilio de Maura en la calle de Don Ramón de la Cruz* (748).

Marañón cruza el umbral del hotel de Miguel Maura a la una y media del mediodía. No se entiende muy bien cómo antes de dirigirse al domicilio de Niceto Alcalá-Zamora no inquiere telefónicamente si el presidente del Comité Revolucionario se halla en su domicilio. En cualquier caso, el tiempo se echa encima de manera angustiosa. *Gentes apresuradas entraban y salían sin cesar. Desde el vestíbulo vi, en la biblioteca inmediata, a varios de los futuros ministros republicanos, que discutían. El denso humo de los cigarros daba a entender que hacía muchas horas que estaban reunidos. Salió Alcalá Zamora; le expuse mi misión; entró y volvió a salir a los pocos momentos diciéndome, muy emocionado, que unos minutos después estaría en mi casa.* Marañón añade: *Personalmente transmití sus palabras a Romanones* (749), pero no queda claro si acude de nuevo a casa del conde o le da cuenta por teléfono del resultado de su gestión.

4.3.2.3. LA RECOMENDACIÓN DE MIGUEL MAURA A ALCALÁ-ZAMORA.

Según Miguel Maura, cuando Marañón llega a su casa ninguno de los miembros del Comité tiene en esos momentos la menor idea del objeto del encuentro concertado. Cuando Marañón se lo explica muy por encima, dadas las urgencias del caso, los reunidos acuerdan que Alcalá-Zamora exija, *sin paliativos, la salida inmediata de Don Alfonso de España. Yo insistí mucho, cerca de Alcalá-Zamora* -explica Miguel Maura-, *en la necesidad de que el traspaso de poderes, si ellos iban a ser traspasados oficialmente, se hiciese antes de la noche. Constituía para mí una pesadilla, aun viendo lo pacíficamente que se desarrollaban hasta entonces los acontecimientos, la idea de una noche más sin Gobierno y con el pueblo en las calles y la familia real en Palacio. Cualquier incidente desgraciado e involuntario podía desencadenar la violencia de la masa y, al olor de la sangre, la tragedia podía ser inevitable y terrible* (750). Tras prometer Alcalá-Zamora que lo tendrá en cuenta, abandona el domicilio de Miguel Maura camino de la casa del doctor Marañón, en la calle de Serrano.

Casi al mismo tiempo que ocurrían cada uno de estos incidentes, lo sabía ya todo Madrid, así que cuando llegué a mi domicilio -explica Marañón-, *grupos numerosos, llenos de expectación, se iban formando delante del portal.* Antes de que el conde de Romanones y Niceto Alcalá-Zamora lleguen cada uno por su lado al domicilio del doctor se hallan con él José Ortega y Gasset, impulsor de la *Agrupación al servicio de la República, que casi todos los días, antes de retirarse desde la Universidad, solía subir a conversar conmigo,* y el doctor Gustavo Pittaluga, presidente del Ateneo, *que había acudido en busca de nuevas.* Marañón anota que *la multitud ovacionó en la calle a Alcalá Zamora* (751), y nada dice del recibimiento dispensado a Romanones.

4.3.2.4. LLUÍS COMPANYS PROCLAMA LA REPÚBLICA DESDE EL BALCÓN DEL AYUNTAMIENTO DE BARCELONA.

Mientras tanto, a la una y treinta y cinco minutos, Lluis Companys, desde el balcón del Ayuntamiento de Barcelona, proclama la República.

Tal como se ha acordado en la reunión mantenida en el bar del hotel Colón en la madrugada de ese día con Francesc Macià, Companys, acompañado del también concejal electo por *Esquerra Republicana* Aragay, se persona a partir del mediodía en el Ayuntamiento. Seguido de algunos elementos de su partido Companys se dirige al despacho del alcalde, Martínez Domingo. *Estaba decidido a dar un golpe de audacia que precipitase los acontecimientos de una manera irrevocable*, explica Ferran Soldevila, que advierte que las informaciones que hablan de manifestaciones simultáneas en la plaza de San Jaime, donde se ubica la Casa consistorial, son inexactas, pues en esos momentos sólo hay en ella la gente que transita normalmente a esas horas, como cada día, ajena por completo a lo que sucede en el interior del Ayuntamiento.

Companys exige al alcalde, *en nombre del pueblo, que había manifestado su voluntad en las elecciones del domingo*, que resigne el cargo, a lo que Martínez Domingo opone alguna resistencia, alegando que no puede hacer entrega del bastón de mando sin una orden superior. Aragay resuelve la cuestión: lo coge de encima de la mesa y se lo ofrece a Companys:

-Toma, Lluís, ya eres Alcalde - le dice simple y categóricamente.

Martínez Domingo, *juzgando inútil toda resistencia, se marcha.*

Mientras -prosigue Soldevila-, *han llegado otros concejales, y otros llegan después (...) Se decide izar la bandera republicana. A la una y treinta y cinco, Companys sale a los balcones del Ayuntamiento, con algunos de su amigos. La gente que pasa por la plaza de San Jaime se detiene curiosa. ¿Qué hacen? ¡Es la bandera republicana! Los más entusiastas se detienen bajo los balcones. Algunos aplauden, otros agitan sus sombreros. Otros, más prudentes, permanecen a distancia. En conjunto, en el grupo que se forma no hay quizás ni treinta personas.*

Pero el grupo empieza a incrementarse rápidamente. Cuando la bandera todavía no ha sido izada del todo, Lluhí i Vallescà lanza la primera arenga del día. Su cara aguda se frunce en un gesto voraz. Su brazo se alarga, crispado.

Si Companys iza la bandera republicana en el balcón de las Casas Consistoriales, Aiguader sube a izar la bandera catalana en la cúpula. Un grupo penetra en la Diputación <frente al Ayuntamiento, en la misma plaza> *y reclama los retratos de Alfonso XIII. Un busto es lanzado por el balcón, un retrato es desgarrado* (752).

El error de Cambó al acudir en socorro de Don Alfonso XIII y de *la Corona vacilante* entrega el poder a unos adversarios políticos a los que, menos de cuarenta y ocho horas antes, nadie concede la menor beligerancia.

Macià y otros componentes de *Estat Català*, uno de los partidos que se integran en *Esquerra Republicana de Catalunya*, reunidos en la librería Ariel, deciden marchar hacia el Ayuntamiento, tras recibir la llamada telefónica de Aiguader comunicándoles lo sucedido.

Eran las dos y cinco de la tarde -relata Soldevila-. *El ilustre caudillo era recibido por Companys y las otras personalidades reunidas en el Ayuntamiento con las muestras de satisfacción y deferencia debidas no sólo al luchador que acudía a la palestra, sino al que ya consideraban como jefe del gobierno de Cataluña. Una reunión tuvo lugar inmediatamente, en la que el acuerdo fue completo: se proclamaría la República catalana y Macià sería su primer presidente. Mientras, en el exterior, las notas altas de "La Marsellesa", entonadas por un cornetín, atravesaban los aires. Era el pregonero del Ayuntamiento, señor Ibars, que, desde el balcón central, enardecía y emocionaba a la multitud* (753).

Otra llamada telefónica, ésta desde la Diputación, alerta a su presidente, Joan Maluquer i Viladot: *Acaba de ser proclamada la República por el señor Companys desde el balcón de enfrente, o sea, desde el Ayuntamiento; en la plaza no hay mucha gente, pero los transeuntes se paran y los grupos van siendo cada vez más numerosos. Me dicen* -añade el comunicante- *que ahora acaba de entrar en el Ayuntamiento el señor Macià*. Sin perder tiempo, y sin poder acabarse el plato de sopa que ha comenzado a tomar, Maluquer i Viladot decide trasladarse a la Diputación que preside (754).

4.3.2.5. LA CAPITULACIÓN DE LA CORONA.

Cuando Romanones y Alcalá-Zamora se hallan reunidos en el despacho de Marañón, éste hace ademán de retirarse, *pero el conde me rogó que me quedara para presenciar la entrevista, si Alcalá Zamora no se oponía a ello. Este accedió*. En la habitación contigua al despacho de Marañón quedan Ortega y Pittaluga (755).

He pasado en mi vida muchos malos ratos; parecido a aquel, ninguno, comenta el conde de Romanones, el más bregado sin duda de los innúmeros ministros del reinado de Don Alfonso XIII. *A mi antiguo secretario le rebosaba la satisfacción por todos los poros* (756).

La histórica conversación fue así -testifica Marañón-: *Romanones, en nuestra entrevista en su casa, me había referido sus antiguas relaciones profesionales y políticas con Alcalá Zamora; y al encontrarse los dos en mi despacho, renovó este recuerdo, con noble y dolorida dignidad, muy de raza. Alcalá Zamora, que estaba mucho más excitado, por lo menos aparentemente, que el conde, le respondió con afecto un tanto atropellado. Inmediatamente empezó el diálogo. Romanones dijo que el Gobierno se daba cuenta de la trascendencia de la votación de la antevíspera. Con ejemplar imparcialidad había organizado los comicios para atenerse, en vista de ellos, a la voluntad popular. Pero era prudente no llevar la interpretación de la respuesta hasta límites peligrosos y excesivos, a favor de la emoción del momento. Había que reaccionar serenamente ante esta emoción. Una solución extrema e irreparable, salida de unas elecciones municipales, tendría un vicio original. Los que dirigían el movimiento popular debían, pues, influir sobre las masas mismas, para dar tiempo a una serena conclusión. El Gobierno y el rey no querían hacer uso de la fuerza. Pedían, por lo tanto, colaboración a los propios enemigos, en el sentido de anteponer el interés nacional a la explicable pasión política del momento. Había, en primer lugar, que conocer el escrutinio total, que podía no ser idéntico al que se deducía de los datos recogidos en las grandes poblaciones. No era justo desoir la voz de la España rural, de los pueblos pequeños, de regiones enteras cuya voluntad aún se desconocía. Después habría que esperar un breve espacio, unas semanas, en la calma. Tal vez, al fin, debieran convocarse las elecciones generales, de las que tan sólo podía salir legítimamente la decisión de un cambio trascendente en la vida política del país.*

Esta fue la tesis que Romanones sostuvo reiteradamente -resume Marañón-, *con energía e inteligencia de las que no habrían sido capaces los monárquicos que después le discutieron y le injuriaron* (757).

Al argüir Romanones que un cambio de régimen sólo puede salir *legítimamente* de unas elecciones generales olvida, interesadamente, por supuesto, que la Monarquía que en estos momentos defiende nace de un golpe de Estado, el del general Martínez Campos en Sagunto, en diciembre de 1874, tan sólo hace cincuenta y siete años; y que si bien la Constitución de 1876 legitima de alguna manera el hecho de fuerza, el perjurio de Don Alfonso XIII en 1923, al supender precisamente la Ley Orgánica, desligitima de manera absoluta a la Institución.

De acuerdo con el relato de Romanones, la respuesta de Alcalá-Zamora a su análisis de la situación es la siguiente: "*Usted me conoce muy bien desde hace muchos años y sabe que no soy hombre capaz de disimular la verdad; por eso no puedo recoger la noble invitación que me formula. La verdad se impone: la batalla está perdida para la Monarquía*" (758).

Romanones acudió a casa de Marañón dominado visiblemente por las hondas preocupaciones de la dramática hora -explica Alcalá-Zamora-. *No dejó, sin embargo, en la conversación, forzosamente rápida y decisiva, de esbozar alguna habilidad que formaría parte de su encargo a más de entrar en su condición. Indicó, cual solución transaccional, la formación de un gobierno Villanueva, por mí rechazada al instante con sincera protesta de mi afecto a don Miguel* (759). *Le significué también la imposibilidad de todo intento de gobierno nuestro con la corona, aun suspendida, amalgama claramente transparentada más que propuesta. No había más final que la capitulación inmediata y plena. Romanones se inclinó con tristeza, pero sin resistencias imposibles.*

4.3.2.6. *ANTES DE LA PUESTA DEL SOL.*

Llegados a este punto de la entrevista, Alcalá-Zamora, según su propio testimonio, le hace presente a Romanones el encargo de Miguel Maura: *Le dije que para asegurar el orden y responder de éste necesitaba que se nos entregase el poder antes de la puesta del sol, previsión fundada, no exigencia impaciente, que hubo de admitir* (760). Según Romanones, tras decirle Alcalá-Zamora que *la batalla está perdida para la Monarquía*, añade: *"No queda otro camino que la inmediata salida del Rey renunciando al Trono. Lo que a usted le importa es que determinemos los detalles de su viaje y el de toda la familia real. Es preciso que esta misma tarde, antes de ponerse el sol, emprendan el viaje." Esta imagen astronómica la repitió, acentuándola cada vez más. Me anticipó que sería más prudente que tomara el camino de la frontera portuguesa, porque en San Sebastián existía una gran excitación contra el Rey* (761).

Romanones insiste cerca de Alcalá-Zamora *haciéndole ver que "lo del sol" era muy difícil de cumplir de modo taxativo, porque, sobre todo las señoras, no podían preparar un viaje como lo hace un viajante de comercio. Y, además, no se podía olvidar la situación doliente del Príncipe de Asturias* (762).

Alcalá-Zamora, según el relato de Romanones, no se da por vencido, y le rearguye *con un argumento poderoso: el de que no respondía de la vida de los Reyes si no se procedía como acababa de decirme, pues el ánimo de la muchedumbre se exacerbaba por momentos, y podía llegarse, añadió, al punto de que la resuelta voluntad del Gobierno de amparar a los Reyes no fuera respetada* (763). Alcalá-Zamora ya no habla en nombre del Comité Revolucionario, sino del Gobierno de la República, si la transcripción que hace Romanones es fiel en todos sus extremos.

Pero ni Alcalá-Zamora ni Gregorio Marañón mencionan para nada, al evocar la histórica entevista, que el primero aluda a la seguridad de los Reyes. Más parece un añadido *a posteriori* de Romanones para reforzar, frente a sus críticos, la capitulación que está protagonizando.

A cada argumento del conde -recuerda Marañón-, *Alcalá Zamora respondía con las mismas palabras, aumentando cada vez su vehemencia: era tarde para toda solución que retardase lo que el pueblo creía ya un hecho consumado, es decir, la marcha del monarca. Si se intentase cualquier cosas que retrasara este hecho, los jefes revolucionarios serían arrastrados por las turbas. Si el Gobierno iniciase la resistencia, la revolución estallaría. Los agentes de la autoridad habían desaparecido de las calles y mantenían el orden hombres del pueblo con un brazalete en la manga. En realidad, lo que milagrosamente había impedido hasta entonces que el tumulto surgiese, no eran aquellos improvisados policías, sino el profundo convencimiento del pueblo de que el rey partiría aquella misma tarde. Sería locura temeraria intentar, insinuar siquiera, que este convencimiento no era más que una ilusión.*

Romanones se defendió, trinchera tras trinchera, y entonces, Alcalá Zamora empezó a poner en la balanza noticias que hubiese querido guardar. En Eibar estaba ya proclamado el nuevo régimen y seguramente en otros muchos pueblos de España: en Barcelona, en toda Cataluña. El Gobierno revolucionario había recibido ya la adhesión telefónica de cerca de la mitad de los gobernadores de provincias. El movimiento era irresistible. Y terminaba cada una de sus réplicas con el apóstrofe que se oía desde la habitación próxima: "es preciso que el rey salga de Madrid antes de que se ponga el sol" (764).

José Ortega y Gasset y Gustavo Pittaluga, en efecto, cuentan después, según relata Marañón, *cómo, de tiempo en tiempo, oían alzarse la voz de Alcalá Zamora, como la de un muezín, que gritaba con su acento andaluz: "El rey debe irse antes de que se ponga el sol."* (765). Sin duda la insistencia imperiosa de Miguel Maura a este propósito ha surtido efecto.

Aún intentó, ya en retirada, argumentar de nuevo Romanones -prosigue Marañón-. *Y como la discusión se prolongaba inútilmente, Alcalá Zamora exhibió el argumento supremo: poco antes de abandonar a sus compañeros de comité, habían recibido la adhesión del general Sanjurjo, jefe de la Guardia Civil. Esta, sostén inmemorial del orden y de las instituciones, y el general, figura ilustre del Ejército, notoriamente monárquico, estaban ya al otro lado de la barricada...*

Romanones, al oirlo, se demudó. Apenas se habló más. La batalla estaba perdida. Se concertó, en principio, que el Rey saldría en automóvil para Portugal, a las siete de la tarde. Así se evitaría la tragedia que pudiera surgir en la sombra de la noche y que nadie hubiera sido capaz de contener (766).

Nada más había que tratar entre la representación de un poder que ya no luchaba y la de otro que no se instauraba con venganzas ni siquiera con violencias -concluye Alcalá-Zamora-. *Nos despedimos como nos habíamos saludado, con la honda emoción de un viejo afecto, que volvía a encontrarse en la mediación de un tránsito histórico* (767).

Los dos políticos abandonaron mi casa -explica Marañón-, *embargados por la responsabilidad inmensa de haber vivido una hora trascendente de la historia española. Uno, lleno de legítima amargura; el otro, triunfador. Seguramente, los dos oprimidos por la misma incertidumbre sobre el porvenir que se abría a la patria* (768).

Gregorio Marañón permanece en silencio durante todo el encuentro. *Yo no hablé nada, como era mi deber, durante la entrevista. Mi papel era ser testigo y lo fuí, para contar algún día aquella hora trascendente* (769). *En la hora que duró la entrevista fueron llegando a mi casa gentes diversas en tropel, periodistas, conocidos o curiosos, que llenaban los pasillos cuando salieron los dos interlocutores. La calle de Serrano estaba también repleta de una multitud que repitió sus manifestaciones entusiastas ante el jefe republicano* (770).

A mi salida -recuerda Romanones-, *un grupo de gentes no muy numeroso esperaba, sin duda para ovacionar a don Niceto. Ante mí guardó un respetuoso silencio* (771).

Romanones y Alcalá-Zamora abandonan el domicilio de Marañón; el conde se dirige a Palacio y el ex-ministro de la Corona al domicilio de Miguel Maura, en el que sigue reunido el Comité Revolucionario cuya jefatura ostenta. El efecto de la entrevista que acaban de celebrar es inmediato. *A los pocos minutos, la noticia de la marcha del rey se sabía hasta en los últimos rincones de España* -afirma Marañón-. *Se recibió como un suceso natural. Sobre el Palacio de Comunicaciones se izó, no se sabe por qué mano, la primera bandera tricolor, que nadie supo de dónde había salido* (772).

La Corona, por mediación del conde de Romanones, ha capitulado. La entrevista de Alvaro de Figueroa y Niceto Alcalá-Zamora en casa de Gregorio Marañón es el segundo de los cuatro *momentos estelares* de la jornada del catorce de abril.

La capitulación de la corona en casa de Marañón fue ofrecida por aquélla, sin darnos tiempo a exigirla cual ya habíamos decidido, resume con humildad franciscana Niceto Alcalá-Zamora. *Reflejóse de ese modo, hasta en los últimos trámites, la honda verdad de que todo régimen muere por el suicidio en que remata y expía sus culpas. Húndense las monarquías por los reyes y sus cortesanos, como hacen perecer las repúblicas sus partidarios más fanáticos. Cada régimen marcha teniendo el peligro en el lado al cual se inclina temerario, creyendo que hacia allí lleva la dirección: está el abismo para los tronos en la derecha; suele hallarse a la izquierda el foso de las demagogias. Y son siempre vanidades ilusas de los aparentes vencedores creer que son ellos quienes derribaron el régimen cuya caída fue su propio y directo desplome. Es ya bastante, por difícil y por honroso, tras la caída saber encauzar la sucesión* (773).

En casa del doctor Marañón se verifica el encuentro del representante de un poder que en la realidad no ha perdido completamente la batalla sino en su propia convicción, con el de otro, que tampoco la ha ganado aún del todo, pero que está envalentonado por el amilanamiento de su rival, anota Almagro San Martín (774).

Poco después de las dos, en tanto la entrevista entre el conde de Romanones y Niceto Alcalá-Zamora llega a su fin, el general Mola dispone que su familia se traslade después de comer, inmediatamente, a otro lugar, eligiendo la casa de un amigo, y confiando la custodia de su piso a *persona de toda confianza* (775).

Tras su entrevista con Don Alfonso XIII, Juan de la Cierva se dirige al ministerio, tras pasar por su casa. *Había ya dado orden de recoger mis papeles y la reiteré, para que con urgencia se trasladasen a mi domicilio.* En el ministerio le visita la duquesa de la Victoria. *Aquella noble y valerosa dama venía excitadísima. Me dijo con qué jefes de Cuerpo se podía contar, porque había que hacer algo a espaldas del Rey, que estaba mal aconsejado y en una actitud lamentable. Le dije que todavía nos habíamos de reunir a las cinco o cinco y media (ya me habían citado para Palacio) y que estaba dispuesto a dar la batalla contra todos los que al Rey le llevaran a su perdición y a perder a España. Le dije que el coronel De Benito era un hombre resuelto y fiel. Que no me atrevía a aconsejarle nada en aquel momento, hasta saber lo que en definitiva hacía el Rey, pues, si llegaba el caso oportuno, no habrían de faltarle hombres leales a Su Majestad. Escribió una carta al Rey* -concluye Juan de la Cierva-, *y me la entregó* (776).

Nunca como en esa mañana del martes 14 de abril se ha prodigado en España el género epistolar. A las cartas de Romanones y de Juan de la Cierva se añade ahora ésta de la duquesa de la Victoria a Su Majestad, ciertamente poco aficionado a la lectura.

4.3.2.7. FRANCESC MACIÀ, EN BARCELONA, PROCLAMA EL ESTADO CATALÁN DENTRO DE LA FEDERACIÓN DE REPÚBLICAS IBÉRICAS.

A las dos y cuarto Francesc Macià se asoma al balcón del Ayuntamiento de Barcelona. *Su busto venerable surgía como la encarnación de la voluntad de Cataluña, sus ojos brillaban de emoción y decisión, su brazo extendido reclamaba silencio* (777)-escribe Ferran Soldevila-. Macià se dirige al público congregado en la plaza, a esta hora ya muy numeroso:

Pueblo de Cataluña: En nombre del pueblo de Cataluña proclamo el Estado Catalán, que con toda cordialidad procuraremos integrar en la Federación de Repúblicas Ibéricas.

Queda, desde este momento, formado el Gobierno de la República Catalana, que se reunirá en el Palacio de la Generalidad.

Quienes forman el Gobierno de Cataluña estarán de ahora en adelante dispuestos a defender las libertades del pueblo catalán y a morir por ellas. Esperamos que vosotros, pueblo catalán, estaréis dispuestos, como todos nosotros, a morir por Cataluña y por la República (778).

Tras retirarse del balcón, Macià conferencia con los primates allí reunidos. *Era necesario* -relata Soldevila- *tomar posesión del Palacio de la Generalidad, que había de ser la sede del gobierno de Cataluña. La decisión se tomó rápidamente. Todos, actores y testimonios, coinciden en que éste fue uno de los momentos más emocionantes -para algunos, el más emocionante- de la jornada: el momento de atravesar la plaza de San Jaime para posesionarse de la Diputación. Aquella riada humana que pasaba lentamente, precedida por los guardias urbanos, los factores de la República, debía parecer, a muchos de ellos, como un Rubicón a través del cual se jugaban su suerte definitiva. Nada se sabía aún de Madrid. Las noticias eran contradictorias, y más bien se tenía la impresión de que el Rey resistiría. Su sola resistencia posible era una dictadura, y, dada la situación, una dictadura sangrienta. La lucha era la perspectiva que parecía ofrecerse en aquellos momentos a los patriotas que entraban en el Palacio de la Generalidad.* Macià confirma días después que, al dar ese paso decisivo, no espera un desarrollo pacífico de los acontecimientos. *"De aquí no saldré sino muerto"*, afirma (779).

Asomado al balcón, Macià lanza una nueva arenga:

En nombre del pueblo he tomado posesión del Gobierno de Cataluña. El pueblo nos ha dado su voto para que gobernemos la Ciudad, y yo, en nombre de Cataluña, me hago cargo de su Gobierno y os digo que aquí permanecemos dispuestos a defender sus libertades. Espero que el pueblo sabra hacer lo mismo. De aquí no nos sacarán sino muertos. También os digo que hemos de hacernos dignos de la libertad que acabamos de reconquistar, y espero que si es necesario el pueblo sabrá morir con nosotros para defenderla (780).

Un "sí" unánime, al decir de Soldevila, acoge las palabras de Macià. Habla a continuación su lugarteniente, Ventura Gassol, recomendando calma:

Pueblo de Cataluña: Ha llegado la hora de alzar nuestra bandera de hombres libres. El gobierno de España que hasta ahora no ha hecho sino oprimirnos y hacer cumplir sus disposiciones mediante la violencia, y que nos arrebató nuestra banderra barrada... en vez de una ponemos dos: la de Cataluña y la de la República.

Cordura, pueblo catalán, mucha cordura, pues la victoria es nuestra. ¡Viva Cataluña! ¡Viva la República! (781).

A continuación Macià, Aiguader, Gassol, Bertrand de Quintana, Escofet y Ragasol se reúnen en el despacho de la Comisión de Beneficencia. Casi al instante se presenta el presidente de la Diputación, Joan Maluquer i Viladot, quien protesta del atropello cometido y pide a los intrusos que abandonen el palacio. *El señor Macià, en términos de gran corrección y afabilidad* -al decir de Ferran Soldevila-, *invocó la voluntad popular, que él representaba, frente a la voluntad de la Monarquía que representaba el señor Maluquer.*

-Yo ocupo la presidencia de la Diputación por voluntad exclusiva de los diputados, y, por tanto, sólo la abandonaré por la fuerza.

-¿Por la fuerza? Pues por la fuerza -dijo con cachaza Macià. Y poniéndole la mano en la espalda le preguntó:

-¿Tiene suficiente con esto?

Pero el señor Maluquer no se daba aún por convencido.

-De acuerdo, constará su protesta -le dijo el doctor Aiguader.

Y frente a la impaciencia que empezaban a mostrar los presentes, el señor Maluquer, reiterando sus protestas, se retiró (782).

El último presidente de la Diputación barcelonesa de la Monarquía, tras abandonar su cargo, no se dirige ni al Gobierno civil ni a Capitanía general para dar cuenta a las autoridades de lo sucedido; ni siquiera a su casa para terminarse el plato de sopa cuya ingestión ha interrumpido la proclamación de la República; acude a los locales de la Compañía de Seguros "La Catalana", en la que, como todos los martes, se celebra sesión de Junta, a la que, según confiesa, *no quería faltar* (783).

Por su parte, Macià y sus acólitos, reunidos, ya en el despacho presidencial, redactan y firman la proclamación del Estado catalán:

En nombre del pueblo de Cataluña proclamo el Estado Catalán, bajo el régimen de un República Catalana, que libremente y con toda cordialidad anhela y pide a los otros pueblos de España su colaboración en la creación de una Confederación de pueblos ibéricos y está dispuesta a lo que sea necesario para liberarlos de la monarquía borbónica.

En estos momentos hacemos llegar nuestra voz a todos los Estados libres del mundo en nombre de la Libertad, de la Justícia y de la Paz internacional. Francesc Macià (784).

A las dos y media de la tarde, Alcalá-Zamora está de regreso en el domicilio de Miguel Maura y da cuenta detallada a los miembros del Comité Revolucionario de su encuentro con el conde de Romanones en casa del doctor Gregorio Marañón.

A la hora del almuerzo el comandante Franco Salgado-Araujo se dirige al Casino Principal, de Zaragoza. *Al llegar a las inmediaciones de dicho centro, situado en el Coso, veo que se acerca una gran manifestación con banderas con la franja morada, dando estentóreos vivas a la República. Me paré en la puerta del Casino para verla desfilar. Nadie se metió conmigo a pesar de ir de uniforme. Pude observar la falta absoluta de fuerzas de orden público y la corrección de los manifestantes que contestaban con todo entusiasmo a los vivas que daban los organizadores* (785).

4.3.2.8. OTRA VEZ EL ESPEJISMO DE LA ABDICACIÓN.

A las tres de la tarde regresa el conde de Romanones a Palacio, *para darle cuenta* <al Rey> *de la conversación habida. En la antecámara, tres o cuatro Grandes de España, que ya comenzaban a acudir al conocer la gravedad de los acontecimientos.* Avisado Don Alfonso XIII, interrumpe su almuerzo y se encierra con su ministro. *La conversación que con don Alfonso sostuve no la olvidaré mientras viva* -afirma el conde-. *Aun teniendo por materia tan graves cosas, tan dolorosas para él y para muchos, se mantuvo dentro de una calma escalofriante. Sereno, cual no le he visto nunca, escuchó el relato de mi conversación con el futuro Presidente del Gobierno provisional. Me dijo había encargado a* <Gabriel> *Maura la redacción de un manifiesto de despedida a la nación.*

Don Alfonso XIII, a continuación, sugiere a Romanones la posibilidad de abdicar en una Regencia encarnada en la persona del Infante Don Carlos de Borbón, viudo de su hermana la Infanta Doña María de las Mercedes. Con penas y trabajos, Romanones no tiene más remedio que explicarle que esta fórmula ha sido rechazada por Alcalá-Zamora en nombre del Comité

Revolucionario. Como siempre, Don Alfonso XIII no es consciente de que la realidad de los hechos le desborda. La fórmula de la abdicación, válida tal vez tras la dimisión de Primo de Rivera, la propone en un momento en que el Comité Revolucionario, a menos de cuarenta y ocho horas de que las elecciones municipales se hayan convertido en un resonante plebiscito contra la persona del Rey, exige su salida de España *antes de la puesta del sol.*

El Rey quedó en espera de la inmediata visita de Sánchez Guerra, Melquíades Alvarez y Villanueva -concluye Romanones-. *Estas visitas me hacían el efecto de aquellas que se celebran para demostrar que la familia hizo por el enfermo cuanto pudo, cuando ya está el sacerdote avisado para administrarle la Santa Unción* (786).

4.3.2.9. ALEJANDRO LERROUX ABANDONA LA CLANDESTINIDAD. EN PARÍS LA AGENCIA HAVAS ANTICIPA LA NOTICIA DE LA PROCLAMACIÓN DE LA REPÚBLICA EN ESPAÑA. EN EL CASINO PRINCIPAL DE ZARAGOZA Y EN EL AYUNTAMIENTO DE ROTA SE IZA LA BANDERA TRICOLOR.

A las tres de la tarde, cuando Romanones retorna a Palacio, Alejandro Lerroux está *mecanizando*, para utilizar la expresión por él empleada, una carta circular en su vieja máquina de escribir marca "Yost", en la "clínica" de la calle Lisboa número 8, de Madrid, donde se halla escondido desde diciembre del pasado año, cuando una llamada interrumpe su tarea.

En tales circunstancias -explica- *toda llamada a la puerta de un perseguido produce sobresalto. No era hora de consulta.¿Quién podría ser? Era mi amigo y jefe de mi despacho. Llegaba agitado por una honda emoción. Los ojos arrasados, las manos temblorosas, la voz trémula.*

-Que venga usted enseguida -me dijo-.

-¿Qué pasa? ¿A dónde? ¿Quién me llama?

-Que venga usted con urgencia. Que se ha proclamado la República...

Y se sentó, agobiado por los sollozos.

No me detuve a meditar, ni me creo capaz antes, ahora, ni nunca de expresar lo que en aquel instante sentí en mi corazón. Creo que tampoco le importará a nadie.

Momentos después, en plena luz de una tarde abrileña, al cabo de cuatro meses de hacer vida de fugitivo, cambiando de residencia cada semana, salí a la calle en libertad...

Nos aguardaba el taxi que otras veces había servido para mis contadas excursiones nocturnas. Sentí deseos de abrazar al discreto y voluminoso chófer, que me saludó con una sonrisa de triunfo. Y nos condujo al chalet en que habitaba Miguel Maura.

Allí estaba reunido ya el Gobierno Provisional (787).

Los contactos mantenidos por el líder republicano radical a través de Aspiazu con el general Sanjurjo la tarde anterior sin duda le han convencido de que el triunfo es inminente.

A esas horas *las masas discurrían ya fuera de cauce y el centro de Madrid se veía abarrotado de revolucionarios* -escribe Esteban-Infantes-. *El mismo mando militar carecía de firmeza. Le faltaban órdenes superiores que marcaran su conducta, y por no tenerlas no se atrevía a tomar por su cuenta medidas de represión. Esta actitud pudiera obedecer al absurdo telegrama que Berenguer circuló a los capitanes generales y al alto comisario en Marruecos* (788). Tan aguerrido príncipe de la Milicia no aclara en que deben consistir las *medidas de represión* contra los supuestos *revolucionarios* que abarrotan el centro de Madrid.

Años después, en plena guerra civil, cuando José María Pemán afirme en un acto académico que el 14 de abril se produce una explosión de la *subhistoria*, el general Gonzalo Queipo de Llano le puntualiza que *en los camiones exultantes y vociferantes del 14 de abril, habían ido toda clase de españoles y de españolas*, subrayando, además, que, *en algunos de esos camiones, roncas de gritar y sinceramente convencidas de la gloria de la jornada, iban mis hijas* (789).

En París, después de almorzar, Indalecio Prieto y Marcelino Domingo, en la mejor tradición de las personas bien educadas, devuelven a Santiago Alba la visita que el ex-ministro de la Corona les ha hecho el día anterior, se supone que ya sin el acoso de los agentes del Servicio Secreto que la víspera, a primeras horas de la tarde, el general Mola ha licenciado remitiéndoles cinco mil pesetas con cargo a los "gastos reservados".

Nuestra amistosa charla con él en su aposento del Claridge, en la avenida de los Campos Elíseos, la interrumpió el timbre del teléfono -relata Prieto-. *La Agencia Havas comunicaba al señor Alba que en Madrid se había proclamado la República. El señor Alba volvió a felicitarnos. Instantes después el comandante de aviación don Ignacio Hidalgo de Cisneros, que había quedado de guardia en la rue Vaugirard para recibir cualesquiera avisos, nos confirmó la noticia, añadiendo que el jefe del gobierno provisional, don Niceto Alcalá Zamora, quería ponerse al habla con nosotros. Nos despedimos apresuradamente de don Santiago Alba y regresamos a nuestro hospedaje para comunicarnos con Madrid, desde donde se nos dio orden de emprender inmediatamente viaje hacia la capital de España* (790).

En el Casino Principal de Zaragoza, donde almuerza, el ayudante del general Franco protagoniza un incidente sin consecuencias: *Después de almorzar me fuí al salón principal donde los socios acostumbraban a tomar café. No hice más que sentarme cuando oigo los vivas a la República lanzados por los componentes de otra manifestación en la que se gritaba: "La bandera, la bandera." A los pocos momentos veo que aparecen dos o tres espontáneos a quienes no conocía con una gran bandera tricolor, que estaba preparada para izarla en el mástil del balcón central del Casino. Ver la bandera y lanzarme furioso contra los que la llevaban llamándoles cobardes y traidores todo fue uno. Pero realizaron sus propósitos. Varios socios me calmaron diciéndome que si no se izaba la bandera los manifestantes podían asaltar el Casino. No hubiese ocurrido eso, pues los manifestantes se por-*

taban correctamente y sólo daban gritos de júbilo. De regreso a su casa, Franco Salgado-Araujo se cruza con diversas manifestaciones. Muchos de quienes la integran *miraron fijamente la Medalla de la Coronación con el busto de Don Alfonso XIII* que el comandante ostenta en su pecho como afirmación de su monarquismo, *pero nadie dijo una sola palabras. Por aquellos detalles concebí la esperanza de que la nueva República iba a ser ordenada, como correspondía a un régimen que se había proclamado sin oposición por parte de la mayoría de los españoles* (791).

En Rota (Cádiz), donde pasan unos días de descanso, Rafael Alberti y María Teresa León reciben noticias de lo que ocurre en la capital de España: *De pronto cambió todo. Alguien, desde Madrid, nos llamó por teléfono, gritándonos*:

-¡*Viva la República*!

Era un mediodía, rutilante de sol. Sobre la página del mar, una fecha de primavera: 14 de abril.

Sorprendidos y emocionados, nos arrojamos a la calle, viendo con asombro que ya en la torrecilla del ayuntamiento de Rota una vieja bandera de la República del 73 ondeaba sus tres colores contra el cielo andaluz. Grupos de campesinos y otras gentes pacíficas lo comentaban desde las esquinas, atronados por una rayada "Marsellesa" que algún republicano impaciente hacía sonar en su gramófono (792).

4.3.2.10. EL CONDE DE ROMANONES PROPONE DECLARAR EL ESTADO DE GUERRA.

En el ministerio de la Gobernación el conde de Romanones se encuentra con que el ministro y el subsecretario acaban de ausentarse. Por teléfono insta al presidente del Consejo, almirante Aznar y al ministro de la Gobernación, marqués de Hoyos, acudan *lo antes posible*. Con ellos se reúne también el ministro de la Guerra, general Berenguer.

Les relaté la conversación mantenida con el Rey -refiere Romanones-, *e insistí en la necesidad de adoptar medidas que aseguraran el orden mientras se llegaba a la solución definitiva.*

A muy poco recibimos la noticia de haberse izado la bandera roja en el Palacio de Comunicaciones y de que una muy numerosa manifestación avanzaba hacia la plaza de Oriente. La muchedumbre iba invadiendo, entretanto, la Puerta del Sol.

Expuse la necesidad de declarar inmediatamente el estado de guerra. El general Berenguer advirtió la necesidad de que se dieran instrucciones especiales para la redacción del bando, por tratarse de una declaración que no tenía relación alguna con las corrientes de una Capitanía general. Se decidió entonces pedir a Capitanía general que enviara, como lo hizo, un oficial de Estado Mayor para darle las instrucciones. Vino un comandante, y cuando yo comencé a dictar las que creía precisas, aumentó el ruido en tales términos, que, asomados al balcón, reconocimos que era materialmente imposible la lectura del bando; para ello hubiera sido necesario no un piquete, sino toda la guarnición de Madrid.

Al salir de Gobernación para Palacio, la Puerta del Sol hervía de gente en actitud clamorosa y hostil. Tuvimos que dar largo rodeo para llegar a la plaza de Oriente (793).

Frente a esta supuesta actitud *hostil* con que Romanones pretende magnificar su paso, en coche, por las calles, Juan de la Cierva anota: *En el trayecto desde el Ministerio de Fomento* <a Palacio>, *nadie realizó contra mí acto alguno, ni siquiera descortés, aunque también las calles estaban ocupadas por la muchedumbre* (794).

Minutos antes de las cinco de la tarde, a punto de iniciarse el Consejo de ministros que preside, Don Alfonso XIII comunica a Doña Victoria Eugenia que se marcha a las ocho. *Quería que cenáramos aquella noche solos, en el cuartito donde tomábamos siempre el té*, recuerda años después (795).

4.3.3. *ME APARTO DE ESPAÑA* (El último manifiesto).

4.3.3.1. LA ADVERTENCIA DE JUAN DE LA CIERVA: *SE HA PACTADO LA ENTREGA "DE LA MONARQUÍA" A CAMBIO DE UN SEGURO PARA EL REY.*

Sobre las cinco se inicia el último Consejo de ministros del reinado de Don Alfonso XIII. Años después, el conde de Romanones, en uno de sus numerosos relatos de los hechos, afirma que *apenas entramos en el despacho del Rey, recibió por teléfono el aviso de que el nuevo Gobierno estaba instalado ya en Gobernación. Buena noticia para comenzar el Consejo* (796). No parece que esto sea cierto, pues, como se verá, Miguel Maura no arrastra al dubitativo Comité Revolucionario a tomar el ministerio de la Gobernación hasta pasadas las seis. Tal vez Romanones, al cabo de los años, intenta justificar que en el último Consejo de la Monarquía ya nada puede hacerse para evitar lo inevitable, pero la verdad es que, reloj en mano, todavía no se ha producido.

El Rey nos hizo pasar a su despacho -rememora Juan de la Cierva-. *Yo le entregué la carta de la Duquesa de la Victoria. Se le veía entero, resuelto en la palabra y en el ademán, pero nervioso y preocupado. Nos dijo que no había podido constituir Gobierno. Los constitucionalistas contestaron al Rey que ya era tarde y que él había decidido marcharse. En el acto, el Conde de Romanones manifestó que, con gran dolor de su corazón, tenía que aconsejar a Su Majestad que inmediatamente saliera de España. Los demás callaron o asintieron. Yo entonces insistí, con gran energía, en lo que había dicho al Rey por la mañana, y, pidiendo perdón por la vehemencia patriótica de mi expresión, protesté de que tal cosa hiciera Su Majestad, porque se había de estimar siempre como una deslealtad a España; que si no había podido formar otro Gobierno, nosotros teníamos el deber, ante nuestra conciencia y ante la Patria, de defender a la Monarquía, como habíamos jurado, y yo estaba resuelto a hacerlo sin vacilaciones. El Rey insistió en que no quería que por él se vertiera sangre. Repliqué que si él nos abandonaba, se verterían mucha sangre y muchas lágrimas por los fieles españoles, que no podrían comprender que de tal manera se les dejara indefensos. El Rey tenía momentos de resolución, pero en otros, durante esta dramática escena, decaía. Dije entonces a los Ministros, si creían que nosotros teníamos facultades legales y morales para aconsejar y autorizar que el Rey abandonara el Trono como se proponía hacerlo. Romanones insistió en que era fatal hacerlo, para evitar mayores males; entonces pregunté a Berenguer, que estaba junto a mí:*

-Pero, mi General, ¿es que no vamos a defender al Rey y a la Monarquía, como usted afirmó ayer contestando a mis requerimientos?... ¿No cuenta usted ya con la lealtad del Ejército como tantas veces ha asegurado al Consejo de Ministros en estos últimos días?

-Es que Sanjurjo me dice que no se puede contar con gran parte del Ejército -dijo Berenguer.

-¿Ha hecho usted alguna comprobación de esas afirmaciones? ¿Ha llamado usted a los Jefes de Cuerpo? ¿Qué opina su hermano el Capitán General de Madrid? ¿No ha adoptado usted, en fin, medidas urgentes y eficaces?

-Yo creo -afirmó- que sería "peligroso" o "inútil" pedir al Ejército que interviniera.

-Entonces ahora me explico la circular que ha puesto a los Capitanes Generales, ordenando la neutralidad militar en momentos como éstos.

Me dirigí al Ministro de Marina, General Rivera, preguntándole si la Marina defendería al Rey, y contestó que estaba conforme con lo que el Ministro de la Guerra había dicho.

Pregunté al Ministro de la Gobernación y balbuciente dijo que ya había dicho Berenguer la opinión de Sanjurjo, y que con la Guardia Civil no habría bastante y no sé si agregó que tal vez pondrían dificultades para defender la Monarquía.

El Presidente, Almirante Aznar, estaba allí como quien asiste a un acto doloroso. Alhucemas, se hallaba impresionadísimo como Bugallal: pero en aquellos terribles momentos no intervinieron. Ventosa y Maura guardaban silencio. Sólo yo -lo digo porque es la verdad que pertenece a la Historia- mantuve con la excitación nerviosa que puede suponerse, pero conservando serenidad y vigor, a pesar de mi delicada salud de entonces, esa conversación, que era una serie de imprecaciones, con los que intervenían en ella impasibles o silenciosos, mientras el Rey escuchaba ya en silencio, abrumado por la tremenda responsabilidad que había decidido aceptar, ante los consejos de quienes tuvieron valor para darlos, pero no para cumplir con su deber de defender el Trono y la Monarquía, por temores más supuestos que reales, con puerilidad impropia de hombres que tenían en sus manos la suerte de España, y la entregaron al desbarajuste y a la anarquía, sin el menor esfuerzo para evitarlo. La insensibilidad de que daban muestras al contestar a mis requerimientos, era para mí incomprensible. Se embotaban mis palabras como la mano que golpea a un cuerpo blando y flexible, que inmediatamente se rehace. ¿Qué había pasado del domingo al martes? En vano volví a recordar cómo han triunfado las revoluciones en otros países por la falta de energía en la defensa de las Instituciones atacadas; en vano invocaba yo el honor de los Ministros. El Rey no había aludido siquiera a la carta que, en la mañana de ese día 14, le había yo escrito ofreciéndome para todo; ni en el curso de la deliberación a que asistía quiso recoger esos ofrecimientos encargándome del Gobierno. Ya he dicho que "El Socialista" anunciaba que yo lo constituía. Me consta que en varios sectores revolucionarios lo temían, y abrigaban poca confianza en una acción violenta para adueñarse del Poder, aunque contaban con los Cuerpos de Correos y Telégrafos, complicados en la revolución, y que se apresuraron a lucir en su Palacio de Madrid la bandera republicana. Ni el Director General de Comunicaciones ni el Ministro de la Gobernación advirtieron -así hay que suponerlo, al menos- que esos Cuerpos venían sirviendo a los revolucionarios.

Tenía yo el convencimiento de que la resistencia sin vacilaciones en la defensa de la Monarquía y del Rey desbarataría todos esos planes, y haría entrar pronto en razón a los ilusos, que no veían al elemento sindicalista y anarquista sumado a socialistas y republicanos (797).

¡Resistir!¿Cómo? ¿Con qué elementos? -se pregunta el conde de Romanones-. *Bastaba contemplar la plaza de Oriente para darse cuenta de que la realidad implacable se imponía. La muchedumbre era ya dueña de Madrid, sitiaba Palacio y circulaba en tropel o permanecía parada bajo la mirada benévola de la fuerza pública* (798).

Pero de repente, al margen de si la resistencia es posible o no, Juan de la Cierva, como los cornudos de las comedias de vodevil, descubre que todo el mundo está en el secreto menos él: *Todo esto que a mí me animaba a proseguir excitando al Gobierno a reaccionar, sufrió grave quebranto al entrar en el despacho del Rey su ayudante señor Moreu, marino, y decir al Conde de Romanones: Señor Conde, el señor Alcalá Zamora acaba de anunciar que, si antes de las seis de la tarde no se entrega el Poder a la República no responde de nada de lo que ha ofrecido. Un rayo de luz penetró entonces en mi cerebro:*

-¿Cómo -exclamé-, es que se ha pactado la entrega de la Monarquía y el advenimiento pacífico de la República?

-Sí -contestó enérgicamente Romanones-. He tenido con Alcalá Zamora una entrevista y para salvar la vida del Rey y de la familia Real se ha convenido en entregar el Poder esta tarde y el Rey saldrá inmediatamente para el extranjero (799).

Juan de la Cierva, con razón, monta en cólera. El lealísimo servidor de la Corona descubre de pronto que a Don Alfonso XIII le preocupa, antes que otra cosa, la seguridad de su regia persona. *Hizo entonces explosión mi apasionada protesta, y dije que la vida del Rey era para nosotros sagrada, pero España necesitaba el sacrificio de todos, y nosotros habíamos de sacrificar nuestras vidas si fuera necesario. De suerte, agregué, que, sin contar con todos los Ministros, porque yo era uno de ellos, y nada se me dijo, ni conocí esos manejos ni conversaciones, se había pactado la entrega "de la Monarquía", a cambio de un seguro para el Rey*. Por muy duras que parezcan las palabras de Juan de la Cierva no hacen sino constatar la pura verdad. El ministro, que sigue siendo monárquico incluso después del *rayo de luz* que, según sus palabras, penetra en su cerebro minutos antes, lleva su argumentación hasta el final: *¿Y quiénes somos nosotros para disponer de la Institución secular española, sin que España tuviera parte en la supre-*

ma transacción y ni siquiera se tuviera con todos los Ministros la lealtad debida? (800).

Nadie tiene interés en atender las razones de Juan de la Cierva. *Fue ya incoherente la discusión*, anota. *El Rey sacó del bolsillo un sobre y de él un pliego que nos leyó* (801). Es el manifiesto cuya redacción ha encargado por la mañana al duque de Maura. En él Don Alfonso XIII, bien que por la pluma de su amanuense, el ministro de Trabajo, que considera ya *ilegítima* la Monarquía después del resultado de los comicios del día 12, hace una declaración inicial que sin duda le hiere profundamente como español y como rey:

Las elecciones celebradas el domingo me revelan claramente que no tengo hoy el amor de mi pueblo.

Tras este reconocimiento forzado por la realidad de los hechos, un párrafo en que la esperanza de recuperar el favor perdido de sus compatriotas se entrevera con la justificación autoexculpatoria:

Mi conciencia me dice que ese desvío no será definitivo, porque procuré siempre servir a España, puesto el único afán en el interés hasta las más críticas coyunturas.

Del mismo tenor gimoteante son las palabras que le siguen:

Un rey puede equivocarse, y sin duda erré yo alguna vez; pero sé bien que nuestra Patria se mostró en todo momento generosa ante las culpas sin malicia.

A continuación, una velada aunque arrogante amenaza:

Soy el rey de todos los españoles y también un español. Hallaría medios sobrados para mantener mis regias prerrogativas en eficaz forcejeo con quienes las combaten.

Después, una generosa concesión:

Pero resueltamente quiero apartarme de cuanto sea lanzar a un compatriota contra otro en fratricida guerra civil.

Luego, una puntualización:

No renuncio a ninguno de mis derechos, porque más que míos son depósito acumulado por la Historia de cuya custodia ha de pedirme un día cuentas rigurosas.

Finalmente, un anuncio de la mayor trascendencia, el meollo del documento:

Para conocer la auténtica y adecuada expresión de la conciencia co-

lectiva, encargo a un Gobierno que la consulte convocando Cortes Constituyentes, y, mientras habla la nación suspendo deliberadamente el ejercicio del Poder Real y me aparto de España, reconociéndola como única señora de sus destinos.

El último párrafo son dos frases de circunstancias:

También ahora creo cumplir el deber que me dicta mi amor a la Patria. Pido a Dios que tan hondo como yo lo sienta y lo cumplan los demás españoles.

Alfonso XIII (802).

Pero antes de que el descendiente del *Rey Sol*, Don Alfonso de Borbón y Habsburgo-Lorena, como se le inscribe al nacer, o Borbón y Austria, tras la rectificación de su segundo apellido decretada por su madre, estampe su regia firma al pie del documento, éste ha de sufrir una modificación substancial.

Hasta primera hora de la tarde de ese día Don Alfonso XIII, como hiciera en otras ocasiones, simula *querer* dejar España, amenaza con abandonar el país -*me aparto de España*-, confiando que el envite, como en una arriesgada jugada de póquer, producirá una reacción imparable en favor suyo, y que las Cortes Constituyentes surgidas de unas elecciones generales confirmarán la Institución y le confirmarán a él como su titular.

Pero tras conocer por conducto del conde de Romanones el ultimatum del Comité Revolucionario conminándole a salir de España *antes de la puesta del sol*, el amago de abandono que él planea se transforma contra su voluntad en una simple orden de expulsión. Ante ella, aunque lo intenta, le falla incluso el ofrecimiento de abdicación, que Romanones se encarga de hacerle ver que llega tardíamente.

El texto del párrafo séptimo del manifiesto ha de ser, pues, modificado. Don Alfonso XIII no está ya en condiciones de encargar a ningún gobierno que convoque nada, y menos que nada unas Cortes Constituyentes; el párrafo, por tanto, queda redactado así:

Espero a conocer la auténtica y adecuada expresión de la conciencia colectiva y, mientras habla la Nación, suspendo deliberadamente, el ejercicio del Poder Real y me aparto de España, reconociéndola así como única Señora de sus destinos (803).

Persiste en su ánimo, sin embargo, la esperanza de que el anuncio de su salida, pese a que ahora sea una marcha forzada y no por iniciativa propia, provoque al fin la anhelada reacción, y de Madrid a Cartagena y de Cartagena a Marsella, que es el itinerario escogido, no deja de alimentar esta esperanza.

En el momento en que estampa su firma al pie del documento, reconociendo al fin a España *como única Señora de sus destinos*, es posible que si no Don Alfonso XIII sí algunos de sus ministros *ilustrados*, que no faltan en el último gabinete de la Monarquía, recuerde las palabras de Joaquín Costa escritas treinta años atrás:

Con su renuncia, no haría la Dinastía sino pagar una pequeña parte de la deuda que tiene contraída con la nación. España le ha sido fiel hasta la muerte. No hay estadístico que pudiera encerrar en guarismo los daños que ha recibido, los sacrificios que ha hecho en holocausto al nieto de Luis XIV y de sus sucesores. España podría marchar a la cabeza de las naciones más adelantadas, más ricas y más fuertes de Europa si hubiese dedicado a cultivar el cerebro nacional y a mejorar la geografía de la Península, el oro y las vidas que ha sacrificado a la dinastía desde la guerra civil y extranjera de 1702-1711 hasta la guerra civil y extranjera de 1895-1898: guerra de sucesión y Tratado de Utrech, con pérdida de Orán y Gibraltar; guerras con Inglaterra por causa del pacto de familia; guerra por la abdicación de Bayona y a favor de la independencia; espantosas guerras civiles, siempre renacientes, por rivalidades entre las dos "legitimidades"; guerras coloniales, con pérdida de la América meridional y Méjico en 1810-1826, y de las Antillas y Filipinas en 1898; la inquisición política de Fernando VII; los fusilamientos de doña Isabel: ¡que la dinastía corresponda, por fin, dejando de ser estorbo a su resurrección! (804).

Si las palabras de Costa no son recordadas por Don Alfonso XIII, que es posible que incluso las ignore, sí cabe, por contra, que rememore lo escrito en su *Diario íntimo* en 1902, en vísperas de su proclamación:

De mí depende si ha de quedar en España la Monarquía Borbónica o la República (805).

Cuando esto escribe está a punto de cumplir dieciséis años; cuenta ahora cuarenta y cuatro, casi cuarenta y cinco. Tras veintinueve de reinado, su propia conducta le da la respuesta a la pregunta que implícitamente se formula poco antes de iniciarlo.

La renuncia de la Dinastía es al fin un hecho en la tarde del martes 14 de abril de 1931. Muy a su pesar, Don Alfonso XIII se ve forzado al cumplimiento de la exigencia ética reclamada por Joaquín Costa, y la firma del documento puede anotarse como el tercero de los cuatro *momentos estelares* que jalonan este día histórico.

La esperanza de Don Alfonso XIII de que España, *única señora de sus destinos*, le llame en fecha próxima, no se cumple jamás. *España, erigida en señora única de sus destinos* -escriben el duque de Maura y Melchor Fernández Almagro-, *olvidó por completo a Alfonso XIII. Las primeras elecciones generales consolidaron, sin titubeos, la República* (...). *Sobrevino pronto, como era de esperar, la reacción derechista; pero lo único en que coincidieron los partidarios del mal menor con los que preferían sin distingos ni atenuaciones el mayor, fue, cabalmente, la repulsa común a las instituciones monárquicas* (806).

Al término del último Consejo presidido por la Corona Don Alfonso XIII recaba de sus ministros, con el apoyo decidido del conde de Romanones, la *promesa firme* de que al día siguiente, miércoles, en la Presidencia del Consejo, darán *solemne posesión* al Gobierno Provisional de la República (807). Pero una vez más la fuerza de la realidad desborda las previsiones de la realeza.

No hubo ocasión -certifica Ricardo de la Cierva-, *la Monarquía huyó* (808).

Tranquilizado respecto a la seguridad de su persona, Don Alfonso XIII tiene al fin un recuerdo para su familia: *¿Quién me responde de sus cabezas?*, inquiere. *En un movimiento primo le contesté: "Yo, con la mía"*, cuenta Romanones. *Al saliir de la Cámara, un compañero me dijo: "En qué poco estima usted su cabeza* (809). Según Juan de la Cierva, Don Alfonso XIII les dice a él y a Romanones que *la familia quedaría en Madrid tres días para recoger equipajes*, pero ante la *alarma* de Juan de la Cierva, que opina que, *de salir el Rey, su familia debía seguirle al día siguiente, a lo sumo*, Romanones muestra su conformidad y así se acuerda (810).

Al despedirse de su último Gobierno, el Rey le dice a Juan de la Cierva: *Juan, no me guardes rencor* (811). No entiende Don Alfonso XIII que su ministro intenta hacerle ver que la Institución no le pertenece, y que *la entrega "de la Monarquía", a cambio de un seguro de vida para el Rey* priva a Don Alfonso XIII, y a sus sucesores, de todo derecho a una Corona a la que, diga lo que quiera en su Manifiesto, acaba de renunciar.

4.3.3.2. EL MITO DEL PATRIOTISMO DE DON ALFONSO XIII.

La renuncia explícita de Don Alfonso XIII a mantener sus *regias prerrogativas en eficaz forcejeo con quienes las combaten* a fin de evitar, según dice, *lanzar a un compatriota contra otro, en fratricida guerra civil*, es una falacia mantenida durante años, desde el 14 de abril de 1931 hasta hoy mismo, con dos enfoques distintos: el de quienes alaban su patriotismo al preferir el exilio antes que verter sangre española y el de quienes le reprochan que, por evitar *una poca sangre*, abandone el país y a la vuelta de escasos años la sangre nos anegue a raudales como consecuencia de la guerra civil.

La realidad creo que es muy distinta. Don Alfonso XIII no abandona voluntariamente España por patriotismo, sin que ello suponga que no fuese eso que convencionalmente se entiende por patriota, o que no se considerase a sí mismo como el mejor de todos ellos. Don Alfonso XIII es echado de España a cajas destempladas, con malos modos y de manera imperativa -*antes de la puesta del sol*, en palabras textuales de su ex-ministro Niceto Alcalá-Zamora-, y la huída es su única alternativa.

Tres generales -el general José Sanjurjo como Director general de la Guardia civil, el general Dámaso Berenguer como ministro del Ejército, el general Emilio Mola como Director general de Seguridad- desde el campo monárquico, y el voluntarismo de Miguel Maura, ministro de la Gobernación *in pectore* del Gobierno Provisional, desde el campo republicano, juegan las cartas que deciden el resultado de la partida.

De creer Don Alfonso XIII que podía resistirse con éxito sin duda lo hubiera intentado. *En 1931, agotadas las ya menguadas reservas de legitimidad que pudieran quedarle a la Monarquía* -escribe Santos Juliá-, *la proclamación de la República no deja al rey Alfonso la ocasión de mostrar esa generosidad y amor a la patria que habitualmente se le supone; el del exilio era el único camino que le quedaba abierto, como lo había sido sesenta años antes para su augusta abuela* (812).

¿Con qué medios puede hacer frente Don Alfonso XIII a unos simples disturbios callejeros? ¿Con la Guardia civil? ¿Con el Ejército? ¿Con las fuerzas de Seguridad?

El teniente general Sanjurjo, ya en la tarde del día 12, al irse conociendo los resultados de las elecciones, deja claro ante el jefe del Gobierno y los ministros reunidos en consejillo que no puede contarse con la Guardia civil. No es un simple Director general del benemérito Instituto quien hace esta grave afirmación, al que pueda cesarse y substituirse por otro decidido al empleo de la fuerza si así se le ordena; Sanjurjo es un teniente general que por su actuación en Marruecos -*El león del Rif*, como le apostillan los cronistas de la época- goza de un gran predicamento en el Ejército. La suya es una opinión de calidad. A mayor abundamiento, a las nueve de la noche del lunes 13 cursa una orden a los mandos de la Guardia civil para que no se opongan a *la justa manifestación del triunfo republicano que pueda surgir del Ejército y del pueblo* (813). Y en la mañana del martes 14, en su condición de responsable de aquella fuerza, se ofrece por iniciativa propia al Comité Revolucionario en la persona de Miguel Maura.

El teniente general Berenguer, ministro de la Guerra y hombre de toda confianza de Don Alfonso XIII, su más leal *palaciego*, en la madrugada del lunes 13 cursa el telegrama a todos los Capitanes Generales en que, en opinión de Romanones, se reconoce *de manera clara y terminante que estaba ganada la batalla por los revolucionarios*, y que sólo cabe, ante la evidencia de la derrota que el telegrama proclama, *o someterse al veredicto electoral, o apelar a la fuerza para resistirlo*. Y está claro que ninguno de los destinatarios del comunicado de Berenguer se dirige no ya al Rey sino ni tan siquiera al ministro ofreciéndole su espada.

El general Emilio Mola, Director general de Seguridad, en las primeras horas de la mañana del martes 14 aconseja a su superior inmediato, el ministro de la Gobernación marqués de Hoyos, *ponerse de acuerdo con Alcalá Zamora para que no sobrevenga una revolución sangrienta*, ir a *una inteligencia con los revolucionarios*. Mola, en su momento, expresa al entonces jefe del Gobierno, general Berenguer, sus reticencias sobre el resultado de las elecciones que aquél piensa convocar; celebradas las municipales por el gobierno Aznar, insiste ante Hoyos que los comicios se han celebrado sin fraude electoral ninguno, y que el resultado de los mismos es *indiscutiblemente la voluntad nacional hoy por hoy*.

Sin poder contar ni con la Guardia Civil ni con el Ejército, ni con las fuerzas de Seguridad, resulta dudoso que Don Alfonso XIII puede imponerse por la fuerza, lanzando a *un compatriota contra otro en fratricida guerra civil.*

El Rey -escribe Enrique Jardiel Poncela-, *dio un manifiesto diciendo que se iba para no derramar sangre española en una contienda civil; preciosa frase para los bobos; mentira risible para los que no éramos bobos y sabíamos que se iba porque se había quedado solo, pues al pedir ayuda al general Sanjurjo (cuya intervención hubiera impedido seguro la República en aquel momento de unánime estupefacción) se encontró el Rey con que Sanjurjo tenía idea de la lealtad (concepto ignorado por don Alfonso y por muchísimos otros reyes) y que esa lealtad hacia el recuerdo de su amigo fraternal Primo de Rivera ("zancadilleado" por el rey, y muerto, aún no sabemos si violentamente o de amargura, en su exilio de París) le movía a negar ayuda al "travieso" monarca, lo cual era tanto como prepararle el baúl Hartmann a Don Alfonso* (814).

En cuanto al reproche que se le hace a Don Alfonso XIII de que, con su huída, se desentienda del país, creo que el juicio del duque de Maura -cuando no actúa como amanuense real- y de Melchor Fernández Almagro es un juicio de autoridad: *Tampoco tiene disculpa seguir propalando, de mala fe, que Alfonso XIII abandonó a su pueblo, cuando fue la casi totalidad de ese pueblo español quien le repudió a él* (815). Don Alfonso XIII sabe, a partir de las primeras horas de la tarde del martes 14 de abril, que ha perdido la partida. Su volubilidad le hace creer, errónemanente, que tal vez puede alterar el resultado en pocas horas con un golpe de suerte que no se produce ni al llegar a Cartagena ni al desembarcar en Marsella, camino de un exilio que, contra lo que piensa, es definitivo.

No falta tampoco -Juan Ignacio Luca de Tena, marqués de su apellido- quien alaba la *no resistencia* del Rey en las jornadas abrileñas, a la espera de que circunstancias más propicias permitan que la fuerza de las armas se imponga sobre la razón de las urnas: *El Rey no se limitó a acceder, marchándose, a los deseos de la mayoría del país, sino que hizo posible, con su actitud, el movimiento salvador, iniciado cinco años después. La guerra civil, que ganamos en 1939, se hubiera perdido en 1931* (816). Cuestión de cálculo, pues, según el marqués.

Pero aún en el supuesto de que el 14 de abril Don Alfonso XIII, de contar con los medios para ello, se imponga por la fuerza a la voluntad nacional manifestada en las urnas, plebiscitariamente, dos días antes, sabe que, más pronto o más tarde se verá obligado a convocar elecciones, y esta vez no ya simplemente municipales sino a Cortes. Y sabe cuál será el resultado: el triunfo clamoroso, por segunda vez, de la conjunción republicano-socialista.

Esta creencia de Don Alfonso XIII no es una suposición de quien esto escribe: es el propio Don Alfonso XIII quien en su exilio de Fontainebleau declara taxativamente: *No valía la pena producir una convulsión sangrien-*

ta para sostenerse en precario hasta unas elecciones generales que hubieran depuesto, con escarnio, el símbolo de la monarquía (817). Verde y con asas. Don Alfonso XIII sólo cuenta, de verdad, con dos ministros -La Cierva y Bugallal- y un general golpista -Cavalcanti-, a quien su suegra, la difunta condesa de Pardo Bazán, atajaba a veces su *marcialidad extemporánea* con una frase cariñosa pero concluyente: *Calla, Pepe. Tú, eres un héroe* (818). Cavalcanti, *clave de la conspiración en Madrid* cuando el golpe de Estado de Primo de Rivera en 1923, al decir de Seco Serrano *acudió a Palacio sabedor de que todo se venía abajo, y se ofreció al monarca para intentar caballerosamente -claro es que por las malas- detener lo irreparable. Era una voluntad aislada. El Rey sólo podía ya agradecer el gesto* (819). *No hubo más ofrecimiento formal y decidido que el de Cavalcanti (...). La Cierva y Cavalcanti fueron los únicos que se ofrecieron entonces para todo*, certifica Esteban Infantes (820).

Pero si ni Sanjurjo puede responder de la Guardia civil ni Berenguer quiere hacerlo del Ejército, ni Mola de las fuerzas de Seguridad, resulta difícil creer que Cavalcanti halle las asistencias necesarias. Aun en el supuesto de que así sea, ¿qué puede hacer Cavalcanti? ¿Detener al Comité Revolucionario? Otro general Burguete al frente de un Tribunal militar los absolverá esta vez plenamente. La única salida si Don Alfonso XIII apela a la fuerza es una nueva Dictadura militar. Porque la salida política para la que se postula como jefe de Gobierno Juan de la Cierva no parece contar con otros concursos, a título personal, además, que el del conde de Bugallal. Ni Gabriel Maura ni Ventosa, la nueva derecha maquillada, ni el conde de Romanones, la izquierda dinástica anterior a la Dictadura, están por la labor.

Don Alfonso XIII, en conclusión, sabe que si huye, que es la única salida factible, deja abierta la puerta a un hipotético llamamiento por parte del país en el futuro; si se empeña en permanecer en España, la Monarquía será depuesta, sino *con escarnio*, como teme, sí con toda solemnidad en unas Cortes Constituyentes surgidas de unas elecciones que es consciente que darán el triunfo a la República.

Los últimos meses del reinado de Alfonso XIII demostraron ser, no sólo en el sentido cronológico, sino por su contenido, el prólogo de la segunda República -escribe Robinson-. *La monarquía era invertebrada. Las fuerzas de las que dependía, el Ejército, la Iglesia, las clases conservadoras, las instituciones políticas, en conjunto consideraban de importancia secundaria la forma de gobierno. Lo que consideraban esencial era la conservación de sus intereses particulares. Ninguna de dichas fuerzas apoyaba con entusiasmo a Alfonso XIII, y todas estaban dispuestas a ensayar la República. A partir del final de la dictadura, el rey se encontraba a la defensiva, tanto, que incluso hizo un intento para llegar a un acuerdo con sus opositores encarcelados. Así, cuando en abril de 1931 la "masa neutra" de las ciudades votaron contra él y las fuerzas del orden montaron un "pronunciamiento negativo" no le quedó alternativa: tuvo que abandonar el país* (821).

La *derecha de los intereses*, una vez más, se impone a la *derecha de los ideales.* Las fuerzas que integran la oligarquía dominante, ante el peligro de que la resistencia de Don Alfonso XIII a dar la partida por perdida provoque una revolución cuyos costos sociales pueden dañar gravemente sus intereses económicos, decide abandonar al Rey para facilitar el paso a una República burguesa. *Si queremos que todo siga igual, es necesario que todo cambie,* explicará años después lúcidamente el príncipe de Lampedusa (822). La oligarquía, de manera innata, lo sabe, y obra en consecuencia.

4.3.4. *¡PASO AL GOBIERNO DE LA REPÚBLICA!* (La toma del poder).

4.3.4.1. DEL DOMICILIO DE MIGUEL MAURA AL MINISTERIO DE LA GOBERNACIÓN.

Al caer de la tarde volvimos donde Miguel Maura. Con esta referencia tan imprecisa respecto a la hora explica Rivas Xerif su visita a la sede improvisada del Comité Revolucionario, tal vez para interesarse, aunque lo cele, por el estado de ánimo de su cuñado Manuel Azaña. *El hotel en que vivía Maura en la calle del Príncipe de Vergara rebosaba de gente por el jardín hasta la verja, la acera y la calzada. Logramos entrar en el* hall *invadido de una verdadera multitud a que eran ajenos los dueños de la casa, reunido él con sus compañeros y recluída la señora con personas familiares y amigas en alguna habitación más interior. A una puerta del* hall *veíamos aparejado el comedor para la merienda que, dispuesta en honor del Comité sin duda, vimos después asaltado o punto menos por muchas de aquellas gentes que habían tomado la casa por suya, como se suele en los pueblos en las fiestas familiares y los duelos con pan* (823).

Allí Rivas Xerif y sus amigos tienen ocasión de oir hablar de vez en cuando, desde un despacho contiguo, a diversos miembros del Comité. *Una de las veces, por modo notorio a Fernando de los Ríos, al parecer, por lo que elevaba la voz, comunicando con provincias. Abrióse en esto la puerta de la habitación y apareciendo en ella mi cuñado, dijo sonriente a quienes nos agolpábamos a su alrededor:*

-Señores, Maciá ha proclamado la república en Barcelona al grito de ¡Viva España!

El entusiasmo de los circunstantes subió de punto (824).

Si al margen de cualquier magnificación posterior el relato de Rivas Xerif responde a la realidad, no cabe duda de que, en esos momentos, Azaña intenta apaciguar los previsibles recelos que la proclamación de la *República Catalana* que horas antes hace Macià en Barcelona puede provocar entre los jacobinos que le acompañan.

Estábamos impacientes todos ya -relata Rivas-Xerif-, *esperando el momento de la anunciada transmisión de poderes que legitimara de una vez y para siempre nuestras esperanzas, cuando saliendo de una de las habitaciones interiores una señora, familiar de la casa y que reiteradamente había cruzado el* hall *como ajetreada en un quehacer afanoso, exclamó dirigiéndose a cuantos permanecimos a tan dilatada espera, con voz alterada por la emoción:*

-Dicen por teléfono que se suspende hasta mañana la entrega del Gobierno y que esta noche, para mantener el orden, se declara el estado de guerra.

A la estupefacción de los crédulos hasta entonces en la solución pacífica del tremendo conflicto suscitado por la voluntad republicana manifiesta en las elecciones, sucedió muy luego la indignación de los desengañados (825).

Es en este momento crítico, a las seis de la tarde, cuando Miguel Maura -al que Rivas-Xerif describe *abrochándose la chaqueta con cierta actitud jaque habitual en él* (826)- decide tomar el mando de los acontecimientos: *Convencido de la inutilidad de mis esfuerzos para convencer a mis compañeros de la urgencia de tomar por nuestra propia cuenta el Poder aquella misma tarde, salí de la biblioteca y, atravesando el vestíbulo, subí los primeros peldaños de la escalera. Desde allí, dirigiéndome al público que llenaba la planta baja, pregunté en medio de un silencio absoluto:*

-¿Estáis dispuestos a venir conmigo a ocupar el Ministerio de la Gobernación?

El griterío fue tal, que mis compañeros salieron precipitadamente de la biblioteca y... ya no pudieron volver a ella, arrastrados por la riada humana tras de mí y de los que conmigo salían a la calle, en busca de los coches (827).

Decidimos ponernos en marcha con luz sobrada y tiempo suficiente, relata Alcalá-Zamora silenciando el protagonismo de Miguel Maura en tal decisión. Eduardo Ortega y Gasset, que ha compartido con Miguel de Unamuno su exilio parisiense, es enviado por el Comité Revolucionario a posesionarse del Gobierno civil de Madrid. Desde la casa de Miguel Maura el Comité se dirige al ministerio de la Gobernación, *viendo al paso ondear ya la bandera republicana en el palacio de Comunicaciones* (828).

La marcha durante el trayecto era difícil -escribe otro de los protagonistas, Francisco Largo Caballero-; *las calles de Alcalá, la Puerta del Sol y las adyacentes estaban invadidas por una muchedumbre imponente. Hombres, mujeres, ancianos y jóvenes, subidos en coches, autos, camiones, tranvías, hasta sobre el techo de éstos, a pie, con banderas republicanas y las rojas simbólicas, estaban verdaderamente ebrios de entusiasmo, se abrazaban, se besaban, se consideraban ya libres para siempre de la monarquía borbónica* (829).

No sé el tiempo que tardamos en hacer el recorrido -rememora Rivas-Xerif-. *Sólo sé que la muchedumbre que circulaba estentórea llenando arriba y abajo la amplia vía* <la calle Alcalá, camino de la Puerta del Sol>, *al reconocer a los ocupantes de los primeros carruajes se abalanzaba frenéticamente a ellos en su deseo de estrecharlos en un desbordado amor republicano* (830).

Al llegar al ministerio de la Gobernación la comitiva halla la puerta cerrada, pero en el balcón principal ondea, de pronto, la bandera republicana, para asombro de Miguel Maura y sus acompañantes y del público estacionado en la Puerta del Sol. Por una entrada lateral de la calle de Pontejos, Rafael Sánchez Guerra, hijo del ex-jefe del Gobierno monárquico José Sánchez Guerra, y Manuel Ossorio Florit, hijo de Angel Ossorio Gallardo, *el monárquico sin rey*, han penetrado anteriormente en el ministerio y al ver llegar a los miembros del Comité se han apresurado a izar la enseña tricolor. Ante la puerta cerrada, según el relato de Miguel Maura, sólo están en esos momentos él y Largo Caballero, amén de *una masa vociferante que pedía se abriese la puerta* (831).

Como en los mejores relatos de *suspense*, de pronto se abre de par en par la puerta del ministerio y aparece en el zaguán un piquete de la Guardia Civil *cerrando el paso*, en palabras de Miguel Maura. El *señorito chulo*, como le ha llamado Azaña durante el trayecto desde su casa hasta el ministerio, temeroso de que la Guardia Civil los ametralle pues considera aquello *una locura*, se cuadra bizarramente ante los guardias, se descubre y les conmina:

-¡Señores; Paso al Gobierno de la República!

La decisión del antiguo joven maurista surte el efecto deseado: *Los soldados, como si lo hubiesen ensayado previamente, abrieron el paso y, en dos filas, una a cada lado, presentaron armas* (832).

Cuando la Guardia civil presenta armas al Comité Revolucionario, Francisco Largo Caballero le dice *por lo bajo* a Niceto Alcalá-Zamora: *La República es un hecho* (833).

En sus *Memorias*, César González-Ruano evoca la llegada del Comité Revolucionario al ministerio de la Gobernación: *La República vino en Madrid de una manera bastante extraña vistas las cosas desde la calle. Una chusma entre siniestra y pintoresca lo invadía todo gritando cosas absurdas como:*

¡Un, dos, tres,
que muera Berenguer!
o bien esta otra:
¡Alirón, alirón,
Alfonsito es un ladrón!

Corría por todo Madrid una turbia masa de carnaval sangrienta: estudiantes, golfas, obreros y chiquillería astrosa. El desconcierto parece que era enorme y dramático en Palacio, pero esto yo no lo ví. Al otro lado puedo aseguraros que el desconcierto no era menor. Yo estuve aquella famosa tarde, inolvidable pero muy confusa en mi memoria, en casa de Marañón y en casa de Miguel Maura. Yo estuve hablando con ellos y con Fernando de los Ríos y con Azaña.

No sé siquiera cómo fuí con ellos en la misma comitiva de autos -tres o cuatro- que se dirigió a Gobernación. Tan es verdad esto como verdad, aunque no lo parezca, que no recuerde bien los detalles de aquel episodio histórico. Dos únicos periodistas fuímos aquella tarde a Gobernación y entramos con el Gobierno de la República , que aún no existía porque el Rey estaba todavía en Palacio: Miguel Pérez Ferrero y yo. Recuerdo haber llegado junto a Miguel Maura a la puerta cerrada del Ministerio de la Gobernación, donde Fernando de los Ríos la golpeó para que abrieran. La Puerta del Sol estaba hecha un hervidero de gente. Abrieron en Gobernación y Fernando de los Ríos dijo entonces pomposamente:

-¡Paso al Gobierno legítimo de la República!

El desconcierto fue tan grande que la Guardia Civil presentó armas y nosotros oímos que en el patio del Ministerio se tocó la "Marcha Real" (834).

Al llegar a la escalera principal, Miguel Maura, siempre acompañado de Largo Caballero, no puede reprimir el impulso de subir las escaleras *de tres en tres*. Buen conocedor de la casa, que antaño ha frecuentado, se dirige directamente al despacho del ministro; en ausencia de Hoyos, que está en Palacio, le aguarda el sufrido subsecretario, a quien sin mayores preámbulos le espeta a boca de jarro:

- *Amigo Marfil: Aquí está usted de más desde este momento.*

-Me hago cargo perfectamente de ello y ahora mismo me marcho -es la respuesta del fiel servidor del Estado (835).

Se acaba de consumar, *de facto*, el cambio de régimen, sin las formalidades previstas de uno y otro lado. De manera espontánea y coloquial Miguel Maura y Mariano Marfil protagonizan un hecho histórico. A partir de la legalidad de los hechos consumados que toda acción revolucionaria comporta cuando triunfa, España ha dejado de ser una Monarquía para convertirse en una República.

Este fue, querido lector -concluye Miguel Maura treinta años después-, *el* ceremonial *del famoso "traspaso de poderes" que nos habían anunciado los de la acera de enfrente, y que había provocado casi una batalla en el seno de nuestro Gobierno Provisional. Diez palabras de cada lado bastaron, y en realidad sobraron, para tomar las riendas de un Poder que yacía en el arroyo* (836).

En su exilio de Fontainebleau, dos años después, Don Alfonso XIII, con la memoria típica de los Borbones, comenta el hecho: *Poco después me enteré de que Miguelito Maura, hombre de considerable prestancia escénica, había proclamado la República desde los balcones del Ministerio de la Gobernación* (837). Calla el monarca que, al llegar a Francia, envía al flamante ministro de la Gobernación del Gobierno Provisional, por conducto de su hermano Honorio, junto con un expresivo recuerdo, el reconocimiento de la razón que le asistía al decirle en Palacio al rey que la Monarquía estaba perdida.

El voluntarismo de Miguel Maura, que ha sabido estar en el sitio adecuado en el momento oportuno, ha jugado un papel importante en la decantación de la Historia. Su decisión de marchar desde su casa al ministerio de la Gobernación, para proclamar sin más dilaciones la República, es el cuarto *momento estelar* de la jornada decisiva del 14 de abril.

4.3.4.2. GOBIERNOS CIVILES Y CAPITANÍAS GENERALES BAJO EL CONTROL DEL GOBIERNO PROVISIONAL.

Mientras que se alejaba de Madrid el ex-rey para abandonar España tomábamos posesión telefónica de toda ésta -rememora Alcalá-Zamora desde su exilio con alguna imprecisión, pues cuando el Comité Revolucionario se posesiona del ministerio de la Gobernación Don Alfonso XIII sigue en el palacio de Oriente-. *Miguel* <Maura> *saludó con expeditiva despedida al último subsecretario monárquico, que entre amable y turbado no se decidía a poner término a su situación insostenible. En el acto fue Maura comunicando para ceses, interinidades y cuidados del orden público con todos los gobiernos civiles* (838).

Tras despedir al subsecretario, en efecto, Miguel Maura toma *en el acto* el teléfono y ordena a la central del ministerio que le vaya *dando las provincias según fueran ellas saliendo*, en tanto los demás ministros, que con penas y trabajos consiguen llegar a Gobernación, se reúnen en el despacho del subsecretario.

En el acto empezó a sonar el teléfono -cuenta Miguel Maura-. *Uno a uno los gobernadores se ponían al aparato y el diálogo se repetía.*

-¿Quién está al aparato? -preguntaba yo imperiosamente.

-Aquí el gobernador -contestaba una voz más o menos serena, según el grado de información del interfecto.

-¿El gobernador de la Monarquía? ¿No es eso?

-¡Claro que sí! -decían unos, muy seguros de su prepotencia; otros, en cambio, vacilantes y como atontados.

-Aquí, el ministro de la Gobernación de la República. Ahora mismo entrega usted el mando al presidente del Comité Republicano, y, en su defecto, al presidente de la Audiencia. Le advierto que le hago responsable personalmente de la menor resistencia y de cualquier demora en cumplir esta orden. ¿Estamos?

Los gobiernos civiles están bajo control. *El cambio de autoridades de todas las provincias se hizo en menos de tres horas, por teléfono y sin el menor incidente en parte alguna de España* -certifica Maura-. *No hubo un solo herido, ni los gobernadores sufrieron el menor vejamen por parte de los republicanos* (839). En el momento de su instauración la República no puede contar, seguramente, con persona más preparada para tal cometido que Miguel Maura. A su conocimiento de *la casa* une el sentido de la autoridad, la decisión y la imagen de persona de orden. Pero queda por resolver una papeleta harto más problemática que la de los gobernadores civiles: la de los capitanes generales de las distintas regiones militares.

En tanto instalan en el balcón principal del ministerio el micrófono desde el que Alcalá-Zamora se dirigirá al público que abarrota la Puerta del Sol, y a toda España, el jefe del Gobierno provisional decide ser él, y no el ministro de la Guerra, Manuel Azaña, quien conecte con los representantes máximos de la Milicia: *Fuí rápidamente hablando por otro teléfono con las capitanías generales, a cuyos jefes, que conocía por haber servido todos a mis órdenes* <cuando desempeñó la cartera de Guerra>, *decidí dirigirme. Preferí ser yo quien sin protesta o reivindicación de Azaña evitara la orden áspera y la expresión seca de éste en aquel instante delicado del primer contacto con la fuerza militar para exhortar a la obediencia, encargar la disciplina, anunciar relevos, autorizar sustituciones, demandar interinidades y reclamar acatamientos* (840).

El resultado de las llamadas telefónicas que hace Alcalá-Zamora es plenamente satisfactorio, y a ello contribuye, con toda seguridad, el telegrama cursado por el general Dámaso Berenguer en la madrugada del lunes 13: *Los destinos de la Patria han de seguir, sin trastornos que la dañen intensamente, el curso lógico que les imponga la voluntad nacional* (841). Así lo resume Alcalá-Zamora: *Entre tantos y tan fáciles sometimientos como encontré sólo una discrepancia, la de Despujols en Barcelona; pero no por conato de resistencia sino por todo lo contrario, por un ansia quizá circunstancial y psicológicamente disculpable, pero que se mostraba loca e incoercible para desaparecer ante la dificultad, dejando ésta, fuesen cuales fuesen sus riesgos, sin esperar relevo, ni respetar sucesiones jerárquicas, en las manos del que habían querido elevar las masas. El alma de éstas, casi tan voluble e impulsiva en sus contradicciones como el caudillo de sus momentáneos entusiasmos, general López Ochoa, lo aclamaba como ídolo en Barcelona en abril de 1931* (842).

La *colchoneta* del *Pacto de San Sebastián*, que convierte al Comité Revolucionario en Gobierno Provisional de la República supliendo la dejación del poder por parte de los poderes monárquicos, ha funcionado.

Después, y en tanto Miguel Maura prosigue la destitución de los gobernadores civiles -mucho más numerosos que los capitanes generales-, Alcalá-Zamora en el despacho del subsecretario dicta *sin la menor vacilación, sin tener ante sí una sola nota*, los primeros decretos de la naciente República. Lo hace ante los miembros del Comité Revolucionario, *maravillados y absortos*, según explica el propio Maura (843).

Un decreto del *Comité político* nombra Presidente del Gobierno provisional de la República a D. Niceto Alcalá-Zamora y Torres. Por siete decretos de la *Presidencia provisional de la República* se nombran ministros de Estado a don Alejandro Lerroux y García, de Justicia a D. Fernando de los Ríos Urruti, de la Guerra a D. Manuel Azaña Díaz, de Marina a D. Santiago Casares Quiroga, de la Gobernación a don Miguel Maura Gamazo, de Fomento a D. Alvaro de Albornoz y Limiñana y de Trabajo a D. Francisco Largo Caballero. Un decreto del *Gobierno provisional de la República* fija el *Estatuto jurídico del Gobierno*, y por sendos decretos de la *Presidencia del Gobierno provisional de la República* se concede amnistía de todos los delitos políticos, sociales y de imprenta: se declara el día 15 de abril fiesta nacional, disponiendo que en los años sucesivos lo sea el día 14 del mismo mes: se crea el Ministerio de Comunicaciones; se nombra Gobernador civil de Madrid a D. Eduardo Ortega y Gasset; se nombra Subsecretario de la Presidencia del Consejo de Ministros a D. Rafael Sánchez Guerra Sáinz; se nombra Subsecretario del Ministerio de la Gobernación a D. Manuel

Ossorio Florit y se nombra Director general de Seguridad a D. Carlos Blanco y Pérez (844).

Quedan por cubrir los ministerios de Hacienda, Instrucción Pública, Economía y Comunicaciones, a la espera de que sus titulares *in pectore*, Indalecio Prieto, Marcelino Domingo, Lluis Nicolau d'Olwer y Diego Martínez Barrio, regresen de su exilio en París.

El pacto de San Sebastián, la *alternativa válida*, produce el más importante de sus frutos. El poder, prácticamente abandonado en el arroyo por el último gobierno de la Monarquía, es recogido sin solución de continuidad por un equipo de hombres a cuyo frente se halla Niceto Alcalá-Zamora, particularmente sensible a la normativa jurídica. La *Gaceta de Madrid*, es decir, el diario a través del que se gobierna, es el arma más poderosa de que dispone ahora el flamante gabinete republicano.

Ni los más esperanzados conspiradores de principios del mes de abril -escribe *El Caballero Audaz- creían que la República fuera un hecho tan inmediato. Porque ellos no suponían que la Monarquía, como un edificio ruinoso, se viniera abajo por sí sola...* (845).

4.3.4.3. ¡*TODO EL PODER PARA LOS SOVIETS*!

Muchos años después, un testigo presencial que acaba de cumplir los dieciséis años, Santiago Carrillo, afiliado entonces a la Unión General de Trabajadores y miembro de la Juventud Socialista, rememora la proclamación de la República en la Puerta del Sol de Madrid:

El pueblo (...) se fue concentrando en la Puerta del Sol, llegando de todas las direcciones para reclamar la República. Venían en camiones, en coches, sobre los techos de los tranvías, a pie, con un entusiasmo indescriptible, como yo no he vuelto a ver jamás. Aquello era una fantástica fiesta. Por primera vez la fuerza pública permanecía pasiva. Los portones del Ministerio de la Gobernación estaban herméticamente cerrados.

¿Qué idea teníamos en ese momento de lo que sería la República? Se iba a acabar la opresión, la tiranía; íbamos a ser libres; la gente viviría mejor; habría más igualdad; cesarían el paro, el hambre y la miseria; tendríamos otra vida. Dejarían de mandar los curas, los militares y los aristócratas. Pero a ciencia cierta creo que muy pocos sabían cómo podía lograrse todo eso.

Justo en tal momento vi atravesar la Puerta del Sol una camioneta, desde la que quienes iban a ser años después mis camaradas lanzaban la extraña consigna de "¡Todo el poder para los Soviets!"

Si la visión de lo que debía ser la República era en ese momento bastante brumosa y diversa, según quien se la representase, los Soviets eran algo de cuya existencia sabíamos vagamente en Rusia, siendo todavía más vaga la noción de lo que significaba realmente el término, por lo que el eslogan resbalaba como si sus portadores fuesen marcianos. El planteamiento comunista en ese momento estaba a años luz de la realidad.

Estando en la Puerta del Sol, hacia las ocho de la tarde vimos llegar unos coches, en los que unos advirtieron, otros imaginamos, por los aplausos y los vivas, que venía el Comité Revolucionario. Por lo visto habían decidido proclamar el nuevo régimen desde los balcones del Ministerio de Gobernación. Efectivamente, minutos más tarde aparecían en éstos Niceto Alcalá Zamora, Largo Caballero, Maura, Fernando de los Ríos, Lerroux y Azaña, entre otros. Desde allí hablaron; la mayor parte del público no alcanzábamos a oirlos, pero aplaudíamos. No hacía falta oír, cada uno se imaginaba lo que deseaba escuchar. Era un momento de euforia colectiva que se prolongó varias horas, cuando los nuevos ministros se habían retirado ya al interior. Una buena parte de éstos eran totalmente desconocidos para la mayoría: Azaña, Casares Quiroga, Diego Martínez Barrios...Pero ¿qué más daba? Lo que importaba era la República. El sueño de generaciones de progresistas, cuya consecución había costado tantas víctimas, las últimas Galán y García Hernández, estaba ahí, materializándose (846).

Rivas-Xerif, por su parte, explica que *una ovación clamorosa señaló la presencia en el balcón principal del Gobierno Provisional en pleno* (847), *tal y como previsto de meses antes acababa de constituirse. Cierto que el espectáculo para cuantos de una manera o de otra participábamos en él con los ojos y con el corazón era magnífico. A las estampas que quedan en los periódicos de aquellos días, les falta la emoción del trueno de mar embravecido que trascendía a mucha distancia a la luz de la noche primaveral* (848).

Y un *niño republicano*, Eduardo Haro Tecglen, recuerda muchos años después: *La calle sigilosa y casi vacía del domingo electoral era, dos días después, la alborotada y tricolor, la de los camiones ruidosos camino de la Puerta del Sol: y los primeros himnos, y las primeras aleluyas populares ("¡no se ha marchado, que le hemos echado!") mientras por el cielo pasaba ronca, una y otra vez, una avioneta de vuelo bajo: era, decían, Ramón Franco. Un héroe vivo de lo que comenzaba a ser la primera aguja que iba a coser el mundo: la aviación* (849).

Fue en las calles y plazas de Madrid -concluye Raymond Carr- *donde la monarquía constitucional, creada y mantenida por el liberalismo español del siglo XIX, se allanó finalmente ante su enemigo histórico, el republicanismo* (850). Pero la Monarquía que el 14 de abril cede paso a la República ya no es la surgida de la Constitución de 1876, sino la Monarquía de Septiembre nacida del golpe de Estado de 1923.

4.3.4.4. UNAMUNO PROCLAMA LA REPÚBLICA EN SALAMANCA. LA BANDERA TRICOLOR EN EL AYUNTAMIENTO DE PAMPLONA.

En Salamanca a esas horas de la tarde del martes la plaza Mayor rebosa de gente que canta una y otra vez *La Marsellesa*. Hasta allí llega la manifestación procedente de la Casa del Pueblo. A su frente marcha Miguel de Unamuno, a quien se abre paso hasta las puertas del Ayuntamiento. Después aparece en el balcón principal acompañado de los nuevos concejales y de los miembros del Comité revolucionario local. Primitivo Santa Cecilia, el más votado de los concejales electos, es el nuevo alcalde; Tomás Marco Escribano ha sido designado presidente de la Diputación, y Castro Prieto Carrasco, gobernador civil (851).

Don Miguel se inclina sobre el balaustre, se quita las gafas porque tiene los cristales empañados y comienza a hablar -refiere Salcedo-. *Les habla de los comuneros, de la monarquía, de Salamanca, adonde fue cuarenta años atrás, y un sollozo le interrumpe al evocar el momento de su destierro. Primitivo Santa Cecilia le abraza, entre el clamor de la multitud. Don Miguel se rehace y con voz velada se disculpa:*

-Permitid la arrogancia de que sea yo quien proclame la República en esta Plaza que recibió al desterrado de la Revolución del 68 (852).

En Pamplona, el feudo carlista, se iza también la bandera tricolor. *La proclmación* -relata Mariano Ansó-, *tuvo lugar en el balcón central del Ayuntamiento poco después de las siete de la tarde, ante un mar de cabezas de pamploneses. Después de las palabras de rigor que pronunció con un hilo de emocionada voz don Serafín Huder, yo hilvané unas cuantas frases recomendando serenidad y altura de miras y de sentimientos.*

Esto fue todo. La marea humana se disolvió pacíficamente y una hora después una música militar interpretó La Marsellesa *en el kiosco de la plaza del Castillo. Poco más tarde Pamplona dormía tranquila; o casi toda Pamplona, porque, por ejemplo, el último alcalde de la Monarquía, Javier Arbizu Aguado, había desaparecido de la ciudad por temor a represalias, y tardó varios días en tranquilizarse y volver con los suyos. El presidente de la Audiencia tomó posesión del Gobierno Civil* (853).

Juan de la Cierva llega a su casa *profiriendo protestas que no entendí en voz muy alta* -según recuerda su nieto Ricardo de la Cierva- *y casi arrancándose las condecoraciones del uniforme* (854). De alguna manera, el más leal servidor de la Corona ha sido también *borboneado.*

4.3.4.5. SANJURJO EN EL MINISTERIO DE LA GOBERNACIÓN. CAMBÓ SALE DE ESPAÑA. SE EVITA LA PROCLAMACIÓN DEL ESTADO DE GUERRA. UNA VELADA NECROLÓGICA. *LAS DOS ESPAÑAS* DE RAFAEL ALBERTI.

El general Sanjurjo, de acuerdo con el relato que hace su ayudante Esteban-Infantes, es citado por el Gobierno Provisional a las ocho de la tarde en el ministerio de la Gobernación, donde se celebra el primer Consejo de ministros.

Desde el ministerio de la Guerra hasta la Puerta del Sol emplean más de una hora *por la aglomeración de gente en plazas y calles que impedía el paso.* La entrada principal está cerrada, y la de la calle del Correo, adyacente, bloqueada por el personal que se apretuja contra ella. *Por fin el portón fue un momento entreabierto para dar paso a seis personas: el general Sanjurjo con los que le seguíamos y la mujer y la hija de Miguel Maura, que estaban pegadas al quicio a punto de ser aplastadas.* Al llegar al piso principal Esteban-Infantes nota la falta de su carnet militar, que utiliza como cartera y donde guarda documentos y dinero. *Me había sido sustraído hábilmente del bolsillo interior de la americana.* El futuro jefe de la llamada *División Azul* concluye: *Fue un aviso: en lo sucesivo* habría que abrocharse (855). Parece un juicio un tanto precipitado, pues las habilidades de un carterista no se improvisan en el poco tiempo transcurrido desde la proclamación del nuevo régimen.

A la caída de la tarde, en Madrid, uno de los grandes derrotados de la jornada, Francesc Cambó, consciente de que *no tenía nada que hacer en España durante algún tiempo*, telefonea a la compañía Wagons-Lits; por azar, explica, les queda una cabina. Se dirige a la estación y toma el Sud-Express. Que hombre tan previsor en todas las cosas como Cambó no tuviese el billete reservado indica, claramente, que el resultado de lo ocurrido en España le pilla de sorpresa. *Antes de salir* -explica en sus *Memorias*- *supe que, afortunadamente, el General José Sanjurjo había visitado al Comité republicano-socialista, manifestando que ponía la Guardia Civil a disposición de la República a fin de mantener el orden y evitar cualquier derramamiento de sangre. Con esta impresión agridulce salí de España el día 14 de abril de 1931, en dirección a París* (856). Una vez más la burguesía catalana no ha sabido estar a la altura de las circunstancias históricas que, como clase social, le correspondía. Toda Barcelona, toda Cataluña, a estas horas, es un grito unánime: *Visca Macià! Mori Cambó!* El fracaso del líder regionalista, que según Alcalá-Zamora pretendía ser *Bismarck en España y Bolívar en Cataluña*, es absoluto, total, definitivo. No ha coseguido salvar la Monarquía en España, y ha llevado a su partido y a la clase social cuyos intereses encarna, al desastre en Cataluña.

Sanjurjo, según el testimonio de Esteban-Infantes, permanece una media hora con los miembros del Gobierno Provisional que han tomado posesión del ministerio de la Gobernación. *Se trató en este tiempo -según se dedujo por palabras sueltas y más tarde se confirmó plenamente- de la manera de encauzar la riada humana desbordada en el centro de la capital para evitar una noche trágica, sin impedir las manifestaciones normales de alegría y jolgorio. Cosa harto difícil, como se hizo notar por varios de los ministros. A Sanjurjo le encargaron del mantenimiento del orden público concediéndole amplias facultades sobre el Ejército y la Policía gubernativa, además de seguir en el mando de la Guardia Civil. A su mano fueron a parar circunstancialmente y por muy breve tiempo todos los órganos capaces de cortar una situación anárquica. El General no pudo rehusar la aceptación de un cometido relacionado tan directamente con su cargo y condición. En cierto modo fue una imposición del Gobierno. El Consejo provisional amenazó con retirarse del Ministerio sin tomar las riendas de la gobernación del país, si Sanjurjo no aceptaba el cargo; y Sanjurjo aceptó para que el Poder no se viera arrojado en mitad del arroyo, ya que a las nueve de la tarde ya había salido el Rey de Madrid y lanzado su manifiesto de despedida* (857).

Por mucho que Esteban-Infantes pretenda en 1957, desde la óptica de esos años, justificar la actuación de Sanjurjo en 1931, resulta imposible creer que, tras ofrecerse por la mañana a Miguel Maura, tenga que ser moralmente coaccionado para que siga en el desempeño de su cargo y asuma otras funciones complementarias. Y resulta todavía más inverosímil pensar que si Sanjurjo hubiese rehusado hacerlo, el Gobierno Provisional, ya constituído, habría renunciado a encontrarle un substituto retirándose de nuevo a casa de Miguel Maura. En cuanto al *poder arrojado en mitad del arroyo*, es al gobierno del almirante Aznar, con sus dilaciones, a quien cabe responsabilizar de tal hecho; el Comité Revolucionario se limita a recogerlo. Y, por supuesto, el manifiesto de despedida de Don Alfonso XIII que también Esteban-Infantes argüye en disculpa de la actitud de Sanjurjo, no se hace público hasta el día 17, una vez autorizado por el Gobierno Provisional.

Tras abandonar el ministerio de la Gobernación, Sanjurjo se dirige a la Capitanía General de Madrid, al mando del general Federico Berenguer, hermano del hasta ahora ministro de la Guerra. *Sin anunciarse*, según puntualiza Esteban-Infantes, penetra en el despacho del capitán general, *donde estaban reunidos los generales de la guarnición, dispuestos a proclamar, según orden recibida, el estado de guerra. A las diez o diez y media de aquella noche el mayor disparate hubiera sido dispersar las tropas por las calles. Las unidades habrían sido absorbidas instantáneamente por el imponente gentío que dominaba la urbe, y al poco rato los soldados, despojados de sus fusiles, estarían mezclados con las turbas quedando las secciones desorganizadas, sin mando, y el populacho en libertad de asaltar el parque de Artillería y los cuarteles. Si para evitar esto se hubieran enviado batallones concentrados para cargar sobre la muchedumbre habría sido obligado desde los primeros momentos el empleo de ametralladoras y cañones, y Madrid habría amanecido cubierto de sangre.*

No había otra solución que mantener la guarnición acuartelada en situación expectante para intervenir sólo en casos muy críticos, en que una dura represión estuviera sobradamente justificada.

Y ésta fue la orden que enérgica y tajantemente dio Sanjurjo haciendo uso de las facultades excepcionales que le habían sido conferidas (858).

A pesar de *la masa borracha de pasiones y de vino*, con que anteriormente Esteban-Infantes describe a la ciudadanía que alegre y pacíficamente celebra el advenimiento de la República, ninguna guarnición tiene que abandonar su acuartelamiento.

Cuando todo se ha consumado, o está a punto de consumarse, Eugenio Vegas Latapie, a instancias del marqués de Quintanar, asiste a una reunión en el domicilio de un ex-ministro de la Dictadura, cuyo nombre silencia. *Se habían dado cita en él varios personajes destacados del Gobierno del general Primo de Rivera: Maeztu, José Antonio, Yanguas, el conde de Guadalhorce...* (859). *La reunión, a última hora de la tarde del 14 de abril, parecía más bien un velatorio de la Monarquía. El Rey se encaminaba hacia el exilio, y nosotros -algunos de los cuales habían gobernado con Alfonso XIII- comentábamos la inquietante situación en que quedaba España. Y como era natural, se hablaba mucho del Monarca* (860). Es en esta reunión, como queda relatado anteriormente, donde Maeztu, el autor de *Defensa de la Hispanidad*, rememora amargamente que Don Alfonso XIII le refregase *el postín* que se iba a dar por viajar en *un camarote de lujo* en su condición de Embajador de España; y donde José Antonio Primo de Rivera, se supone que con no menor amargura, refiere el comentario del Rey al comunicarle la noticia del desembarco de Alhucemas protagonizado por el general: *Vaya suerte que ha tenido el cochino de tu padre.*

Cabe suponer el estado de ánimo de los presentes, ajeno por entero en casi todos ellos, pero no en todos, a la alegría con que el pueblo español celebra la proclamación de la República *como una gran verbena popular*, al decir de Ramón J. Sender (861).

Mientras sabíamos que Madrid se desbordaba callejeante y verbenero -recuerda Rafael Alberti en sus *Memorias*-, *satirizando en figuras y coplas la dinastía que se alejaba en automóvil hacia Cartagena, un pobre guarda civil roteño, apoyado contra la tapia de sol y moscas de su cuartelillo, repetía, abatido, meneando la cabeza*:

-¡*Nada, nada*! ¡*Que no me acostumbro*! ¡*Que no me acostumbro*!

-¿*A qué no te acostumbras, hombre*? *-quiso saber el otro que le acompañaba y formaba con él la pareja.*

-¿*A qué va a ser*? ¡*A estar sin rey*! *Parece que me falta algo.*

De nuevo, y como siempre -yo empezaba a ver claro-, dos Españas: el mismo muro de incomprensión separándonos (muro que un día, al descorrerse, iba a dejar en medio un gran río de sangre). Así María Teresa y yo lo íbamos comentando camino de Madrid. No hacía ni una hora que había sido izada la nueva bandera, cuando ya la vencida comenzaba a moverse, agitando un temblor de guerra civil (862).

4.3.4.6. DON ALFONSO XIII ABANDONA PALACIO.

A las ocho de la tarde Don Alfonso XIII y Doña Victoria cenan por última vez en el Palacio de Oriente. De acuerdo con los deseos del Rey lo hacen en *el cuartito donde tomábamos siempre el té*, según le comenta la Reina a su biógrafo Marino Gómez Santos. Tal vez la soberana alimenta la esperanza de que el Rey, en este ágape postrero en la que, durante un cuarto de siglo ha sido su casa, querrá sincerarse con ella. Todo en vano. El muro que hace tanto años se ha alzado entre ambos sigue en pie. *Allí comimos los dos, casi en silencio*. El Rey se despide sin mayores explicaciones. *Nos dijimos adiós, no sabiendo si volveríamos a vernos. Porque yo no tenía la menor idea de dónde iba* (863). Don Alfonso XIII deja así a la que fuera el gran amor de su vida sin la menor explicación respecto al futuro inmediato.

A las ocho y media, llaman de Palacio al general Berenguer, ministro de la Guerra. El Rey, inquieto por la tardanza del almirante Rivera, que ha de acompañarle a Cartagena, inquiere noticias de las provincias que debe recorrer hasta rendir viaje.

Avisado de la llegada del almirante, Don Alfonso XIII se despide de Berenguer *con la mayor entereza y afecto* (864).

Todos los testigos de la marcha del Rey coinciden en que, antes de abandonar el Palacio de Oriente, dirige *sus ojos velados por las lágrimas al retrato de la Reina Madre*. Es lógico que así lo haga. En 1902 Doña María Cristina consigue que su hijo se siente en el trono que ella ha regentado celosamente desde que Don Alfonso XII la dejara viuda y en estado de buena esperanza. No se entiende demasiado, sin embargo, que algún exégeta escriba que *con aquella mirada de despedida iba seguramente el pensamiento de que si ella viviera se hubiera evitado posiblemente aquel trance catastrófico para España y para la Monarquía* (865). Dejando aparte que si el advenimiento de la República es lógicamente *catastrófico* para la Monarquía no tiene porqué serlo para España, resulta difícil admitir que Doña María Cristina, a quien su hijo margina totalmente de los asuntos públicos desde que asume la Corona, hubiese podido influir en la marcha de los acontecimientos de los dos últimos años. Su oposición a que el Rey dé paso a la Dictadura de Primo de Rivera no tiene el menor éxito, como antes no lo tiene en sus advertencias sobre la posibilidad de que Doña Victoria Eugenia sea transmisora de la hemofilia. Pero tanto para Don Alfonso XIII como para alguno de sus incondicionales resulta confortante pensar que, por encima de las culpas propias e intransferibles, han sido otras las causas de la crisis por la que ahora se atraviesa. Las lágrimas de Don Alfonso XIII más bien parecen responder a un sentimiento de autocompasión. A sus casi cuarenta y cinco años el *hijo único*, privado de la devoción materna, se encuentra cesado en sus funciones, con un matrimonio deshecho y unos hijos -Don Alfonso, Don Jaime, Don Gonzalo- tarados por la hemofilia o la sordomudez. Su vida y su reinado se le presentan ahora, sin duda, carentes de sentido.

Todo está consumado. Don Alfonso XIII abandona Palacio. Antes le abandonan, sin embargo, en esta circunstancia, no quienes desde siempre son sus adversarios sino quienes presumían de ser sus leales. *Las ratas que le rodeaban -los duques, no todos, claro, los marqueses, los condes, los cortesanos, algunos generales- saltaban asustadas del barco que se hundía. El Rey conservó el valor y la lucidez mientras a demasiados "monárquicos" se les bajaba la sangre a los azules zancajos y se les empinaban los testes a la garganta*. Esto lo escribe Luis María Anson (866).

4.3.4.7. CARLOS BLANCO SUSTITUYE A MOLA EN LA DIRECCIÓN GENERAL DE SEGURIDAD. SIN TITULAR EN EL MINISTERIO DE LA GUERRA. MANUEL AZAÑA SE POSESIONA DEL CARGO.

Desde Capitanía general, tras prohibir la proclamación del estado de guerra, Sanjurjo se dirige a la Dirección general de Seguridad. *A Mola ya no le encontró* -explica Esteban-Infantes-, *y el coronel Aranguren, de la Guardia Civil, que le substituía, recibió la orden de obedecer exactamente las que recibiera de don Carlos Blanco, como nuevo encargado de la Policía gubernativa, quien a su vez había sido instruído convenientemente por Sanjurjo sobre la manera de distribuir los agentes de paisano entre los grupos revoltosos como mejor medio informativo, y sobre la línea de conducta a seguir por las fuerzas de seguridad en caso de asesinatos o asaltos* (867).

Cerca de las nueve de la noche Berenguer decide abandonar el ministerio. Sin noticias de quién pueda ser su sucesor ni de cuando irá a tomar posesión del puesto, encarga al subsecretario que sea él quien le dé posesión cuando se presente. Poco antes de marcharse, el secretario del general Mola le comunica que el general Blanco, acompañado de un teniente coronel de Estado Mayor ayudante del general Sanjurjo, se ha hecho cargo de la Dirección General de Seguridad. En el auto de la policía de su escolta Berenguer se dirige a casa de su hermano Federico, en la calle de Manuel Silvela. Allí permanece hasta el 17, en que se presenta a las nuevas autoridades; el 26 ingresa en Prisiones Militares por disposición del juez militar que actúa por el Consejo Supremo de Guerra y Marina, en cuya presidencia ha sido repuesto el general Burguete, destituído por Berenguer pocas semanas antes (868). Desaparece así, por el escotillón de la pequeña historia, el *general palaciego*, al que el título de un artículo de José Ortega y Gasset -*El error Berenguer*- fija definitoriamente en la crónica de los errores de Don Alfonso XIII que conducen a la caída de la Monarquía.

De regreso al ministerio de la Guerra, procedente de la Dirección general de Seguridad, el general Sanjurjo advierte al subsecretario, general Ruiz Fornells, con el que no quiere hablar *más que lo indispensable*, que no debe tomar ninguna medida *sin su previo consentimiento, por ejercer él además de la dirección de la Guardia Civil el mando sobre todas las fuerzas armadas según designación expresa del Gobierno* (869).

A las once de la noche, sin embargo, Manuel Azaña, convencido ya sin duda de que ningún simple guardia puede proceder a su arresto, se decide, de acuerdo con los miembros del Comité, a tomar posesión efectiva del ministerio de la Guerra del que es titular, *inseguro todavía del recibimietno que podía encontrarse*, según le explica después a su cuñado. *Apercibidos iban sus acompañantes* -el comandante Hernández Sarabia y el capitán Arturo Menéndez-, *en función de servicio ya, aun cuando no estuvieran nombrados, por falta material de tiempo, pero no encontraron resistencia ni se formalizó en una opinión manifiesta la reserva natural en los elementos militares ocupantes hasta entonces del Ministerio* (870).

A Federico Berenguer, Capitán general de Madrid, que acude a cumplimentar al nuevo titular, Azaña le ordena, se supone que reiterando lo dispuesto por el general Sanjurjo, que retire el bando de declaración del estado de guerra, *dispuesto por el Gobierno que había dejado de serlo* -según relata Rivas-Xerif- y asegure *el buen orden en los cuarteles de la guarnición en acatamiento al Poder constituído* (871). Se desvanecen, con el relato que de la toma de posesión hace el propio Azaña a su cuñado Rivas-Xerif, las versiones circuladas por algunos cafés de Madrid, esa misma noche, según las cuales *el ministro de la Guerra llevaba un cuarto de hora con el Capitán General de Madrid, Federico Berenguer, que en posición firme ante él, no obtenía la venia de su nuevo jefe superior para ponerse cómodamente en su lugar* (872).

4.3.4.8. MARAÑÓN DECLINA ACOMPAÑAR A LA REINA HASTA LA FRONTERA. ¡*MUERA LA RAZA LATINA*!

Muy entrada la noche Gregorio Marañón recibe una llamada teléfonica del conde de Romanones, quien la ruega acuda a su casa. *En su despacho estaba, derribado por el dolor, sobre un sofá, el marqués de Hoyos, último ministro de la Gobernación de aquella monarquía* -explica el doctor-. *Se trataba de hacer salir de España a la reina y a sus hijos. En la inmensa confusión del momento, no se sabía cómo. Me insinuaron que, en el tren del día siguiente, les acompañara yo hasta la frontera. Claro es que lo hubiera hecho sin vacilar, pero no me sentía investido de la autoridad necesaria para afrontar situaciones adversas durante el viaje. Les propuse que fuera Sanjurjo el acompañante. Desde allí mismo le telefonearon; aceptó y quedó convenida la marcha del resto de la familia real.* De regreso a su casa, Marañón constata que *la Castellana, mediada ya la noche, estaba solitaria y tan silenciosa que me hizo estremecer* (873).

No acaba de entenderse que el conde de Romanones, factotum del cambio de régimen dentro del campo monárquico, y el marqués de Hoyos, ministro de la Gobernación del último gabinete de la Corona, acudan a un particular como Gregorio Marañón, por mucho que sea su prestigio y mucha su autoridad moral, para confiarle la seguridad de la Reina y de sus hijos durante su traslado desde Madrid al exilio. El sentido común de Marañón resuelve la difícil papeleta al indicarles a ambos políticos -el más resabiado y el más inexperto de los muchos que Don Alfonso XIII ha tenido a lo largo de veintinueve años de hacer y deshacer gobiernos- la persona adecuada para endosarle tal papeleta. El general Sanjurjo, por muchos posibles agravios que tenga contra el monarca, es lo que suele denominarse *un caballero español*, y, en efecto, no vacila un solo momento en aceptar el encargo; por otra parte, su empleo como Director general de la Guardia civil, y su acatamiento del nuevo régimen, que desde la mañana de ese día es público y notorio, garantizan que el viaje de las reales personas ha de realizarse sin el menor contratiempo.

Un pausado señor, ya entrado en años -explica Claudio Sánchez Albornoz a propósito de su padre- *regresa despacio a su hogar. No le asombraban ni inmutaban los cantos y los gritos con que el pueblo celebraba la proclamación de la República. Un instante se detuvo para corear con la muchedumbre las últimas estrofas de "La Marsellesa". Era monárquico, pero era liberal. De pronto le sorprendió un grupo que gritaba estentóreamente*:

-¡*Muera la raza latina*!

Mi padre se acercó a ellos y les interrogó:

-*¿Pero por qué gritáis muera la raza latina? ¿Qué os importa la raza latina?*

-*Señor -le replicaron-, usted no comprende; la raza latina son los curas* (874).

Los *mueras* a *la raza latina* son los máximos desmanes con que en toda España se produce el cambio de régimen. *Esta fue la sensacional, la maravillosa proclamación de la República Española en 1931* -rememora años después, desde su exilio, el *monárquico sin rey* Angel Ossorio y Gallardo-. *Ni un muerto, ni un herido, ni un contuso, ni una palabra mal sonante. Paz, compostura, serenidad, orden. Que me presenten un pueblo que haya hecho otro tanto en circunstancias parecidas* (875). Y la Infanta Doña Eulalia de Borbón, tía paterna de Don Alfonso XIII, escribe en sus *Memorias* a propósito del 14 de abril de 1931: *El espíritu noble y el fondo hidalgo del alma española se pusieron de manifiesto una vez más en la revolución que trajo la Segunda República. Al contrario de lo que ha ocurrido en otros países en circunstancias análogas, ni un disparo se escuchó, ni un noble fue agredido, ni una injuria o un grito soez escuchó la familia real, que cruzó toda la Península para ganar la frontera francesa. Lo sucedido del 13 al 15 de abril de 1931, si como princesa lastima profundamente mis convicciones, como española me enorgullece por la civilidad de que se hizo alarde* (876).

Para otros monárquicos como Eugenio Vegas Latapie el espectáculo de las calles presenta aspectos desagradables: *La algarabía republicana era imponente. La multitud apiñada en las terrazas de los cafés, subida en lo alto de los tranvías y en los coches y camiones requisados, se abrazaba por las calles en grupos, daba alaridos y entonaba chabacanerías. Era insistente, sobre todo, un estribillo que se oía por todo Madrid y que aún sigue resonando en mí: "No se ha marchao, que le hemos echao", "No se ha marchao, que le hemos echao", "No se ha marchao, que le hemos echao"...* (877). La unanimidad con que se corea *por todo Madrid* el estribillo de marras no consigue paliar, ante Vegas, su repulsa ante los *alaridos* y *chabacanerías*.

Por contra, José Antonio Primo de Rivera, uno de los asistentes a la velada necrológica del día 12 descrita por Vegas, hablará a la vuelta de pocos años de *la alegría del catorce de abril* (878), la alegría instintiva y profunda del pueblo español, que sabe se halla ante una oportunidad histórica irrepetible.

4.3.4.9. ALOCUCIÓN DEL PRESIDENTE DEL GOBIERNO PROVISIONAL. MIGUEL MAURA, DE GUARDIA EN EL MINISTERIO DE LA GOBERNACIÓN.

En los inicios de la madrugada del catorce al quince de abril, y a través de los micrófonos de *Unión Radio*, de Madrid, instalados en el ministerio de la Gobernación en la Puerta del Sol, el presidente del Gobierno Provisional, Niceto Alcalá-Zamora, se dirige como tal, por primera vez, a todos los españoles:

En nombre de todo el Gobierno de la República Española saluda al pueblo una voz, la de su presidente, rendida por la emoción e impulsada por el entusiasmo ante el espectáculo sin igual de una reacción casi imposible de imitar, que esta Nación ha dado al mundo resolviendo el problema de su revolución latente y cambio indispensable de su estructuración en medio de un orden maravilloso y por voluntad y vía perfectamente legal. El Gobierno todo, en nombre del cual hablo, compenetrado en su amor al país y dispuesto a resolver todos los ideales nacionales, ofrece que pronto, muy pronto, tan pronto como las circunstancias lo permitan, el país dictará todo el modelo de su estructuración política.

Asistid al Gobierno con vuestra confianza, vigilad sus actos, y si incurrimos en responsabilidad, exigidla en su día, y con nuestro amor y con nuestra conciencia prometemos llenar vuestras aspiraciones, y si esto es así, no os reclamamos vuestro aplauso, sino la mayor satisfacción y vuestra confianza para satisfacción de nuestra conciencia. Nuestra autoridad sólo puede existir con vuestro apoyo. Seguid unidos sin alborotos en la calle y respetad el derecho de todos, pero procurad que en vuestra conducta no haya nunca la menor protesta que sirva para una reacción contraria. Y si ella surgiera, que inmediatamente quedara ahogada. La normalidad en el país es completa y nos hemos posesionado sin el menor incidente, y el primer acto de Gobierno ha sido la concesión de una amplia y generosa amnistía.

Estemos todos seguros de que España goza una completa aurora de amor entre todas las regiones, que servirá para hacer una España grande, sin que ningún pueblo se sienta oprimido y el amor impere. Con el corazón en alto, el Gobierno de la República no puede daros la felicidad, porque esto no está en sus manos, pero sí el cumplimiento del deber, el restablecimiento de la Ley y la conducta inspirada en el bien de la Patria. ¡Viva España! ¡Viva la República! (879).

A la una de la madrugada los flamantes ministros de la Segunda República española, proclamada hace sólo unas horas, se retiran a descansar. Sólo Miguel Maura permanece en su puesto, en el ministerio de la Gobernación, donde a las cuatro de la mañana del miércoles 15 le anuncian la visita del conde de Aybar, a quien recibe en el acto: *Vino a comprobar si las disposiciones para el viaje de la familia real estaban tomadas y para fijar la hora de la salida del convoy desde El Escorial, según lo convenido. Decidimos que fuese el mismo tren rápido que pasa por El Escorial a las diez de la mañana, al que se agregarían las unidades necesarias para la familia real, su séquito y fuerzas de la Guardia Civil. Convinimos en que había de ser el general Sanjurjo en persona quien asegurase tal servicio, y, tras las naturales y sentidas lamentaciones de tan viejo y leal servidor de la familia real, nos despedimos cortésmente, prometiéndole que desde el día siguiente le remitiría intacta la correspondencia que para el rey y la familia real llegara.*

Cumplí esa promesa escrupulosamente -concluye Miguel Maura- *y no se abrió una sola de las innumerables cartas que el rey recibía de todas las partes del planeta* (880).

Así pasó aquel día memorable -evoca Gregorio Marañón-. *Sobre mi intervención en los sucesos que he referido, se creó una leyenda. Los periódicos extranjeros repitieron que yo había sido "l'accoucher de la République". La verdad es que fui sólo un testigo presencial del parto* (881).

El 14 de abril de 1931 -explica a toro pasado Alejandro Lerroux- *fue una anticipación. Se había preconizado como indispensable la lucha revolucionaria de tipo clásico para conseguir la proclamación de la República. Se creía contar con una buena parte del ejército.*

El triunfo del 12 de abril en las urnas electorales sorprendió a los revolucionarios y entusiasmó a los liberales, pero no decidió a los conspiradores ni a los socialistas a lanzarse a la acción. ¿Para qué? El gesto abrumado de la Majestad emprendiendo espontánea y anticipadamente el camino de la expatriación fue suficiente.

Surgió el famoso momento psicológico. Fue entonces cuando la sorpresa produjo la atonía y paralizó la iniciativa de todos los que habían ejercido autoridad o influencia social.

Fue entonces cuando la satisfacción de no ver alterado el orden público, ni en peligro la paz, ni violado un domicilio, ni forzado un escaparate, ni ultrajado un sacerdote, ni levantadas las piedras de la calle, ni desfilando por ellas el ejército en tren de guerra... fue entonces cuando el país entero, radiante de alegría y vibrante de emoción, se encontró a sí mismo, como él se quería o como él se creía, en plena paz, en cordial fraternidad y libre (882).

Un monárquico antialfonsino en el momento (1932) en que enjuicia la caída de la Institución, *El Caballero Audaz*, afirma:

El propio cambio de régimen fue el producto de una gran cobardía.

Cobardía personal de quien encarnaba el régimen monárquico.

Cobardía inmensa del pueblo que, puesto en trance de hacer una revolución, no se atrevió a consumarla...

Mirando serenamente aquel júbilo del 14 de abril, no fue la alegría arrogante de una batalla ganada, con la gloria y el peligro de una gran lucha... Fue el regocijo burlón del que, sin batalla, ve huir a su enemigo.

(...) La Revolución que pudo hacerse o no hacerse, no se hizo, y el cambio de régimen se realizó como una evolución pacífica y racional.

Un acto electoral que, a pesar de su carácter puramente administrativo, adquirió trascendencia de plebiscito, bastó para derrocar a la Monarquía.

España, manifestándose en las urnas, respondía a las predicaciones republicanas.

ALCALA ZAMORA, MAURA, LERROUX, con sendos discursos, recogían las palpitaciones del ambiente y la opinión recibía de ellos, COMO PROMESA ESENCIAL DE SUS PROPAGANDAS, LA ESPERANZA DE UNA REPUBLICA LIBERAL, DEMOCRATICA, GUBERNAMENTAL Y DE ORDEN.

ESTE COMPROMISO DE UNA REVOLUCION SIN SANGRE, DE UNA TRANSFORMACION PACIFICA Y RESPETUOSA CON TODOS LOS INTERESES SOCIALES, FUE EL QUE IMPULSO A LA ENORME MASA DE VOTANTES A DAR SU SUFRAGIO A LA CAUSA REPUBLICANA...

La olvidada clase media española, que por inercia, por resignación y por indiferencia venía siendo el sostén del régimen monárquico, se sintió un día harta de dictaduras, y más harta todavía de desórdenes, de dificultades... ¡Era necesario que España viviera!

Vio en la República un posible alivio en todo eso... Más que por un sentido político, fue por una inclinación de justo egoísmo, por la esperanza de una vida más ordenada, más cómoda y más libre, por lo que votó la República...

La votaron -esto es innegable- hasta muchos que todavía, aunque de un modo tibio y pasivo, eran monárquicos, pero que no estaban de acuerdo con las dictaduras ni con los desórdenes.

Alcalá Zamora y Maura, hombres de derechas, procedentes de la Mo-

narquía, y Alejandro Lerroux, con su democracia templada y sus presuntas dotes de energía y de orden, eran la garantía para aquellas enormes masas de votantes... (883).

Desde otra óptica radicalmente distinta, en 1935 el hijo primogénito del Dictador, José Antonio Primo de Rivera, que lidera un pequeño partido llamado Falange Española, enjuicia sin remilgos la caída de la Monarquía:

La Monarquía española cumplió su ciclo, se quedó sin sustancia y se desprendió, como cáscara muerta, el 14 de abril de 1931. Nosotros hacemos constar su caída con toda la emoción que merece y tenemos sumo respeto para los partidos monárquicos que, creyéndola aún con capacidad de futuro, lanzan a las gentes a su reconquista; pero nosotros, aunque nos pese, aunque se alcen dentro de algunos reservas sentimentales o nostalgias respetables, no podemos lanzar el ímpetu fresco de la juventud que nos sigue para el recobro de una institución que reputamos gloriosamente fenecida (884). El juicio del joven político republicano es certero al diagnosticar el agotamiento de la Institución; generoso al adjetivar las circunstancias de su caída, que nada tienen de gloriosas; erróneo al pensar que -aunque sea a largo plazo- carece de capacidad de futuro.

Más de treinta años después de la caída de la Monarquía Raymond Carr escribe: *No fue el derrotismo de última hora del gabinete lo que derribó a la monarquía, sino la impopularidad personal del propio rey, reflejada en las elecciones municipales. "No estamos de moda", lamentó Alfonso XIII. No era posible olvidar que había sido él quien había dado paso a la dictadura en 1923. La única posibilidad de la monarquía acaso estuviera en una vuelta inmediata al gobierno parlamentario y civil en 1930; en lugar de ello, el rey nombró el gobierno Berenguer, que durante un año siguió gobernando por decreto y con censura, y sin la fuerza moral necesaria para hacer efectivo el gobierno autoritario, En vez de ser el agente de la estabilidad política, Berenguer, según sus propias palabras, se encontró haciendo el papel del tapón de una botella de champaña a medio descorchar. Las clases conservadoras, durante 1930, perdieron la confianza en la monarquía como baluarte contra la revolución social. Tranquilizadas por el conservadurismo de Alcalá Zamora, aterradas por los estudiantes y los huelguistas, no hicieron esfuerzo alguno por organizar la defensa de la monarquía, desoyendo a sus defensores de la extrema derecha. Desde el propio Berenguer para abajo, los conservadores negaron resueltamente toda relación con los antiguos partidarios del dictador; esto suponía que la Unión Monárquica (la U.P. con otro nombre) defendía la fama del dictador y no a la monarquía que le había apartado. Las clases conservadoras de España todavía no estaban preparadas para una alianza con la extrema derecha. Antes que pechar con la resistencia a una revolución, dejaron que el rey se fuera. La aristocracia, que nunca había perdonado a Alfonso XIII su cooperación con el dictador y con sus técnicos y peritos de la clase media, presenció la caída de la monarquía como si se tratara de una mala película* (885).

Y más de sesenta años después de la proclamación de la República Luis María Anson escribe: *El régimen republicano se estableció en España, sin que se derramase una gota de sangre. Tuvo una adhesión popular generalizada.*

Ilusionó a casi todos. La opinión pública le abrió un crédito sin precedentes en la Historia de España (886). Lástima, y grande, que los herederos de quienes no son capaces de evitar la caída de la Monarquía -los Luca de Tena, los Sainz Rodríguez, los Vegas Latapie- desde la misma tarde de la proclamación de la República pongan en marcha la conspiración para derribarla.

4.3.4.10. ANTONIO MACHADO EVOCA LA PROCLAMACIÓN DE LA REPÚBLICA EN SEGOVIA. UN JUICIO DE JOSÉ ANTONIO PRIMO DE RIVERA.

En Segovia la República ha sido proclamada desde el balcón del Ayuntamiento por Antonio Machado. Seis años después, en plena guerra civil y desde Valencia, sirviéndose de su *alter ego* Juan de Mairena, evoca el acontecimiento:

¡Aquellas horas, Dios mío, tejidas todas ellas con el más puro lino de la esperanza, cuando unos pocos viejos republicanos izamos la bandera tricolor en el Ayuntamiento de Segovia!... Recordemos, acerquemos otra vez aquellas horas a nuestro corazón. Con las primeras hojas de los chopos y las últimas flores de los almendros, la primavera, traía a nuestra República de la mano. La naturaleza y la historia parecían fundirse en una clara leyenda anticipada, o en un romance infantil:

La primavera ha venido
del brazo de un capitán.
Cantad, niñas, en corro:
¡Viva Fermín Galán!

Florecía la sangre de los héroes de Jaca, y el nombre abrileño del capitán muerto y enterrado bajo las nieves del invierno, era evocado por una canción que yo oí cantar, o soñe que cantaban los niños en aquellas horas:

La primavera ha venido
y Don Alfonso se va.
Muchos duques le acompañan
hasta cerca de la mar.
Las cigüeñas de las torres
quisieron verlo embarcar...

Y la canción seguía, monótona y gentil. Fue aquél un día de júbilo en Segovia. Pronto supimos que lo fue en toda España. Un día de paz, que asombró al mundo entero. Alguien, sin embargo, echó de menos el crimen profético de un loco, que hubiera eliminado a un traidor. Pero nada hay, amigos, que sea perfecto en este mundo (887).

Viejos republicanos e intelectuales, ante esta revolución sin una gota de sangre -escribe Pierre Vilar-, *creen que España ha llegado al más alto grado de madurez política. Los obreros, tradicionalmente ilusionados por la palabra libertad, dan rienda suelta a una gran esperanza. Llegará un día en que el propio José Antonio Primo de Rivera reconozca que el 14 de abril tuvo un valor único en la historia de España* (888).

Primo de Rivera, en efecto, analiza así, en mayo de 1935, las jornadas de abril: *Pocas veces habrá habido un instante más propicio para iniciar, concluído uno, un nuevo y gran capítulo de la Historia patria. Cabalmente, aquel sentido incruento del 14 de abril, aquello de que se hubiera desprendido una institución sin sangre y sin daño, casi sin duelo, colocaba de cara a una ancha llanura histórica donde galopar. No había que sustanciar resentimientos, no había que ejecutar justicias, no había apenas que enjugar lágrimas. Se abría por delante una clara esperanza para todo un pueblo; vosotros recordáis la alegría del 14 de abril, y seguramente muchos de vosotros tomásteis parte en aquella alegría. Como todas las alegrías populares, era imprecisa, no percibía su propia explicación; pero tenía debajo, como todos los movimientos populares, muy exactas y muy hondas precisiones. La alegría del 14 de abril, una vez más, era el reencuentro del pueblo español con la vieja nostalgia de su revolución pendiente. El pueblo español necesita su revolución y creyó que la había conseguido el 14 de abril de 1931; creyó que la había conseguido porque le pareció que esa fecha le prometía sus dos grandes cosas, largamente anheladas; primero, la devolución de un espiritu nacional colectivo; después, la implantación de una base material, humana, de convivencia entre los españoles* (889).

4.4. EL DÍA SIGUIENTE (miércoles, 15 de abril de 1931).

No hay condena más terrible para un rey
que perder el amor de su pueblo.
Difícilmente lo podría comprender quien no lo padece.

Don Alfonso XIII.

4.4.1. EL ESTATUTO JURÍDICO DEL NUEVO RÉGIMEN.

No se interrumpió la vida nacional -recuerda Miguel Maura-. *Fue declarado festivo el día 15, para dar lugar a que el regocijo popular, que no había decrecido ni un instante durante la noche, tuviese espacio sificiente para manifestarse* (890).

A primera hora la *Gaceta de Madrid* da cuenta del cambio de régimen y publica todos los decretos dictados al anochecer del día anterior por Niceto Alcalá-Zamora en el ministerio de la Gobernación. La transición de la Monarquía a la República se realiza con todos los requisitos de la *nueva juridicidad* nacida del hecho revolucionario.

Toda la prensa publica el decreto por el que se fija el estatuto jurídico del nuevo régimen. *En él* -recuerda años después Miguel Maura- *se reconocía el carácter provisional del Gobierno, que aceptaba "la misión de establecerse como Gobierno de plenos poderes". No se fijaba la carta de derechos ciudadanos, por ser misión reservada a las Cortes Constituyentes, que se convocarían cuanto antes. Mas para que la situación de* pleno poder *no entrañase ejercicio arbitrario de las actividades ministeriales, quedaban éstas sometidas a reglas jurídicas que marcarían las limitaciones que el propio Gobierno se imponía a sí mismo. Las reglas eran:*

"1ª. El sometimiento de cuanto haga el Gobierno al fallo, en su día, de las Cortes Constituyentes, ante las que el Gobierno provisional habrá de declinar sus poderes.

2ª. Que se procedería inmediatamente a someter a 'juicio de responsabilidades' los actos de gestión y de autoridad pendientes al ser disuelto el Parlamento por el golpe de Estado de 1923, y a la apertura de un expediente de revisión de toda la obra de la Dictadura.

3ª. El Gobierno provisional hace pública su decisión de respetar de manera plena la conciencia individual mediante la libertad de creencias y de cultos, sin que el Estado, en momento alguno, pueda pedir al ciudadano revelación de sus convicciones religiosas.

4ª. Se reconoce el derecho sindical y la libertad corporativa.

5ª. El Gobierno provisional declara que la propiedad privada queda garantizada por la ley. En consecuencia, no podrá ser expropiada sino por causa de utilidad pública y previa la indemnización correspondiente. Mas este Gobierno adopta, como norma de su actuación, que el derecho agrario debe responder a la función social de la tierra,

6ª. El Gobierno se reserva la facultad de someter los derechos ciudadanos a un régimen de fiscalización previa, dando cuenta de ello a las Cortes en su día" (891).

Para Maura la importancia del decreto radica en los apartados tercero y quinto: la declaración de la libertad de conciencia ampara a los católicos frente a cualquier posible abuso de poder por parte del Gobierno laico, en el que sólo dos de sus miembros -el propio Miguel Maura y Niceto Alcalá-Zamora- son católicos practicantes, y la declaración reconociendo plenamente el derecho de propiedad mantiene, en palabras de Maura, *el principio de la propiedad privada como sagrado* (892).

Eran esos apartados -comenta Miguel Maura treinta años después- *el fruto de la transacción lograda en el seno del Comité revolucionario por Niceto* <Alcalá-Zamora> *y por mí. Prácticamente, la República nacía sin alterar en lo más mínimo el Estatuto jurídico de los españoles, o, lo que es lo mismo, sin* revolución. *Cualquier alteración de ese Estaturo habría de ser función de las Cortes Constituyentes, en las que, lógicamente, tendrían representación todas las clases sociales, y, en definitiva, encarnarían la auténtica soberanía de la nación* (893).

Esta generosa Carta -comenta Robinson- *permitió a la Derecha organizarse en defensa de sus intereses. La estimulaba la seguridad de la celebración de unas próximas elecciones para las Cortes Constituyentes, que habían de dar forma definitiva a la República* (894).

Años después, Dolores Ibarruri, ya Secretaria general del Partido Comunista de España, critica duramente estas primeras medidas del Gobierno Provisional, indicativas del carácter *burgués* del nuevo régimen:

En aquellos primeros días de entusiasmo popular, de enardecimiento, de ímpetu revolucionario de las masas y de cobardía y de miedo de las clases que hasta entonces habían tenido en sus manos los destinos de España, fueron posibles todas las transformaciones revolucionarias democráticas.

Mas los hombres que formaban en el Gobierno provisional y los que más tarde constituyeron los distintos gobiernos republicano-socialistas, no fueron capaces de realizar el cambio que España necesitaba.

En la historia de España nunca hasta entonces hubo una situación más propicia para hacer ganar al pueblo el espacio que le separaba de los países avanzados. Jamás la conciencia popular había palpitado con más fuerza; en ningún momento la decisión de liquidar un pasado de esclavitud surgió en el alma de las masas con mayor ímpetu.

La voluntad de éstas era una brasa viva, en cuyo fuego ardía el deseo de terminar con la miseria, con el atraso, con la ignorancia.

Los hombres que dirigían los destinos de España, que fueron elevados al Poder por la decisión unánime del pueblo, volviéndose de espaldas a éste, gobernaron de cara a las clases privilegiadas.

La tarea más urgente de la revolución democrática española consistía en cambiar el régimen de propiedad de la tierra basado en el latifundio; arrancar de las manos de los aristócratas la tierra que mantenían improductiva, haciendo de ella no un instrumento de renta, sino un instrumento de trabajo; acabar con el hambre de tierra de los campesinos; terminar con su miseria, con su atraso de siglos, incorporándolos a la lucha activa por la creación de una nueva España; significaba conquistar para la democracia y el progreso millones de gentes que hasta entonces habían vivido bajo la influencia degradante de los grandes señores y de los caciques de los pueblos.

Porque España no era la burocracia servil y aduladora que inclinaba el espinazo ante los nuevos jefes políticos republicanos. España, en lo fundamental, eran los obreros, los campesinos, los intelectuales, la clase media.

Los cimientos de España estaban en las fábricas, en el campo, en los millares de pueblos campesinos agrupados en torno a los campanarios y sometidos y oprimidos por el cura y el cacique, al servicio del gran propietario (895).

A la vista de este texto no parece que, ni antes ni después, Ibarruri y sus correligionarios hayan prestado mayor atención a las declaraciones de Niceto Alcalá-Zamora, figura máxima del Comité Revolucionario, cuando pocos meses antes de asumir la jefatura del mismo propugna en Valencia una República *de orden*, con el Senado y *el cardenal primado a la cabeza*. Quienes, según Ibarruri, *fueron elevados al Poder por la decisión unámime del pueblo*, tienen, a falta de un programa concreto de medidas de Gobierno, un propósito claro: acabar con el sistema político corrupto de la Restauración monárquica. El modelo ideado en su día por Cánovas del Castillo y asumido por Sagasta es ya como un traje que se ha quedado estrecho para la nueva sociedad española; un traje que además apesta, pero que no es posible reciclar enviándolo al tinte. Los republicanos *históricos* como Lerroux y su partido Republicano Radical se conforman con un cambio formal del sistema de Estado y de Gobierno; los *nuevos republicanos* como Alcalá-Zamora y Miguel Maura pretenden salvar los valores tradicionales de la derecha frente a la previsible avalancha izquierdista que el hundimiento de la Monarquía comporta; los radical-socialistas -Domingo, Albornoz- se conforman con poco; los socialistas, por boca de Prieto, aceptan la

República para que, a partir de ella, todas las tendencias que concurren a su establecimiento avancen en el camino que les es propio; *Estat Català,* una de las fuerzas que integrarán la *Esquerra Republicana de Catalunya,* presta su conformidad al Pacto de San Sebastián en base a la promesa de un futuro Estatuto que la burguesía liderada por Cambó no ha sido capaz de alcanzar; la *Agrupación al servicio de la República* desea una regeneración moral del país, en la línea de Costa y las gentes del Noventa y Ocho, pero ninguna de estas fuerzas, ni sus hombres más representativos, están por la revolución social. Sólo Azaña, que será *la revelación de la República,* su figura emblemática, parece tener una idea clara de la ocasión histórica que supone el catorce de abril; conviene recordar, sin embargo, que cuando camino de un mítin en Mestalla, *las masas campesinas, puño en alto* aclaman el paso de Azaña al grito de ¡*Muera la burguesía*!, éste replica airado: ¡*Idiotas, yo soy un burgués*! Lo cuenta Claudio Sánchez Albornoz, testigo de la escena (896).

Por ello mueve a risa que desde Churchill *-la propaganda de Moscú-* hasta el teniente general Esteban-Infantes *-los desmanes y atropellos de la masa borracha de pasiones y de vino-* al advenimiento de la República pueda atribuírsele ni de lejos la menor influencia comunista. Santiago Carrillo, lo he narrado antes, describe como *marcianos* al grupúsculo que la víspera, montado en una camioneta, vocifera ¡*Todo el poder para los Soviets*!, sin que nadie sepa lo *que significaba el término.* Para Carrillo, recuérdese, *el planteamiento comunista en ese momento estaba a años luz de la realidad* (897). Sorprende, por tantto, que Ibarruri le reproche a la República burguesa no hacer lo que ésta, ni de lejos, se ha propuesto nunca hacer, la revolución social.

Ello no impide, sin embargo, que *El Debate* -antes de la proclamación de la República, eso sí, no después -alarme a sus lectores pontificando que *la República en España sería la apertura de una época de anarquía en la cual la Religión, la propiedad, la familia, todo lo que es la base de la sociedad, en fin, sería objeto de experimentos a la rusa.* (898).

El escudo que preside la puerta principal del Banco de España es cubierto con la bandera tricolor, pero el Banco de España sigue siendo uno de los poderes fácticos del *sistema establecido.*

En la Plaza de Oriente son derribadas algunas estatuas de los reyes godos; una de ellas, la de la reina Berenguela, es tomada, de buena fe o irrisoriamente, por la vera efigie de la madre del general Berenguer.

La transición se había operado de un modo casi milagroso, sin una víctima, ni un atentado, ni una venganza. El mundo entero estaba asombrado, comenta Mariano Ansó, quien testifica que en Pamplona *los periódicos, todos adversarios de la República, salieron a la calle el 15 de abril como si nada hubiese sucedido. Ni un solo día se ejerció la censura previa de prensa* (899).

4.4.2. LA PRENSA EXTRANJERA.

La prensa extranjera recoge, entre eufórica e incrédula, el cambio de régimen producido en España. *En París, el acontecimiento produjo enorme expectación* -certifica Miguel Maura-. *Los extraordinarios de los grandes diarios relataban los incidentes de la jornada del 14. La prensa de izquierda cantaba, como era lógico, la victoria; y la de derecha rendía homenaje al gobierno caído, por haber sido neutral en la contienda electoral, pero, principalmente, al rey, que seguía gozando de gran popularidad en la capital francesa. Por ejemplo, el* Excelsior, *daba por bueno que se trataba de un eclipse pasajero, porque en las elecciones a las Constituyentes sería restablecida la Monarquía, dada la gran popularidad de Don Alfonso en España* (900). La prensa inglesa, salvo excepciones, lamenta el destronamiento de Don Alfonso XIII y augura su pronta restauración. La prensa americana achaca la caída del Rey a la Dictadura: *Las dictaduras acaban siempre por sublevar al pueblo*, sentencia *New York Herald* (901).

En Portugal el cambio de régimen producido en España despierta enorme expectación. Quienes viven sometidos al régimen de Oliveira Salazar aprovechan el acontecimiento para convertir lo ocurrido en el país vecino en una ocasión de manifestarse, aunque sea de forma indirecta, contra la dictadura de su propio país. El Gobierno portugués prohibe toda manifestación pública, *con objeto* -según reza el comunicado oficial- *de evitar toda complicación internacional mientras la situación no quedara completamente definida* (902).

4.4.3. ALOCUCIÓN DEL GENERAL FRANCO EN LA ACADEMIA GENERAL DE ZARAGOZA Y DE MIGUEL DE UNAMUNO EN LA UNIVERSIDAD DE SALAMANCA.

En la Academia General Militar de Zaragoza su director, general Francisco Franco, reúne a todo el personal del centro -profesorado, cadetes y tropa-. Su ayudante, comandante Franco Salgado-Araujo, como ayudante mayor, lee la orden del día:

Proclamada la República en España y concentrados en el gobierno provisional los más altos poderes de la nación, a todos corresponde cooperar con su disciplina y sólidas virtudes a que la paz reine y la nación se oriente por los naturales cauces jurídicos. Si en todo momento ha existido en este centro elevada disciplina y exacto cumplimiento en el servicio, son aún más necesarios hoy, en que el Ejército necesita estar sereno, unido y sacrificar todo pensamiento e ideología en bien de la nación y de la tranquilidad de la patria.

Leída la orden del día, el general Franco dirige unas palabras a los reunidos, *exhortando a todos a mantener una elevada disciplina, pensando siempre en servir a España que es el mayor ideal de todo buen patriota. La Academia, como todo el Ejército* -concluye Franco Salgado-Araujo, que es quien lo narra-, *acató los hechos consumados* (903).

A las once de la mañana, en Salamanca, los estudiantes celebran asamblea en la Facultad de Medicina y deciden reanudar las clases el lunes 20 de abril. Después, en el patio de la Universidad, entregan a Miguel de Unamuno la primera bandera tricolor de Salamanca. Unamuno les dirige la palabra, *recomendándoles que ahora con todo entusiasmo se apresten a reanudar sus tareas académicas, que estudien y que con su proceder laboren por la consolidación del nuevo régimen dando muestras de sensatez y hombría*. También les explica que a pesar de los requerimientos que se le han hecho no abandonará Salamanca, *porque quiere, como siempre, cumplir sus deberes académicos como el primero* (904). Los estudiantes le aclaman y piden que sea nombrado rector.

4.4.4. ANGEL HERRERA ORIA: *HA TRIUNFADO LA REVOLUCIÓN*.

Durante todo el día 15 los afiliados a la Asociación Católica Nacional de Propagandistas se reúnen para escuchar las consignas de Angel Herrera Oria, director de *El Debate*: *Angel Herrera fue uno de los pocos españoles a quienes no sorprendió la llegada de la República, ni las terribles consecuencias que intentaron arrasar todo nuestro espiritualismo...El jueves, 15 de abril de 1931, reuniéronse en la Casa de Ejercicios de Chamartín de la Rosa, en día de retiro, los jóvenes propagandistas, con la asistencia de Angel Herrera...Como siempre, Angel Herrera, les dirigió la palabra..."Ha triunfado la revolución, y ella tiende principalmente a destruir los firmes sillares sobre los que se asienta la Iglesia Católica.*

Este triunfo es la consecuencia de nuestros pecados y de nuestras prevaricaciones...No podemos permanecer indiferentes ante la avalancha que se nos viene encima, ni cruzarnos de brazos ante el desquiciamiento que presenciamos.

Es preciso redoblar nuestros esfuerzos, aprestarnos a la lucha defensiva a que se nos lleva; ser mejores cada día para predicar con la palabra y con el ejemplo; disponernos al sacrificio y no dar descanso al cuerpo hasta no dar remate feliz a esta cruzada a que de todo corazón os invito.

Es preciso organizar las fuerzas dispersas, dar un margen de coincidencias a las verdaderas derechas españolas, y dentro de la legalidad, reconquistar todo lo perdido..." (905).

4.4.5. UNA NOTA DEL GOBIERNO PROVISIONAL. JUAN DE LA CIERVA ABANDONA ESPAÑA.

A mediodía, el ministro de la Gobernación recibe en su despacho de la Puerta del Sol al corresponsal del diario francés *Le Temps*, órgano oficioso del Quai d'Orsay, el ministerio de Asuntos Exteriores, y, según Miguel Maura, *el de mayor autoridad entonces en Francia (...). Venía alarmado ante el espectáculo de la calle y temeroso de que no pudiésemos ya controlar el desmán público que podía muy bien -me dijo- "degenerar en anarquía"* (906). El ministro le tranquiliza, asegurándole que al día siguiente los obreros volverán al trabajo y se acabarán las manifestaciones en las calles. La prensa de la noche publica la siguiente nota:

La República española naciente ha visto con satisfacción haber sido recibida con expansiones populares de regocijo y a estas manifestaciones espontáneas ha prestado su más solícito sentimiento. Mas transcurridos los dos primeros días, es preciso que renazca la tranquilidad en la vía pública y que todos, cumpliendo sus elementales deberes cívicos, cooperen al mantenimiento del principio de autoridad. No hacerlo así, sería tanto como colaborar con los enemigos de la República interesados en la merma de su prestigio y su autoridad. Por tanto, a partir del día de hoy, los funcionarios encargados de velar por el orden público, siguiendo las instrucciones recibidas, tomarán las medidas necesarias para evitar que la tranquilidad del vecindario esté a merced de quienes, con el alboroto, sólo se proponen sembrar la desconfianza en el Poder constituído (907).

Ese mismo día Juan de La Cierva, el único político -secundado por el conde de Bugallal- que se opone en serio a la caída de la Monarquía y a la deserción de Don Alfonso XIII, sale de España con dirección al sur de Francia, *para evitar agresiones, tal vez por consejo del propio don Niceto* <Alcalá-Zamora>, al decir de su nieto Ricardo de la Cierva (908).

4.4.6. MIGUEL MAURA SALVA LA ESTATUA DEL GENERAL ESPARTERO.

A las cinco de la madrugada del jueves día 16, Miguel Maura regresa a su domicilio. Ha pasado en el ministerio de la Gobernación la noche del 14, martes, y todo el día y la noche del 15, miércoles, sin salir de su despacho salvo para asistir al Consejo de ministros celebrado tras la toma de posesión de los titulares de las diversas carteras. A su voluntarismo se debe, en gran parte, que lo que parecía un sueño no ya en enero de 1930, a la caída de la Dictadura, sino en las primeras horas del domingo 12 de abril, cuando se han abierto los colegios electorales, se haya transformado en una realidad.

Al llegar a la altura de la estatua del general Espartero, en la calle de Alcalá frente a la de Velázquez -cuenta años después al rememorar estas jornadas-, *desierta en aquella hora, vi a unos mozalbetes que habían enlazado la estatua con un fino cable de acero e iban a derribarla. Mandé parar, me apeé apresuradamente del coche, y dirigiéndome a ellos les pregunté qué estaban haciendo:*

-Vamos a ejecutar a ese tío -dijo uno.

Les advertí que lo que iban a hacer era una salvajada, primero porque ese "tío" había sido un liberal, y, luego, porque derribar una estatua lo es siempre.

-Bueno, pero vamos a ver ¿y usted quién es? -me preguntó con el más castizo acento madrileño uno de ellos.

-El ministro de la Gobernación de la República.

Se quedaron mirándome, dudando un instante, volvieron su vista al auto parado a pocos metros de nosotros, lo reconocieron como un coche oficial, se quitaron las gorras y, rodeándome, empezaron a dar unos vivas estentóreos a la República y al ministro.

Tal estrépito armaron que los vecinos de las casas de la calle de Alcalá se asomaron a las ventanas al oír semejante griterío en hora tan temprana. Tomé de nuevo el coche y desaparecí de la escena.

Salvé, a bien poca costa, la voluminosa efigie del general Espartero y su... bien constituído caballo de una "muerte" cierta (909).

Frente a los temores esgrimidos por el conde de Romanones de que el cambio de régimen se produjese acompañado de un baño de sangre, Miguel Maura concluye que *este episodio, similar a tantos otros de aquellas jornadas, coloca el ambiente madrileño de aquel histórico mes de abril a muchos miles de leguas de la "tragedia rusa de Ekaterimburgo"* (910). *En todo el mundo hubo de celebrarse la cordura del pueblo de Madrid*, testifica Gregorio Marañón (911).

4.4.7. CLAUDIO SÁNCHEZ ALBORNOZ RECIBE EL TESTIGO DE MANOS DE SU PADRE.

Claudio Sánchez Albornoz, en su *Anecdotario político*, evoca la recepción del testigo de manos de su padre, monárquico liberal, el 15 de abril de 1931: *Ha cambiado el régimen político de España. Alegría generosa en las calles madrileñas. En una casa de las afueras de Madrid, familiar sanatorio de una joven madre enferma, platican padre e hijo. "Cuando el rey -dice el primero- deshizo los partidos, intervino en el Gobierno y estableció la dictadura, firmó su propia sentencia de destierro. Sabes que me alejé de la vida pública desde el golpe de Estado de Primo de Rivera. Ha llegado tu hora. No quisiste seguirme en mi camino. Vas a interumpir y a continuar mi tradición. A interrumpirla, porque yo fui y soy monárquico. A continuarla, porque fui y soy liberal y porque fío en que no olvidarás mi ejemplo de desinterés y de generosidad. Sirve con entusiasmo a la libertad y a la República pero ten siempre en cuenta que por encima de ambas está España* (912).

España y los españoles parecen haber olvidado, de la noche a la mañana, como se olvida un mal sueño, a Don Alfonso XIII y su reinado. En el exilio, el monarca se lamenta: *No hay condena más terrible para un rey que perder el amor de su pueblo. Difícilmente lo podría comprender quien no lo padece* (913). No parece, sin embargo, que lamento tan respetable vaya acompañado, en ningún momento, de un deseo sincero de averiguar cuáles son las causas de que esto se haya producido.

Todo está consumado. Al día siguiente del día siguiente, *Crisol* reflexiona sobre lo ocurrido: *¿Cómo ha podido hacerse con tal suavidad la transformación? Simplemente porque, como hemos dicho mil veces, el Poder público no existía ya, porque no había en España, desde hace mucho tiempo, Poder constituído, autoridad asentada sobre firmes bases jurídicas, sino un Estado de hecho, apoyado exclusivamente en la fuerza* (...) *En ese sentido material, que únicamente impresiona a los miopes, no ha ocurrido nada. En otro sentido, no ha podido acontecer ninguna otra cosa más trascendental. Un pueblo se hace dueño de sus propios destinos, recupera la fe y la* *esperanza que había perdido en su alianza con una Monarquía decadente. De ser un pueblo viejo, pasa a ser un pueblo nuevo, simplemente por la eliminación de una podrida carga secular que le habían atado a la espalda* (914).

Lluís Companys, en Barcelona, proclama la República desde el balcón del Ayuntamiento a la una y treinta y cinco minutos de la tarde del 14 de abril.

Poco después, Francesc Macià, desde el balcón de la Diputación, anuncia la instauración del Estado Catalán dentro de la Federación de Repúblicas Ibéricas.

Don Carlos de Borbón (en la foto, con su esposa), futuro consuegro de Don Alfonso XIII, en quien el Rey piensa como posible regente cuando se ha producido ya la capitulación de la Corona.

Las elecciones celebradas el domingo,me revelan claramente que no tengo hoy el amor de mi pueblo.Mi conciencia dice que ese desvio no será definitivo,porque procuré siempre servir a España,puesto el único afán en el interés público,hasta en las mas críticas coyunturas.

Un Rey,puede equivocarse y,sin duda,erré Yo alguna vez;pero,sé bien que nuestra patria se mostró en todo momento generosa ante las culpas sin malicia.

Soy el Rey de todos los españoles y,tambien,un español.Hallaría medios sobrados para mantener Mis regias prerrogativas,en eficaz forcejeo con quienes las combaten.Pero,resueltamente,quiero apartarme de cuanto sea lanzar a un compatriota contra otro,en fratricida guerra civil.No renuncio a ninguno de Mis derechos,porque mas que mios son depósito acumulado por la Historia,de cuya custodia ha de pedirme,un dia~~,cuenta rigurosa.~~

Espero a ~~Para~~ conocer la auténtica y adecuada expresión de la conciencia colectiva,~~encargo a un Gobierno que la consulte convocando Cortes Constituyentes~~ y,mientras habla la Nación,suspendo deliberadamente,el ejercicio del Poder Real y me aparto de España,reconociéndola así como única Señora de sus destinos.

Tambien ahora creo cumplir el deber que me dicta Mi amor a la Pátria.Pido a Dios que tan hondo como Yo lo sientan y lo cumplan los demas españoles.

Manifiesto de Don Alfonso XIII, redactado por Gabriel Maura, con las tachaduras que impone la realidad de los acontecimientos.

Juan de la Cierva: *Se ha pactado la entrega «de la Monarquía» a cambio de un seguro para el Rey* (El último Gobierno de la Corona, reunido en pleno).

Francesc Cambó: la proclamación de la República presupone el fracaso más estrepitoso de todos los planteamientos políticos del líder catalán.

El Comité Revolucionario, convertido ya en Gobierno Provisional de la Segunda República.

Antonio Machado proclama la República en Segovia la tarde del 14 de abril.

Angel Herrera Oria: *Ha triunfado la Revolución-*

El Sol

SE HA CUMPLIDO, PLENAMENTE, LA VOLUNTAD NACIONAL

Ayer, con un orden absoluto y un entusiasmo frenético, quedó instaurada la República en España

A las nueve menos veinte de la noche salió D. Alfonso hacia Cartagena, donde embarcará hoy para Inglaterra en el crucero "Príncipe Alfonso"

Titulares de *El Sol,* de Madrid.

Año CCLXX.—Tomo II Miércoles 15 Abril 1931 Núm. 105.—Página 193

VENTA DE EJEMPLARES

Ministerio de la Gobernación, planta baja.

GACETA DE MADRID

SUMARIO

Decreto del Comité político nombrando Presidente del Gobierno provisional de la República a D. Niceto Alcalá-Zamora y Torres. Páginas 193 y 194.

Gobierno provisional de la República.

Decreto fijando el Estatuto jurídico del Gobierno.—Páginas 194 y 195.

Presidencia del Gobierno provisional de la República.

Decreto concediendo amnistía de todos los delitos políticos, sociales y de imprenta.—Pá-

La República, en la *Gaceta.*

Don Alfonso XIII a su llegada a Marsella. El Rey no concibe que el país no le reclame.

Un grupo de leales despide a Doña Victoria Eugenia en Galapagar. *Si vuestro padre viviese, todo esto no habría sucedido,* les dice a los hijos de Primo de Rivera. También la Reina confunde causas y efectos.

Don Juan de Borbón, Infante de España, llora por primera vez al saberse obligado a abandonar España.

El conde de Romanones en la estación de El Escorial. Todo se ha consumado.

Don Juan de Borbón, ya Príncipe de Asturias, voluntario en el frente con los sublevados militares.

Don Alfonso XIII sigue en un mapa las operaciones militares de la guerra de España.

Roma 9 IV 1939

Mi querido General.

Vivamente agradezco su cariñosa carta y me es grato significarle la satisfacción con la que la recibí al propio tiempo que le reitero las mas calurosas felicitaciones por la victoria final de las gloriosas tropas de su mando.

Conociendo sus dotes personales nunca dudé acerca del triunfo definitivo salvo complicaciones internacionales tan temidas, que afortunadamente se evitaron.

Ahora empieza la segunda campaña, para la cual se necesita que todos se agrupen y con decidido entusiasmo le ayuden en su magna

labor,

Fragmentos de la carta de Don Alfonso XIII al general Franco, 9 de abril de 1939.

y la llevó á la victoria

Y como final faltando al protocolo le envío hoy como en otros tiempos un fuerte abrazo

De V. E. afmo y buen amigo

Alfonso XIII.

Don Alfonso XIII con sus nietos en el exilio romano.

Don Juan y Don Jaime de Borbón, flanqueando al rey de Italia, Víctor Manuel III, presiden el entierro de Don Alfonso XIII en Roma, febrero de 1941.

Don Juan de Borbón saluda a su hijo el Rey Don Juan Carlos I durante el acto del sepelio de los restos de Don Alfonso XIII en El Escorial, el 19 de enero de 1980.

CAPÍTULO QUINTO

LOS ADIOSES (martes, 14 y miércoles, 15 de abril de 1931)

Cuando decidí mi salida,
sólo muy pocos leales
acertaron a traspasar palacio para despedirme.

5.1. DE MADRID A CARTAGENA.

Don Alfonso XIII, además de ser hombre valeroso, se preocupaba mucho de que nadie lo pusiera en duda, y para él debió ser un enorme sacrificio salir de Palacio sigilosamente, camino del destierro, sin poder poner a prueba su coraje, escribe Esteban-Infantes (915).

Sigilosamente, en efecto, abandona Don Alfonso XIII el palacio donde ha nacido cuarenta y cinco años antes.

Se acercaba la hora -recuerda el conde de Romanones-. *Bajé al Campo del Moro para despedir a Su Majestad, que estaba ya al pie del automóvil que había de llevarlo a Cartagena, Mostraba impaciencia porque no llegaba el Ministro de Marina, que se retrasó algunos minutos. Don Alfonso se despidió de todos con un "¡Viva España!", y el automóvil partió a gran velocidad* (916).

Acompaña a Don Alfonso XIII, en uno de los coches, el Infante Don Alfonso de Orleáns y Borbón. En otro viajan el almirante Rivera y el duque de Miranda, y en un tercero tres ayudantes del Rey.

Al atravesar el real sitio de Aranjuez -explica Romanones de acuerdo con el relato que, posteriormente, le hace el almirante Rivera-, *las calles hervían de gente. Esa gente, que había vivido del patrimonio real, crepitaba de alborozo, lanzando gritos de triunfo. Igual ocurría en cuantos pueblos atravesaba la carretera, no obstante lo muy avanzado de la hora* (917). La amargura de Don Alfonso XIII ante estas manifestaciones de júbilo popular por su marcha se acrecienta al recordar, como años después le comenta a Cortés-Cavanillas, que, cuando decide su salida, *sólo muy pocos leales acertaron a traspasar palacio para despedirme* (918).

Luis de Tapia, coplista periodístico, canta la salida de Don Alfonso XIII camino del exilio:

¡*Ya es triste cruzar España*
cuando es flor todo el país!
¡*Cuando en fecundos olores*
florecen todas las flores
menos las flores de lis! (919).

A estas alturas, camino del exilio, abandonado de la mayoría de quienes creía sus *leales*, y celebrada su huída, en todo el trayecto que le conduce de Madrid a Cartagena, con alegría desbordante, parece lógico que Don Alfonso XIII no se haga ya ilusiones. Sin embargo, *optimista impenitente, educado en escuela de felicidad, no ha perdido quizás por completo las esperanzas. Todavía su espíritu jugador aguarda, tal vez, la carta salvadora. Acaso por esperarla ha caminado relativamente despacio, a partir de Madrid. Su magnífico automóvil, capaz de cubrir 180 kilómetros por hora, anduvo a menos de la mitad, a pesar del buen estado de los caminos, infrecuentados de noche y madrugada* (920).

Al llegar a Cartagena y penetrar en el Arsenal -escribe Romanones-, *los alrededores estaban llenos de gente, que no saludó, ni mucho menos, con vítores y aplausos la presencia del convoy* (921). Al bajar del automóvil Don Alfonso XIII pregunta ansioso: *¿Se ha declarado el estado de guerra?* (922). Sin duda piensa que ello puede comportar un giro de la situación.

Las autoridades que le aguardan le desengañan y le urgen a embarcar. No todos los españoles consideran que al enemigo que huye haya que ofrecerle puente de plata. *El Gobierno provisional republicano* -escribe Munis- *inauguró sus funciones por un acto de traición: impidiendo al país exigir las responsabilidades en que, desde Annual hasta Jaca, habían incurrido el monarca , sus generales, sus ministros y principales colaboradores. Esta exigencia había sido uno de los factores de más peso en la campaña contra la monarquía. Lejos de cumplir sus promesas, el Gobierno provisional protegió la huída del rey poniendo a su disposición una unidad de la flota de guerra y cerrando los ojos ante la fuga de sus cómplices* (923).

Al fin, despedido con todos los honores por la oficialidad de tierra, sube al crucero *Príncipe Alfonso*, que zarpa de inmediato, cuando se inicia un nuevo día, y en la historia del país se empieza a escribir un capítulo nuevo.

5.2. NOCHE EN PALACIO.

Con la huída de Don Alfonso XIII, *la ex reina con el que fue príncipe y los infantes quedaron abandonados a su suerte, que era su desgracia*, anota Alcalá-Zamora (924).

Tal vez en estos momentos Doña Victoria Eugenia, desasistida de los compatriotas que el azar de un matrimonio desdichado le ha deparado, vuelve sus ojos hacia quienes representan institucionalmente a la poderosa potencia que nunca ha dejado de considerar como su patria verdadera, Gran Bretaña. Pero si espera cualquier gesto de apoyo, cualquier ofrecimiento de ayuda personal, espera en vano. *Supe luego por el embajador inglés que éste, con buen acuerdo, no quiso aparecer como protector extranjero y confió con intuición certera en la nobleza del pueblo, que él conocía*, explica el jefe del Gobierno provisional de la República (925).

La Reina, los Príncipes y toda la familia real, pernoctaron en Palacio -recuerda años después Angel Ossorio y Gallardo-. *Es dato maravilloso, digno de anotarse, que el Palacio estuvo toda la noche rodeado y resguardado por las masas populares que enganchadas por los brazos mantuvieron el más riguroso respeto al edificio y a las personas* (926).

Acompañan a Doña Victoria Eugenia lady Carisbrooke, las duquesas de la Victoria y de Lécera, la condesa del Puerto y otras damas. El Príncipe de Asturias, Don Alfonso, guarda cama como consecuencia de unos graves hematomas producidos días antes al cazar avutardas, como queda dicho, disparándoles desde una avioneta. En sus últimas horas en Palacio le atienden los doctores Larrú, Pascual y Elósegui, el capellán Angel Urriza y diversos nobles, ayudantes y mayordomos.

Yo tuve que pasar la noche en Palacio -confiesa la Reina a Gómez Santos-, *justamente para sacar varias cosas que interesaban al Rey. Mis propias cosas las tenía ya embaladas*. En tres horas, desde que a las cinco Don Alfonso XIII le comunica que a las ocho se marcha, Doña Victoria Eugenia tiene tiempo de disponerlo todo, a no ser que, más previsora que su regio esposo, lo haya hecho ya en los días anteriores. *Algunos objetos, como "bibelots" y así, es curioso, yo los veía y los miraba ¡con una indiferencia!... Hubiera podido coger muchas cosas que he dejado, pero repito que entonces las miraba con absoluta indiferencia (...) Las joyas las tenía yo en mi cuarto y podía disponer de ellas en cualquier momento; pero debía recoger las de la Reina Cristina, que el Rey me había encargado que las sacase, y había que hacerlo durante la noche aquella. Yo misma las llevé a París para entregárselas* (927).

La Infanta Cristina comparte la habitación con la Reina la última noche que ambas pasan en Palacio: *Mi chica pequeña tenía miedo y se quedó conmigo. Beatriz, la mayor, se quedó en su cuarto, arriba* (928).

Pío Baroja, sin andarse por las ramas, escribe: *Vuelvo otro día a la plaza de Oriente. Recuerdo la tarde de la revolución del año 31 en esta plaza. La reina Victoria Eugenia estaba en Palacio, sola con sus hijos, sin defensores, rodeada de una turba curiosa que podía convertirse en inquieta y amenazadora. Todos los fieles la habían abandonado, comenzando por su marido. ¡Qué miseria!* (929).

5.3. UN INFANTE DE ESPAÑA LLORA POR PRIMERA VEZ.

En la tarde del martes 14 de abril de 1931, en la Escuela Naval de San Fernando, donde el 28 de octubre del año anterior jura bandera, el Infante Don Juan de Borbón y Battenberg, tercer hijo varón de Don Alfonso

XIII y de Doña Victoria Eugenia, ve truncados de manera para él insospechada sus proyectos de futuro.

El Infante, que en junio cumplirá dieciocho años, desea ser marino. Sus dos hermanos mayores Don Alfonso y Don Jaime están manifiestamente incapacitados, el uno por la hemofilia y el otro por la sordomudez, para asumir en su día las responsabilidades de la titularidad de la Corona. Pero Don Alfonso XIII se niega a la evidencia, y al Infante Don Juan, sano de cuerpo y de espíritu, según atestiguan quienes le tratan, no se le prepara para el desempeño de unas funciones que inevitablemente, en España o en el exilio, han de recaer en su persona.

A las cinco de la tarde -rememora Don Juan-, *estando en la explanada que forma el patio de la Escuela, dando clases de gimnasia, ví que mi profesor ayudante don Fernando Abárzuza me hacía señas desde debajo de los arcos. Yo dí un paso al frente y pedí permiso a don Agustín Marín, teniente de navío y profesor de gimnasia, para que me permitiera salir de filas. Concedido que me fue, marché hacia donde estaba Abárzuza.*

-¿Qué quieres?

-Que nos vamos, Señor, que nos vamos...

Lo comprendí todo, pero pregunté:

-¿Cómo que nos vamos?

-Sí, Señor, que ha terminado todo. Que el Rey se va y que tengo órdenes de que se vaya Su Alteza también.

-¿Que me vaya? ¿A dónde y cómo?

Me explicó cuanto sabía, que era muy poco, y me acompañó a vestirme. En seguida fuí al despacho del director de la Escuela a quien conté cuanto me había dicho Abárzuza y discutimos las maneras de mi marcha. Primero se pensó en mi automóvil, pero el director no quería cargar con la responsabilidad de que me pudiera ocurrir algo si era reconocido, y decidió que embarcara en uno de los tres torpederos que había anclados en el caño del arsenal, camino de Gibraltar. Tal como estaba vestido, que era de marinero, monté en una camioneta el servicio de la Escuela con el director don Wenceslao García Benítez y con Abárzuza... y salí. Al cruzar frente a mis compañeros, que seguían en el patio y de los que no había podido despedirme, les dije adiós con la mano. Ellos, cuadrándose, me saludaron militarmente. Era la primera vez que lo hacían. Yo, con una pena terrible en el alma, tenía los ojos llenos de lágrimas. Era la primera vez que lloraba en mi vida. A los cinco minutos estaba a bordo del torpedero número 16. Eran las seis menos cuarto de la tarde (930).

A bordo del torpedero le recibe su comandante, Luis Biondi. El Infante baja a la cámara y allí permenece recluído, por su expresa voluntad, durante algunas horas. Quiere *serenar sus emociones, tratar de analizarlas* -escribe su biógrafo Francisco Bonmatí de Codecido-. *Ordenar sus pensamientos, para tratar de calmar sus inquietudes. Pero debatiéndose en un mar de ignorancias, en un infierno de presentimientos lúgubres. sólo consiguió avivar su desazón y aumentar su pena. No sabía nada de lo que había ocurrido. Sólo que el Rey marchaba, pero sin saber adónde ni cómo. La suerte de su augusta madre y de sus hermanos era un interrogante cargado de horribles presagios que le martirizaban cruelmente. Y España, su Patria bien amada, en cuyo culto y devoción había formado su espíritu desde niño; la que le había visto nacer y crecer; de la que no había salido nunca y la que guardaba el aroma de todas sus amores, de todas sus ilusiones y de todos sus recuerdos de juventud. Le horrorizaba la idea de dejarla para siempre y de saberla torturada por todos los martirios de sus enemigos. Los ojos se le inundaban de lágrimas y en su pecho sentía la angustia infinita que producen esos dolores sin consuelo, contra cuya magnitud nada puede nuestra condición humana* (931).

El comandante, el segundo de a bordo, su profesor ayudante y demás oficiales le avisan que es la hora de cenar. Invitados a la mesa del Infante, comparten todos huevos fritos y jamón, pues parece que el barco no está preparado para tal eventualidad. Uno de los oficiales trata de animarle: *Dentro de poco volverá Vuestra Alteza a estar con nosotros. Esto será para poco tiempo*. El Infante enfatiza su respuesta; tal vez las horas pasadas en soledad le permiten improvisar, como tantas veces hace su regio progenitor, un par de frases cuidadosamente preparadas: *Volveré a estar con vosotros porque España es inmortal. Pero no dentro de poco, porque esas cosas no son para poco tiempo nunca* (932).

A las doce en punto el torpedero se hace a la mar. Desde esta hora hasta las tres de la madrugada el Infante permanece en el puente. Descansa luego en la cámara del Comandante hasta las cinco, en que hacen su entrada en el puerto de Gibraltar. Allí, al amparo del pabellón británico, y tras comprarse un pantalón gris y un *blazer* para substituir sus ropas de uniforme, acepta la invitación del gobernador, Sir Alexandre Godley, para dejar el hotel donde se hospeda, el Bristol, y hacerlo en su palacio. Allí, por la tarde, obtiene información concreta de sus padres: un cable del comandante del "Príncipe Alfonso" le informa que Don Alfonso XIII se dirige a Marsella sin novedad a bordo del crucero, y que Doña Victoria Eugenia y los Infantes Don Alfonso, Don Jaime, Doña Beatriz, Doña María Cristina y Don Gonzalo han cruzado la frontera hispano-francesa de Irún, en tren, camino de París.

El viejo gobernador le explica al Infante: *Hace muchos años, una Nochebuena, un cadete, Infante de España, partía de mi Academia de Sandhurst. Fuí yo quien le despedí. Poco después subía al trono. Hoy recibo a otro cadete y es su nieto* (933). Es posible que el Infante piense que esta evocación constituye un augurio, y que como su abuelo Don Alfonso XII tal vez un día entre en Madrid a lomos de un caballo blanco, aunque por ahora ocupa sólo, por detrás de sus dos hermanos mayores, el tercer puesto en la línea sucesoria al Trono, y éste acaba de ser derrocado.

Cuatro días más tarde la gasolinera del Gobernador militar británico le traslada a bordo del transatlántico italiano *Roma*, en el que embarca rumbo a Génova. Desde una de las barcas que en la bahía de Algeciras merodean alrededor del buque, una voz anónima le grita: ¡¡*Eh*!! ¡¡*Don Juan*!! ¡¡*Don Juan*!! *Que lleve buen viaje Vuestra Alteza, pero que viva la República*

(934). Sin duda de ninguna clase es la primera vez en su vida que el Infante Don Juan escucha unas palabras no dictadas por la adulación o el protocolo.

El comandante y la tripulación extremaron sus atenciones conmigo, pero sin conseguir calmar mis inquietudes -recuerda el Infante-. *Adivinaba en todos los rostros gestos de simpática condolencia y me parecía que ocultaban noticias terribles, que sentían compasión de comunicarme* (...) *Por mucho que viva no se me olvidarán aquellos días. Hicimos escala en Palermo y en Nápoles. Se me antojaron interminables las horas. Yo estaba siempre sobre cubierta, interrogando al cielo, como si de él pudiera venirme la respuesta* (935).

El 23 llega a Génova, donde se traslada a un hotel acompañado de su ayudante, Abárzuza, y a las nueve de la noche toma el tren para París, donde arriba el 24, y en Fontainebleau, en el hotel Savoy, abraza al fin a su madre y hermanos.

5.4. DE CARTAGENA A MARSELLA.

Lo más terrible fue cuando, desde la cubierta del barco, ví desaparecer en las brumas del alba la costa de España. (...) Entonces me desplomé en un tremendo desconsuelo y lloré como un niño.

Don Alfonso XIII.

En las primeras horas de la madrugada del miércoles 16, Don Alfonso XIII embarca en el puerto de Cartagena en el *Príncipe Alfonso*, camino del exilio, con Marsella como punto de arribada.

En los archivos del teniente general Alfredo Kindelán se conserva el relato que el Infante Don Alfonso de Orleáns y Borbón, primo hermano del Rey, hace del viaje desde Cartagena a Marsella. *El relato estará mal hecho porque no soy orador ni escritor* -se justifica el Infante-; *pero los hechos que cuento fueron ésos.* El suyo es un testimonio de primera mano.

Al llegar a bordo el Rey fue recibido con toda corrección. El Comandante cedió su camarote a S.M. Comimos con él. No llevamos bandera, pues al zarpar se desconocía cómo era la republicana y el Comandante no se atrevía a poner la antigua y mucho menos el Pendón de Castilla a tope. No habían quitado los tapabocas. Al principio, cuando pasaba el Rey (íbamos de paisano el Rey, Luis Miranda y yo) la marinería se ponía firmes; por la tarde ya no. La mayor parte del día lo pasamos el Rey y yo paseando en cubierta lejos de los demás. Conversación interminable de muchas horas. Recuerdo parte de un diálogo y aunque las palabras no son textuales, pues no puedo recordar con tal exactitud, el sentido fue el siguiente:
Rey.- ¿Ali, tú crees que era posible haber hecho otra cosa?
Yo.- No te atormentes inútilmente. Has hecho lo que creías era lo mejor

para la Patria en esas circunstancias. Más tarde se puede ver de otra forma, pero las decisiones no se pueden tomar más que con los datos presentes. No se ve el futuro.

Rey.- Lo que me pase a mí personalmente es un detalle; pienso en España. ¿Cómo piensa Luis? Vamos a preguntarle (Voy a buscar a Luis y le digo que el Rey debe prepararse para el asalto de los periodistas. Vamos a reunirnos con el Rey y después de discutir un rato el Rey va a su camarote y prepara unas declaraciones que resultan tan importantes que por fin se decide no hará nadie declaraciones a la Prensa. Ni el Rey, ni Luis ni yo, hasta consultar a peritos de Prensa y políticos en París. Luis avisa a Quiñones por radio. Yo vuelvo a pasear con el Rey).

Rey.- ¿Con quién se podrá consultar en Francia?

Yo.- Cuando hay una Revolución suelen abandonar la Patria no solamente el Rey y la Familia sino Generales, Ministros, Obispos, etc... A veces algunos lo pasan mal. Como he visto a varios Reyes desterrados en Suiza te puedo asegurar esto.

Rey.- En Marsella por lo menos tendremos más noticias de lo que está pasando y qué les ha ocurrido al resto de la Familia. ¡Pobre tía Isabel, que está tan enferma! (936).

Sorprende la ingenuidad del Infante al pensar que con la marcha del Rey se iniciará en España un éxodo de ministros, generales y obispos. Salvo algún general -Alfredo Kindelán- y muy contados aristócratas -el barón de Segur entre ellos- todos siguen en sus puestos.

Aunque el Infante no lo menciona, a bordo del crucero *Príncipe Alfonso* el fugitivo redacta dos manifiestos:

Al Ejército español:

Al alejarme de vosotros, al dejar el suelo de nuestra Patria, es mi deseo manifestaros mi gratitud por la lealtad que siempre me demostrasteis y la seguridad que abrigo de que en todo momento seguiréis siendo modelo de disciplina y procuraréis, por vuestras virtudes, elevar vuestros corazones para el mejor servicio del país. Unido a vosotros, grito más fuerte que nunca: ¡Viva España! Alfonso XIII.

A la Marina de Guerra española:

Convencido estoy de que para ser España algo y pesar en la balanza mediterránea, ostentando nuestro rango y contribuyendo al mantenimiento de la paz, es necesaria la mayor eficacia de nuestras fuerzas navales, tanto en material como en personal. Vosotros, con vuestra lealtad, entusiasmo y disciplina, honrásteis siempre la enseña gloriosa de nuestros mayores, que al flotar del viento sobre vuestras cabezas, cobijándoos bajo sus pliegues, os hacía sentir la protección y el amparo de la Madre Patria. El crucero que exaltó nuestro orgullo, cuando recién construído mostraba la última palabra en aquellos días en que visité puertos de Italia, Inglaterra y Francia, recibiendo por doquier felicitaciones por su estado de eficiencia, es el que ahora me conduce a tierra extranjera, y la última tierra española en que vivo. Al arriar el pendón en la seguridad del deber cumplido, y para evitar derramamiento de sangre entre hermanos, os ruego que sigáis laborando con fe por nuestra Marina y sirviendo a la Patria con el mismo entusiasmo con que lo habéis hecho en mi tiempo, y cuando formadas las brigadas gritéis ¡Viva España!, sabed que nunca os olvido y que mi corazón está con vosotros. Alfonso R. (937).

Ricardo de la Cierva cree ver en el mensaje del Rey al Ejército una buena dosis de ironía (938). El gesto aislado de un Cavalcanti la tarde del 14 de abril no compensa, ni de lejos, en efecto, la pasividad y la indiferencia corporativas del Ejército ante el destronamiento *de facto -antes de la puesta del sol*, en palabras de Alcalá-Zamora- de su jefe supremo, por no hablar del telegrama de Berenguer o el ofrecimiento de Sanjurjo al Comité Revolucionario.

Por lo que respecta a la Marina, Don Alfonso XIII se lamentará posteriormente a lord Londonderry: *Charlie, ¡hasta la Marina se me ha puesto en contra!* (939).

Ya al atardecer -prosigue su relato el Infante-, *como el Rey me dirigió algunas frases de cariñoso agradecimiento por haber dejado a Bee y a Ataulfo* (940) *para acompañarle, me atreví a pedirle tres favores*:

1º Que sea cariñoso con Ena en la común desgracia y no se vea discordia. No debe olvidar que los nervios de Ena han sufrido mucho.

2º Vivan juntos en una casa, por modesta que sea, no en un hotel.

3º Todo esfuerzo debe tender a la Restauración. Si un Rey deja de practicar el oficio de reinar pierde facultades. Rogué encarecidamente al Rey que dedique por lo menos dos horas cinco días por semana, más o menos como media, a recibir personas capaces de ser Ministros. Por ejemplo: encargar a un señor que vigile todas las nuevas medidas de Hacienda y preparar Leyes para enmendarlas cuando vuelva la Monarquía.

El Rey me prometió lo primero y en cuanto al segundo punto me dijo que no sabía lo que haría, ya que por el momento no tenía más remedio que ir a un hotel. En cuanto al último punto no creía que habría tal profusión de personas de peso a su alcance, pero le parecía bien la idea.

Algunas personas creerán extraño que se pudiera conversar tanto y sobre temas tan variados. Que hagan la prueba de estar unas diez horas seguidas en un espacio reducido sin otra posibilidad que charlar.

Además se rompía uno la cabeza tratando de pensar en el porvenir más o menos cerca e inmediato. Los Oficiales estaban en situación incómoda y el Rey por primera vez iba en un barco de guerra sin poder dar una orden y más o menos prisionero. Constantemente expresaba el Rey su fe que Dios protegería siempre a España (941).

La sugerencia del Infante de que el Rey constituya un a modo de *gabinete en la sombra* para el seguimiento de la acción del Gobierno parece razonable, pero el Infante parte del supuesto de que todas las medidas que éste adopte serán forzosamente erróneas y habrá que *enmendarlas cuando vuelva la Monarquía*. Y es significativo que cuando alude a tales medidas no cite a las que puedan producirse en el campo de la política militar, o religiosa, o autonómica, de los nuevos gobernantes, sino que mencione expresamente al ministerio de Hacienda.

Días después, ya en París, Francesc Cambó, que ha emprendido también previsoramente el camino del exilio, bien que voluntario, cumplimenta a Don Alfonso XIII, que le explica algunos pormenores de su viaje desde Cartagena a Marsella: *Al subir a la embarcación, todos los oficiales lo acogieron con respetuoso fervor. Pero al ir recibiendo por radio noticias de lo que pasaba en España y de cómo todo el mundo se adhería a la República, la actitud de la oficialidad cambió rápidamente. Del fervor se pasó a la indiferencia; de la indiferencia a la descortesía y, finalmente, la actitud de los oficiales era ya de abierta hostilidad. "Si la travesía hubiese durado unas horas más -me dijo el Rey-, la tripulación hubiese decidido fusilarme o echarme al mar". "Ante mí -añadió- se confeccionó la bandera republicana con que pensaban substituir, como así hiceron, la bandera española tan pronto como el crucero llegó a Marsella. Al dejar el buque, tierra española, y poner los pies en Marsella, tierra extranjera, tuve una sensación de liberación* (942).

Poco después de medianoche -explica el Infante- *el Comandante del* Príncipe Alfonso *avisó al Rey por Luis Miranda que como, probablemente, tendría que izar el Pabellón republicano al amanecer estaba seguro preferiría S.M. desembarcar antes.*

El Rey dijo que sí y a las cuatro treinta, aproximadamente, de la mañana dijo el Comandante al Rey que la falúa estaba pronta. El Almirante Rivera dijo que acompañaría a tierra a S.M.

Poco antes de llegar a la escala, el Rey, que ya se había despedido de los Oficiales, se iba a despedir del Comandante. El Rey pidió al Comandante que le diera como recuerdo un pequeño Pendón de Castilla como se usaba en la falúa.

El Comandante dijo: "No puedo porque lo tengo a cargo". El Rey sacó su cartera y dijo al Comandante muy seco: "Estoy dispuesto a pagárselo." El Segundo se puso pálido de ira y dijo: "Ahora mismo voy a traérselo a Vuestra Majestad." Volvió en pocos momentos con tres de ellos, dando uno al Rey, otro a Luis y otro a mí.

El Rey le dió las gracias con voz emocionada y un fuerte apretón de manos.

Estábamos en la rada de Marsella, cuyas luces se veían a lo lejos. Embarcamos en la falúa el Rey, el Almirante Rivera, Luis Miranda, Paco Moreno y yo. Abrió la falúa y nos alejamos en la noche. No hablaba nadie ni una sola palabra. Nos separábamos de España. Me pareció que pasaba como un cuarto de hora cuando atracamos al flanco de un barco, cuyos salvavidas redondos llevaban su nombre: Tritón.

Me extrañó mucho no ver vigía a bordo y me aseguré que mi pistola estaba montada dentro del bolsillo de mi gabardina. Por una escala muy burda de madera subimos a bordo por el orden siguiente: Primero Luis, con un farolito eléctrico que le prestó el Rey, después el Rey, después yo y por fin Paco. Unos marinos del Crucero ayudaron a Paco a subir unas cuatro o cinco maletas y en el acto se marchó la falúa dejándonos en la oscuridad.

Estábamos en un barco atracado a un muelle. A bordo del Tritón *no vimos a nadie. Por el mismo orden pasamos a tierra por una estrecha pasarela sin guardamanos. Una vez en tierra vimos a la luz de unos faroles que estábamos en un gran depósito de carbón. No me gustaba nada, pues Marsella estaba lleno de indeseables* (943).

Es en este momento, seguramente, cuando suenan a bordo del *Príncipe Alfonso* los acordes de la *Marcha Real*. Por un momento Don Alfonso XIII cree que es, tardío, el último homenaje que se le rinde, pero pronto comprende que el himno tantas veces interpretado en su honor se ejecuta ahora como saludo de ordenanza al almirante Rivera, ministro de Marina en funciones (944).

Ví a un hombre, uno de esos seres vagos siempre desocupados -concluye su relato el Infante-, *le llamé y le dije (en francés): "Aquí tiene cincuenta francos, como me traiga un taxi pronto le doy cien más. Si puede traiga dos taxis, pero no pierda tiempo.*

Salió como un galgo y en poco tiempo llegó con un taxi. Me subí con el Rey y confieso que abandoné a Luis y a Paco a su suerte. Tenía mucha prisa de ver al Rey en sitio seguro. Al taxi le dije: "Hotel de Noailles."

De pronto llegamos a una verja de hierro y un empleado de Aduanas nos paró diciéndonos en francés: "La Aduana, los pasaportes."

Le grité con autoridad: "¡Es el Rey de España!" Saludó, dejándonos pasar diciendo: "Perdón, señor."

En el taxi le dije al Rey: "Cuidado con los periodistas."

Cuando llegamos al hotel hacía ya claro. Salté del taxi cerrando su puerta. Le dije al portero: "Con toda urgencia deme cualquier cuarto en un piso que no sea de planta baja, ahora mismo vuelvo." Corrí al taxi; ya había tres periodistas a su lado. El Rey y yo salimos rápidamente y nos metimos con el portero en el ascensor. El portero reconoció al Rey. Nos metió en un salón con alcobas contiguas y por miedo a los periodistas me apresuré a cerrar con llave. Expliqué al portero que vendría el Duque de Miranda dentro de poco y le pedí pague el taxi y nos mande el desayuno. Estaba yo por fin tranquilo, el Rey estaba a salvo. Terminado el desayuno no había nada que hacer, pues no habían llegado las maletas. En la mesa había un teléfono y surgió el siguiente diálogo:

Yo.- ¿Qué te parece? ¿Llamamos a Madrid, para ver lo que pasa?

Rey.- Qué idea más absurda; no habrá comunicación.

Yo.- No cuesta nada intentar.

Pedí mi casa en Madrid y en menos de diez minutos estaba el Rey hablando con mi mujer, quien se había negado a marchar por no dejar sola a la Infanta Isabel, ya que el resto de la Familia nos habíamos marchado. Nos dio detalles de la salida de la Reina, complicada por la llegada de Ramón Franco, de cómo dio la mala noticia a la Infanta Isabel, etc., etc. Si quiere detalles, la Infanta se los puede dar. Dijo que esperaba salir con la Infanta Isabel dentro de pocos días y yo le dije que iría a Hendaya para recibirles si los franceses no ponían dificultades. El Rey le dio las gracias por haberse quedado con su tía.

Poco después llegaron Luis y Paco. El Rey se fue a mudar. Como media hora después empezaron a llegar el Comandante de la Plaza, el de Marina, el Prefecto, el Alcalde, etc... Todos amabilísimos.

Se organizó el viaje a París y como de esto hay muchos testigos, entre otros Jimmy Alba y Pepe Quiñones, que vinieron al tren antes de su llegada a París, no escribiré más, ya que otros lo harán mejor (945).

Lo primero que pregunta el exiliado voluntario al pisar en Marsella tierra extraña es si se ha iniciado ya en alguna parte de su Reino la reacción monárquica, que descuenta infalible. Le decepcionó visiblemente la respuesta negativa, según le oímos narrar a dos testigos presenciales: el Almirante Rivera y el Duque de Miranda, explican el duque de Maura y Melchor Fernández Almagro (946). Y otro historiador monárquico, Ricardo de la Cierva, apostilla: *Patriota, sentimental y mal informado hasta el fin* (947).

Yo estaba bastante bien enterado de los puntos que calzaba el rey -escribe Madariaga-. *Era listo, listísimo, pero no inteligente. Nada culto. Nada amigo de artes, ciencia o pensamiento. Escéptico en cuanto a ideales políticos, como hombre que ya a los 20 años ha pasado dos veces por las horcas de la muerte que habían izado en su camino los idealistas del anarquismo. Muy simpático, muy campechano. Nada rebarbativo ni almidonado. Pero nada ingenuo. Nada utópico. Nada optimista (...) Si aquel hombre, trabajado por el peligro y estragado por la polítiquería, se hubiera limitado a jugar al* poker *de la disolución con sus ministros, aunque habría fracasado como monarca creador, quizá no hubiera perdido la corona. Lo que le hizo perder la corona fue aquel uniforme de infantería con que había nacido* (948).

Durante todo el viaje Don Alfonso XIII conserva más que la esperanza la seguridad de ser llamado para que regrese antes de que el periplo finalice. Pero según confiesa a Julián Cortés-Cavanillas poco más de dos años después, *lo más terrible fue cuando, desde la cubierta del barco, ví desaparecer en las brumas del alba la costa de España. Te confieso que entonces me desplomé en un tremendo desconsuelo y lloré como un niño* (949).

En Marsella, en la tierra francesa de sus ancestros los *Bourbon*, comienza para Don Alfonso XIII el largo, interminable exilio tras un reinado desdichado. Por ironías del Destino, su más leal y decidido valedor en estas horas aciagas *-me aseguré que mi pistola estaba montada dentro del bolsillo de mi gabardina-* es el Infante a quien privó de su condición de tal. En 1909, en efecto, Don Alfonso de Orleáns y Borbón, primogénito de la Infanta Doña Eulalia y primo hermano, por tanto, del Rey, se casa con la princesa Beatriz de Sajonia-Coburgo *-Bee, no dejes sola a la pobre tía Isabel-*, hija de los duques reinantes de Coburgo, nieta de la reina Victoria de Gran Bretaña y prima hermana de Doña Victoria Eugenia de Battenberg. Pero el Infante no solicita los preceptivos permisos, ni como militar ni como Infante. Don Alfonso XIII le escribe: *Al tomar tu determinación sabías muy bien las obligaciones que resultan quebrantadas dentro de mi Familia y del Ejército. Siendo ellas ineludibles, acabo de firmar duelo revocatorio de dignidades y honores, causándome pena proporcionada al gusto con que fueron otorgadas. También has hecho imposible tu incorporación a las fuerzas que operan en Africa* (950). Readmitido meses después en el Ejército, en 1912 se le devuelve la condición de Infante. Tal vez Don Alfonso XIII tiene la premonición, al reintegrarle títulos y honores, de la carta que a la vuelta de los años le escribirá el Infante Don Luis Fernando, hermano del anterior. Según Ricardo de la Cierva, *muy popular entre los medios equívocos de París se ponía el mundo por montera y exigía que no se le diese otro título que el de rey de los maricas. Hasta que un día de septiembre en medio de los* *felices veinte el infante y uno de sus compinches, cierto noble portugués, tuvieron la ocurrencia de llevarse al apartamento de éste a un marinero de las mismas aficiones, extraído de un local apropiado, con tan mala suerte que la pequeña juerga acabó con la muerte del marinero. Acudieron entonces en busca de socorro a las embajadas de España y Portugal, que les dieron con la puerta en las narices y denunciaron el asunto a la policía francesa. Después de hablar con la embajada de España, el gobierno francés expulsó a don Luis que recibió, nada más llegar a Bruselas, un telegrama de Alfonso XIII por el que le retiraba la dignidad de infante de España y todos sus derechos de sucesión a la Corona. Don Luis reaccionó típicamente con otro telegrama: "Me retiras lo único que no puedes ordenar, pues nuestros títulos son inherentes a nuestra persona. He nacido y moriré infante de España como tú has nacido y morirás rey de España mucho tiempo después de que tus súbditos te den la patada en el culo que mereces* (951).

Ahora, después de recibir en el trasero la patada que su primo hermano el Infante Don Luis Fernando de Orleáns y Borbón le vaticina años antes, Don Alfonso XIII, que sigue considerándose rey, inicia el triste oficio de rey en el exilio.

El *Côte d'Azur Express* le traslada de Marsella a París.

5.5. UN ALTO EN GALAPAGAR.

Sin riesgo ni amenaza pudo trasladarse la ex-reina en automóvil hasta El Escorial: allí donde pudieron prever el sitio de eterno reposo hallaron sin sobresalto el tren que les llevase fuera de España, reflexiona en sus *Memorias* Alcalá-Zamora (952). Cuando las redacta, en su exilio de Pau (Francia) durante los meses de marzo a junio de 1940, no cae en la cuenta don Niceto de que los Borbones siempre vuelven, aunque sea muertos. En el caso concreto de Doña Victoria Eugenia, ligada a la Dinastía por su matrimonio con Don Alfonso XIII, el *eterno reposo* lo halla, en efecto, en el Panteón de Reyes del monasterio de El Escorial a partir de 1985, cuando sus restos son trasladados desde Suiza, donde ha muerto como consecuencia del exilio que se inicia para ella este miércoles 15 de abril de 1931. No es madre de Rey, y de acuerdo con las normas de la Casa Real debería reposar en el Panteón de Infantes, como las reinas que tampoco engendraron reyes. Pero la Monarquía instaurada en la persona de su nieto por el general Franco es una Monarquía de nueva planta, y en consecuencia genera a partir de sí misma nuevos usos y costumbres.

La dinastía tantas veces secular y ya del todo impopular, condenada por la opinión, pudo marcharse sin el menor choque, ni siquiera por la aislada iniciativa de un criminal, de un loco o de un extravagante, resume el jefe del Gobierno provisional (953). La suya puede parecer una opinión interesada, pero sobre ser objetivamente cierta la respalda el testimonio de la tía de Don Alfonso XIII, la Infanta Doña Eulalia: *El espíritu noble y el fondo hidalgo del alma española se pusieron de manifiesto una vez más en la revolución que trajo la Segunda República. Al contrario de lo que ha ocurrido en otros países, en circunstancias análogas, ni un disparo se escuchó, ni un noble fue agredido, ni una injuria o un grito soez escuchó la familia real, que cruzó toda la Península para ganar la frontera francesa. Lo sucedido del 13 al 15 de abril de 1931, si como princesa lastima profundamente mis convicciones, como española me enorgullece por la civilidad de que se hizo alarde* (954).

El Gobierno Provisional decide que Doña Victoria Eugenia y sus hijos salgan de España no por la Estación del Norte, donde se espera la llegada del tren que trae desde París a los miembros del gabinete que regresan del exilio -Prieto, Domingo, d'Olwer, Martínez Barrio- sino por El Escorial.

Algunos escasos leales acuden a despedir a Doña Victoria Eugenia. En Galapagar se hace un alto, para no llegar demasiado pronto a la estación. *Si vuestro padre viviese, todo esto no habría sucedido,* díceles a Carmen y Pilar Primo de Rivera, hijas del dictador (955). Pese a su condición británica, Doña Victoria Eugenia confunde causas y efectos en el momento del desastre final. Y comenta también, no sin ironía: *Creí que lo había hecho bien* (956). La frase, inevitablemente, recuerda la que, sesenta y tres años antes, y en circunstancias parecidas, pronuncia Doña Isabel II al ser echada del trono: *Creí que tenía más arraigo en este país* (957).

El Infante Don Jaime ha dejado un testimonio detallado del viaje de la Familia Real:

Poco antes de Avila, tuvimos que detenernos en una pequeña estación cuyo nombre no recuerdo, porque se habían roto unos cojinetes en el coche-salón. El duque de Zaragoza vino a ver la avería y comprobando que era peligroso continuar el viaje de aquel modo, telefoneó a la estación de Avila para que desde allí nos enviaran un vagón, lo cual nos acarreó otros cincuenta minutos de retraso.

En la ciudad de Santa Teresa nos detuvimos apenas un par de minutos. Mucho menos del que mi vista, que se ahincaba con cariño en el panorama de la amurallada ciudad, hubiese querido para fijar más una imagen que luego debía transformarse en honda nostalgia.

En Medina del Campo, importante centro ferroviario, una masa obrera que en su mayoría debía proceder de los talleres de la estación, aguardaba la llegada del tren y nos acogió con mueras y gestos hostiles. En cambio, en Valladolid, todo estaba en calma, sin más gente en el andén que la que hubiera podido haber habitualmente; hasta el punto que me pregunté si aquella ausencia de amigos y de adversarios no era debida a medidas de orden alzadas por las autoridades.

El paso por Burgos resultó, al contrario, inolvidable. Un gentío se estacionaba apiñado en el andén, que se mantuvo silencioso durante algunos instantes y prorrumpió luego en vítores y aplausos cuando la reina, mis hermanos y yo nos asomamos a las ventanillas.

"-¡Viva el rey, viva la reina, no se vayan!", gritaban centenares de personas.

Muchas de ellas entregaban flores a la reina y la mayoría lloraban. Una señora anciana vino hacia mí y cogiéndome las manos y sacudiéndo-

melas efusivamente con un entusiasmo que por lo visto quería ser disuasorio, exclamó:

"-No os vayáis. Os podéis quedar en Burgos. Aquí no hay republicanos. Todos somos monárquicos y os defenderemos contra quien sea".

Miranda del Ebro, solitaria y silenciosa, unía a su vaga tristeza habitual la que llevábamos en el corazón todos nosotros. No la aligeraron precisamente los incidentes que se produjeron al llegar a Vitoria. Todavía con el recuerdo de la acogida en Burgos, al ver a algunos grupos que parecían esperarnos, me puse en el estribo del vagón. Pero me había equivocado, al menos en parte. Un chico muy joven vino hacia mí y me gritó:

"-¡Muera el rey, mierda para el rey y toda su familia!"

Movido por la indignación, bajé los dos peldaños que me separaban de aquel individuo; abalanzándome sobre él le dí un puñetazo en el ojo derecho. Acto impulsivo que pudo haberme costado caro, pero que tuvo la inesperada virtud de transformar el ambiente en nuestro favor, provocando una reacción en la mayoría de las gentes allí congregadas, que comenzaron a vitorearnos y a aplaudirme.

Pasamos por Tolosa sin el menor incidente, y llegamos a San Sebastián, última capital de provincia que se encontraba en nuestro itinerario.

La despedida que se nos hizo en la capital donostiarra quedará siempre entre nuestros más entrañables recuerdos. Una muchedumbre enfervorizada llenaba el andén, las vías laterales, se agolpaba en las calles, detrás de las rejas de la estación y se asomaba en las ventanas y balcones vecinos. Nos traían flores, se apretujaban junto al vagón pidiéndole a la reina que les dejara besarle las manos. Una niña de seis años logró que le abrieran camino y se acercó con un ramo de flores. Bajé al andén, me las entregó y me dijo que eran para la reina, que las habían cortado en el palacio de Miramar (que era la residencia habitual de la familiar real en verano).

Emocionado,tomé a la niña en brazos y le dí un beso, gesto que hizo desbordar el entusiasmo de las gentes, las cuales se abalanzaron hacia mí, rodeándome, abrazándome, entre sollozos y vítores a la monarquía. En un momento, como muchas personas me pedían a la vez que les diera un recuerdo, saqué el pañuelo, lo rasgué en pequeños pedazos y los fui distribuyendo entre las manos que hacia mí se tendían. Pero con todo esto las gentes me habían ido apartando del tren, y necesité muchos esfuerzos para regresar hasta el vagón, subiendo un tanto mal parado pero contento de aquellas fervientes manifestaciones de entusiasmo.

Al entrar en la estación fronteriza de Irún, lo primero que vi fue una compañía de carabineros presentando armas. Como mi hermano Alfonso no podía moverse del vagón donde se hallaba recostado, me competía a mí, en calidad de infante de más edad, pasarla en revista, lo que hice con intensa emoción. El capitán, después de saludarme, me dijo:

"-Alteza, esta compañía ha querido venir a tributar los honores a la familia real, a pesar de que el gobernador militar no había dado orden alguna".

Abracé al capitán, y a los otros oficiales; y dirigiéndome a los carabineros les di las gracias por el gesto de lealtad que habían tenido, aun a sabiendas de que podía costarles un arresto.

El trayecto de Irún a Hendaya es muy corto. Unos cuantos metros de vía que desemboca en un puentecillo de hierro. Pero esa modesta obra de ingeniería es lo que se llama un puente internacional. Y para mí, el pequeño puente de Irún a Hendaya a horcajadas sobre las aguas sucias de un Bidasoa que trazan dulcemente la frontera y abrazan al pasar la Isla de los Faisanes, que guarda recuerdos de la amistad francoespañola bajo el signo de los Borbones, tenía una emoción única: la de ser como la única prolongación metálica de la tierra española, estribera de la patria desde cuyo borde iba a dar -descendiendo- el paso decisivo de mi vida.

Todavía pude ver la bandera ondeando a la entrada del puente vecino; percibir algunos pañuelos agitados por manos amigas desde las ventanas de los primeros chalets de Fuenterrabía...; todo esto, tan intenso, tan entrañable, había durado unos cuantos segundos... Entrábamos en la estación de Hendaya y yo era Jaime de Borbón y Battenberg... un exilado (958).

Emilio Esteban-Infantes, ayudante de Sanjurjo, es uno de los acompañantes de la Reina, el Príncipe de Asturias, los Infantes Don Jaime y Don Gonzalo y las Infantas Doña Beatriz y Doña Cristina. *Una docena de aristócratas de acrisolada fidelidad acompañaban a los ilustres viajeros, que cada vez se mostraban más impresionados, más tristes, más abatidos.*

Por los contraídos labios de Doña Victoria supimos todas las angustias, zozobras e inquietudes de su última noche madrileña en el amplio y casi desierto palacio de Oriente (...). La trivialidad de las conversaciones y lo inoportuno de algunos comentarios me apartaron del departamento donde tenía asignado mi asiento para acercarme al que ocupaban las infantas. Nada más ingenuo que estas dos españolísimas criaturas, cuya lamentación principal consistía: ¡Y que nos veamos obligadas a salir de España donde hemos nacido y adonde sabe Dios cuándo podremos volver! ¡No hay ningún país que nos guste tanto como el nuestro! (959).

Cuando en Hendaya el tren con destino a París está a punto de partir el general Sanjurjo besa la mano de Doña Victoria Eugenia, quien, *llorando amargamente*, le dice: *Muchas gracias, Sanjurjo. Buen viaje, Señora*, es la respuesta del marqués del Rif (960).

5.6. LA INFANTA ISABEL. LOS INFANTES DON CARLOS DE BORBÓN Y DON FERNANDO DE BAVIERA.

En la anochecida del martes 14, antes de abandonar el Palacio de Oriente, Don Alfonso XIII le dice a la princesa de Coburgo:

-Bee, no dejes sola a la pobre tía Isabel. Está muy mala. Dile que no se apure por dinero (961).

La *pobre tía Isabel* es la Infanta Doña Isabel de Borbón y de Borbón, a quien la Familia Real apoda en broma *sostén de las instituciones* (962), conocida popularmente como *La Chata*, tía paterna de Don Alfonso XIII y una de las responsables principales de la mala crianza del rey-niño *-Hay que hacer cuanto el rey mande* (963)-.

Desde la boda de su sobrino con Doña Victoria Eugenia, la Infanta no vive ya en el Palacio de Oriente, sino en una mansión -un *hotel*, según la terminología madrileña- de la calle Quintana de la capital. Hasta hace muy poco ha sido asidua de todos los eventos palatinos, pero en las últimas semanas se halla recluída en su casa aquejada de arterioesclerosis.

Sabedor el Comité Revolucionario, transformado ya, de hecho, en Gobierno Provisional de la República a partir de su toma de posesión del ministerio de la Gobernación, de las circunstancias por las que atraviesa la Infanta, comunica al Palacio de Oriente, y a la interesada, que la ilustre enferma puede permanecer en la capital de España, indefinidamente, si así le apetece, responsabilizándose el Gobierno de su seguridad, y que si desea marcharse dispone de los días que le parezcan para hacerlo.

Pero la Infanta, explica Almagro San Martín, *encontrando en su postración un gesto de altivez racial, anunció que seguiría el destino del Rey, no el de su sobrino, sino el del mito monárquico, abstracto e intangible, en el que creyera fanáticamente toda su vida* (964).

La salida de España de su Rey, no de su sobrino, como subraya certeramente Almagro, significa para ella el hundimiento de todo su orden de valores, pese a que ésta es la segunda vez en su vida que asiste a la expulsión de la Dinastía de su patria: en 1868, sesenta y tres años antes, su madre, Doña Isabel II, es despedida del cargo que ocupa y huye a Francia con todos sus hijos y el amante de turno, su secretario Marfori; la Infanta, que cuenta entonces diecisiete años, conoce el primero de sus exilios. Al ser proclamado rey su hermano Don Alfonso XII mediante el golpe de Estado del general Martínez Campos en Sagunto, en 1874, Doña Isabel se convierte automáticamente en Princesa de Asturias, es decir, en heredera del trono, hasta que el nuevo rey tiene descendencia de su segunda esposa, Doña María Cristina de Habsburgo-Lorena.

La Infanta, corpulenta, de cabellos nevados, chata nariz y cutis arrebolado, con hereditario herpetismo, a quien Buenos Aires conoció, festejándola, en las fiestas de su centenario -escribe Almagro San Martín-, *era figura arrancada a un retablo anticuado.*

Autoritaria y amiga al mismo tiempo del aura popular, terriblemente protocolaria, pero de afecciones llanas y hasta plebeyas, generosa de sus dineros y avara de honores, amante de caballos y caza, parecía hecha para vivir en las Cortes de Carlos III o Carlos IV, no en las modernas. Jamás comprendió ni sintió afecto por la existencia de nuestro tiempo. Prefería los caballos a los automóviles, la chimenea y el brasero a la calefacción central, los trajes de raso adamascado a las sedas livianas en moda, Viena a París o Londres (965).

Toda su vida ha hecho Doña Isabel de su oficio de infanta un auténtico sacerdocio. Casada con el príncipe real exiliado de las Dos Sicilias Don Cayetano de Borbón, conde de Girgenti, hijo del rey Don Fernando de Nápoles, que la deja viuda a los veinte años tras suicidarse pegándose un tiro, sin hijos a los que cuidar, su única preocupación ha sido siempre la realeza y sus apariencias, que para ella tienen la consistencia de la realidad. Por su regio sobrino, Don Alfonso XIII, *sentía no sólo cariño maternal*

-escribe Almagro San Martín-, *sino veneración, más de creyente a su Dios que de súbdito por su soberano; porque la anciana infanta tenía el fanatismo de la Monarquía* (966).

Ahora, a sus ochenta años, achacosa, le aguarda el segundo y definitivo exilio, porque de ninguna manera quiere permanecer en España si el Rey se marcha -*Lo que mandes se hará* (967)-; para ella la marcha del Rey supone la de toda la Familia Real, sin exclusiones ni enfermedades que valgan.

La anciana y enferma infanta Isabel -recuerda Alcalá-Zamora- *quedó más abandonada aún* <que Doña Victoria Eugenia y sus hijos>, *casi olvidada. Sabía, y se le aseguró, que no corría el menor peligro y dispuso de los días necesarios para ordenar su viaje* (968).

El 16 de abril, dos días después de la caída de la Monarquía, sin tomarse más tiempo del ofrecido que el estrictamente imprescindible, la Infanta sale para París. Le acompañan doña Beatriz de Coburgo -*Bee, no dejes sola a la pobre tía Isabel*- y sus damas de honor particulares, las hermanas Bertrán de Lis, *Juanita, la malhumorada, y la sonriente Margot* -al decir de Almagro-, *remotamente emparentadas con la dinastía. Como tesoro para hacer frente a la adversidad, llevaba el equipo en total la exorbitante cifra de doscientas pesetas. "¡Que no se apure por cuestión de dinero!", había dicho el Rey. Por lo visto, las personas encargadas de administrar la generosidad real tenían una idea demasiado exagerada del valor de la peseta* (969).

En París la Infanta y su cortejo, a las que nadie aguarda, se trasladan en un taxi al convento de la orden de la Asunción del barrio de Auteuil, regido por la madre Dolores Lóriga, hermana del conde del Grove, preceptor en su día de Don Alfonso XIII y, después, del Príncipe de Asturias y de los Infantes. Allí reside, desde hace muchos años, la Infanta Doña Eulalia, la oveja negra de la Familia Real. El encuentro entre las dos hermanas, una exiliada en razón de su mal entendida lealtad monárquica -*Lo que mandes se hará*-, la otra por su aborrecimiento de la Corte y la cerrazón de su mundo, debe de resultar digno de presenciarse. Cada una de ellas cree, sin duda, que la actitud que la otra simboliza es la causa última de la caída de la Institución.

En Auteuil sobrevive Doña Isabel escasos días. *Apenas entró la doliente Alteza en el convento hubieron de acostarla agotada, muda, inerte. Habían sido demasiado grandes sus emociones recientes. Aquel rápido declinar suyo* -escribe Almagro-, *que algunas semanas antes hubiera constituído un acontecimiento en Madrid, seguido con anhelo por millares de almas, deslizábase inadvertido aquí. Ni siquiera su familia más próxima podía prestarle una atención que sucesos de otro orden monopolizaban por el momento.*

Porque, en efecto, los primeros días de los Reyes en el destierro fueron ocupadísimos, llenos de mil pequeños menesteres, en su mayoría de carácter mundano y de instalación en un medio nuevo. El "faubourg" Saint Germain, ansioso de plegarse en reverencias cortesanas ante un Rey auténtico, des-

cendiente directo de Luis XIV, para colmo de dicha se precipita en masa al hotel Meurice, como sus antepasados llenaban las salas de Versalles; y junto al "faubourg", las damas de la colectividad española, muchas de las cuales, no habiendo tenido acceso a los Reyes en tiempos normales, se desquitaban ahora, en los días de desgracia, cuando todos los homenajes son bien acogidos, vengan de donde vinieren.

Entretenidos con este amable trajín, que a todos los individuos de la familia, menos al Rey, hacían olvidar las recientes zozobras y pesares, les tomó la muerte de Doña Isabel, acaecida a los pocos días de su llegada a París. Sobre la protocolaria señora, a la hora del tránsito, no desplegó la etiqueta sus alas rígidas, como habría sucedido en el Madrid de la Monarquía, sino que sobrevino la muerte, dulce y modestamente, en el silencio de un día gris. Al lado de la agonizante, cumpliendo el deber cristiano de ayudarla a bien morir, estuvieron su hermana la Infanta Doña Eulalia, sor Dolores, sus damas Juanita y Margot Bertrán de Lis y algunas personas más, habitantes del convento. Ni al entierro ni al funeral pudo asistir casi nadie. Tampoco la Reina, terriblemente atareada en aquellos días con sus visitas y acomodo (970).

La Infanta Doña Isabel, responsable en gran medida, para desdicha de la Institución, de la mala crianza de un rey-niño -*Hay que hacer cuanto el rey mande*-, desaparece así, casi de incógnito y de manera humillante para ella, por el escotillón de la pequeña historia. Quien en vida, *terriblemente protocolaria* y *avara de honores*, hizo de la etiqueta palaciega un auténtico culto, muere en un convento de París sin que ni su sobrino ni la Familia Real sean capaces de compensarle, con su compañía y con su afecto, el disgusto mortal que la pérdida del trono ha supuesto para ella.

En relación con los Infantes Don Carlos de Borbón y Borbón, cuñado de Don Alfonso XIII, y Don Fernando de Baviera, Alcalá-Zamora precisa que Don Carlos pudo viajar *sin hostilidad ni molestia*; Don Fernando, que sirvió a sus órdenes como jefe de Sección cuando don Niceto desempeñó el ministerio de la Guerra, se despide enviándole un recado *en el cual anunciaba que él, más Baviera que Borbón, esperaba regresar para vivir en España bajo la República* (971). La Infanta Doña Isabel, afortunadamente para ella, muere ignorante de tal propósito.

5.7. DON JAIME, EL ABANDERADO DE LA LEGITIMIDAD.

Don Jaime de Borbón, el abanderado de la Legitimidad, no necesita despedirse de España, de la que vive alejado desde siempre. La caída de *la rama usurpadora* es contemplada si no con total indiferencia sí con absoluta frialdad. Román Oyarzún escribe que, según le consta *por testimonios irrecusables, y ello era natural, Don Jaime consideraba como usurpadora a la rama reinante y no se sentía ligado por ningún vínculo, ni político, ni moral, ni afectivo, a la monarquía caída. Por otra parte la República se anunciaba como un régimen tolerante, generoso, comprensivo, civilizado... Era explicable que él y otros muchos como él la admitieran como un ensayo, cuyos resultados no se podían juzgar* a priori... (972).

Según Josep Carles Clemente, *el Partido Carlista acogió con gran júbilo, el 14 de abril de 1931, el derrocamiento de la monarquía alfonsina y la consiguiente proclamación de la II República española. Era un hecho que ya estaba previsto y que desde hacía tiempo venía anunciando. Los carlistas luchaban desde hacía más de cincuenta años por el hundimiento del tinglado de la Restauración que el político de turno había alzado en diciembre de 1874* (973).

El 23 de abril, casi sólo una semana después de la proclamación de la República, Don Jaime lanza un manifiesto. Movido por un patriotismo sin alharacas zarzueleras, el Pretendiente anima a los monárquicos, desde el respeto a la voluntad nacional, a la colaboración con todo lo que signifique un planteamiento más racional de los problemas de España. Su actitud contrasta con la egoísta cerrazón de quienes, desde la misma tarde del 14 de abril, según el testimonio de Vegas Latapie, se proponen derrocar la República triunfante por todos los medios a su alcance, *incluídos los legales* (974).

He visto que el gobierno provisional, que hoy asume el mando supremo -proclama Don Jaime-, *hace cuantos esfuerzos puede para garantizar el orden, y deseo que los míos apoyen su actuación en todo lo que no sea contrario a sus tradicionales doctrinas, recomendando a todos los españoles que conserven su sangre fría para seguir evitando la funesta explosión de los desórdenes callejeros.*

Sólo en la cooperación eficaz de los elementos de orden puede llegar el gobierno, respetando las libertades esenciales, a la convocatoria de unas Cortes generales constituyentes, que son hoy día una necesidad imprescindible.

Uno de los principios esenciales de nuestra actuación en los años últimos ha sido precisamente reclamar la convocatoria de estas Cortes libremente elegidas, así como ha sido siempre el fundamental objeto de nuestra política realizar la federación de las distintas nacionalidades ibéricas.

En estas elecciones deben pronunciarse de un modo definitivo, sea por la República, sea por una Monarquía renovada, progresista, ampliamente descentralizadora, que no ofrecería ningún punto de contacto con el antiguo sistema, precisamente a causa de la creación de las grandes administraciones federales en las distintas regiones hispanas.

Si la voluntad nacional, libremente expresada, se pronunciara a favor de la República, yo pediría a los monárquicos que colaborasen en la obra inmensa que es construir la federación de la nueva España (975).

El 14 de abril de 1931 supone una gran ocasión histórica para corregir los males que afligen a España desde hace ya demasiados años. Consciente de ello, Don Jaime de Borbón otorga al nuevo régimen un voto de confianza, y sacrifica cualquier interés personal a la tarea de reconstruir la patria, aunque esta reconstrucción comporte por su parte diluir su protagonismo dinástico en el anonimato del común esfuerzo. Pero *Ante Dios nunca serás un héroe anónimo*, reza un viejo lema carlista, y tal vez el abanderado de la Legitimidad lo tenga presente en estas horas y decida obrar en consecuencia.

5.8. PARÍS, EL INICIO DEL FIN.

¡Dios mío! ¡Ahora se me mete aquí toda la familia!, exclama la Infanta Doña Eulalia, residente en París, al tener conocimiento de que la Familia Real, tras ser expulsada de España, decide trasladarse a la capital francesa (976).

El jueves día 16, en efecto, llegan a París Doña Victoria Eugenia y sus hijos el Príncipe de Asturias, Don Alfonso, los Infantes Don Jaime y Don Gonzalo y las Infantas Doña Beatriz y Doña María Cristina. El diplomático español Quiñones de León les da la bienvenida. El viernes 17 lo hace Don Alfonso XIIIl, procedente de Marsella. Entre quienes acuden a recibirle se halla presente el mariscal Pétain. El 21 o el 22 -el interesado no lo recuerda exactamente-, el Infante Don Juan, y por esas mismas fechas, día más día menos, la Infanta Doña Isabel, que muere poco después atendida sólo por su hermana la Infanta Doña Eulalia.

El mismo día de su llegada a París, el 17, el diario *ABC*, de Madrid, hace público el manifiesto *Al País* de Don Alfonso XIII. Han pasado veintinueve años desde que, en 1902, el joven monarca se dirige por primera vez a los españoles. Si entonces sus palabras son recibidas, como mínimo, con una benévola curiosidad no exenta de simpatía, ahora caen en la más completa indiferencia. El pueblo español, o una gran parte de él, al menos, considera que el reinado de Don Alfonso XIII es una página conclusa, y que su Dinastía, expulsada una vez más de España, pertenece ya ahora, definitivamente, a un pasado que no ha de volver.

Días después de su entrevista con Don Alfonso XIII en París, Francesc Cambó lo ve de nuevo *de curiosa manera*, según sus palabras. *Yo iba al* <hotel> *Meurice, a visitar a una familia amiga. Era media tarde. En un rincón del hall "vitré", detrás de una mesa, estaba sentado Don Alfonso: solo, sin la compañía de un libro, de un diario, de una copa. Al cabo de hora y media, realizaba el mismo camino, en dirección inversa, hacia la puerta: Don Alfonso continuaba igual, sentado detrás de la misma mesa, ¡sin un libro, ni un diario, ni una copa!* (977).

Cambó, exiliado voluntario desde la misma tarde del 14 de abril, es uno de los últimos sostenes con que ha contado el tinglado de la Restauración cuando el sistema está dando las postreras boqueadas. Ahora, en París, en el hall *vitré* de un distinguido hotel, puede contemplar la imagen patética de un hombre solo al que equivocadamente ha intentado salvar de sí mismo.

Fruto natural de la mala crianza recibida, Don Alfonso XIII es el principal responsable de la caída de la Monarquía, aunque no el único. Al perjurio cometido por el Rey al suspender en 1923 la Constitución y las leyes que solemnemente jura en 1902 al ser proclamado mayor de edad, no se llega en ningún caso gratuitamente, por mucho que se intente justificar tal hecho en razones altruistas: *Me había decidido en un momento tan crítico a servir a mi patria, prescindiendo, por necesidad patriótica, de las trabas que me imponía la ley orgánica del Estado*, declara diez años después del golpe de Estado que él confirma encargando la formación de Gobierno al autor material del *pronunciamiento* (978). La forja de un perjuro resulta en ocasiones laboriosa, pero en el caso de Don Alfonso XIII se ha demostrado eficaz.

Los Borbones, como se sabe, son una familia francesa -escribe Ramón Pérez de Ayala a raiz de la crisis de 1917-. *Los propios franceses, después de larga experiencia a su costa, han definido esta familia diciendo que los Borbones nunca aprenden ni nunca olvidan. Llevan una fatalidad en la sangre. Parafraseando la definición francesa, pudiéramos decir que los Borbones son incorregibles (improgresivos) y resentidos (negativos). Puestas en juego estas cualidades dentro del curso histórico, resultará que una monarquía borbónica será siempre incompatible y se opondrá por todos los medios a cualquier movimiento de progreso político y a la evolución liberal de los tiempos* (979). Don Alfonso XIII, en definitiva, ha intentado en vano con la Dictadura parar el curso de la Historia, consiguiendo sólo retrasarlo en unos años.

A partir de su exilio, Don Alfonso XIII se convierte en un desarraigado, pero ahora en tierra extraña. En 1934 *El Caballero Audaz* escribe:

En los tres años que han pasado desde aquella noche trágica, Alfonso XIII ha recorrido todas las rutas del mundo... Su silueta fue descubierta en todas las carreteras, en los pasillos de los grandes expresos y en el puente de los trasatánticos de lujo... Desde Francia inició sus rutas por todas las puntas de la rosa de los vientos... Estuvo en Austria, Alemania, Bélgica, Dinamarca, Italia, Inglaterra... En las islas del Báltico y en Egipto, en Mónaco y en Malta, en Checoeslovaquia y en Suiza, en Tierra Santa y en Turquía, en la India inglesa y en Grecia...

He aquí el poema moderno y dramático del rey nómada, del español errante, del hombre cuya alma parece obstinada en alejarse deprisa de un pasado que va siempre con él...(980).

Al poco tiempo de residir en Francia, se oficializa la separación de Don Alfonso XIII y de Doña Victoria Eugenia. Esta, un buen día, le espeta con toda su flema británica: *No quiero ver tu fea cara nunca más* y decide abandonarlo (981). A partir de ese momento las desgracias se suceden. El 11 de junio de 1933 el doliente Príncipe de Asturias, Don Alfonso de Borbón y Battenberg, es obligado por su padre a renunciar a sus hipotéticos derechos de sucesión a la Corona de España. El Príncipe desea contraer matrimonio con una señorita cubana, Edelmira Sampedro, lo que hace el 21 de ese mismo mes y año. Don Alfonso XIII no asiste a la ceremonia de la boda, y reduce considerablemente la pensión que su hijo percibe. Con el título de Conde de Covadonga, el ex-Príncipe de Asturias y su esposa van dando tumbos hasta que se divorcian. Don Alfonso contrae nuevo matrimonio, esta vez con otra cubana, Marta Rocafort, de la que se divorcia también a las pocas semanas, acogiéndose a la legislación republicana. Desde los Estados Unidos afirma no ser válida su renuncia a los derechos sucesorios, y en Miami fallece a la salida de un local nocturno, en 1938, acompañado de una cigarrera.

El mismo día de la boda de Don Alfonso, su hermano el Infante Don Jaime, en quien han recaído los derechos familiares de Príncipe de Asturias, firma un documento por el que renuncia a los mismos. Le presionan todos los primates monárquicos, alegando que dada su sordomudez no puede mantener siquiera una conversación telefónica. Don Jaime se casa primero con Emanuela Dampierre -de la que se separará años más tarde-, y después con Carlota Tiedemann, una cantante no se sabe muy bien si de ópera o de cabaret. También Don Jaime, a lo largo de su azarosa vida, negará en ocasiones la validez de su renuncia.

Don Juan, enrolado desde el mismo mes de abril en la Marina británica, se convierte así en Príncipe de Asturias, y se casa en 1935 con su prima Doña María de las Mercedes de Borbón y Orleáns. Como su padre, fija su residencia en la Italia de Mussolini, donde en 1938 nace el primero de sus hijos varones, Don Juan, a quien la historia conoce ya hoy como Don Juan Carlos I.

Don Gonzalo, hemofílico como el primogénito, perece en agosto de 1934 a consecuencia del golpe recibido en un pequeño accidente de tránsito en un automóvil conducido por su hermana Doña Beatriz, que en 1935 contrae matrimonio con Alejandro Torlonia. Su hermana la Infanta Doña María Cristina lo hace en 1940 con un viudo padre de varios hijos, a quien los reyes de Italia ennoblecen con el título de conde Marone poco antes de la boda.

La que fuera la primera familia de España se ve así, en el exilio, diezmada por la separación de los padres y la muerte de dos hijos, con otro sordomudo y dos hijas casadas de manera *desigual*, según los usos y costumbres de la Real Familia, y un príncipe heredero en el que algunos monárquicos pretenden, en vano, que abdique Don Alfonso XIII, a fin de facilitar una remota vuelta de la Dinastía. Pero la sangre de los Borbones que a partir de 1700 ocupan el trono de San Fernando, pese al veneno que en la misma introduce Doña Victoria Eugenia, tiene una capacidad de respuesta frente a las adversidades que resulta verdaderamente fascinante, y que nadie, honradamente, puede prever cuando en abril de 1931 se inicia su exilio en París.

EPÍLOGO

CINCO AÑOS DESPUES

... en estos momentos de júbilo en que celebramos la victoria final de nuestras gloriosas tropas bajo el mando del invicto Generalísimo Franco.

Don Alfonso XIII.

La historia que narra este libro podría darse aquí por concluída. Sería, para muchos, una historia con final feliz, la de cómo los españoles, durante tres días de abril, consiguen derrocar pacíficamente un régimen secular que incapacita su convivencia y darse otro que abre un cauce de razonable esperanza para el quehacer colectivo.

España, en aquellos primeros días esplendorosos de la República, estaba rebosante de alegría -una alegría espontánea, como la de la naturaleza en primavera -escribe en el exilio Salvador de Madariaga-. *La revolución había sido tan limpia, tan sin tacha, tan pura de todos esos excesos que con demasiada frecuencia empañan los momentos dramáticos de la historia humana, tan libre de toda intervención militar, tan clara expresión de una opinión pública sin asomo de violencia, que la primera emoción que su triunfo causó en el pecho de los republicanos fue una ufana alegría. España había demostrado al mundo cómo una de las monarquías seculares de Europa podía caer al primer golpe de hacha mental de la democracia sin que se rompiera en todo el país ni tan solo un cristal. Bien había merecido la República, por su llegada sonriente y apacible, el nombre que sus fieles conspiradores le daban cariñosamente durante todo el siglo XIX*: La Niña Bonita (982).

Antonio Muñoz Molina, nieto de quienes protagonizaron *la alegría del catorce de abril*, cuyo testigo recoge, declara en 1996, como he citado ya en las *Palabras previas* de este libro: *La República significa la culminación de un profundo movimiento de renovación de la vida española, de la tradición progresista de las Cortes de Cádiz y del krausismo, y una nueva lectura de la historia de España en clave no patriotera, sino nacional, esto es, popular* (983).

Pero en poco más de cinco años el país ve quebrarse dramáticamente esta oportunidad histórica, y se encuentra de pronto sumergido en la mayor tragedia que puede asolar a un pueblo, la guerra civil.

Como he escrito en otra parte (984), en el momento de su proclamación, en 1931, la Segunda República española hereda de la Monarquía de Don Alfonso XIII diversos problemas de gravedad indudable: 1) Una forma unitaria de Estado cerradamente centralista, en pugna con las reivindicaciones autonomistas de Cataluña y, también, del País Vasco; 2) Un Ejército viciado en todas sus capas por su intervencionismo en la vida pública del país a lo largo de todo el siglo XIX y parte del XX, que todavía en 1923 se *pronuncia* mediante el general Primo de Rivera y con la aquiescencia de Don Alfonso XIII; 3) Una Iglesia enfeudada al Estado (la alianza secular "del trono y del altar"), a las clases explotadoras de la sociedad y de espaldas a la tarea evangélica de solidaridad con los más desvalidos; 4) Unas desigualdades sociales explosivas, con una lucha de clases empecinada y muchas veces sangrienta; 5) Una situación en el campo más grave aún que en las escasas zonas poco y mal industrializadas; 6) Una pérdida de ilusión colectiva de la que el pesimismo del 98 es un reflejo fiel. Añádase a estos males el analfabetismo endémico, la corrupción caciquil, la indefensión sanitaria... El contexto internacional, por otra parte, no podía ser más adverso: la crisis norteamericana del año 29 hacía sentir sus efectos en el resto del mundo, y en diversos países de Europa se asistía al ascenso progresivo del fascismo como respuesta de las clases burguesas frente a la revolución soviética del 17 y sus secuelas.

Al tiempo que hereda estos problemas, la Segunda República hace un esfuerzo considerable por resolverlos con una cierta moderación, mediante la alianza de las clases trabajadoras, un sector importante de la burguesía ilustrada y lo más selecto de la intelectualidad progresista. En algunos lugares como Cataluña, con el cardenal Vidal i Barraquer a la cabeza, no falta tampoco el apoyo o al menos una benévola neutralidad expectante de algunos sectores del clero que hoy llamaríamos *de base*. En su *Historia de la Segunda República* Josep Pla explica que el 14 de abril de 1931, según algunos gobernadores civiles, muchas curas acuden a votar exhibiendo públicamente la papeleta de la candidatura republicana (985).

El programa reformista no se hace esperar: concesión del régimen de autonomía para Cataluña, reformas militares, legislación social avanzada, Ley de Reforma Agraria.

Pero desgraciadamente el *sindicato de intereses* -lo que hoy se conoce como poderes fácticos-, que ha recibido la República entre el desconcierto y la tolerancia, en cuanto comprueba que los cambios políticos comportan unas transformaciones estructurales que lesionan su *status* social y económico, aunque sea de forma mínima, pasa al ataque. Fracasada la intentona insurgente y estrafalaria del general Sanjurjo en agosto de 1932 -de la que la clase política republicana no sabe extraer las pertinentes enseñanzas-, el *sindicato* cree que podrá domesticar la República y bloquear sus tímidas reformas mediante el control ejercido por delegación a través del *tandem* Alejandro Lerroux-José María Gil-Robles, pero cuando el año 1936 la coalición radical-cedista pierde las elecciones, el *sindicato* abandona esta táctica y se apresta decididamente a la organización, en serio, del golpe militar (No sería justo ocultar el grave quebranto que para el crédito del régimen republicano supuso que el ala largocaballerista del PSOE se lanzara, en 1934, con el apoyo de Indalecio Prieto incluído, a la sublevación armada en Asturias, secundada en Cataluña por el presidente de la Generalitat, Lluis Companys, en un acto forzado, al decir de Heribert Barrera, de solidaridad con los compromisos adquiridos por Lluhí i Vallescà con los dirigentes del partido

Socialista, amén de las presiones del *conseller* Josep Dencàs (986). Para el *sindicato* su hombre es ahora, en 1936, José Calvo Sotelo, que a diferencia de Gil-Robles no tiene veleidades democráticas, y quiere contar -el *sindicato*-, además, como *partida de la porra*, con los *falangistas valerosos*, escasos en número pero contundentes en la acción (987).

Contra el intento republicano de modernización de España se alza así la oligarquía más reaccionaria, que no duda en tildar de *bolchevique* a José Antonio Primo de Rivera por sus dos intervenciones parlamentarias a propósito del desmantelamiento de la Reforma Agraria, llevado a cabo, al alimón, por cedistas y radicales. La oligarquía arrastra a su campo a amplios sectores ajenos a sus intereses económicos, pero que sienten amenazados determinados valores morales. A esta amenaza, supuesta o real, no son ajenos algunos despropósitos y algunos desmanes -no sólo verbales- de ciertos jacobinos republicanos. Y la alianza de las fuerzas covergentes el 14 de abril se resquebraja. *Una parte del país* -escribe Haro Tecglen- *esperaba de la República una especie de era de Pericles, espiritual y gozosa, un espíritu ateniense y ateneísta organizando el país; la otra, las reivindicaciones de sus siglos de sufrimiento. Cuando se trataba de ayudar a éstos, la otra parte protestaba: el artículo "No es esto, no es esto", de Ortega y Gasset, las posiciones de Marañón y los otros intelectuales que formaron en la monarquía "al servicio de la República", según su manifiesto, fueron las primeras muestras de separación. La imposibilidad de llegar a una verdadera reforma agraria levantó a los campesinos, mientras leyes como la del divorcio o la enseñanza pública le alienó el pensamiento católico* (988). Felipe Sánchez Román, por ejemplo, se niega a firmar el pacto del Frente Popular, que él ha promovido en gran manera, para las elecciones de 1936 (989), seguramente porque uno de los integrantes del pacto es el partido Comunista. Una vez más se frustra la tentativa de los ilustrados frente a quienes se reclaman herederos de Viriato -y de las pulgas de su pelliza (990), de poner España a la hora de Europa. El enfrentamiento dialéctico de las dos Españas cede el paso, de nuevo, a la lucha con las armas en la mano, una lucha marcada por un odio y un fanatismo difícilmente explicables, pero tantas veces repetidos a lo largo de nuestra historia.

Yo no grité ni me dejé desbordar por la euforia el 14 de abril -rememora años después Claudio Sánchez Albornoz-. *Recorrí las calles medrileñas un poco sonambulescamente. Mi memoria me traía a la mente la brevedad de las etapas en que España había gozado de libertad en el siglo XIX. Siempre, tras un fugaz período liberal -las Cortes de Cádiz, "los tres mal llamados años", la regencia de Espartero, el bienio progresista, la "Gloriosa"- se habían sucedido una década y a veces dos décadas moderadas o reaccionarias. Y, al deambular por Madrid, en medio del alborozo popular, no podía apartar de mi espíritu el temor de que volviéramos otra vez a fracasar.*

Mis frecuentaciones con el ayer me habían empujado hacia el republicanismo. Estaba habituado a ver cambiar y transformarse todo el curso de la historia. Lo estaba a ver convertirse en fórmulas políticas conservadoras las que en su día habían parecido más revolucionarias. Y creía que lo más inteligente era mudar el hoy ordenada y legalmente mediante un histórico cambio de régimen. Envidiaba empero a quienes, ignorantes de la historia u olvidándola, creían que la República iba a mudar España por arte de magia. ¡Cuatro presidentes en 1873! Y de nuevo la Monarquía. ¿Lograríamos vencer al destino y romper el misterioso encantamiento? ¿Qué hacer para lograrlo? ¿Una república revolucionaria o una república conservadora? Hombre de razón y no de pasión, aquella tarde me sentía más que nunca prisionero de mi ecuación temperamental, pero pronto a la batalla para evitar nuevos naufragios. No abulté, sin embargo, mis posibilidades de acción. ¿Qué harían los primates republicanos? ¿Cómo reaccionarían, ante las inevitables mudanzas de la hora, la Iglesia y las clases conservadoras? ¿Sabrían aquéllos y éstas encauzar la vida de España? ¿Qué podría hacer mañana yo, un mero historiador sin audiencia en ninguno de los dos campos? Largo caminar solitario, sueño inquieto y breve. El recuerdo de la historia de España -quimera y aventura, intolerancia y fraternos odios- me angustiaba. Nunca como aquella tarde vacilé ante mi deber cara al futuro. ¿Podría volver a mi torre de marfil? (991).

Los *fraternos odios*, una triste constante en nuestra historia, se imponen a la postre, y la guerra de los horrores, desde el 17 de julio de 1936 al 1 de abril de 1939, arrasa España enfrentados hermanos contra hermanos con un odio de raíces religiosas. Pero la historia del fracaso interesado de la Segunda República y la historia de la guerra civil española escapan, con mucho, al propósito de estas páginas.

José Antonio Primo de Rivera, que no quiso la guerra pero de cuyas responsabilidades no escapa, como casi ninguno de los políticos de su tiempo, reflexiona amargamente en su celda de la Prisión Provincial de Alicante, en el verano de 1936, preso desde cuatro meses antes de que se inicie la contienda: *Todas las guerras son, en principio, una barbarie y una guerra civil, además de una barbarie, es una ordinariez, porque el pueblo que tiene que lanzarse a ella pone de manifiesto que ha malogrado una de las gracias más grandes recibidas por la humanidad del Topoderoso: la inteligencia y un lenguaje común para entenderse* (992).

No comparte seguramente estas nobles reflexiones Don Alfonso XIII, el que un día, hace ya tantos años, aspiraba a pasar a la historia con el sobrenombre de *El Africano*. Al término de la contienda, el 9 de abril de 1939, desde Roma, escribe al general Franco. Su carta rubrica de forma solemne todas y cada una de las reiteradas intervenciones regias en favor de uno de los dos bandos enfrentados, algunas de ellas no conocidas por el común de sus compatriotas. Porque quien dice abandonar el país el 14 de abril de 1931 para evitar que se derrame sangre española, desde los primeros días de la lucha fratricida se suma de forma entusiasta y eficaz a la contienda.

Ya en 1932, cuando se prepara el golpe de Estado -que fracasa- del general Sanjurjo contra la República a cuyo advenimiento colaboró de manera decisiva, Don Alfonso XIII, según Pedro Sainz Rodríguez, que le informa del plan con todo detalle, está *plenamente de acuerdo* con el mismo (993).

En 1935, en tanto en España gobierna la coalición de centro-derecha integrada por los populistas de Gil-Robles y los radicales de Lerroux, Don Alfonso XIII se sincera en París con un monárquico conspicuo: *No puedo menos que admirar con entusiasmo y con emoción a los muchachos de Falange que están enfrentándose en campo abierto, con valentía y heroísmo, contra los criminales de Moscú y sus comparsas, que quieren hacer de España un reducto rojo con la complicidad de una fauna de imbéciles o de insensatos que viven en la inopia de las monsergas democráticas* (994).

Y cuando los militares y los políticos monárquicos inician los preparativos para el golpe de Estado de julio de 1936 -que por su impericia manifiesta desemboca en la guerra civil-, según Luis María Anson *los conspiradores visitan a Alfonso XIII en el hotel* Meurice *y después mantienen con él una larga entrevista dentro de un automóvil en el bosque de Fontainebleau, en el cruce de caminos* La croix du grand veneur. *Alfonso XIII aprueba el plan y, al día siguiente, se lo cuenta a Sainz Rodríguez. Unos meses después recibe a Gil Robles al que borbonea con eficacia. "Si con la República puedes salvar a España -le dice- tienes la obligación de intentarlo. Ni tu tranquilidad ni mi Corona están por encima de los intereses de la Patria. Por el bien de España yo sería el primer republicano."* (995). Palabras tan hermosas como falsas las que Don Alfonso XIII, el rey perjuro, prodiga al líder demócratacristiano. *Alfonso XIII* -testifica Anson- *está metido de lleno en la conspiración monárquica para derribar la República* (996). Después del fracasado 10 de agosto de 1932 *Sainz Rodríguez elabora un plan de golpe de Estado mucho más complejo y sutil. Alfonso XIII lo conoce y aprueba* (997).

La obsesión de Don Alfonso XIII es quitarse la espina de su destronamiento, aunque sea al precio de la guerra civil entre españoles. Las negociaciones de Pedro Sainz Rodríguez con los diversos elementos que intervienen para derribar la República son harto laboriosas. *En Estoril* (donde reside el general Sanjurjo), *don Pedro supera el último escollo* -explica Anson-. *Tiene el compromiso con Alfonso XIII de la vuelta del Rey. Es una cuestión de elegancia espiritual. El Monarca exige esa satisfacción histórica y no está dispuesto a abdicar. Por fin encuentra la fórmula aceptada por el Rey y por Sanjurjo. Tras el golpe de Estado, el general asumiría el Poder Ejecutivo y convocaría un referéndum Monarquía-República como se había hecho en Grecia. Respaldada la Monarquía por la voluntad popular, se crearía un Consejo-Regencia que en unos días restablecería la Constitución de Cánovas y solicitaría el regreso del Rey. A los seis meses, Alfonso XIII abdicaría en Don Juan. El nuevo Rey convocaría Cortes Constituyentes para elaborar una Constitución concorde con la nueva situación de Europa y del mundo* (998).

Por mucho que *la nueva situación de Europa y del mundo* sea propicia en esas fechas al auge de los fascismos, parece improbable que un referéndum Monarquía-República en España consiga el regreso de Don Alfonso XIII. El resultado de las elecciones a Cortes en junio de 1931, noviembre de 1933 y febrero de 1936 no permite, ni de lejos, considerar seriamente esta posibilidad. A no ser que con el sable de Sanjurjo en alto, las urnas, una vez más, obrasen el milagro de arrojar un escrutinio favorable a quien lo ha convocado.

Sea como sea, el golpe fracasa y Sanjurjo perece el 20 de julio de 1936 en un accidente de aviación. Toda la estrategia diseñada por Pedro Sainz Rodríguez, de acuerdo con la versión de Anson, se va al garete. El *toreo de salón* aplicado a las conspiraciones, golpes de Estado y tomas de poder se ha demostrado, una vez más, carente de base y eficacia.

En julio de 1936 Don Alfonso XIII se halla en Checoeslovaquia pegando tiros en un coto de caza. Consumada la separación de su esposa Doña Victoria Eugenia, que el exilio ha oficializado, su vida aparentemente sin objeto -*sin la compañía de un libro, de un diario, de una copa*, como anota Cambó en sus recuerdos-, es un errático deambular por el mundo, sólo interrumpido para evitar que los *juanistas*, que ya apuntan, le fuercen a la abdicación, o para alentar a quienes le prometen el regreso al trono a punta de bayoneta, puesto que el resultado de las urnas se muestra una y otra vez esquivo.

En los últimos días de ese mes que marca de manera indeleble la historia de España, su hijo y heredero el Príncipe de Asturias, Don Juan de Borbón y Battenberg, arropado por las gentes del grupo neointegrista *Acción Española*, solicita telefónicamente desde Cannes la venia paterna para marchar a España a enfrentarse a sus compatriotas leales al gobierno legítimo de la República. Don Alfonso XIII asiente presto y le otorga sus bendiciones: *Me alegro de todo corazón. ¡Ve, hijo mío y que Dios te ayude!* (999). No le falta tampoco al belicoso Príncipe el entusiasta apoyo, atemperado por su flema británica, de su madre Doña Victoria Eugenia: *Así tiene que ser. Las mujeres a rezar, los hombres a luchar* (1000).

Pocos días después, todavía en tierras checas, Don Alfonso XIII recibe la visita de Pedro Sainz Rodríguez y Juan Ignacio Luca de Tena. Han sido comisionados por el general Mola -*El Director* del alzamiento militar- para gestionar en Roma cerca de Galeazzo Ciano, ministro de Asuntos Exteriores, el envío urgente a la zona rebelde de varios aviones, pero el ministro se niega a enviarlos por aire, temeroso de las consecuencias internacionales que tal hecho puede desencadenar, y ofrece mandarlos por barco a un puerto de la España sublevada. Desespéranse los comisionados, pues Mola les ha advertido: *Si no tengo más aviación antes de ocho días, estamos perdidos.* Una llamada de Don Alfonso XIII a Benito Mussolini, jefe del gobierno fascista italiano, resuelve el problema en el sentido que los sublevados desean. *Pocas horas después* -testifica Juan Ignacio Luca de Tena-, *salieron volando hacia Burgos los aviones que Mola pedía* (1001).

Según carta que Don Juan de Borbón -Don "Juan III" para sus leales- le escribe al general Franco el 10 de julio de 1961 para felicitarle efusivamente con motivo de los veinticinco años de la sublevación militar, Don Alfonso XIII sigue el curso de los acontecimientos bélicos *colocando ilusionadamente banderas rojas y amarillas sobre el mapa, al compás del avance de las tropas conducidas por V.E.* (1002).

A lo largo de toda la guerra Don Alfonso XIII -como el Príncipe Don Juan, su heredero- no se cansa de significar al general Franco sus expresivas enhorabuenas por sus conquistas más resonantes. Así, el 26 de enero de 1939, al ocupar las tropas franquistas Barcelona, le remite el siguiente telegrama: *Mi felicitación entusiasta y cordial extensiva a todo ese glorioso Ejército mandado por V.E. y mi gratitud como español con la reiteración de mi adhesión y de mi confianza en el despertar de nuestro Patria. ¡¡Viva España!! Alfonso XIII* (1003). Y cuando Don Alfonso XIII escribe al teniente general Alfredo Kindelán, en esos años, de alguna manera, su representante en España, no olvida nunca encargarle salude *al Jefe* -es decir, al general Franco- de su parte (1004). Según el testimonio de la Infanta Doña Eulalia, tía de Don Alfonso XIII, éste contribuye con dos millones de libras esterlinas a la causa liderada por Franco *Todos creíamos en Franco. Le dimos dinero hasta llegar a vender nuestras joyas* (1005).

A finales de marzo de 1939, pocos días antes de finalizar la guerra, Don Alfonso XIII declara al diario francés *Le Journal-Echo de Paris*: *En estos instantes importa, más que nunca, que todos los españoles se agrupen alrededor del Caudillo Franco, que ha conseguido la victoria.*

Yo obedeceré las órdenes del general Franco, que ha reconquistado la Patria, y, por tanto, me considero un soldado más a su servicio.

Cuando haya acabado la guerra y la palabra soldado deje de ser adecuada, me convertiré en un español más, a las órdenes del Caudillo, para la reconstrucción de España.

Mi porvenir y el de todos los españoles está ahora en las manos del general Franco (1006). Idéntica declaración reitera ante el más fervoroso de los alfonsinos, Julián Cortés-Cavanillas, cuando éste le visita en su exilio romano en febrero de 1940 (1007).

La voz de Don Alfonso XIII no se alza en ningún momento para intentar una mediación que detenga la tragedia. Esta es la gran responsabilidad histórica de la Dinastía en general y de Don Alfonso XIII en particular. Sabe que sólo una guerra, por muy duro que esto sea, puede restituirle en la primera magistratura de España, que considera de su propiedad personal por el hecho azaroso de ejercerla su padre en el momento de engendrarle. Ni en las elecciones a Cortes constituyentes de junio de 1931, ni en los comicios para las Cortes ordinarias de noviembre de 1933 y febrero de 1936, los partidos monárquicos -alfonsinos o tradicionalistas- alcanzan una representación que supere la estrictamente simbólica. Permítaseme volver a citar el autorizado juicio de dos realistas de pro, el duque de Maura y Melchor Fernández Almagro:

España, erigida en señora única de sus destinos, olvidó por completo a Alfonso XIII. Las primeras elecciones generales consolidaron, sin titubeos, la República (...) Sobrevino pronto, como era de esperar, la reacción derechista; pero lo único en que coincidieron los partidarios del mal menor con los que preferían sin distingos ni atenuaciones el mayor, fue, cabalmente, la repulsa común a las instituciones monárquicas (1008).

Al término de la contienda Don Alfonso XIII organiza en Roma un solemne *Te Deum, al que asistimos todos emocionados y llenos de esperanza*, según recuerda la Infanta Doña María Cristina, su hija menor, para celebrar el triunfo de las armas de Franco (1009). Y el 16 de mayo de 1939, en carta privada, agradece a su devoto Julián Cortés-Cavanillas sus parabienes *en estos momentos de júbilo en que celebramos la victoria final de nuestras gloriosas tropas bajo el mando del invicto Generalísimo Franco* (1010).

La carta que el 9 de abril de 1939 Don Alfonso XIII remite al general Franco dice así:

Mi querido general:

Vivamente agradecí su cariñosa carta y me es grato significarle la satisfacción con la que la recibí al propio tiempo que le reitero las más calurosas felicitaciones por la victoria final de las gloriosas tropas de su mando.

Conociendo sus dotes personales nunca dudé acerca del triunfo definitivo salvo complicaciones internacionales tan temidas, que afortunadamente se evitaron.

Ahora empieza la segunda campaña, para la cual se necesita que todos se agrupen en su magna labor regeneradora y patriótica; el carácter exageradamente individualista de muchos españoles dificultará en cierto modo esa unión, pero abrigo la firme esperanza de que la verá lograda.

Y ahora, mi General, creyéndome autorizado para ello por haber sido jefe nato de la Real y Militar Orden de San Fernando, permítame le exprese cuán dichoso me consideraría si recogiendo el común sentir y justificado anhelo del gloriosísimo ejército de Tierra, Mar y Aire español y de todos los buenos compatriotas viéramos sobre su pecho esa invicta y heroica condecoración jamás tan bien otorgada al caudillo que tan brillantemente salvó a España y la llevó a la victoria,

Y como final faltando al protocolo le envío hoy como en otros tiempos un fuerte abrazo.

De V.E. afmo. y buen amigo

Alfonso XIII (1011).

Carlos Rojas ve en esta misiva, en cierta manera, un intento desesperado de Don Alfonso XIII de forzar a través de Franco la restauración de su persona (1012). *De hecho, la renuncia de don Alfonso XIII en 1941 a favor de su hijo don Juan* -escribe Charles T. Powell- *supuso un reconocimiento implícito de que su persona constituía un obstáculo para la restauración de la Monarquía. También suponía un obstáculo para la reconciliación definitiva con la rama carlista, que tan activa se había mostrado en el bando nacional* (1013). Pero el general Franco no está por la labor. Don Alfonso XIII fallece en Roma el 28 de febrero de 1941 -*¡Estoy hecho polvo!*, se lamenta-. Sólo muerto volverá Don Alfonso XIII a España, cuando en España, instaurada por Franco una Monarquía de nueva planta, reine no su hijo y sucesor sino su nieto, designado Rey por el general. Pero como he escrito en las *Palabras previas* de este libro, vivos o muertos los Borbones regresan siempre a España. Diríase que el destino del país, en efecto, es vivir lo ya vivido.

Por esto el verso de Machado ya citado, *Ni está el mañana -ni el ayer- escrito*, mantiene la exigencia de su reto.

Nuestra historia más reciente, nuestro *ayer* más inmediato, cuenta hoy con historiadores rigurosos, honestos, objetivos, que *escriben el ayer* con palabras verdaderas, aunque no siempre resulte fácil escapar a la pretendida intoxicación de ciertos exégetas de calzón corto, de algún amanuense de cámara (1014).

Pero en otro sentido el *mañana* somos nosotros, quienes nos negamos a ser manipulados por *el sistema establecido*, los que hemos de escribirlo antes de que se transforme en letra impresa. Y este *mañana* pasa, en primer lugar, por la superación de una pesadilla más que centenaria, desde 1700 a hoy, mediante una lectura correcta de los hechos históricos, y con la recuperación, consecuentes con las conclusiones que de esta lectura se extraen, de la esperanza que se alzó un catorce de abril en torno de lo que Ortega denominaría *un sugestivo proyecto en común*. Un proyecto basado, hoy, por encima de las libertades teóricas y formales, en las libertades reales y factibles de los ciudadanos frente al Estado y sus muñidores, los grupos de presión; por encima de las igualdades utópicas y formales en la igualdad apoyada en el Derecho y fundamentada en la Justicia; por encima de las fraternidades bien intencionadas y formales, en la solidaridad de clase sin fronteras.

Creo firmemente que ciertos ideales no han estado nunca ni vencidos ni olvidados en el corazón de quienes pensamos que, individualmente como ciudadanos y colectivamente como pueblo, tenemos el deber, que moralmente es siempre superior a un derecho, de organizar de manera pacífica la vida colectiva -la *res publica* de los antiguos romanos, de quienes somos herederos y acreedores- desde los principios básicos de la racionalidad: la elección del primer ciudadano de la nación, por ejemplo, en razón del mérito frente a su proclamación en razón de la sangre, por muchos que sean los posibles servicios prestados al país por su antecesor inmediato.

Por esto, como escribe Antonio Muñoz Molina, *ilustrado y de izquierdas, de una manera íntima, casi siempre en privado, los republicanos españoles seguimos celebrando nuestra fiesta nacional, y en medio del energumenismo de banderas y de banderazos que se agita en todas partes erigimos esa bandera tricolor que tiene la poesía de lo perdido y de lo inútil, toda la belleza de su afirmación de un patriotismo no basado en la xenofobia, ni en la irracionalidad, ni en la más burda antropología inventada, sino en los pocos principios que desde el siglo XVIII han vuelto menos inhabitable el mundo: la libertad, la igualdad y la fraternidad, la primacía de la razón frente a la fuerza* (1015).

Al poner punto final a estas páginas la propuesta ética de Antonio Machado *-ni está el mañana -ni el ayer- escrito-* no me parece ya, a diferencia de lo que creía al empezar a redactarlas, una duda razonable. Tal vez sea una esperanza.

DRAMATIS PERSONAE

ALFONSO XII (Madrid, 1857-1885). Hijo de Isabel II y de su primo hermano Francisco de Asís de Borbón, aunque su paternidad se atribuye al capitán Enrique Puigmoltó. Proclamado rey en Sagunto en diciembre de 1874 mediante el *pronunciamiento* del general Martínez Campos. Con él se restaura la dinastía Borbón en España y se inaugura el *turno pacífico* de los partidos conservador y liberal, sustentado en el caciquismo. Muerto -*¡Dios mío, que conflicto!*- poco antes de cumplir los veintiocho años.

Antonio CANOVAS DEL CASTILLO (Málaga, 1828-Santa Agueda, Guipúzcoa, 1897). Abogado y periodista. Jefe del partido Conservador, artífice de la Restauración -*Son españoles los que no pueden ser otra cosa*- y, junto con Sagasta, del *Pacto de El Pardo*. Enemigo acérrimo del sufragio universal, fundamenta el sistema político de la Monarquía de Sagunto en el caciquismo. Asesinado por el anarquista Michele Angiolillo en vísperas del *Desastre del 98*, del que es en gran parte responsable por su oposición a cualquier tipo de autonomía para las colonias.

Práxedes Mateo SAGASTA (Torrecilla, Logroño, 1825-Madrid, 1903). Jefe del partido Liberal, la alternancia de Cánovas en el poder, y la figura política indiscutible durante la Regencia de María Cristina (1885-1902). Bajo su gobierno se establece la ley del sufragio -restringido-. Jefe del primer gobierno de Don Alfonso XIII, no sabe explicarle al monarca, o no se molesta en hacerlo, cuáles son sus auténticas funciones constitucionales.

María Cristina de HABSBURGO-LORENA (Gross-Seelowitz, Moravia, 1858-Madrid, 1929). Segunda esposa de Alfonso XII y madre de Alfonso XIII, de cuya mala crianza es en gran parte responsable. Reina regente de 1885 a 1902. Bajo su regencia España pierde los restos de su imperio colonial (Cuba, Puerto Rico y Filipinas), tras la guerra contra Estados Unidos y el *Desastre del 98*. Conocida como *Doña Virtudes -Cristinita, guarda el coño y de Cánovas a Sagasta y de Sagasta a Cánovas-*, se mantiene escrupulosamente fiel, le gusten o no, a las prácticas constitucionales.

ISABEL DE BORBON Y BORBON (Madrid, 1851-París, 1931). Infanta de España, dos veces Princesa de Asturias, hermana mayor de Don Alfonso XII, conocida popularmente como *La Chata*; viuda desde los veinte años, *sostén de las instituciones*, como se la conoce familarmente, su malsana influencia sobre Don Alfonso XIII desde niño es decisiva -*Lo que mandes se hará*-.

EULALIA DE BORBON Y BORBON (Madrid, 1864-París, 1958). Infanta de España, hermana de Don Alfonso XII, obligada por éste

a un matrimonio de conveniencia, pronto fracasado, con su primo hermano Antonio de Orleáns y Borbón, es la *oveja negra* de la familia por su independencia de criterio, que en los finales de siglo, por ejemplo, le lleva a predecir, sin que nadie la escuche, que la política de Cánovas respecto a Cuba y Filipinas aboca España a la catástrofe.

VICTORIA EUGENIA DE BATTENBERG (Balmoral, Escocia, 1887-Lausana, 1969). Nieta de la reina Victoria de Gran Bretaña, su matrimonio (1906) con Don Alfonso XIII introduce en la Familia Real española la hemofilia en las personas del Príncipe de Asturias, Don Alfonso, y del Infante Don Gonzalo, complicando una posible abdicación del Rey en su heredero inmediato.

José CANALEJAS MENDEZ (Ferrol, La Coruña, 1854-Madrid, 1912). Abogado, diputado, ministro y jefe de gobierno (1910). Uno de los primates del partido Liberal, partidario de la tolerancia religiosa y de las mancomunidades regionales. Su muerte a manos del anarquista Manuel Pardiñas supone el fin de las posibilidades de la política del restauracionismo.

Pablo IGLESIAS POSSE (Ferrol, La Coruña, 1850-Madrid, 1925). Obrero tipógrafo, uno de los fundadores del Partido Socialista Obrero Español (1879) y de *El Socialista* (1886). Primer diputado socialista (1910), se opone a los sectores partidarios de la adhesión a la III Internacional. Bajo su dirección la UGT (Unión General de Trabajadores) se convierte en el sindicato más importante de su tiempo. La exclusión sistemática de las fuerzas socialistas por parte de Don Alfonso XIII, junto con el *borboneo* de Antonio Maura, constituye uno de los grandes errores de su reinado.

Antonio MAURA MONTANER (Palma de Mallorca, 1853-Torrelodones, Madrid, 1925). Abogado, jefe del partido Conservador tras militar con los liberales, ocupa la presidencia del Gobierno en dos ocasiones (1902-1903 y 1907-1909) y es diputado hasta 1923. Opuesto a que Don Alfonso XIII, quien le *borbonea* en 1909 a raíz de la *Semana Trágica*, ejerza por sí mismo la dictadura -*Que gobiernen los que no dejan gobernar*-, denuncia repetidamente el *sindicato de intereses*, la derecha *de los intereses* frente a la derecha *de los ideales*.

Eduardo DATO IRADIER (La Coruña, 1856-Madrid, 1921). Abogado, ministro conservador, el *borboneo* de Antonio Maura por Don Alfonso XIII le catapulta en 1913, dada su *idoneidad*, a la jefatura del Gobierno. Defensor de la aplicación de la *ley de fugas*, crea el ministerio del Trabajo. Asesinado por un grupo de anarquistas catalanes.

Manuel GARCIA PRIETO (Astorga, León, 1859-San Sebastián, 1938). Jefe liberal del último gobierno constitucional (1/13 de septiembre de 1923) de Don Alfonso XIII, a quien el monarca, tras

mentirle -*¡Te juro, Manolo, que no sabía nada!*- *borbonea* obligándole a dimitir para dar paso a la dictadura militar. Con él muere la Monarquía de Sagunto. Se inicia la Monarquía de Septiembre.

Miguel PRIMO DE RIVERA Y ORBANEJA (Jerez de la Frontera, Cádiz, 1870-París, 1930). Cabeza visible del golpe de Estado de 1923, cuando ocupa la Capitanía general de Cataluña. Jefe del gobierno de Don Alfonso XIII hasta 1930 -*A mí ése no me borbonea*-, bajo su dictadura, primero militar y luego civil, consigue entre otros logros la pacificación de Marruecos, pero el *impulso soberano* prestado a su *pronunciamiento* compromete decisivamente la continuidad de la Corona.

Dámaso BERENGUER FUSTE (San Juan de los Remedios, Cuba, 1873-Madrid, 1953). Militar palaciego, es decir, *instrumento ciego de Palacio.* Condenado por los sucesos de Annual (1921), amnistiado y nombrado jefe del Cuarto militar de Don Alfonso XIII, cuyo gobierno -la *Dictablanda*- preside tras el *borboneo* de Primo de Rivera. Ministro de la Guerra en el gabinete Aznar, su telegrama a los Capitanes generales recomendando acatar *la voluntad popular* es decisivo en la caída de la Monarquía.

José SANCHEZ GUERRA (Cabra, Córdoba, 1859-Madrid, 1935). Abogado, conservador afín a Antonio Maura, ministro, jefe del Gobierno (1922), exiliado durante la Dictadura, participa en 1929 en una intentona, que fracasa, para el restablecimiento de la Constitución. Descalifica a Don Alfonso XIII -*No más servir a señores / que en gusanos se convierten*- y en febrero de 1931 ofrece sin éxito a los miembros del Comité Revolucionario formar parte del Gobierno que se le encarga.

Angel OSSORIO Y GALLARDO (Madrid, 1873-Buenos Aires, 1946). Abogado, gobernador civil de Barcelona durante la *Semana Trágica*, impulsor del *maurismo callejero*, ministro de Fomento (1919) con Antonio Maura, el perjurio de Don Alfonso XIII al dar paso a la Dictadura y violar la Constitución le convierte en *monárquico sin rey*, cuya abdicación propugna.

Juan Bautista AZNAR (Cádiz, 1860-Madrid, 1933). Capitán general de la Armada y lector apasionado de las aventuras de Rocambole. En febrero de 1931, procedente *geográficamente de Cartagena y políticamente de la Luna*, preside el último gobierno de Don Alfonso XIII, que tras las elecciones municipales de abril -*¿Qué más crisis desean ustedes que la de un país que se acuesta monárquico y amanece republicano?*- procede a la capitulación de la Corona.

Alvaro de FIGUEROA Y TORRES, conde de ROMANONES (Madrid, 1863-1950). Abogado. Desde 1888 hasta 1923 diputado liberal por Guadalajara, su feudo. Ministro en el primero y el último de los gobiernos de Don Alfonso XIII, presidente del Consejo varias veces, el 14 de abril de 1931, obsesionado, dice, por el recuerdo de la matanza de la familia imperial rusa en Ekaterimburgo, negocia con Alcalá-Zamora, en el domicilio del doctor Marañón, la capitulación de la Monarquía.

Juan de la CIERVA Y PEÑAFIEL (Murcia, 1864-Madrid, 1938). Abogado, representante del ala radical del partido Conservador, ministro en diversas ocasiones, en 1921 intenta maquillar el discurso anticonstitucional de Don Alfonso XIII en Córdoba. Es el único que tras las elecciones municipales del 12 de abril de 1931 postula el poder y protesta por la capitulación real -*Se ha pactado la entrega "de la Monarquía" a cambio de un seguro para el rey*-.

Francesc CAMBO I BATLLE (Verges, Gerona, 1876-Buenos Aires, 1947). Abogado, colaborador del líder regionalista Enric Prat de la Riba, jefe de la Lliga Regionalista, diputado, ministro de Fomento (1918) y de Hacienda (1921-1922) en un gobierno presidido por Antonio Maura, presidente de la CHADE, financiero de talla internacional, se empeña en salvar la Monarquía con la formación del Centro Constitucional -la derecha reciclada- y la incorporación, que no logra, de Santiago Alba como jefe de un partido liberal remozado que represente la izquierda dinástica.

Gabriel MAURA GAMAZO, duque de Maura (Madrid, 1879-1963). Hijo del político conservador Antonio Maura, historiador, diputado (1904), ministro de Trabajo en el Gobierno Aznar, la tarde del 12 de abril de 1931 se *resigna* ante la opinión popular favorable a la República, y el 14 declara *ilegítima* la Monarquía. Por encargo de Don Alfonso XIII redacta el manifiesto del Rey "Al país", con el que el monarca hace mutis.

José SANJURJO SACANELL (Pamplona, 1872-Estoril, Portugal, 1936). Teniente general, marqués del Rif por sus brillante participación en la guerra de Africa. El *borboneo* de su fraternal amigo Primo de Rivera y las reticencias de Palacio frente a su irregular situación familiar le distancian de Don Alfonso XIII. Como Director general de la Guardia civil en abril de 1931 su actuación -*A las órdenes de usted, señor ministro*- es uno de los factores determinantes en la proclamación de la República.

Emilio MOLA VIDAL (Placetas, Cuba, 1887-Alcoceros, Burgos, 1937). General desde 1924, es nombrado Director general de Seguridad en el Gobierno Berenguer (enero de 1930), cargo que conserva en el Gobierno Aznar (febrero de 1931). El 14 de abril de 1931 aconseja a su superior inmediato, marqués de Hoyos, *una inteligencia con los revolucionarios*.

Niceto ALCALA-ZAMORA Y TORRES (Priego, Córdoba, 1877-Buenos Aires, 1949). Abogado. Ex-ministro liberal de la Corona. Promete en Valencia -abril de 1930- una República *de orden*, y funda con

Miguel Maura la Derecha Liberal Republicana. Como presidente del Comité Revolucionario negocia con su antiguo jefe político, el conde de Romanones, la capitulación de la Corona, pactando la marcha de España -*antes de la puesta del sol*- de Don Alfonso XIII y su familia. Jefe del Gobierno Provisional.

Alejandro LERROUX GARCIA (La Rambla, Córdoba, 1864-Madrid, 1949). Abogado. Fundador del partido Republicano Radical, y, a principios de siglo, *Emperador del Paralelo* barcelonés, muy popular por su demagogia españolista y anticlerical -*Hay que alzar el velo de las novicias y elevarlas a la categoría de madres para virilizar la especie*-, domesticada con el paso de los años. Jefe de la Alianza Republicana que integra diversos partidos antimonárquicos. Ministro de Estado en el G.P.

Fernando de los RIOS URRUTI (Ronda, Málaga, 1879-Nueva York, 1949). Catedrático de Derecho Político de la Universidad de Madrid. Miembro del PSOE, opuesto al ingreso del mismo en la III Internacional tras su viaje a la URSS y su entrevista con Lenin; partidario decidido, junto con Indalecio Prieto, de la colaboración de los socialistas con los republicanos. Ministro de Justicia en el G.P.

Manuel AZAÑA DIAZ (Alcalá de Henares, Madrid, 1880-Montauban, Francia, 1940). Abogado y miembro destacado del Ateneo de Madrid. Procedente del reformismo de Melquíades Alvarez, funda Acción Republicana, partido liberal radical, que se integra en la federación Alianza Republicana liderada por Lerroux. Miembro del Comité Revolucionario, permanece huído de la justicia desde diciembre de 1930 hasta la misma tarde del 14 de abril de 1931. Ministro de la Guerra en el G.P.

Santiago CASARES QUIROGA (La Coruña, 1884-París, 1950). Abogado. Firma el pacto de San Sebastián como representante de la Organización Republicana Gallega Autónoma. Enviado a Jaca por el Comité Revolucionario para convencer al capitán Galán de que retrase la sublevación, su demora precipita el fracaso de la misma. Ministro de Marina en el G.P.

Indalecio PRIETO TUERO (Oviedo, 1883-México, 1962). Periodista recriado en Bilbao, donde ejerce en *El Liberal*, del que llega a ser propietario. Opuesto a la colaboración del PSOE con la Dictadura de Primo de Rivera, propugna y obtiene el apoyo socialista al movimiento republicano. Exiliado en París desde diciembre de 1930 a abril de 1931. Ministro de Hacienda en el G.P.

Miguel MAURA GAMAZO (Madrid, 1887-Zaragoza, 1971). Abogado. Hijo del político conservador Antonio Maura. Opuesto a la Dictadura de Primo de Rivera su incoporación al campo republicano supone una garantía para la burguesía que desea un cambio polí-

tico sin mayores costos sociales. Ministro de la Gobernación en el G.P., su voluntarismo -*¡Paso al gobierno de la República!*- juega un papel importante en la instauración del nuevo régimen.

Marcelino DOMINGO SANJUAN (Tarragona, 1884-Toulouse, 1939). Maestro, diputado por la Unión Federal Nacionalista Republicana (1914), encarcelado en 1917 y bajo la Dictadura de Primo de Rivera. Miembro del partido Republicano Radical Socialista, exiliado en París hasta el 14 de abril de 1931, ministro de Instrucción Pública en el G.P.

Alvaro de ALBORNOZ LIMINIANA (Luarca, Asturias, 1879-México, 1954). Miembro del partido Radical de Lerroux desde 1909, en 1929 funda el partido Radical Socialista con Marcelino Domingo. Firmante del Pacto de San Sebastián. Ministro de Fomento en el G.P.

Francisco LARGO CABALLERO (Madrid, 1869-París, 1946). Estuquista de profesión, miembro del Comité de huelga de 1917, condenado a cadena perpetua, de la que se libra al ser elegido diputado (1919) por Barcelona. Consejero de Estado con la Dictadura de Primo de Rivera, uno de los líderes más destacados del PSOE y la UGT, firmante del Pacto de San Sebastián. Ministro de Trabajo en el G.P.

Lluís NICOLAU D'OLWER (Barcelona, 1888-México, 1961). Abogado, historiador y periodista. Procedente de la Lliga Regionalista de Cambó, se integra en Acció Catalana, en cuyo nombre firma el Pacto de San Sebastián, y aunque su partido es derrotado en las elecciones municipales del 14 de abril por la Esquerra Republicana de Macià, mantiene su puesto de ministro de Economía en el G.P.

Diego MARTINEZ BARRIO (Sevilla, 1883-París, 1962). Tipógrafo, miembro del partido Republicano Radical de Lerroux, éste le incorpora al Comité Revolucionario como ministro *in pectore* de Comunicaciones del G.P.

Gonzalo QUEIPO DE LLANO (Tordesillas, Valladolid, 1875-Sevilla, 1951). Teniente general, enemistado con Primo de Rivera pasa a la reserva. Nombrado Jefe del Comité militar por el Comité Revolucionario que preside Alcalá-Zamora, participa en la intentona fracasada de Cuatro Vientos con Ramón Franco e Ignacio Hidalgo de Cisneros. Exiliado primero en Portugal y después en París, regresa a España tras la proclamación de la República.

Francesc MACIA I LLUSSA (Vilanova i la Geltrú, Barcelona, 1859-Barcelona, 1933). Coronel del arma de Ingenieros, abandona el Ejército y es diputado en diversas legislaturas. En 1922 funda el partido Estat Català. Exiliado durante la Dictadura de Primo de Rivera, en marzo de 1931 promueve Esquerra Republicana de Catalunya, que arrasa en las municipales del 12 de abril. El 14 proclama la República

Catalana -de la que se nombra presidente-, que tres días después se convierte en la Generalitat de Catalunya.

Lluís COMPANYS JOVER (El Tarrós, Lérida, 1883-Barcelona, 1940). Abogado, fundador del Partit Republicà Català (1917), colabora con la CNT (Confederación Nacional del Trabajo) en la defensa de obreros juzgados por revolucionarios. Deportado a Mahón (1920), en 1931 es uno de los fundadores de la Esquerra Republicana de Catalunya, y el 14 de abril proclama la República, al mediodía, desde el balcón principal del Ayuntamiento de Barcelona.

José ORTEGA Y GASSET (Madrid, 1883-1955). Doctor en Filosofía y Letras, catedrático de Metafísica en la Universidad de Madrid (1911), fundador de la *Revista de Occidente* y de la editorial del mismo nombre (1923), Ortega es un republicano tardío, que con su artículo *El error Berenguer*, en el que deshaucia la Institución -*Delenda est Monarchia*-, convoca a los españoles a reconstruir el Estado agrupados todos *Al servicio de la República.*

Gregorio MARAÑON Y POSADILLO (Madrid, 1887-1960). Doctor en Medicina, catedrático de Endocrinología en la Universidad Central de Madrid, ensayista, uno de los prestigios de la ciencia española a nivel internacional; encarcelado por la Dictadura por su participación en la llamada *Sanjuanada* (1926), fundador de la *Agrupación al servicio de la República*, en su domicilio madrileño el conde de Romanones efectúa la capitulación de la Corona ante el presidente del Comité Revolucionario, Alcalá-Zamora, el 14 de abril.

Ramón PEREZ DE AYALA (Oviedo, 1881-Madrid, 1962). Poeta, novelista, dramaturgo -autor de un duro alegato contra los jesuitas, *A.M.D.G.*-, crítico teatral. Fundador con Ortega y Marañón de la *Agrupación al servicio de la República -Una monarquía borbónica será siempre incompatible y se opondrá por todos los medios a cualquier movimiento de progreso político y a la evolución liberal de los tiempos-*.

NOTAS

Palabras previas

(1) Utilizo aquí la expresión *soberanos* en el sentido definido por el profesor Georges Burdeau: *Aquel que decide la idea de derecho válida en la colectividad* (G. Burdeau, *Traité de science politique*, II, *L'Etat*, págs. 267-269.
(2) José Antonio Primo de Rivera, *Discurso sobre la revolución española*, Madrid, 19 de mayo de 1935, *Obras Completas. Edición cronológica*, págs. 553-570.
(3) Antonio Muñoz Molina, *En camisa de once varas*, declaraciones a Rafael Torres, *El Mundo*, pág. 6, Madrid, 11 de agosto de 1996.
(4) Don Alfonso XIII, *Diario íntimo*, pág. 109.
(5) Don Alfonso XIII, *Al País, ABC*, pág. 1, Madrid, 17 de abril de 1931. Reproducción facsímil del original mecanografiado del manifiesto en Dámaso Berenguer, *De la Dictadura a la República*, pág. 393. En *ABC*, como es lógico, el texto ha sido correctamente puntuado.
(6) Don Alfonso XIII a Julián Cortés-Cavanillas, Fontainebleau, 23 de julio de 1933 (J. Cortés-Cavanillas, *Alfonso XIII. Vida, confesiones y muerte*, págs. 370-371).
(7) Juan de la Cierva, *Notas de mi vida*, pág. 374.
(8) Luis María Anson, *Don Juan*, pág. 108.
(9) Antonio Machado, *El dios ibero. Poesías completas*, pág. 82.

Primera parte / FORJA, TRIUNFO Y OCASO DE UN PERJURO
De la Monarquía de Sagunto a la Monarquía de Septiembre
(25 de noviembre de 1885 / 12 de abril de 1931)

Capítulo primero / LA MALA CRIANZA

1.1. El primer fracaso de la Restauración (Muerte de Don Alfonso XII, 25 de noviembre de 1885).

(10) Según Gerard Noel, Don Alfonso XII, cuya promiscuidad sexual era notoria, *no había muerto de tuberculosis sino de una enfermedad venérea*. Gerard Noel, *Victoria Eugenia Reina de España*, pág. 49.
(11) Ricardo de la Cierva, *Victoria Eugenia. El veneno en la sangre*, pág. 79. A propósito de la condición homosexual o bisexual de Don Francisco de Asís, Juan Balansó (*La Corona vacilante*, pág. 186) opina que *no conocemos pruebas de semejante tendencia. Una cacareada amistad con su fiel secretario Antonio Ramos de Meneses no presenta rasgo probatorio de relación sexual alguna entre ellos.*
(12) Carlos Rojas, *Alfonso XII, el primer fracaso de la Restauración*. Conferencia pronunciada en el Ateneu Barcelonès, 25 de mayo de 1993.
(13) Citado en Eduardo de Guzmán, *1930. Historia política de un año decisivo*, pág. 18.

1.2. El *Pacto de El Pardo*.

(14) Citado en Claudio Sánchez Albornoz, *De mi anecdotario político*, pág. 35.
(15) Ramón Pérez de Ayala, *Escritos políticos*, pág. 230.
(16) Guzmán, *Ibid.*, pág. 19.
(17) Sánchez Albornoz., *Ibid.*, pág. 36.
(18) Ricardo de la Cierva, *Ibid.*, ibid.
(19) Don Francisco de Asís de Borbón y de Borbón era hijo de Don Francisco de

Paula, hijo a su vez de Carlos IV y María Luisa de Parma, aunque algunos autores, entre ellos Carlos Rojas, atribuyen su paternidad a Manuel Godoy. *Persona tan seria y tan afecta a la casa real como mi abuelo Juan de la Cierva Peñafiel* -escribe Ricardo de la Cierva- *aceptaba la paternidad de Manuel Godoy, favorito de María Luisa, en el caso de don Francisco de Paula, "el infante del abominable parecido" como alguien dijo ante el gran retrato familiar de Goya; y la cláusula más divertida del código Napoleón no estaba todavía vigente*: Tout enfant né dans le mariage a pour père le mari (Ricardo de la Cierva, *Ibid.*, pág. 77). Carlos Fisas, en *Historias de las reinas de España. ** La Casa de Borbón*, págs. 201 y 202, recoge dos coplillas de la época: *Paco Natillas / es de pasta flora / y se mea en cuclillas / como una señora. Isabelona / tan frescachona / y don Paquito / tan mariquito.*

(20 Citado en Melchor de Almagro San Martín, *Crónica de Alfonso XIII y su linaje*, pág. 27.

(21) Ricardo de La Cierva, *Ibid.*, págs. 79 y 169.

(22) Noel, *Ibid.*, pág. 130.

(23) Guzmán, *Ibid.*, pág. 18.

(24) Paul Preston, *La destrucción de la Democracia en España. Reacción, Reforma y Revolución en la Segunda República*, pág. 55.

(25) Alejandro Lerroux, *La pequeña historia*, pág. 13.

(26) Raymond Carr, *España 1808-1939*, pág. 354.

(27) Doña Eulalia de Borbón, Infanta de España, *Memorias.*, págs. 37-38.

1.3. Comienza la Regencia. Nace un Rey (Madrid, 17 de mayo de 1886).

(28) Ricardo de la Cierva, *Ibid.*, pág. 61.

(29) Guzmán, *Ibid.*, pág. 19.

(30) Doña Eulalia de Borbón, *Ibid.*, págs. 47-48.

(31) Citado en Cortés-Cavanillas, *Ibid.*, pág. 34.

(32) *El Caballero Audaz, ¿Alfonso XIII fue buen Rey?*, pág. 43.

(33) Víctor Alba, *Historia de la Segunda República española*, pág. 65.

(34) Juan Balansó, *La Corona vacilante*, pág. 242.

(35) Citado en Eusebio Ferrer y otros, *Cuando reinar es un deber. Regencia de María Cristina de Austria de Habsburgo-Lorena. Minoría de edad de Alfonso XIII (1885-1902)*, págs. 90 y 91.

(36) Guzmán, *Ibid.*, págs. 24-25.

(37) Doña Eulalia de Borbón, *Ibid.*, pág. 61.

(38) Ibid., *Ibid.*, págs. 61-62.

(39) Ferrer, *Ibid.*, pág. 66.

(40) Citado en Cortés-Cavanillas, *Ibid.*, pág. 334.

(41) Pérez de Ayala, *Ibid.*, pág. 209.

(42) Doña Eulalia de Borbón, *Ibid.*, págs. 64-65.

(43) Citado en *El Caballero*, *Ibid.*, pág. 117.

(44) Citado en Balansó, *Ibid.*, págs. 242-243.

1.4. Asesinato de Antonio Cánovas del Castillo (8 de agosto de 1897). El Desastre del 98.

(45) Melchor Fernández Almagro, *Historia del reinado de Alfonso XIII*, pág. 58.

(46) Pérez de Ayala, *Ibid.*, pág. 201.

(47) Doña Eulalia de Borbón, *Ibid.*, pág. 72.

(48) Ibid., *Ibid.*, pág. 73.

(49) Conde de Romanones, *Notas de una vida (1901-1912). Tomo segundo*, pág. 16.

(50) Balansó, *Ibid.*, pág. 242.

(51) Doña Eulalia de Borbón, *Ibid.*, págs. 74-75.

(52) Ibid., *Ibid.*, pág. 74.

(53) Ibid., *Ibid.*, págs. 86-87 y 88.

(54) Ibid., *Ibid.*, pág. 95.

(55) Ibid., *Ibid.*, ibid.

(56) Ricardo de la Cierva, *Historia de la guerra civil española. Tomo primero. Perspectivas y antecedentes, 1898-1936*, pág. 5.

(57) Citado en *El Caballero, Ibid.*, pág. 108.

(58) *El Caballero, Ibid.*, págs. 65-67.

(59) Carr, *Ibid.*, pág. 373.

(60) *El Caballero, Ibid.*, pág. 145.

(61) Noel, *Ibid.*, pág. 46.

(62) Ibid., *Ibid.*, pág. 47.

(63). Vicens Vives, *Aproximación a la historia de España*, págs. 168-169.

1.5. El Carlismo no muere. Vísperas de un reinado.

(64) Almagro San Martín, *Ibid.*, págs. 75-76.

(65) Citado en Almagro San Martín, *Ibid.*, pág. 76.

(66) Indalecio Prieto, *Convulsiones de España. Pequeños detalles de grandes sucesos*, III, pág. 53.

(67) Salvador de Madariaga, *España. Ensayo de historia contemporánea*, pág. 279.

(68) Noel, *Ibid.*, pág. 46.

(69) Romanones, *Ibid.*, págs. 33-34.

(70) Ibid., *Ibid.*, pág. 35.

(71) Almagro San Martín, *Ibid.*, págs. 83-84.

(72) Balansó, *Ibid.*, pág. 240.

(73) Romanones., *Ibid.*, pág. 70.

(74) Marino Gómez Santos, *La Reina Victoria Eugenia, de cerca*, pág. 60.

(75) Ricardo de la Cierva, *Victoria Eugenia*, pág. 69.

(76) Fernández Almagro, *Ibid.*, pág. 16.

(77) Pérez de Ayala, *Ibid.*, pág. 160. A propósito de la *psicología de sargento*, Pérez de Ayala refiere la siguiente *anécdota aclaratoria*: *Durante la última guerra europea* <1914>, *la fábrica del gas de Madrid carecía, por la dificultad de los transportes, de carbón suficiente con que producir el alumbrado público. Estaba entonces Madrid -como casi siempre en los últimos tiempos- con las garantías constitucionales en suspenso, y mandaba en la plaza el capitán general, en vez del gobernador civil. El director de la fábrica de gas acudió en súplica al capitán general, a fin de que, con preferencia a todo otro transporte, se le facilitase el carbón necesario, embarcado ya en Asturias, y de no ser así que tendría que amenguar el alumbrado público en el plazo de dos o tres días. Este director era extranjero: italiano. El capitán general le acogió con una sonrisa sardónica, como hombre que está al cabo de todo, figurándose que, por ciertos tenebrosos manejos aliadófilos, la presunta merma del alumbrado público era una combinación para hacer entrar a España en la guerra, y dijo al director, en seco, que, viniese o no el carbón, tenía que haber gas, y que él estaba seguro que lo habría, puesto que se lo ordenaba él. El director intentó aducir explicaciones, razonamientos. Inútil. El capitán general replicó, irritado, que tenía que haber gas y que lo habría, puesto que él así lo disponía. Al día siguiente la autoridad militar se incautó de la fábrica de gas para que no faltase el alumbrado. Y, en efecto, a partir de aquel momento no hubo alumbrado público en Madrid, por más de seis meses, hasta que los vecinos pusieron bombillas eléctricas por defuera de las moradas. El propio director de la fábrica de gas me refirió la dicha entrevista acabando de celebrarla. Excusado es decir lo que luego le costó al Estado indemnizar por daños y perjuicios a la compañía del gas* (Pérez de Ayala, *Ibid.*, págs. 160-161).

(78) Alfredo Kindelán, *La verdad de mis relaciones con Franco*, pág. 160.

(79) Winston S. Churchill, *Grandes contemporáneos*, pág. 188.

(80) Ricardo de la Cierva, *Ibid.*, págs. 59-60.

(81) Citado en Antonio Goicoechea, *Alfonso XIII*, pág. 12.
(82) Citado en *El Caballero*, *Ibid.*, pág. 111,

1.6. Con la mano sobre los Santos Evangelios (17 de mayo de 1902). El mal inicio de un reinado (El primer Consejo de ministros).

(83) Romanones, *Ibid.*, pág. 43.
(84) Ibid., *Ibid.*, *ibid.*
(85) Ibid., *Ibid.*, pág. 42.
(86) Citado en Noel, pág. 48.
(87) Almagro San Martín, *Ibid.*, págs. 186-187.
(88) Ricardo de la Cierva, *Ibid.*, pág. 70.
(89) Anson, *Ibid.*, pág. 103.
(90) Romanones escribe estas palabras en plena Dictadura de Primo de Rivera, suspendida la Constitución de 1876.
(91) Romanones, *Ibid.*, págs. 46-48 *(Instruye al niño en su camino, que aun de viejo no se apartará de él).*
(92) Madariaga, *Ibid.*, págs. 277-278.
(93) Cortés-Cavanillas, *Ibid.*, pág. 355.
(94) Fernández Almagro, *Ibid.*, págs. 15-16.
(95) Carr, *Ibid.*, pág. 454.
(96) Alfonso XIII, *Diario*, pág. 110.

1.7. El fin de la Regencia.

(97) Antonio Machado, *A orillas del Duero. Poesías completas*, pág. 79.
(98) Romanones, *Ibid.*, págs. 38-39.
(99) Sánchez Albornoz, *Ibid.*, pág. 36.
(100) Conde de Romanones, *Doña María Cristina de Habsburgo y Lorena*, pág. 149.
(101) *Ibid.*, *Ibid.*, págs. 152-153.
(102) Cortés-Cavanillas, *Ibid.*, pág. 63.
(103) *Ibid.*, *Ibid.*, pág. 67.
(104) Almagro San Martín, *Ibid.*, pág. 78.
(105) Citado en Fernández Almagro, *Ibid.*, pág. 16.
(106) Fernández Almagro, *Ibid.*, ibid.

1.8. *Come coliflor.*

(107) Doña Eulalia de Borbón, *Ibid.*, págs. 103-104.
(108) Almagro San Martín, *Ocaso y fin de un reinado (Alfonso XIII). Los Reyes en el exilio*, pág. 23.
(109) Miguel Maura, *Así cayó Alfonso XIII*, págs. 330-332.
(110) Almagro San Martín, *Crónica*, págs. 87-88.
(111) *El Caballero Audaz*, *Ibid.*, págs. 32-33.
(112) Citado en Ramón de Alderete, *...y estos Borbones nos quieren gobernar*, pág. 22.
(113) Theo Aronson, *Venganza real. La Corona de España, 1829-1965*, pág. 198.

1.9. Muerte de Don Francisco de Asís y de Doña Isabel II (1902/1904). Muerte de Doña María de las Mercedes, Princesa de Asturias (1904).

(114) Este fue el grito de Francisco Romero Robledo, *el pollo de Antequera*, y Felipe Ducazcal tras el destronamiento de Doña Iasabel II, estampado en una enorme pintada en el zócalo de la Casa de Aduana, en Madrid, a la entrada de la calle Alcalá. Citado en Ricardo de la Cierva, *El triángulo III. La Dama de Montmartre*, pág. 28.

(115) Balansó, *Ibid.*, pág. 240.
(116) Doña Eulalia de Borbón, *Ibid.*, pág. 101.
(117) Ibid., *Ibid.*, págs. 101-102.
(118) Aronson, *Ibid.*, pág. 202.
(119) Almagro San Martín, *Ibid.*, pág. 44.
(120) Citado en Pilar Eyre, *Mujeres, veinte años después*, págs. 21-22.

1.10. Primeros amoríos. *Chulerías reales*. El bautismo de la pólvora (París, 31 de mayo de 1905).

(121) Ricardo de la Cierva, *Victoria Eugenia*, pág. 84.
(122) Romanones, *Doña María Cristina*, págs. 137-138.
(123) Sánchez Albornoz, *Ibid.*, pág. 57. La Reina Gobernadora, Doña María Cristina de Borbón, sobrina y viuda de Fernando VII, en realidad no era abuela de Don Alfonso XIII, sino bisabuela.
(124) Eugenio Vegas Latapie, *Memorias políticas. El suicidio de la Monarquía y la Segunda República*, pág. 106.
(125) Ibid., *Ibid.*, pág. 107. Curiosamente, José Pla, en el tomo I de su *Historia de la Segunda República Española*, publicado en 1940, recoge este hecho narrado por Vegas Latapie, y poco o nada conocido, que se sepa, hasta que Vegas lo difunde: *Don José Antonio Primo de Rivera, a pesar de no sentir gran entusiasmo por la obra política de su padre, al que por otra parte respetaba entrañablemente, calificaba de una manera muy dura, en 1932, la táctica de D. Alfonso XIII respecto al Dictador. El futuro creador de "Falange Española" llevaba clavada en el corazón la espina de un adjetivo que con frivolidad extremada aplicó el Rey al general Primo de Rivera en uno de los momentos más positivamente brillantes de su actuación política* (Pla, *Ibid.*, tomo I, pág.17).
(126) Almagro San Martín, *Ocaso*, pág. 24.
(127) Gómez Santos, *Ibid.*, pág. 86.
(128) Ibid., *Ibid.*, pág. 136.
(129) Citado en Almagro San Martín, *Crónica*, págs. 193-194.
(130) Citado en Alderete, *Ibid.*, pág. 17.
(131) Aronson, *Ibid.*, pág. 198.
(132) Romanones, *Notas, II*, pág. 128.
(133) Cortés-Cavanillas, *Ibid.*, págs. 96-97.
(134) Gómez Santos, págs. 34-35.
(135) Romanones, *Doña María Cristina*, pág. 138.

1.11. El amor propio contrariado. Bodas reales.

(136) Romanones, *Ibid.*, pág. 153.
(137) Juan Balansó, *La Familia Real y la familia irreal*, pág. 29.
(138) Cortés Cavanillas, *Ibid.*, págs. 64-65.
(139) Aronson, *Ibid.*, pág. 204.
(140) Citado en Balansó, *La Corona*, pág. 244.
(141) Balansó, *La Familia Real*, pág. 29.
(142) Gómez Santos, *Ibid.*, pág. 41.
(143) Ricardo de la Cierva, *Ibid.*, pág. 112.
(144) Noel, *Ibid.*, pág. 88.
(145) Aronson, citado en Ricardo de la Cierva, *Ibid.*, pág. 115.
(146) Citado en Noel, *Ibid.*, pág. 89.
(147) Gómez Santos, *Ibid.*, págs. 71-72.
(148) Ibid., *Ibid.*, pág. 76.
(149) Noel, *Ibid.*, págs. 94-95.
(150) Balansó, *La Corona*, pág. 247.

(151) Citado en Cortés-Cavanillas, *Ibid.*, págs. 119-120.
(152) Gómez Santos, *Ibid.*, pág. 41.
(153) Cortés-Cavanillas., *ibid.*, pág. 122.
(154) Noel, *Ibid.*, pág. 111.
(155) Gómez Santos, pág. 131.
(156) Romanones, *Notas II*, pág. 161-163.
(157) Noel, *Ibid.*, pág. 123.
(158) Ibid., *Ibid.*, pág. 114.
(159) Romanones, *Ibid.*, pág. 163-164.
(160) Ibid., *Ibid.*, págs. 164-165.
(161) Juan de la Cierva, *Notas de mi vida*, pág. 81.
(162) Ricardo de la Cierva, *Ibid.*, pág. 139.
(163) Noel, *Ibid.*, pág. 129.
(164) Ibid., *Ibid.*, pág. 151.
(165) César González-Ruano, *Mi medio siglo se confiesa a medias. Memorias*, pág. 395.

1.12. Una sucesión imposible. Un matrimonio en crisis.

(166) Los sentimientos de algunos monárquicos *dinásticos* respecto de Doña Victoria Eugenia no se caracterizan, precisamente, por su estima. Juan Balansó, por ejemplo, al referirse a las dificultades del parto que alumbró a la futura Reina de España escribe: *Si esa criatura hubiera nacido muerta, España hubiese tenido una historia muy diferente y quizá mucho más feliz* (Juan Balansó, *La Familia Real*, pág. 29).
(167) Aronson, *Ibid.*, págs. 208-209.
(168) Pedro Sainz Rodríguez, *Testimonio y recuerdos*, pág. 21.
(169) F. González Doria, *Las Reinas de España*, pág. 587.
(170) Citado en Ricardo de la Cierva, *Ibid.*, pág. 128.
(171) Balansó, *Ibid.*, pág. 34.
(172) Noel, *Ibid.*, pág. 159.
(173) Sir Charles Petrie, *Alfonso XIII y su tiempo*, pág. 107.
(174) Kindelán se expresa como si a Don Alfonso XIII se le hubiese informado *después* de su boda y *antes* del nacimiento del Príncipe de Asturias, lo que no parece probable.
(175) Alfredo Kindelán, *La verdad de mis relaciones con Franco*, pág. 164.
(176) Ricardo de la Cierva, *Ibid.*, págs. 153-154 y 157.
(177) Sánchez Albornoz, *Ibid.*, pág. 67.
(178) Balansó, *Trío de Príncipes*, pág. 77.
(179) Noel, *Ibid.*, pág. 165-166.
(180) Ibid., *Ibid.*, pág. 162.
(181) Prieto, *Ibid.*, pág. 23.
(182) Noel., *Ibid.*, pág. 160.
(183) Ricardo de la Cierva, *Ibid.*, pág. 188.
(184) Ibid., *Ibid.*, pág. 190.
(185) Ibid., *Ibid.*, págs. 190-191.
(186) Ibid., *Ibid.*, pág. 189.
(187) Prieto, *Ibid.*, pág. 41.
(188) *El Caballero*, *Ibid.*, págs. 35-36 y 38-40.
(189) Noel, *Ibid.*, págs. 177-178.
(190) Ibid., *Ibid.*, pág. 150.
(191) Francesc Cambó, *Memòries (1876-1936)*, pag. 434 (traducción de RBB).
(192) Romanones, *Notas*, *II*, pág. 157.

Capítulo segundo / LA PIEL Y EL UNIFORME

2.1. El *rey soldado.*

2.1.1. Primer mensaje de Don Alfonso XIII a las Fuerzas Armadas.

(193) Tom Burns Marañón, en *Conversaciones sobre el Rey*, págs. 332 y ss., ha estudiado lúcidamente el fenómeno del *rey-soldado.*
(194) Francisco Umbral, *Del 98 a Don Juan Carlos*, pág. 13.
(195) Citado en Fernández Almagro, *Ibid.*, pág. 16.
(196) S.A.R. Doña María Cristina de Borbón y Battenberg, *Recuerdos de una Infanta de España. Transcripción de Javier González de Vega.* Original mecanografiado, capítulo I, págs. 2 y 6

2.1.2. La bomba de Mateo Morral (1906). La *Semana Trágica* (1909). Asesinato de José Canalejas (1912). El atentado de 1913. El derrumbe de las monarquías. La crisis de 1917. El asesinato de Eduardo Dato (1921).

(197) Noel, *Ibid.*, págs. 126-127
(198) Gómez Santos, *Ibid.*, pág. 138.
(199) El mejor estudio, a mi parecer, sobre esta espinosa cuestión, se debe a Josep Benet, *Maragall i la Setmana Tràgica.*
(200) Los datos más fiables sobre la represión parecen los que facilita *Gran Larousse Ilustrado*, tomo XI, pág. 10014.
(201) Angel Ossorio, *Mis Memorias*, pág. 96.
(202) Madariaga, *Españoles de mi tiempo*, págs. 378-379.
(203) Ossorio, *Ibid.*, pág. 98.
(204) Guzmán, *Ibid.*, págs. 31 y 32.
(205) Citado en Fernández Almagro, *Ibid.*, pág. 21.
(206) Guzmán, *Ibid.*, pág. 32.
(207) Ibid., *Ibid.*, pág. 34.
(208) Madariaga, *Ibid.*, pág. 381.
(209) Ricardo de la Cierva, *Episodios históricos de España. Acoso y derribo de Alfonso XIII*, pág. 43.
(210) Cortés-Cavanillas, *Ibid.*, págs. 340-341.
(211) Almagro San Martín, *Ibid*, pág. 77.
(212) Vicens Vives, *Ibid*, pág. 172.
(213) Carr, *Ibid.*, págs. 540-541.
(214) Madariaga, *Ibid.*, pág. 381.

2.1.3. El *borboneo* de Antonio Maura y la exclusión de Pablo Iglesias. El Trono y el Altar

(215) Doña Eulalia de Borbón, *Ibid.*, pág. 74.
(216) Madariaga, *España*, pág. 279.
(217) Manuel Fraga Iribarne, *El pensamiento conservador español*, pág. 156.
(218) Ossorio, *Ibid.*, págs. 67-68.
(219) Carr, *Ibid.*, pág. 464.
(220) Guzmán, *Ibid.*, ibid.
(221) Citado en Guzmán, *Ibid.*, pág. 37.
(222) Carr, *Ibid.*, pág. 465.
(223) Madariaga, *Españoles*, pág. 379.
(224) Anson, *Don Juan*, pág. 105.
(225) Almagro San Martín, *Crónica*, págs. 315-316.

(226) Citado en Cortés-Cavanillas, *Ibid.*, págs. 143-144.
(227) Citado en Ricardo de la Cierva. *El triángulo. III*, pág. 296.

2.2. Camino de la Dictadura.

2.2.1. El discurso de Córdoba: *Dentro o fuera de la Constitución* (23 de mayo de 1921). Los sueños de *El Africano*. Annual, el principio del fin (21 de julio de 1921).

(228) Juan de la Cierva, *Ibid.*, págs. 233-234.
(229) Ibid., *Ibid.*, pág. 235.
(230) Pedro Sainz Rodríguez, *Un reinado en la sombra*, págs. 253-254.
(231) Carr, *Ibid.*, ibid.
(232) Citado en Almagro San Martín, *Ocaso*, págs. 228-229.
(233) Guzmán, *Ibid.*, pág. 36.
(234) Noel, *Ibid.*, págs. 225-226.
(235) Manuel Leguineche, *Annual 1921. El desastre de España en el Rif*, pág. 9.
(236) Noel, *Ibid.*, pág. 226.
(237) Víctor Alba, *Ibid.*, pág. 72.
(238) Guzmán, *Ibid.*, págs. 36-37.
(239) Pierre Vilar, *Historia de España*, traducción de Manuel Tuñón de Lara, pág. 114.
(240) Almagro San Martín, *Ibid*, pág. 197.
(241) Citado en Leguineche, *Ibid.*, pág. 10.
(242) Anson, *Ibid.*, ibid.
(243) Carr, *Ibid.*, pág. 504.

2.2.2. La Marcha sobre Roma (28 de octubre de 1922). El expediente Picasso.

(244) Almagro San Martín, *Ocaso*, págs. 23-24.
(245) Leguineche, *Ibid.*, págs. 102-103.

2.2.3. El golpe de Estado (13 de septiembre de 1923). El *impulso soberano.*

(246) Citado en Ossorio, *Ibid.*, pág. 129.
(247) Ossorio, *Ibid.*, pág. 129.
(248) Anson, *Ibid.*, ibid.
(249) Cortés-Cavanillas, *Ibid.*, pág. 361.
(250) *El Caballero Audaz*, *Ibid.*, págs. 56 y 57.
(251) Ibid., *Ibid.*, pág. 58.
(252) Citado en Guzmán, *Ibid.*, pág. 46.
(253) Juan de la Cierva, *Ibid.*, pág. 297.
(254) Carlos Seco Serrano, *Militarismo y civilismo en la España contemporánea*, págs. 307 y 308.
(255) Guzmán, *Ibid.*, págs. 46-47.
(256) Ibid., *Ibid.*, pág. 40.
(257) Ibid., *Ibid.*, pág.47.
(258) Ibid., *Ibid.*, pág. 48.
(259) Francisco Largo Caballero, *Mis recuerdos*, pág. 90.
(260) Teniente general Francisco Franco Salgado-Araujo, *Mis conversaciones privadas con Franco*, págs. 377-378.
(261) Carr, *Ibid.*, pág. 505.

2.3. La Monarquía de Septiembre

2.3.1. El requerimiento de Romanones y García Prieto.

(262) Romanones, *Notas de una vida. (1912-1931)*, págs. 216-217.
(263) Ibid., *Ibid.*, pág. 217.
(264) Guzmán, *Ibid.*, pág. 51.
(265) Romanones, *Ibid.*, págs. 217-219.
(266) Ibid., *Ibid.*, pág. 219.
(267) Ibid., *Ibid.*, ibid.
(268) Ibid., *Ibid.*, págs. 219-220.
(269) Ibid., *Ibid.*, pág. 220.
(270) Enrique Jardiel Poncela, *Obra inédita*, pág. 121.
(271) Citado en Guzmán, *Ibid.*, págs. 52-53.

2.3.2. La seducción italiana (*Este es mi Mussolini*). El nuevo cruzado (Ciudad de El Vaticano, noviembre de 1923).

(272) Gómez Santos, *Ibid.*, págs. 268-269.
(273) Cortés-Cavanillas, *Ibid.*, pág. 345.
(274) Gómez Santos, *Ibid.*, págs. 271-272
(275) Ibid., *Ibid.*, pág. 272 y 273.
(276) Citado en Manuel Rubio Cabeza, *Crónica de la Dictadura*, págs. 70-71.
(277) Ricardo de la Cierva, *Victoria Eugenia*, pág. 196.
(278) Noel, *Ibid.*, pág. 227.
(279) Wenceslao Fernández Flórez, *No voy a la cruzada*, recogido en *Impresiones de un hombre de buena fe ** (1920-1936)*, págs. 165-167.
(280) Antonio Garrigues y Díaz-Cañabate, *Diálogos conmigo mismo*, pág. 109.

2.3.3. La vuelta al régimen constitucional, una ocasión perdida (1925). El mejor de los mundos posibles.

(281) José María de Areilza, *Así los he visto*, págs. 360-361. La creencia de Don Alfonso XIII de que bajo su reinado España vive en el mejor de los mundos posibles la fomentan hechos como éste: cuando en 1929, en Barcelona, hinca la rodilla al paso de la procesión del Corpus frente al Ayuntamiento para adorar la Sagrada Eucaristía, *un grupo de monárquicos barceloneses pide que los adoquines sobre los que se había arrodillado su Majestad fueran extraídos y conservados en un lugar adecuado como reliquia. Mismamente* (Lluís Permanyer, *Estos adoquines, reliquia regia, La Vanguardia Magazine,* Barcelona, 5 de enero de 1997).

2.3.4. La orfandad de *Bubi* (Muerte de Doña María Cristina, 6 de febrero de 1929).

(282) Doña Eulalia de Borbón, *Ibid.*, pág. 216.
(283) Antonio Machado, *Juan de Mairena*, pág. 7.
(284) Aronson, *Ibid.*, pág. 234.
(285) Doña Eulalia de Borbón, *Ibid.*, págs. 216-217.
(286) Romanones, *Doña María Cristina*, págs. 156 y 157.
(287) Juan de la Cierva, *Ibid.*, pág. 298.
(288) Noel. *Ibid.*, pág. 79.
(289) Cortés-Cavanillas, *Ibid.*, pág. 223.
(290) Noel, *Ibid.*, pág. 47.
(291) Citado en Alderete, *Ibid.*, pág. 15.

2.3.5. El *borboneo* de Primo de Rivera (28 de enero de 1930).

(292) Citado en Miguel Maura, *Ibid.*, pág. 26.
(293) Ibid., *Ibid.*, pág. 13.
(294) Melchor Almagro San Martín, *La guerra civil española. Apuntes para la historia*, citado en José Pla, *Ibid.*, pág. 17.
(295) Carr, *Ibid.*, pág. 567.
(296) Fernández Almagro, *Ibid.*, pág. 432.
(297) Eduardo Aunós, *España en crisis (1874-1936)*, págs. 318-319.
(298) Noel, *Ibid.*, págs. 227.
(299) Pla, *Ibid.*, pág. 14.
(300) Ricardo de la Cierva, *Episodios históricos de España. Acoso y derribo de Alfonso XIII*, págs. 35-36.
(301) Primo de Rivera, *Juicio sobre la Dictadura y necesidad de la Revolución nacional*, discurso pronunciado en el Parlamento el 6 de junio de 1934, *Ibid.*, págs. 239-252.
(302) Richard A. H. Robinson, *Lor orígenes de la España de Franco. Derecha, República y Revolución. 1931-1936*, pág. 39.
(303) Doña Eulalia de Borbón, *Ibid.*, pág. 202.
(304) G. Munis, *Jalones de derrota. Promesa de victoria. Crítica y Teoría de la Revolución Española (1930-1939)*, pág. 80.
(305) Ossorio, *Ibid.*, pág. 169.
(306) Teniente general Emilio Esteban-Infantes, *General Sanjurjo (Un lauredado en el penal del Dueso)*, pág. 113.
(307) Romanones, *Ibid.*, pág. 20
(308) Madariaga, *Ibid.*, pág. 386.

Capítulo tercero / LA DESERCIÓN Y EL ASEDIO

3.1. La abdicación, última oportunidad de la Dinastía.

(309) Madariaga, *Ibid.*, pág. 386.
(310) Preston, *Ibid*, pág. 55.
(311) Rafael Borràs Betriu, *El Rey de los rojos. Don Juan de Borbón, una figura tergiversada*, pág. 52 y ss.
(312) Algunos monárquicos que alardean de su lealtad al actual titular de la Corona se empeñan, en efecto, en designar a Don Juan de Borbón como "Juan III"; si fuesen conscientes de cuanto esta denominación comporta estarían acusando de *usurpador* a Don Juan Carlos I. Este es Rey de España, como primer titular de la nueva Monarquía instaurada por el general Franco, a partir de su proclamación en noviembre de 1975, casi año y medio antes de la renuncia por parte de su padre de unos derechos dinásticos que no rebasan, *legalmente,* el ámbito familiar.
(313) Citado en Joaquín Arrarás, *Historia de la Segunda República Española*, tomo primero, pág. 212.
(314) Noel, *Ibid.*, págs. 239-241. Juan Balansó recoge en *Trío de Príncipes* (págs. 47-48) la *confidencia de Eugenio Vegas Latapie, preceptor del príncipe Juan Carlos, a su amigo Pablo Beltrán de Heredia, que la contó en el diario* ABC *del 10 de abril de 1992.* Según dicho relato, muy posterior al de Gerard Noel, cuyo libro en versión original es de 1984, Sánchez Guerra hizo una gestión ante Doña Victoria Eugenia -en 1927- a fin de que, para dar salida a la comprometida situación en que Don Alfonso XIII había colocado a la Corona mediante la Dictadura, la Reina aceptase la Regencia previa abdicación de Don Alfonso XIII. La respuesta de Doña Victoria Eugenia fue contundente: *Yo vine a España traída por Alfonso XIII. El día en que él tenga que marchar al extranjero saldré yo también, para acompañarle en el*

destierro. Mientras tanto, ni siquiera puedo escuchar de labios de nadie propuestas o insinuaciones que se refieran a la marcha de la política.
(315) Ossorio, *Ibid*, pág. 166.

3.2. El "error Berenguer" (30 de enero de 1930).

3.2.1. El *gobierno palatino* y *bancario.*

(316) Ricardo de la Cierva, *Episodios... Acoso y derribo*, pág. 41.
(317) Juan de la Cierva, *Ibid.*, pág. 317.
(318) Ansó, *Memorias ineludibles. Yo fui ministro de Negrín,* pág. 22.
(319) Ossorio, *Ibid.*, págs. 155-156.
(320) Franco Salgado-Araujo, *Ibid.*, págs. 76 y 121.
(321) Ricardo de la Cierva, *Ibid.*, págs. 41 y 55.
(322) Jesús Pabón, *Cambó -II- Parte Segunda: 1930-1947*, pág. 13.
(323) Carr, *Ibid.*, pág. 567.
(324) Ossorio, *Ibid.*, pág. 156.
(325) Citado en Salcedo, *Ibid.*, pág. 314.
(326) José María de Areilza, *A lo largo del siglo. 1909-1992*, págs. 28-29.

3.2.2. Miguel de Unamuno regresa a España.

(327) Prieto, *Convulsiones de España, III*, pág. 189.
(328) Emilio Salcedo, *Vida de Don Miguel de Unamuno,* pág. 317.
(329) Prieto, *Ibid.*, págs. 190-192.
(330) Ansó, *Ibid.*, pág. 24.
(331) Prieto, *Ibid.*, págs. 194-195.

3.2.3. El general Emilio Mola, Director general de Seguridad. ManuelAzaña comparece en escena.

(332) Ansó, *Ibid.*, págs. 24-25.
(333) Mola, *Lo que yo supe. Memorias de mi paso por la Dirección General de Seguridad*, pág. 24.
(334) Eduardo Haro Tecglen, *El niño republicano*, pág. 161-162.
(335) Manuel Azaña, *Obras Completas, II. Una política. En el poder y en la oposición*, págs. 7-11.
(336) Mola, *Ibid.*, págs. 25 y 27.
(337) Ibid., *Ibid.*, págs. 25 y 26.
(338) Milans del Bosch, el *instrumento ciego de Palacio*, como le denomina Salvador de Madariaga, es el padre del capitán general de Valencia, Jaime Milans del Bosch, implicado en 1981 en la intentona del 23-F.
(339) Madariaga, *Ibid.*, págs. 385 y 386.
(340) Miguel Primo de Rivera y Urquijo, *Papeles póstumos de José Antonio*, págs. 32-33.

3.3. *No más servir a señores / que en gusanos se convierten* (La defección monárquica y los nuevos republicanos, febrero / mayo de 1930).

(341) Miguel Maura, *Ibid.*, pág. 47.
(342) Vegas Latapie, *Ibid.*, pág. 89.
(343) Miguel Maura, *Ibid.*, pág. 48.
(344) *El Caballero, Ibid.*, pág. 14.
(345) Lerroux, *Ibid.*, pág. 51.

3.3.1. Miguel Maura se despide del Rey.

(346) Miguel Maura, *Ibid.*, págs, 49-51.
(347) Ibid., *Ibid.*, pág. 52.
(348) Ricardo de la Cierva, *Historia de la guerra civil española*, pág. 127.
(349) Citado en *El Caballero, Ibid.*, págs. 209-210.

3.3.2. José Sánchez Guerra acusa y descalifica a Don Alfonso XIII.

(350) Niceto Alcalá-Zamora, *Memorias*, pág. 130.
(351) Mola, *Ibid.*, pág. 41.
(352) Rafael Sánchez-Guerra Sainz, hijo del primate monárquico Rafael Sánchez Guerra, que tras la proclamación de la República ocupa diversos cargos políticos.
(353) Miguel Maura, *Ibid.*, págs. 53-55. Otras versiones substituyen *el matador fue Bellido* por *el Dictador fue Bellido.*
(354) Alcalá-Zamora, *Memorias*, págs. 130-131.
(355) Ibid., *Ibid.*, pág. 131.
(356) Mola, *Ibid.*, pág. 42.
(357) Ibid., *Ibid.*, ibid.
(358) César González-Ruano, *El momento político de España a través del reportaje y la interviu (periodismo indiscreto)*, pág. 139.
(359) Mola, *Ibid.*, págs. 42-43.
(360) Guillermo Cabanellas, *Cuatro generales. 1) Preludio a la guerra civil*, págs. 170 y 172.

3.3.3. Muerte del general Primo de Rivera.

(361) Mola, *Ibid.*, pág. 57.
(362) Felipe Ximénez de Sandoval, *José Antonio*, pág. 90.
(363) Esteban-Infantes, *Ibid.*, pág. 114.
(364) Primo de Rivera y Urquijo, *Ibid.*, pág. 35.
(365) Citado en Diego Sevilla Andrés, *Historia política de la zona roja*, pág. 43.
(366) Juan de la Cierva, *Ibid.*, pág. 306.
(367) Madariaga, *España*, págs. 345-346.
(368) Miguel Maura, *Ibid.*, pág. 56.
(369) Ricardo de la Cierva, *Episodios... Acoso*, pág. 40.
(370) Citado en González-Ruano, *El general Primo de Rivera*, pág. 144.
(371) Ramón Serrano Suñer es quien más insiste en que la auténtica vocación de José Antonio Primo de Rivera era el cultivo del Derecho. Véase al respecto su conferencia *Semblanza de José Antonio, joven*, y el capítulo *Mi amistad con José Antonio*, págs.457-485 de sus *Memorias*.
(372) González-Ruano, *El momento*, págs. 193-194.
(373) Esteban-Infantes, *Ibid.*, pág. 127.

3.3.4. Niceto Alcalá-Zamora propugna una República *de orden*. El Nuncio Federico Tedeschini acusa recibo.

(374) Alcalá-Zamora, *Ibid.*, pág. 131.
(375) Ibid., *Ibid.*, págs. 131-132.
(376) Ibid., *Ibid.*, pág. 132.
(377) Miguel Maura, *Ibid.*, págs. 56-57.
(378) Citado en Miguel Maura, *Ibid.*, pág. 57.
(379) Mola, *Ibid.*, págs. 77 y 78.
(380) Miguel Maura, *Ibid.*, ibid.
(381) Ricardo de la Cierva, *Episodios, Acoso*, pág. 81.

3.3.5. Angel Ossorio y Gallardo pide la abdicación de Don Alfonso XIII.

(382) Ossorio, *Ibid.*, pág. 165.
(383) Miguel Maura, *Ibid.*, pág. 55.
(384) Ibid., *Ibid.*, ibid.
(385) Cabanellas, *Ibid.*, pág. 173.
(386) Munis, *Ibid.*, pág. 86.
(387) Juan de la Cierva, *Ibid.*, pág. 326.
(388) *El Caballero, Ibid.*, pág. 30.
(389) Citado en Gómez Santos, *Ibid.*, págs. 235-236.

3.3.6. Nace la Derecha Liberal Republicana.

(390) Alcalá-Zamora, *Ibid.*, pág. 132.
(391) Ibid., *Ibid.*, pág. 134.
(392) Munis, *Ibid.*, pág. 81.
(393) *El Caballero Audaz, Lo que no quiere España*, págs. 30-31.

3.4. La colaboración socialista.

3.4.1. La mano tendida de Indalecio Prieto en el Ateneo de Madrid.

(394) Miguel Maura, *Ibid.*, págs. 57-58.
(395) Prieto, *Convulsiones de España, 6. Con el Rey o contra el Rey. Guerra de Marrruecos (2ª parte)*, págs. 155-177.
(396) Miguel Maura, *Ibid.*, págs. 58-59.
(397) Largo Caballero, *Ibid.*, pág. 107.

3.4.2. Miguel de Unamuno preside la manifestación del 1 de mayo en la capital de España.

(398) Miguel Maura, *Ibid.*, págs. 60-61.
(399) Mola, *Ibid.*, págs. 120-121.

3.5. La alternativa válida. (El *Pacto de San Sebastián*, 17 de agosto de 1930).

3.5.1. La *colchoneta* para el cambio. Formación del Gobierno Provisional.

(400) Miguel Maura, *Ibid.*, pág. 69.
(401) Alcalá-Zamora, *Ibid.*, ibid.
(402) Ibid., *Ibid.*, págs. 134-135.
(403) En realidad, Lerroux asiste como representante del partido Republicano Radical, integrado a su vez, en coalición con los radical-socialistas y los militantes de Acción Republicana, en la Alianza, que preside el propio Lerroux. Miguel Maura atribuye a Azaña la representación de Izquierda Republicana, denominación que no adoptará Acción Republicana hasta después de la proclamación del nuevo régimen.
(404) Miguel Maura, *Ibid.*, págs. 70-72.
(405) Munis, *Ibid.*, págs. 80-81.
(406) Citado en Miguel Maura, *Ibid.*, págs. 78-79.
(407) Mola, *Ibid.*, pág. 168.
(408) Ibid., *Ibid.*, ibid.
(409) Miguel Maura, *Ibid.*, pág. 70. Esta idea la mantiene Miguel Maura a lo largo de los años. El 14 de abril de 1966, en entrevista a Manuel Del Arco *(La Vanguardia Española,* Barcelona) afirma: *El 14 de Abril tiene su antecedente y su base en el Pacto*

de San Sebastián en agosto de 1930. Gracias a él fue posible articular el Gobierno provisional, y que el espíritu y los modos de ese Gobierno fueran no sólo moderados sino ejemplares por su prudencia y su templanza. En una palabra, fue posible evitar la revolución a la caída de la Monarquía. El estatuto jurídico de los españoles no sufrió, ni se alteró en lo más mínimo. Fue lo que yo he llamado siempre «la colchoneta» en la que cayó el cuerpo nacional, al derrumbarse la Monarquía.
(410) Ibid., *Ibid.*, pág. 73.
(411) Alcalá-Zamora, *Ibid.*, págs. 144-145; Miguel Maura, *Ibid.*, págs. 81-85.

3.5.2. *La revolución en marcha* (El mítin republicano en la plaza de toros de Madrid, 29 de septiembre de 1930).

(412) Mola, *Ibid.*, pág. 183.
(413) Alusión a la sublevación militar que se preparaba en vísperas de la caída de Primo de Rivera.
(414) Azaña se refiere a los líderes del grupo conocido como "constitucionalista".
(415) Azaña, *Ibid.*, págs. 13-17.
(416) Octavio Ruiz Manjón, *El Partido Republicano Radical (1908-1936)*, págs. 154-155.
(417) Ibid., *Ibid.*, págs. 155-156.
(418) Guzmán, *Ibid.*, págs. 358-360.
(419) Mola, *Ibid.*, págs. 183-184.

3.6. La división militar (Jaca y Cuatro Vientos, 12 y 15 de diciembre de 1930). El fracaso de la huelga general.

(420) Ansó, *Ibid.*, pág. 25.
(421) Ignacio Hidalgo de Cisneros, *Cambio de rumbo*, pág. 302.
(422) Citado en Ricardo de la Cierva, *Ibid.*, pág. 166.
(423) Miguel Maura, *Ibid.*, pág. 111.
(424) Citado en Guzmán, pág. 452.
(425) Citado en Miguel Maura, *Ibid.*, págs. 97-98. A Miguel Maura el manifiesto, al cabo de los años le merece el siguiente comentario: *La literatura revolucionaria del siglo XIX, bien sazonada de tropos, más o menos fidedignos y exactos, pero sonoros como clarines, guarda en este documento una de sus páginas de antología* (*Ibid.*, págs. 98-99).
(426) Munis, *Ibid.*, págs. 82-83.
(427) Ossorio, *Ibid.*, págs.161-163.
(428) Ibid., *Ibid.*, pág. 145.
(429) Fernández Almagro, *Ibid.*, pág. 449. José Luis Olaizola, en su relato novelado *La Segunda República* (pág. 11) hace hincapié, a través de los recuerdos de su protagonista, en que el fusilamiento de los dos capitanes se produce en domingo, *sentando un precedente insólito puesto que en España nunca se había ejecutado ninguna condena en el día reservado al Señor.*
(430) Julián Cortés-Cavanillas, *La caída de Alfonso XIII*, pág. 121.
(431) Miguel Maura, *Ibid.*, ibid.
(432) Largo Caballero, *Ibid.*, pág. 113.
(433) Ricardo de la Cierva, *Ibid.*, pág.
(434) Rafael Alberti, *La arboleda perdida.*, págs. 302-303.
(435) Hidalgo de Cisneros, *Ibid.*, pág. 327.
(436) Ricardo de la Cierva, *Ibid.*, pág. 177.
(437) Largo Caballero, *Ibid.*, ibid.
(438) Citado en Esteban-Infantes, *Ibid.*, págs. 116-117.
(439) Preston, *Ibid.*, pág. 49.

3.7. *Al Servicio de la República* (La movilización intelectual, 9 de febrero de 1931).

(440) Citado en Ricardo de la Cierva, *Episodios... Monarquía y República. Jaque al Rey*, pág. 39.
(441) Citado en Fernando Díaz-Plaja, *La Historia de España en sus documentos (Nueva serie). Dictadura... República (1923-1936)*, págs. 195-198.
(442) Madariaga, *Españoles*., pág. 380.
(443) Anson, *Ibid*., pág. 104.
(444) Alberti, *Ibid*., págs. 301-302.
(445) Carr, *Ibid*., pág. 573.
(446) Citado en Fernando Díaz-Plaja, *Ibid*., págs. 174-178. El buen sentido del lector habrá advertido que donde dice "el 15 de ese mes" debe decir "el 15 de noviembre anterior".
(447) Prieto, *Convulsiones, III*, pág. 186.
(448) Anson, *Ibid*., pág. 106.
(449) La Constitución que se promulga tras el destronamiento de Doña Isabel II.
(450) Citado en José María Valverde, *Azorín*, pág. 361.
(451) Gregorio Marañón, *Caída de la Monarquía, Obras Completas, IV*, pág. 487.
(452) Mola, *Ibid*., pág. 28.
(453) Duque de Maura y Melchor Fernández Almagro, *Por que cayó Alfonso XIII*, pág. 378.
(454) Guillermo Cabanellas, *Ibid*., pág. 173.
(455) Ernesto Giménez Caballero, prólogo a *Comunistas, judios y demás ralea*, de Pío Baroja, págs. 3-13.
(456) Haro Tecglen, *Ibid*., pág. 164.

3.8. El gabinete Aznar (17 de febrero de 1931). Sánchez Guerra ofrece entrar en el Gobierno a los miembros del Comité Revolucionario

3.8.1. El almirante y el conde. Triunfo y espanto de Doña Victoria Eugenia. La advertencia del cardenal primado, Pedro Segura.

(457) Madariaga, *Españoles*, pág. 385.
(458) Duque de Maura y Melchor Fernández Almagro, *Ibid*., pág. 383.
(459) Miguel Maura, *Ibid*., pág. 120.
(460) Ibid., *Ibid*., ibid.
(461) Citado en Miguel Maura, *Ibid*., ibid.
(462) Ibid., *Ibid*., pág. 121.
(463) Juan de la Cierva, *Ibid*., págs. 338-339.
(464) La revolución portugesa a que alude Cambó es una de las muchas intentonas que se producen en los primeros años del gobierno de Oliveira Salazar.
(465) Citado en Guzmán, *Ibid*., págs. 544-545.
(466) Emilio Mola, *Tempestad, calma, intriga y crisis. Memorias de mi paso por la Dirección general de Seguridad*, págs. 203-204.
(467) Citado en Mola, *Ibid*., págs. 204-205.
(468) Juan de la Cierva, *Ibid*., pág. 339.
(469) Miguel Maura, *Ibid*., ibid.
(470) Ibid., *Ibid*., ibid.
(471) Miguel Maura se confunde de fecha; la visita de Sánchez Guerra se realiza el 16, no el 15.
(472) Miguel Maura, *Ibid*., pág. 122.
(473) Ibid., *Ibid*., pág. 122-123.
(474) Ibid., *Ibid*., pág. 123.
(475) Ibid., *Ibid*., pág. 124.

(476) Citado en Miguel Maura, *Ibid.*, ibid.
(477) Ansó, *Ibid.*, pág. 28.
(478) Mola, *Ibid.*, pág. 206.
(479) Ibid., *Ibid.*, pág. 202-203.
(480) Ibid., *Ibid.*, pág. 210.
(481) Ibid., *Ibid.*, pág. 207.
(482) Dámaso Berenguer, *De la Dictadura a la República*, pág. 328.
(483) Miguel Maura, *Ibid.*, pág. 125.
(484) Ossorio, *Ibid.*, págs. 166-167.
(485) La inclusión de Romanones y de Manuel García Prieto, dada la fidelidad de ambos al monarca, representa para Don Alfonso XIII una garantía personal, pero tiene, seguramente, en la intención del Rey, el valor simbólico de incorporar al gabinete a quienes el 13 de septiembre de 1923, en el momento del golpe de Estado, eran, respectivamente, presidente del Senado y jefe del Gobierno. La Dictadura quedaría así difuminada como un paréntesis sin importancia con el regreso a las candilejas, como protagonistas, de quienes en 1923 eran figuras principales de la vida política bajo la Monarquía constitucional.
(486) Juan de la Cierva, *Ibid.*, pág. 340.
(487) Ibid., *Ibid.*, págs. 339-340.
(488) Ibid., *Ibid.*, pág. 340.
(489) Ossorio, *Ibid.*, pág. 169.
(490) Duque de Maura y Melchor Fernández Almagro, *Ibid.*, pág. 383.
(491) Ossorio, *Ibid.*, ibid.
(492) Gonzalo Redondo, *Las empresas políticas de José Ortega y Gasset. "El Sol", "Crisol", "Luz" (1917-1934),* tomo II, pág. 207.
(493) Ansó, *Ibid.*, ibid.
(494) Ricardo de la Cierva, *Ibid.*, pág. 76.
(495) Citado en Jesús Requejo San Román, *El Cardenal Segura*, págs. 140-141.

3.8.2. Los reformistas tardíos (Cambó y el *Centro Constitucional*, 3 de marzo de 1931).

(496) Pabón, *Ibid.*, pág. 98.
(497) Citado en Pabón, *Ibid.*, ibid.
(498) Juan de la Cierva, *Ibid.*, pág. 347.
(499) Ibid., *Ibid.*, págs. 347-348.
(500) Amadeu Hurtado, *Quaranta anys d'advocat. Història del meu temps,* ***, págs. 16-18 (traducción de RBB).
(501) Luis de Zulueta, *La España de mañana. El monólogo reaccionario*, *El Sol*, 23 de diciembre de 1930. Citado en Redodndo, *Ibid.*, pág. 207.

3.8.3. Un país escarmentado (Macià y la *Esquerra Republicana de Catalunya*, marzo/abril de 1931).

(502) Hurtado, *Ibid.*, pág. 21-22. (Ibid.).
(503) Víctor Alba, lúcidamente, explica que la burguesía catalana *ve en el feudalismo español la protección contra los miserables* (*Catalunya sense cap ni peus*, págs. 30 y ss.).

3.9. La apoteosis del Comité Revolucionario (20 de marzo de 1931).

(504) Alberti, *Ibid.*, pág. 303.
(505) Ibid., *Ibid.*, págs. 304-305. Cuando Alberti escribe esto, José María Alfaro, uno de los coautores del "Cara al sol", el himno de Falange Española, y consejero nacional de ese partido, desempeñaba la embajada de España en La Argentina, donde Alberti residía.

(506) Mola, *El derrumbamiento de la Monarquía. Memorias de mi paso por la Dirección General de Seguridad,* pág. 47.
(507) Miguel Maura, *Ibid.*, págs. 133-134.
(508) Ossorio, *Ibid.*, pág. 174.
(509) Ibid., *Ibid.*, págs. 172-173.
(510) Ibid., *Ibid.*, pág. 174.
(511) Largo Caballero, *Ibid.*, pág. 115.
(512) Miguel Maura, *Ibid.*, págs. 138-139.
(513) Alberti, *Ibid.*, págs. 305-306.

3.10. La vigilia.

3.10.1. El teniente general Sanjurjo, condecorado por Don Alfonso XIII. El diagnóstico de Gregorio Marañón.

(514) Esteban-Infantes, *Ibid.*, 113.
(515) Franco Salgado-Araujo, *Ibid.*, pág. 88.
(516) Anson, *Ibid.*, pág. 119.
(517) Alcalá-Zamora, *Ibid.*, pág. 222.
(518) Franco Salgado-Araujo, *Ibid.*, ibid.
(519) *El Caballero Audaz, Lo que no quiere España (Opiniones de un hombre de la calle),* pág. 48.
(520) Marañón, *Ibid.*, págs. 487-488.

3.10.2. La embajada de Honorio Maura. Un balance.

(521) Miguel Maura, *Ibid.*, pág. 143.
(522) Ibid., *Ibid.*, págs. 143-144.
(523) Citado en Franco Salgado-Araujo, *Ibid.*, pág. 70.

3.10.3. Nuevo manifiesto de la *Agrupación al servicio de la República.* Discurso de Miguel de Unamuno en Salamanca. El optimismo de *El Debate*: *España es monárquica.* La *profecía* de Francesc Cambó.

(524) Citado en Redondo, *Ibid.*, pág. 259.
(525) Citado en Ricardo de la Cierva, *Ibid.*, pág. 100.
(526) Salcedo, *Ibid.*, pág. 335.
(527) Citado en Miguel Maura, pág. 144.
(528) Francesc Cambó, *Als electors catalans*, citado en Pabón, *Ibid.*, pág. 110.
(529) Miguel Maura, *Ibid.*, pág. 50.
(530) Citado en Redondo, *Ibid.*, pág. 212.

Segunda parte / CAIDA DE LA MONARQUIA Y PROCLAMACION DE LA REPUBLICA
De las elecciones municipales al cambio de régimen
(12, 13, 14 y 15 de abril de 1931)

Capítulo cuarto / CUATRO DIAS DE ABRIL

4.1. El plebiscito (domingo, 12 de abril de 1931).

4.1.1. Se inicia la jornada electoral.

(531) Eduardo de Guzmán, *La Segunda República fue así*, pág. 16.
(532) Ibid., *Ibid.*, ibid.
(533) Berenguer, *Ibid.*, pág. 353.

(534) Mola, *Ibid.*, pág. 151.
(535) Ibid., *Ibid.*, ibid.
(536) Ibid., *Ibid.*, págs. 151-152.
(537) Citado en Alderete, *Ibid.*, pág. 31.
(538) *El Caballero Ibid.*, pág. 54. Las mayúsculas, en el original.
(539) Joaquín Ruiz Jiménez, *Pretéritos y presentes*. Citado en Mola, *Ibid.*, pág. 162.

4.1.2. Votan los políticos y diversas personalidades. La *Esquerra Republicana de Catalunya*, de Francesc Macià, acude en solitario a la contienda

(540) Alcalá-Zamora, *Ibid.*, pág. 161.
(541) Romanones, *...y sucedió así. Aportación para la Historia*, págs. 25-26.
(542) Marañón, *Ibid.*, pág. 488.
(543) Miguel Maura, *Ibid.*, pág. 145.
(544) Marañón, *Ibid.*, ibid.
(545) Berenguer, *Ibid.*, pág. 354.
(546) Teniente general Francisco Franco Salgado-Araujo, *Mi vida junto a Franco*, pág. 93.
(547) Franco Salgado-Araujo, *Mis conversaciones privadas con Franco*, pág. 68.
(548) Berenguer, *Ibid.*, ibid.
(549) Hurtado, *Ibid.*, págs. 23-24 (Ibid.).
(550) Mola, *Ibid.*, págs. 154.

4.1.3. Almuerzo en Palacio. Cierre de los colegios electorales. Ovación a Pedro Rico en la plaza de toros de Madrid. Alarma en la Dirección general de Seguridad.

(551) Almagro San Martín, *Ibid.*, pág. 32.
(552) Ibid., *Ibid.*, pág. 33.
(553) Mola, *Ibid.*, ibid.
(554) Juan de la Cierva, *Ibid.*, pág. 361.
(555) Vegas Latapie, *Ibid.*, pág. 105.
(556) Franco Salgado-Araujo, *Mi vida.*, pág. 93.
(557) Berenguer, *Ibid.*, ibid.
(558) Guzmán, *Ibid.*, pág. 18.
(559) Miguel Maura, *Ibid.*, págs. 146-147.
(560) Según Miguel Maura, *la prensa del día siguiente divulgó, con detalle, el suceso, y aquí me tienen ustedes al bueno de don Pedro, ungido, por virtud de esta sencilla casualidad, nada menos que alcalde de Madrid* (*Ibid.*, pág. 146).
(561) Mola, *Ibid.*, ibid.

4.1.4. Reunión informal de los ministros en Gobernación. La opinión de Sanjurjo, Director general de la Guardia civil. Don Alfonso XIII inquiere noticias.

(562) Romanones, *Ibid.*, págs. 26-27.
(563) Marqués de Hoyos, *Mi testimonio*, pág. 122.
(564) Juan de la Cierva, *Ibid.*, ibid.
(565) Romanones, *Ibid.*, pág. 27.
(566) Miguel Maura, *Ibid.*, pág. 150.
(567) Romanones, *Ibid.*, págs. 27-28.
(568) Hoyos, *Ibid.*, pág. 124.
(569) Ricardo de la Cierva, *Ibid.*, pág. 101.
(570) Romanones, *Ibid.*, pág. 28.

(571) Hoyos, *Ibid.*, *ibid.*
(572) Citado en Guzmán, *Ibid.*, pág. 226.
(573) Marañón, *Ibid.*, ibid.
(574) Romanones, *Ibid.*, págs. 28-29.
(575) Duque de Maura, *Recuerdos de mi vida*, págs. 206-207.
(576) Hoyos, *Ibid.*, pág. 126.
(577) Ibid., *Ibid.*, págs. 126-127.
(578) Romanones, *Ibid.*, pág. 29.
(579) Ibid., *Ibid.*, págs. 29-30.
(580) Almagro San Martín, *Ocaso*, págs. 33-34.
(581) Ibid., *Ibid.*, págs. 34-35.
(582) Romanones, *Ibid.*, pág. 30.
(583) Almagro, *Ibid.*, pág. 35.

4.1.5. Euforia en la Casa del Pueblo, de Madrid. La declaración de Romanones a la prensa. Los resultados de Barcelona.

(584) Miguel Maura, *Ibid.*, pág. 147.
(585) Berenguer, *Ibid.*, págs. 354-355.
(586) Romanones, *Ibid.*, págs. 24-25.
(587) Guzmán, *Ibid.*, pág. 19.
(588) Ibid. *Ibid.*, ibid.
(589) Citado en Alderete, *Ibid.*, pág. 31. Poco antes el Infante ha presidido en Granada diversos festejos religiosos y de ahí su conocimiento del gobernador civil.
(590) Hurtado, *Ibid.*, págs. 24-25 (Ibid.).
(591) Carr, *Ibid.*, pág. 584.

4.1.6. La Dirección general de Seguridad anuncia al Gobierno la derrota monárquica. El duque de Maura se *resigna* ante la opinión popular.

(592) Mola., *Ibid.*, ibid.
(593) Ibid., *Ibid.*, pág. 155. El entonces teniente coronel Pablo Martín Alonso, ayudante del Rey, será ministro del Ejército en el Gobierno del general Franco en 1958.
(594) Miguel Maura, *Ibid.*, ibid.
(595) Vegas Latapie, *Ibid.*, pág. 105.
(596) Ibid., *Ibid.*, ibid.
(597) Guzmán, *Ibid.*, pág. 18.

4.1.7. Arenga de Miguel de Unamuno en la Casa del Pueblo, de Salamanca. La candidatura republicana triunfa en Pamplona.

(598) Salcedo, *Ibid.*, págs. 335-336.
(599) Ibid., *Ibid.*, pág. 335.
(600) Ansó, *Ibid.*, págs. 28-29.

4.1.8. Cena en Palacio.

(601) Noel, *Ibid.*, pág. 244.
(602) Almagro San Martín, *Ibid.*, págs. 36-42.

4.1.9. El ministro de la Gobernación en el ministerio de la Guerra.

(603) Hoyos, *Ibid.*, pág. 127.
(604) Mola, *Ibid.*, págs. 155-156. Valentín Galarza, *muchacho inteligente y ponde-*

rado, será ministro de Gobernación con el general Franco en 1941.
(605) Berenguer, *Ibid.*, pág. 355.
(606) Hoyos, *Ibid.*, pág. 128.

4.1.10. Los exiliados en París del Comité Revolucionario reciben la noticia del triunfo de la Coalición. El optimismo de Miguel Maura. Las reservas de Manuel Azaña.

(607) Guzmán, *Ibid.*, pág. 20.
(608) Indalecio Prieto, *Convulsiones de España, I*, pág. 79
(609) Ibid., *Ibid.*, págs. 79-80.
(610) Miguel Maura, *Ibid.*, págs. 147-148.
(611) Guzmán, *Ibid.*, pág. 18.
(612) Cipriano de Rivas Xerif, *Retrato de un desconocido*, pág. 126.
(613) Ossorio, *Ibid.*, págs. 178-179.

4.1.11. El telegrama del general Berenguer, ministro de la Guerra. Don Alfonso XIII culpa al Gobierno.

(614) Citado en Romanones, *Ibid.*, págs. 31-33.
(615) Cabanellas, *Ibid.*, pág. 203.
(616) Almagro San Martín, *Ibid.*, págs. 42-43.

4.1.12. Algunas valoraciones. La hora de la verdad.

(617) Duque de Maura y Melchor Fernández Almagro, *Ibid.*, págs. 384-385.
(618) Diego Martínez Barrio, *Memorias*, pág. 20.
(619) Mola, *Ibid.*, págs. 153.
(620) Romanones, *Ibid.*, págs. 22-23.
(621) Las cifras definitivas de la jornada electoral del 12 de abril son difíciles de establecer. Pero como afirma José María García Escudero (*Historia política de las dos Españas, II, págs. 871-872), en cuanto a las capitales, no hay discrepancias ni duda posible: los resultados fueron abrumadoramente favorables a la oposición, que triunfó en 41 capitales de provincia, mientras que la candidatura monárquica sólo lo consiguió en nueve: Avila, Burgos, Cádiz, Gerona, Lugo, Palma de Mallorca, Pamplona, Soria y Vitoria. En Madrid los candidatos de la Conjunción republicano-socialista reunieron dos veces más votos que sus rivales*. En Pamplona, sin embargo, según el testimonio de Mariano Ansó (*Yo fui ministro de Negrín*, pág. 33), es la conjunción republicano-socialista la que preside el nuevo consistorio y proclama la República.
(622) Miguel Maura, *Ibid.*, pág. 148.
(623) Romanones, *Ibid.*, pág. 28.
(624) Vegas, *Ibid.*, ibid.
(625) Citado en Cortés-Cavanillas, *Ibid.*, pág. 370.
(626) Winston S. Churchill, *Grandes contemporáneos*, pág. 195.

4.2. Tierra de nadie (lunes, 13 de abril de 1931).

4.2.1. Una declaración de Niceto Alcalá-Zamora. Honorio Maura lleva un mensaje al Rey.

(627) Gregorio Marañón escribe estos recuerdos de las jornadas de abril en 1938 en plena guerra civil. El hundimiento del proyecto político en cuya gestación y alumbramiento participa de manera tan decisiva tiñe sus palabras de una inevitable

melancolía, no exenta de un cierto tono autoexculpatorio. El *burgués higienista*, como le denomina Angel Carmona, parece en esas fechas -1938- más que asustado por los *monstruos* que *el sueño de la Razón* de *La Niña bonita* ha alumbrado.
(628) Marañón, *Ibid*., pág. 489.
(629) Guzmán, *Ibid*., pág. 20.
(630) Ibid., *Ibid*., ibid.
(631) Gabriel Maura, *Ibid*., págs. 203-204.

4.2.2. El Comité Revolucionario analiza la situación.

(632) Miguel Maura, *Ibid*., pág. 152.
(633) Franco Salgado-Araujo, *Ibid*., págs. 93 y 96.
(634) Ansó, *Ibid*., pág. 29. Aunque no lo precise, Ansó se refiere sin duda a la prensa vespertina, que ese día anticipa su salida en varias horas.
(635) Miguel Maura, *Ibid*., págs. 152-153.
(636) Alcalá-Zamora, *Memorias*, pág. 161.

4.2.3. El Director general de Seguridad tranquiliza al ministro de la Gobernación.

(637) Pla, *Ibid*., pág. 79.
(638) Mola, *Ibid*., pág. 161.
(639) *Acción Ciudadana* era la agrupación formada para promocionar las candidaturas monárquicas.
(640) Mola, *Ibid*., 161-162.
(641) Ibid., *Ibid*., pág. 162.
(642) Duque de Maura y Fernández Almagro, *Ibid*., pág. 386.

4.2.4. Gabriel Maura declara *ilegítima* la Monarquía. El almirante Aznar convoca a los ministros. El marqués de Bendaña desmiente la abdicación del Rey.

(643) Juan de la Cierva, *Ibid*., pág. 362.
(644) Almagro San Martín, *Ibid*., págs. 46-47.
(645) Ibid., *Ibid*., págs. 47-48.
(646) Ibid., *Ibid*., págs. 48-49.

4.2.5. Frente a Palacio se grita *¡Que se vaya la familia real!* Santiago Alba felicita en París a Indalecio Prieto y Marcelino Domingo.

(647) Citado en Alderete, *Ibid*., pág. 32.
(648) Mola, *Ibid*., ibid.
(649) Prieto, *Ibid*., pág. 65.

4.2.6. El Rey bendice el plan de Gabriel Maura. El general Mola licencia a los miembros del Servicio Secreto que actúan en Francia.

(650) Gabriel Maura, *Ibid*., pág. 204.
(651) Ibid., *Ibid*., págs. 203-204.
(652) Ibid., *Ibid*., pág. 205.
(653) Mola, *Ibid*., pág. 164.
(654) Citado en Miguel Maura, *Ibid*., pág. 148.
(655) Almagro San Martín, *Ibid*., pág. 49.
(656) Mola, *Ibid*., pág. 163.

4.2.7. La supuesta entrevista de Don Alfonso XIII con *un amigo incógnito* en la Casa de Campo. *Un país que se acuesta monárquico y amanece republicano.* Los contactos Sanjurjo-Lerroux.

(657) Almagro San Martín, *Ibid.*, págs. 50-51.
(658) Ibid., *Ibid.*, págs. 49-50 y 51-53.
(659) Citado en Guzmán, *Ibid.*, pág. 21.
(660) Duque de Maura y Melchor Fernández Almagro, *Ibid.*, pág. 383.
(661) Esteban-Infantes, *Ibid.*, págs. 128 y 129.
(662) Ibid., *Ibid.*, pág. 129.

4.2.8. Los ministros conocen el telegrama de Berenguer. Juan de la Cierva postula el poder.

(663) Romanones, *Ibid.*, pág. 31.
(664) Ibid., *Ibid., ibid.*
(665) El general Baldomero Fernández Espartero, una de las figuras que dominan la vida política española de gran parte del siglo XIX.
(666) Romanones, *Ibid.*, págs. 33-36.
(667) Miguel Maura, *Ibid.*, pág. 151.
(668) Juan de la Cierva, *Ibid.*, pág. 365.
(669) Berenguer, *Ibid.*, pág. 366.
(670) Romanones, *Ibid.*, pág. 37.
(671) Juan de la Cierva, *Ibid.*, pág. 366.
(672) Berenguer, *Ibid.*, pág. 368.

4.2.9. Un laureado ofrece sus servicios. La bandera tricolor invade las calles. Francesc Macià informa a Prieto y a Domingo.

(673) Vegas Latapie, *Ibid.*, pág. 105.
(674) Miguel Maura, *Ibid.*, pág. 154.
(675) Almagro San Martín, *Ibid.*, pág. 57.
(676) Prieto, *Ibid.*, ibid.
(677) Franco Salgado-Araujo, *Ibid.*, pág. 96.

4.2.10. Sanjurjo visita en secreto a Alejandro Lerroux. El comunicado del Director general a la Guardia civil. Cena en Palacio.

(678) Marañón, *Ibid.*, ibid.
(679) Franco Salgado-Araujo, *Mis conversaciones*, pág. 121.
(680) Citado en Ricardo de la Cierva, *Historia de la guerra civil*, tomo I, pág. 134.
(681) Franco Salgado-Araujo, *Mi vida*, pág. 98.
(682) Romanones, *Ibid.*, págs. 37 y 38.
(683) Almagro San Martín, *Ibid.*, págs. 57-58.
(684) Ferran Soldevila, *Història de la proclamació de la República a Catalunya*, en *Revista de Catalunya*, pág. 388.
(685) Almagro, *Ibid.*, pág. 58.

4.2.11. La entrevista del marqués de Cañada Honda con Miguel Maura. El gobernador civil de Pamplona hace un amago de traspaso de poderes.

(686) Marañón, *Ibid.*, pág. 490.
(687) Almagro San Martín, *Ibid.*, págs. 58-59.
(688) Gabriel Maura, *Ibid.*, pág. 208.

(689) Miguel Maura, *Ibid.*, págs. 158-159.
(690) Mola, *Ibid.*, pág. 164-165.
(691) Ansó, *Ibid.*, pág. 29.
(692) Soldevila, *Ibid.*, pág. 389. (Traducción de RBB).
(693) Almagro San Martín, *Ibid.*, págs. 61-62.
(694) Alcalá-Zamora, *Ibid.*, ibid.
(695) Miguel Maura, *Ibid.*, pág. 153.
(696) Almagro San Martín, *Ibid.*, págs. 60-61.
(697) Ansó, *Ibid.*, págs. 29-30.

4.2.12. *Me he quitado de encima a los pelmazos de ministros que me han llevado al fracaso.* Madrid, ciudad tranquila y confiada.

(698) Almagro., *Ibid.*, pág. 62.
(699) Mola, *Ibid.*, pág. 171.
(700) Citado en Julián Cortés-Cavanillas, *Ibid.*, pág. 370.
(701) Conde de Romanones, *Ibid.*, pág. 23.

4.3. La alegría del catorce de abril (martes, 14 de abril de 1931).

4.3.1. *A las órdenes de usted, señor ministro.* (El ofrecimiento del general Sanjurjo a Miguel Maura).

4.3.1.1. A las seis de la mañana se proclama la República en Eibar

(702) *El Socialista*, pág. 1, Madrid, 14 de abril de 1931.
(703) Citado en Redondo, *Ibid.*, pág. 263.
(704) Los serenos constituían un cuerpo de vigilantes nocturnos que, entre otras funciones, facilitaban la entrada en las casas a partir del momento en que, por la noche, los portales permanecían cerrados.
(705) Prieto, *Ibid.*, págs. 76 y 77.
(706) Areilza, *Ibid.*, págs. 42 y 44.
(707) Franco Salgado-Araujo, *Ibid.*, págs. 96-97.

4.3.1.2. Don Alfonso XIII ordena al subsecretario de Gobernación que cesen las manifestaciones populares.

(708) Miguel Maura, *Ibid.*, págs. 162-163.

4.3.1.3. El comunicado del Comité Revolucionario. Juan de la Cierva escribe una carta a Don Alfonso XIII.

(709) Citado en Pla, *Ibid.*, págs. 83-85.
(710) Alcalá-Zamora, *Ibid.*, págs. 161-162.
(711) Juan de la Cierva, *Ibid.*, pág. 367.

4.3.1.4. Palacio pide información

(712) Marañón, *Ibid.*, págs. 490-491.

4.3.1.5. Mola se entrevista con el ministro de la Gobernación y recomienda *una inteligencia con los revolucionarios.*

(713) Mola, *Ibid.*, pág. 173-174.
(714) Ibid., *Ibid.*, pág. 174-175.
(715) Marañón, *Ibid.*, pág. 491.

4.3.1.6. El conde de Romanones toma la iniciativa. El subsecretario de Gobernación informa a Don Alfonso XIII que la Guardia civil se niega a cumplir órdenes. El Rey piensa en la abdicación y en un Consejo de Regencia presidido por el Infante Don Carlos.

(716) Citado en Miguel Maura, *Ibid.*, pág. 162.
(717) Miguel Maura, *Ibid.*, pág. 163.
(718) Ibid., *Ibid.*, ibid.
(719) Ibid., *Ibid.*, pág. 164.
(720) Ricardo de la Cierva, *Episodios... Monarquía y República*, pág. 125.
(721) Noel, *Ibid.*, pág. 244.
(722) Hoyos, *Ibid.*, págs. 157-158.
(723) Ibid., *Ibid.*, pág. 158.
(724) Ibid., *Ibid.*, ibid.

4.3.1.7. Cambó en Madrid. La entrevista Don Alfonso XIII-Conde de Romanones.

(725) Juan de la Cierva, *Ibid.*, pág. 367.
(726) Francesc Cambó, *Memòries (1876-1936) I*, pág. 446.
(727) Romanones, *Ibid.*, pág. 39-40.
(728) Ibid., *Ibid.*, págs. 40-41.

4.3.1.8. El general Sanjurjo se ofrece a Miguel Maura.

(729) Sorprende que en el campo republicano, y dada la vinculación de Alcalá-Zamora y, sobre todo, de Miguel Maura con destacados elementos de *la situación*, no se obtenga información fidedigna de lo que ocurre en el terreno del adversario.
(730) Miguel Maura, *Ibid.*, pág. 166.
(731) Franco Salgado-Araujo, *Mis conversaciones,* págs. 555-556.
(732) Esteban-Infantes, *Ibid.*, pág. 133.

4.3.1.9. El general Franco se adhiere a la actitud de Sanjurjo.

(733) La denominación del ministerio, en esa fecha, es *de la Guerra*. Salgado Araujo utiliza la que adoptó a partir de 1939.
(734) Franco Salgado-Araujo, *Mi vida*, pág. 97.
(735) Ibid., *Ibid.*, pág.98.
(736) Ibid., *Mis conversaciones*, pág. 452.

4.3.1.10. La entrevista Don Alfonso XIII-Juan de la Cierva.

(737) Alusión a la proclamación de la República en España el 11 de febrero de 1873..
(738) Juan de la Cierva, *Ibid.*, págs. 367-370.
(739) Franco Salgado-Araujo, *Ibid.*, págs. 120-121. *Antes de la puesta del sol.*

4.3.2. Antes de la puesta de sol.
(La entrevista Conde de Romanones-Alcalá-Zamora).

4.3.2.1. La reaparición de Manuel Azaña.

(740) Alejandro Lerroux, como él mismo explica, se halla escondido en un piso de Madrid, en la calle Mayor, según el testimonio de Natalio Rivas al general Francisco Franco citado anteriormente, pero en la misma capital cambia varias veces de escondite.
(741) Miguel Maura, *Ibid.*, págs. 166-167.

(742) Rivas Xerif, *Ibid.*, pág. 127.
(743) Alcalá-Zamora, *Ibid.*, pág. 161.
(744) Miguel Maura, *Ibid.*, pág. 168.
(745) Joan Maluquer i Viladot, *Una mica d'història*, pág. 172.

4.3.2.2. Gregorio Marañón, *al servicio de la República.*

(746) Marañón, *Ibid.*, pág. 491.
(747) Romanones, *Ibid.*, pág. 41.
(748) Marañón, *Ibid.*, pág. 492.
(749) Ibid., *Ibid.*, ibid.

4.3.2.3. La recomendación de Miguel Maura a Alcalá-Zamora.

(750) Miguel Maura, *Ibid.*, pág. 168.
(751) Marañón, *Ibid.*, ibid.

4.3.2.4. Lluis Companys proclama la República desde el balcón del Ayuntamiento de Barcelona.

(752) Soldevila, *Ibid.*, págs. 389-390 (traducción de RBB). Según el testimonio de Heribert Barrera al autor (Barcelona, 3 de diciembre de 1996), que refleja la versión de su padre el *conseller* Martí Barrera i Maresma, Companys incumple el acuerdo de reunirse en la librería Ariel con el resto de sus correligionarios, y se anticipa a presentarse en el Ayuntamiento para hacerse con la Alcaldía. Macià, empero, impone su candidato, Jaume Aiguader, y Companys pasa a desempeñar el Gobierno civil de Barcelona, del que se habían apoderado los lerrouxistas en la persona de Emiliano Iglesias. Para la proclamación de la República en Barcelona, véase el libro de Joan Casanovas i Cuberta *Joan Casanovas i Maristany, president del Parlament de Catalunya,* págs. 79-88.
(753) Ibid., *Ibid.*, pág. 390. (Ibid.).
(754) Maluquer, *Ibid.*, pág. 172-173.

4.3.2.5. La capitulación de la Corona.

(755) Marañón, *Ibid.*, ibid.
(756) Romanones, *Ibid.*, pág. 42.
(757) Marañón, *Ibid.*, págs. 492-493.
(758) Romanones, *Ibid.*, pág. 43.
(759) Miguel Villanueva, miembro destacado del grupo de los constitucionalistas, es el ex-ministro de la Corona que, en razón de sus 78 años, rechaza las incitaciones de Alcalá-Zamora, en la conferencia de José Sánchez Guerra, para que se decida a liderar el movimiento republicano.

4.3.2.6. *Antes de la puesta del sol*

(760) Alcalá-Zamora, *Ibid.*, pág. 165.
(761) Romanones, *Ibid.*, págs. 43-44.
(762) Ibid., *Ibid.*, pág. 44.
(763) Ibid., *IBid.*, ibid.
(764) Marañón. *Ibid.*, pág. 493.
(765) Ibid., *Ibid.*, pág. 492.
(766) Ibid., *Ibid.*, pág. 493.
(767) Alcalá-Zamora, *Ibid.*, pág. 165.
(768) Marañón, *Ibid.*, pág. 494.
(769) Ibid., *Ibid.*, ibid. El sofá donde sentados el conde de Romanones y Niceto Alcalá-Zamora se pacta la capitulación de la Corona lo conserva Tom Burns Marañón, nieto de don Gregorio, en su piso de Madrid.

(770) Ibid., *Ibid.*, pág. 492.
(771) Romanones, *Ibid.*, pág. 46.
(772) Marañón, *Ibid.*, pág. 494.
(773) Alcalá-Zamora, *Ibid.*, págs. 164-165.
(774) Almagro San Martín, *Ibid.*, pág. 75.
(775) Mola, *Ibid.*, pág. 475.
(776) Juan de la Cierva, *Ibid.*, págs. 370-371.

4.3.2.7. Francesc Macià, en Barcelona, proclama el Estado Catalán dentro de la Federación de Repúblicas Ibéricas.

(777) Soldevila, *Ibid.*, pág. 391. (Ibid.).
(778) Citado en *Revista de Catalunya*, pág. 391. (Ibid.).
(779) Soldevila, *Ibid.*, pág. 392. (Ibid.).
(780) Ibid., *Ibid.*, pág. 393. (Ibid.).
(781) Ibid., *Ibid.*, ibid. (Ibid.).
(782) Ibid., *Ibid.*, págs. 393-394. (Ibid.).
(783) Maluquer, *Ibid.*, pág. 178.
(784) Soldevila, *Ibid.*, pág. 394. (Ibid.).
(785) Franco Salgado-Araujo, *Mi vida*, pág. 98.

4.3.2.8. Otra vez el espejismo de la abdicación.

(786) Romanones, *Ibid.*, pág. 47.

4.3.2.9. Alejandro Lerroux abandona la clandestinidad. En París la Agencia Havas anticipa la noticia de la proclamación de la República en España. En el Casino Principal de Zaragoza y en el Ayuntamiento de Rota se iza la bandera tricolor.

(787) Lerroux, *Ibid.*, págs. 90-91.
(788) Esteban-Infantes, *Ibid.*, pág. 130.
(789) Pemán, *Mis almuerzos con gente importante*, pág. 161.
(790) Prieto, *Ibid.*, pág. 80. Desde el domicilio de Miguel Maura, Julio Alvarez del Vayo telefonea a primera hora de la tarde a su cuñada Erika, a la que transmite, en clave, la orden de que curse los dos telegramas que ha dejado preparados notificando la proclamación de la República, uno para *La Nación,* de Buenos Aires, y otro para *Manchester Guardian,* de Gran Bretaña. Al recibirse el texto en el Palacio de Comunicaciones se transmite la noticia sin pasar la censura y se iza la bandera republicana en el edificio (J. Alvarez del Vayo, *Les batailles de la liberté,* págs. 166-167).
(791) Franco Salgado-Araujo, *Ibid.*, pág. 98.
(792) Alberti, *Ibid.*, pág. 311.

4.3.2.10. El conde de Romanones propone declarar el estado de guerra.

(793) Romanones, *Ibid.*, págs. 48-50.
(794) Juan de la Cierva, *Ibid.*, pág. 371.
(795) Marino Gómez Santos, *La Reina Victoria Eugenia, de cerca*, pág. 282.

4.3.3. *Me aparto de España* (El último manifiesto).

4.3.3.1. La advertencia de Juan de la Cierva: *Se ha pactado la entrega "de la Monarquía" a cambio de un seguro para el rey.*

(796) Romanones, *Ibid.*, pág. 50.

(797) Juan de la Cierva, *Ibid.*, págs. 371-374.
(798) Romanones, *Ibid.*, pág. 51.
(799) Juan de la Cierva, *Ibid.*, pág. 374.
(800) Ibid., *Ibid.*, ibid.
(801) Ibid., *Ibid.*, ibid.
(802) *ABC*, pág. 1, Madrid, 17 de abril de 1931.
(803) Duque de Maura y Melchor Fernández Almagro, *Ibid.*, pág. 395.
(804) Joaquín Costa, *Ideario*, págs. 179 y 180. Cito por la edición de 1936; en la edición de 1964 este texto desaparece.
(805) Alfonso XIII, *Diario íntimo*, pág. 109.
(806) Duque de Maura y Melchor Fernández Almagro, *Ibid.*, pág. 395.
(807) Ibid., *Ibid.*, pág. 392.
(808) Ricardo de la Cierva, *Ibid.*, pág. 160.
(809) Romanones, *Ibid.*, ibid.
(810) Juan de la Cierva, *Ibid.*, págs. 374-375.
(811) Ibid., *Ibid.*, pág. 374.

4.3.3.2. El mito del patriotismo de Don Alfonso XIII.

(812) Santos Juliá, *Fabular el pasado*, *El País*, Madrid, 12 de diciembre de 1994.
(813) Citado en Ricardo de la Cierva, *Historia de la guerra civil*, tomo I, pág. 134.
(814) Jardiel Poncela, *Ibid.*, págs. 123 y 124.
(815) Duque de Maura y Melchor Fernández Almagro, *Ibid.*, pág. 390.
(816) Juan Ignacio Luca de Tena, *Mis amigos muertos*, pág. 20.
(817) Cortés-Cavanillas, *Ibid.*, págs. 370-371.
(818) Duque de Maura y Melchor Fernández Almagro, *Ibid.*, pág. 391.
(819) Seco Serrano, *Ibid.*, págs. 308 y 373.
(820) Esteban-Infantes, *Ibid.*, pág. 124.
(821) Robinson, *ibid.*, pág. 41.
(822) Príncipe de Lampedusa, *El guepard*, versión catalana de Llorenç Villalonga, pág. 46.

4.3.4. *¡Paso al Gobierno de la República!* (La toma del poder).

4.3.4.1. Del domicilio de Miguel Maura al ministerio de la Gobernación.

(823) Rivas Xerif, *Ibid.*, pág. 127.
(824) Ibid., *Ibid.*, págs. 127-128.
(825) Ibid., *Ibid.*, pág. 128.
(826) Ibid., *Ibid.*, ibid.
(827) Maura, *Ibid.*, pág. 170.
(828) Alcalá-Zamora, *Ibid.*, pág. 164.
(829) Largo Caballero, *Ibid.*, pág. 116.
(830) Rivas-Xerif, *Ibid.*, ibid.
(831) Miguel Maura, *Ibid.*, pág. 171.
(832) Ibid., *ibid.*, *ibid.*
(833) Largo Caballero, *Ibid.*, pág. 167.
(834) César González-Ruano, *Mi medio siglo se confiesa a medias. Memorias*, pág. 270. González-Ruano reconoce que no recuerda *bien los detalles de aquel episodio histórico;* de ahí, seguramente, que atribuya a Fernando de los Ríos la acción protagonizada por Miguel Maura al golpear la puerta del ministerio.
(835) De cómo debió invitar Miguel Maura a quien, en definitiva, montaba la guardia a la espera de ser relevado, da idea el comentario del propio Maura: *Me arrepentí luego, y me he arrepentido varias veces más tarde, de la descortesía un*

tanto brutal con que traté en aquella ocasión a quien tanto respeto merecía por su conducta, y a quien tanto estimaba. Meses después, en extensa y cordial conversación con él en mi casa, solicité y obtuve su perdón, y reanudamos nuestra añeja amistad brevemente interrumpida (Maura, *Ibid.*, pág. 171).
(836) Miguel Maura, *Ibid.*, págs. 171-172.
(837) Cortés-Cavanillas, *Ibid.*, pág. 371.

4.3.4.2. Gobiernos civiles y Capitanías generales bajo el control del Gobierno Provisional.

(838) Alcalá-Zamora, *Ibid.*, pág. 166.
(839) Miguel Maura, *Ibid.*, pág. 172.
(840) Alcalá-Zamora, *Ibid.*, ibid.
(841) Berenguer, *Ibid.*, pág. 358.
(842) Alcalá-Zamora, *Memorias*, pág. 166.
(843) Miguel Maura, *Ibid.*, ibid.
(844) Para desesperación de correctores puntillosos, los nombramientos se publican tal como los transcribo; en ocasiones se antepone al nombre de los ministros el tratamiento de *don*, completo, y en otras queda reducido a una simple *d.*
(845) *El Caballero*, *Ibid.*, pág. 48.

4.3.4.3. ¡*Todo el poder para los soviets*!

(846) Santiago Carrillo, *Memorias*, págs. 51-52. Otro joven testigo de la proclamación de la República, en Barcelona, es Pere Pagès, que con el tiempo populariza el pseudónimo *Víctor Alba;* sus recuerdos de este día, que vive de cerca pese a contar sólo quince años, están recogidos en *Sísifo y su tiempo. Memorias de un cabreado (1916-1996).*
(847) En realidad faltan Prieto, Domingo, d'Olwer y Martínez Barrio.
(848) Rivas-Xerif, *Ibid.*, ibid.
(849) Haro Tecglen, *Ibid.*, pág. 43.
(850) Carr, *Ibid.*, pág. 578.

4.3.4.4. Unamuno proclama la República en Salamanca. La bandera tricolor en el Ayuntamiento de Pamplona.

(851) Salcedo, *Ibid.*, pág. 336.
(852) Ibid., *IBid.*, ibid.
(853) Mariano Ansó, *Ibid.*, pág. 33.
(854) Ricardo de la Cierva. *Episodios... Acoso y derribo,* pág. 32.

4.3.4.5. Sanjurjo en el ministerio de la Gobernación. Cambó sale de España. Se evita la proclamación del estado de guerra. Una velada necrológica. *Las dos Españas* de Rafael Alberti.

(855) Esteban-Infantes, *Ibid.*, pág. 133.
(856) Cambó, *Ibid.*, pág. 448 (Traducción de RBB).
(857) Esteban-Infantes, *Ibid.*, pág. 134.
(858) Ibid., *Ibid.*, pág. 135.
(859) José Antonio Primo de Rivera, primogénito del Dictador, no ocupó puesto alguno durante el gobierno del general Primo de Rivera. Maeztu fue embajador en La Argentina, Yanguas, ministro de Estado, y Guadalhorce de Obras Públicas.
(860) Vegas Latapie, *Ibid.*, pág. 106.
(861) Ramón J. Sender, *Los cinco libros de Ariadna*, pág. 63.
(862) Alberti, *Ibid.*, pág. 312.

4.3.4.6. Don Alfonso XIII abandona Palacio.

(863) Gómez Santos, *Ibid.*, *ibid.*
(864) Berenguer, *Ibid.*, pág. 406.
(865) Gómez Santos, *Ibid.*, pág. 280.
(866) Anson, *Ibid.*, pág. 108.

4.3.4.7. Carlos Blanco substituye a Mola en la Dirección general de Seguridad. Sin titular en el ministerio de la Guerra. Manuel Azaña se posesiona del cargo.

(867) Esteban-Infantes, *Ibid.*, pág. 135-136.
(868) Berenguer, *ibid*, págs. 406-407.
(869) Esteban-Infantes, *Ibid.*, pág. 136.
(870) Rivas Xerif, *Ibid.*, pág. 130.
(871) Ibid., *Ibid.*, pág. 130-131.
(872) Ibid., *Ibid.*, pág. 130.

4.3.4.8. Marañón declina acompañar a la Reina hasta la frontera. *¡Muera la raza latina!*

(873) Marañón, *Ibid.*, pág. 494. Esteban-Infantes ofrece una versión seguramente magnificada de la participación de Sanjurjo en el viaje de la Reina Doña Victoria Eugenia hacia el exilio. Según el entonces ayudante de Sanjurjo, para aceptar seguir en el mando de la Guardia civil, *Sanjurjo puso dos condiciones: ejercer él la única dirección aquella noche, sin injerencias extrañas, y proteger a las personas reales que quedaran en Palacio. El se ofreció para acompañarlas y salvaguardar sus vidas hasta la entrada en Francia* (Esteban-Infantes, *Ibid.*, pág. 134).
(874) Sánchez Albornoz, *Ibid.*, pág. 74.
(875) Ossorio, *Ibid.*, pág. 182.
(876) Doña Eulalia de Borbón, *Ibid.*, págs. 222-223.
(877) Vegas Latapie, *Ibid.*, pág. 107.
(878) Primo de Rivera, *Discurso sobre la revolución española,* Madrid, 19 de mayo de 1935. *Ibid.*, págs. 553-570.

4.3.4.9. Alocución del presidente del Gobierno Provisional. Miguel Maura, de guardia en el ministerio de la Gobernación.

(879) Niceto Alcalá-Zamora, *Discursos (1931-1936)*, págs. 352-353.
(880) Miguel Maura, *Ibid.*, pág. 184.
(881) Marañón, *Ibid.*, ibid.
(882) Lerroux, *Ibid.*, pág. 20.
(883) *El Caballero*, *Ibid.*, págs. 39-40 y 41-42. Las mayúsculas, en el original.
(884) Primo de Rivera, *Ibid.*, ibid.
(885) Carr, *Ibid.*, págs. 576-577.
(886) Anson, *Ibid.*, pág. 111.

4.3.4.10. Antonio Machado evoca la proclamación de la República en Segovia. Un juicio de José Antonio Primo de Rivera.

(887) Antonio Machado, *Apuntes y recuerdos de Juan de Mairena*, *Hora de España*, V, págs. 331-332.
(888) Vilar, *Ibid.*, págs. 119-120.
(889) Primo de Rivera, *Ibid.*, ibid.

4.4. El día siguiente (miércoles, 15 de abril de 1931).

4.4.1. El Estatuto jurídico del nuevo régimen.

(890) Miguel Maura, *Ibid.*, pág. 193.
(891) Citado en Ibid., *Ibid.*, págs. 193-194.
(892) Miguel Maura., *Ibid.*, pág. 194.
(893) Ibid., *Ibid.*, págs. 194-195.
(894) Robinson, *Ibid.*, pág. 55.
(895) Dolores Ibarruri, *El único camino*, págs. 119-120.
(896) Sánchez Albornoz, *Ibid.*, pág. 114.
(897) Carrillo, *Ibid.*, ibid.
(898) Citado en Robinson, *Ibid.*, pág. 50.
(899) Ansó, *Ibid.*, pág. 33.

4.4.2. La Prensa extranjera.

(900) Miguel Maura, *Ibid.*, pág. 198.
(901) Ibid., *Ibid.*, ibid.
(902) Ibid., *Ibid.*, ibid.

4.4.3. Alocución del general Franco en la Academia general de Zaragoza y de Miguel de Unamuno en la Universidad de Salamanca.

(903) Franco Salgado-Araujo, *Ibid.*, pág. 100.
(904) Salcedo, *Ibid.*, pág. 337.

4.4.4. Angel Herrera Oria: *Ha triunfado la revolución.*

(905) José Monge y Bernal, *Acción Popular*, págs. 125-131. Citado en M. Fernández Areal, *La política católica en España*, págs. 33 y 34.

4.4.5. Una nota del Gobierno Provisional. Juan de la Cierva abandona España.

(906) Miguel Maura, *Ibid.*, ibid.
(907) Ibid., *Ibid.*, pág. 199.
(908) Ricardo de la Cierva, *Ibid.*, pág. 33.

4.4.6. Miguel Maura salva la estatua del general Espartero.

(909) Ibid., *Ibid.*, pág. 186.
(910) Ibid., *Ibid.*, ibid.
(911) Marañón, *Ibid.*, ibid.

4.4.7. Claudio Sánchez Albornoz recibe el testigo de manos de su padre.

(912) Sánchez Albornoz, *Ibid.*, pág. 116 de la edición publicada en España en 1976.
(913) Cortés-Cavanillas, *Ibid.*, pág. 371.
(914) Redondo, *Ibid.*, pág. 265.

Capítulo quinto / LOS ADIOSES
(Martes, 14 y miércoles, 15 de abril de 1931).

5.1. De Madrid a Cartagena.

(915) Esteban-Infantes, *Ibid.*, págs. 138-139.
(916) Romanones, *Ibid.*, pág. 54.
(917) Ibid., *Ibid.*, pág. 55.
(918) Citado en Cortés-Cavanillas, *Ibid.*, pág. 371.
(919) Citado en Fernando Díaz-Plaja, *La historia de España contada por sus poetas*, pág. 382.
(920) Almagro San Martín, *Ibid.*, pág. 111.
(921) Romanones, *Ibid.*, ibid.
(922) Cortés-Cavanillas, *Ibid.*, ibid.
(923) Munis, *Ibid.*, pág. 84.

5.2. Noche en Palacio.

(924) Alcalá-Zamora, *Memorias*, pág. 168.
(925) Ibid., *Ibid., ibid.*
(926) Ossorio, *Ibid.*, pág. 180.
(927) Gómez Santos, *Ibid.*, pág. 282.
(928) Ibid., *Ibid.*, pág. 281.
(929) Pío Baroja, *Obras Completas*, tomo VII, pág. 1099.

5.3. Un Infante de España llora por primera vez.

(930) Francisco Bonmatí de Codecido, *El Príncipe Don Juan de España*, págs. 70-72.
(931) Ibid., *Ibid.*, pág.73.
(932) Ramón Sierra, *Don Juan de Borbón*, pág. 63.
(933) Bonmatí, *Ibid.*, pág. 80.
(934) Ibid., *Ibid.*, ibid.
(935) *El Caballero Audaz, Don Juan de España. Heredero de Alfonso XIII*, pág. 183.

5.4. De Cartagena a Marsella.

(936) Citado en Alfredo Kindelán, *La verdad de mis relaciones con Franco*, pág. 166.
(937) Héctor Vázquez Azpiri, *De Alfonso XIII al Príncipe de España*, pág. 88.
(938) Ricardo de la Cierva, *Francisco Franco. Un siglo de la historia de España, tomo primero*, pág. 316, y *Episodios. Monarquía y República*, pág. 180.
(939) Robert Sencourt, *Alfonso XIII*, pág. 263.
(940) *Bee* es el apelativo familiar de la princesa Beatriz de Sajonia-Coburgo y Gotha, esposa del Infante; Ataulfo, su hijo tercero.
(941) Citado en Kindelán, *Ibid.*, pág. 167.
(942) Cambó, *Ibid.*, pág. 453.
(943) Citado en Kindelán, *Ibid.*, págs. 167-168.
(944) Almagro San Martín, *Ibid.*, pág. 126.
(945) Citado en Kindelán, *Ibid.*, pág. 168.
(946) Duque de Maura y Melchor Fernández Almagro, *Por qué cayó Alfonso XIII. Evolución y disolución de los partidos durante su reinado*, pág. 394.
(947) Ricardo de la Cierva, *Historia de la guerra civil española. Antecedentes. Monarquía y República, 1898-1936*, pág. 139.
(948) Madariaga, *Españoles*, págs. 379 y 380.
(949) Don Alfonso XIII a Julián Cortés-Cavanillas, Fontainebleau, 23 de julio de 1933, citado en J. Cortés-Cavanillas, *Alfonso XIII. Vida, confesiones y muerte*, pág. 371.

(950) Citado en Juan Balansó, *Los Infantes de Orleáns*, apéndice a *Diario de la guerra de España*, de Priscilla Scott-Ellis, pág. 270.
(951) Ricardo de la Cierva, *Victoria Eugenia*, págs. 174-175.

5.5. Un alto en Galapagar.

(952) Alcalá-Zamora, *Memorias*, pág. 168.
(953) Ibid., *Ibid.*, ibid.
(954) Doña Eulalia de Borbón, *Ibid.*, págs. 222-223.
(955) Citado en Primo de Rivera y Urquijo, *Ibid.*, pág. 36.
(956) Citado en Aronson, *Ibid.*, pág. 238.
(957) Citado en Balansó, *La Corona*, pág. 194.
(958) Citado en Alderete, *Ibid.*, pág. 35-36.

5.6. La Infanta Isabel. Los Infantes Don Carlos de Borbón y Don Fernando de Baviera.

(959) Esteban-Infantes, *Ibid*, págs. 141-142.
(960) Ibid., *Ibid.*, pág. 145.
(961) Almagro San Martín, *Ocaso*, pág. 99.
(962) Ibid., *Ibid.*, pág. 166,
(963) Citado en Doña Eulalia de Borbón, *Ibid.*, pág. 103.
(964) Almagro San Martín, *Ibid., ibid.*
(965) Ibid., *Ibid.*, págs. 165-166.
(966) Ibid., *Crónica*, págs. 83-84.
(967) Citado en Doña Eulalia de Borbón, *Ibid.*, pág. 104.
(968) Alcalá-Zamora, *Memorias*, pág. 168.
(969) Almagro San Martín, *Ocaso.*, pág. 167.
(970) Ibid., *Ibid.*, págs. 168-169. En *Crónica de Alfonso XIII y su linaje* (pág. 93), Almagro San Martín es más contundente respecto a la ausencia de la Familia Real en las honras fúnebres de la Infanta Doña Isabel: *A sus funerales y entierro parisinos no asistió casi nadie. Desde luego no estuvieron los Reyes ni el Embajador de España.*
(971) Alcalá-Zamora, *Memorias*, ibid.

5.7. Don Jaime de Borbón, el abanderado de la Legitimidad.

(972) Román Oyarzún, *La historia del Carlismo*, págs. 501-502.
(973) Josep Carles Clemente, *El Carlismo. Historia de una disidencia social (1833-1976)*, pág. 105.
(974) Eugenio Vegas Latapie, *Vox clamantis in deserto*, editorial de *Acción Española. Antología*, tomo XVIII, nº 89, pág. 6.
(975) Citado en Clemente, *Ibid.*, págs. 106-107.

5.8. París, el inicio del fin.

(976) Citado en Almagro San Martín, *Crónica*, pág. 115.
(977) Cambó, *Ibid.*, pág. 453 (traducción de RBB).
(978) Cortés-Cavanillas, *Ibid.*, pág. 363.
(979) Perez de Ayala, *Ibid.*, pág. 208.
(980) *El Caballero*, *Ibid.*, págs. 29-30.
(981) Citado en Juan Balansó, *Trío de Príncipes*, pág. 63.

Epílogo
CINCO AÑOS DESPUES

(982) Madariaga, *España*, pág. 376.
(983) Rafael Torres, *Ibid.*, ibid.
(984) Borràs Betriu, *Ibid.*, págs. 99-101.
(985) Pla, *Ibid.*, pág. 78.
(986) Heribert Barrera al autor, Barcelona, 29 de septiembre de 1994. La decisión de Companys estuvo condicionada, al parecer, por Lluhí Vallescà, Dencàs y Comorera; seguramente hubiera podido resistir la presión de cada uno de ellos por separado, pero no la de los tres juntos a la vez, según Barrera.
(987) José Antonio Primo de Rivera tiene claro el peligro de que sus seguidores sean manipulados con fines bastardos, sobre todo a partir de la avalancha de ingresos en masa de gentes procedentes de la CEDA que se produce a raíz del fracaso electoral de las derechas en febrero de 1936. El 24 de junio de 1936, a menos de un mes de la sublevación militar, advierte en un comunicado, *urgente e importantísimo*, a *todas las Jefaturas territoriales y provinciales*, a propósito de los rumoreados golpes de Estado: *La participación de la Falange en uno de esos proyectos prematuros y candorosos constituiría una grave responsabilidad y arrastraría* su total desaparición, aun en el caso de triunfo. *Por este motivo: porque casi todos los que cuentan con la Falange para tal género de empresas la consideran no como un cuerpo total de doctrina, ni como una fuerza en camino para asumir por entero la dirección del Estado, sino como un elemento auxiliar de choque, como una especie de fuerza de asalto juvenil destinada el día de mañana a desfilar ante los fantasmones encaramados en el Poder.* Y en su testamento, fechado el 19 de noviembre de 1936, la víspera de su fusilamiento, al referirse a sus camaradas formula un deseo: *Dios haga que su ardorosa ingenuidad no sea aprovechada nunca en otro servicio que el de la gran España que sueña la Falange* (Primo de Rivera, *Ibid.*, págs. 936 y 949). *Tras su muerte física* –escribe José María García de Tuñón Aza–, *políticamente José Antonio, que es capaz de escandalizar a unos y fascinar a otros, fue también sepultado por el mito retórico (José Antonio y la República,* pág. 185).
(988) Haro Tecglen, *Ibid.*, pág. 168-169.
(989) Gabriel Jackson, *La Segunda República y la guerra civil. 1931-1939*, pág. 174.
(990) Eugenio d'Ors, *El chispero*, en *Páginas de* Xenius *(1906-1917)*, versión castellana de Alfons Maseras, págs. 137-139.
(991) Sánchez Albornoz, *Ibid.*, págs. 75-76.
(992) Citado en Primo de Rivera y Urquijo, *Ibid.*, pág. 61. Este es uno de los muchos textos de José Antonio no incluído en las llamadas *Obras completas*.
(993) Anson, *Ibid.*, pág. 120.
(994) Cortés-Cavanillas, *Ibid.*, pág. 410.
(995) Anson, *Ibid.*, pág. 122.
(996) Ibid., *Ibid.*, ibid.
(997) Ibid., *Ibid.*, ibid.
(998) Ibid., *Ibid.*, pág. 125.
(999) Citado en Eugenio Vegas Latapie, *Los caminos del desengaño. Memorias políticas (II). 1936-1938*, pág. 36.
(1000) Ibid., *Ibid.*, ibid.
(1001) Juan Ignacio Luca de Tena, *Mis amigos muertos*, págs. 25 y 27.
(1002) Citado en Sainz Rodríguez, *Ibid.*, pág. 201.
(1003) Fundación Nacional Francisco Franco, *Documentos inéditos para la Historia del Generalísimo Franco*, tomo I, pág. 290.
(1004) Citado en Ricardo de la Cierva, *Franco-Don Juan. Los reyes sin corona*, pág. 114.
(1005) Citado en Aronson, *Ibid.*, pág. 246.
(1006) Citado en Bernardo Gil Mugarza, *España en llamas*, pág. 265.

(1007) Cortés-Cavanillas, *Ibid.*, pág. 421.
(1008) Duque de Maura y Melchor Fernández Almagro, *Por qué cayo Alfonso XIII*, pág. 395.
(1009) S.A.R. Doña María Cristina de Borbón y Battenberg, *Recuerdos de una Infanta de España*, capítulo III, pág. 4.
(1010) Cortés-Cavanillas, *Ibid.*, pág. 419.
(1011) Reproducida en Franco Salgado-Araujo, *Mis conversaciones privadas con Franco*, págs. 24-25.
(1012) Carlos Rojas, *Momentos estelares de la guerra de España*, pág. 266.
(1013) Charles T. Powell, *El piloto del cambio. El Rey, la Monarquía y la transición a la democracia*, pág. 28.
(1014) Javier Tusell, por ejemplo, lamenta que Juan Balansó, en su libro *Trío de Príncipes,* facilite *información inédita en forma de cartas*, lo que en su opinión, dada por lo visto la naturaleza de las mismas, *presta un escasísimo servicio a la monarquía* (Javier Tusell, *La monarquía española veinte años después*, *La Vanguardia*, Barcelona, 15 de diciembre de 1995). Tusell, para el que *no está claro qué razones pueden haber inducido a Balansó a convertirse en monárquico*, cree, sin duda, que los libros no se escriben para información del lector sino para favorecer a determinadas instituciones.
(1015) Antonio Muñoz Molina, *La Huerta del Edén*, pág. 158.

BIBLIOGRAFIA

OBRAS

Ainaud de Lasarte, Josep Maria, *Ministres catalans a Madrid. De Ferran VII a José María Aznar*, Barcelona, 1996.

Alba, Víctor, *Catalunya sense cap ni peus*, Barcelona, 1971.

Historia de la Segunda República española, México, 1960.

Sísifo y su tiempo. Memorias de un cabreado (1916-1996), Barcelona, 1996.

Alberti, Rafael, *La arboleda perdida. Libros I y II de Memorias*, Barcelona, 1975.

Alcalá-Zamora, Niceto, *Discursos (1931-1936)*, Madrid, 1979.

Memorias, Barcelona, 1977

Alderete, Ramón de, *...y estos Borbones nos quieren gobernar. Recuerdos de veinte años al servicio de S.A.R. Don Jaime de Borbón*, Asnières, 1974.

Alfonso XIII, *Diario íntimo*. Recogido y anotado por J.L. Castillo Puche. Segunda edición, Madrid, 1961.

Almagro San Martín, M, *Crónica de Alfonso XIII y su linaje*. Prólogo de Don Gregorio Marañón, tomo I. Madrid, 1946.

Ocaso y fin de un reinado (Alfonso XIII). Los Reyes en el destierro, Madrid, 1947.

Alvarez del Vayo, Julio, *Les batailles de la liberté (Mémoires d'un optimiste),* París, 1963.

Ansó, Mariano, *Memorias ineludibles. Yo fuí ministro de Negrín*, pág. 33.

Anson, Luis María, *Don Juan*, Barcelona, 1994.

Araquistain, Luis de, *El ocaso de un régimen*, Madrid, 1930.

Arco, Manuel del, *Hablar con ton y son*, Barcelona, 1969.

Areilza, José María, *A lo largo del siglo. 1909-1991*, Barcelona, 1992.

Así los he visto, Barcelona, 1974.

Aunós, Eduardo, *España en crisis (1874-1936)*, México, 1942.

Balansó, Juan, *La Corona vacilante*, Barcelona, 1996.

La Familia Real y la familia irreal, Barcelona, 1993.

Trío de Príncipes, Barcelona, 1995.

Baroja, Pío, *Obras completas,* tomo VIII, Madrid, 1949.

Ben-Ami, Shlomo, *La dictadura de Primo de Rivera. 1923-1930*, traducción del inglés por P. Elías, Barcelona, 1983.

Los orígenes de la Segunda República: anatomía de una transición, Versión española de Eva Rodríguez Halffter, Madrid, 1990.

Benet, Josep, *Maragall i la Setmana Tràgica*, Premi Joan Maragall, Barcelona, 1963.

Berenguer, Dámaso, *De la Dictadura a la República*, Madrid, 1946.

Borbón, Infanta de España, Doña Eulalia de, *Memorias*, 2ª ed., Barcelona, 1967.

Borbón y Battenberg, S.A.R. Doña María Cristina de, *Recuerdos de una Infanta de España*. Transcripción: Javier González de Vega, original mecanografiado.

Borràs Betriu, Rafael, *El Rey de los rojos. Don Juan de Borbón, una figura tergiversada*, Barcelona, 1996.

Brenan, Gerald, *El laberinto español*. Prólogo de Tom Burns Marañón, Barcelona, 1996.
Burdeau, Georges, *Traité de science politique*, II, *L'Etat*, Paris, 1949.
Burns Marañón, Tom, *Conversaciones sobre el Rey*, Barcelona, 1995.
Conversaciones sobre el Socialismo, Barcelona, 1996.

Caballero Audaz, El, *¿Alfonso XIII fue buen Rey? (Historia de un reinado)*, Madrid, 1934.
Don Juan de España. Heredero de Alfonso XIII, Madrid, 1934.
Lo que no quiere España (Opiniones de un hombre de la calle), Madrid, 1932.
Cabanellas, Guillermo, *Cuatro generales 1) Preludio a la guerra civil*, Barcelona, 1977.
Cambó, Francesc, *Memòries (1876-1936) 1*, Barcelona, 1981.
Cardell, Carlos, *La Casa de Borbón en España*, Madrid, s/f.
Carr, Raymond, *España 1808-1939*. Edición española corregida y aumentada por el autor. Revisada por J. Romero Maura, Barcelona, 1969.
Carrillo, Santiago, *Juez y parte. 15 retratos españoles*, Barcelona, 1996.
Memorias, Barcelona, 1993.
Casanovas i Cuberta, Joan, *Joan Casanovas i Maristany, president del Parlament de Catalunya*, Barcelona, 1996.
Cierva, Juan de la, *Notas de mi vida*, segunda edición, Madrid, 1955.
Cierva, Ricardo de la, *El triángulo III. La dama de Montmartre*. Barcelona, 1988.
Episodios históricos de España. Acoso y derribo de Alfonso XIII, Madrid, 1996.
Episodios históricos de España. Monarquía y República: Jaque al Rey, Madrid, 1996.
Historia de la guerra civil española. Tomo primero. Perspectivas y antecedentes. 1898-1936, Madrid, 1969.
Retratos que entran en la Historia, Barcelona, 1993.
Victoria Eugenia. El veneno en la sangre, Barcelona, 1992.
Clemente, Josep Carles, *El Carlismo. Historia de una disidencia social (1833-1976)*, Barcelona, 1990.
Cortés-Cavanillas, Julián, *Alfonso XIII. Causas y episodios de su caída*, 8ª ed., Madrid, s/f.
Alfonso XIII. Vida, confesiones, muerte. Barcelona, 1966.
Costa, Joaquín, *Ideario de Costa*. Recopilación de José García Mercadal. Prólogo de Luis de Zulueta (3ª edición), Madrid, 1936.
Cruells, Manuel, *Francesc Macià*, 2ª ed., Barcelona, 1971.

Churchill, Winston S., *Grandes contemporáneos*. Traducción de Pedro Fraga de Porto y Juan G. de Luaces, Barcelona, 1960.

Díaz-Plaja, Fernando, *La historia de España contada por los poetas*, Barcelona, 1971.
La historia de España en sus documentos (Nueva serie). El siglo XX. Dictadura... República (1923-1936), Madrid, 1964.
La Segunda República. Primeros pasos, Barcelona, 1995.

Esteban-Infantes, teniente general Emilio, *General Sanjurjo (un laureado en el penal del Dueso)*, Barcelona, 1957.

Fernández Almagro, Melchor, *Historia del reinado de Alfonso XIII*, cuarta edición, Barcelona, 1977.
Fernández Areal, M., *La política católica en España*, Barcelona, 1970.
Fernández Flórez, Wenceslao, *Impresiones de un hombre de buena fe, ** (1920-1936)*, Madrid, 1964.
Ferrer, Eusebio, Puga, María Teresa, Rojas, Enrique, *Cuando reinar es un deber.*

Regencia de María Crsitina de Austria de Habsburgo-Lorena. Minoría de edad de Alfonso XIII (1885-1902), Barcelona, 1994.
Fisas, Carlos, *Historias de las reinas de España ** La Casa de Borbón*, Barcelona, 1989.
Fraga Iribarne, Manuel, *El pensamiento conservador español*, Barcelona, 1981.
Franco Salgado-Araujo, Teniente general Francisco, *Mi vida junto a Franco*, Barcelona, 1977.
Mis conversaciones privadas con Franco, Barcelona, 1976.

Fundación Nacional Francisco Franco, *Documentos inéditos para la Historia del Generalísimo Franco*, tomo I, 2ª edición, Azor, Colección de Estudios Contemporáneos, Madrid, 1992.

García Escudero, José María, *Historia política de las dos Españas*, II, 2ª edición, corregida y aumentada, Madrid, 1976.
García de Tuñón Aza, José María, *José Antonio y la República*, 2ª edición corregida y aumentada, Oviedo, 1996.
Garrigues y Díaz-Cañabate, Antonio, *Diálogos conmigo mismo*, Barcelona, 1978.
Gil Mugarza, Bernardo, *España en llamas*, Barcelona, 1968.
Goicoechea, Antonio, *Alfonso XIII*. Epílogo de José de Yanguas Messía. Romance al Rey muerto por Agustín de Foxá, Madrid, 1965.
Gómez Santos, Marino, *La Reina Victoria Eugenia, de cerca*, Madrid, 1964.
González-Ruano, *El momento político de España a través del reportaje y la interviu (Periodismo indiscreto)*, Madrid, 1930.
Mi medio siglo se confiesa a medias. Memorias, Barcelona, 1951.
Guzmán, Eduardo de, *La Segunda República fue así*, Barcelona, 1977.
1930. Historia política de un año decisivo, Madrid, 1973.

Haro Tecglen, Eduardo, *El niño republicano*, Madrid, 1996.
Hidalgo de Cisneros, Ignacio, *Cambio de rumbo. Primera parte*, Bucarest, 1961.
Hoyos, Marqués de, *Mi testimonio*, Madrid, 1962.

Ibarruri, Dolores, *El único camino*, París, 1965.

Jackson, Gabriel, *La Segunda República y la guerra civil. 1931- 1939*, versión española de Enrique de Obregón, México, D.F., 1967.
Jardí, Enric, *Francesc Macià. El camí de la llibertat (1905- 1931*, Barcelona, 1977.
Jardiel Poncela, Enrique, *Obra inédita*, Barcelona, 1967.

Largo Caballero, Francisco, *Mis recuerdos. Cartas a un amigo*, prólogo y notas de Enrique de Francisco, México, 1954.
Leguineche, Manuel, *Annual 1921. El desastre de España en el Rif*, Madrid, 1996.
Lerroux, Alejandro, *La pequeña historia*, Madrid, s.f.
López Ochoa, General E., *De la Dictadura a la República*, Madrid, 1930.
Luca de Tena, Juan Ignacio, *Mis amigos muertos*, Barcelona, 1971.
Luca de Tena, Torcuato,

Machado, Antonio, *Juan de Mairena. Sentencias, donaires, apuntes y recuerdos de un profesor apócrifo. I*, tercera edición. Buenos Aires, 1957.
Poesías Completas, décima edición. Madrid, 1963.
Madariaga, Salvador de, *España. Ensayo de historia contemporánea*, séptima edición corregida y aumentada, Buenos Aires, 1964.
Españoles de mi tiempo, Barcelona, 1974.
Maluquer i Viladot, Joan, *Una mica d'Història. La catalanitat de la darrera Diputació Provincial de Barcelona (24 de febrer - 14 d'abril de 1931)*, Barcelona, 1934.

Martínez Barrio, Diego, *Memorias*, Barcelona, 1983
Maura, Duque de, y Fernández Almagro, Melchor, *Por qué cayó Alfonso XIII. Evolución y disolución de los partidos durante su reinado*. Segunda edición, Madrid, 1948.
Maura, Miguel, *Así cayó Alfonso XIII*, México, 1962.
Maura Gamazo, Gabriel, *Recuerdos de mi vida*, Madrid, 1934.
Mola Vidal, Emilio, *El derrumbamiento de la Monarquía. Memorias de mi paso por la Dirección general de Seguridad*, Madrid, 1933. *Lo que yo supe. Ibid.*, Madrid, 1933. *Tempestad, calma, intriga, crisis. Ibid.*, Madrid, 1933.
Monge y Bernal, José, *Acción Popular*, Madrid, 1936.
Montero Alonso, José, *La sonrisa de los Reyes*, Barcelona, 1982.
Munis, G., *Jalones de derrota. Promesa de victoria. Crítica y Teoría de la Revolución Española (1930-1939)*, Madrid, 1977.
Muñoz Molina, Antonio, *La Huerta del Edén*, Madrid, 1996.

Noel, Gerard, *Victoria Eugenia Reina de España*, traducción Estela Canto, Buenos Aires, 1986.

Olaizola, José Luis, *La Segunda República*, Madrid, 1996.
Ors, Eugenio d', *Páginas de* Xenius *(1906-1917)*, versión castellana de Alfons Maseras, Madrid, 1920.
Ossorio, Angel, *Mis memorias*, Buenos Aires, 1946.
Oyarzún, Román, *La historia del Carlismo*, Madrid, 1969.

Pemán, José María, *Mis almuerzos con gente importante*, Barcelona, 1970.
Pérez de Ayala, Ramón, *Escritos políticos*, Madrid, 1967.
Pla, José, *Historia de la Segunda República Española*, tomo I, Barcelona, 1940.
Powell, Charles T., *El piloto del cambio. El Rey, la Monarquía y la transición a la democracia*, premio Espejo de España 1991, Barcelona, 1991.
Preston, Paul, *La destrucción de la Democracia en España. Reacción, Reforma y Revolución en la Segunda República*, Madrid, 1978.
Prieto, Indalecio, *Convulsiones de España. Pequeños detalles de grandes sucesos*, tomo primero, México, 1967.
Primo de Rivera, José Antonio, *Obras Completas*, edición cronológica, Madrid, 1952.
Primo de Rivera y Urquijo, Miguel, *Papeles póstumos de José Antonio*, Barcelona, 1996.

Redondo, Gonzalo, *Las empresas políticas de José Ortega y Gasset. "El Sol", "Crisol", "Luz" (1917-1934)*, tomo II, Madrid, 1970.
Riquer, Borja de, *L'últim Cambó (1936-1947). La dreta catalanista davant la guerra civil i el primer franquisme*, Barcelona, 1996.
Rivas Xerif, Cipriano de, *Retrato de un desconocido*, México, 1961.
Robinson, Richard A. H., *Los orígenes de la España de Franco. Derecha, República y Revolución 1931-1936*, Barcelona, 1974.
Rojas, Carlos, *Momentos estelares de la guerra de España*, Barcelona, 1996.
Romanones, Conde de, *Doña María Cristina de Habsburgo y Lorena*, Buenos Aires, 1947.
Notas de una vida (1901-1912) Tomo Segundo, Madrid, s/f.
Notas de una vida (1912-1931), Madrid, 1947.
... Y sucedió así. Aportación para la Historia, segunda edición, Madrid, 1947.
Romero, Luis, *Cara y cruz de la República. 1931-1936*, Barcelona, 1980.
Rubio Cabeza, Manuel, *Crónica de la Dictadura*, Barcelona, 1973.
Las voces de la República, Barcelona, 1985.
Ruiz Jiménez, Joaquín, *Pretéritos y presentes*, Madrid, 1932.
Ruiz Manjón, Octavio, *El Partido Republicano Radical (1908-1931)*, Madrid, 1976.

Sainz Rodríguez, Pedro, *Testimonio y recuerdos*, Barcelona, 1978.
Un reinado en la sombra, Barcelona, 1981.
Salcedo, Emilio, *Vida de Don Miguel. Unamuno en su tiempo, en su España, en su Salamanca. Un hombre en lucha con su leyenda*, Salamanca, 1964.
Sánchez Albornoz, Claudio, *De mi anecdotario político*, Buenos Aires, 1972. (Hay una reedición posterior - Barcelona, 1976 - ampliada).
Mi testamento histórico-político, Barcelona, 1935.
Scott-Ellis, Priscilla, *Diario de la guerra de España*, edición de Raymond Carr con un apéndice de Juan Balansó sobre los infantes de Orleáns, Barcelona, 1996.
Seco Serrano, Carlos, *Militarismo y civilismo en la España contemporánea*, Madrid, 1984.
Sencourt, Robert, *Alfonso XIII*, traducción de Enrique de Juan, Barcelona, 1946.
Sender, Ramón J., *Album de radiografías secretas*, Barcelona, 1982.
Los cinco libros de Ariadna, Nueva York, 1957.
Serrano Suñer, Ramón, *Entre el silencio y la propaganda, la Historia como fue. Memorias,* Barcelona, 1977.
Semblanza de José Antonio, joven. Barcelona, 1959.
Sevilla Andrés, Diego, *Historia política de la zona roja*, Madrid, 1954..
Sierra, Ramón, *Don Juan de Borbón*, Madrid, 1965.
Silió, César, *En torno a una revolución. Crisis de España. Caída de la Monarquía. La República. La Revolución Socialista*, Madrid, 1933

Valverde, José María, *Azorín*, Barcelona, 1971.
Vázquez Azpiri, Héctor, *De Alfonso XIII al Príncipe de España*, Barcelona, 1973.
Vegas Latapie, Eugenio, *Memorias políticas. El suicidio de la Monarquía y la República*, Barcelona, 1983.
Vicens Vives, J., *Aproximación a la historia de España*, Barcelona, 1952.
Vila-San-Juan, José Luis, *Alfonso XIII: Un Rey, una época*, Madrid, 1993.
Vilar, Pierre, *Historia de España*. Traducción de Manuel Tuñón de Lara, París, 1963.

ARTÍCULOS, ENTREVISTAS, MANIFIESTOS, DISCURSOS, CONFERENCIAS

Alfonso XIII, *Al País*, ABC, pág.1, Madrid, 17 de abril de 1931.

Arco, Manuel del, *Visto y oído. Miguel Maura, La Vanguardia Española,* Barcelona, 14 de abril de 1966.

Balansó, Juan, *Los infantes de Orleáns*, apéndice a *Diario de la guerra de España*, de Priscilla Scott-Ellis, Barcelona, 1996.
Borràs Betriu, Rafael, *Don Joan de Borbó. Una figura tergiversada*, Ateneu Barcelonès, Barcelona, 31 de mayo de 1994.
¿Monarquía restaurada o Monarquía "visigótica"?, Ateneu Barcelonès, Barcelona, 16 de mayo de 1995.

Juliá, Santos, *Fabular el pasado, El País*, Madrid, 12 de diciembre de 1994.

Machado, Antonio, *Apuntes y recuerdos de Juan de Mairena, Hora de España*, revista mensual, Valencia, mayo 1937.
Marañón, Gregorio, *Caída de la Monarquía, La Nacion*, Buenos Aires, 1938. Recogido en *Obras Completas*, tomo IV, Madrid, 1968.

Permanyer, Lluís, *Estos adoquines, reliquia regia, La Vanguardia - Magazine*, Barcelona, 5 de enero de 1997.

Rojas, Carlos, *Alfonso XII, el primer fracaso de la Restauración*, Ateneu Barcelonès, Barcelona, 25 de mayo de 1993.

Torres, Rafael, *En camisa de once varas*. Entrevista con Antonio Muñoz Molina, *El Mundo*, pág. 6, Madrid, 11 de agosto de 1996.

Tusell, Javier, *La monarquía española veinte años después*, *La Vanguardia*, Barcelona, 15 de diciembre de 1995.

Vegas Latapie, Eugenio, *Vox clamantis in deserto*, editorial de *Acción Española. Antología*, tomo XVIII, nº 89, Burgos, marzo 1937.

ÍNDICE ONOMÁSTICO